고전의 힘

고전의 힘

초판 1쇄 펴낸 날   2013년 2월 25일
초판 2쇄 펴낸 날   2013년 4월 29일

엮은이   부산대학교 교양교육원
펴낸이   백종민

주간   정인회
편집   이양훈·최새미나·김지혜·심슬기·이상인

디자인   GINA
마케팅   임동건·서동진
관리   장희정·봉미희

펴낸곳   꿈결
등록   2011년 12월 1일 (제318-2011-000145호)
주소   서울시 영등포구 당산로 50길 3 꿈을담는빌딩 6F
대표   전화 1544-6533
팩스   02) 749-4151
홈페이지   www.ggumtl.co.kr
이메일   ggumgyeol@naver.com
블로그   blog.naver.com/ggumgyeol
트위터   twitter.com/ggumgyeol
페이스북   facebook.com/ggumgyeol

ⓒ 부산대학교 교양교육원, 2013

ISBN 978-89-98400-01-9 03000

■ 이 책은 저작권법에 따라 보호받는 저작물이므로, 저작자와 출판사 양측의 허락 없이 일부 혹은 전체를 인용하거나 옮겨 실을 수 없습니다.
■ 잘못된 책은 구입한 서점에서 바꿔 드립니다.
■ 책값은 뒤표지에 있습니다.

꿈결은 (주)꿈을담는틀의 단행본 브랜드입니다.

과거로부터 온 미래
부산대학교가 선정한 고전 99선 해제

古典
고전의 힘
Classical Literature

부산대학교 교양교육원 엮음

꿈결

| 서문 | 늘 힘이 되어주는 한 권의 책,
당신에겐 있습니까?

고전(古典)은 모범이 될 만한 작품을 말한다. 고전은 당대를 넘어 현대에도 여전히 의미를 지니는, 시대를 초월한 작품이다. 그래서 '세계 명작' 또는 '정전(正典)'이라고 불린다.

정전에 대한 논의는 끊이지 않고 있다. 정전의 선정 기준과 정전의 필요성 그리고 정전의 활용에 이르기까지 다양하고도 활발하다. 특히 서유럽에서는 1960년대 후반에 일어난 68학생운동으로 인해 페미니즘과 탈중심주의가 기세를 떨치면서 기존 정전에 대한 비판이 제기되기도 했다. 당시 '수정 정전' 또는 '대체 정전'이 거론되기도 했지만, 고전 그 자체의 가치는 전혀 손상되지 않고 중요성을 인정받고 있다.

오늘날에는 매스미디어와 전자 기기가 문화의 대세를 이루고 있다. 따라서 생각하는 힘을 키우고 정서를 함양할 수 있는 고전 읽기의 필요성이 더더욱 절실하게 요청된다. 고전은 옛 글인 만큼 읽기가 녹록하지 않다. 경우에 따라서는 일정한 훈련이 필요하며 고전과 친숙하지 않은 젊은 세대에게는 고전의 숲에서 길을 찾아갈 수 있는 가이드라인도 제시해주어야 한다.

그렇다면 고전을 읽는 것은 학생들에게 어떤 의미가 있는가?

첫째, 고전 독서를 통해 선인들의 지혜와 혜안을 얻을 수 있다. 고전은 이미 수대에 걸쳐 많은 사람들에게 가치를 인정받았으며, 객관적 가치 기준에 의하여 집대성된 지식을 담고 있다. 따라서 고전 독서를 통해 삶을 살아가는 데 도움이 되는 지혜를 얻을 수 있는 것이다.

둘째, 고전 읽기는 심미적 쾌감을 느끼게 해준다. 그래서 고전을 읽을 때는 다이제스트 식의 독서, 즉 시험 공부하듯 그 책의 내용만을 파악하기보다 심미적 쾌감을 얻고 정서적 느낌을 가지는 게 중요하다.

셋째, 고전 읽기를 통해 통합적 시각을 확보할 수 있다. 전문화된 학문을 연구하기에 앞서 학문의 기초지식과 그것을 수렴할 수 있는 기반을 조성해 보다 폭 넓은 식견과 소양을 쌓을 수 있다.

넷째, 고전 읽기는 기초적인 사고력을 키워줄 수 있다. 독서는 생각할 수 있는 힘을 길러주며 생각의 폭을 넓혀주고 깊이를 더해준다. 따라서 독서를 통해 정신적 양식을 얻고 자신의 인생관을 확고히 할 수 있을 것이다.

위의 모든 사항은 부산대학교의 교양교육 이념과 일치한다. 즉, 고전 독서는 올바른 교양교육을 실현하기 위한 기초 작업이라 할 수 있다.

부산대학교에서는 오래전부터 고전을 선정하는 작업을 해왔다. 2006년, 인문대에서는 인문고전 120권을 선정하여 '내 손 안의 고전'이라는 제목으로 책을 펴낸 적이 있다. 그리고 지금도 일부 학과에서는 내규로 일정 수의 고전 읽기를 졸업 요건으로 하고 있다. 이러한 열망에 부응하기 위해 교양교육원에서는 이번에 '부산대학교 고전 99권'을 선정하고 이 고전 작품들을 해설하고 설명한 '해제 모음집'을 펴냈다.

부산대학교 교양교육원은 학생들에게 지혜와 지식을 더해줄 수 있는 고전을 선정하기 위해 선정위원들을 구성했으며, 국내외의 유수 대학과 연구기관이 선정한 고전 목록을 참고로 하여 그 동안 수차례에 걸친 숙고 끝에 '부산대학교 고전 99권'을 선정하게 되었다. 하지만 이 작업은 제한된 지면으로 인해 그야말로 대표적인 저서들만 목록에 올릴 수 있었다. 따라서 이번 고전 99권 선정 작업은 완료형이 아니라 진행형이며 수정 가능함을 전제로 한다. 그리고 일종의 충족감을 주는 '100권'이 아니라 '99권'으로 정한 것은, 나머지 1권은 학생 독자의 몫으로 남겨두기 위해서다. 이는 100권이든 200권이든, 정전이 고착된 개념이 아니고 항상 수정 가능한 것임을 의미한다. 정전은, 세월이 갈수록 새로운 고전이 될 만한 작품을 포함시켜야 하고 기존의 것을 탈락시킬 수밖에 없기 때문이다.

선정된 99권의 작품에 대한 해제는 69명의 전문가들이 집필했다. 대부분은 교내의 전공 교수들이 맡았고, 일부는 타 대학의 전문가들이 집필했다. 각 해제를 성의껏 써주신 분들에게 진심으로 감사의 말씀을 전한다.

끝으로 이 책이 나오기까지 많은 관심과 도움을 주신 분들에게 진심으로 감사의 인사를 올린다. 이 책의 부족한 부분에 대한 많은 분들의 조언과 질정을 바라며, 다음 수정본에서는 더욱 보강된 알찬 내용을 기대해본다.

2013년 2월, 교양교육원장 정인모

서문 늘 힘이 되어주는 한 권의 책, 당신에겐 있습니까? 004

Part 1 / 문학 : 사실 속의 진실을 탐구하다

01. 고독한 중세 지식인이 풀어낸 소설적 독백 •『금오신화』, 김시습 | 정출헌 016
02. 꿈으로 갈무리한 상층 사대부의 욕망 •『구운몽』, 김만중 | 정출헌 025
03. 조선시대 기행문학이 도달한 가장 높은 경지 •『열하일기』, 박지원 | 강명관 034
04. 사랑과 이데올로기, 그리고 한 뼘의 광장 •『광장』, 최인훈 | 이재봉 040
05. 지금, 우리들의 낙원은 어떻게 가능한가? •『당신들의 천국』, 이청준 | 문재원 046
06. 뫼비우스의 띠, 클라인 씨의 병 그리고 난장이의 종이비행기 •『난장이가 쏘아올린 작은 공』, 조세희 | 이재봉 053
07. 변방에서 울리는 삶의 흉터와 무늬들의 다성악多聲樂 •『토지』, 박경리 | 문재원 059
08. 절제의 태도와 시세계의 다양성 •『정지용 시선집』, 정지용 | 고현철 066
09. 시詩가 없으면 사람을 속되게 한다 •『당시선』, 이백 · 왕발 외 | 류명희 073
10. 삶, 깨어보니 홍루의 꿈이었네! •『홍루몽』, 조설근 · 고악 | 서정희 080

11. 사람이 사람을 잡아먹는 세상, 아이들을 구해야 하는데… •『루쉰 소설』, 루쉰
　| 김혜준　086
12. 존재와 에고이즘 •『마음』, 나쓰메 소세키　| 오경환　094
13. 인간의 내면과 서정 •『설국』, 가와바타 야스나리　| 오경환　099
14. 절대자를 향한 구도자의 노래 •『기탄잘리』, 타고르　| 인성기　103
15. 그리스의 영웅담에서 인류의 고전으로 •『일리아스』·『오뒷세이아』, 호메로스
　| 이효석　109
16. 현실을 되비추는 저승세계로의 여행 •『신곡』, 단테　| 김용규　119
17. 극한상황의 인간 군상 •『데카메론』, 보카치오　| 배만호　128
18. 자기 자신이기를 원하는 한 '영웅'의 이야기 •『돈키호테』, 미겔 데 세르반테스
　| 곽차섭　134
19. 청교도 낙원을 찾아서 •『실낙원』, 밀턴　| 김옥수　140
20. 운명을 감당할 수 있게 되기 •『햄릿』, 셰익스피어　| 윤화영　147
21. 현대문명의 불모와 재생 •『황무지』, T. S. 엘리엇　| 윤일환　155
22. 더블린에서 세계를 보다 •『더블린 사람들』, 제임스 조이스　| 김용규　163
23. 진정한 신사도와 인간적 고귀함 •『위대한 유산』, 찰스 디킨스　| 배만호　171
24. 성장통을 겪는 청춘들에게 한 청춘이 전하는 위로 •『호밀밭의 파수꾼』, 제롬 데이비드 샐린저　| 이선진　178
25. 정신적 토양의 깊은 광맥 •『스완네 집 쪽으로』, 마르셀 프루스트　| 김승철　185
26. 침묵과 부동의 연극, 기다림의 수수께끼 •『고도를 기다리며』, 사뮈엘 베케트
　| 박형섭　193
27. 비극적 휴머니즘 혹은 부조리한 삶에서 깨어나기 •『이방인』, 알베르 카뮈
　| 박형섭　200
28. 인간의 무한한 욕망의 끝은 어디인가? •『파우스트』, 괴테　| 인성기　207
29. 평범한 삶에 대한 동경 •『토니오 크뢰거』, 토마스 만　| 정인모　213
30. 의미의 확정을 거부하는 20세기 모더니즘 문학의 대표적 고전 •『변신』, 카프카
　| 인성기　218

31. 신앙에의 현대적 도전과 응답 · 『카라마조프가의 형제들』, 도스토예프스키
| 허선화 225

32. 위선적인 공동체 속에서 '정열적 사랑'을 추구하던 여인의 비극 · 『안나 카레니나』, 톨스토이 | 최동규 232

33. 일상에 숨겨진 삶의 진실 · 『체호프 단편선』, 안톤 체호프 | 최동규 239

34. 침묵과 고독 그리고 근친상간의 변주 · 『백년의 고독』, 마르케스 | 김종수 246

35. 리허설 없는 오직 한 번뿐인 삶 · 『참을 수 없는 존재의 가벼움』, 밀란 쿤데라
| 김종수 253

Part 2 / 역사 : 과거가 지닌 현재성, 현재에 담긴 미래상

36. 신이神異를 역사의 동력으로 인식한 민족지 · 『삼국유사』, 일연 | 채상식 262

37. 역사가의 시대인식과 책무 · 『매천야록』, 황현 | 차철욱 268

38. 이 시대에 절실히 필요한 책 · 『조선상고사』, 신채호 | 변광석 274

39. 민족주의자가 말하는 자유와 독자성 · 『백범일지』, 김구 | 차철욱 280

40. 고대 중국인들의 사적事蹟 탐구 · 『사기열전』, 사마천 | 허명화 286

41. 근세 후기 중국 유교민본주의 정치사상 · 『명이대방록』, 황종희 | 민경준 292

42. 역사의 아버지가 쓴 고대 지중해 세계사 · 『역사』, 헤로도토스 | 송문현 299

43. 개인과 세계의 발견으로서의 르네상스 · 『이탈리아 르네상스의 문화』, 야콥 부르크하르트 | 곽차섭 306

44. 역사는 무엇에 쓰는가? · 『역사를 위한 변명』, 마르크 블로크 | 이세희 313

45. 중국 과학의 비밀을 캐다 · 『중국의 과학과 문명』, 조셉 니덤 | 송성수 319

46. '야만'에서 '문명'으로? · 『문명화과정』, 노르베르트 엘리아스 | 곽차섭 325

47. 한 무슬림 청년의 이슬람권 체험기 · 『이븐 바투타 여행기』, 이븐 바투타
| 김동원 331

48. 일본, 일본인 그리고 일본문화 들여다보기 · 『국화와 칼』, 루스 베네딕트
| 김동기 337

Part 3 / 철학 : 현실과 이상을 잇는 징검다리

49. 원칙론자 공자, 정직과 공부로 세상을 끌다 • 『논어』, 공자 | 이준규 346
50. 맹자, 남을 아파하는 마음에서 새로운 세상을 보다 • 『맹자』, 맹자 | 김승룡 354
51. 욕심 덜어가며 부드러움으로 세상을 살아가는 길 • 『노자』, 노자 | 조한석 363
52. '변신'과 '쓸모없음의 유용성'에 대한 성찰 • 『장자』, 장자 | 조한석 371
53. 중도中道의 이론과 실천 • 『중론』, 용수(나가르주나) | 김용환 381
54. 성리학性理學의 입문서 • 『근사록』, 주희 · 여조겸 | 정해왕 388
55. 땅막과 무덤이 둘이 아닌 세계 • 『대승기신론소』, 원효 | 김용환 397
56. 지경持敬으로 성인聖人 되기 • 『성학십도』, 이황 | 박정심 404
57. 기질氣質을 바로잡아 제대로 된 사람이 되어보자 • 『성학집요』, 이이 | 박정심 411
58. 관료가 집행하는 국가 폭력을 막는 방법 • 『목민심서』, 정약용 | 강명관 418
59. 천문학으로 중국 중심설을 해체하다 • 『의산문답』, 홍대용 | 강명관 424
60. 양지良知로 새 세상을 열어라! • 『박은식전서』, 박은식 | 박정심 432
61. 행복의 추구 • 『니코마코스 윤리학』, 아리스토텔레스 | 주광순 438
62. 인간 내면의 신비 • 『고백록』, 아우구스티누스 | 주광순 444
63. 우리는 어떻게 살아야 하는가? • 『방법서설』, 데카르트 | 손영삼 451
64. 인간은 자유롭기에 도덕적일 수 있으며 도덕적이기에 존엄하다 • 『윤리형이상학 정초』, 칸트 | 김준수 458
65. 개인의 자유에 바탕을 둔 근대적 인륜 공동체 • 『법철학』, 헤겔 | 김준수 465
66. 우리는 어떻게 살고 있는가? • 『형이상학이란 무엇인가?』, 하이데거 | 손영삼 473
67. 자본주의에도 정신이 있는가? • 『프로테스탄티즘의 윤리와 자본주의 정신』, 막스 베버 | 김덕영 480

Part 4 / 사회과학 : 사실과 현상에 대한 탐구

68. 플라톤의 『국가』, 어떻게 읽을 것인가: 구조, 쟁점 그리고 형식 • 『국가』, 플라톤

| 박성우 488

69. 권력의 본질에 대하여 •『군주론』, 니콜로 마키아벨리 | 곽차섭 495
70. 국가권력의 원천에 대한 인간학적 논증 •『리바이어던』, 토머스 홉스 | 진석용 501
71. 자유로운 개인이 사회 진보에 공헌한다 •『자유론』, 존 스튜어트 밀 | 박동천 510
72. 자살에 대한 사회학적 연구 •『자살론』, 에밀 뒤르켐 | 윤일성 518
73. 경제학의 바이블, 시대의 혁명독본 •『국부론』, 애덤 스미스 | 이대식 524
74. 타자로서의 여성 •『제2의 성』, 시몬 드 보부아르 | 유제분 530
75. 민주주의 시대에 필요한 민주적 시민을 위하여 •『미국의 민주주의』, 토크빌 | 홍태영 537
76. 무의식의 발견 •『정신분석 입문』, 프로이트 | 김지영 544
77. 지식-권력과 감시 사회 •『감시와 처벌』, 미셸 푸코 | 문성원 551
78. 국제정치를 힘을 중심으로, 과학의 이름으로 설명한 월츠 •『국제정치이론』, 케네스 월츠 | 차창훈 557
79. 자유주의 시장경제에 대한 문명사적 접근 •『거대한 전환』, 칼 폴라니 | 김진영 564
80. 우리 속의 전체주의자들에 대한 경고 •『노예의 길』, 하이에크 | 김행범 570
81. 민족은 핏줄이 아니라 사람들의 상상으로 만들어지는 것 •『상상의 공동체』, 베네딕트 앤더슨 | 차창훈 579
82. 동양에 대한 편견에서 벗어나기 •『오리엔탈리즘』, 에드워드 사이드 | 박홍규 586

Part 5 / 과학·기술·의학 : 문명과 생명의 새로운 지평

83. 젊은 과학도들을 향한 사려 깊고 열정어린 조언 •『과학자를 꿈꾸는 젊은이에게』, 산티아고 라몬 이 카할 | 고인석 594
84. 여성주의 과학철학자가 쓴 노벨상 수상자의 전기 •『생명의 느낌』, 이블린 폭스 켈러 | 정태준 601
85. 새로운 패러다임을 여는 열쇠, 엔트로피 •『엔트로피』, 제레미 리프킨 | 하창식 607

86. DNA 구조의 규명을 향한 과학자들의 열정과 경쟁을 기록한 진솔한 이야기 •
『이중나선』, 제임스 왓슨 | 오정일 **613**

87. 미지의 세계를 탐험한 청년 다윈 • 『다윈의 비글호 항해기』, 찰스 다윈 | 송성수 **618**

88. 과학의 눈으로 본 인류 문명사 • 『총, 균, 쇠』, 재레드 다이아몬드 | 김상욱 **624**

89. 공학과 예술의 결합으로 새 시대를 연 혁신의 아이콘 • 『스티브 잡스』, 월터 아이작슨 | 김유신 **630**

90. 우주학 개론 • 『평행우주』, 미츠오 카쿠 | 김상욱 **637**

91. 보이지 않는 생명체를 향한 도전 • 『미생물 사냥꾼 이야기』, 폴 드 크루이프 | 강호영 **643**

92. 과학사의 새로운 이해: 혁명으로서의 과학 발전 • 『과학혁명의 구조』, 토마스 쿤 | 김유신 **648**

93. 과학과 인문학의 아름다운 통섭 • 『인간 등정의 발자취』, 제이콥 브로노우스키 | 김종기 **655**

Part 6 / 예술 : 인간 사유의 무늬

94. 예술이라는 별자리의 지도 그리기 • 『문학과 예술의 사회사』, 아르놀트 하우저 | 문관규 **664**

95. 암흑기 미술사에 민족의 얼을 새기다 • 『조선미술사 上 총론편』, 고유섭 | 신나경 **671**

96. 영화는 시간을 봉인하고 감독은 예술의 문을 열었다 • 『봉인된 시간』, 타르코프스키 | 문관규 **680**

97. 세월의 벽을 넘어 가슴으로 느끼는 떨림 • 『우리 문화의 황금기 진경시대 1·2』, 최완수 외 | 김윤찬 **685**

98. 중국예술이 걸어온 아름다운 길 • 『미의 역정』, 리쩌허우 | 이진오 **691**

99. 유럽사의 거장이 들려주는 아름다운 미술 이야기 • 『서양미술사』, 곰브리치 | 신나경 **698**

Part 1
문학

사실 속의 진실을 탐구하다
Literature

문학
01 / 고독한 중세 지식인이 풀어낸
소설적 독백

:: 『금오신화』, 김시습

    다섯 살 때 경서에 두루 통하고 시를 능란하게 지어 신동으로 불렸던 사람, 이런 재주를 알아본 세종이 뒷날 크게 쓰겠노라 다짐했던 사람, 하지만 울분과 방랑으로 점철된 삶을 살다 충청도의 한 허름한 절간에서 생을 마감했던 사람, 그는 바로 우리 고전소설의 명편인 『금오신화金鰲新話』를 지은 김시습金時習, 1435~1493이다. 그가 험난한 삶의 행로를 걷게 된 데에는 거듭된 가정사의 참극으로 지쳐가던 중 접한 세조의 왕위찬탈 사건이 결정적 계기가 되었다.

    21세라는 젊고 순수한 나이에 이런 소식을 접했던 김시습은 깊은 비탄에 휩싸여 문을 걸어 닫은 채 며칠을 통곡했다. 그러다가 서책을 모두 불태워버린 뒤, 미친 승려의 행색으로 전국을 떠돌아다녔다. 어린 조카의 왕위를 빼앗고 죽음으로까지 내몰았던 수양대군의 부도덕한 행위를 도저히 용납할 수 없었던 것이다.

> 여인의 부모는 시험을 해보려고 양생(梁生)에게 자신의 딸과 함께 다반(茶飯)을 들라고 시켰다. 그랬더니 다만 수저를 놀리는 소리만 들렸는데, 마치 산 사람이 식사할 때 나는 소리와 같았다. 여인의 부모는 놀라고 탄식하였다. 그러다가 양생에게 권하여 휘장 곁에서 딸과 함께 잠을 자도록 하였다. 한밤중에 그들이 주고받는 이야기 소리가 낭랑하게 들렸다. 사람들이 자세히 엿들어보려고 하면 둘은 갑자기 말을 그쳤다.

    전국을 방랑하던 김시습은 경주 남산, 곧 금오산金鰲山에 머물며 『금오신화』를 지었다. 그러고는 "후세에 나를 알아줄 사람이 반드시 있을 것"이라며 이 소설을 석실石室에 감추었다고 한다. 당대의 현실과 화해할 수 없었던 고뇌와 한 번도 펼쳐보지 못한 유자儒者로서의 꿈을, 먼 훗날 자기를 알아주는 사람에게 전하고자 했던 것이리라. 그런 점에서 『금오신화』는 고독한 삶을 살았던 한 중세 지식인의 소설적 독백이라 일컬을 만하다.

    상처받은 젊은 김시습은, "남자가 세상에 태어나 자신의 뜻을 실천할 수 있음에도 불구하고 물러나 도덕과 윤리를 저버린다면 수치가 될 것이로되, 자신의 뜻을 실현할 수 없을 바에는 차라리 제 한 몸이나 깨끗이 하는 것이 나을 것"이라며 세상에 대한 미련을 끊고 전국 곳곳을 떠돌아다녔다. 또한 "세상에 태어나서 이해와 명예에만 헤매고 생업에만 허둥거려, 뱁새가 둥지를 떠나지 못하듯, 박 넝쿨이 섶 가지에 얽히듯 자기 몸을 얽매어버린다면 어찌 괴로운 일이 아니겠는가?"라며 자신의 흔들리는 마음을 다잡기도 했다. 세상의 명예와 물욕을 찾아 매일매일 혁혁대는 오늘날의 우리에게도 날카로운 비수처럼 꽂히는 경구警句다.

율곡 이이李珥는 『김시습전』에서 이런 김시습의 삶을 "마음은 유자儒者였으나 행적은 불자佛者였다."고 규정한 바 있다. 유가인으로서의 삶과 불가인으로서의 삶을 동시에 살아갔다는 것이겠는데, 뒤집어 생각해보면 두 세계 어디에도 안주하지 못했다는 말이 된다. 실상 그는 승속僧俗의 두 세계 어디에도 안주하지 못한 채, 이들 사이를 부단히 오고 가며 괴로워했다.

세상 사람들은 그런 김시습을 미치광이로 취급하여 밀어내고, 김시습도 스스로 미치광이 행세를 하며 어지러운 세상과 관계를 끊고 깊은 산속으로 숨어들어갔다. 그렇지만 산속에서의 생활도 안온하지 못했다. 맑은 물을 받쳐 들고 매일 올리던 정성스런 예불, 밑도 끝도 없이 구슬프게 울음을 우는가 싶더니 뜬금없이 불러대는 노랫소리, 또는 붓을 들어 시를 짓는가 싶더니 그를 몽땅 불살라버리던 기이한 행동들! 김시습은 산속에서도 그렇게 기인奇人으로 매일매일을 보냈다.

실제로 속세와의 관계를 완전히 끊어버리지 못했음을 짐작게 하는 일화들도 적지 않게 전한다. 자격 없는 자가 높은 지위에 임명되었다는 소식을 들을 때마다 "우리 백성이 무슨 죄가 있어 저런 자가 이런 소임을 맡게 되었는가."라며 여러 날씩 통곡했는가 하면, 농부가 밭갈이하는 형상을 나무로 조각하여 백여 개를 책상 위에 벌여놓고 진종일 뚫어지게 바라보다가 문득 통곡하며 불살라 버리고는 했다고도 한다. 자기가 버리고 도망친, 아니 자기를 내친 인간 세상을 산속에서도 여전히 잊지 못했던 것이다.

왜 그랬을까? 그것은 조선시대 사대부라면 마땅히 꿈꾸었던 경세經世의 꿈을 한 번도 펼 수 없게 만든 세상에 대한 원망과, 그렇게 주저앉아버린 자신에 대한 울분 때문이었음이 분명하다. 그가 남긴 글 가운데는 "백성은 임금에 힘입어 살아가고 있으며, 임금 역시 백성에 의지하지 않고는 왕위를 유지할 수 없다. 민심의 지지를 받으면 만세에 걸쳐서 군주가 될 수 있고, 민심이 이반되면 하룻저녁을 기다릴 것도 없이 필부로 돌아갈 것이다. 군주와 필부 사이에는 털끝만 한 간격도 없다."고 하는 등 유가적 민본주의를 단호한 어조로 갈파하는 글귀가 많다. 그리고 "불법佛法은 세간에 있는 것이니 세간을 떠나서 깨달음이 있을 수 없다. 세간을 떠나서 보리菩提를 구하려는 것은 토끼에게서 뿔을 찾는 격이다."고 하여 부처의 참된 가르침이 현실세계에서 벗어나 존재하지 않음을 보여주는 글도 많다. 유가와 불가, 그 모두에서 현실과의 연관성을 놓치지 않으려 했던 것이다. 하지만 당시의 정치현실은 김시습에게 자신의 이념을 펼쳐볼 수 있는 기회를 끝내 허락하지 않았다. 때문에 "마음이 세상살이와 어긋나기만 하니, 시를 빼놓으면 즐길 것이 없네(心與事相反 除詩無以娛[심여사상반 제시무이오])."라며, 김시습은 자신의 울울한 심경을 시편에 담아 풀어낼 수밖에 없었다. 이런 자기 고백에서 짐작할 수 있듯, 전국을 떠돌아다니다 잠시 머물렀던 경주 금오산에서 지은 『금오신화』에도 그런 울울한 심경이 배어 있다. 『금오신화』를 창작할 즈음, 김시습은 자신의 정황을 이렇게 노래했다.

옥당(玉堂)에서 붓을 휘두르는 데엔 이미 마음 없이
(玉堂揮翰已無心[옥당휘한이무심])
소나무 어른거리는 창가에 앉았노라니 밤 정히 깊네.
(端坐松窓夜正深[단좌송창야정심])
구리 향로에 향을 꽂고 검은 책상 정결히 하고는
(香揷銅鑪烏几淨[향삽동로오궤정])
풍류 있는 기이한 이야기를 세세하게 찾노라.
(風流奇話細搜尋[풍류기화세수심])

_김시습, 「금오신화에 쓰다(題金鰲新話[제금오신화])」

위의 시에서 문장으로 이름을 날리리라 자부했던 자의 어긋나버린 현실, 그리고 그로부터 배태되었음직한 작가 자신의 격절감을 읽어내는 일이란 그리 어렵지 않다. 밤 깊은 산사山寺의 적막함은 그런 심사를 생생하게 전달한다. 그럼에도 불구하고 지금 그곳에서 쓰고 있는 풍류기화風流奇話, 곧 『금오신화』가 김시습 자신에게 어떤 의미가 있는 작업이었는지 깊이 유념하지 않으면 안 된다. 현실로부터 소외당한 자의 울울한 심사가 풍류기화에 우의寓意되어 자조적인 빛깔을 띠지 않을 수 없겠지만, 그런 차원에만 국한되지 않기 때문이다. 시 곳곳에서는 득의에 찬 자부심이 동시에 드러나고 있는 것이다.

"옥당玉堂, 홍문관에서 글을 쓰는 데엔 이미 마음 없이"로 시작되는 첫 구는, 뒤집어 생각해보면 그곳에 몸담고 싶던 젊은 시절의 꿈을 토로하고 있는 것에 다름 아니다. 하지만 현재 자신의 몸은 경주 남산의 깊은 산속에 묻혀 있다. 자의든 타의든 세상과 화합할 수 없었던 자에게 있어, '자조自嘲'와 '자득自得'은 동전의 양면과도 같은 법이다. 김시습에게 있어서도 마찬가지였다. 현실세계에서 소외되어 있던 김시습의 불편한 심사가 풍류기화로 표현된 청춘남녀의 기이한 사랑 이야기 속에 은밀하게 깃들어 있는 한편, 당대 최고 문장가로 자부하던 김시습의 글쓰기 솜씨가 한껏 발휘되고 있기 때문이다.

이런 『금오신화』는 모두 다섯 편의 단편소설을 엮은 소설집인데, 작품 각각의 면면은 참으로 흥미롭다. 남원의 불우한 서생書生이 만복사에서 왜구에게 죽임을 당한 여인의 원혼과 짧은 사랑을 나눈 뒤 끝내 이별할 수밖에 없었던 「만복사저포기」, 가문의 지위가 현격히 달랐던 청춘남녀가 부모의 반대를 무릅쓰고 결혼했으나 홍건적의 난으로 말미암아 생사가 나뉜 비극적 사랑을 그려낸 「이생규장전」, 개성 출신의 서생이 평양 부벽루에서 기자조선의 딸을 만나 시를 주고받으며 하룻밤을 지내고 난 뒤 죽었다는 「취유부벽정기」, 불우한 서생이 꿈속에서 염라대왕을 만나 뒤틀린 세상사의 모순에 대해 토론하고 돌아왔다는 「남염부주지」, 그리고 세상에 쓰이지 못한 문사文士가 꿈에 용왕의 초청으로 용궁에 가서 상량문을 지어준 뒤 극진한 대접을 받고 돌아왔다는 「용궁부연록」이 그것이다.

여기서 우리의 눈길을 끄는 것은 이들 다섯 편에 등장하는 남성

주인공의 형상이다. 이들 모두는 뛰어난 재주를 갖고 있음에도 불구하고 현실에서 쓰이지 못하고 있는 소외된 젊은 서생들이다. 때문에 이들은 깊은 고독에 빠져 있는가 하면, 견디기 어려운 울분을 품고 있다. 김시습의 젊은 시절과 너무도 닮았고, 그런 점에서 그들은 김시습의 분신처럼 읽힌다. 김시습은 자신의 울울한 심사를 때론 죽은 여자와의 기이한 사랑으로, 때론 염라대왕, 용왕과 같은 비현실적인 존재와 회포를 나누고 심경을 토로하면서 해소시켜보고자 했다.「만복사저포기」와「이생규장전」은 명혼담冥婚談의 형식을 통해,「남염부주지」와「용궁부연록」은 몽유담夢遊談의 형식을 통해, 그리고「취유부벽정기」는 명혼담과 몽유담이 혼합된 형식을 통해서 이야기를 전개하고 있다. 하지만 명혼담을 통한 귀신과의 만남이든 몽유담을 통한 비현실적인 존재와의 만남이든, 그것 모두 현실에서는 실현할 수 없는 상황을 설정하고 있다는 점에서 공통된다. 비현실적인 방법으로 풀어버릴 수밖에 없었던, 현실세계와의 저 두터운 장벽과 깊은 고독!

  17페이지에 별색으로 인용한 대목은「만복사저포기」에서, 현실로부터 소외된 양생과 죽은 여인의 만남을 묘사하고 있는 대목이다. 그들은 둘만 만나고 소통할 뿐 외부세계와 철저하게 단절되어 있다. 부모의 눈에는 보이지 않고, 그들의 대화를 엿들어보려 하면 멈추고 만다. 외부인이 둘의 사이를 비집고 들어오려 해도 그걸 결코 허락하지 않는 것이다. 절대적 고립으로 빠져드는 그들, 그래서 그들의 사랑은 참으로 마음 아프다.『금오신화』전편에는 이처럼 비극적 정조가 짙게 배어 있다.

하지만 그런 비극을 보다 극적으로 표출하고 있는 대목은 주인공의 최후다. 명혼담과 몽유담으로 비현실적인 만남을 경험하고 난 뒤, 남성 주인공들은 그 비현실적 존재들과 영원히 이별한다. 그러고는 한결같이 세상과 인연을 끊고 자취를 감춰버리거나 비극적인 죽음을 맞이한다. 이러한 비극적 결말은 작가 김시습의 불우했던 최종 행로와 무관하지 않다. 현실과 화합할 수 없었던, 그리하여 평생을 비분과 방랑으로 지내야 했던, 그러다가 결국 충청도 홍산鴻山에 있는 조그만 절간 무량사無量寺에서 59세를 일기로 생을 마감했던 김시습! 그 모든 것은 바로 자신이 쓴 소설 주인공의 삶과 너무도 닮아 있었던 것이다. 그러하다면 우리는 그와 같은 마음으로 『금오신화』를 대해야 한다.

하지만 우리는 『금오신화』 하면 으레 중국의 『전등신화』를 모방한 소설로 기억한다. 김시습이 『전등신화』를 감동적으로 읽었고, 그런 경험이 『금오신화』 창작의 주요한 계기가 되었던 것은 분명하다. 부끄러워할 필요 없다. 우리가 부끄럽게 여길 것이 있다면, 그것은 선진 문화를 발 빠르게 받아들여 보다 훌륭한 우리 문화로 재창조하지 못하는 경우에 한해서다. 그렇지만 김시습은 『전등신화』로부터 많은 영향을 받고 있으면서도 우리 소설로서의 독자성을 한껏 발휘하고 있다. 뿐만 아니라 비판적 지식인으로서의 내면 풍경을 무척 절절하게 담아내고 있다. 통속적인 취향이 물씬 풍기던 『전등신화』를 고독한 중세 지식인의 소설적 독백으로 훌륭하게 환골탈태시켜놓았던 것이다.

지금은 어떠한가? 세계화 시대를 살고 있는 우리는 미국이나 일본 등 여러 나라의 문화를 수시로 접하고 있다. 그럼에도 우리는 과연 이들의 장점을 제대로 받아들여 한층 우량한 우리 문화로 만들어내고 있다고 자부할 수 있는가? 그러기는커녕 그들의 질 낮은 문화만을 흉내 내고 있는 것은 아닌지, 우리 모두 깊이 반성해볼 일이다.

추천 번역서로는 이지하가 옮긴 『금오신화』(민음사, 2009)를 들고 싶다.

정출헌 | 부산대 · 한문소설론

문학
02

꿈으로 갈무리한
상층 사대부의 욕망

::『구운몽』, 김만중

 우리 고전소설 가운데 가장 매력적인 작품을 골라보라면, 『구운몽』을 꼽는 사람이 적지 않을 것이다. 중국이라는 드넓은 무대를 배경으로 인상적인 인물들이 꿈과 현실, 천상과 지상, 중원과 변방을 수시로 넘나들며 펼치는 환상적인 이야기는 가히 압권이다. 『춘향전』이 조선 후기 서민의 삶과 애환을 예술적으로 승화시킨 최고 걸작이라면, 『구운몽』은 조선 중기 상층 사대부의 꿈과 욕망을 절묘하게 갈무리하고 있는 최고 걸작인 것이다.

 『구운몽』은 17세기 최고 벌열가문閥閱家門, 나라에 공로가 크고 벼슬 경력이 많은 가문의 일원이었던 서포 김만중金萬重, 1637~1692의 작품이다. 한문으로 창작했다는 견해도 있지만, 한글로 창작했다는 견해가 우세한 편이다. 그렇다면 소설이란 장르를 천시하던 중세 시대에, 천시하던 언문을 사용하여 사대부 남성이 소설을 직접 창작한 까닭은 무엇일

> "네가 흥(興)을 타고 갔다가 흥(興)이 다하여서 돌아오니, 내가 무슨 간여한 일이 있겠느냐? 네가 또 '인간 세상에서의 윤회를 꿈꾸었다' 하니 이는 네가 꿈과 세상을 나누어서 둘이라 함이라. 네 꿈을 아직까지도 깨지 못하였구나. 장자(莊子)가 꿈에 나비가 되고 나비가 다시 장자로 변하니, 장자의 꿈에 나비가 된 것인지 나비의 꿈에 장자가 된 것인지 끝내 분간할 수가 없었다."

까? 당시 많은 사람들은, 김만중이 숙종 때 장희빈을 둘러싼 치열한 정치적 사건에 휘말려 남해(南海)에서 유배생활을 하면서 어머니의 근심을 풀어드리기 위해 지은 것이라 전하고 있다. 흔히 알고 있듯 『구운몽』의 주제를 '일장춘몽'이라 본다면, 세상살이가 모두 한바탕 꿈과 같은 것이니 자식이 먼 남방으로 유배 와 있는 걸 너무 근심하지 말라는 뜻을 담고 있을 법하다. 하지만 어머니 윤씨는 아들을 걱정하던 끝에 병으로 죽고, 효성 지극했던 김만중은 장례에도 참여하지 못한 채 몇 해를 더 살다가 남해 유배지에서 56세를 일기로 생을 마쳤다. 김만중에게 있어, 자신의 삶은 『구운몽』처럼 참으로 일장춘몽과도 같은 것이었다. 꿈의 형식을 빌려 환상적으로 그려낸 『구운몽』은, 그런 점에서 어느 상층 사대부 남성의 꿈과 좌절된 욕망을 갈무리하고 있는 작품으로 읽힌다.

잘 알려져 있는 것처럼, 『구운몽』은 '현실—입몽→꿈—각몽→현실'이라는 삼단구조를 활용해 불제자 성진性眞이 삶의 참된 이치를 깨달아가는 과정을 담고 있다. 기본 골격은 이렇다. 주인공 성진은 육관대사의 가르침을 받으며 불도에 정진하던 인물이다. 그러던 어느 날, 우연한 계기로 아리따운 선녀 여덟 명과 잠시 수작을 주고받은 뒤부터 갑자기 마음이 혼란스러워졌다. 이제까지 걸어온 불가佛家의 세계가 부질없이 느껴지는 대신 세속의 영화로운 삶을 갈망하게 된 것이다. 이런 흔들림을 알아차린 육관대사는 성진으로 하여금 꿈을 통해 현실세계의 부귀영화를 마음껏 누리도록 만들어준다. 꿈에서 성진은 양소유楊少遊란 인물로 환생하여 부귀공명과 남녀욕정을 극진하게 맛본다. 하지만 영화로운 삶을 누리던 양소유는 문득 모든 것이 꿈과 같은 것이었음을 깨닫게 된다. 그때, 육관대사는 성진을 깊은 잠에서 깨워준다. 꿈에서 깨어난 성진은 비로소 마음을 다잡아 불도에 정진하게 된다. 물론 꿈에서 깬 성진은 세속적 욕망에 흔들리던 예전의 성진이 아니었고, 그런 점에서 『구운몽』은 성진이라는 젊은 주인공이 세상의 참된 이치를 깨달아 나가는 성장소설의 성격을 지니고 있다 할 수 있다. 실제로 '성품이 참되다'는 뜻을 지닌 성진과 '세상에 잠시 노닐다가 간다'는 뜻을 지닌 양소유의 삶은 서로 상반된다. 유혹에 흔들리던 젊은 성진은 양소유의 질탕한 삶을 경험함으로써 성숙한 성진으로 거듭날 수 있었던 것이다.

하지만 『구운몽』을 제대로 읽는 독법은 이렇듯 간단치가 않다. 26페이지에 별색으로 인용한 육관대사의 말을 꼼꼼하게 읽어보면,

『구운몽』의 주제를 단선적으로 파악해서는 안 된다는 사실을 깨닫게 된다.

　주인공 성진은 꿈에서 깨어난 뒤, 양소유로서 누렸던 현세에서의 부귀공명이 헛되다는 것을 깨닫게 해준 데 대해 스승에게 깊이 감사한다. 그러나 스승 육관대사는 성진을 대견해하기는커녕 아직도 꿈을 깨지 못했다며 심하게 꾸짖는다. 꿈과 세상, 곧 꿈과 현실을 둘로 나누어서 생각하면 안 된다는 것이다. 그 말뜻을 정확하게 이해하기 위해서는 육관대사가 인용하고 있는 '나비의 꿈(胡蝶夢[호접몽])'에 대해 알아볼 필요가 있다. 이는 『장자』의 「제물론(齊物論)」에 나오는 일화다. 내용은 이렇다. 어느 날 장자가 꿈에 나비가 되어 산천을 훨훨 날아다녔다. 그러다 문득 나무 아래에서 잠자고 있는 자신의 모습을 발견하고 홀연 잠에서 깨어난다. 그런데 꿈에서 깨었건만, 모든 게 불분명해지고 말았다. 장자 자신이 꿈에 나비가 되어 날아다니다가 자신으로 돌아온 것인지, 아니면 나비가 꿈에 장자가 되어 살아가고 있는 것인지 분간할 수 없었던 것이다. 장자가 나비 꿈을 꾸고 있는 것인가, 나비가 장자 꿈을 꾸고 있는 것인가?

　장자는 이런 일화를 통해, 절대적인 기준으로 세상사를 판단하지 말아야 한다는 점을 일깨워주고 싶어 했다. 이런 가르침을 『구운몽』에 적용하면 어떻게 되는가? 간단하다. 성진이 꿈에 양소유가 되었던 것인가, 양소유가 성진을 꿈꾸고 있는 것인가? 지금의 너를 절대적인 것으로 간주하지 말라, 한 걸음 더 나아가 성진의 삶은 참된 것이고, 양소유의 삶은 헛된 것이라고 단정하지 말라. 사실 흑과 백, 선과 악, 미와 추처럼 세상을 이분법적으로 파악하는 것은 독단에 빠질 위험을 갖고 있고, 그런 만큼 그것은 단순하고 미숙한 사고방식이다. 흑과 백 사이에 얼마나 다양하고 많은 빛깔들이 존재하는가? 실제로 작품을 꼼꼼하게 읽어보면, 성진의 삶에 의해 부정되고 있는 양소유의 삶은 결코 쉽게 부정되지 않는다. 많은 독자들은 『구운몽』의 주제를 일장춘몽이라고 말하고 있지만, 오히려 양소유가 누렸던 저 세속적인 삶에서 더욱 진한 여운을 느끼게 된다. 작품 전체의 8분의 7 분량을 차지할 만큼, 작가 김만중도 양소유의 다채로운 역정歷程을 그려나가는 데 깊은 공력을 기울이고 있다. 양소유의 삶은 자기 나름대로 탄탄한 현실 논리를 통해 독자적인 세계를 구축하면서 많은 독자들을 매혹의 꿈속으로 끌어들이고 있는 것이다.

『구운몽』의 탁월한 소설적 성취는 바로 여기에서 찾을 수 있다. 참된 불제자로 돌아온 성진의 삶이 하나의 서사적 축을 이룬다면, 세속의 부귀영화를 한껏 누려나가던 양소유의 삶도 또 하나의 서사적 축을 이루고 있는 것이다. 육관대사의 가르침처럼, 그들 둘의 삶을 흑백논리로 재단해서는 안 될 뿐만 아니라 양소유의 삶을 일방적으로 부정해버려서도 안 된다. 그런 까닭에 양소유의 삶을, 성진의 깨달음을 위한 임시적 방편으로 간주하는 것이 아니라, 거꾸로 진정으로 동경하던 양소유의 삶을 장식해주는 액자 정도로 성진의 삶을 읽는 독법도 가능하다. 이쯤 되면 『구운몽』의 주인공이 성진인가, 아니면 양소유인가 판단하기 어려워진다. 어디가 꿈이고, 어디가 현실인지 혼란스러운 것처럼. 실제로 양소유의 삶은 매우 생동하게 그려져 있고, 『구운몽』을 제대로 감상하기 위해서는 양소유의 삶을 제대로 이해해야만 한다. 그때 비로소 『구운몽』이 얼마나 정교하게 결구된 고전소설인가 실감할 수 있다. 여기서는 한 대목만 살펴보기로 하자.

　『구운몽』의 전체 구조는 전반부와 후반부로 나뉜다. 양소유가 여덟 명의 아리따운 여성을 만나 인연을 맺고 일시적으로 헤어지는 과정이 전반부라면, 후반부에서는 양소유가 잠시 헤어졌던 이들 여성과 하나씩 결연을 이루어가는 과정으로 채워진다. 작품 제목을 구운몽, 곧 '아홉 명의 꿈'으로 달았던 까닭도 양소유와 이들 여덟 명의 꿈같은 만남을 상징적으로 표현하기 위함이다. 그렇게 완전한 만남을 이룬 여덟 명의 여인, 곧 양소유의 2처 6첩은 한 남성을 지아비로 섬기게 된 자신의 처지를 이렇게 밝히고 있다.

　저희 여덟 사람은 처음에는 비록 남북에서 각기 태어나고 동서로 흩어져 살았으나, 커서는 한 사람을 한 집에서 함께 섬기게 되면서 의기가 서로 부합하게 되었습니다. 이를 물건에 비유하자면 이렇습니다. 한 나무에 핀 꽃이 비바람에 흔들려 혹 궁전에 떨어지고, 혹 양반집 규방에 흩날리며, 혹 거리에 떨어지고, 혹 산중에 날리며, 혹 시냇물을 따라 강호에 이르게 된 것입니다. 그러나 그 근본을 말하자면 하나의 뿌리를 같이 한 것입니다.

　『삼국지연의』에서 유비, 관우, 장비가 도원결의桃園結義를 한 것처럼, 양소유의 제1처였던 정경패가 한 남편을 모시고 있는 자신들도 형제처럼 지내자고 제안하며 했던 말이다. 여기에서 흥미로운 점은 여덟 명의 처지를 흩날리며 떨어지는 꽃잎에 비유하고 있는 대목이다. 이들 여덟 명의 여인은 황제의 여동생이나 명문귀족의 딸로 태어난 '이소화와 정경패', 거리에서 살아가야 했던 기생 '계섬월과 적경홍', 먼 변방의 산중이나 바닷속에서 살던 '심요연과 백능파', 그리고 몸종으로 살다가 자기 주인을 따라 양소유를 함께 섬기게 된 '가춘운과 진채봉'이라는 네 부류로 묶인다. 여덟 명 가운데 좋은 집안에 태어난 첫 번째 쌍의 두 여성은 어엿한 처가 되어 양소유를 섬길 수 있었다. 하지만 나머지 세 쌍의 여섯 여성들은 첩으로 만족해야만 했다. 같은 나무에서 자라났지만 흩어져 떨어질 때 어디에 떨어졌는가에 따라 이들의 귀천이 현격하게 갈렸던 것이다. 어떤 꽃잎은 궁전이나 규방에, 어떤 꽃잎은 거리에, 어떤 꽃잎은 산중에, 어떤 꽃잎은 시냇물에. 우리는 그걸 팔자 또는 운명이라 부르기도 한다. 누굴 탓할 수도 없이 받아들일 수밖에 없다.

하지만 우연처럼 보이는 그네들의 운명은 기실 작가 김만중에 의해 작품 서두에서 이미 네 부류의 여인들로 주도면밀하게 설계된 것이었다. 성진이 인간 세상에 추방되어 양소유로 환생했던 것처럼, 여덟 명의 여성들도 본래 불제자 성진의 정신을 미혹시킨 죄로 인간 세상에 추방된 선녀들이었다. 그리고 성진과 여덟 선녀들이 서로의 본분을 망각한 채 수작을 벌이던 그때, 그녀들의 차별적 관계는 이미 이렇게 결정되고 있었다.

말을 마치고 손에 든 복숭아꽃 한 가지를 선녀들의 앞에 던지니, 네 쌍의 짙붉은 꽃봉오리가 맑은 구슬로 변하여 상서로운 빛이 땅에 가득하였다. 팔선녀는 각기 그 하나씩 주워들고 성진을 향하여 환한 웃음을 보내며 몸을 솟구쳐 허공으로 사라져 갔다.

'네 쌍의 복숭아꽃'이 여덟 개의 구슬로 변했다는 작품 서두의 이 장면은 팔선녀가 인간 세상으로 추방되어 양소유와 맺는 차별적 관계를 결정지어주는 의미심장한 복선이다. 사연은 이러하다. 성진은 육관대사의 심부름으로 용궁에 갔다가 용왕의 강권에 못 이겨 술 한 잔을 마셨다. 난생처음 맛본 술에 취해 산사로 돌아가던 길, 돌다리에서는 아리따운 팔선녀가 놀고 있었다. 취기가 오른 성진을 본 선녀들은 장난기가 발동하여 다리 지나가는 값을 요구하고, 마음이 잠시 풀린 성진은 길 값 대신 꽃으로 구슬을 만드는 도술로 화답했다. 불제자와 선녀 모두 세속의 청춘남녀처럼 수작을 부렸던 것이다. 그들 아홉이 천상으로부터 인간세계로 추방된 사연이다.

하지만 천상과 지상은 절묘하게 연계되어 있다. 팔선녀는 천상에서 주워 가진 네 쌍의 구슬에 따라 인간 세상으로 추방되며 그에 맞는 운명을 갖고 태어나게 되었던 것이다. 정경패와 이소화처럼 귀한 가문의 딸로 태어나 양소유의 처로서 지아비의 성공을 뒷받침하는 당당한 여인들로, 가춘운과 진채봉처럼 몸종으로 태어나 양소유의 첩이 되어 평생 순종하는 여인들로, 계섬월과 적경홍처럼 기생으로 태어나 양소유에게 여흥의 기쁨을 주는 여인들로, 그리고 백능파와 심요연처럼 낯선 이역에서 태어나 양소유의 첩이 되어 남다른 욕구를 충족시켜주는 여인들로. 참으로 절묘한 구성이다. 김만중은 이처럼 당대 최고 문장가다운 솜씨를 유감없이 발휘하며 『구운몽』을 창작했던 것인데, 작품의 수준은 17세기 후반에 창작된 전 세계의 어느 소설들과 비교해보아도 결코 뒤지지 않는다. 『구운몽』은 이미 세계적인 수준에 올라 있었던 것이다.

실제로 『구운몽』의 인기는 대단했다. 한문본으로도 한글본으로도 수많은 독자들이 읽으며 열광했다. 그 결과, 조선 후기에 이르면 꿈을 소재로 한 숱한 모방작들이 만들어지곤 했는데, 심지어 중국으로 전해져 중국인이 『구운기九雲記』라는 소설로 재창작했을 정도다. 세계 최고의 문명을 구가했던 중국을 따라잡기에 급급했던 그때, 중국 문사들이 『구운몽』을 읽으며 매력을 느껴 모방작을 만들게 한 것은 참으로 흔치 않은 사례다. 김만중의 『구운몽』이 이룩하고 있는 소설적 성취는 그 정도로 높이 올라서 있었던 것이다.

번역서로는 송성욱이 옮긴 『구운몽』(민음사, 2003)을 추천한다.

정출헌 | 부산대 · 한문소설론

문학

03 조선시대 기행문학이 도달한
가장 높은 경지

:: 『열하일기』, 박지원

　연암^{燕巖} 박지원^{朴趾源, 1737~1805}의 『열하일기』가 조선 후기 문학이 거둔 최고의 성취라는 데 이의를 제기할 사람은 많지 않을 것이다. 왜 한 문인의 여행기가 이토록 대단한 평가를 받는 것일까?
　조선과 외교관계를 맺고 있는 나라는 중국과 일본이었고, 외교관도 양국에만 파견되었다. 특히 중국에는 정기적으로 사신을 파견했다. 사신들 중에는 귀국하여 자신이 경험한 중국을 종종 여행기로 남기는 경우가 있었다. 그것을 연행록^{燕行錄}이라 한다. 북경을 연경^{燕京}이라 불렀기에 '연경에 다녀온 기록'이란 뜻이다. 『열하일기』 역시 연행록의 전통 속에서 나온 것이다.
　임진왜란 때 워낙 많은 전적^{典籍}이 소실되었기에 조선 전기의 연행록은 별로 남아 있지 않지만, 조선 후기의 연행록은 상당히 많은 수가 전하고 있다. 숱한 연행록 중에서 섬세한 관찰과 빼어난 서술

" 책문 밖에서 다시 책문 안을 바라보니 여염집들이 모두 대들보 다섯 개가 높이 솟았고 띠 이엉으로 덮었다. 집의 등마루가 하늘까지 높고 대문과 창문들이 정제되었으며, 길거리는 평평하고 곧아서 양쪽 길거리가 마치 먹줄을 튕긴 듯 반듯하다. 담장은 벽돌로 쌓았고, 사람 타는 수레와 짐 싣는 마차가 길 가운데로 종횡무진 누비며, 진열된 살림살이 그릇은 모두 그림을 그린 도자기이다. 그 제도가 결코 촌티가 나지 않음을 볼 수 있었다. 책문은 중국 동쪽의 가장 끝인데도 이와 같을. 길을 나아가며 유람하려니 홀연히 기가 꺾여, 문득 바로 돌아갈까 하는 생각이 들어 온몸이 부글부글 끓어오르는 것 같았다. 나는 깊이 반성했다. 이는 나의 견문이 좁은 탓이리라. "

로 인해 많은 사람들에게 널리 읽힌 것들이 있다. 흔히 3대 연행록이라 하는 김창업金昌業, 1658~1721의 『노가재연행일기老稼齋燕行日記』, 홍대용洪大容, 1731~1783의 『을병연행록』, 박지원의 『열하일기』가 그것이다. 그런데 왜 박지원만 '연행'이란 이름을 붙이지 않고, '열하일기'란 특이한 이름을 붙였던 것인가.

알려져 있듯, 홍대용과 박지원은 둘도 없는 벗이었다. 1765년 겨울 북경에 가서 1766년 초에 귀국했던 홍대용은 북경에서 중국 지식인들과 진지하게 필담을 나누고 국경을 초월한 우정을 쌓고 돌아왔다. 박지원의 북경행 역시 홍대용의 여행에 자극을 받은 것이다. 1780년 청淸 건륭제의 칠순잔치를 축하하기 위한 사신단이 꾸려지고, 박지원의 삼종형인 박명원朴明源이 진하사 겸 사은사進賀使兼謝

恩使가 되자, 박지원은 그를 따라 북경으로 떠났다.

박지원은 1780년 6월 24일 압록강을 건너 중국 땅을 밟았고, 그로부터 한 달을 넘겨 8월 1일 북경에 도착했다. 그런데 건륭제는 그때 마침 전례를 따라 열하熱河, 지금의 승덕시(承德市)다. 열하는 '더운 물이 솟아 흐르는 냇물'이라는 뜻이다의 피서산장避暑山莊에 머무르고 있었다. 조선의 사신단은 8월 5일 북경을 떠났고, 9일 열하에 도착했다. 박지원 역시 열하로 따라갔고, 이에 그의 연행기는 '열하'란 이름을 따서 『열하일기』가 된 것이다.

황제를 알현한 사신단은 8월 15일 열하를 떠나 20일에 다시 북경에 도착했다. 박지원이 여행 일정을 기록한 것은 여기까지다. 보통의 연행기는 서울에서 출발할 때부터 북경에 도착하기까지, 그리고 북경을 출발하여 서울에 도착할 때까지 꼬박꼬박 날짜를 따라 쓰기 마련이지만, 『열하일기』는 압록강을 건너서부터 북경까지, 그리고 북경에서 열하로 갔다가 북경으로 다시 돌아올 때까지만을 기록하고 있다. 서울→압록강, 북경→서울까지의 일정은 생략된 것이다.

이렇듯 『열하일기』는 예사의 연행록과는 사뭇 다르다. 또 『열하일기』는 일기란 이름에 걸맞게 모든 일정을 날짜별로 기록한 것도 아니다. 다음은 『열하일기』의 세부 목차다.

01 도강록渡江錄 / 02 성경잡지盛京雜識 / 03 일신수필馹汛隨筆 / 04 관내정사關內程史 / 05 막북행정록漠北行程錄 / 06 태학유관록太學留館錄 / 07 환연도중록還燕道中錄 / 08 경개록傾蓋錄 / 09 심세편審勢編 / 10 망양록忘羊

錄/ 11 혹정필담鵠汀筆談 / 12 찰십륜포札什倫布 / 13 반선시말班禪始末 / 14 황교문답黃教問答 / 15 피서록避暑錄, 피서록보避暑錄補 / 16 양매시화楊梅詩話 / 17 동란섭필銅蘭涉筆 / 18 옥갑야화玉匣夜話 / 19 행재잡록行在雜錄 / 20 금료소초金蓼小抄 / 21 환희기幻戲記 / 22 산장잡기山莊雜記 / 23 구외이문口外異聞 / 24 황도기략黃圖紀略 / 25 알성퇴술謁聖退述 / 26 앙엽기盎葉記

모두 26편이다. 이 중에서 「01 도강록渡江錄」에서 「04 관내정사關內程史」까지는 6월 24일 압록강을 건너서 8월 1일 북경에 도착할 때까지의 일정을 날짜별로 기록하고 있다. 「05 막북행정록漠北行程錄」은 8월 5일 북경을 떠나 9일 열하에 도착할 때까지의, 「06 태학유관록太學留館錄」은 9일부터 14일까지 열하에 머무를 동안의, 「07 환연도중록還燕道中錄」은 8월 15일 열하를 떠나 20일 북경에 도착할 때까지의 일정을 날짜별로 기록한 것이다. 「08 경개록傾蓋錄」부터 「26 앙엽기盎葉記」까지는 특별한 주제 혹은 제재에 따라 독립적으로 쓴 글을 묶은 것이다. 이렇게 독립적인 글들을 따로 묶을 수밖에 없었던 것은, 여행 중 관찰한 것이나 혹은 어떤 계기를 통해 사색한 내용이 너무 길거나 중요할 때 하루하루의 일기 속에 엮어 넣기 곤란했기 때문이었다. 예컨대 「10 망양록忘羊錄」은 중국인 윤가전尹嘉銓과 오직 음악에 관해 나눈 대화록이고, 「11 혹정필담鵠汀筆談」은 왕민호王民皞와 문학, 학문, 예술 등 다방면에 걸쳐 나눈 장편의 대화록인데, 이런 것들을 특정한 날짜 아래 같이 엮어 넣기란 적지 않게 어색했을 것이다. 이런 이유로 「08 경개록傾蓋錄」 이하가 독립된 것이다.

때문에 『열하일기』는 단순한 일기체의 여행기가 아니다. 『열하

『일기』를 쓰고 난 뒤 연암이 자신의 옛 원고를 모두 없애버렸다는 이야기가 전하듯, 연암은 『열하일기』에 자신의 문학적 역량과 사유를 모두 쏟아 넣었던 것이다. 내용이 깊고 풍부한 것은 물론이고, 연암 자신이 구사할 수 있는 모든 문학적 테크닉을 이 저작에서 남김 없이 구사했다.

『열하일기』에서 박지원은 우리가 익히 아는 바와 같이 청의 선진적인 기술과 제도를 도입할 것을 주장한다. 예컨대 「01 도강록」에서 「05 막북행정록」까지의 글에서 흔히 보이는 벽돌과 수레의 사용, 상공업의 활성화 등이 그것이다. 이와 아울러 사회발전을 방해하는 관념에 대한 비판, 예컨대 「허생전」에서 북벌론의 허구성을 비판하거나, 「호질虎叱」에서 위선적 양반들에 대해 가한 비판과 풍자 등이 그것이다. 뿐만 아니라 청의 중국 경영의 속내를 간파하고, 조선의 허술한 대응을 비판하기도 하고(「審勢篇[심세편]」), 때로는 절대적인 진리를 거부하고 상대주의적 인식론을 역설하기도 한다(「一夜九渡河記[일야구도하기]」).

한편『열하일기』는 문체의 박람회장이기도 하다. 박지원은 문학에 있어서 독창성을 주장하는 명대明代 공안파公安派의 이론에 근거하여, 『열하일기』에서 다양한 신문체를 구사했다. 소품체에서 차용한 물태物態를 섬세하고 곡진하게 묘사하는가 하면, 소설을 방불케 하는 개성적 인물 형상을 창조하기도 하고, 여행 도중에 본 글을 베껴둔다면서 「호질」을 넣어두는가 하면, 여러 사람이 이야기를 하다 보니 자신도 옛날에 들었던 이야기라면서 「허생전」을 끼워 넣기도 하는 등 다양한 글쓰기의 테크닉을 구사하고 있다. 이런 문체적 실험과 사회비판으로 인해 『열하일기』는 오히려 문체를 오염시키는 주범으로 지목되기도 했던 것이다.

　『열하일기』는 사상의 깊이와 문체의 진보성 양면에서 조선 후기 산문이 거둔 최고의 성과라 할 것이다. 『열하일기』야말로 조선시대 기행문학이 도달한 가장 높은 경지다.

　『열하일기』의 번역은 여러 종이 있으나, 김혈조가 옮긴 『열하일기』(돌베개, 2009)를 추천한다.

강명관 | 부산대 · 한국한문학사 및 한문학비평론

문학

04 사랑과 이데올로기, 그리고 한 뼘의 광장

:: 『광장』, 최인훈

    한국문학사에서 흔히 1960년대는 『광장』과 함께 시작된다고들 한다. 이 말은 『광장』이 1960년 11월 《새벽》이라는 잡지에 발표된 사실만을 가리키는 것이 아니다. 이전까지 분단문학은 반공 이데올로기에 침윤된 작품들이 많았고, 이데올로기로 인한 갈등의 해결을 휴머니즘적 제스처로 포장하는 경향이 짙었다고 할 수 있다. 『광장』은 이런 경향에서 벗어나 두 개의 이데올로기를 냉철하게 바라보면서 분단문학의 새로운 방향을 제시해준 작품으로 평가받고 있다. 이런 점에서 보면 『광장』이 발표된 1960년 11월이라는 시간은 절묘하다. 1960년의 4월 혁명과 1961년 5·16 군사 쿠데타 사이에 위치하고 있기 때문이다. 다시 말해 1960년의 4월 혁명이 가져다준 비교적 자유로운 분위기가 『광장』이라는 기념비적 작품의 탄생을 가능하게 했던 것이다. 반공 이데올로기가 더욱 예각화

> 개인의 밀실과 광장이 맞뚫렸던 시절에 사람은 속은 편했다. 광장만이 있고 밀실이 없었던 중들과 임금들의 시절에, 세상은 아무 일 없었다. 밀실과 광장이 갈라지던 날부터, 괴로움이 비롯했다. 그 속에 목숨을 묻고 싶은 광장을 끝내 찾지 못할 때, 사람은 어떻게 해야 하는가?

되는 5·16 군사 쿠데타 이후였다면 『광장』 같은 작품이 탄생할 수 있었을까?

해방기라는 혼란의 정국에서 철학과 학생인 이명준은 월북한 아버지가 대남 방송에 나왔다는 이유로 경찰서로 끌려가 모진 고문을 받고는 인천에서 배를 타고 북쪽으로 간다. 이 과정은 물론 두 이데올로기를 모두 경험하게 하려는 소설적 장치이자, 『광장』을 추동하는 서사적인 힘이다. 이명준이 본 남한은 광장이 없고 밀실만 있는 곳이었고, 반면 북한은 광장만이 존재하는 공간이었다. 개인과 사회가 조화를 이루면서 존재하고 추구하는 가치가 일치하는 사회, 일찍이 루카치가 총체성이 구현된 사회라고 생각했던 그런 사회는 인류의 오래된 소망이자 꿈일 것이다. 극단적인 단순화인지는 모르지만 이데올로기란 그러한 사회를 위한 것이 아니었을까? 그렇다면 이데올로기는 인간을 위해, 개인과 사회가 조화를 이루는 그런 상태를 지향하는 것이어야 한다. 그렇지만 해방정국의 남북한 이데올로기가 인간과 사회를 위해 기능하지 못했고 다른 한편을 완벽하게 부정했기 때문에 마침내는 전쟁이라는 극단적인 파국으로 치닫게 되었던 것이다. 인간을 위해 기능해야 하는 이데올로기가 오히려 인간 위에 군림하며 인간을 옥죄고 심지어는 죽음으로 몰아갈 때, 이데올로기는 당연히 비판의 대상이 될 수밖에 없다.

이명준이 우리 문학사에서 찾기 쉽지 않은 관념적인 지식인으로 설정되어 있는 이유가 여기에 있다. 사실 해방기는 행동과 실천의 시대였다. 함석헌의 표현처럼 '도둑'처럼 해방이 왔고, 새로운 국가 건설이 무엇보다 시급한 과제였기 때문에 해방기는 그에 대한 열망이 봇물처럼 터지는 정치의 시대였다. 이런 시대에 상황을 냉철하게 분석하며 반성적인 사유를 할 수 있는 여유를 갖기란 여간 어려운 일이 아니었다. 당시 발표된 문학작품이나 신문, 잡지 등의 매체를 조금만 살펴보면 이런 사정은 쉽게 짐작할 수 있다. 당시 상황에서 적극적으로 행동하고 실천하는 지식인에게 반성적 사유를 기대하기란 쉬운 일이 아니다. 해방정국이 끝난 뒤 10여 년의 시간이 흐른 1960년에 최인훈에 의해 형상화된 '이명준'이라는 관념적 지식인은 그래서 매우 중요하고 의미심장한 존재다.

이명준에게 비친 남한의 상황은 탐욕과 배신, 살육이 난무하는 타락한 공간일 뿐이었다. 그곳에 존재하는 정치와 경제 등의 광장은 온갖 사기와 음모로 가득 찬 추악한 밤의 공간일 뿐이었고 개인적 욕망이 넘쳐나는 밀실만이 존재하고 있었다. 이명준은 그래서 '윤애'와의 사랑을 통해 진정한 광장과 밀실의 조화를 이루고 싶었지만 월북한 아버지의 존재는 처음부터 그것을 불가능하게 가로막고 있었다. 반면 북한은 남한과는 정반대였다. 개인적인 삶의 공간인 밀실은 아예 존재하지 않았고, 아무런 정열과 희망이 없는 잿빛 공화국일 뿐이었다. 이명준에게는 남쪽이든 북쪽이든 자신이 그리던 곳, 자신이 가고 싶은 길은 애초부터 존재하지 않았던 것이다.

그래서 6·25 때 반공포로가 된 이명준이 중립국을 선택한 것은 이와 같은 상황과 이데올로기에 대한 통렬한 비판의 표현이었다. 6·25가 동족상잔의 비극이면서도 미국과 소련으로 대표되는 이데올로기 대리전쟁의 성격을 다분히 내포하고 있기 때문에, 남한도 북한도 아닌 제3국을 선택하는 것 자체가 의미심장한 상징적 의미를 지니기 때문이다.

그렇지만 이명준 역시 알고 있다. 자신이 선택한 중립국에서의 삶 역시 순탄치 못하리라는 것을. 중립국에서 그는 병원 문지기라든가, 소방서 감시원, 극장의 매표원 등 마음 쓰는 일이 적고 똑같은 움직임을 하루 종일 반복하는 평범한 삶을 꿈꾸지만 그것이 실현되기를 바라는 것은 애초부터 무리일 수밖에 없다. 태어나고 자란 곳을, 전쟁으로 이어진 이데올로기의 폭력으로 인해 떠날 수밖에 없는 이명준은 이미 죽은 것이나 마찬가지다. 뿐만 아니라 중립국이라 하더라도 당시의 세계 정세에서 완전한 중립은 있을 수 없으며, 디아스포라의 삶이 언제나 제국의 폭력에 노출되어 있다는 것은 근대 이후의 역사가 증명하고 있기 때문이다. 실제로 중립국을 선택했던 반공포로들이 그 사회에서 적응하며 성공적인 삶을 이어나간 사례가 거의 없었다는 점은 이를 반증하는 것이다.

사실 이명준의 바람은 소박한 것이었다. 그는 '평범한 사람'이고 싶었고 '수억 명 사람 중의 하나'이면 되었으며, 필요한 것은 한 뼘의 광장뿐이었다. 어느 누구라도 그에게 '그만한 알은 체'를 하는 광장, '허락을 받고 움직일 수 있는' 광장, 그 정도가 필요할 뿐이었다. 그렇지만 그것이 그토록 어려운 일이라는 깨달음은 이명준을 더욱 깊은 절망으로 몰아갔다.

이명준의 자살이 의미를 획득하는 것은 바로 이 지점에서다. 자신이 그리던 평범한 삶, 당시의 두 이데올로기를 뛰어넘는 다른 이데올로기를 찾을 수 없다는 것을 깨닫는 순간 그는 필연적으로 죽음을 선택할 수밖에 없다. 그래서 이명준은 홍콩에서 마카오로 가는 도중 푸른 바닷속으로 몸을 던져버린다. 그렇다고 그의 죽음이 무의미한 것은 아니다. 그의 죽음 자체가 이데올로기의 허구성을 신랄하게 비판하는 강력한 은유이기 때문이다. 또한 당시의 현실에서 남과 북의 이데올로기를 초월하는 또 다른 길이란 존재하지 않는다는 것을 처절하게 깨달은 후의 선택이기 때문이기도 하다.

뿐만 아니라 이명준은 마지막 순간, 타고르호를 따라오던 갈매기가 진실하게 사랑을 나누었던 '은혜'였음을, 그리고 그녀 배 속의 아기였음을 깨닫는다. 북한에서 만나 헤어졌던 은혜를 포화가 가득한 전쟁에서 만나 다시 사랑을 나누는 것, 그리고 그들이 사랑을 나누었던 곳이 아무도 모르는 전장 한가운데의 동굴이었다는 사실은 이데올로기에 의해 훼손된 사랑의 가치를 역설적으로 웅변한다. 그들이 사랑을 나눈 동굴이야말로 광장과 밀실이 어우러진 꿈의 공간이 아니었던가. 동굴은 이명준과 은혜가 "서로의 가슴과 다리를 더듬고 얽으면서, 살아 있음을 다짐하는 마지막 광장"이었다. 그렇지만 그것은 죽음이 난무하는 가장 치열한 전장의 한가운데에 있었고, 아무도 모르는 둘만의 공간이었기 때문에 아주 얇은 유리처럼 위태로운 장소이기도 했다. 그 사랑은 한 치 앞을 내다볼 수 없는, 그래서 언제나 마지막일지 모르는 것이었고 그 때문에 더욱 치열하고 격정적일 수밖에 없었을 것이다. 그래서 그들은 죽기 전에 부지런히 만나야 했고 끊임없이 사랑을 확인해야만 했다. 그러나 은혜의 죽음에 이어 이명준이 반공포로가 됨으로써 그런 공간은 이제 더 이상 존재하지 않게 되었고 중립국에서도 그것이 불가능하리라는 것을 깨닫는 순간, 자살은 필연적인 것이 된다.

그렇다면 『광장』은 이명준이라는 관념적이고 이지적인 철학도를 통해 인간의 진정한 삶이란 무엇인가 하는 근원적인 질문을 던지고 있는 작품인 셈이다. 이 질문이 근원적일 수밖에 없는 것은 이명준이 남과 북을 오가면서 느꼈던 처절한 절망 속에서 피어난 것이기 때문이다. 그의 처절한 절망 속에서 피어난 의문은 아직도 우리에게 남겨져 있다. 진정한 삶이란 무엇인가? 우리들의 진정한 광장과 밀실은 어디에 있는가? 그러므로 우리는 끊임없이 사색하면서, 진정한 삶이 이루어지는 광장과 밀실을 찾아다녀야 하지 않을까?

이재봉 | 부산대 · 현대문학

문학
05 지금, 우리들의 낙원은 어떻게 가능한가?

::『당신들의 천국』, 이청준

    이청준의 소설『당신들의 천국』은 '우리가 지닌 낙원에의 꿈은 가능한가?'라는 근원적인 질문을 던진다. 이 소설은 얼핏 제목에서 생각하면 '낙원'이라는 목적지에 대한 종교적 진술인 것 같지만, 좀 더 자세히 들여다보면 작가는 '어떻게' 낙원천국을 만들어낼 수 있는지에 대한 인간적 의지와 윤리적 실천의 문제를 집요하게 파헤치고 있다.
    이 소설의 줄거리를 살펴보면 대략 다음과 같다.

    소설의 무대는 소록도의 나환자촌이다. 이곳에 새로운 원장 조백헌 대령이 부임한다. 조백헌 원장은 이곳을 낙원으로 건설하고자 하는 꿈을 가지고 있으며, 이러한 의지를 소록도의 나환자들에게 강하게 피력한다. 특히 그는 모든 소망을 놓아버린 환자들을 독

> 문제는 명분이 아니라 그것을 갖게 되는 과정이었다. 명분이 과정을 속이지 말아야 한다. 명분이 제물을 요구하지 말아야 한다. 천국이 무엇인가. 천국은 결과가 아니라 과정 속에서 마음으로 얻을 수 있는 것이어야 했다. 스스로 구하고 즐겁게 봉사하며 그 천국을 위한 봉사를 후회하지 말아야 진짜 천국을 얻을 수 있었다.

려하며 축구부를 만들어 축구 시합에서 우승의 기쁨을 만끽하게 한다. 이를 시작으로 탈(脫)소록도의 꿈을 실현할 득량만 공사를 강행한다. 그러나 이 공사의 과정이 만만치 않았다. 이웃 마을의 방해, 자연재해로 인한 방둑 침하, 공사에 참여한 나환자들의 부상과 사망 등으로 내부 갈등은 최고조에 달한다. 이 과정에서 조 원장과 가장 대립하고 있는 인물은 병원의 보건과장 이상욱과 소록도의 나환자들을 대변하는 어른인 황 장로다. 특히 이상욱은 조 원장이 제시하는 낙원 청사진에 대해 그 진의를 끊임없이 의심하는 인물이다. 이전의 병원장들이 소록도에 천국을 만든다는 미명 하에 결국은 자신의 동상을 세워 '당신의 천국'으로 사유화해나가는 과정들을 지켜봤던 이상욱은 조 원장이 제시하는 '행복한 낙토'를 의심한다. 조 원장과의 갈등이 절정을 이루게 되었을 때, 오히려 이상욱은 소록도를 탈출한다. 소록도 환자의 구심점이 되었던 황 장로 역시 마찬가지다.

"운명을 같이하지 않는 한에서의 어떤 힘의 질서는 무서운 힘의 우상을 낳을 뿐이겠지요. 하지만 운명을 같이하려는 작정이 있은 다음엔 내게 그 원장의 권능이 필요했어요. 그래서 그 허심탄회한 힘의 질서 속에서 섬의 자유와 사랑이 행해져나가야 했어요."

이들은 공통적으로 "원장님의 천국이란 누구를 위해 꾸며지는 누구의 천국입니까?"라고 묻는다. 이어 이들은 "이 섬이 다시 사랑으로 충만해지고 그 사랑 속에서 진실로 자유가 행해지는 날이 오게 되면, 그때 가선 이 섬의 모습도 사정이 달라질" 것이라고 말한다. 이러한 진술에서 소록도 사람들이 왜 조 원장을 경계했는지, 그에게 주문한 것이 무엇인지 알 수 있다. 한마디로 사람과 사람 사이에서 수평적인 사랑이 이루어지고 자유로운 의지가 교감되는 가운데 그리고 공동의 이익을 수락하는 자리에서 '우리들의 천국'은 가능해진다는 것이다.

당초 기대와는 달리 득량만 공사가 난항을 겪게 되자 조백헌 원장과 소록도 사람들의 갈등은 점점 깊어진다. 그리고 조 원장은 낙토 건설의 신념에 대해 반성적 성찰을 하게 되면서 자신이 추진했던 간척지 공사가 마무리되기 전 섬을 떠난다. 그리고 5년 후 일반인의 신분으로 다시 섬에 돌아와 '운명을 같이하는' 위치에서 낙원에 대한 의지를 실천하고자 한다. 특히 소설 말미에서 일반인 서미연과 음성환자 윤해원이 결혼하는 장면은 새로운 세계에 대한 시사를 하고 있다. 즉, 일반인과 나환자, 우리와 당신이 구별되는 세계가 아닌 믿음과 사랑을 바탕으로 서로 교감하고 조화를 이루는 공동체의 가능성을 엿볼 수 있게 한다.

이 소설에서 일차적으로 주목해볼 수 있는 것은 소설적 공간이다. 1970년대의 소록도 나환자촌을 설정했다는 것은 상당히 문제적이다(지금도 마찬가지지만, 이 소설이 발표되었던 1970년대 한센병 환자가 우리 사회에서 어떤 위치에 있었는지 생각해보라). 우리 사회에서 가장 극단으로 밀려난 공간과 사람들을 주목하고 있는 작가적 시선은 통념상으로 '우리'라는 공동체에 대한 문제 제기에 닿아 있다. 가장 변방으로 밀려난 이 공간에서 천국에 이르는 길에 대한 치열한 공방이 일어나는 것 또한 역설적이다.

『당신들의 천국』은 표면적으로는 한센병 환자들이 있는 소록도를 무대로 소록도 사람들과 외부에서 들어온 병원장 사이에서 벌어지는 갈등을 다룬 이야기처럼 보인다. 그러나 이 소설의 미덕은 소록도라는 공간을 넘어서는 데서 발견할 수 있다. 소설 안에서도 소록도 사람들을 '환자'의 위치에만 한정시키지 않는다. 작가는 이들을 환자로서의 남다른 처지와 인간으로서의 보편적인 생존 조건들을 동시에 안고 살아가고 있는 인물로 설정하고 있으며, 무엇보다 환자 이전에 인간임을 강조하고 있다. 그러므로 이 소설은 소록도라는 역사적인 공간을 무대로 한정하고 있지만, 주체와 타자의 관계, 공동체의 보편적·윤리적 실천에 대한 문학적 알레고리다.

이러한 시대초월적인 보편윤리에 대한 질문과 응답의 형식으로 지금 우리는 『당신들의 천국』과 마주한다. 이 소설은 공동체의 유토피아를 건설하고자 하는 욕망들이 세계를 휩쓸고 있는 오늘날, 공동의 낙원은 어떻게 가능한가라는 질문을 재차 던지고 있으며, 그것을 실현하는 방법론적 모색을 성찰하게 한다.

조백헌 원장이 소록도 사람들에게 소록도를 '사자死者의 섬'이 아닌 '낙원'으로 만들어나가겠노라 적극적인 의지를 피력하면서 낙원을 향한 비전과 실행의지를 아무리 강조해도 그것이 소록도 사람들의 것이 될 수는 없었다. 이는 주체가 선한 의지를 갖는다 하더라도 타자와의 진정한 교감이 없으면 공허해지거나, 마침내 폭력으로 귀결될 수밖에 없음을 시사한다. 이러한 테제는 현대사회 안에서 우리가 살아가는 삶의 근원적인 질서에 대해 환기시킨다. 인간 삶의 근원적 질서에 대한 물음과 그 방법을 모색해가는 과정에서 황 장로가 내뱉은 말을 다시 한 번 상기해보자.

"아마 이 섬이 다시 사랑으로 충만해지고 그 사랑 속에서 진실로 자유가 행해지는 날이 오게 되면 그때 가선 이 섬의 모습도 많이 사정이 달라질게야."

이 소설은 낙원 건설에서 가장 중요한 것이 동상으로 압축된 지배/피지배의 통치권력이 아니라, 공동의 이익을 수락하는 사랑에 기초한 공동체가 실현되는 자리임을 역설한다. 그러므로 『당신들의 천국』은 힘의 정치학을 넘어 타자의 윤리학을 지향하는 문학적 모색 과정이라 할 수 있다. 레비나스Emmanuel Levinas에 의하면 타자의 타자성은 주체 중심으로 세워진 체계로는 파악할 수 없는 '초월성'을 지닌다. 타자를 평가하거나 파악하는 인식적 행위로는 타자의 초월성에 도달하지 못한다. 이러한 초월적 타자와의 만남이 '나'를 윤리적 주체로 만든다. 다시 말해 동일성과 통합의 원리 안에서 주체의 언어로 재귀再歸되는 경험이 아니라, 타자의 경험은 '불가능성의 경험', '경험할 수 없는 것의 경험'으로 유지되어야 한다. 즉, 이는 나의 것으로 환원되지 않는 타자 고유의 경험이며, 타자에 대한 윤리적 태도이자 현실의 경험을 성찰하는 준거로 삼을 수도 있다. 이 자리에서 우리는 주체와 타자의 상호주체성을 확인할 수 있다. 상호주체성에 바탕한 주체와 타자의 관계는 '허심탄회한' 힘의 질서를 가능하게 하고, 공동 운명에 대한 '믿음의 씨앗'을 싹틔우고 오랜 기다림을 두려워하지 않는다.

다음은 작가 후기의 한 부분이다.

소설의 제목 '당신들의 천국'은 집필 당시 우리의 묵시적 현실 상황과 인간의 기본적 존재 조건들에 상도한 역설적 우의성(寓意性)에 근거한 말이었다. 그러면서 작가는 어느 땐가 그것이 '우리들의 천국'으로 바뀌어 불려질 때가 오기를 소망했고, 필경은 그때가 오게 될 것을 확신했다. 그리고 아마도 그때가 오게 되면 '당신들의 천국'이라는 사시적(斜視的) 표현이나 그 책의 존재는 무용지물이 될 것이었다. 그렇다면 과연 이제 우리에겐 한 작은 섬의 이름으로 대신해 불렀던 '당신들의 천국'을 '우리들의 천국'으로 거침없이 행복하게 불러도 좋은 때가 온 것인가.

위의 인용문에서 작가가 던진 질문— '우리들의 천국으로 거침없이 행복하게 불러도 좋은 때가 온 것인가'—은 여전히 현재 진행형이다.

문재원 | 부산대 · 현대소설국문학

문학 06

뫼비우스의 띠, 클라인 씨의 병 그리고 난장이의 종이비행기

:: 『난장이가 쏘아올린 작은 공』, 조세희

    1970년대, 많은 일들이 있었다. 유신체제가 있었고, 산업화가 본격적으로 진행되었으며, 전태일이 있었다. 그리고 조세희의 연작소설 『난장이가 쏘아올린 작은 공』이 있었다. 본격화되는 산업화 시대의 그늘과 그 절망을 그린 이 소설은 문학 내부에서뿐만 아니라 사회적으로도 큰 파장을 몰고 왔다. 이 소설은 1970~80년대 대학생들의 필독서이기도 했지만 한편으로는 불온한 금서이기도 했다. 그 시대에 일상처럼 횡행하던 불심검문에서 가방 속의 이 책이 발견되기라도 하면, 압수는 기본이고 때로는 경찰서로 끌려가 고초를 겪기도 했다. 그렇지만 머릿속의 생각조차 자유롭지 못하던 시대에 『난장이가 쏘아올린 작은 공』은 많은 사람들에게 희망의 길이었고 방향을 알려주는 나침반이기도 했다.

    물론 『난장이가 쏘아올린 작은 공』이 특정한 시대에만 의미를

문학

> 내부와 외부를 경계 지을 수 없는 입체, 즉 뫼비우스의 입체를 상상해보라. 우주는 무한하고 끝이 없어 내부와 외부를 구분할 수 없을 것 같다. 간단한 뫼비우스의 띠에 많은 진리가 숨어 있는 것이다. 내가 마지막 시간에 왜 굴뚝 이야기나 하고, 띠 이야기를 하는지 제군은 생각해주리라 믿는다. 차차 알게 되겠지만 인간의 지식은 터무니없이 간사한 역할을 맡을 때가 많다. 제군은 이제 대학에 가 더 많은 것을 배우게 될 것이다. 제군은 결코 제군의 지식이 제군이 입을 이익에 맞추어 쓰여지는 일이 없도록 하라.

지니는 것은 아니다. 여러 매체에 발표되고 난 뒤 1978년 문학과지성사에서 단행본으로 출간된 이후 지금까지도 꾸준히 많은 사람들에게 읽히고 있는 스테디셀러이기도 하다.

『난장이가 쏘아올린 작은 공』(1978)은 잘 알려진 것처럼 1970년대 소외된 노동자의 삶과 꿈, 좌절과 절망을 그린 소외의 서사다. 굴뚝 청소를 한 두 아이 중 얼굴이 까맣게 된 아이와 얼굴이 하얀 아이 중 누가 얼굴을 씻을 것인가 하는 수학교사의 질문으로 시작하는 「뫼비우스의 띠」는 「클라인 씨의 병」과 함께 상징적인 의미를 제시한다. 안과 밖이 구분되지 않는 뫼비우스의 띠나 안팎을 구분할 수 없으면서 닫힌 공간이 있는 클라인의 병은 '난장이' 연작소설의 전체를 관류하는 의미를 지니고 있다. 안과 밖의 관계를 정당하게 바로잡는 것은 물론이고 이를 넘어 그러한 구별 자체를 무너뜨릴 수 있는 방법을 찾으려고 하는 것이 이 소설의 의도일 수 있기 때문이다.

이 소설에는 난장이로 상징되는 소외계층과 거인으로 상징되는 자본가·권력층이 대립되어 있다. 이는 '못 가진 자/가진 자'가 대립항으로 설정되어 있는 것을 의미하며, 이 대립에 따라 인물들의 인식이 선명하게 대립하며 소설이 이어진다. 난장이들이 사는 동네는 더럽고 냄새나고 좁으며 이웃집의 소리가 내 집처럼 들리는 곳이다. 반면 거인들이 사는 곳은 깨끗하고 넓고 경비원이 지키고 있는 동네다. 그리고 이 두 동네는 물리적으로 그리 떨어져 있지 않다. 문제는 이 두 동네가 갈등을 넘어 공존할 수 있느냐 하는 것이다. 서로 다른 두 세계가 공존하기 위해서는 이해와 사랑을 기반으로 하지 않으면 안 된다. 이것은 물론 일방적인 관계가 아니라 서로를 인정하고 존중하는 것에서 마련되어야 마땅하다. 그러나 이런 것들을 기대하기는 애초부터 어렵다. 난장이의 세계는 오직 거인들의 이익을 위해서만 존재하는 것이며 언제나 착취와 멸시의 대상일 뿐이기 때문이다. 거인들은 모차르트를 들으면서 눈물을 흘리지만 정작 이웃의 인간적 절망에는 눈물짓지 않는다. 은희 할아버지의 장례식 장면이나, 경훈의 가족과, 영수에게 살해당한 경훈의 숙부 가족의 예에서 보듯이 그들에게 난장이들과 나눌 수 있는 것은 애초부터 마련되어 있지 않다.

모두에게 할 일을 주고, 일한 대가로 먹고 입고, 누구나 다 자식을 공부시키며 이웃을 사랑하는 세계, 그것이 난장이가 꿈꾼 세계다. 이 세계에서 강요되는 것은 오직 사랑밖에 없다. 그러나 이 세계는 현실에서 존재하지 않는다. 그래서 난장이는 벽돌공장 굴뚝에서 종이비행기를 날리고 달나라로 가는 꿈을 꾸면서 작은 쇠공을 날리지만, 그 굴뚝에서 떨어져 죽고 마는 것이다. 난장이의 아들들은 이와 같이 불합리한 세상을 바꾸고 싶어 한다. 영희가 이야기하는 독일의 난장이 마을 '릴리푸트'는 평등하고 합리적인 세상을 상징한다. 영수가 꿈꾸는 또 하나의 '릴리푸트'가 보여주는 것처럼, 일한 대가가 정상적으로 주어지고 서로가 사랑할 수 있는 사회, 함께 살아가는 사회야말로 그들이 바라는 이상사회다.

이런 상황을 조세희는 다양한 소설적 기법을 통해 보여주려 하고 있다. 다소 난해하게까지 느껴지는 현재와 과거의 뒤섞임이나, 일반적인 리얼리즘 소설의 문체와 구분되는 묘사의 생략, 짧은 문장의 나열 등은 이를 위해 선택한 소설적 장치들이다. 물론 작가는 이러한 기법들을, 표현의 자유가 극도로 제한되었던 1970년대 상황에서 어쩔 수 없이 선택했다고 고백하고 있지만 이와 같은 기법들이 갖는 문학적 의미는 단순한 것이 아니다. 이 같은 기법들은 1970년대 당시 사회의 문제점을 제시하는 데에만 그치는 것이 아니라 암시와 함축을 통해 깊은 여운을 남기고 있기 때문이다. 뿐만 아니라 난장이, 영수, 영호, 영희는 물론이고 자본가 계층의 윤호와 경훈 등의 시점도 등장시킴으로써 조세희는 세상의 여러 가지 측면을 동시에 드러내고자 한다.

그러나 거인들의 법은 난장이 일가와 작가의 이런 꿈을 완강하고 잔혹한 폭력으로 가로막는다. 그들은 시간 외 근무수당을 달라는 요구를 묵살하면서 규정되어 있는 근로기준법을 철저하게 무시한다. 정당한 요구에 대한 대가는 부당해고, 권력과 결탁한 감금 등의 형태로 돌아온다. 이 경우 난장이들이 할 수 있는 방법은 직접적인 저항밖에 없다. 예컨대 꼽추와 앉은뱅이가 자신들의 입주권을 헐값에 사들인 사내에게 테러를 가한다든지, 영희가 입주권을 사 간 사내를 찾아가 동거하며 자기의 입주권을 되찾아오는 행위 등이 그것이다. 사실 이와 같은 대응방식은 대단히 의미심장하다. 모든 것을 집어삼키는 거인들과 달리 꼽추와 앉은뱅이는 사내의 가방에 가득 찬 돈과 재물을 포기하고 자신의 몫만 챙기고, 영희 역시 자신의 입주권을 사 간 부도덕한 사내에게서 자기의 입주권만 찾아 나오기 때문이다. 이는 타락한 세계에 대응하는 타락한 방식인 동시에 난장이로 상징되는 소외된 노동계층의 소박한 바람을 은유적으로 드러내는 것이다.

그렇지만 이런 대응방식 역시 문제를 근본적으로 해결하지는 못한다. 난장이와 꼽추가 자신들의 몫을 찾았지만 현실은 달라지지 않았고, 영희가 자신의 집을 찾아왔지만 은강의 저임금 노동자로 내몰리는 것은 이 때문이다. 그만큼 세상의 대립은 완강하고 뿌리 깊다. '독립운동가인 할아버지', '노비매매문서', '아버지와 아버지의 아버지, 아버지의 할아버지, 할아버지의 아버지, 그 아버지의 할아버지' 등과 같은 구절에서 볼 수 있는 것처럼 이 대립은 역사적이고 오래전부터 구조화되어 있다. 은희의 할아버지는 죽어서도 썩지 않기를 바라고 난장이의 아들은 자신이 아버지만도 못하다고 느낀다.

난장이 일가의 큰아들 영수가 자본가를 살해하는 극단적인 방법을 택하는 것은 이 때문이다. 그들의 이야기는 언제나 가로막혀 있고 들어주는 사람이 없다. 노사협상 과정에서 정당한 노동의 대가를 요구했지만 돌아온 것은 감금과 폭행, 해고뿐이라는 현실을 절감한 영수는 세상의 귀를 열기 위해 살인을 선택한다. 아무리 열심히 일해도 착한 사람이 살아갈 수 없는 세상이라면 달나라로 떠나야 한다는 지섭의 말에 동조하여 굴뚝에 올라갔던 아버지와 달리 영수는 극단적인 방법으로 세상을 향해 소리친다.

　물론 그 외침 역시 묻혀버리고 말았지만 그들이 말하고 싶어 했던 것은 무엇일까? 영희가 이야기했던 것처럼 그들만의 릴리푸트였을까? 그것은 아니었을 것이다. 영수가 극단적인 방법을 동원하면서까지 말하려고 했던 것은 그들만의 세상을 위한 것은 아니었을 것이다. 그들이 꿈꾸는 사회는 우리가 바라는 사회여야 하고 서로 다른 사람들이 같이 살 수 있는 사회여야 한다. 안과 밖이 구분되지 않고 연결되어 있는 뫼비우스의 띠나 클라인의 병처럼 서로가 서로의 존재 조건이 되는 사회, 그것이 우리가 그리는 바람직한 사회의 모습일 것이다. 그래서 돌아오지 않고 반향이 없다고 하더라도, 하다못해 난장이처럼 종이비행기라도 끊임없이 날려야 하지 않을까.

이재봉 | 부산대 · 현대문학

문학
07 / 변방에서 울리는 삶의 흉터와
무늬들의 다성악 多聲樂

:: 『토지』, 박경리

　박경리의 『토지』는 1969년 9월부터 1부를 연재한 것을 시작으로 1994년 8월, 5부가 완결되기까지 집필 기간만 25년이라는 시간이 소요되었다. 한국문학사상 유례없는 긴 집필 시간만큼이나 대하소설 『토지』는 작품이 담고 있는 시공간이나 다수의 인물들이 펼치는 삶의 모습이 서사의 폭과 깊이를 충족시킨다고 평가되고 있다.

　『토지』는 1897년 한가위에서 1945년 해방이 되는 날까지 반세기 이상의 이야기를 다루고 있으며, 등장인물만 600여 명이 되는 방대한 소설이다. 역사와 개인적 일상의 결합이 만들어낸 역사적 상상력, 인간과 자연의 조화를 바탕으로 한 생명의 상상력이 『토지』를 받치고 있는 근간이 된다.

　대하소설 『토지』는 전체 5부로 구성되어 있다. 1부는 경남 하동

> 아이들이 달을 향해 소리치면 강아지도 덩달아서 짖어대었다. 저마다 한 가지씩 소망을 품었을 마을 사람들이 달집 둘레에 모여들면서 불을 질렀었다. 훨훨 타오르는 불길, 아낙들은 손을 모아 수없이 절을 했었다. 불빛을 받은 사내들 얼굴은 짙붉게 번들거렸으며 눈은 숯덩이처럼 짙게 빛났었다. 순박하고 경건한 소망의 기원이 끝났을 때 마을 사람들은 장날에 모여든 장꾼처럼 떠들기를 시작했었다. 사내들은 곰방대를 꺼내들며 아낙들은 코를 풀고 치맛자락을 걷어 불빛에 윤이 나는 콧등을 닦으며 새삼스럽게 서로 인사를 나누고 친지들의 소식을 물어보고, 씨받은 암소 얘기며 떡이 설어서 애를 먹었다는 얘기며 노친네 수의(壽衣) 걱정이며, 이윽고 달집은 불길 속에 무너지고, 무너진 자리에서 불길마저 사그러지면은 끝없이 어디까지나 펼쳐진 은막의 장막, 그 장막 속에서 노니는 그림자같이 마을 사람들은 뿔뿔이 흩어져 갔던 것이다. (…) 달은 산마루에서 떨어져 나왔다. 아직은 붉지만 머지않아 창백해질 것이다. 희번덕이는 섬진강 저켠은 전라도 땅, 이켠은 경상도 땅, 너그럽게 그어진 능선은 확실한 윤곽을 드러낸다.

평사리를 주무대로 하여 대지주 최참판댁과 그 소작인들의 이야기가 중심을 이룬다. 동학장군 김개주와 윤씨부인 사이의 비밀, 그리고 그 사이에서 태어난 구천의 출생 비밀이 전개된다. 한편 이 사이에 부와 신분 상승을 꾀한 몸종 귀녀와 몰락 양반 김평산에 의해 최치수가 죽임을 당하고, 전염병이 돌면서 윤씨부인마저 병사病死

한다. 이를 빌미로 갑자기 들이닥친 친척 조준구 내외에 의해 최씨 가문의 마지막 세대 최서희의 고난이 시작된다. 결국 조준구의 압박에 최서희 일행이 간도로 떠나는 이야기가 전개되고 있다.

2부는 간도에 정착한 서희 일행을 중심으로 이야기가 진행된다. 그곳에서 서희는 든든한 조력자 공노인을 만나 재산을 축적해나간다. 이용과 월선의 사랑과 파국, 서희와 길상의 혼인은 2부의 주요한 애정서사의 한 축이 된다. 또한 독립운동의 무대로서 간도라는 지리적 상상력에 바탕하여 길상을 비롯한 독립운동가들의 활약과 밀정 김두수의 대립이 전개된다.

3부에서는 길상을 제외한 서희 일행이 하동으로 귀향한다. 3·1운동 이후부터 광주학생운동(1929)까지의 시간을 배경으로 의병활동, 형평사운동, 노동자 파업 등 역사적 사건을 배치하면서 이 가운데 민초들의 삶을 전개시켜나간다. 공간적 배경을 보면 하동, 진주, 부산, 서울, 간도 등으로 매우 활발한 이동성이 나타난다.

4부에서는 1930년대를 배경으로 다양한 삶의 양태들이 전개된다. 특히 서희의 아들 윤국과 환국, 봉순의 딸 양현과 백정의 아들 송영광, 국경을 넘는 오가다와 유인실의 사랑 등 최서희 다음 세대의 이야기로 옮아간다.

5부는 일제 말 1940년부터 1945년 8월 15일 해방의 날까지 다룬다. 서희는 자신을 흠모했던 박의사의 죽음, 김상현과 몸종 봉순이 사이에서 태어난 양현과 영광의 사랑을 보면서 진정한 사랑의 의미를 깨닫는다. 생모 별당아씨에 대한 원망과 사랑의 양가적 감정이 비로소 생모에 대한 이해로 돌아서게 되며 남편 길상과의 관계에서도 반성적 성찰을 하게 된다. 전체적인 이야기 구성의 시간축으로는 윤씨부인―최치수―최서희―최환국, 윤국에 이르기까지 4대에 걸쳐 있고, 공간적으로는 하동, 서울, 통영, 진주, 간도, 일본 등 다양한 공간들이 교차하면서 혼성적인 시공간을 형성하고 있다. 『토지』는 한마디로 여러 세대에 걸친 다양한 인물들이 뒤엉키며 그려내는 한 편의 욕망의 대서사시다.

『토지』를 읽어내는 독법讀法은 이 소설의 방대한 규모에 비례한다. 가장 일반화되어 있는 소설독법은 최씨 가문을 중심으로 하는 구심적 구조를 발견하는 일이다. 일반적으로 『토지』의 중심축은 최참판댁, 특히 2부부터 본격적으로 행보를 보여주는 최서희를 중심에 배치한다. 그 전후로 윤씨부인―별당아씨―최서희로 이어지는 가족사적 계보를 구성하면서 '최참판댁의 흥망성쇠'라는 정형화된 독법을 쉽게 수락한다. 그런데 이러한 독법 아래서는 작가가 공을 들여 형상화해놓은 600여 명의 무수한 인물들은 사산死産된다. 장편 대하소설 『토지』의 미덕은 그 방대한 시간과 공간 안에서 어떤 특정 인물을 중심으로 이야기를 다루지 않는다는 데서 발견된다. 작가는 등장인물 개개인의 삶의 역정을, 작품 안에서 뿌리 내리고 있는 특이한 개체로서 그려낸다. 그러므로 작가가 『토지』에서 궁극적으로 말하고자 하는 것은 최서희의 로맨스도 아니고, 최서희의 복수극은 더더욱 아니다. 역사의 격변기 안에서 살아가는 다양한 인간 군상들을 문학적 상상력을 동원해 형상화하고자 한 것이다.

대지주 최서희가 나르시시즘에서 벗어나 다른 사람들에게서, 익어가는 벼에서 생명의 감동을 받을 수 있는 것은 근원적 생명에 대한 이해에 도달하고자 하는 욕망과 무관하지 않다. 작품의 후반부에 제시되는 "모든 생명은 공평하다. 자신에 대한 연민은 생명에 대한 연민으로 확대되어야 한다."(『토지』 4부 3권)는 목소리는 최서희가 걸어갈 새로운 삶의 지평을 예견한다.

소설의 첫머리가 양반, 소작인들 할 것 없이 다함께 즐기는 '한가위 굿마당'으로 시작되고, 결말을 '해방의 감격'이 물결치는 거리로 설정하고 있는 것은 마당과 카니발의 상상력을 동원한 사람들의 '살이(life)'를 기저에 놓고 있다는 것을 보여준다. 반세기 이상의 역사를 품고 있는 대하소설 『토지』는 곧 이러한 사람(生命)들의 참 살이가 가능한 '땅의 서사'에 대한 지향이다.

삶(生命)에 대한 이해와 확장은 '모성적 생명의 창조성'을 강조하며 모성의 서사에 『토지』를 접속시키고자 하는 독법으로 안내한다. 삶의 근원적 권리가 태동하는 땅에 대한 은유와 모성적 서사의 결합은 젠더 이데올로기가 작동될 수 있는 지점도 있지만, 남성중심의 근대적 서사에 대해 탈근대적 서사의 가능성을 제시한다. 또한 소설 안에서 남성인물들이 독립운동 등 공적 영역에 주로 배치되고, 여성인물을 중심으로 멜로드라마의 플롯을 제시하고 있는 양상이 뚜렷하다. 이러한 양상은 작동하는 젠더의 권력관계로 설명될 수 있으나, 이에 대한 해석의 지점을 근대 남성적 세계의 폭력성에 대한 대안적 공간으로 여성의 로망스를 배치하고 있는 것으로도 읽어낼 수 있는 여지가 충분하다. 특히 『토지』의 시간적 무대가 되었던 식민지 시공간 안에서 생명의 창조성에 기반한 여성 공간의 확장은 식민지의 폭압적 질서를 넘어설 수 있는 대안적 시공간으로서 설득력을 내세울 수 있다(그러나 자칫 여성의 강인한 생명력이 또 하나의 가부장적 신화에 갇히는 일은 경계되어야 한다).

근대적 시공간을 넘어선다는 의미에서 주목해볼 수 있는 것은 평사리라는 변방의 장소다. 『토지』는 봉건적이고 폐쇄적인 삶의 질서를 유지하고 있는 작은 농촌의 공동체인 평사리를 대한민국 근대사를 관통하는 주무대로 설정하고 있다. 작가는 농촌공동체인 평사리를 봉건적 질서가 지배하는 정체적이며 폐쇄적인 이미지로 형상화하고 있는 것이 아니라, '교통의 축'으로 설정하고 끊임없이 외부와 소통하는 공간으로 배치한다. 작품 안에서 평사리 사람들은 뱃길이나 육로를 통해 하동읍, 지리산, 구례, 진주, 통영, 부산, 서울, 간도, 일본까지 이동의 경로를 다양화하면서 삶의 무대를 확장시켜나간다. 이러한 사정은 단지 이동의 경로나 물리적 공간을 설명하는 것이 아니라, 이러한 공간적 경로를 통하는 서사적 사건의 성격을 드러낸다. 즉, 작품 『토지』가 평사리에 갇혀 있는 것이 아니라는 말이다. 그러므로 『토지』는 평사리를 무대로 하면서 그곳으로부터 끊임없는 원심력을 구사하고 있다.

가족사 소설은 대개 한 가문의 계보를 잇는 신화적 플롯을 피해가기 어렵다. 더욱이 땅의 서사에 대한 지향이 자칫 근원, 시원에 대한 당위적인 회귀성을 추구함으로써 '지금—여기'의 시공간을 배제할 수 있는 위험성이 크다. 허나 『토지』가 보여주는 주변 민중들의 삶에 대한 현재의 일상성은 이를 벗어날 수 있는 시공간을 제시한다. 소설 『토지』의 가장 큰 미덕은 중심부가 아닌 변방의 공간에서 중심의 지배적 언어가 아닌 변방의 피지배적 언어로 만들어내는 다양하고 혼성적인 목소리들의 울림이라는 데 있다. 그러므로 대하소설 『토지』는 이 땅을 살았던 수많은 사람들의 흉터와 무늬들이 어우러져 만들어내는 삶의 결을 찾아가는 여정에 대한 문학적 응답이다.

현재 박경리문학관이 원주, 하동, 통영 세 곳에 건립되어 있다. 문학관 전시에서 가장 핵심을 이루는 부분이 소설 『토지』다. 원주의 박경리문학공원에는 소설의 공간을 재현한 〈평사리마당〉, 〈홍이동산〉, 〈용두레벌〉이라는 세 개의 테마공원이 있다. 하동의 경우 주요 무대가 되는 최참판댁을 조성하여 관광화하고 있다. 통영의 박경리기념관에서는 기념관 뒤편에 있는 작가의 묘지와 연계하여 작가 박경리의 기념화에 초점을 맞추고 있다. 여러 매체들이 종합적으로 연계되어 있는 문학관에서 『토지』를 읽는 것은 소설 텍스트를 읽을 때와는 또 다른 감동을 줄 것이다.

문재원 | 부산대 · 현대소설국문학

문학
08 / 절제의 태도와
시세계의 다양성

:: 『정지용 시선집』, 정지용

　정지용은 한국 현대문학사에서 상당한 기간 접근이 금지된 비운悲運의 시인이었다. 한국전쟁 때 '자진납북'한 것으로 알려져, 남북 분단이라는 이념적 대립 상황 속에서 한국에서는 받아들이기 힘들었기 때문이었다. 그러던 것이 사실은 한국전쟁 당시 정치보위부에 자수 형식을 밟다가 잡혀 납북된 것으로 밝혀지고, 1987년 이후 대대적인 민주화의 흐름 속에서 해금解禁이 되었다. 그 이후 정지용의 시는 새롭게 시전집이나 시선집의 형태로 출간되면서 널리 읽히고 정당한 평가를 받기 시작했다. 사실 그의 시세계는 이념적인 것과 아무 관련이 없는 것이다.
　정지용의 시집은 1935년 10월에 시문학사에서 89편의 시를 묶어 출간한 『정지용시집』과 1941년 9월 문장사에서 33편을 묶어 출간한 『백록담』 두 권이 있다. 하지만 정지용이 남긴 시 중에는

> 바다는 뿔뿔이
> 달아나려고 했다.
>
> 푸른 도마뱀떼같이
> 재재발랐다.

이 두 시집에 실리지 않은 15편과 북한에서 출판된 시집을 통해 알려진 2편이 더 있다. 그리고 시조 9수가 전한다. 그래서 현재까지 확인된 정지용 시의 전체 편수는 시 139편과 시조 9수가 된다. 이러한 사항은 김학동이 책임편집한 『정지용 전집 1·시』(제3판, 민음사, 2003)를 통해 확인할 수 있다. 이 시전집의 특징은 시를 발표할 당시의 표기를 그대로 확인할 수 있다는 점이다. 이러한 편집의도는 표기가 지니는 당대의 사회문화적 느낌과 의미를 그대로 담고 있다는 점에서 장점이 될 수 있으나, 오늘날의 표기와 차이가 있어 더러는 그 낯선 느낌이 교양서로 읽기에는 단점이 될 수 있을 것이다. 그러나 크게 보면 같은 현대어이므로 읽기에는 큰 어려움이 없다.

첫 번째 시집 『정지용시집』에 수록된 시는 상당수가 '바다'를 제재로 하고 있다. 그리고 연작의 형태를 취하고 있는 것이 많은 편이다. 그렇지만 이 시집에 드러나고 있는 시세계는 단일하지 않고 다양하다. 우선 고향에 대한 그리움 등 전통적인 향토 정서의 세계를 드러내는 시들이 있다. 가곡으로도 널리 불리어 온 「향수鄕愁」가 대표적이다.

>넓은 벌 동쪽 끝으로
>옛이야기 지줄대는 실개천이 휘돌아 나가고,
>얼룩백이 황소가
>해설피 금빛 게으른 울음을 우는 곳,
>그곳이 차마 꿈엔들 잊힐리야.
>_「향수」 부분 *시 인용은 읽기 쉽게 지금의 표기로 함. 이하 같음

인용한 시의 이 부분은 마치 새의 시선으로 아래를 내려다보는 듯한 부감俯瞰을 통해 원경遠景에서 근경近景으로, 다시 고향의 풍경 속으로 접근하고 있다. 그리고 그 다음 연부터는 차례대로 가족 하나하나에 대한 묘사를 통해 친밀하고 애틋한 정서를 표출해나간다. 정서의 표출이 시각적이거나 청각적인 묘사에 힘입어 이루어지고 있는 셈이다.

『정지용시집』에서 가장 두드러지게 드러나 있는 시세계는 신선하고 감각적인 이미지 구축을 통해 서구 지향적인 이국정조를 표출하고 있는 부분이다.

바다는 뿔뿔이
달아나려고 했다.

푸른 도마뱀떼같이
재재발랐다.
_「바다 9」 부분

바다 푸른 물결의 움직임을 이와 같이 감각적으로 형상화하면서 당시 시단에 신선한 충격을 준 시다.

옆에 앉은 소러시아 눈알 푸른 색시
'당신은 지금 어드메로 가시나?'

…털크덕…털크덕…털크덕…
_「파충류동물」 부분

이 시에서는 상대방에게 물음을 던지는 형태의 직접화법이 드러나 있어 전체적으로 이중화법의 형식을 취하고 있다. 무엇보다도 이 시에는, 기차 바퀴가 움직이면서 내는 큰 소리를 그대로 시각화하고자 하여 큰 활자로 표기되어 있는 부분이 있다. 이른바 형태시적 특성을 드러내고 있는 것이다. 정지용이 한국현대시사에서 언어에 대한 자각을 선구적으로 실천한 시인으로 평가받는 이유가 바로 이런 형상화 방식에 있다. 그리고 이런 감각적인 형상화 방식은 동적인 세계 표출과 관련이 된다.

『정지용시집』에 드러나 있는 또 다른 시세계는 이른바 종교시의 세계다. 가톨릭 신자였던 정지용이 자신의 실존에 대한 한계의식에서 촉발되어 절대자를 찾는 시세계가 바로 이 부분이다. 앞에서 살펴본 두 번째 시세계가 감각적인 이미지를 구축함으로써 시적 자아가 배제되는 절제로 이루어진 이른바 사물시의 세계라면, 종교시의 세계는 시적 자아와 거룩한 절대자 사이의 거리감 속에서 시적 현실이 배제되는 절제로 이루어진 세계라고 볼 수 있다. 그래서 종교시에 나타난 시적 자아는 현실 도피를 통해 구원을 얻으려고 하는 이른바 도피적 자아인 셈이다. 그의 종교시가 관념적으로 진술되어 있는 느낌이 강한 것은 바로 이 때문이다.

정지용의 두 번째 시집인 『백록담』에 실려 있는 시편들은 '산'을 제재로 한 것들이 많다. 그리고 상당수의 시들이 산문시의 형태를 취하거나 2행 1연 형태의 시로 정착되어 있다. 이런 시 형태와, 산을 제재로 함으로써 정적인 세계를 통해 동양적인 관조의 시세계를 보이고 있는 것이 바로 시집 『백록담』이 드러내고 있는 세계라고 할 수 있다. 그래서 이 시집은 무엇보다도 높은 정신성이 강조되어 있다.

    벌목정정(伐木丁丁) 이랬거니 아람도리 큰솔이 베어짐직도 하이 골이 울어 메아리 소리 쩌르렁
    돌아옴직도 하이 다람쥐도 좇지 않고 뫼ㅅ새도 울지 않어 깊은 산 고요가 차라리 뼈를 저리우는데

눈과 밤이 종이보다 희구나!

_「장수산(長壽山) 1」 부분

  이 시는 시집 『백록담』의 시세계를 잘 드러내고 있는 시에 해당한다. 뼈를 '저리울' 정도로 고요에 휩싸인 깊은 겨울산의 정경. 산새도 울지 않을 정도의 고요는 정적인 세계의 정점이 될 것이다. 밤에 가득 눈 내리는 풍경은 거의 하얀 종이와 같으리라. 이 시에서 순결의 세계를 이루고 있는 흰색은 정적인 정경에 그대로 상응하고, 이는 나아가 감정의 절제와도 관련이 된다. 이 시가 궁극적으로 동양적인 절제와 관조를 바탕으로 한 여백의 미와 연관되는 것은 바로 이 때문이다. 하지만 시집 『백록담』에 보이고 있는 자연과 합치되는 자족의 시세계는 시간을 초월하고 있는 일종의 무시간성의 세계라서 역사성의 결핍이라는 한계를 내재하고 있는 세계로도 볼 수 있다.

  해방 이후 쓰인 정지용의 말년 시 몇 편은 일제 치하에서 벗어난 감격과 환희를 드러낸 시도 있으나, 그의 시는 대개 삶에서 느끼는 좌절과 자아에 대한 성찰을 노래하는 시로 볼 수 있다. 그러나 이 시기의 시는 문학사적으로 주목받을 만한 것은 아니다.

  이상과 같이, 정지용의 시세계는 공통적으로 절제의 태도에 기반을 두면서도 다양한 시세계를 펼쳐 보인 것으로 정리할 수 있다. 정지용 시전집에 해당하는 『정지용 전집 1·시』(제3판, 민음사, 2003)에는 정지용의 시를 일본어로 옮겨 쓴 일본어 시 26편과 월리엄 블레이크의 시 5편과 월트 휘트먼의 시 12편을 번역한 번역시도 묶

여겨 있어, 이들 시를 함께 읽는 또 다른 즐거움을 선사한다. 참고할 만한 또 다른 정지용 시전집으로 이숭원이 엮은 『원본 정지용시집』(깊은샘, 2003)이 있고, 정지용 시 해설서로는 권영민이 쓴 『정지용 시 126편 다시 읽기』(민음사, 2004)가 있다.

고현철 | 부산대 · 현대문학

문학
09 시詩가 없으면
사람을 속되게 한다

:: 『당시선唐詩選』, 왕발·이백 외

당시唐詩의 정수를 한데 모은 『당시선唐詩選』(2011)의 역자 이병한은 머리말에 '시가 없으면 사람을 속되게 한다'는 뜻의 '無詩令人俗무시영인속'이라는 소제小題를 달아서 당시를 역주譯註하게 된 자신의 의도를, 북송北宋의 문호인 소동파蘇東坡가 쓴 「어잠승녹균헌於潛僧綠筠軒」이라는 시를 통해 밝히고 있다. 「어잠승녹균헌」은 '식탁에 고기가 없을 수 있으나, 사는 집에 대나무가 없을 수는 없다. 고기가 없으면 사람이 마르고, 대나무가 없으면 사람이 속되어진다. 사람이 마르면 살찌울 수가 있으나, 사람이 속되면 고칠 수가 없다(可使食無肉, 不可居無竹. 無肉令人瘦, 無竹令人俗. 人瘦尙可肥, 士俗不可醫).'는 내용의 시다. 역자는 본 시의詩意에서 한 단계 더 강화하여, 대나무까지도 주거환경을 꾸미기 위한 도구일 뿐이라고 하면서, "오로지 시야말로 우리들의 마음을 살찌우고 아름답게 꾸미기 위하여 짓고 노래하며 감상하는 것"이라고 말한다. 그리하여 그는 "우리나라 젊은이들의 동양문화의 진수에 대한 소양을 높이고, 기계에 매달려 살아가면서 속물로 변해버리지 않기를 바라는 마음에서 『당시선』의 역주 작업을 시작하였다."고 말한다. 그러면 역자가 역주의 대상으로 삼고 있는 '당시'란 어떠한 시인가?

이는 위정자의 정치자감서로 군림해왔던 『시경詩經』이래, 이른바 중국식 개인주의와 낭만주의 정신의 길을 열었다고 하는 『초사楚辭』, 이어서 궁정의 배우나 광대에 비교되었던 문인들이 1인 독자인 제왕을 위해 지어 바쳤던 한부漢賦, 서한西漢의 무제武帝가 예악과 가무에 관한 일을 목적으로 설치했던 악부樂府라는 기관에서 비롯된 '악부시樂府詩' 등과는 그 궤를 달리한다. 이들은 아직까지 문학이라는 개념이 독립되기 이전에 존재했던 것이다. 더욱이 서한 애제哀帝 때에는 악부의 근간이 되었던 속악俗樂이 기강을 무너뜨린다 하여 이의 사용을 금지하면서 악부시의 존재는 최대의 위기를 맞게 된다. 그러나 중국 시가발전사의 측면에서 볼 때, 바로 이 시기가 오히려 시의 존재를 독자적 세계로 끌어내는 계기가 되었다. 왜냐하면 당시의 귀족들이 사라져가는 '악부시'를 모의模擬하여 그들의 개인 서정을 표현하기 시작했기 때문이다. 그리하여 작시의 주체자가 민간에서 귀족으로 바뀌는 일대 지각변동이 일어나면서, 한 말에는 조조曹操 삼부자三父子를 필두로 '건안칠자建安七子'라는 시인 그룹이 출현했다. 결과, 위진魏晉 이후에는 문학하는 주체자가 민간에서 귀족의 손으로 옮겨가게 되었고 문학의 독립적인 가치 역시 사회적으로 인정이 되는 풍토가 형성되었다. 그래서 가창을 본색으로 했던 악부시의 형식을 원용하면서도 노래가사가 아니라, 낭송하면서 눈으로 읽는 시를 지음에 따라, 문인시라는 또 하나의 새로운 시체詩體가 위진남북조시대魏晉南北朝時代 대를 풍미하게 되었다. 이 과정에서 제·량齊梁시대의 영명체永明體 문학의 멤버(竟陵八友[경릉팔우]) 중 한 사람인 심약沈約은 다시 역으로 시어의 음악화를 시도하는 '사성팔병설四聲八病說'을 제기하여 당대의 근체시近體詩를 탄생시키는 계기를 만들게 된다. 그래서 소위 5·7언 8구의 율시律詩와 혹은 이의 절반으로 이루어진 5·7언 4구의 절구시絶句詩 및 10구 이상의 장률長律인 배율排律의 시체詩體 등이 당대唐代에 와서 구비되는 시 자체의 진화를 보여주게 된다. 뿐만 아니라, 당대에는 수대隋代의 과거제도를 계승하면서, 정치학, 유학과 나란히 문학도 평가과목으로 넣게 되면서 시·부詩賦가 고시과목이 되자, 청운의 뜻을 품은 사람들은 모두 시인이 될 수 있는 풍토가 조성되었다. 청대 강희제康熙帝의 칙령으로 편집된 『전당시全唐詩』에는 바로 이 시대에 활동했던 시인의 수가 무려 2,200여 명에 달하고 작품 수는 약 5만여 수에 상당한다는 기록이 보인다. 뿐만 아니라, 최치원崔致遠을 비롯한 신라 출신의 시인이 10여 명이나 되며 그들의 시작詩作도 400여 수나 수록되어 동아시아권의 공통문학으로서의 면모도 보여주고 있다.

이와 같이 당시가 당대에 이르러 시대적 장르로 군림하게 되자 여기에 표현된 내용과 형식의 유형 또한 괄목할 만하게 다양해져서, 당시 하나만 가지고도 그 시대의 시대적 상황의 면면과 그 시대 사람들의 희비애락의 내면세계를 두루 살필 수 있게 되었다. 그래서 여기에 소개하는 국역시집은 비록 당시의 선집選集에 불과하지만 우리 독자들의 호기심과 심미욕구를 채워주기에 충분하다 할 것이다.

독자의 이해를 위해, 중국문학계에서 보편적으로 사용되는 명대明代 고병高棅의 시기구분법으로 당시唐詩의 전모를 살피고 본 역시집의 내용도 소개하고자 한다. 즉 제1기는 초당初唐, 618~713 시기로서, 고조高祖 무덕武德 원년에서 예종睿宗 태극太極 원년까지인 약 95년간이며, 제2기는 성당盛唐, 713~766 시기로, 현종玄宗 개원開元 원년에서 대종代宗 영태永泰 원년까지 약 53년간이고, 제3기는 중당中唐, 766~827 시기로, 대종代宗 대력大曆 원년에서 경종敬宗 보력寶曆 2년까지 약 61년간이며, 제4기는 만당晚唐, 827~905 시기로, 문종文宗 태화太和 원년에서 소선제昭宣帝 천우天祐 2년까지 약 80년간이 이에 해당한다.

제1기의 시는 대체로 근체시의 틀이 정착되지 않은 시기로서 육조六朝 시기의 궁정문학과 당대 신진사대부들의 새로운 문학이 공존하는데, 이때의 대표적 시인으로는 '초당사걸初唐四傑'로 일컬어지는 왕발王勃, 양형楊炯, 노조린盧照隣 및 낙빈왕駱賓王과 유미주의 시풍을 반대하면서 건안문학의 문풍을 주장했던 진자앙陳子昻 등의 시가 이 시기에 속한다. 본 역시집에는 이들 5인의 시가 모두 보인다. 이들 중 전자인 초당사걸의 시는 근체시의 틀에 현실적인 주제와 내용을 결합하여 궁정시가의 분위기를 벗어나는 면모를 보여주어 율시의 정형화에 공헌한 흔적을 살필 수 있다.

제2기의 시는 당의 경제나 문화가 중앙집권체제하에서 최고로 발달했던 시기이면서 동시에 후기에는 장기적인 안사安史의 난으로 국가재정이 궁핍해지고 중앙정권체제가 붕괴되어 시재詩材의 범위가 한결 다양해졌다 할 수 있다. 이때는 자연시파와 변새시파邊塞詩派 및 낭만시파와 사회시파 등이 크게 활동했다. 역시집엔 자연시파의 시로서는 산수자연의 모습과 그 속에서 생활하는 심경을 도·불적道佛的인 사상으로 함축시켜 읊은 왕유의 5언 시체의 명시들과 자연의 한적한 정취의 묘사가 특별히 아름다운 맹호연孟浩然의 시가 특기할 만하다. 왕유의 시는 18수, 맹호연의 시는 12수가 보인다. 또한 변새시파의 시는 주로 변방의 풍경과 생활, 병영생활과 전쟁 등을 다룬 시로서, 왕지환王之渙, 왕창령王昌齡, 고적高適, 잠삼岑參 등이 주요 시인이다. 왕지환, 왕창령의 시는 특히 7언 절구의 전쟁 관련 시들이 함축적인 묘사가 뛰어나서 서정적 여운이 짙다. 고적은 이국적 분위기와 변방의 황량한 풍경 등을 담는 데 뛰어나고, 잠삼의 시는 색채감이 강렬하고 기세가 분방하다. 왕지환은 2수, 왕창령은 14시제 15수, 고적은 5수, 잠삼은 11수가 보인다. 이어서 낭만파의 시로는 안사의 난 이전 성당의 기상을 대표하는 이백의 시가 중심을 이룬다. 그는 태생적으로 지니고 있는 협기俠氣와 인간을 초월하여 자유롭게 비상하고자 하는 낭만적 기상, 인생의 고통이나 우수를 주로 술을 매개로 달에 취하는 식의 환상적인 시경詩境 속에 묘사하고 있다. 이백 시의 이러한 표일한 경계는 시율이 엄격한 율시가 아닌 절구시와 고시 및 악부시 등에 많이 표현되었다. 역시집에는 35시제 40수가 보인다. 반면에 사회시파의 거두인 두보의 시에는 주로 안사의 난을 전후한 시기의 사회생활의 모순되는 면면과 민생의 비참한 실상 및 이러한 시대적 상황 속에서 느끼는 우국충정과 연민憐民, 가족애와 인생에 대한 우수 등이 구체적인 형상으로 묘사되어 침울돈좌浸鬱頓挫한 풍격을 부각시키고 있다. 또한 시체의 사용 역시 이백과는 달리 근체시율의 엄격한 규칙을 즐겨 사용하면서도 전혀 형식에 구애된 흔적이 보이지 않는 시적 경계를 구사하여 근체시의 교과서로 칭송되고 있다. 본 시집에는 36시제 45수가 보인다.

 제3기의 시는 안사의 난 직후로, 기득권 계층이 몰락하면서 중소상인과 중하층의 사대부 등이 신흥세력으로 출현했던 시기다. 시에서도 이러한 사회 기풍을 반영하는 현실주의 시풍인 신악부운동이 출현했고, 원진元稹과 백거이白居易 등이 중심인물이 되었다. 특히 백거이는 평이한 시어로 민중생활을 표현하여 오늘날의 참여문학을 제시했으며, 시가 지니는 효능과 교육성을 강조하여 산문시와 서사시의 가능성도 시도했다. 그의 시는 두보의 사회시와 악부의 사실주의를 계승·발전시켜 현실을 반영하는 풍유에도 능했다. 그러나 본 역시집에는 주로 서정계열의 절구시와 율시 중심으로 보인다. 그의 대표작이라 할 수 있는 악부시 계열의 〈新樂府신악부〉 50수, 〈秦中吟진중음〉 10수, 〈長恨歌장한가〉, 〈琵琶行비파행〉 등은 보이지 않는다. 아마도 편폭상의 문제 때문인 듯하다. 그러나 기험파奇險派에 속하는 한유韓愈와 맹교孟郊, 이하李賀 등의 시는 적잖게 보인다.

 제4기는 안사의 난 이후 번진藩鎭 세력의 발호와 환관파, 조신파朝臣派 간의 싸움이 연속되다가 만당에 와서는 반란군 황소黃巢의 입성入城으로 장안에 있던 황족 전원이 몰살되는 참화가 야기되면서 다시는 국운을 만회하지 못하는 시기에 접어든다. 따라서 사회적 기풍의 부재로 초당의 섬약한 시풍이 되살아나면서 유미주의적 시인들인 두목杜牧, 이상은李商隱, 온정균溫庭筠 등이 크게 활약했다. 이들 시의 특징은 근체시의 기교와 섬세함을 본체로 하면서 찰나의 감각을 표현했다는 데 있다. 특히 두목은 필치가 경쾌하고, 이상은은 상징수법으로 연애시를 잘 썼으며 그의 〈無題무제〉 중에 「상견시난별역난相見詩難別亦難」은 특별히 인구에 회자한다. 역시집에는 두목의 시 9제 10수, 이상은의 시 9수, 온정균의 시 2수가 보인다.

위에 거론한 시들은 감상할수록 그들이 보여주는 시세계에 동화되어 심미이해는 깊어지고 심미욕구는 질의 변화를 일으켜 자신의 모습을 대상화시켜 볼 수 있는 마음의 여유를 지니게 될 것이다.

이병한·이영주 역해의 『당시선』(서울대학교출판부)은 1998년에 초판이 발행된 이래, 2006년에 초판 5쇄, 2009년에 개정판 1쇄, 다시 2011년에 개정판 3쇄가 발행되어 꾸준히 독자층을 형성해오고 있다. 여기에는 50인의 시인이 읊은 253시제, 267수를 싣고 있다. 역자 이병한은 현재 서울대학교 명예교수이며 재직 시에 중국고전시와 문학이론을 강의하였고, 주요 저서로는 『漢詩批評體例한시비평체례』와 『中國古典詩學중국고전시학의 이해』 등이 있다. 이영주는 현재 서울대학교 중어중문학과 교수로 당시를 강의하고 있으며, 주요 저서로는 『漢字字義論한자자의론』과 『韓國詩話한국시화에 보이는 杜詩두시』 외 다수가 있다.

류명희 | 부산대 · 중국고전시가

문학
10 / 삶, 깨어보니
홍루의 꿈이었네!

:: 『홍루몽』, 조설근·고악

『홍루몽紅樓夢』은 18세기 중국 청나라 때 조설근曹雪芹이 지은 소설로 '석두기石頭記', '금릉12채金陵12釵', '정승록情僧錄'으로도 불린다. '석두기'라는 제목으로 80회를 쓴 조설근의 필사본에 동시대 인물인 고악高顎이 속작續作한 40회를 덧붙여 120회본으로 출간되었다. 자전적 소설로 알려진 『홍루몽』은 혁혁한 세도가인 조설근의 집안이 완전히 몰락한 뒤에 그가 맛본 인생의 쓰디쓴 경험을 바탕으로 창작되었다고 전해진다.

『홍루몽』은 중국 소설 중 최고의 걸작으로 손꼽힌다. 중국인의 생활, 감정 그리고 중국의 문화와 제도, 사상을 이해하려면 반드시 읽어야 하는 필독서로서 중국의 인문정신과 전통문화의 정수를 담고 있다는 평가를 받고 있으며 출간된 이래 관료, 신사로부터 일반 백성이나 아녀자 등에 이르는 각계각층의 사람들에게 뜨거운 사랑을 받아왔다. 이와 같은 폭발적인 관심에 힘입어 조성된 『홍루몽』

> 대옥은 취한 듯 정신이 몽롱해져 잠깐 옆에 있는 돌 위에 걸터앉았다. 그리고는 속으로 '꽃 같은 모습 앞에 세월은 물같이 흘러만 가니' 하는 대목을 되새겨보았다. 그러노라니 문득 언젠가 옛사람 시에 '흐르는 물 지는 꽃, 봄은 지나가네. 천상에도 인간 세상에도' 하는 구절이 머리에 떠오르고, 거기에 또 『서상기』에 나오는 '꽃이 져 흐르는 물 붉게 물들고 수심은 사람 따라 천 갈래 만 갈래' 라는 구절들이 떠올랐다. 이 구절구절을 자세히 음미해볼수록 대옥은 가슴이 미어지는 것 같았고, 또 그럴수록 마음속이 허전해지며 저절로 눈물이 흘러내리는 것을 어쩔 수 없었다.

에 관한 학술 연구 붐을 '홍학'이라고 한다.

『홍루몽』의 자의字意적 의미는 '붉은 누각의 꿈'이라는 뜻이다. 붉은 누각이란 부귀영화를 상징하는 화려하고 아름다운 장소를 말한다. 누구나 아름답고 화려한 홍루에서의 삶을 꿈꾸지만, 그러나 이는 물거품처럼 흩어지는 꿈 혹은 환영에 불과하다는 심오한 의미를 가진다. 홍루에서의 꿈은 청춘의 찬란함, 가문의 영화 등이 한갓 꿈임을 통하여 인생의 아픔, 청춘의 덧없음, 흥망성쇠의 고통 속에 담겨 있는 비극성을 보여준다. 즉 인간의 삶이란, 설령 귀족 가문의 금지옥엽으로 태어나 더할 나위 없이 화려하고 멋진 삶을 산다고 해도 이는 단지 찰나의 꿈에 불과하다는 은유를 통하여 인생의 허무와 덧없음을 절실하게 표현하고 있는 것이다. 인간이 추구하는 부귀공명이란 결국 꿈같고 이슬 같고 물거품 같은 환영에 불과하다는 주제는 당대^{唐代} 전기^{傳奇}인『남가태수전^{南柯太守傳}』이나, 『침중기^{枕中記}』 등의 작품에서도 찾아볼 수 있다. 그러나『홍루몽』처럼 '인생은 꿈같다'라는 주제를 이처럼 성공적으로 묘사한 작품은 전무후무하다고 할 수 있다.

　인생의 허무함과 비극성을 주제로 하는『홍루몽』의 시작은 신화의 세계로부터 비롯된다. 그 옛날 천지가 무너지게 되자 여와씨는 대황산^{大荒山} 청경봉^{靑埂峰} 아래서 돌을 다듬어 하늘을 기웠다. 이때 하늘을 깁는 일에 선택되지 못해 자신의 불운을 탓하던 돌 하나가 수련을 하여 영성을 얻게 되었다. 이 돌의 화신인 신영시자^{神瑛侍子}는 서방^{西方} 영하안상^{靈河岸上} 삼생석^{三生石} 가에서 자라는 강주선초^{絳珠仙草}에게 물을 길어다 부어주는 감로의 은혜를 베푼다. 지상에서의 삶을 그리워한 돌이 하계로 내려가자 강주선초 역시 자신을 길러준 돌의 은혜를 눈물로 갚기 위하여 지상으로 내려온다는 이야기로부터『홍루몽』이 시작된다.

　하늘을 깁는 데 쓰이지 못해 한스러워했던 돌이 전생^{轉生}한 인물이 가보옥^{賈寶玉}이며 강주선초의 전생이 임대옥^{林黛玉}이다.『홍루몽』은 전생^{前生}에서의 인연으로 이생에서 만난 두 청춘남녀가 인생의 단맛, 쓴맛, 신맛을 다 경험한 뒤, 다시 신화의 세계로 돌아간다는 구조로 되어 있다. 즉,『홍루몽』은 신화세계 속 존재가 인간 세상에 태어나 갖은 고난을 겪은 뒤 삶의 진상을 깨달아 부귀공명에 대한 집착과 미련을 버리고 다시 신화의 세계로 귀환하여 자신의 원래 자리로 돌아간다는 내용으로 설정되어 있다.

　『홍루몽』의 처음과 끝이 신화세계에서 일어난 일인 반면, 홍루에서의 꿈에 해당하는 부분 즉, 인간 세상에서의 삶이 소설의 주요 내용이 된다.

『홍루몽』은 가보옥, 임대옥, 설보채薛寶釵 사이의 연애와 혼인의 비극을 중심으로 가씨賈氏, 왕씨王氏, 사씨史氏, 설씨薛氏 등 4대 명문귀족 가문의 흥망성쇠 과정을 묘사하고 있다. 이들 4대 가문 중에서도 가씨 집안의 영국부榮國府에 초점을 맞추고 다시 영국부 안에 지어진 대관원大觀園에 초점을 맞추어 이야기가 전개된다. 대관원은 『홍루몽』의 가장 주요한 활동공간이다. 대관원은 황비에 봉해진 가원춘賈元春, 보옥의 누나의 친정 나들이를 경축하기 위하여 가부에 지어진 정원이다. 정원이 완공되면서 가보옥을 비롯한 금릉 12채(금릉의 열두 미녀)인 임대옥, 설보채, 왕희봉王熙鳳, 가원춘, 가탐춘賈探春, 가석춘賈惜春, 가영춘賈迎春, 사상운史湘雲, 묘옥妙玉, 진가경秦可卿, 이환李紈, 가교저賈巧姐 등이 이곳에 들어와 살게 된다.

대관원은 청정한 여자들만이 거주하는 곳으로 청춘의 봄을 찬미하는 이상세계다. 대관원이 이상세계라면 대관원 밖의 세계는 청정한 여자들의 세계를 위협하는 사악한 현실세계다. 억압, 질식, 고통으로 일그러진 현실세계와 달리 대관원은 한 줄기 맑은 샘이며 광명이다. 그러나 불행하게도 대관원을 둘러싸고 있는 것은 거짓과 부패로 타락한 세계이며 이들은 끊임없이 대관원의 청정함과 이상을 파괴하여 대관원의 몰락을 재촉한다. 이것이 바로 『홍루몽』의 최대 비극인 것이다.

대관원에 거주하는 유일한 남성이 가보옥이다. 그는 뛰어난 자질과 미모를 갖춘 자매들과 시녀들의 사랑과 보살핌을 받으며 시적인 삶을 산다. 전통사회의 남성들이 과거에 급제하여 나라에 충성하고 가문을 빛내는 영예로운 삶을 추구한다면, 가보옥은 자매들과 더불어 인간의 자연스러운 감정에 따르는 삶을 추구한다. 그는 중국 봉건사회의 등급 질서와 가치에 역행하는 반항아인 것이다. 그에 의하면 여자의 피와 살은 물로 만들어져 깨끗한 반면 남자의 피와 살은 진흙으로 만들어졌기에 역겨운 냄새가 난다고 하면서 명예와 재물, 색정에 탐닉하는 남정네들을 혐오한다. 그가 바라는 것은 천진난만한 여인들과 사이좋게 지내면서 자신이 사랑하는 여인 임대옥과 결혼하는 것이다. 그러나 그의 이와 같은 희망은 가모賈母, 가정賈政, 왕부인王夫人, 왕희봉 등 가문을 대표하는 실세들의 농간으로 산산이 부서지게 된다. 철저한 손익 계산 아래 보옥이 사랑하는 사람이 대옥임을 알면서도 병약하며 반항적인 대옥 대신 보채를 보옥의 신부로 결정하여 결혼을 강요한다. 이에 임대옥은 보옥의 결혼식 날 피를 토하며 죽음을 맞이하고 사랑의 처절한 아픔과 인간사의 허무함을 뼈저리게 경험한 보옥은 부귀공명의 허상을 털어버리고 출가한다는 것이 『홍루몽』의 주요 줄거리다.

위의 줄거리에서 소개되었듯이 『홍루몽』은 가보옥, 임대옥 그리고 설보채 사이의 애정비극을 중심축으로 하여 명문거족의 흥망성쇠를 날줄로 촘촘히 엮음으로써 18세기 청대 봉건 귀족사회의 진실한 면모와 인정세태를 사실적으로 반영하고 있다. 사회등급제의 폐해, 봉건사회의 경제수탈 문제, 과거제의 인간성 말살, 개인에 대한 가문의 폭력성, 비열한 인간성을 폭로하고 인간의 존재가치, 청춘남녀의 사랑, 개성, 여성의 인격과 자질 등의 긍정을 통하여 광범위한 인간 존재의 문제를 폭넓게 조명하고 있으며 나아가 삶의 방향을 제시하고 있다.

『홍루몽』은 백과전서식 소설이다. 소설 속에는 500여 명이 넘는 각계각층의 인물들이 등장하는데 위로는 왕비, 왕가의 친척, 고위 관리로부터 아래로는 몸종이나 시녀, 중, 시골 노파에 이르기까지 당시 사회의 인물상을 망라하고 있다. 살아 숨 쉬는 것 같은 언어, 행동 및 심리 묘사를 통하여 피와 살을 가진 생생한 인물군을 창조하였으며, 이와 같은 인물들을 통하여 인간의 삶을 재연하고 존재의 궁극적 가치를 제기함으로써 중국소설사에 길이 남을 예술적 성과를 이룩했다.

추천 번역서로는 안의운·김광렬이 옮긴 것(청계출판사, 2007)과 최용철·고민희가 옮긴 것(나남출판사, 2012)이 있다.

서정희 | 부산대 · 중국고전소설

문학

11 사람이 사람을 잡아먹는 세상, 아이들을 구해야 하는데…

:: 『루쉰 소설』, 루쉰

    1918년 5월 중국, 루쉰魯迅(노신)의 소설 「광인일기狂人日記」가 《신청년》이라는 잡지에 게재되었다. 루쉰 자신의 말에 따르면 이 소설은 "당시 '표현이 철저하고 격식이 특별하다'고 여겨져 일부 청년 독자의 마음을 대단히 격동시켰다". 그러나 실제로는 그 자신의 말보다 더욱 강력한 충격을 주었다. 그 원인은 여러 가지였다. 무엇보다도 우선 이 소설은 지금껏 중국 사회가 수천 년 동안 입만 벙긋하면 '인의도덕'을 말해왔지만 실인즉 사람이 사람을 잡아먹는 '식인'의 사회였다는 점을 적나라하게 폭로했다. 그뿐이 아니었다. 이 소설은 사회 비판적인 내용, 사회진화론적인 관점, 인물의 순차적 행동과는 무관한 구성, 사실적인 묘사와 상징적인 표현, 고문(문언문, 한문)이 아닌 현대문(백화문)을 사용한 문장 등을 비롯해서 모든 면에서 종래의 중국문학에서는 볼 수 없었던 전혀 다른 모습을 보

> 역사책을 들춰 보았다. 이 역사책에는 연대는 나오지 않고, 각 장에는 비뚤빼뚤 '인의도덕'이라는 몇 글자만 써 있었다. 나는 어차피 잠도 오지 않는 터라 한밤중까지 자세히 살펴보았다. 그랬더니 글자들 틈새로 다른 글자들을 볼 수 있었다. 책에는 온통 '식인'이라는 두 글자만 써 있었다. (…) 혹시 아직 사람을 잡아먹어보지 않은 아이가 있을까? 아이들을 구해야 하는데….

여주었다. 그리고 바로 이런 점들 때문에 이 소설은 1917년 이래 후스胡適(호적) 등이 제창해온 새로운 중국문학, 즉 신문학 또는 현대문학의 명실상부한 출발점이 되었다.

이 시기 루쉰은 원래 소설을 쓸 생각이 없었다. 1881년 저장성浙江省(절강성) 사오싱紹興(소흥)에서 태어난 루쉰은 유복한 유년기를 보낸다. 그러나 오래지 않아 벼슬을 하던 조부가 과거시험 부정 사건으로 투옥되고 몇 년 후 부친마저 병으로 일찍 죽는다. 그 뒤 그는 어린 나이에 온갖 세파를 경험하고, 고생 끝에 일본 유학까지 다녀온다. 하지만 이런저런 좌절의 연속으로 귀국 후 교육부 공무원으로 일하면서 옛날 소설을 베껴 쓰거나 비석을 탁본하거나 하며 지내던 차였다. 수년을 그러던 어느 날 친구 첸쉬안퉁錢玄同(전현동)이 찾아와서 세상을 바꾸는 데 도움이 될 만한 글을 써달라고 한다. 이에 루쉰은 중국이라는 무쇠로 만든 방 안에 수많은 사람들이 잠들어 있는데 그냥 놔두면 고이 죽어갈 것을 왜 하필 깨우려 드느냐고 묻는다. 그러나 쳰셴퉁은 몇몇 사람들이 일단 깨어났으니 그 무쇠방을 깨뜨릴 가능성이 전혀 없다고 할 수는 없지 않겠느냐고 설득한다. 결국 루쉰은 과연 그것이 가능한지에 대해서는 여전히 회의적이었지만 그래도 희망 자체를 버릴 수는 없다는 뜻에서 그의 부탁을 들어주게 된다. 이렇게 해서 나온 것이 바로「광인일기」였다. 이후 그는 1936년 상하이上海에서 '민족혼'이라고 쓴 흰 천으로 덮은 관에 누워서 수많은 사람들의 배웅을 받으며 이 세상을 떠나갈 때까지 쉼 없이 글쓰기를 이어갔다.

루쉰은 일생 동안 근 30권에 이르는 소설, 수필, 시, 평론, 학술 저작 등을 남겼다. 그중 소설은 『외침(吶喊[눌함])』, 『방황彷徨』, 『새로 쓴 옛날이야기(故事新編[고사신편])』 등 모두 3권의 총 33편으로 그리 많은 편은 아니다. 그러나 소설가로서 그의 성취는 그의 소설이 보여주는 사상성과 비판성, 생동성과 상징성에 있는 것이었다. 예컨대 단편소설이 아닌 그의 유일한 중편소설「아Q정전阿Q正傳」이 그러하다. 주인공 아Q는 농촌의 홀홀단신 날품팔이 노총각이다. 아Q는 약한 자에게는 강하고 강한 자에게는 비굴하며, 터무니없이 으스대는가 하면 심약해서 벌벌 떨고, 약삭빠르게 구는 듯하지만 실은 무지함 속에서 영문도 모르는 채 사형을 당하고 만다. 그러한 아Q가 지닌 최대의 특징은 실로 그 방식도 다양한 '정신승리법'이라는 것이다. 남에게 얻어맞고는 요즘 세상이 돼먹지 않아서 그렇다며 욕하는 것으로 만족해한다거나, 상대방더러 자신은 버러지니 더 이상 때리지 말라고 해놓고는 자신이 스스로를 경멸할 줄 아는 제1인자이므로 결과적으로 세상에서 제1인자인 셈이라며 흡족해하기도 한다. 심지어는 노름판에서 난생처음 딴 돈을 얼결에 몽땅 뺏기고 나자 홧김에 자기 자신의 뺨을 때리게 되는데, 그 와중에 정작 자기가 왜 뺨을 때리게 되었는지도 잊어버리고 또 뺨을 얻어맞고 있는 사람이 바로 자기 자신인 것도 잊어버린다. 그러고는 때리고 있는 자신이야말로 최후의 승리자라고 느끼면서 득의양양해 한다. 이처럼 아Q는 그야말로 서양 열강에 수탈을 당하면서도 과대망상적 자존심만 내세우는 청나라 황제와 황족 또는 관료와 지식인들 같기도 하고, 또는 아무것도 모르는 채 무지몽매하게 일생을 살아가는 중국의 백성들을 대표하는 것 같기도 하다.

이와 같은 그의 소설은 소재 면에서 보자면 크게 세 부류로 나눌 수 있다. 첫째는 앞서 말한 「광인일기」를 포함해서 주로 지식인을 다룬 것이다. 「쿵이지(孔乙己[공을기])」의 쿵이지, 「흰 빛(白光[백광])」의 천스청 등 구식 지식인들은 혹 글줄깨나 읽었고 마음씨도 좋지만 남의 책을 훔쳐서 술이나 사 마시며 헤어 나오지 못한다거나 혹 나이 쉰이 넘도록 과거를 보지만 낙방을 거듭하다가 결국 미쳐서 죽고 만다. 신식 지식인 역시 그들과 큰 차이가 없다. 「두발 이야기(頭髮的故事[두발적고사])」의 N, 「술집에서(在酒樓上[재주루상])」의 뤼웨이푸, 「행복한 가정(幸福的家庭[행복적가정])」의 화자, 「고독한 사람(孤獨者[고독자])」의 웨이롄수, 「죽음을 슬퍼함(傷逝[상서])」의 쥐안성 등은 신사상과 신문화를 추구했으나 시대적 한계와 자신의 무능함으로 인해 실의에 빠져 번민한다. 또 「단오절(端午節)」의 팡쉬안춰, 「비누(肥

튑[비조]」의 쓰밍,「가오 선생(高老夫子[고로부자])」의 가오 선생 등은 한때 앞의 사람들과 마찬가지의 목표를 추구했으나 결국 보수적이고 퇴행적인 인물이 되고 만다. 그 외 「오리의 희극(鴨的喜劇[압적희극])」,「형제(弟兄)」 등도 이 부류에 포함시킬 수 있을 것이다. 이들 지식인에게서 공통적으로 나타나는 태도는 자기기만, 허위의식 등이다. 예컨대 쥐안성과 쯔쥔은 자유연애 끝에 동거에 이르지만 생활의 압박으로 인해 결국 쯔쥔은 아버지를 따라 돌아간 뒤 곧 이승을 하직해버리고 마는데, 이런 결과를 초래하게 된 데는 사회제도의 불합리성뿐만 아니라 사실상 남성인 쥐안성의 여성인 쯔쥔에 대한 회피성 행위에도 커다란 책임이 있는 것이었다.

둘째는 「아Q정전」을 비롯해서 주로 농민, 소시민 또는 농촌사회를 다룬 것이다. 농민 또는 그에 준하는 인물들에 대한 루쉰의 태도는 양가적이다. 기본적으로 루쉰은 그들에 대해 진한 애정과 동정심을 가지고 있다. 한 정직한 인력거꾼을 묘사한 「작은 사건(一件小事[일건소사])」이라든가 유년 시절의 행복한 회상을 다룬 「마을 극(社戱[사희])」이 그러하고, 심지어 아Q와 같은 인물에 대해서조차도 그러하다. 그러나 이는 대체로 내면적이고 잠재된 것이다. 그보다는 그들이 봉건사회 속에서 노예근성이 뼛속까지 깊숙이 배게 됨으로써 우매하고 마비된 존재가 되어버리고 말았음을 강력하게 비판한다. 어린 시절 그렇게도 순수하고 씩씩했던 친구가 후일 성장하여 지식인 화자를 다시 만나자마자 '나으리'라고 부르는 「고향(故鄕)」, 죽은 사람의 피를 적신 만두로 폐병을 고칠 수 있다고 믿고 혁명 열사의 형장에서 피 묻은 만두를 팔고 사는 「약(藥)」, 선량한 마음을 가지고 있으나 봉건적 관습과 미신 속에서 시달리다가 비참하게 죽어가는 과수댁을 그린 「축복祝福」, 신해혁명 이후 소소한 일들이 일어나기는 하지만 실제로는 아무것도 바뀐 것이 없음을 보여주는 「풍파風波」 등이 모두 그렇다. 또 그 외에 「내일(明天[명천])」, 「토끼와 고양이(兎和猫[토화묘])」, 「장명등長明燈」, 「조리돌림(示衆[시중])」, 「이혼離婚」 등도 대략 이에 속한다.

　셋째는 옛날이야기를 재구성한 것이다. 세상을 만들어낸 여와가 푸른 돌로 하늘을 메웠다는 이야기로 인간과 문학 창작에 관해 말하고자 했던 「하늘을 보수한 이야기(補天[보천])」, 우 임금의 치수 신화를 통해 현재의 반동적인 행태를 풍자한 「치수(理水[이수])」, 노자가 공자의 위협을 피하여 변경으로 나가 은둔한다는 전설을 통해 현실 도피적인 인물들을 비판한 「출경(出關[출관])」, 장자가 초나라로 가는 길에 해골을 보고 도로 살려내고자 했던 이야기를 비틀어서 정신적으로 죽어버린 민중을 되살려내고자 한 「죽은 자 살리기(起死[기사])」 등이 그렇다. 또 불사약을 훔쳐 먹고 선녀가 되어 달로 도망쳤다는 상아 이야기를 각색한 「달로 달아난 상아(奔月[분월])」, 두 임금을 모시지 않으려고 수양산에 숨어 고사리를 캐 먹으면서 살았다는 백이와 숙제의 이야기를 각색한 「고사리를 캐는 사람(採薇[채미])」, 칼의 명인이 보검을 만들어 바쳤으나 오히려 죽임을 당하자 아들이 복수했다는 이야기를 각색한 「도공의 복수(鑄劍[주검])」, 묵자가 초나라 왕의 송나라 공격을 말린 이야기를 각색한 「전쟁 반대(非攻[비공])」 등도 모두 그렇다. 물론 이 소설들 또한 단순히 옛 이야기의 되풀이가 아니라 일종의 패러디 방식을 사용하여 앞의 것들과 마찬가지로 봉건사회의 해악을 폭로하고 새로운 인간상을 구축하는 데 그 목표가 있었다.

　루쉰은 자신의 소설을 통해서, 또는 더 나아가서 자신의 모든 문필 활동과 사회적 활동을 통해서 봉건적 중국을 비판하고 새로운 중국을 열망했다. 그리고 그것은 중국인의 사고와 행동을 바꾸는 데서 가능하다고 믿었다. 물론 그렇다고 해서 그의 소설이 이런 의도와 주장을 마치 논설문처럼 직설적으로 표출한 것은 아니었다. 그것은 어디까지나 인물 창조, 장면 묘사, 사건 구성 등을 통해서 자연스럽게 표현되었다. 그의 소설은 몇 개의 짧은 단어나 구절로도 충분히 생동적이고 시각적인 이미지를 만들어내는가 하면, 예리하고도 치밀한 비판적 사고와 울울하면서도 울림이 있는 정서를 통해서 독자들이 공감하고 사색하도록 만들었다. 예컨대 그는 「광인일기」에서 광인을 내세워 모든 사람이 봉건사회의 피해자이면서 가해자이고, 가해자이면서 피해자임을 보여준다. 특히 그의 소설에는 끊임없이 민중을 비판하고 그들을 각성시키고자 하면서 그것이 여의치 않음에서 오는 깨친 자로서의 고뇌가 표현되어 있다. 그러나 그의 소설에는 또 절망적인 상황에서 회의하고 방황하면서도 끝까지 분투하면서 희망을 잃지 않는 모습이 나타난다. 그는 「고향」에서 루쉰이라는 이름을 가진 화자의 입을 빌려서 이렇게 말한다. "그들은 새로운 삶을 살아야 한다. 우리가 아직 살아보지 못했던 삶을. (…) 희망은 본래 있다고 할 수도 없고, 없다고 할 수도 없다. 그것은 곧 땅 위의 길과 마찬가지다. 사실 땅에는 본래 길이 없었으나 다니는 사람이 많아지자 길이 된 것이다."

루쉰의 소설은 단순히 과거 중국의 이야기만은 아니다. 그것은 오늘날 한국 또는 세계 곳곳에서 여전히 유효하다. 달리 말하자면, 시대와 지역에 관계없이 그의 소설 읽기를 통해서 독자들은 자기 자신의 삶과 세계에 대해 더욱 깊이 깨우치고 성찰하게 된다. 이 때문에 루쉰의 첫 번째 소설이 발표된 지 거의 100년에 이르는 지금까지 한국에서만도 100종이 훨씬 넘는 그의 소설집이 출간되었다. 그중 완역본으로는 『루쉰 소설 전집』(김시준 옮김, 을유문화사, 2008)이, 발췌본으로는 『루쉰 전집 2 외침·방황』(루쉰전집번역위원회 옮김, 그린비, 2010)이 비교적 최근 것이다. 만일 상대적으로 분량이 적은 발췌본을 먼저 읽고 싶은 사람이라면 『아Q정전』(전형준 옮김, 창비, 2006)도 괜찮다. 어떤 사람은 루쉰의 소설뿐만 아니라 다른 작품들도 읽어보고 싶을지 모른다. 그렇다면 수필집 겸 평론집인 『아침꽃을 저녁에 줍다』(이욱연 옮김, 예문, 2003)나 『투창과 비수』(유세종 외 편역, 솔, 1997)를 선택할 만하다. 그 외 『루쉰 평전』(주정 지음, 홍윤기 옮김, 북폴리오, 2006)이라든가 『루쉰의 문학과 정신』(홍석표, 선학사, 2005) 등 루쉰에 관한 전기와 연구서 역시 제법 많이 출간되어 있다.

김혜준 | 부산대 · 중국현대문학

문학

12 존재와 에고이즘

:: 『마음』, 나쓰메 소세키

『마음』은 나쓰메 소세키夏目漱石(하목수석), 1867~1916의 작품 중에서 가장 대중적 인기를 획득한 작품이다. 물론 이 말은 『마음』이 대중 영합적 성격의 작품이라는 사실을 의미하지는 않는다. 세속적 어휘이기는 하지만 '문호'라는 명칭으로 불리는 소세키의 작품은 어떤 작품이든 독자적인 가치와 매력을 가지고 있으나, 『마음』은 『도련님(坊っちゃん)』과 더불어 가히 국민문학이라는 이름에 걸맞은 작품이라 할 것이다. 그 이유는 여러 가지로 설명이 가능하다. 『마음』은 무엇보다도 다른 작품에 비해 문장이 평이하고 대중에게 친숙한 인물들이 등장한다. 소세키의 대부분의 작품에 등장하는 인물들은 고답적 지식인들이다. 그들은 작품 안에서 지식인의 언어를 사용한다. 그 언어는 지적 환경을 달리하는 사람들에게는 낯선 것들이며 접근하기 힘든 경우도 있다. 『마음』의 주인공인 '선생님'도 지식

> 단 한 가지 내 기억 속에 남아 있는 것이 있다. 언제였던가 벚꽃이 만개했을 때 나는 선생님과 같이 우에노(上野[상야])공원에 갔었다. 그리고 그곳에서 아름다운 한 쌍의 남녀를 보았다. 둘은 다정하게 어깨를 맞대고 만개한 벚꽃 아래를 걷고 있었다. 장소 탓이었을까? 정작 벚꽃보다는 두 남녀 쪽을 유심히 바라보는 사람들이 많았다. "신혼부부 같군." 선생님이 말했다. "무척이나 사이가 좋아 보이는군요." 나는 대답했다. 선생님은 나의 말에 대해서 별 표정이 없으셨다. 그리고 두 남녀가 보이지 않는 방향을 향해 걸음걸이를 떼었다. "자네는 사랑을 한 적이 있는가?" 나는 없다고 말했다. "사랑을 하고 싶지 않은가?" 나는 잠자코 있었다. "하고 싶은 마음이 없지는 않겠지?" "그렇습니다." "자네는 아까 두 남녀를 보고 조금 놀리는 투로 말했지. 그 말 속에는 사랑을 희구하면서도 그것을 얻지 못하는 자의 불편한 목소리가 담겨 있더군." "그렇게 들으셨습니까?" "그렇게 들리더군. 사랑의 포만감을 맛본 사람은 좀 더 따뜻한 목소리를 내는 법이거든. 하지만…… 사랑은 죄악이야. 자네는 그 사실을 알고 있는가?" 나는 단지 그 말이 놀라울 따름이었다. 나는 아무 대꾸도 하지 않았다.
>
> _필자 번역

인이기는 하나, 그의 언어는 생경한 관념으로 표현되는 것이 아니라 생활의 여과를 거친 것들이다. 주인공의 생활인적 면모가 이 작품에 대중친화성을 부여한다고 볼 수도 있다. 그러나 이 작품의 본질은 그러한 구성적 요소가 아닌, 작가 정신의 근본성 안에서 찾아야 한다. 『마음』은 인간존재에 대한 근본적 고찰을 근대소설이라는 형식을 통해 표현한 작품이다. 다시 말하면 주제의 근본성과 형식의 완벽성의 통일 위에 서 있는 작품이 『마음』인 것이다.

작품 『마음』은 「선생님과 나」, 「부모님과 나」 그리고 「선생님의 유서」 3부작 구성으로 이루어져 있다. 소설의 전반부를 이루고 있는 2개의 장은 마지막 장인 「선생님의 유서」를 이끌어내기 위한 도입부다. 우선 화자話者인 '나'라는 대학생이 등장하여 '선생님'을 발견하고 그에 대해 서술하기 시작한다. 화자가 관찰한 '선생님'은 높은 정신성을 가진 지식인이며 단아한 인품과 항산恒産의 소유자다. '나'의 시선을 통해 소세키가 그려내는 '선생님'은 자신의 인품과 지식 너머로 정신적 심연을 숨겨두고 있는 듯한 인상을 독자에게 준다. 이를 서술하는 소세키의 문체는 간결하면서도 암시적 음영으로 가득 차 있다.

'선생님'은 '나'에게 아이러니한 언사를 구사함으로써 자신을 독자로부터 도회韜晦한다. 교훈을 요구하는 '나'를 향하여, 그 교훈적 정신을 부정하는 것이다. "사랑이란 죄악입니다."라고 말하며 인류적 명제를 전면적으로 거부하는가 하면, '나'의 아버지가 중환으로 누워 있다는 이야기를 듣고는 "만일의 사태가 벌어졌을 때 평생 따라다니는 것이 바로 재산 문제"라는 말로 '나'를 놀라게 한다. 높은 정신성을 지닌 '선생님'이 스스로 세속적 문제를 언급함으로써 자신의 이미지를 흐리는 것이다.

「선생님의 유서」에 이르러 '선생님'의 정체와 그로 하여금 자살을 선택하게 한 비극의 이유가 드러나게 된다. '선생님'은 인간의 에고이즘과 그것이 필연적으로 인간존재에게 강요하는 고독과 사랑의 불가능이란 주제를 안고 살아온 것이다. '선생님'은 에고이즘의 피해자임과 동시에 가해자였다. 부친 사망 후에 친척에 의해 재산을 빼앗겼을 때 인간에 대한 불신에 빠졌던 '선생님'은 성장하여 유일한 마음의 벗인 K를, 애정의 삼각관계의 갈등을 겪은 뒤 자살로 내몰게 된다. 이후 '선생님'은 깊은 자기소외를 경험하지 않을 수 없었다. 재산 분쟁과 삼각관계는 진부한 소재다. 그러나 소세키는 이러한 진부한 소재를 통하여 인간존재의 심연에 이르는 표현을 성공시켰다. 그것은 언어화할 수 없는 문제의식의 깊이를 소설 형식을 통하여 정착시켰음을 의미한다.

작품 『마음』이 표현하려 했던 또 하나의 주제는 '선생님'의 존재론과 메이지明治[명치]라는 시대정신과의 관계다. '선생님'의 자기소외라는 존재론을 가능하게 했던 것은 근대적 자의식이다. 자의식은 존재의 깊이를 보여주는 한편 존재를 결핍의식 속에 가둔다. '선생님'은 유서 속에서 메이지의 정신, 즉 근대정신이란 "자유와 독립과 자기 자신"이라고 규정하고 있다. 그러나 메이지 정신의 실현자인 '선생님' 자신은 그러한 정신의 패잔자敗殘者로 남을 수밖에 없었다. 메이지 정신의 근대성은 '선생님'의 존재성을 회복하는 대신 그것을 빼앗았다. 정신이 존재의 실현이 아닌 존재의 상실을 강요한 것이다. '선생님'은 자신을 일본의 근대정신이라는 환상 속에 갇힌 존재로서 인식하고 있다.

메이지 천황이 사망한 후 러일 전쟁에 종군했던 노기 마레스케

乃木希典(내목희전) 장군은 부인과 함께 순사殉死했다. 노기 장군은 메이지 시대의 끝머리에서 봉건시대로 회귀한 것이다.

'선생님'도 순사를 결정하고 '나'에게 긴 유서를 남긴다. 그러나 선생님의 순사는 메이지 천황이라는 개인을 위한 행위가 아니라 메이지라는 근대정신과 동반 자살을 의도한 것이다. 따라서 '선생님'의 자살은 소설언어에 의한 관념적 죽음이었다 볼 수 있다. '선생님'은 노기 장군처럼 봉건적 윤리로 회귀하지 않는다. 그렇다고 해서 환상으로서의 근대정신을 대신할 정신적 원리를 가지고 있지도 않다. '선생님'은 정신적 진공 의식 속에서 자신의 존재를 거부한 것이다. 그것만이 '선생님'에게 허용된 자유였다고 볼 수 있다.

작품 『마음』이 근본적인 것은 이와 같이 인간에 관한 사유가 존재의 내면과 시대라는 외재적 요소의 통일에 의해 가능해진 전체적 시야를 통해 이루어졌다는 점에 있다.

오경환 | 부산대 · 일본근대문학

문학
13 / 인간의 내면과 서정

:: 『설국』, 가와바타 야스나리

『설국雪國』은 일본의 작가 가와바타 야스나리川端康成(천단강성), 1899~1972가 1935년에 발표한 작품으로, 작가의 대표작일 뿐만 아니라 일본의 근대소설 중 굴지의 명작으로 손꼽히는 소설이다. 또한 사이덴스티커Edward G. Seidensticker가 영문으로 번역한 것이 1957년에 간행되어 세계적으로도 많은 독자를 획득한 작품이기도 하다. 작품의 일본어는 깊은 서정적 아름다움을 표현하고 있으며, 그 서정성은 일본의 전통적 감성과 근대적 관념의 통일을 바탕으로 하고 있다.

작품은 주인공 시마무라島村(도촌)의 여행 장면으로 시작된다. 무용평론가인 시마무라는 굴절된 자의식의 소유자다. 그는 자신의 불안과 고독을 치유하기 위해 자연을 찾는다. 작품 첫머리의 "기나긴 국경 터널을 빠져나오자 그곳은 곧 눈의 나라였다. 깊은 밤이 흰 빛으로 물들고 있었다."라는 문장은 시마무라가 갈망하던 자연의

> "은하수가 아름다워요." 고마코는 작은 목소리로 말하고는 하늘을 쳐다보면서 다시 달리기 시작했다. "아아, 은하수인가." 같이 하늘을 쳐다본 바로 그때 시마무라는 자신이 은하수 한가운데로 부웅 떠오르는 듯한 느낌을 받았다. 은하수가 내뿜는 밝은 빛이 그를 향해 손짓하듯 가까이 느낀 것이다. 나그네 길을 걷던 바쇼(芭蕉[파초], 일본 에도 시대의 시인)가 거친 바다를 통해 본 것이 바로 이렇게도 선명한 은하수의 광대함이 아니었을까? 모습을 온전히 드러낸 은하수는 밤의 대지를 자신의 살결로 어루만지려고 눈 바로 앞에 내려와 앉아 있었다. 그것은 무서우리만치 요염한 모습이었다. 시마무라는 자신의 자그마한 그림자가 거꾸로 은하수를 비추고 있다고 느꼈다. 은하수를 가득 메우고 있는 별들이 하나하나 또렷이 보였다. 그뿐만이 아니었다. 별빛을 머금은 구름 속 은색 모래알도 한 톨 한 톨 모두 보일 만큼 맑은 하늘이 넓게 드리워져 있었다. 은하수의 깊고 깊은 그 속으로 시마무라의 시선은 끝없이 빠져들고 있었다.
>
> _필자 번역

상징어라고 할 수 있다. 밤의 어둠을 비추는 순백 무후의 눈빛은 자의식과의 격투를 계속해온 시마무라의 영혼 깊이 스며들어, 그 영혼을 깨끗이 씻어 내리는 구원과도 같은 것이다. 그러나 그 구원은 순간의 것이다. 시마무라는 자신의 영혼이 결코 구원될 수 없다는 것을 잘 알고 있다. 작품『설국』은 시마무라가 찾아가는 깊은 산중 온천 마을의 아름다운 서정적 풍경에도 불구하고 자연에 의해 구원받는 근대적 지성을 그린 작품이 아니다.

시골 온천 마을의 아름다운 겨울 풍경은 시마무라의 자의식과 대치하는 타자가 아니라, 이 소설의 또 한 사람의 주인공인 온천 게이샤 고마코駒子(구자)의 존재를 비추는 배경이다. 작품의 스토리는 시마무라와 고마코 그리고 고마코의 여동생 요오코葉子(엽자) 사이에서 조용히 진행되는 삼각관계의 세계를 그리고 있다. 그러나 고마코의 조형에 작가는 좀 더 많은 주의를 기울이고 있다. 고마코의 강렬하면서도 진지한 마음이 표현하는 아름다운 무상無償의 정신은 시마무라의 정신을 깊이 감동시킨다. 그리하여 시골의 온천 게이샤와 도시의 지식인 사이에는 사랑이 자리 잡는다. 그러나 그 사랑에 시마무라를 구원하는 아름다움을 부여하는 것은 전적으로 고마코다. 가와바타가 그리는 고마코의 마음은 자연 그 자체라 볼 수 있다. 왜냐하면 고마코의 존재는 인간의 모든 사상事象을 감싸는 허무이며, 그 허무는 눈의 풍경으로 표상表象되는 자연과의 조응照應 안에서 그려지기 때문이다. 가와바타가 눈 덮인 일본의 시골마을 안에서 인물을 그린다는 것은 허무의 눈을 통해서 인간을 관조함에 다름 아니다.

이렇게 볼 때 작품 『설국』의 주제와 서술 방법은 일본의 고전문학과 맞닿아 있음을 알 수 있다. 서양의 문학이 오랫동안 인간을 구성적 실체로 보아온 것에 비해 일본의 고전문학에서는 인간을 감각적 표상으로 보려는 전통이 강하다. 고마코의 사랑은 감정의 지속 끝에 얻어지는 실체가 아니라, 순간순간 내면에 투영되는 마음의 목적 없는 흐름과 같은 것이다. 그런 의미로 본다면 『설국』 속의 고마코는 작가에 의한 환상이며 실재하는 존재의 묘사체가 아니다. 그러나 그러한 고마코라는 환상은 『설국』의 소설언어 내부에서 실상으로 전환되는 계기를 갖는다. 이를 위해 작가가 구사한 것이 일본의 전통극 '노能'의 방법이다. 노에서는 드라마의 초반부에 주인공처럼 등장하는 '와키'가, 주제의 내면화가 진행되면서 나중에 등장한 '시테'에 의해 단순한 극적 장치로 돌아가는 순간을 맞는다. 『설국』도 같은 구조를 가지고 있다. 고마코는 시마무라의 의식 내부의 환상이지만 소설의 시간 진행에 따라 시마무라를 뛰어넘어 실상을 획득하게 되고, 독자는 그 소설언어적 실상의 존재성을 체험하게 된다. 이때 온천 마을의 게이샤라는, 오랫동안 천시되어왔던 존재 안에서 아름다운 일본의 마음이 발견되는 것이다.

『설국』의 고마코는 작가의 이상향 여성이며, 시마무라는 작가가 혐오하는 남성이다. 시마무라를 조형하는 작가의 언어에는 이 인물에 대한 깊은 혐오가 스며 있다. 물론 그의 혐오는 곧 자기혐오다. 고마코의 존재는 작가에게 결여된 부분의 상징적 표현이며, 작가의 자기혐오는 작품 『설국』의 원리인 것이다. 작가는 그 결여를 직접적으로 언어화할 수 없다. 언어화하는 순간 그 언어는 결여성을 잃게 될 것이기 때문이다. 가와바타 야스나리가 『설국』의 작품적 완성 이후에도 작가이기를 계속해야 하는 이유가 여기에 있다.

오경환 | 부산대 · 일본근대문학

문학 14

절대자를 향한 구도자의 노래

:: 『기탄잘리』 타고르

『기탄잘리Gitanjali』는 인도의 시인 타고르Rabindranath Tagore, 1861~1941의 시집이다. '신神에게 바치는 송가頌歌'라는 뜻으로 1900년에 벵골어로 발표되었으며 1913년 노벨문학상 수상작으로 선정되었다. 영역판은 총 103편으로 구성되어 있으며 편마다 제목 없이 1번부터 103번까지 일련번호만 매겨져 있다. 내용은 절대자에게 귀의하려는 종교심에 관한 것이다. 처음 이 시집을 읽는 독자에게는 내용이 다소 낯설고 추상적인 것처럼 느껴진다. 시가 무엇을 말하는지 구체적으로 지칭하는 대상이 없기 때문이다.

그러나 바쁜 현대사회의 생활에서 벗어나 삶의 의미를 발견하고 싶을 때는 한번 읽어볼 만한 고전이다. 이 시들이 영원의 관점으로 현재의 삶을 되돌아보게 하기 때문이다. 타고르는 말하길, "영겁의 시간을 헤아리지 못하는 사람들은 짧은 인생을 위해 아등바등 살

"
 1*

당신은 나를 무한케 하셨으니
그렇게 하시는 것이 당신의 기쁨이었기 때문입니다.

이 연약한 그릇을 당신은 비우고 또 비우시고
끊임없이 또 다시 싱싱한 생명으로 채우십니다.

이 가냘픈 갈대 피리를 당신은 언덕과 골짜기 너머로 늘 데리고 다니셨고
이 피리로 영원히 새로운 노래를 부르십니다.

당신의 손길의 끝없는 토닥거림에 내 작은 심장은 터지며
영원한 노래에 생명을 선사합니다.

당신의 무한히 충만한 선물이 내게로 옵니다. 아, 이 작은 한 움큼의 손 안으로만 영겁의 세월은 흘러들어옵니다. 그런데도 여전히 채울 자리는 남아 있습니다."

*숫자는 이 시집에 실린 시들의 제목으로 사용된 일련번호다. 본문에 나타나는 숫자들도 같은 역할을 한다.

아가지만, 나는 저녁시간에는 당신의 신전의 문이 닫힐까 봐 바빠집니다."(82)라고 말한다.

그렇다면 그가 만나려는 '당신'은 도대체 누구일까? 우리는 질문하지 않을 수 없다. 그 절대자가 누구인지는 타고르 자신도 명확히 말하지 않지만 '그는 늘 미소 짓고 계시다'(102)고 하며, '바람결에 실려 오는 연꽃 향기'(20)에도, '춤추듯 흔들리는 꽃잎 나뭇잎에서'(59), 또는 '장맛비 어둔 그늘 속에서도'(22) 그분은 존재한다고 노래한다. '그분은 해와 별의 모습을 통해 자신을 드러내며'(46), '그의 내면의 빛을 태우는 원천으로서 본래의 빛이다. 그는 어둔 밤에 그 빛을 감지하여 번개 길처럼 그 길을 찾아가며 밤의 멜로디를 듣는다.'(27) 하지만 대부분의 사람들은 그분에 대해 모르므로 '대문을 걸어 잠근다'라고 시인은 유감스러워한다(22).

이런 대목을 통해 볼 때 그 절대자는 메시아처럼 세계 외부의 초월적 존재일 뿐만 아니라 우리가 베토벤이나 바흐의 종교음악을 들을 때 느끼게 되는 어떤 행복한 주관적 체험과 비슷한 것이다. 시인은 그런 순간에 종교심을 느끼며, 숨은 절대자의 존재를 예감한다. 그분의 영원한 우주적 질서 속에 동참하는 행복을 느끼는 것이다.

그 절대자는 이 세상에서의 삶을 풍요롭고 의미 있게 만들어준다. 독자는 그에게서 조용한 골방에서 묵상하는 사람과 함께하는 기독교의 주님을 발견할 수도 있고 세상 모든 번뇌의 윤회를 해탈하고 미소 짓는 불교의 부처님을 발견할 수도 있다. 그 신이 누구인지는 독자가 시를 직접 읽으면서 나름대로 해석하며 만나야 하는 무한한 존재다. 타고르는 그 신을 대체적으로 다음과 같은 모습으로 체험한다.

첫째, 민중적인 신
둘째, 일상의 생활 속에 존재하는 신
셋째, 사랑을 실천할 때 체험되는 신
넷째, 고통 속에서 함께하며 힘을 주는 신
다섯째, 죽음의 순간에도 체험되는 신

첫째, 그 절대자는 사회의 약자들과 함께하는 민중적인 신이다. 그는 부자들이나 재산이나 왕들의 권력과 함께하지 않는다. '합창대의 노래, 장미 왕관의 진주알 수효'(11)와는 거리가 먼 것이다.

둘째, 그분은 일상의 평범한 생활 속에 늘 함께하는 신이다. 그는 '사람들 뒤에 말없이 서 있으며'(41), '어린 아이에게 입맞춤할 때도 사랑을 주면 느껴진다'(62). 그는 우리에게 '거처할 집을 주셨고, 먼 곳에서 오는 반가운 손님을 주셨다'(63). 그러면 시인은 노래하기를 '당신을 알면 모든 사람을 알 수 있습니다'(63)라고 말한다.

셋째, 그분은 자선을 베풀 때 확실히 체험되는 신이다. 시인은 '그분이 왕과 같이 높은 분인 줄 알았더니 탁발 수도승처럼 생긴 분이 나타나, 힘없는 거지와 다름없는 그에게 도움을 청해 그분께 콩알 하나를 드렸더니 금알이 그의 동냥 주머니에 들어 있더이다'(50)라고 말한다. 그러므로 시인은 '유등 행사에 화려하게 둥둥 떠가는 수많은 등불'보다는 '나그네의 길을 안내해주는 하나의 등불'

(64)이 소중하다고 노래한다.

넷째, 그분은 고통 속에서도 함께하며 힘을 주는 신이다. 시인은 '그분이 내게 남겨주신 작은 것이 쇠사슬일지라도 그 쇠사슬로 온 힘을 다해 그의 의지와 연결하겠습니다'(34)라고 말한다. '그가 세상 끝이라 생각했을 때도 그의 마음속에는 신의 의지가 새로 노래하기 시작해 신대륙이 떠오르고'(37), '죽음과 같이 견디기 힘든 이별의 고통이 바로 세상을 만드는 힘'(84)이라는 것이다.

다섯째, 그분은 특히 죽음의 순간에 체험되는 신이다. '축제의 현장이나 엄숙한 제사 때가 아니라 전부 부서진 신전의 폐허더미를 볼 때 느껴지는 신'(88)이다. 그러므로 시인은 자신의 '죽음이 찾아올 때 무엇을 줄 것인가?' 질문하며 '내가 평생 거둔 가을날 그리고 여름밤을 바치리라'(90)라며 마음의 준비를 한다. '죽음을 신랑처럼 맞아서 몸이라는 집을 떠날 것입니다'(91)라고 죽음을 기다리며, 죽어서도 확실히 '별들이 계속 빛날 것이며, 초라한 것도 소중할 것이다'(92)라고 믿는다. '엄마 품 안의 아기는 엄마가 왼쪽 가슴의 젖을 떼더라도 다시 오른쪽 가슴의 젖을 물릴 것임을 잘 알듯이'(95) 시인은 삶과 죽음을 모두 사랑하겠다고 말하는 것이다.

타고르의 시세계에 대해서 연구한 학자들은 자주 동서양의 만남에 대해 거론한다. 개인의 개별적 역사를 자연의 보편성과 연결하려 하며, 또한 삶을 조용히 관조하려는 동양인들의 자세와 더불어 지식을 실천에 옮기는 서구인들의 진취적인 정신이 거기에 공존하기 때문이다. 예를 들어 시인이 절대자에게 '시든 꽃잎이라도 주세요.'라고 부탁하면 그분은 '날카로운 검을 주신다'(52). 시인도 '금팔

찌보다는 검이 좋습니다'(53)라고 노래한다. 타고르의 시세계에서는 그렇게 동양과 서양, 눈에 보이는 것과 안 보이는 것, 순간과 영원 등의 모든 대립들이 절대자 안에서 하나로 통일된다.

한국에서 타고르의 시는 1923년 김억金億에 의해 최초로 번역되었으며 그의 제자 김소월의 시세계가 형성되는 데에 많은 영향을 미쳤다. 김소월의 '영변의 약산 진달래꽃'으로 시작되는 「진달래꽃」이나 '산에는 꽃 피네 꽃이 피네'로 시작되는 「산유화」는 타고르의 '나를 따르시라지만 당신의 문으로 들어갈 수 없습니다'(30)라고 고백하는 시와 어딘가 닮은 데가 있다. 한용운의 「님의 침묵」의 '님'도 타고르의 절대자 '그분'과 통하는 부분이 있다. 타고르의 시 중에서 '죽는 날 휴가 여행을 떠납니다'(93)라고 말하는 대목은 현대시 중 천상병 시인의 「귀천歸天」과 공통점이 있다. 타고르도 '세상의 축제에 잠시 참석'(16)하러 왔다고 말하거나, 다시 '원래의 자리로 되돌아간다'(96)라고 말하거나 혹은 '지금까지 뱃사공처럼 노를 젓다가 그 자리를 이제 그분께 맡기고 나는 그 자리에 돗자리를 펼쳐놓을 테니 오셔서 편히 앉으십시오'(99)라고 말하기 때문이다.

번역서로는 김병익이 옮긴 것(민음사, 2001)과 장경렬이 옮긴 것(열린책들, 2010), 최혁순이 옮긴 것(범우, 2009)을 추천한다.

인성기 | 부산대·독문학독희곡

문학

15 그리스의 영웅담에서
인류의 고전으로

::『일리아스』·『오뒷세이아』, 호메로스

서양문학의 역사는 호메로스^{Homeros, 영어는 Homer}로부터 시작한다. 그가 쓴 『일리아스^{Ilias}』와 『오뒷세이아^{Odysseia}』는 고대 그리스의 영웅을 노래한 대서사시이자 서구인의 영원한 고전이며 위대한 문학의 표본으로 이후의 서구문학사에 지대한 영향을 주었다. 역사적·고고학적·언어적 증거로 볼 때 이 두 작품은 기원전 750년에서 650년 사이에 완성된 것으로 판단된다. 거의 3천 년 전의 작품인 만큼 작가 호메로스에 대한 정보 역시 거의 없다. '호메로스'라는 사람이 실재했느냐 아니냐에 대한 논쟁은 이미 기원전 2~3세기 그리스에서부터 시작되었다. 상식처럼 알려진 호메로스의 시각장애인설도 불확실한 주장일 뿐이다. 우리가 추측할 수 있는 것은 그가 고대 그리스의 뛰어난 음유시인이었을 것이라는 사실이다.

그리스군의 동방원정과 힘겨운 귀향에 관한 이야기들은 『일리아

문학

> 내가 이곳에 머물러 트로이아인들의 도시를 포위한다면
> 고향으로 돌아가는 길은 막힐 것이나 내 명성은 불멸할 것이오.
> 하나 내가 사랑하는 고향땅으로 돌아간다면
> 나의 높은 명성은 사라질 것이나 내 수명은 길어지고
> 죽음의 종말이 나를 일찍 찾아오지는 않을 것이오.
> _『일리아스』 9권

> 나는 세상을 떠난 모든 사자들을 통치하느니
> 차라리 지상에서 머슴이 되어 농토도 없고
> 재산도 많지 않은 가난한 사람 밑에서 품이라도 팔고 싶소이다.
> _『오뒷세이아』 11권

스』와 『오뒷세이아』가 창작되기 이전 수백 년 전부터 전해 내려오고 있었다고 한다. 수많은 이야기꾼들과 음유시인들은 자신들만의 관점과 기교로 이야기를 다듬고 변주했을 것이다. 따라서 호메로스의 두 서사시는 온전히 그만의 독창적인 작품이라기보다는 수많은 선배 작가들의 성과를 자신의 개성과 취향에 맞춰 고쳐 쓴 것이며, 넓게 보면 그들과의 공동작업으로 보아야 한다. 그러나 이전부터 내려온 소재를 모으고 다듬은 결과라고 하더라도 이오니아 방

언으로 새로 쓴 호메로스의 작업은 이전의 것들과는 차원이 다른 독창성과 문학성의 결정체였다. 이후 이 두 서사시는 그리스 문학의 교과서로서 수많은 음유시인과 지식인들에게 암송되고 향유되었고 오늘날까지 서구의 대표적인 고전으로 전해지고 있다.

『일리아스』와 『오뒷세이아』가 기원전 12세기경 청동기 시대 미케네 그리스Mycenaean Greece의 트로이아Troia, 영어는 Troy 전쟁을 배경으로 하고 있기 때문에 우리는 그리스 신화에 기록된 이 전쟁의 전후 맥락을 자세히 이해할 필요가 있다. 트로이아 전쟁은 애초에 세 여신 즉, 아테네Athene, 헤라Hera, 그리고 아프로디테Aphrodite 사이에 '누가 가장 아름다운가?'를 두고 벌인 경쟁에서부터 시작했다. 제우스Zeus는 이들 세 여신을 가장 정직한 인간으로 알려진 트로이아의 파리스Paris에게 보내 판정을 받게 했는데, 파리스는 아프로디테를 최고의 여신으로 꼽았고 아프로디테는 그 보답으로 파리스에게 세상에서 가장 아름다운 여인인 스파르타의 헬레네Helene의 마음을 차지할 수 있게 해준다. 파리스가 헬레네를 트로이아로 데려가자 헬레네의 남편 메넬라오스Menelaos와 그의 형 아가멤논Agamemnon이 연합하여 트로이아의 성을 포위한 채 전쟁을 벌이게 되는데, 이것이 바로 10년에 걸친 트로이아 전쟁이다. 전투가 장기간 교착상태에 빠지게 되자 아가멤논은 아킬레우스Achilleus에게 도움을 요청한다. 그러나 아킬레우스는 아가멤논의 무례함에 전쟁터를 떠나게 되고 다시 그리스군은 위기를 맞이한다. 아킬레우스는 죽마고우인 파트로클로스Patroklos가 헥토르Hektor에게 죽임을 당하게 되자 이를 복수하기 위해 다시 참전하여 헥토르를 죽이고 친구의 원수를 갚는다. 그러나 어떤 인간에게도 패할 것 같지 않던 아킬레우스도 마침내 파리스의 독화살을 뒤꿈치에 맞고 죽게 되며 파리스도 이후의 전투에서 입은 부상으로 사망한다. 전투의 마지막에 그리스의 맹장이자 지략가인 오뒷세우스^{Odysseus}가 목마를 이용하여 트로이아를 멸망시킴으로써 10년에 걸친 전쟁은 마침내 끝이 난다. 하지만 트로이아 멸망의 대가는 혹독하여 승전 후 그리스로 귀향한 아가멤논은 아내와 그녀의 정부의 계략으로 살해당하고 말며, 오뒷세우스 역시 10년에 걸친 험난한 귀향길을 거쳐 아내 페넬로페^{Penelope}에게 돌아가게 된다. 이것이 트로이아 전쟁과 그 결과에 대한 개략적인 내용이다. 호메로스는 이 가운데 아킬레우스의 분노와 복수로 『일리아스』를, 오뒷세우스의 고행과 귀향을 소재로 『오뒷세이아』를 만들었다. 따라서 이 두 서사시에는 아킬레우스의 죽음이나 오뒷세우스의 목마 이야기 등은 다루지 않는다.

　『일리아스』는 그리스 아카이오이족의 지도자 아가멤논과 그를 도우러 온 그리스의 영웅 아킬레우스 간의 명예를 둘러싼 갈등과 그로 인해 결별하는 장면에서부터 이야기를 시작한다. 불세출의 영웅 아킬레우스가 떠나자 전력이 극도로 약화된 그리스군은 트로이아의 공세를 받게 되고 이에 오뒷세우스와 디오메데스^{Diomedes}는 아킬레우스를 찾아가 다시 참전해줄 것을 간곡히 요청한다. 아킬레우스는 절친한 친구인 파트로클로스를 먼저 그리스군에 보내게 되는데 불행히도 파트로클로스는 트로이의 맹장 헥토르에게 죽임을 당하고 만다. 이에 아킬레우스의 분노는 극에 달하고 처절한 복수를 맹세한다. 바다의 여신인 어머니 테티스^{Thetis}가 만들어준 완전무결한 무구^{武具}를 입고 전투에 나선 아킬레우스는 마침내 헥토르를 죽이고 그의 시신에 모욕을 가함으로써 친구 파트로클로스의 복수를 완수한다. 헥토르의 부친 프리아모스^{Priamos}가 아킬레우스의 인정에 호소하여 아들의 시신을 되찾아 장례식을 치르는 것으로 『일리아스』의 이야기는 끝난다.

『일리아스』에서 잘 드러나듯이 아킬레우스로 대표되는 고대 그리스의 영웅들은 문자 그대로 목숨보다 명예를 중히 여긴다. 그들은 목숨을 걸고 자신의 용기를 과시하며 불멸의 명성을 얻기 위해 노력한다. 아킬레우스는 어머니 테티스의 예언처럼 그의 앞에 놓여 있는 '명성 없는 장수^{長壽}의 인생'과 '명성을 얻는 단명^{短命}의 삶'이라는 두 갈래 길에서 하나를 선택해야 한다. 이때 그는 별색으로 인용한 부분에서 나오듯이, "내가 (…) 트로이아인들의 도시를 포위한다면 (…) 내 명성은 불멸할 것이오."라고 말하며 그 길을 선택한다. 이에 따라 아킬레우스는 헥토르를 살해하여 친구의 죽음을 복수하고 그리스 민족을 구해내며 자신의 명예를 한껏 드높이는 승리자가 된다. 하지만 그는 신에 의해 정해진 운명을 거스르지 못하고 그의 유일한 약점인 뒤꿈치에 파리스의 독화살을 맞아 죽음을 맞이한다. 이런 점에서 호메로스의 조상인 고대 그리스인들은 용기, 명예, 신의는 목숨을 내어놓고서라도 지켜야 하는 절대적인 가치라고 주장하고 있는 듯하다.

한편 『오뒷세이아』는 『일리아스』와 소재와 주제, 그리고 문체에 있어 여러 가지로 차이가 난다. 이런 의미에서 『일리아스』와 『오뒷세이아』는 인간이 추구하는 두 가지 목표의 극단적인 상황을 다룬다고 볼 수 있다. 전자의 주인공이 '아카이오이족 중에서 가장 용감한 자'로 칭해지는 '준족駿足 아킬레우스'라면 후자의 주인공은 '지략이 뛰어난 오뒷세우스'다. 전자가 아킬레우스의 뛰어난 힘과 목숨을 불사하는 영웅의 명예심을 주제로 삼았다면 후자는 오뒷세우스의 지혜와 안식을 구하려는 인간의 본능을 다루고 있다. 트로이아 전쟁은 10년의 시간 동안 벌어진 힘겨운 전쟁이었지만 전쟁을 그리스의 승리로 이끈 오뒷세우스에게는 또 다른 10년간의 힘겨운 귀향길이 기다리고 있다. 『일리아스』의 내용을 구성하는 트로이아 전쟁이 이민족 간에 벌이는 인간의 전쟁이었다면, 『오뒷세이아』의 투쟁은 오뒷세우스라는 한 인간이 바다의 신 포세이돈Poseidon이 지키는 바다와, 요정과 괴물이 지키는 섬들을 지나고, 망우수忘憂樹의 땅과 망자들의 거처 하데스Hades를 통과하는 등 신들의 영토를 통과하는 일이다. 요컨대 오뒷세우스의 운명은 인간과의 치열한 싸움 이외에 신적인 존재들에 맞서서도 싸워야 하는 것이었다.

오뒷세우스는 자신의 부하들과 함께 뱃길을 이용해 귀향길에 오르지만 수차례에 걸친 장애를 만나 귀향이 지체된다. 그들은 로토파고이Lotophagoi족의 땅에서 시름을 잊게 하는 나무 즉, 망우수인 로토스Lotus 열매에 취해 귀향의 의지가 꺾이기도 하고, 거인족 퀴클롭스Kyklopes족의 폴뤼페모스Polyphemos에게 부하들을 잡아먹히고 간신히 탈출하며, 또 요정 키르케Kirke의 마술로 부하들이 돼지로 변하고 오뒷세우스 자신은 그녀와 사랑에 빠져버린다. 그는 귀향의 가능성을 알아보려 망자들의 땅 하데스를 방문하여 아킬레우스의 혼백을 만난다. 그 와중에 그는 노래로 선원들을 유혹하여 배를 침몰

하게 하는 바다의 요정 세이렌 자매Seirenes의 유혹을 물리치고 머리 여섯에 발이 열둘인 바다 괴물 스퀼라Skylla의 공격을 견뎌야만 했다. 결국 혼자만 남게 된 오뒷세우스는 항해를 계속하지만 다시 요정 칼륍소Kalypso에게 붙들려 자신의 남편이 되어달라는 유혹을 받으며 오랜 세월 그녀의 섬에 갇히게 된다. 하지만 오뒷세우스의 고행과 모험은 그를 총애하는 여신 아테네의 간청과 제우스의 도움으로 마침내 끝이 난다. 제우스는 칼륍소를 설득하여 오뒷세우스를 풀어주며 아테네는 그의 배를 공격하는 포세이돈으로부터 그를 보호해준다. 오뒷세우스는 그가 꿈에도 그리던 고향 이타케Ithake에 도착하여 그가 없는 동안 그의 땅을 도륙하고 아내 페넬로페와 아들 텔레마코스Telemachos를 괴롭힌 난폭한 무리들을 격퇴하고 홀로 늙어가는 아버지 라에르테스Laertes를 포함한 가족과 재결합한다.

    호메로스는 『오뒷세이아』에서 명예를 위해 죽음마저 불사하는 입장과는 또 다른 가치를 주장하고 있는 듯하다. 오뒷세우스는 하데스를 방문하여 그곳의 왕으로 군림하고 있는 아킬레우스의 혼령을 만나게 되는데 이때 그는 아킬레우스의 힘과 그 힘이 만든 영광의 순간들을 찬양한다. 하지만 아킬레우스는 오히려 오뒷세우스에게 그가 가진 '생명' 그 자체가 부럽다고 이야기한다. "나는 세상을 떠난 모든 사자死者들을 통치하느니 / 차라리 지상에서 머슴이 되어 농토도 없고 / 재산도 많지 않은 가난한 사람 밑에서 품이라도 팔고 싶소이다"(『오뒷세이아』 11권). 이는 곧 『일리아스』와 『오뒷세이아』의 차이이기도 하다. 세속의 명예보다 살아 있음 자체를 찬양하는 아킬레우스의 말은 노년의 호메로스의 말로도 해석된다. 인간은 자신이 몸담고 있는 사회로부터 인정을 받고 그에 따르는 대접을 받으려는 욕망과, 가족과 자기 육신의 안전과 안락을 추구하려는 마음을 동시에 가지고 있다. 그런데 이 두 가지 열매는 인간이 사회 속의 존재로 있는 한 영원히 인간을 갈등하게 하고 쉽게 얻기 힘든 목표들이다. 우리는 자신의 명예를 위해 극단적인 경우 자신과 가족의 생명을 포기하기도 하며 반대로 자신의 안전과 욕망을 위해 다른 사람의 비난과 손가락질을 감내해야 할 때가 있다. 아킬레우스처럼 공적인 행복과 사적인 행복의 두 가지 선택 사이에서 갈등하고 번민하는 것은 인간이기에 갖는 본능이자 숙명이다.

  호메로스의 세계, 혹은 고대 그리스인의 세계는 인간과 신의 의지와 표상으로서의 공간이다. 인간의 삶과 역사는 오로지 인간의 힘과 의지에 의해 이루어지는 것이 아니라 인간을 넘어선 외부의 힘 혹은 운명에 의해 크게 좌우되고 있다. 그래서 인간의 의지는 외적인 힘 혹은 운명에 의해 좌절되기도 한다. 제우스의 손짓 하나로 아가멤논의 그리스군은 역병에 들어 멸족의 위기를 맞으며, 분노한 포세이돈은 폭풍을 일으켜 오뒷세우스의 배와 선원들을 수장水葬시킨다. 신은 인간이 가지지 못한 불멸의 몸과 절대적 권력을 가지고 무한한 능력을 행사한다. 인간을 포함한 모든 생명체들은 신의 의지에 따라 생명과 운명이 결정되는 무력한 존재로 보이기도 한다. 어쩌면 인간의 조건은 신의 장기판 위에 놓인 졸卒의 운명이라고 해도 과언이 아니다. 인간의 고통은 이러한 삶의 부조리를 알면서도 운명을 피할 수도, 바꿀 수도 없다는 것을 알기 때문에 배가된다. 그래서 제우스는 파트로클로스의 죽음을 슬퍼하는 자들을 향해 다음처럼 말한다. "땅 위를 기고 숨 쉬는 뭇 생명 가운데 / 사람만큼 괴로운 목숨도 없다."(『일리아스』 17권).

그러나 바로 여기에서, 인간은 필멸하는 무력한 존재이기에 더 위대하다는 역설을 볼 수 있다. 순전히 본능에 따라 무한한 권력을 행사하는 신과 달리 인간은 도덕과 윤리와 정의와 명예의 가치에 따라 행동한다. 인간 파리스는 신의 왕 제우스에게 최고의 여신이 누구인지 판결해주며 오뒷세우스는 오직 그 자신의 지혜와 용기만으로 신적인 존재들의 방해를 뚫고 나아간다. 신이 인간보다 더 위대한 이유가 절대적 힘에 있다면, 적어도 호메로스 서사시의 세계에서는 지혜와 의지에 있어 인간이 신보다 낫다. 블레즈 파스칼Blaise Pascal의 말처럼, 갈대처럼 연약한 인간이 대우주보다 더 위대한 이유는 자신을 돌아볼 줄 아는 데 있다. 인간과 사회의 관계, 자신과 남의 관계, 과거의 자신과 현재의 자신을 비추어볼 줄 아는 능력이 바로 인간을 위대한 존재로 만드는 것이다. 어떤 경우, 신의 능력도 인간의 지혜와 의지 앞에서 무력할 때가 있다. 아킬레우스의 어머니인 여신 테티스가 만들어준 무장武裝도 아들의 죽음을 막지 못하며 포세이돈의 아들 폴뤼페모스도 오뒷세우스의 지혜 앞에 눈이 멀고 패배한다. 자신의 죽음을 앞당기는 선택일지라도 명예를 위해 당당해지려는 아킬레우스의 용기와 연약하고 무력한 인간의 몸뚱이를 성 난 파도 위로 띄우는 오뒷세우스의 용기는 인간이 다른 동물과 구별되는 위대함이다. 그러나 호메로스는 『일리아스』와 『오뒷세이아』를 통해 사회 속 인간에게 필요한 가치는 아킬레우스가 가진 불굴의 용기뿐만 아니라 오뒷세우스의 지혜 역시 포함한다는 점을 전하고 있다. 독자에 따라서는 호메로스가 『오뒷세이아』에서 세속의 명예보다 더 소중한 것이 개인의 만족이라고 말한다고 생각할 수도 있을 것이다. 비록 『일리아스』와 『오뒷세이아』의 기원은 고대 그리스의 신화적 영웅담이지만, 이들 서사시는 인간이 무엇인지, 인간의 삶이 무엇인지를 말하는 보편의 가치를 담고 있기 때문에 지금 21세기, 동아시아의 한국에서도 읽을 가치가 있는 세계의 고전이다.

작가 호메로스의 정확한 생몰연대는 알려져 있지 않다. 헤로도투스^{Herodotus}는 호메로스의 활동 시기를 기원전 850년경으로 추산한 반면, 학자에 따라서는 기원전 12세기까지 거슬러 올라간다고도 보았다. 그러나 오늘날은 기원전 7세기와 8세기 사이로 보는 것이 정설이다.

『일리아스』와 『오뒷세이아』의 추천할 만한 번역서는 그리스 원전을 충실히 옮긴 천병희의 『일리아스』와 『오뒷세이아』(도서출판 숲, 2007)가 있다. 이 작품 해설에 나오는 고유명사도 기존의 영미식 표기법이 아니라 고대 그리스의 원전 발음에 따른 천병희의 번역을 따랐다. 그래서 '호머'가 아니라 '호메로스', 『일리아드』가 아니라 『일리아스』, 『오디세이』가 아니라 『오뒷세이아』이다. 그것은 우리가 고대 그리스 철학자 플라톤^{Platon}을 영어식으로 '플레이토'^{Plato}로 부르지 않고, 아리스토텔레스^{Aristoteles}를 '애리스타틀'^{Aristotle}로 부르지 않는 이유이기도 하다.

이효석 | 부산대 · 근대영문학

문학
16 현실을 되비추는
저승세계로의 여행

:: 『신곡』, 단테

『신곡(Divina Commedia)』은 단테 알리기에리^{Dante Alighieri, 1265~1321}가 고향 피렌체를 떠나 망명생활을 하던 1308년과 그가 죽음을 맞이한 1321년 사이에 쓴 장편서사시다. 『신곡』은 지옥에서 처절한 형벌을 받는 영혼과 죄를 씻기 위해 정화의 불길 속을 걷는 영혼, 그리고 천국에서 축복을 누리는 영혼 등 다양한 영혼들이 겪고 있는 고통과 그들이 누리는 축복을 노래하는 작품이다. 이 작품은 이탈리아 민족문학의 걸작을 뛰어넘어 유럽문학, 나아가 세계문학의 가장 위대한 작품 중의 하나로 평가받고 있다. 아일랜드의 위대한 극작가 사뮈엘 베케트^{Samuel Beckett}가 『신곡』을 평생 즐겨 읽었고 죽기 전까지 머리맡에 두었다고 하고, 아우슈비츠의 생존자였던 작가 프레모 레비^{Premo Levi}가 수용소의 처참한 고통 속에서 늘 『신곡』을 암송했다고 하며, 니코스 카잔차키스^{Nikos Kazantzakis}가 쓴 『그리스

> '나를 거쳐 고통의 도시로 들어가고, 나를 거쳐 영원한 고통으로 들어가고, 나를 거쳐 길 잃은 무리 속에 들어가노라. 정의는 높으신 내 창조자를 움직여, 성스러운 힘과 최고의 지혜, 최초의 사랑이 나를 만드셨노라. 내 앞에 창조된 것은 영원한 것들뿐, 나는 영원히 지속되니, 여기 들어오는 너희들은 모든 희망을 버릴지어다.' (…) "스승님, 저 말뜻이 저에게는 무섭군요." 그러자 그분이 눈치를 채고 말했다. "여기서는 모든 의혹을 버려야 하고, 모든 소심함을 버려야 마땅하리라. 우리는 내가 말했던 곳으로 왔으니, 너는 지성의 진리를 상실한 고통스러운 사람들을 보게 되리라."
>
> _『신곡』제3곡 1~21행, 지옥의 문으로 들어가며

인 조르바』의 '나'라는 1인칭 화자 역시 『신곡』을 호주머니에 늘 넣고 다녔다. 이렇듯 『신곡』은 수많은 작가와 독자들에게 영혼의 고통과 그 고통에서 벗어날 수 있는 지복의 경지를 생생하게 들려주었던 고전이다.

작품의 수많은 인물과 인유引喩를 이해하기 위해서는 간략하나마 작가 단테의 생을 잠시 살펴볼 필요가 있다. 단테의 삶에 대한 정확한 기록은 남아 있지 않다. 산발적으로 남아 있는 그의 글을 통해 추론해보건대 단테는 대략 1265년에 피렌체에서 평범한 소귀족 출신이었던 알리기에로 디 벨린치오네Alighiero di Bellinicione의 아들로

태어났다. 그의 어린 시절과 청년기에 대한 기록은 거의 알려진 바 없지만 『신곡』의 내용으로 보건대 단테는 당대의 풍부한 신학적·학문적 전통을 경험한 것 같다. 단테는 중세의 필수 학문인 3학(라틴어, 논리학, 수사학)과 4학(산술, 기하학, 천문학, 음악)을 터득하고 있었고, 1286년경 세계 최초로 대학이 설립된 도시 볼로냐에 머물면서 많은 학자와 문학인을 만났다. 그리고 1291년부터 대략 4년 동안 피렌체의 프란체스코 수도원과 도미니크스 수도원을 출입하면서 철학과 신학을 공부하기도 했다. 『신곡』에 나오는 아리스토텔레스의 철학, 토마스 아퀴나스의 종교사상, 그리고 이슬람 종교철학의 영향 등은 단테의 지적·학문적 능력이 매우 넓고 깊은 것이었음을 엿보게 한다.

단테의 『신곡』과 관련해서 볼 때 단테 생애에서 가장 중요한 두 사건은 베아트리체와의 만남과 단테의 정치적 망명생활이었다. 우선 단테는 자신이 아홉 살 때 베아트리체를 처음 만났고 바로 그 순간부터 베아트리체에 대한 연민과 사랑을 키웠다고 한다. 하지만 스물네 살의 꽃다운 나이에 베아트리체가 죽자 사랑 한번 고백하지 못한 단테는 깊은 실의와 좌절을 겪게 된다. 단테는 후에 『신곡』에서 베아트리체를, 자신을 천국의 세계 속으로 안내하는 완벽하고 이상적인 아름다움을 구현한 여성으로 승화시킨다. 한편 단테의 삶과 직결된 중요한 사건이 있는데, 그것은 그가 정치적 사건에 연루되어 죽을 때까지 고향 피렌체로 돌아오지 못한 채 망명생활을 해야 했다는 것이다. 당시 자치도시였던 피렌체에서는 교황과 황제 간의 갈등이 극심했고 그 갈등을 둘러싸고 다양한 정파들

간의 투쟁이 격렬했다. 이러한 격변기에 단테는 피렌체의 최고통치기구의 관직인 집정관을 역임했으며 '100인 평의회'의 일원으로 활동하기도 했다. 하지만 그가 다른 지방에 가 있는 동안 정적들에 의해 피렌체가 장악되면서 정치적 보복이 시작되었는데, 단테는 교황에 반대하고 부정부패에 연루된 죄로 기소되어 전 재산이 몰수되고 체포될 경우 화형에 처한다는 선고를 받게 된다. 결국 그는 죽을 때까지 고향 피렌체로 귀향하지 못하는 운명에 처한다. 이 사건은 『신곡』의 여러 곳에서 단테가 이탈리아의 정치적 현실을 한탄하는 데 투영되어 있다.

『신곡』의 구조와 내용을 살펴보면, 『신곡』은 총 14,233행으로 되어 있고, 「지옥편」, 「연옥편」, 「천국편」이라는 3개의 시편으로 나누어져 있다. 각 시편은 33개의 곡으로 편성되어 있으며 「지옥편」만 34곡으로 구성되어 있다. 「지옥편」의 첫 번째 곡에서 어두운 숲 속을 헤매던 단테가 햇살이 비치는 언덕을 보고 올라가려고 하는데, 그때 표범, 사자, 암늑대(각각 음란함, 오만함, 탐욕을 상징한다)가 길을 막아선다. 그때 단테가 존경하던 로마의 시인 베르길리우스가 나타나 언덕으로 올라가기 위해서는 다른 길, 곧 저승의 세계를 거쳐 가야 한다고 말하면서 단테를 저승의 세계로 안내한다. 이 첫 곡은 「지옥편」의 일부이면서 동시에 『신곡』 전체의 도입부가 된다. 이 곡을 합쳐 『신곡』은 모두 100개의 곡으로 이루어져 있다. 시는 1인칭 화자인 단테 자신이 자신의 여정을 소개하는 방식으로 되어 있고, 여정은 1300년의 봄 부활절 직전 성금요일부터 부활절 다음 수요일까지의 기간 동안 단테가 죽은 자들의 영혼이 머물고 있는 지옥, 연옥, 천국의 세계를 지나가는 것이다.

특히 인상적인 것은 「지옥편」과 「연옥편」에서는 로마 시인 베르길리우스가 안내하고, 「천국편」은 단테의 이상적 여인인 베아트리체가 안내한다는 것이다. 로마 시인 베르길리우스는 단테가 가장 존경하는 시인이지만 기독교인이 아니었기 때문에 천국까지 안내할 수 없다고 본 것이다. 이와 같은 단테의 태도에서 미국의 유명한 비평가 에드워드 사이드Edward Said는 서양이 동양을 지배, 관리하기 위해 만들어낸 왜곡된 이미지와 표상으로 된 오리엔탈리즘의 자취를 발견하기도 했다.

우선 「지옥편」은 언어를 구사하고 상상력을 발휘하는 데 있어서 단테의 진가가 가장 잘 드러나는 곳이다. 서두의 제사題詞에서 볼 수 있듯이, 지옥의 입구는 무시무시하며 예루살렘의 땅 밑에 존재한다. 지옥에 떨어진 영혼들은 지상에서 범한 죄의 유형에 따라 다양한 형벌을 받게 되는데, 지옥은 아홉 개의 원으로 구획되어 있다. 그 원들에는 게으름, 소심함, 그리고 비열함 때문에 선을 행하지 못한 영혼, 세례를 받지 못한 채 죽었거나 그리스도를 믿지 않았지만 덕이 있는 영혼, 호색이나 간통처럼 애욕으로 인해 죄를 지은 영혼, 음식을 탐한 영혼, 인색하거나 재물을 낭비한 영혼, 분노와 교만을 일삼는 영혼, 이교도와 이단의 영혼, 폭력과 기만의 죄를 범한 영혼, 신뢰를 저버린 영혼 등과 같은 영혼들이 고통받고 있다. 단테는 베르길리우스의 안내에 따라 이 아홉 개의 원들을 일일이 둘러보는데 영혼들은 지상에서 범한 죄의 특성이나 형태에 상응해서 형벌을 받는다. 이런 방식을 콘트라파소contrapasso라고 부른다. 가령 미래를 예견하는 점쟁이의 경우 지옥에서는 앞을 볼 수 없도록 머리를 뒤로 돌린 채 걷게 만드는 형벌을 받는 것이다. 콘트라파소는 현실에서는 가능하지 않는 정의를 문학적으로 실현하는 시적 정의poetic justice의 구체적 예라 할 수 있다.

지옥의 여정을 마친 단테와 베르길리우스는 지하세계에서 지구의 반대편에 위치한 연옥의 산으로 올라간다. 연옥의 산은 남반구에 있는 유일한 섬 위에 존재한다. 연옥의 산은 일곱 개의 원 내지 둘레로 나누어져 있고 그 원들에는 각각 교만, 질투, 분노, 나태, 탐욕, 탐식, 방탕 등 7개의 죄악이 대응한다. 연옥에서의 형벌도 지옥에서의 형벌과 비슷하다. 하지만 연옥에서의 형벌은 지옥에서의 형벌보다 훨씬 심리적이고 정신적인 차원의 것이다. 주로 형벌의 유형은 영혼이 범한 행동보다는 동기에 근거한다.

『신곡』의 중요한 주제가 사랑인데 이 주제는 「연옥편」에서 매우 중요한 틀이 된다. 단테는 신에 대한 사랑과 인간에 대한 사랑을 구분한다. 그가 볼 때, 전자는 순수한 반면 후자는 불순할 수 있다. 부적절하거나 악의적인 목적에 대한 사랑(분노, 질투, 교만), 강하지 못한 사랑(나태), 너무 강한 사랑(탐욕, 탐식, 방탕) 등 인간에 대한 사랑은 모두 죄악이기 때문이다. 나아가서 연옥의 형벌이 지옥의 그것과 다른 것은 연옥의 형벌은 악마가 아니라 천사들에 의해 이루어지며, 영혼들은 형벌이 끝난 뒤 희망의 환희가 기다리고 있기 때문에 형벌을 달게 받는다는 점이다.

지상천국은 바로 이 연옥의 산 정상에 위치한다. 단테는 연옥의 낭떠러지를 거쳐 지상천국에 올라가 드디어 눈부신 빛과 아름다운 노래가 들려오는 가운데 베아트리체를 만나게 된다. 그녀를 따라 단테는 천국을 둘러보게 된다. 천국은 월천, 수성천, 금성천, 태양천, 화성천, 목성천, 토성천, 항성천, 원동천이라는 아홉 개의 천구(sphere)로 이루어져 있다. 이 천구들은 현명, 용기, 정의, 절제의 기본 미덕과 믿음, 희망, 사랑이라는 신학적 미덕과 관련되어 있고 그 천구들에는 신에 대한 서약을 완전히 채우지 못한 영혼(월천), 영광을 위해 노력했지만 정의가 부족한 영혼(수성천), 하느님 외의 존재를 사랑하고 절제가 부족한 영혼(금성천), 다른 미덕으로 나아가는 길을 밝혀주는 현명한 영혼(태양천), 기독교의 대의를 위해 싸운 용기 있는 영혼(화성천), 정의로운 영혼(목성천), 묵상적 삶의 양식을 지키고 절제된 삶을 살았던 영혼(토성천)이 있다. 여덟 번째 항성천은 깨끗이 정화하고 믿음, 희망, 사랑의 신학적 미덕을 구현한 완벽한 영혼이 존재하고, 아홉 번째 원동천은 우주를 움직이게 한 최초의 원천이 되는 천구이며 거기에는 원죄에 전혀 오염되지 않은 천사들이 나타난다. 이 아홉 개의 천구 위에 '강물처럼 흐르는 빛'의 하늘로서 하느님이 계신 엠피리언Empyrean이 존재한다. 엠피리언에서 천국의 영혼들은 모두 하느님의 곁에 함께 있을 수 있다. 특히 단테는 천국에서 토마스 아퀴나스, 성 베드로, 성 요한 등 기독교의 위대한 성인들과 만나 대화를 나눈다.

『신곡』은 단테가 하느님을 바라보는 장면으로 끝맺는다. 말로 표현할 수 없는 섬광 속에서 단테는 마침내 하느님의 신성과 인성의 신비를 이해하게 되고 그의 영혼은 하느님의 사랑과 함께하게 된다. 단테는 "여기 고귀한 환상에 내 힘은 소진했지만, / 한결같이 돌아가는 바퀴처럼 나의 / 열망과 의욕은 다시 돌고 있었으니, / 태양과 별들을 움직이는 사랑 덕택이었다."고 노래한다.

　이상에서 『신곡』의 구조와 내용을 살펴보았다. 『신곡』이 문학적으로 위대한 성취를 이룩한 것은 단순히 기독교적 선악의 세계를 생생하게 그린 데 있지 않다. 『신곡』은 중세적 문학관을 완벽하게 구현하고 있을 뿐만 아니라 그 속에는 그 당시 누구도 할 수 없었던 단테 자신만의 엄청난 문학적 상상력이 발휘되어 있다. 우선 『신곡』은 지옥의 고통스럽고 음산한 분위기에서 출발해 연옥에서의 정화의 불을 거쳐 마지막 천국에서 하느님의 최고 진리를 직접 체험하는 행복한 결말에 이른다. 이는 죄를 범한 개인의 영혼이 죄를 씻고 하느님 곁으로 가는 기독교적 세계관을 알레고리allegory로 형상화한 것이다. 하지만 『신곡』에서 단순히 기독교적 교리의 확고함을 확인하고자 하는 독자는 단테의 문학적 성취를 이해할 수 없을 것이다. 지옥과 연옥의 세계에 대한 거의 스펙터클한 수준의 생생한 묘사와, 고상한 라틴어가 아니라 토스카니 속어의 비천한 문체를 거침없이 구사하는 단테의 언어는 현대문학의 위대한 작가들을 능가하는 수준에 이르러 있다. 특히 단테의 가장 중요한 문학적 성취는 중세적 세계관 속에 있으면서도 중세를 뛰어넘는 문학세계를 창조한 데 있다. 고통받는 영혼들에 대한 단테의 묘사는 정말로 탁월하며 지옥과 연옥의 세계는 단테의 상상력에 의해 새롭게 창조된 세계들인 것이다.

　마지막으로 단테는 원래 『신곡』을 'Commedia'라고 불렀는데 그 뒤 조반니 보카치오Giovanni Boccaccio가 그 내용이 희극이라 보기에는 너무 신성하다고 하여 'Divina'라는 단어를 추가했다. 그리고 Divina가 붙은 첫 인쇄본은 1555년 피렌체의 인문학자인 로도비코 돌체(Lodovico Dolce)에 의해 출간되었다.

『신곡』의 번역본은 한국에 여러 종이 나와 있지만 그 가운데 단테의 전문연구자이며 원문에 충실하고 멋진 우리말로 옮긴 김운찬의 『신곡』(열린책, 2007)과 박상진의 『신곡』(민음사, 2007)을 추천할 만하다. 이 해설 역시 김운찬의 『신곡: 저승에서 이승을 바라보다』(살림, 2005)를 많이 참고했다.

김용규 | 부산대 · 영문학

문학

17 극한상황의 인간 군상

:: 『데카메론』, 보카치오

조반니 보카치오Giovanni Boccaccio, 1313~1375의 『데카메론』은 1348년 집필을 시작하여 5년 후인 1353년에 완성한 작품이다. 이 작품은 보카치오의 많은 작품 가운데 최대의 원숙미를 보이며, 산문적 구성과 위트가 번뜩이는 문장으로 서구 산문문학의 기점을 이룬 것으로 높이 평가되고 있다.

『데카메론』은 희랍어로 '10일'을 의미한다. 따라서 『아라비안나이트』가 흔히 '천일야화'라고 불린 것과 비교하여, 『데카메론』은 '십일야화'라고 불린다. 『데카메론』은 이탈리아에서 가장 아름다운 도시 피렌체에 흑사병이 나돌자 이를 피해 일곱 명의 숙녀와 세 명의 신사가 교외의 별장에 함께 머물면서 무료함을 달래기 위해 한 사람이 하루에 한 가지씩 이야기를 하여 열흘 동안에 나온 백 가지 이야기를 담은 인간 군상의 이야기다. 흔히들 신神들의 이

❛

373

여러분, 우리는 이 놀라운 변화를 뭐라고 설명하면 좋을까요? 그것은 그의 마음 한 구석 훌륭한 영혼 속에 갇혀 있었던 천부적 재능이 시새움 많은 운명의 신에 의해 단단한 굴레로 동여매져 있었던 것을, 운명의 신보다도 강한 사랑의 신이 그것을 끊어 버렸다고 생각할 수밖에 없습니다. 그리고 잠들어 있던 재능을 끌어내는 위치에 있는 사랑의 신은 최대한도의 지배력을 발휘하여 잔혹한 암흑으로부터 밝은 빛 속으로 그를 인도했다고 생각해야 옳을 것입니다.

503

아아 사랑의 신, 그 힘은 그 얼마나 크고 힘찬 것일까요! 그 타이르는 말과 앞날을 미리 보는 힘은 얼마나 황홀한 것일까요! 어떤 철학자라도 어떤 예술가라도 당신과 같이 길을 구하는 자에게 그 밑받침이 될 만한 것을 주고 앞날을 미리 가르쳐 줄 수 있을까요!

696

여러분, 여러 마리의 흰 비둘기 속에 한 마리의 검은 까마귀가 섞여 있으면, 백조보다도 그 아름다움이 더 두드러져 보이는 법입니다. 그것과 마찬가지로 여러 현명한 사람들 속에 그다지 현명하지 못한 사람이 섞이면, 현명한 사람의 훌륭함에 광채를 더해 줄 뿐만 아니라, 그들을 즐겁게 해주는 것입니다.

❜

야기인 단테의 『신곡』과 대비하여 사람들의 이야기인 보카치오의 『데카메론』은 '인곡(人曲)'이라고 불린다. 또한 이 작품은 평범한 대화체의 산문소설 형식으로 되어 있고, 근대 산문소설의 효시로서 세계문학 발전에 지대한 영향을 끼쳤다.

1348년 유럽 전역을 휩쓴 흑사병은 무서운 속도로 인간의 생명을 위협하며 전 유럽을 공포의 도가니로 몰아넣었다. 이러한 상황에서 인간은 눈앞에 서서히 드리우는 죽음의 그림자를 보며 극한 상황에서 도피할 것을 꾀하고, 도피의 순간만이라도 죽음을 망각할 수 있기를 바랐다. 보카치오는 죽음을 잊기 위해 발버둥치는 인간의 모습을, 피렌체 교외로 피난한 일곱 명의 숙녀와 세 명의 신사가 10일 동안 나누는 대화를 통해서 묘사하고 있다. 이들이 나누는 이야기는 모두 100가지로, 하루에 10가지씩 전개된다. 신과 수도사 사이의 종교적인 이야기를 비롯해 젊은 청년과 귀족 부인의 애틋한 애련의 사연, 행복과 불행의 이야기 등 인간이 생각할 수 있고 행동할 수 있는, 인간사에서 일어날 법한 거의 모든 이야기의 세계를 그려내고 있다. 이 작품에 등장하는 이야기들 중 일부는 조롱과 멸시의 어조로 진행되고, 또 어떤 시점에 이르러서는 근대적인 현실이 제공하는 향락과 쾌락을 극도로 예찬하기도 한다. 또한 부패한 로마 교회의 사제들에 대해 질타와 공격을 퍼붓기도 한다. 이 100가지의 이야기들은 인간 군상들의 생활상을 진솔하게 묘사하면서 도덕적인 훈화와 인생의 희로애락을 표출하고 있다.

『데카메론』은 10일 동안에 100가지 이야기가 흘러나오기 때문에 그 구성이 변화무쌍하고 또한 그 무대도 유럽 각지에서 동방에까지 이르고 있으며, 인물이나 성격, 기질 등도 서민층에서 상류층에 이르기까지 다양함을 보여준다. 이야기 속에 등장하는 인물로는 왕, 왕자, 공주, 장관, 기사, 지주, 수도원장, 수녀, 수도사, 군인, 법관, 시장, 의사, 공증인, 상인, 직공, 예능인, 광대, 요리사, 승려, 여관 주인, 농부, 노예, 하인, 불한당 등 각계각층을 총망라한다. 또한 승려도 고승, 역승, 파계승, 탁발승 등이 등장하여 흥미를 배가시키고 이들이 중요한 역할을 하며, 여성들도 이에 질세라 여러 가지 모습으로 등장한다. 이들 남녀는 천성과 처지에 따라 성인과 악인, 탐욕, 교지, 무지에 가득 찬 승려, 성공자와 실패자, 비장형의 인물과 익살꾼이 각각 상이한 성격으로 묘사되어 있다.

다양한 계층의 온갖 인물 군상들은 그 성격만큼이나 처한 상황도 제각각이다. 귀족과 상인 계급이 다수를 차지하지만, 가장 두드러진 인물들은 성직자와 여성이다. 각각의 여인상으로는 정절을 지키는 열부, 비련에 몸부림치는 여인, 무지와 교활함에 젖은 여인, 색욕의 황홀경에 빠져 있는 탕녀 등 실로 천태만상이다. 그리하여 이러한 인물 군상이 연출하는 기발한 줄거리와 이국적인 장면이 교차되고, 아이러니와 풍자, 선정적이고 외설적인 무드가 감돌면서 이야기는 한없이 진행된다. 또한 이 작품의 기저에는 봉건세력에 대한 일반 민중들의 울분이 깔려 있고, 성직의 특권을 빙자하여 세속의 욕망에 도취되어 있는 교회나 신부의 타락상과 기만성을 통렬하게 폭로하고 있다.

보카치오 작품의 집대성이라고 할 『데카메론』의 주제, 형식, 취향 등은 기본적으로 중세적인 것이지만 주제와 형식을 다루고 있는 그의 정신은 최소한 중세적인 것으로부터 탈피한 새로운 것이다. 그는 『데카메론』에서 처음으로 운명과 싸우고 그것을 극복하는 방법을 배우며, 가능하다면 운명을 개척하기까지 하는 인간의 모습을 의도적으로 보여주고 있다. 선과 운명이라는 이 뚜렷한 이원론은 르네상스적 감성과 사고에 뿌리를 둔 것이다.

『데카메론』에 따르면, 진실로 고귀해지기 위해서 인간은 운명을 있는 그대로 달게 받아들여야 하며, 무엇보다도 기대에 어긋나거나 비극적인 것이 될지라도 자신의 행동에 따르는 결과를 당연히 받아들여야 한다. 현세의 행복을 실현하기 위해서 인간은, 욕구를 자신의 힘으로 이룰 수 있는 것으로 제한해야 하고 절대적인 것은 깨끗이 포기해야 한다. 이와 같이 보카치오는 인간의 능력과 인간이 빠져나갈 수 없는 한계를 모두 강조했다. 『데카메론』의 가장 음탕한 문구에서도 나타나듯이, 경박성을 감추지 않으면서도 도덕적 가치에 대한 긍정과 정신적 실재에 대한 인식을 드러내는 것은 현대비평이 밝혀낸 보카치오 문학의 특징인데, 이러한 특징으로 인해 더 이상 그에게 외설적인 흉내꾼 또는 관능적인 냉소가라는 평가를 내리지 못하게 되었다.

『데카메론』은 1353년 세상에 첫 선을 보인 뒤로 무수한 예술가들에게 영감을 주고 모방작을 만들어냈다. 정해진 시일 동안 몇 사람이 돌아가며 이야기를 들려주는 형식, 주제별로 등장하는 다양한 인물 군상, 무엇보다도 인간의 실수와 우행까지 끌어안는 무한한 '인간 긍정'의 대서사가 시대를 뛰어넘은 호소력을 지니기 때문이다. 이 작품은 단테의 『신곡』과 더불어 이탈리아 르네상스가 낳은 최대 걸작으로, 참다운 '전체적인 인간성'을 추구하는 서구 인문주의의 토대가 되었다. 이 작품은 후세에 이탈리아뿐만 아니라 영국에도 영향을 주어 제프리 초서의 『켄터베리 이야기』, 셰익스피어의 『심벌린』 등이 탄생하는 바탕이 되었고, 프랑스에서도 르네상스 시대의 대표작이라고 할 수 있는 드 나바르의 『7일 이야기』 등의 작품이 태어나는 산파 역할을 하는 등 후세의 유럽문학에 큰 영향을 미쳤다.

번역서로는 허인이 옮긴 것(신원문화사, 2006)을 추천한다.

배만호 | 부산대 · 영국소설

문학

18

자기 자신이기를 원하는
한 '영웅'의 이야기

::『돈키호테』, 미겔 데 세르반테스

    미겔 데 세르반테스 사아베드라 Miguel de Cervantes Saavedra, 1547~1616는 근대 초 에스파냐 문학 황금기의 대표적인 소설가이자 시인이며 희곡작가다. 그는 일생 동안 많은 글들을 썼으나 문인으로서 뚜렷한 명성을 얻지 못했다. 생계를 위해 에스파냐 해군에 입대했으나, 1571년 에스파냐를 주축으로 한 남유럽 가톨릭 국가들과 오스만 튀르크 간에 벌어진 레판토 해전에서 적탄을 맞아 한쪽 팔을 잃고 말았다. 4년 뒤에는 설상가상으로 에스파냐로의 귀향길에 알제리 해적에게 붙잡혀 5년간이나 포로생활을 하는 고통을 겪기도 했다. 이후 그는 세비야에서 에스파냐 함대 식량 조달업자로, 뒤에는 징세관으로 일했으나, 회계상의 문제로 투옥되기도 했다. 이러한 불운을 한꺼번에 일소한 것이 60세를 앞두고 뒤늦게 쓴『돈키호테』(1605)였다. 이 작품은 대성공을 거두었다. 그는 10년 뒤 제2부

> "운세는 바야흐로 우리의 예상보다 더 나은 쪽으로 흘러가고 있다. 내 좋은 친구 산초 판사여, 저길 보아라. 서른 아니 그 이상의 괴물 같은 거인들이 버티고 서 있구나. 저 놈들과 싸워 모두 다 죽여야만 해. 그러면 그 전리품으로 우린 부자가 될 거란 말이야. 이것이야말로 정의를 위한 전쟁이지……." 그리고는 로시난테에게 박차를 가해 맨 앞의 풍차로 달려들었다. 창으로 풍차 날개를 쳤으나 풍차가 바람을 받아 세차게 돌아가는 바람에 창은 산산조각 나버리고 말과 기수는 그 기세에 휩쓸려 공중으로 솟구쳤다가 땅으로 떨어져 들판을 데굴데굴 굴렀다. 산초 판사가 급히 당나귀를 몰아 주인을 구하려고 달려가 보니, 그는 로시난테에 깔려 꼼짝도 하지 못하고 있었다.

를 써서 작품을 완성했다. 이 사이 『모범소설집』, 『파르나소 산山 여행』, 『희곡 8편 및 막간극 8편』을 발표했고, 죽기 직전에 쓴 『페르실레스와 시히스문다의 시련』은 유작遺作으로 간행되었다.

원래 '기발한 이달고 돈 키호테 데 라 만차El Ingenioso Hidalgo don Quixote de la Mancha'라는 서명書名을 달고 세상에 나왔던 『돈키호테』는 현대 비평가들에 의해 '최초의 근대소설'로 평가되고 있을 뿐 아니라, 때로는 독자들에 의해 셰익스피어의 작품들과 함께 서양이 낳은 '최고의 소설'이라고까지 칭송되기도 하는 걸작이다. '이달고hidalgo'란 원래 중세와 근대 초 에스파냐의 소귀족을 가리키는 말인데, 통상적으로 문학에서는 가문의 재산을 거의 소진하고 단지 귀족으로서의 특권과 명예만을 유지하고 있는 몰락 귀족을 지칭한다. 세르반테스가 자신의 주인공을 굳이 귀족이지만 귀족의 위신을 지키기 힘든 이달고로 만들어놓은 것은 아마도 이상/환상과 현실 사이의 괴리를 적나라하게 보여주려는 의도에서일 것이다. '돈^{don}'은 당시 에스파냐 귀족에게 붙이던 일반적 존칭이다. 여성의 경우는 '도냐^{doña}'라고 부르는데, 그 예는 1부 3장의 기사의식을 치르는 장면에 나오는 '도냐 톨로사'나 '도냐 몰리네'에서 볼 수 있다(이들은 물론 귀족이 아니다. 돈키호테식 패러디일 뿐이다).

일차적으로 『돈키호테』는 당시 유행하던 기사도 이야기에 대한 패러디이자 풍자다. 작품 마지막 부분에서 저자는 "오로지 세상 사람들로 하여금 기사도 책의 맹랑한 거짓 이야기를 혐오하도록 하고 싶었다."고 집필동기를 밝히고 있다. 16세기까지도 중세 기사의 모험담은 엄청난 인기를 끌고 있었다. 도덕주의자들은 그것이 사람들의 신앙심을 옅게 만들고 세속사에 지나친 관심을 유발한다는 이유로 비난했다. 기사도 이야기의 전형적인 줄거리는, 빛나는 갑옷으로 무장하고 이국 땅을 방랑하면서 자신의 길을 막는 거인과 용을 죽이고 사악한 존재들의 유혹과 도전을 물리치면서 결국에는 위험에 처한 숙녀를 구출하여 자신이 용맹한 전사이자 완벽한 연인임을 증명한다는 것이다. 그래서 돈키호테의 모험에 나타나는 많은 에피소드 역시 기사도 이야기에 흔히 등장하는 가장 공통적인 모티프들을 갖고 있다. 예컨대, 사악한 거인(풍차)에 도전한다든지, 최고의 숙녀가 누구인지를 두고 마상 결투를 벌인다든지(숲의 기사), 사랑스러운 숙녀(주막집 식모 마리토르네스)가 밤에 찾아온다든지, 야수(사자)와 맞선다든지, 마법의 나룻배(고깃배)를 탄다든지 하는 등

등의 대목들이 그것이다. 기사도 이야기에 심취한 것은 돈키호테만이 아니다. 그를 속이는 등장인물들(신녀, 이발사, 도로테아, 카라스코, 공작과 공작부인, 알티시도라 등) 역시 이런 이야기에 통달해 있다. 당시의 독자들도 마찬가지였을 것이다. 그들 또한 이런 류의 이야기와 그것을 관통하는 규칙들을 잘 알고 있어서, 돈키호테 이야기가 주는 재미를 현재의 독자보다 훨씬 더 즉각적이고 강렬하게 느낄 수 있었을 것이다.

세르반테스는 왜 이런 작품을 썼을까? 『돈키호테』를 처음 읽는 독자들은 필경 기사도 이야기의 허무맹랑함을 '혐오'하기보다는 주인공의 기발하고도 우스꽝스러운 말과 행동을 따라가는 재미에 푹 빠지게 될 것임에 틀림없다. 하지만 책을 다시 읽게 되면, 독자들은 그러한 재치와 익살 뒤에 진지한 무언가가 있다는 것을 비로소 인식하게 된다. '미친' 기사 돈키호테는 사실 미치지도 않았고 바보도 아니다. 그는 우리가 보는 것을 볼 뿐만 아니라 언제나 우리가 보지 못하는 것까지도 본다. 그는 처녀 키테리아를 부자 카마초의 손아귀에서 빼내 그녀를 사랑하는 양치기 바실리오와 맺어주면서, "아무리 권력이 센 자라도 새끼 양을 함부로 빼앗을 수는 없다."고 일갈한다. 또한 절세미녀 마르셀라가 그녀를 가지지 못해 안달하는 남자들을 향해 "나는 자유로운 몸이니만큼 아무에게도 매이고 싶지 않다."는, 당시로서는 아주 대담한 말을 했을 때, 그는 그녀의 입장을 적극적으로 변호한다. 길에서 만난 '녹색 외투의 기사' 돈 디에고가 외아들이 신학공부는 않고 '시답지 않은' 시학詩學에만 빠져 있다고 한탄하자, 돈키호테는 "자식에게 충고하는 것은 당연하지만, 이래라 저래라 하고 강요하는 것은 옳지 않다."는, 놀라울 정도로 현대적인 조언도 서슴지 않는다. 사회풍자라고 할 만한 이런 예는 무수히 많다. 이러한 측면 때문인지, 저자는 2부 2장에서 이 모험담이 사실은 무어인 학자 시데 아메테 베넹헬리의 책에 기록된 것이라고 너스레를 떠는데, 이는 1부 6~7장의 서적 검열 및 분서焚書에 대한 묘사와 더불어 교회 및 정부 당국에 자신의 저술 의도를 숨기기 위한 장치로도 보인다.

물론 『돈키호테』는 사회풍자 이상의 어떤 것을 담고 있다. 사실 저자가 추구하고 있는 진정한 의도가 무엇인지는 누구도 단정하기 어렵다. 돈키호테의 '이상주의'와 산초 판사의 '현실주의'는 무엇을 뜻할까? 인간은 현실보다 이상을 택해야 한다는 것일까, 혹은 완전한 인간이 되려면 두 캐릭터가 조화를 이루어야만 한다는 것일까, 아니면 현실에 용감히 맞서지만 이상을 이루지 못하는 인간의 영원한 고뇌를 그리고자 한 것일까. 답을 구하기 힘든 것은 이 작품의 즉흥적 구조와 자기 조소적 어조 때문이기도 하겠지만, 그러한 물음이 자기 자신에게 던져질 때 '정답'이라는 것을 내놓을 수 있는 사람은 없을 것이기 때문이다. 우리는 돈키호테를 읽으며 그가 찾는 것이 무엇인지 궁금해 하다가 결국에는 나 자신이 찾는 것은 무엇인지를 물어보게 되는 것이다. 책의 마지막 장에서 죽음이 임박한 우리의 주인공이 자신을 찾은 친구들에게 "여러분, 기뻐해 주시오. 나는 더 이상 돈키호테 데 라만차가 아니오. 알론소 키하노요. 내가 사는 모습을 보고 모두들 '좋은 녀석'이라고 불러주었던 바로 그 사람이란 말이오."라고 외쳤을 때, 그는(혹은 우리는) 비로소 자신이 누구인지를 깨달은 것이다.

  이런 의미에서 『돈키호테』는 궁극적으로 자아에 대한 깨달음을 추구한 소설이라고도 볼 수 있다. 스스로를 알지도, 알 생각도 하지 않는 우리와는 달리, 돈키호테와 산초 판사는 그들의 모험이 끝날 즈음 그들 자신이 누구인지 정확히 알게 된다. 단지 그들이 기상천외의 모험을 해서가 아니라 그 모험 중에 서로 주고받는 말 속에서 느끼고 깨닫게 되는 우리 자신의 정체성과 삶에 대한 통찰들 때문이다. 돈키호테의 모험이 단순히 우스꽝스럽고 허황한 데 그치지 않는 이유도 여기에 있다. 그의 모험은 그래서 '성배'의 영원한 진리를 찾고자 하는 중세 그리스도교 기사의 모험이 아니라 변천하는 세속 세계 속에서 자신은 과연 어떤 존재인가를 묻고자 하는 한 근대적 인간의 모험이라고도 볼 수 있다. 단순한 교훈과 재미를 넘어서는 깊은 내면적 성찰을 담고 있다는 것이야말로 그의 작품이 '근대적'이라 불리는 이유다. 동시에 어떤 '정답'을 제시하기보다는 독자 각각에게 그것을 '열어놓았다'는 점 역시 『돈키호테』의 뛰어난 점이다.

  『돈키호테』의 한국어 완역본으로는 2권으로 간행된 민용태 역의 『기발한 기사 라 만차의 돈 끼호떼』(창비, 2005)를 권한다. 이 작품의 문학적 의미에 대해서는 민용태가 지은 『돈키호테, 열린 소설』(고려대학교출판부, 2009)을 참고하면 좋겠다.

곽차섭 | 부산대 · 서양사

문학
19 / 청교도 낙원을 찾아서

::『실낙원』, 밀턴

　서양의 대표적 고전인 존 밀턴John Milton, 1608~1674의 『실낙원』(1667)은 기독교적인 내용에 르네상스의 인문주의 정신을 결합시킨 기독교 인문주의의 결정판으로 여겨진다.
　『실낙원』을 쓴 밀턴은 공증사의 아들로 1608년에 출생했다. 그의 아버지는 밀턴을 독실한 청교도로 키웠다. 밀턴은 크라이스트 칼리지에 다녔고, 1637년 유럽을 여행했다. 여행 중에 내전이 발발하자, 급거 영국으로 귀국했다. 내전은 공화파의 승리로 막을 내렸다. 왕당파의 군주정 옹호론에 맞서, 밀턴은 권력은 국민에게 있기에 폭군을 처형할 수 있다는 글을 발표했다. 이러한 글에 주목한 크롬웰의 공화정 정부는 1649년 밀턴을 라틴어 비서관으로 임명했다. 밀턴은 외교적 문서 작성 외에 공화정 정부를 옹호하는 많은 글들을 썼다. 1652년경 밀턴은 과도한 업무와 독서로 인해 완전히

> 섭리의 영원함을 주장하고, 인간들에게 신의 뜻을 정당화하기 위해

시력을 상실했다.

  이 서사시를 이해하는 데 중요한 관건이 되는 게 밀턴의 종교 및 정치사상이다. 밀턴은 종교적으로는 가톨릭과 그것의 일체의 제도 및 주교제에 반대하고, 교회보다 성서에 권위를 부여하는 청교주의를 주장했다. 그렇지만 밀턴은 선택받은 소수의 구원을 주장하는 캘빈파의 운명예정설과는 다르게 인간이 자유의지로 선과 악을 선택할 수 있다고 보았다. 정치적으로 밀턴은 공화주의자였다. 그는 개인의 자유와 의회주의에 기반한 공화주의를 주장했다. 이러한 밀턴의 종교·정치사상을 구현한 이상적 정치체제가 바로 크롬웰의 청교도 공화정 정부였다. 하지만 크롬웰이 사망한 뒤, 1660년 찰스 2세의 왕정복고가 이루어지며, 공화정 정부는 실패로 끝난다.

  밀턴은 왕정복고 뒤, 고통스러운 나날을 보냈다. 이러한 고통스

러운 시기에 그는 서사시를 쓰기로 결심했다. 밀턴은 영국 역사보다는 신에 대한 사탄의 반란과 아담과 이브의 불복종과 그로 인한 낙원의 상실이라는 주제를 다루고자 했다. 밀턴은 라틴어가 숭상되던 시절에 영어로 서사시를 썼다. 『실낙원』은 1665년 완성되었고, 10권으로 된 무운시 형식으로 1667년 출판되었다. 1674년 개정판에서 『실낙원』은 12권의 형태로 출판되었다.

『실낙원』은 서사시로서 전쟁에서의 무용을 다루는 것이 아니라 인간 내면의 고통을 다룬다는 점에서 기존의 서사시와 차별성을 드러낸다. 이 서사시의 주인공도 기독교 영웅인 아담이다. 밀턴은 『실낙원』의 목적을 "섭리의 영원함을 주장하고, 인간들에게 신의 뜻을 정당화하기 위해" 썼다고 밝히고 있다.

제1권은 새로이 지옥에 도착한 사탄과 그의 추종자들에 대한 이야기로 시작한다. 제2권에서는 반란을 일으킨 천사들이 회의를 열어, 마침내 사탄이 몸소 지상으로 내려가서 신에게 타격을 줄 계획을 시행하도록 한다. 제3권에서는 장면이 천상으로 바뀐다. 신이 선과 악 사이를 선택할 자유가 인간에게 있다는 말을 한다. 제4권에서는 신이 가브리엘을 보내 이브를 유혹하려는 사탄의 기도를 좌절시킨다. 제5권에서는 천사 라파엘이 에덴으로 내려와 천상에서의 전쟁에 대해 아담에게 알려준다. 제6권에서도 사탄과 그의 추종자들이 어떻게 지옥으로 내던져졌는지를 알려준다. 제7권에서는 천지창조 등에 대해 알려준다. 제8권에서 라파엘은 절제의 가치가 지니는 중요성을 충고하며 떠난다. 제9권에서 사탄은 뱀의 모습으로 나타나 이브가 금단의 열매를 맛보도록 유혹하는 데 성공한다.

아담도 이브와 운명을 같이하기 위해 맛을 본다. 제10권은 화해의 주제를 다루고 있다. 독생자가 아담과 이브의 낙원 추방이라는 신의 선고를 알려주기 위해 에덴으로 온다. 아담과 이브는 자신들의 운명을 체념하며 받아들인다. 제11권에서 아담과 이브는 대홍수까지의 인류 역사를 미카엘의 비전을 통해 보게 된다. 제12권에서 아담과 이브는 구원의 예언을 믿으며 낙원 밖으로 나간다.

밀턴이 『실낙원』에서 노래하는 낙원 상실은 정치현실의 맥락에서 보면 공화정이라는 이상적 정치체제의 상실을 은유적으로 표현한 것으로 볼 수 있다. 왕정복고는 그에게 엄청난 좌절과 환멸을 가져다주었다. 밀턴은 공화정 이후의 시절을 '악운의 날'이나 '악한 세월'로 여겼고, 그를 위험과 고독 속에 빠지게 한 '어둠'으로 생각했다. 사실 1658년 크롬웰이 사망하고 나자, 공화정의 엄격한 통제에 염증을 느낀 영국인들은 프랑스에 망명 중인 찰스 2세가 영국으로 귀환할 것을 강력하게 희망했다. 이에 밀턴은 군주제를 비판하는 글을 써서 이를 저지하고자 했다. 그러나 찰스 2세는 1660년 런던으로 돌아와 국왕으로 즉위했다. 밀턴은 공화정의 지지자로 체포되기도 했다. 이처럼 공화정의 정치적 실패는 그에게 체포와 정치적 박해라는 엄청나게 고통스러운 삶을 살게 했다. 이러한 고통스러운 경험 때문에 공화정 시절은 그에게 더욱 이상적인 국가체제로 기억되었을 것이다. 같은 맥락에서 밀턴이 『실낙원』에서 말하는 상실된 낙원은 바로 공화정 시대를 가리키는 것으로 보인다.

인간이 낙원을 상실하도록 부추긴 사탄은 바로 찰스 2세를 가리키는 것으로 해석할 수 있다. 천상의 전쟁에서 패해 지옥으로 쫓겨난 사탄은 "바로 마음이 지옥을 천국으로, 천국을 지옥으로 만들 수 있으니"라며 불요불굴의 의지와 용기를 드러내 보인다. 사탄의 모델이 된 찰스 2세 역시 용기와 지도력으로 프랑스에서의 망명생활이라는 역경을 이겨내고 영국민의 열광적인 환호를 받으며 영국 왕으로 복위했다. 찰스 2세를 생각해보면, 왜 밀턴이 사탄을 불요불굴의 의지를 가졌을 뿐만 아니라 동정적인 필치를 써서 용기를 지닌 존재로 그리는지를 이해할 수 있다. 일부 비평가들이 사탄을 이 서사시의 주인공으로 해석하는 경향도 이와 무관하지 않아 보인다. 그리고 사탄의 유혹에 넘어간 이브는 바로 찰스 2세의 왕정복고에 찬성하며 군주제의 폐해에 눈 감은 영국민들을 가리킨다. 아담은 청교도 낙원을 잃어버린 밀턴 자신을 투영시킨 인물로 여겨진다. 아담이 이브에게 "신께서 우리에게 자유의지를 주셨고"라고 말하는데, 자유의지에 대한 아담의 이러한 발언은 바로 경건한 청교도로서의 밀턴의 정치사상을 그대로 대변하는 것으로 보인다. 밀턴은 자신의 산문에서 시종일관 인간의 자유의지의 중요성을 강조해왔기 때문이다. 신 역시 "행복은 그대의 자유의지에 달려 있느니"라며 인간의 자유의지를 인정하는 것으로 그려진다. 이는 밀턴이 『실낙원』 전반에 걸쳐 인간의 자유의지를 강조하는 자신의 청교주의적인 세계관을 피력하고 있음을 의미한다.

   결국 밀턴이 그리는 낙원은 초기 교회의 순수함과 인간의 자유의지를 강조하는 청교주의로 만들어진 세계임을 알려준다. 이러한 의미에서 밀턴이 잃어버렸다고 슬퍼하는 낙원은 바로 청교도 낙원인 것이다. 이 낙원은 정치적으로는 공화주의적인 색채를 드러낸다. 이를테면 천사인 라파엘이 아담과 이브에게 "신께서 그대를 선하게 만드셨으나, 참고 견디는 것은 그대 힘에 맡기셨으니"라며 인간의 자유를 강조한다. 인간의 자유는 밀턴이 추구하는 정치사상의 핵심적인 개념이자, 공화주의를 이루는 대표적인 정치적 가치였다. 이러한 자유론은 제12권 아담의 발언에서도 잘 드러난다. 아담이 인간은 인간 위에 군림할 수 없으며, 왕의 호칭도 사용할 수 없다고 말하는데, 이는 공화정에 대한 밀턴의 신념을 피력한 발언으로 왕정체제를 정면으로 비판하는 것으로 해석된다. 또한 제12권에서 미카엘이 아담에게 사탄의 반역과 유사하게 평등과 우애를 파괴하고 왕정을 수립한 님롯의 이야기를 들려주는데, 이러한 이야기를 통해 밀턴은 왕정체제를 신의 섭리에 어긋나며 인간의 자유를 파괴하는 전제 정치로 비판하려는 것으로 보인다.

결론적으로 『실낙원』에서 말하는 낙원은 청교주의와 공화주의를 두 기둥으로 하여 만들어진 크롬웰의 청교도 공화정을 가리키는 것으로 보인다. 밀턴이 잃어버린 낙원은 자유와 정의로 가득한 세상을 뜻한다. 공화정 정부의 실패와 함께 밀턴의 '낙원'도 사라져 버렸다. 결국 『실낙원』은 현실에서 잃어버린 청교도 낙원을 내세에서라도 찾고자 하는 밀턴의 바람을 표현한 것으로 여겨진다.

『실낙원』은 단순히 종교적인 이야기가 아니다. 이 서사시에서 밀턴은 혁명의 대의를 위해 투쟁했던 자신의 경험과 혁명 실패에 대한 원인을 규명하려는 노력을 보여준다. 아담을 통해 자유의 책임성을 강조하거나 올바른 정치체제가 무엇인지에 대한 의견을 밝히는 것도 이러한 규명 작업과 관련된 것으로 여겨진다. 『실낙원』은

17세기 유럽에서 제기되었던 종교적·철학적·정치적 문제들, 곧 인간과 신의 관계, 운명예정설, 자유론, 왕정주의와 공화주의 사이의 논쟁 등을 밀턴이 기독교 인문주의 시각에서 바라보며 답변을 하는 작품으로 이해된다. 번역서로는 문학동네에서 출간하고 조신권이 우리말로 옮긴 『실낙원』 1, 2권을 추천한다.

김옥수 | 제주대 · 18세기 영시

문학
20 운명을 감당할 수 있게 되기

:: 『햄릿』, 셰익스피어

많은 사람들이 아마 한 번쯤은 『햄릿』을 읽었을 것이다. 그러나 궁금했을 것이다. 이 작품이 도대체 왜 위대하다는 것인가? 그 명성은 무언가 부풀려진 것은 아닌가?

『햄릿』은 셰익스피어의 4대 비극 가운데서도 가장 많은 비평적 관심이 집중되어왔던 작품이다. 그리고 늘 그 관심의 중심에 있었던 것은 왜 햄릿이 부왕의 죽음에 대한 복수를 즉각 실행하지 못하고 그토록 오래 지체하고 있는가 하는 의문이었다. 돈키호테가 풍차를 보고도 달려드는 행동의 인간이라면, 햄릿은 끝없이 사색만 할 뿐 행동의 힘을 결여한 우유부단함의 대명사로 굳어져버렸다.

햄릿이 복수를 지연하는 이유에 대해서도 학자들은 수많은 견해들을 내놓았다. 그 가운데 일반적으로 잘 알려진 것은 햄릿이 복수를 지연하는 내적 심리에는 숙부 클로디어스에 대한 비밀스러운

> "사느냐, 죽느냐, 그것이 문제로다. 가혹한 운명의 화살을 참는 것이 장한 것이냐, 아니면 환난의 조수를 두 손으로 막아 이를 근절하는 것이 장한 것이냐?"

동일시가 작용하고 있다는 해석일 것이다. 숙부는 어머니에 대한 그 자신의 오이디푸스적 욕망을 실현한 사람이므로 그를 죽인다는 것은 자살행위와 같아서 실행할 수 없었다는 해석이다. 그러나 그것이 전부일까? 햄릿은 사색의 심연 속에서 길을 잃고 적절한 복수의 기회를 놓친 채, 결과적으로 아무런 죄 없는 오필리어와 레어티즈, 그들의 아버지 폴로니우스까지도 죽음의 길로 보내버린 무능한 왕자인가? 그리고 그 심리적 동기는 오이디푸스 콤플렉스로 간단히 설명되는가? 이런 해석들은 『햄릿』을 태동한 16세기 엘리자베스 시대의 문화적 맥락을 전혀 고려하지 않고 있을 뿐 아니라 텍스트 전체를 꼼꼼하게 읽고 있지 않다는 점에서 그 한계가 너무나 뚜렷하다.

엘리자베스 시대는 문화적 격변의 시대였다. 신대륙의 발견과 종교개혁, 그리고 지동설은 그동안 거의 절대적으로 여겨져 온 중세적 사회·문화·종교적 가치관을 의심하게 만들면서 삶과 구원의 문제, 정치·사회·경제적 체제와 제도들에 대한 상대주의적 가치관이 꿈틀거리기 시작하고 있었다. 『햄릿』의 진정한 배경을 이루고 있는 것은 바로 이처럼 외부세계에서 소용돌이치며 충돌하는 엄청난 에너지와 욕망, 구원과 진리의 불확실성이었다. 이제 사람들은 내세의 구원을 위해 구교를 계속 믿어야 하는지, 신교로 개종해야 하는지부터 시작하여 모든 것을 다시 숙고하고, 다시 결정하며, 그에 따라 어떻게 행동해야 할지를 생각할 수밖에 없게 되었으며, 햄릿이야말로 바로 그런 근대적 '사유하는 주체'로서의 개인을 가장 잘 표현하는 초기 근대문학의 캐릭터라고 할 수 있다. 이런 점에서 햄릿의 위기와 그의 비극은 단순히 개인적이고 가족적인 위기(근친상간과 형제 살해)에 그치지 않고, 엘리자베스 시대 전체의 문화적·지적 위기에 대한 극적 표현이기도 한 것이다.

『햄릿』은 그 시대의 문화적 산물로서뿐 아니라 청년들에게는 일종의 성장소설에 비길 연극이며, 성인들에게는 자신과 세상의 비루함을 비추어보고 바로잡게 해줄 거울 역할을 할 수 있는 작품이기도 하다. 꼼꼼히 읽어보면 부왕의 죽음 후 햄릿이 겪게 되는 것은 모든 젊은이들이 세상을 처음 알게 되면서 겪는 그 혼란스러운 실존적 위기다. 그의 전 존재를 뒤흔든 그것, 그것은 단지 존재의 든든한 기반이었던 부왕의 죽음만은 아니었다. 그는 숙부와 육체적 사랑에 빠진 어머니를 보며 난생 처음 성적 욕망의 존재로서의 어머니를 대면해야 했다. 그 환멸은 여성 전체에 대한 환멸로 이어져, 햄릿은 오필리어를 "약한 자여, 그대 이름은 여자(Frailty, thy name is woman)."라는 신랄한 표현으로 공격하게 된다. 그뿐 아니라 겉으로는 그를 아들이자 왕국을 상속받을 후계자로 선포하면서 끊임없이 그를 정적으로서 감시하는 삼촌 클로디어스, 전 같으면 쳐다보지도 않았을 새 왕에게 금방 아첨을 바치는 궁정의 신하들과 세상 사람들, 돌아간 부왕에 대한 기억은 세상으로부터, 심지어 그 아내에게서조차 순식간에 희미해지고, 화려한 궁정에서 홀로 검은 상복 속에 진심을 숨겨야 하는 햄릿. 그가 알던 질서와 조화의 세계(cosmos)가 거대한 환상이었음이 드러나고, 이제 그가 대면한 세계의 본질은 혼돈(chaos) 그 자체, "잡초 무성한 정원(unweeded garden)"이었던 것이다.

부왕의 유령이 햄릿에게 나타났을 때, 햄릿은 태어나서 처음으로 이러한 실존적·정치적 위기를 통과하는 중이었다. 그러한 위기의 햄릿에게 유령은 자신의 죽음에 대한 진실을 밝힐 것과 더불어 복수를 명령한다. 유령은 언제나 망각 대신 기억을 요구하는 존재다. 유령의 "나를 기억하라(Remember me)."는 명령은 이제 햄릿에게 생명을 건 중대한 결단을 요구하게 된다. 유령과의 대면 이후 햄릿은 광기 뒤에 숨어 왕을 탐색한다. 그러나 왕 역시 그 광기의 이면을 탐색한다. 배우들의 등장을 이용하여 극중극으로 클로디어스의 양심을 붙들 덫을 놓을 때까지, 연극은 주인공과 적대자, 햄릿과 클로디어스의 상호탐색전으로 이어진다. 그 과정에서 햄릿은 끊임없이 관객들에게 자신이 어떤 인물인가를 보여줌으로써 인간 세상의 모든 거짓과 추함, 비루함과 천박함이 그대로 반조되는 거올로 기능한다. 먼저 우리는 햄릿이라는 거울에 비추어, 세태에 손쉽게 영합한 오필리어의 아버지 폴로니우스, 그리고 우정을 팽개치고 왕의 권위에 무비판적으로 복종하면서 리코더를 불듯 햄릿을 조종하려던 로젠크란츠와 길덴스턴의 죽음을 시적 정의로 수용할 수 있다. 다음으로 우리는 레어티즈를 햄릿 거울에 비추어 볼 수 있다. 서서히, 치밀하게 부왕의 죽음에 대한 진실에 다가가는 햄릿과 달리, 레어티즈는 진실을 꿰뚫어볼 눈을 갖지 못하고 아버지 폴로니우스와 여동생 오필리어의 죽음에 대한 복수를 요구하며 성급하게 행동에 뛰어든다. 그 결과 그는 클로디어스에 의해 꼭두각시로 조종되다 비참한 운명을 맞이한다. 배우들과의 대화에서 보여주는 연극에 대한 햄릿의 식견 역시 세상 사람들의 저열한 취향과는 달리 가장 세련된 비평적 거울과 같다는 사실이 드러난다. 극중 인물들은 이렇게 모두 햄릿과 대조되면서 그의 성격을 부각시켜주는 극적 기능을 가지고 있다.

    그렇다면 햄릿은 이처럼 섬세하고 사색적이며 세련된 성격 때문에 복수를 주저하는가? "사느냐, 죽느냐, 그것이 문제로다(To be, or not to be, that is the question)."로 시작되는 저 유명한 독백에서, 그리고 이어지는 다른 독백에서도 그는 생각에만 몰두하고 행동에 옮기지 못하는 자신의 비겁함을 탓한다. 그러나 그는 유령이 진정 아버지의 유령인지, 아니면 나쁜 악마의 속임수인지 확인할 필요가 있다고 말함으로써 복수 지연의 정당한 이유를 밝힌다. 그래서 그는 진실을 밝히기 위해 살해의 정황을 연극으로 꾸민 극중극을 마련하는 것이다. 이 모든 과정을 지켜보며 우리는 이렇게 묻게 된다. 만약 햄릿이 복수의 장면을 그려보며 떠는 섬세한 인간이 아니었다면, 그러면서도 냉철하게, 가차 없이 진정한 복수를 향해 다가가는 진중한 치밀함을 보여주지 않았다면, 사람들의 진심을 꿰뚫어보지 못하고 리코더 불듯 조종되며 마지막 희생의 장으로 끌려갔다면, 수세기 동안 관객들이 그렇게 햄릿에게 매혹될 수 있었을 것인가? 그리고 또한 그 모든 것을 겸비한 아름다움이 세상의 무자비한 힘에 짓밟혀버리기도 하는 것이 삶의 본질이 아니라면, 우리는 햄릿과 오필리어의 죽음에 그렇게 공감할 수 있을 것인가?

햄릿이 유령의 명령을 감당할 수 있게 되자 극의 모든 사건들은 그 지점을 향해 나아간다. 이제까지 우리가 살펴본 햄릿은 결코 유령의 말 한마디로 바로 복수의 행동에 뛰어드는 단순하고 무모한 인간이 아니며, 바로 그렇기에 그는 뛰어나면서도 사랑스러운 인간인 것이다. 그러나 사건이 어떤 지점을 통과한 이후, 이제 그의 '준비'는 끝난다. 극중극 이후 위기를 느낀 클로디어스는 햄릿을 죽이라는 명령을 담은 편지를 들려 그를 영국행 배에 오르게 한다. 그러나 배에서 햄릿은 편지의 내용을 알고 자신의 호송을 맡은 두 친구를 죽이라는 명령을 담은 편지로 바꿔치기한다. 그 직후 해적들의 공격으로 햄릿은 배를 옮겨 타게 되고, 마침내 바다 여행을 마친 햄릿은 귀환한다.

햄릿을 제거하기 위한 모든 계획이 실패하자 클로디어스는 마지막으로 레어티즈를 움직여 햄릿을 죽이려 한다. 레어티즈와의 검술 시합. 설렘 속에서도 햄릿은 이제 고요하게 신의 섭리에 모든 것을 맡긴다. 모든 열띤 사색과 치밀한 궁리가 사라진 곳. 그 자리를 대신한 것이 무엇인지는 상륙 직후, 오필리어의 무덤이 될 곳에서 무덤 파는 인부들과 나누었던 대화에서 잘 드러난다. 탄생의 순간, 이미 삶은 무덤에 한 발 걸쳐 있는 것. 그 운명을 피한 자는 유사 이래 아무도 없다. 저 유명한 알렉산더 대왕도 지금은 진토가 되어 바람벽이 되거나 술통마개로 쓰일지 누가 아는가? 그 순간 그를 삶의 환상 속에 가두어두었던 마야의 베일이 걷히고, 햄릿은 삶의 본질에 눈뜨게 된다. 쇼펜하우어가 『의지와 표상으로서의 세계』에서 밝힌 것처럼, 이렇게 비극의 주인공은 고통을 통해 정화되고, 삶의 의지를 버리게 되는 것이다. 그러나 그러한 체념은 결코 비겁함이 아니다. 검술 시합을 앞두고 설렘과 불안을 느끼면서도 시합을 연기하라는 호레이쇼의 말에 햄릿은 이렇게 말한다. "참새 한 마리 떨어지는 데도 하나님의 섭리가 있다. 각오가 중요할 뿐(readiness is all)."

햄릿의 바다 여행은 정화와 재생을 의미하는 원형적 상징성을 가질 뿐 아니라, 극적 사건의 전개에 있어서도 하나의 '중간휴지'(caesura)의 지점이다. 그것은 햄릿이 '스스로의 운명을 감당하게 되기'라는 하나의 사건, 즉 '변신'의 지점이며, 그런 점에서 우리 모두의 삶과도 이어질 수 있는 보편적 잠재성을 가진다.

햄릿은 욕망이 도덕을 무력화시키며, 권력이 정의를 압도하고, 사랑이 거짓된 거래일 수 있다는 것을 어느 날 갑자기 충격적으로 알게 된 젊은 청년이다. 그리고 이 모든 외부적 상황은 그에게 '사유'를 강요하며, 혼란스러운 사태에 대한 가장 이성적이고 합리적인 '답'을 내놓을 것을 요청하고 있다. 그리고 이 고민하지 않을 수 없는 상황에 대하여 햄릿 자신이 원인을 제공한 것은 아무것도 없다. 그는 어느 날 아버지의 죽음을 전해 들었고, 귀국하였으며, 왕이 된 숙부와 그 숙부와 결혼한 어머니를 발견했고, 아버지의 유령은 그에게 '복수'를, 혹은 잘못된 현 덴마크의 상황을 바로잡아줄 것을 명령한다. 이 모든 것은 전혀 햄릿이 한 행동의 결과가 아님에도 불구하고, 햄릿은 책임져야 하고, 결정해야 하고, 행동해야 하는 운명에 처한 것이다. 햄릿의 고민은 행동의 '지체'가 아니라 '행동과 동등한 사유'다. 그의 고뇌는 그 자체로 이 상황의 부름에 대한 그의 '응답'이기 때문이다. 그러나 비극의 주인공으로서 햄릿은 바다 여행을 거쳐 그 모든 고뇌와 사유가 정지하는 지점에 이르게 된다. 그리고 최후의 그의 죽음은 그의 실패가 아니라 부조리한 세계의 혼란에 대항하여 인간이 얼마나 사유해야 하는지, 그리고 어디까지 행동할 수 있는지, 그리고 그럼으로써 운명을 감당할 수 있게 되는지를 보여주는 하나의 궁극적 지점을 표시하고 있는 것이다.

번역서로는 김재남이 옮긴 『햄릿』(서문당, 1975)을 추천하고, 함께 읽을 책으로는 테리 이글턴이 쓰고 김창호가 옮긴 『셰익스피어 다시 읽기』(민음사, 1996)를 추천한다.

윤화영 | 부산대 · 영미드라마

문학
21 현대문명의 불모와 재생

:: 『황무지』, T. S. 엘리엇

T. S. 엘리엇Thomas Stearns Eliot, 1888~1965의 『황무지(The Waste Land)』는 20세기 영미권 시 예술에서 최상의 성과라 할 수 있다. 이 작품은 1922년 10월 《기준(The Criterion)》지 창간호에 절반이 발표되고 1923년 1월호에 나머지 절반이 발표되었다. 도합 430여 행으로 된 이 시는 현대적인 감각과 수법을 사용하여 전통적인 영시에 일대 변혁을 가져왔다. 엘리엇은 이 시에서 제1차 세계대전이 끝난 뒤 삶의 의의를 상실한 현대인의 공허한 정신 상태를 진단하고, 현대 문명의 혼돈, 불모, 무의미를 환기시킨다. 그는 황폐한 현대문명의 상황을 구체적인 감각으로 포착하고 표현하면서 현대 물질문명과 정신 가치의 상실을 날카롭게 비판한다.

'4월은 가장 잔인한 달'로 시작되는 『황무지』는 「죽은 자의 매장」, 「장기 한 판」, 「불의 설교」, 「익사」, 「천둥이 한 말」 등 5부로 구

> 4월은 가장 잔인한 달
> 죽은 땅에서 라일락을 키워내고
> 기억과 욕망을 뒤섞으며
> 봄비로 잠든 뿌리를 깨운다
> 겨울이 오히려 우리를 따뜻하게 했다

성되어 있다. 각 부의 수많은 부분과 구절들은 단편적이고 함축적이며 엘리엇 특유의 시적 기법으로 전개된다. 이 작품은 매우 난해하며 여러 의미로 해석될 가능성을 지니고 있다. 그러나 각 부분의 어조와 리듬, 그리고 다양하고 다채로운 이미지는 우리들이 살고 있는 현대의 황무지를 일관되게 그려낸다.

『황무지』는 현학적이고 폭넓은 인유引喩, allusion, 파편적인 이미지, 그리고 고도로 복잡한 재현체계 때문에 단순한 해석이나 의미 부여를 거부한다. 이 시는 의식의 흐름 기법 사용, 단테, 셰익스피어, 보들레르 등이 남긴 고전 시구에 대한 많은 암시, 서구의 역사, 신화, 전설, 사상 등에 대한 언급, 이미지와 인물들의 편재 등 여러 혁신적인 기법으로 인해 난해하며 다양한 해석을 낳는다. 하지만 이러한 해석의 어려움을 낳는 기법들은 역설적으로 1차 세계대전 이후 개인과 유럽문명의 황폐와 불모를 가장 적확하게 재현하는 방식이 된다. 예컨대 1부에서 쓰레기와 죽은 나무, 메마른 뿌리 등의 이미지는 여기저기에 파편적으로 흩어져 있음으로써 당대의 황무지의 상태를 생생하게 드러내준다. 마찬가지로 1, 3, 5부에서 제시된 비실제의 도시는 죽음의 땅을 실제보다 더 실제적으로 포착한다. 무의미한 육욕의 삶을 반복하는 황무지 주민의 공허함은 2부에 등장하는 유한마담의 방에 걸린 필로멜의 그림, 3부의 템즈강 처녀의 겁탈, 타이피스트와 서기의 공허한 성관계 등으로 파편적이지만 일관되게 환기된다.

『황무지』를 관통하는 가장 중요한 인물과 배경은 예언자 티레시어스와 여러 부활 신화(식물신화, 어부왕 신화, 성배 신화)다. 티레시어스는 남성과 여성으로 삶을 살아보았고 자신의 전생을 기억하고 있으며 미래에 대해 예언하는 능력을 지니고 있다. 엘리엇이 주석에서 밝혔듯이 이 시에서 그는 과거와 현재, 개인과 문명, 종교와 세속, 신화와 현실을 묶어주는 가장 중요한 인물이다. 눈이 멀어 앞을 보지 못하지만 그는 모든 것을 보고 알고 있다. 티레시어스의 의식은 파편적인 장면, 사건, 개인들을 통합하는 역할을 한다. 황무지에서 재생의 가능성을 보여주기 위해 엘리엇은 또한 아도니스, 아티스, 오시리스의 신화 등 주로 식물신과 관련된 고대 종교와 그 제사를 시에 끌어들인다. 그는 식물이 계절에 따라 소생하는 신화, 인간의 재생을 믿는 신화, 기독교의 부활 이야기, 성배 전설의 부활 신화 등에서 이들의 근본적인 유사점을 발견한다. 『황무지』의 해석에 중요한 참조점이 되는 어부왕(Fisher King) 신화는 고대 풍요의식에서 유래한 성배 전설과 관련이 있다. 신화에 따르면, 어부왕이라는 통치자가 노쇠하여 황폐해진 나라, 즉 황무지를 구하려면 어부왕이 젊음을 회복해야 하고, 그러자면 한 기사는 위험당(the Chapel Perilous)을 찾아가야 한다. 그 기사는 온갖 고난을 극복하고 어부왕의 나라를 가뭄과 불모로부터 구한다.

『황무지』의 1부 「죽은 자의 매장」은 신의 죽음과 그 매장이 재생과 부활을 위하여 필요한 일임을 다양한 이미지와 상징을 통해 나타낸다. 황무지의 주민에게 4월은 가장 잔인한 달인데, 이는 봄이 재생을 가져오는 것이 아니라 황무지의 삶을 연장하기 때문이다. 황폐한 봄은 '기억과 욕망'을 가져오고 화자는 어린 시절 독일 뮤니치Munich에서 썰매 타던 행복한 기억과 '히야신스 소녀(the hyacinth girl)'와의 로맨스를 떠올린다. 그러나 이 기억들은 곧 쓰레기와 부서진 영상들, 그늘을 드리우지 못하는 죽은 나무, 메마른 돌만이 널려 있는 황폐한 장소만을 쏟아낸다. 이 상황에서 화자는 소소스트리스 부인을 찾아가 점을 친다. 소소스트리스 부인이 예언하는 화자의 점괘에는 익사한 페니키아 선원이 나온다. 하지만 유럽에서 가장 현명하다는 그녀는 익사를 부활을 위한 제의가 아니라 단지 육체의 죽음으로만 인식하여 화자에게 물을 조심하라고 말한다. 자신의 운명을 들은 후 화자는 새벽 안개가 잔뜩 낀 런던교를 건너 출근하는 사람들의 모습을 바라본다. 엘리엇은 이 모습을 단테의 『신곡』에 나오는 죽은 자들의 행렬로 묘사한다. 이들은 자신의 전생이나 내세의 삶을 전혀 인식하지 못하고 오직 불모의 삶을 영위하고 있을 뿐이다. 런던은 이제 비실제적인 도시로 나타난다.

화자는 이곳에서 친구를 만난다. 그는 친구에게 매장한 시체가 재생했는지를 묻고 시체를 파내는 개를 멀리하라고 충고한다.

　2부 「장기 한 판」에서는 황무지의 상황을 구체적으로 예증한다. 황무지의 사람들은 생명을 거부하고 육욕 속에서 밤낮을 보내고 있다. 전반부에서는 상류사회 한 귀부인의 화려하지만 공허하고 무의미한 삶이 묘사되고 후반부에서는 하류사회의 비참한 삶이 런던의 한 술집을 배경으로 제시된다. 상류층 유한부인의 호사스러운 방에는 테레우스 왕에게 능욕당하고 혀가 잘린 후 나이팅게일로 변신한 필로멜의 그림이 걸려 있다. 이 유한부인은 계단에 발자국 소리가 들리자 흥분하여 머리칼이 서서 날카롭고 신경발작적인 반응을 보인다. 2부의 후반부에는 런던의 싸구려 술집에서 밤늦게 두 여인이 전쟁터에 나간 남편을 기다리면서 여러 차례의 낙태로 나이보다 늙어 보이는 자신을 걱정하는 장면이 그려진다.

　3부인 「불의 설교」에서는 티레시어스가 등장하며 현대인의 공허한 육욕의 삶이 제시된다. 화자인 티레시어스는 여드름투성이인 서기가 외로운 여성 타이피스트의 침실로 몰래 들어가는 것을 지켜본다. 애인이 떠난 후 타이피스트는 축음기를 켜는데, 이 동작은 머리를 쓰다듬는 동작과 함께 성에서도 의미를 찾지 못한 채 무의미한 삶이 매일 반복될 것임을 암시한다. 시는 다시 강으로 장면을 옮겨 템즈강 처녀들의 노랫소리를 묘사한다. 이들 중 한 처녀는 육체를 탐하는 남자에게 순결을 잃고 비탄에 잠겨 있다. 처녀들의 노래는 자신의 잘못된 삶을 한탄하는 것에 그치지 않고 세상의 공허함을 노래한다. 3부의 마지막에 반복되는 '탄다(burning)'라는 말은 불교에서 말하는 정화의 불로 욕정의 불을 정화하는 것을 암시한다.

4부 「익사」는 가장 짧은 부로서 페니키아인 플레바스의 익사를 묘사하는데, 3부의 불의 정화와는 달리 물의 정화를 다룬다. 엘리엇이 『황무지』에서 자주 참조하는 J. L. 웨스튼Weston의 『제식에서 로맨스로(From Ritual to Romance)』에 따르면, 고대 알렉산드리아에서는 매년 죽음의 상징으로 신의 두상을 바다에 던지고 1주일 후에 건져내 부활한 신의 상징으로 숭배했다고 한다. 그러나 고대 신과는 달리 이 시에서 묘사되는 플레바스의 익사는 재생을 가져오지 않는다. 플레바스는 1주일 후에도 부활하지 않으며 2주일이나 지났지만 여전히 바다 밑에 누워 있다.

5부 「천둥이 한 말」은 황무지에 단비가 가까워진다는 암시로서 천둥소리가 산스크리트어로 울리는데, 이는 절망의 밑바닥에서도 종교적인 구원이 있음을 의미한다. 5부의 첫머리는 그리스도의 수난에 대한 암시로 시작된다. 이 부분에는 그리스도가 겟세마네 동산에서 겪는 고통, 투옥, 재판 그리고 십자가에서의 죽음 등이 넌지시 묘사된다. 다음 장면에서 화자는 성배 탐색에 나선 기사의 모습을 취한다. 성배 탐색에 나선 기사로서 화자는 이 현실세계의 모든 도시가 파괴되는 것을 환영으로 본 후 위험당에 도착하지만 이곳도 역시 황폐한 장소다. 시는 장면을 바꾸어 인도의 갠지스 강을 보여준다. 풍성하게 물이 넘쳐흘러야 할 갠지스 강은 메말랐고 나뭇잎들은 축 늘어져 있다. 숲도 숨을 죽이고 비를 기다리고 있을 때 마침내 먹구름이 몰려오고 천둥의 명령이 들려온다. "다타. 다

야드밤. 담야타Datta, Dayadhvam, Damyata."이 말은 힌두 경전『브리하다라냐카 우파니샤드Brihadaranyaka Upanishad』에서 나왔는데 각각 '주라', '동정하라', '자제하라'를 의미한다. 5부는 평화를 뜻하는 "샨티 샨티 샨티Shantih shantih shantih"로 끝을 맺는다. 이 말을 통해 엘리엇은 궁극의 축복 상태를 지향하고 이 말로써 황무지의 구원을 암시한다.

전통적인 영시의 형식을 벗어난 새로운 시적 기법을 사용한『황무지』는 과거와 현재의 삶에서 이끌어온 이미지를 거의 영화나 만화경처럼 눈부시게 연속적으로 제시한다. 이들 이미지는 고대부터 현재에 이르기까지 서구사회에 존재하는 광범위한 사회문화, 종교의 경험을 포함한다. 이들 이미지를 통해 이 시는 단순히 엘리엇 개인의 절망감을 반영할 뿐만 아니라 현대 세계를 압도하는 영적 고갈을 표현한다. 그러나 절망의 황무지에서도 인간 사회는 도래할 부활과 재생을 기다린다. 무엇보다도 풍요 신화와 부활 신화는 황폐와 불모를 넘어 영적 구원과 재생을 구하는 현대인의 열망을 반영한다.

현대문명의 불모와 재생을 노래한『황무지』는 눈부신 이미지와 새로운 서사와 시적 기법 등으로 말미암아 영시에 새로운 땅을 개척한 진정 위대한 시다. 이 작품은 첫 출간 이래 끊임없이 새로운 의미를 낳으면서 여전히 우리의 경탄과 놀라움을 자아낸다.

번역서로는 이창배가 엮고 동국대학교 출판부에서 출간한『T. S. 엘리엇 전집: 시와 시극』(2001)을 추천하고, 참고할 만한 책으로는 역시 이창배가 지은『T. S. 엘리엇 인간과 문학』(동국대학교 출판부, 2001), 엘리자베스 드루Elizabeth Drew가 지은 *T. S. Eliot: The Design of His Poetry*(New York, Charles Scribner's Sons, 1949)와 낸시 기쉬 ^{Nancy Gish}가 지은 *The Waste Land: A Student's Companion to the Poem*(Boston, Twayne, 1988)이 있다.

윤일환 | 부산대 · 영미시

문학 22 / 더블린에서 세계를 보다

::『더블린 사람들』, 제임스 조이스

　서양의 문학에서 아일랜드 문학이 차지하는 비중은, 그곳에 살고 있는 사람의 수와 땅의 넓이와 경제 규모를 생각하면 약소국임에도 불구하고 생산해낸 문학의 양이나 그 높은 질로 볼 때 경이로울 따름이다. 비록 노벨문학상이 문학적 성취의 절대적 기준은 아니겠지만, 아일랜드는 예이츠, 쇼, 베케트, 그리고 히니로 이어지는 걸출한 노벨문학상 수상자들을 배출함으로써 문화적 위상을 드높였다. 이런 사실은 아일랜드 문학이 세계문학에서 차지하는 위치가 어느 정도인지를 짐작하게 해준다. 이들 가운데 예이츠와 히니가 아일랜드의 전통과 정신을 잘 표현했다면, 쇼와 베케트는 근대 이후 유럽의 새로운 시대정신과 현대인의 문제적 상황을 치열하게 묘사했다. 전자가 아일랜드적이고 민족적인 것에서 주제와 소재를 찾았다면, 후자는 보다 현대적이고 세계적인 차원으로 시선을 확

> 그에게는 서쪽으로 여행을 시작할 때가 온 것이었다. (…) 눈은 아일랜드 전역에 내리고 있었다. 눈은 음울한 중부 평야의 구석구석에도, 나무 없는 구릉지대에도 내리고, 앨런의 늪에도 소리 없이 내리고, 더 멀리 서쪽으로 섀넌 강의 어둡고 거친 물결 위에도 소리 없이 내리고 있었다. 눈은 또한 마이클 퓨리가 묻혀 있는 언덕 위의 그 쓸쓸한 교회 부속 묘지의 구석구석에도 내리고 있었다. (…) 그가 눈이 온 세상에 사뿐히 내려앉는 소리를 듣고 있는 사이에, 그리고 그들의 최후의 종말의 강림처럼 눈이 모든 산 이와 죽은 이들 위에 사뿐히 내려앉는 소리를 듣고 있는 사이에 그의 영혼은 서서히 스러져갔다.
>
> _『더블린 사람들』, 「죽은 이들」 중에서

장했다고 할 수 있다. 이렇게 볼 때, 제임스 조이스 James Joyce, 1882~1941는 후자에 가깝다.

그의 청년 시절 아일랜드는 민족의 독립이라는 이념뿐만 아니라 가톨릭 종교와 가부장적 가족주의와 같은 전통적인 가치의 무게감이 상당했다. 그는 예술가의 자유를 위해 이 모든 것들로부터 거리를 유지하고자 했다. 이런 이유로 조이스는 스무 살 이후 더블린을 떠나 1941년 취리히에서 숨을 거둘 때까지 파리, 트리에스테, 로마, 취리히 등 아일랜드보다 더 큰 세계를 전전했다.

세계문학, 특히 소설의 역사에 남긴 그의 영향력과 족적은 아무리 강조해도 지나치지 않는다. 『율리시즈Ulysses』와 『피네건의 밤샘(Finnegan's Wake)』은 20세기 아방가르드 문학에서도 가장 대표적인 문제작이며, 이 작품들에서 주로 사용한 '의식의 흐름'의 기법은 유럽뿐만 아니라 전 세계의 문학계에 큰 충격과 지대한 영향을 주었다.

그러나 조이스의 소설은 아이러니하게도 아일랜드를 떠나본 적이 없다. 그는 이렇게 말했다. "나는 언제나 더블린에 대해서 쓴다. 더블린의 한가운데를 파고들 수 있다면, 세계 모든 도시의 한가운데를 파고들 수 있기 때문이다. 특수 속에 보편이 있다." 그가 평생 동안 작업한 작품들이 오직 아일랜드와 더블린 사람들만을 다루고 있다는 것은 자신이 태어난 땅과 사람들에 대한 깊은 애정을 말해 준다. 『율리시즈』의 주인공 블룸Bloom이라는 한 평범한 더블린 소시민의 하루가 서구인의 신화 속 인물 율리시즈Ulysses가 겪은 10년의 여행과 다르지 않다는 인식은 보통 사람들에 대한 민주적 믿음과 애정 없이는 얻을 수 없는 통찰이다. 그는 더블린이라는 주변의 작은 공간이 더 큰 세계와 맺고 있는 관계성을 보며, 더블린의 하루라는 현재의 찰나적 시간 속에서 수천 년 유럽 역사의 의미를 읽어내고자 했다. 그는 더블린에서 세계를 보고 있었던 것이다. 보잘것없는 한 인간의 하루를 현미경을 통해 보듯 찬찬히 들여다보면 서구인의 가장 위대한 영웅의 일생 못지않은 무게와 가치를 가지고 있다는 깨달음은 인간 개개인의 주체성을 왜소하게 만들어버리기 십상인 거대한 이념들의 횡포에 대한 강력한 거부감으로 연결된다.

『더블린 사람들(Dubliners)』은 조이스가 유럽에 정착한 이후

1904년부터 1907년 사이 쓴 15편의 단편들로 구성된 단편집이다. 전통적인 사실주의 방식으로 쓴 이 작품들은 그의 작품들 가운데 가장 읽기 쉬운 편이며 조이스가 아일랜드에 대해 가지고 있는 문제의식을 잘 드러내는 미덕을 품고 있다. 등장인물의 면면을 살펴보면 당시 아일랜드 사회의 중상층과 하층민을 포함한 다양한 신분과 직업을 가진 각계각층을 다 아우르려는 의도가 보이기도 한다. 성인의 세계에 대한 호기심과 공포를 느끼는 초등학생들(「자매」, 「애러비」, 「뜻밖의 만남」), 답답한 현실을 알면서도 결코 벗어나지 못하는 청춘 남녀들(「하숙집」, 「경기가 끝난 뒤」, 「이블린」, 「두 멋쟁이」), 욕망의 좌절과 세상과의 타협으로 고통스러워하는 성인들(「맞수들」, 「작은 구름」, 「어느 어머니」, 「선거사무실에서 맞은 파넬의 기일」), 다른 이들에게 자신을 빼앗기거나 내려놓기 주저하는 사람들(「가슴 아픈 사고」, 「죽은 이들」, 「은총」, 「진흙」)은 독자의 공감과 페이소스를 자극하고 있다.

『더블린 사람들』은 다양한 계층의 인물들이 등장하는 15편의 단편들로 구성되어 있지만 이들 작품 모두를 관통하는 주제는 선명하다. 그것은 단적으로 말해 '마비된 자가 느끼는 무기력과 절망감'이다. 그는 이러한 마비 상태가 더블린 시민들의 일상이자 정치, 경제, 종교 전반에 걸쳐 나타나는 현상으로 묘사한다. 마치 조이스는 독자들이 이런 느낌을 잊지 않도록 하겠다는 듯 첫 번째 단편 「자매」의 첫 문단에서 심신이 '마비'된 채 서서히 죽어가는 플린 신부를 등장시키고 마지막 단편인 「죽은 이들」의 마지막 문장에서는 '졸도'하듯 깊은 잠에 빠져드는 가브리엘을 묘사한다. 마치 더블린의 하루는 '마비'로 시작하여 '졸도'로 끝난다는 듯이 말이다.

정신이 마비된 더블린은 과거를 '반복'할 뿐 새로운 미래와 다른 경험에 대한 상상력을 펼치지 않으며 따라서 그에 따르는 행복을 누리지 못한다. 그것은 「선거사무실에서 맞은 파넬의 기일」과 「두 멋쟁이」에서 볼 수 있는 식민지 더블린의 낙후된 경제와, 실직과 같은 경제적 이유도 있을 것이며, 「맞수들」의 서기 패링턴처럼 허세 부리기 좋아하고 술에 탐닉하는 정신적·육체적 욕망 때문이기도 하다. 혹은 「이블린」의 주인공처럼 폭압적인 아버지를 벗어나 어머니와는 다른 삶을 살고자 하는 강렬한 욕망에도 불구하고 결국은 굴레와도 같은 사회적 관습과 감옥 같은 가정으로 돌아가는 자신의 '선택'이 이유이기도 하다. 이블린은 아무리 가혹하고 고통스럽더라도 자신에게 주어진 운명을 거스르지 못하고 무덤처럼 숨막히는 현실의 반복되는 일상을 벗어나지 못한다. 「가슴 아픈 사고」의 더피 씨는 남과의 교류와 접촉을 차단하고 자신만의 사적인 공간의 강고한 울타리 속에서 행복을 찾는다. 그러나 그는 우연히 알게 된 시니코 부인의 죽음을 통해 자신의 행복은 다른 더 큰 행복의 가능성을 차단하면서 얻게 된 지극히 작고 보잘것없는 것이었음을 깨닫는다. 그러나 독자는 더피 씨의 뼈저린 후회와 한탄의 기억도 곧 그의 일상 속에 묻힐 것임을 안다.

더블린 시민들이 겪는 마비의 비극성은 일상과 관습의 고통을 체감하고 이러한 상황으로부터 탈출하고자 하는 강렬한 욕망이 있음에도 자신의 환경과 운명을 벗어나지 못한다는 점에 있다. 「하숙집」은 한 번의 실수로 마음에 없는 하숙집 주인의 딸과 결혼해야 할 상황에 처한 도란 씨의 곤란한 처지를 다룬다. 『더블린 사람들』

가운데 거의 유일하게 희극적인 소설이지만, 도란의 입장에서 보면 그 자신은 탈출하고 싶지만 그럴 힘도 용기도 없는 도살장의 짐승이자 거미줄의 날벌레와 같다. 「뜻밖의 만남」과 「애러비」의 소년처럼 더블린을 벗어난다는 것은 어쩌다 한번쯤 꿈을 꾸듯 해보는 일탈의 경우로서 가능할 뿐 「이블린」과 「작은 구름」의 경우처럼 시민들은 자신의 환경을 숙명처럼 체념하며 수긍하고 만다.

그렇다면 더블린 시민들의 마비된 생명에, 시민들의 관습과 정신에 깊이 자리한 종교는 어떠한 역할을 하고 있는가? 적어도 『더블린 사람들』에서의 아일랜드 가톨릭은 큰 역할을 하지 못한다. 「가슴 아픈 사고」의 금욕적이고 도덕적인 더피 씨가 시니코 부인이 겪는 삶의 고통을 알면서도 해소는커녕 오히려 그 고통을 가중시키는 비윤리적 존재가 되고 마는 것은 종교적 인간의 아이러니다. 또 「자매」의 플린 신부나 「은총」의 퍼든 신부는 마비의 관습을 유지하고 보충할 뿐 마비의 상황을 치료하고 구원하는 인물이 아니다. 조이스가 볼 때, 더블린 사람들에게 종교는 그들의 죄의식을 자극하여 과거를 답습하게 하는 기제로써 작용하는 경우가 더 많다.

우리는 『더블린 사람들』을 굳이 20세기 초 아일랜드를 이야기하는 소설로만 읽을 필요는 없다. 과거와는 다른 삶을 살고 싶고 새로운 미래를 만들고자 하는 개별 인간의 욕망은 과거를 반복하고 영속시키려는 관습과 충돌하고 갈등하게 마련이다. 이것은 비단 아일랜드만의 문제는 아니며 개인의 자유와 개성이 강조되는 근대적 사회가 필연적으로 드러내는 문제적 상황이다. 『더블린 사람들』의 마비적 사회, 개인의 고통과 좌절의 문제는 20세기 초 아일랜드의 문제이자 유럽의 문제이며 21세기 여기 한국의 문제이기도 하다. 이 지점에서 우리는 『더블린 사람들』을 다시 읽을 필요가 있다.

조이스는 『더블린 사람들』에서 마비와 절망의 상황이 아일랜드의 전통적 관습이나 종교, 혹은 더블린 시민 자신의 개인적인 도덕의 염결성만으로 해결될 수 없는 것으로 묘사하고 있다. 그렇다면 이런 상태를 어떻게 변화시킬 수 있는가? 작가인 조이스 자신처럼 모든 아일랜드인은 유럽으로 탈출이라도 감행해야만 하는가?

우리는 『더블린 사람들』의 마지막 단편인 「죽은 이들」을 주목할 필요가 있다. 주인공 가브리엘은, 예술은 정치보다 우선한다고 생각하며 게일어를 비롯한 아일랜드의 전통을 복원하려는 민족주의 진영과 불편한 관계를 유지한다. 자신을 '친영파'라고 부르는 아이버스에게 "난 내 조국에 진저리가 난다."라고 내뱉을 정도로 아일랜드의 '과거'에 대한 그의 감정은 어지럽다. 그런데 그의 아내는 아일랜드의 과거가 고스란히 보존되어 있는 골웨이 출신으로서 가브리엘에게 아일랜드 서부로 여행할 것을 종용한다. 가브리엘은 아내를 너무도 사랑하지만 그녀의 요구를 애써 무시해왔다. 그러나 골웨이에 대한 아내의 애정은 남다른 것이며 또 그녀의 추억, 양심과 깊은 관계를 맺고 있어서 가브리엘처럼 그곳과의 관계를 끊을 수가 없다. 다시 말해, 골웨이는 아내의 일부다. 아내를 사랑하는 가브리엘은 아내가 사랑하는 골웨이, 아일랜드의 과거, 아일랜드의 특수성까지 이해하고 사랑해야만 한다. 그는 그것을 숙명으로 받아들이며 마침내 자신이 '서쪽으로 여행을 시작할 때가 온 것'이라고 생각한다. 비록 그것이 자신의 탈민족적이고 탈정치적인 지향점과 상충하기 때문에 일종의 자기부정이요, 죽음과도 같은 고통이 따르더라도 말이다. 『율리시즈』의 마지막 부분에서 블룸의 아내 몰리가 "그래요!"를 되풀이하며 남편에 대한 사랑의 끈을 놓치지 않음으로써 새로운 관계의 가능성을 예시하듯, 가브리엘의 각성은 『더블린 사람들』 전체의 주제와도 깊은 관계가 있다. 더블린 사람들의 마비는 자기애에 대한 집착에서 벗어나 남을 이해하고 동정함으로써 해소될 수 있을 것이다. 가브리엘은 아일랜드에 쏟아져 내리는 눈발을 피할 수 있는 아일랜드 사람은 어디에도 없듯이 전통의 억압이든 시대의 한계든 그것의 영향은 모두에게, 산 자든 죽은 자든 모두에게 미치며 모두가 마비와 절망을 겪고 있다는 통찰을 얻는다.

 조이스의 작품은 평생 소설가로 활동한 경력에 비해 극소수다. 단편집 『더블린 사람들』 외에 시집 두 편(『한 푼짜리 시』, 『실내악』), 희곡 한 편(『추방인들』), 그리고 장편소설 세 편(『젊은 예술가의 초상』, 『율리시즈』, 『피네건의 밤샘』)이 전부다. 『더블린 사람들』의 번역서는 한국에 많이 나와 있지만, 그 가운데 맛깔난 우리말로 읽기 쉽게 옮긴 진선주의 『더블린 사람들』(문학동네, 2010)을 추천할 만하다. 이 글의 서두에 인용한 부분도 진선주의 번역을 참고했다.

김용규 | 부산대 · 영문학

문학
23 진정한 신사도와 인간적 고귀함

:: 『위대한 유산』, 찰스 디킨스

빅토리아 시대 영국의 대표적 소설가인 찰스 디킨스Charles Dickens, 1812~1870의 『위대한 유산(Great Expectations)』(1860~61)은 『크리스마스 캐럴A Christmas Carol』, 『올리버 트위스트Oliver Twist』, 『두 도시 이야기(A Tale of the Two Cities)』 등과 함께 우리 독자들에게 가장 잘 알려진 소설이다. 아마 영국 문학사에서 디킨스만큼 널리 그리고 오랫동안 독자들의 사랑을 받는 작가도 흔치 않을 것이다. 당시의 모임 석상 등에서 '나는 디킨스를 읽지 않았다'고 말하면 대화에서 소외되기 일쑤였다고 한다. 그는 죽기 직전에 빅토리아 여왕을 단독으로 만나는 영예를 가졌고, 대중들로부터 많은 호응을 얻었다. 뿐만 아니라 오늘날 디킨스의 작품들은 성서와 셰익스피어 작품 다음으로 세계적으로 널리 읽히고 있다. 그만큼 그의 인기는 대단한 것이어서 국내에서도 많은 독자들의 사랑을 받고 있다.

> "마음이 진정한 신사가 아닌 사람은 행동에 있어서 진정한 신사가 되지 못한다."
>
> "시련이 다른 모든 가르침보다 더 강력한 교훈을 주어서, 그 시련의 가르침을 통해 내가 네 심정이 한때 어떠했는가를 이해할 수 있게 된 지금 이 순간에는 말이야. 그동안 나는 휘어지고 부서졌어. 전에 그랬던 것처럼 나에게 동정심과 너그러움을 베풀어 줘. 그리고 우리가 여전히 친구라고 나에게 말해 줘."

모든 비평가들이 인정하듯이 『위대한 유산』은 디킨스의 소설 가운데 가장 구성이 탄탄하고 짜임새가 있다는 평가를 받는다. 뿐만 아니라 작품의 길이도 디킨스가 쓴 다른 소설의 3분의 2 정도밖에 되지 않고, 이야기가 주인공의 자전적 형식이라서 초점이 분명하다. 이 작품에서는 핍이라는 하층 계급의 소년이 신사로 성장해가는 과정이 그려지는데, 이야기는 3부로 나누어진다. 1부에서는 대장간 소년 핍의 이야기가, 2부에서는 청년 신사 핍의 런던 생활이 그려지고, 3부에서는 핍의 도덕적 성숙 과정이 전개된다.

소설에서는 핍의 이야기에서 다루어지는 신사와 고귀함의 문제 이외에 범죄, 어린 아이 학대, 법과 정의, 교육, 공적인 삶과 사적인 삶, 외양과 실재의 문제도 다루고 있지만 모든 것을 주인공 핍이 서술하기 때문에 구성의 통일성이 유지된다. 이 소설에 통일성을 주는 또 하나의 요인으로 상징을 들 수 있다. 낮은 저지대의 대장간, 새티스 하우스, 바다에 떠 있는 감옥선, 교수대, 묘지 등과 가짜라는 뜻을 내포하는 해비샴, 차가운 별을 시사하는 에스텔라, 마술사를 시사하는 매그위치와 같은 인물의 이름들이 모두 주제와 연결되어 있다.

개인의 삶보다는 주로 사회적 삶을 소재로 다루어온 디킨스로서는 드물게 이 소설에서 그는 개인의 삶에 초점을 맞춘다. 특히 젊은 시절 자신의 잘못을 후회하며 과거를 돌아보고 있는 서술자의 어조가 이야기 전체에 스며들어 있어서 서술에는 언제나 이중의 시각이 들어 있다. 사회적 성공을 갈망하며 초조와 불안 속에 살아가는 젊은 시절의 핍과 그 욕망 속에 들어 있는 복잡한 심리를 꿰뚫어보는 나이 든 핍의 모습이 겹쳐지면서 복잡한 개인의 내면이 드러난다.

디킨스는 개인의 내면적 이야기를 중심으로 다루고 있기는 하지만 핍의 이야기를 사회적 상황과 분리시키지 않는다. 핍의 개인적 욕망은 사회적 상황과 얽혀 있는 것이기 때문에 『위대한 유산』은 핍의 이야기인 동시에 그가 살고 있는 빅토리아 사회 중산층의 이야기이기도 하다. 신사로 살고 싶은 핍의 욕망은 디킨스가 이 작품을 쓸 당시의 사회에 전반적으로 퍼져 있던 사회적 현상이기도 했다. '신사'라는 것이 빅토리아 시대에 생겨난 특유의 현상은 아니지만 19세기에 이르면 '신사숭배'라고 할 만큼 '신사'는 빅토리아인들의 사고와 행동에 있어 중요한 요소로 등장한다. 자립정신과 자기발전의 신화를 창조했던 빅토리아 시대에 '신사'는 개인이 지향할 하나의 목표가 될 수 있었다.

『위대한 유산』은 가난한 고아 출신인 주인공 핍의 신분 상승이라는 소재로 이루어진 작품이다. 이런 의미에서 일반적으로 국내에서 통용되고 있는 '위대한 유산'이라는 우리말 제목은 이 작품의 내용과 주제를 제대로 반영하지 못하고 있다. 이 작품은 '타인의 힘에 의존하여 신분 상승을 꿈꾸는 한 소년의 헛된 꿈의 좌절을 통한 개안과 인간적 성장'을 그리고 있다. 누군가의 시혜를 받아 '막대한 재산(expectations)'을 보유한 신사가 되어 미모와 교양을 겸비한 아내를 맞는다는 '거창한 기대'가 무너질 때 비로소 진실한 인간의 가치를 깨닫게 된다는 메시지를 전하고 있다. 이렇게 볼 때 원제의 뜻은 '유산' 자체가 아니라 '예상되는 유산 상속에 대한 큰 기대'이며 동시에 당시 사회에 만연한 물질적 기대감을 가리킨다. 따라서 이 말의 뜻을 정확히 풀이한다면 '위대한 유산'보다는 막대한(또는 거대한) 유산 상속에 대한 기대'로 보는 것이 더 옳은 표현이라고 본다.

소설의 주인공 핍은 가난한 고아로서 성질이 못된 누이 조지아나와 마음씨 착한 대장장이 매형 조 가저리의 집에서 성장한다. 어느 날 마을 근처 습지에 나갔던 핍은 무시무시한 탈옥수를 만나고 그의 위협에 못 이겨 그에게 음식과 쇠고랑을 끊을 줄칼을 가져다준다. 매그위치라는 이 탈옥수는 결국 경찰에 붙잡히게 되지만 핍에게 보상을 약속한다. 핍은 어린 시절 같은 마을에 미스 해비셤이라는 괴상한 노처녀가 살고 있는 새티스 하우스를 방문하면서 돈과 계급에 대한 인식을 최초로 하게 되고, 이후로 그에 대한 욕망에 사로잡히게 된다. 새티스 하우스는 미스 해비셤의 결혼식 이후로 시간이 멈추어버린 채 남아 있는 장소다. 어둠과 몰락의 기운이 감돌고 시간이 멈춰버린 미스 해비셤의 집은 그야말로 당대 상류계급을 상징한다. 아울러 여기서 에스텔라를 본 핍은 그녀를 처음 본 순간부터 그녀를 사모하게 되고 그녀에게 어울리는 '신사'가 되고자 하는 강렬한 신분 상승의 욕구에 사로잡히게 된다. 그러나 과거의 먼지 속에 갇혀 살던 미스 해비셤이 잿더미로 변한 흉가의 잔해가 되고, 남자의 가슴에 상처를 주도록 훈련받은 '아름다운 악녀' 에스텔라도 파멸로 마감하게 된다.

등장인물의 외모를 상세하게 묘사하는 것이 디킨스 소설의 특징인데, 이 소설에서만은 핍을 포함하여 어떤 등장인물의 외모에 대해서도 거의 묘사를 하지 않은 이유는 1인칭 소설이기 때문만은 아닐 것이다. 가장 중요한 이유는 이 작품이 주인공의 내면적 성장을 다룬 성장소설이기 때문일 것이다. 그의 내면적 성장은 타인의 재산과 힘에 의존하여 신사가 되겠다는 헛된 꿈을 버릴 때 비로소 성취되는 것이다.

이 소설은 '진정한 신사도와 인간적 고귀함'을 또 다른 주제로 삼고 있다. 핍은 자신에게 주어진 특수한 여건들 때문에 한때 신분 상승과 부에 대한 꿈을 가지게 되지만, 탈옥수 매그위치의 출현으로 그 허망함을 느끼게 된다. 그 외에도 미스 해비셤의 부질없는 악의와 드러믈의 잔인성 등도 상류라는 꿈 뒤에 숨어 있는 인간성 부재를 핍에게 드러내 보인다. 반면 핍은 혐오스러운 매그위치의 자신에 대한 맹목적 애정, 가저리와 비디의 변치 않는 성실한 애정 등에서 진정한 고귀함과 신사도의 가치를 깨닫게 된다.

소설이 시작될 때 주인공은 노동 계층에 속하는 일곱 살 정도의 어린 소년이고 소설이 끝날 때 주인공은 서른네 살로 카이로에 있는 무역회사의 공동 소유주로서 신사라면 신사라고 할 수 있는 사람이다. 노동 계층의 가난한 고아 소년이 신사가 되는 변화과정을 통해 디킨스는 신사란 무엇이며 신사가 된다는 것은 무엇을 의미하는가를 탐구한다.

어린 아이의 눈에 비친 신사의 모습에는 신사에 대한 당시 사람들의 환상이, 신사가 된 뒤 주인공의 모습에서는 신사의 실상이, 그 허상을 깨고 성장하는 성숙한 주인공에게서는 디킨스의 도덕적 신사상이 나타난다. 즉, 디킨스의 신사상에서 또 하나 중요한 것이 바로 도덕적 성숙이다. 매그위치가 등장한 다음부터 핍의 이야기는 핍의 내면적 갈등과 도덕적 성숙을 통한 갈등 해소의 과정을 그린다.

신사가 되기 위해 런던으로 향하면서 핍은 도덕적으로 타락하기 시작한다. 고아인 자신을 아들처럼 따뜻하게 대해주었던 매형 조를 등지고 그의 존재를 부끄러워하며 그를 멀리함으로써 핍은 배은망덕한 속물로 떨어진다. 핍의 도덕적 위기는 매그위치와의 만남에서 절정에 달한다. 자신을 아들처럼 생각하며 힘한 일을 마다하지 않고 돈을 모아 자신을 신사로 만들어주었으며 목숨을 걸고 자신을 찾아온 매그위치를 보고 핍은 공포와 혐오감을 느끼며 그로부터 도망가고 싶어 한다. 핍이 신사가 되면서 잃어버린 것은 인간의 고귀한 마음이었고, 핍이 붙들린 매그위치를 떠나지 않고 그의 곁을 지키며 매그위치에게서 죄수 대신 자신에게 사랑을 베풀어준 은인의 모습을 볼 때 그는 잃어버렸던 고귀한 마음을 되찾는다. 이렇게 해서 핍은 내면적 성장을 이룩하면서 속물이고 배신자였던 자신의 참모습을 인식하는 자아 인식과 매그위치에 대한 혐오감을 극복하는 자아 통제를 거쳐서 스스로 물질적·정신적 자립을 이룩하는 자기 통합의 과정을 거쳐 자아완성에 이르게 된다. 디킨스는 이와 같은 모습의 핍을 진정한 신사의 모습으로 제시함으로써 빅토리아 중산층의 신사관을 확인한다.

번역서로는 이인규가 옮긴 『위대한 유산』(민음사, 2009)을 추천한다.

배만호 | 부산대 · 영국소설

문학
24 성장통을 겪는 청춘들에게 한 청춘이 전하는 위로

:: 『호밀밭의 파수꾼』, 제롬 데이비드 샐린저

1951년 미국에서 처음 출간된 이후 20세기 후반 미국문학의 대표적 성장소설로 손꼽히고 있는 샐린저의 『호밀밭의 파수꾼』은 성적 불량으로 학교에서 퇴학당한 열여섯 살 소년 홀든 콜필드가 주말 동안 뉴욕시를 떠돌며 겪은 일을 독자에게 직접 들려주는 형식의 소설이다. 1953년 이후 은둔의 삶을 살고 있는 샐린저(Jerome David Salinger, 1919~2010)의 유일한 장편으로, 순수한 어린 시절의 이상과 위선에 찬 어른들의 세계 사이에서 혼란과 좌절을 겪는 소년의 여정을 구어체를 통해 생생히 전달한다.

소설은 지금 정신병원에 입원 중인 홀든이 지난 크리스마스 무렵에 겪은 "정신 나간 일들"을 이야기해주겠다는 것으로 시작한다. 사립 예비학교(보통 동부 명문 대학 진학을 목적으로 하는 엘리트 학교)에서 낙제를 거듭해 다음 주 수요일이면 학교를 나가야 하는 상황에서

> "나는 아주 큰 호밀밭 같은 곳에서 작은 꼬마들이 놀고 있는 모습을 자주 그려봐. 수천 명의 꼬마들만 있고 나 말고는 어른들은 보이지 않아. 난 깎아지른 벼랑 끝에 서 있어. 내가 해야 할 일은 꼬마들이 놀다가 (…) 벼랑 쪽으로 오면 숨어 있다 나타나 못 떨어지게 붙잡아 주는 거야. 그게 내가 하루 종일 할 일이야. 난 단지 호밀밭의 파수꾼이 되고 싶을 뿐이야. 나도 알아, 내 말이 이상하게 들린다는 걸. 하지만 그게 내가 하고 싶은 유일한 일인걸."

홀든은 토요일 저녁에 충동적으로 짐을 싸 학교를 나온다. 기차를 타고 뉴욕에 도착한 홀든은 집으로 가지 못하고 시내에서 주말을 보낸다. 그동안 홀든은 택시 기사, 시애틀에서 휴가 온 여자들, 호텔 벨보이, 창녀, 옛 여자친구, 이전 학교 친구와 선생님 등 다양한 사람들을 만나지만 진정한 소통을 경험하지 못하고 좌절을 거듭한다. 죽음의 공포를 느낄 정도로 더욱 외롭고 우울해진 홀든은 결국 밤에 몰래 집으로 여동생 피비를 찾아가고, 자신이 학교에서 쫓겨난 것을 알아차린 동생에게 뉴욕을 떠날 거라고 말하고는 이전 학교에서 자신을 이해해주는 것 같았던 선생님 집에서 자려고 찾아간다. 그런데 홀든은 잠이 든 자신의 이마를 쓰다듬는 선생님의 손길에 놀라 집을 뛰쳐나와 기차역에서 밤을 보낸다. 다음 날 서부로 가기 전 마지막으로 피비를 만나러 학교에 찾아가고 피비는 자신도 함께 가겠다고 고집을 피운다. 같이 떠날 수 없다는 홀든의 말에 피비는 화를 내고, 홀든은 여동생을 달래기 위해 동물원에 데리고 간다. 그리고 피비에게 떠나지 않겠다는 약속을 한 뒤 홀든은 피비가 회전목마를 타는 모습을 보며 행복해한다. 다시 서술의 현재 시점으로 돌아온 마지막 장에서 홀든은 그날 이후 집으로 돌아갔다고 밝히며 정신병원에 있는 지금은 그들이 그립다고 한다.

 소설이 나오자마자 대학생들을 비롯한 젊은 독자들에게 큰 인기를 끌었던 것은 2차 세계대전 후 안정과 번영을 추구했던 미국사회의 상황과 무관하지 않다. 전후 유례없는 경제 성장으로 물질적으로 풍요를 누리게 되면서 중산층이 증가했고, 이들이 저소득층이 주로 사는 도심을 벗어나면서 교외 주거 지역이 발달했다. 또한 참전 용사가 직업 및 대학 교육을 받을 수 있도록 하는 정부지원으로 인해 대학에 진학하는 청년들의 수와 더불어 전문직 종사자의 수도 급증했다. 그러나 이러한 '풍요로운 사회'는 공산권과 냉전을 주도하고 있었고, 매카시즘에서 드러났듯이 차이를 허용하지 않고 구성원 모두를 체제에 순응하도록 하는 사회이기도 했다. 점차 젊은 세대들은 개별성을 억누르고 경제적으로 안정되고 획일화된 삶을 사는 것이 행복한 인생이라는 기성세대의 보수적 가치관에 의문을 갖게 되었다. 이들에게 기성세대를 향한 홀든의 신랄한 독설과 반항적인 행동은 큰 반향을 불러일으켰고, 이 '삐딱'하고 '비뚤어진' 십대 소년은 타락한 세상에서 순수함을 지키려 한 인간으로 1950~60년대 반문화(counterculture)의 아이콘이 되었다.

 『호밀밭의 파수꾼』이 지니는 흡인력은 전후 미국사회에 대한 비판을 성장소설로 녹여내고 있기 때문이다. 그러나 이 소설은 가난한 출생의 어린 아이가 온갖 역경을 헤치고 성공한 어른이 되기까지를 담아내는 전형적인 성장소설과는 다르다. 오히려 이 소설은 한 십대 소년이 겪는 혼란과 갈등 그리고 아픔에 더 집중한다. 일인칭 주인공 시점으로 소설이 전개되고 있기에 그만큼 독자들은 마치 친한 친구가 자신의 속내를 털어놓는 것처럼 주인공 홀든을 가까이 접할 수 있다. 달리 말하면 독자들은 홀든의 여정에 동참하여 홀든의 눈으로 세상을 바라보고 느끼며 경험한다. 이런 과정을 통해 독자들은 홀든이 안고 있는 고민을 공유하고 홀든을 이해하게 된다. 그리고 홀든이 겪는 성장통이 개인의 문제일 뿐만 아니라 우리 모두의 문제임을 알게 된다.

    따라서 홀든의 일탈을 단순히 청소년기의 '이유 없는' 반항이라 치부하기에 홀든과 세상과의 불화는 많은 시사점을 던진다. 이 소설에서 가장 많이 등장하는 단어가 '가짜의', '위선자' 등의 뜻을 지닌 'phony'인데, 홀든이 이 세상을 묘사할 때 주로 쓰는 단어다. 홀든이 보기에 세상은 위선적이고 피상적이며 속물적인 데다가 타락했다. 그가 만나는 어른들은 세상에 대한 환멸을 가중시킬 뿐이며 진정한 교감의 상대가 되지 못한다. 역사 선생님은 규율에 잘 따르는 것이 게임과도 같은 인생에서 승리자가 될 수 있는 비결이라 강조하며, 장의 사업으로 큰돈을 벌어 학교에 거액을 기부한 동문은 매년 미식축구 첫 경기에 고급차를 타고 나타나 자신의 부를 과시한다. 이전 학교의 교장도 학부모의 돈이 많고 적음에 따라 학생에 대한 대우를 달리한다. 홀든의 형도 예외는 아니다. 소설을 쓰다가

할리우드로 건너가 영화 시나리오를 써서 성공한 형은 상업주의에 영합한 속물이다. 뉴욕의 호텔방에서 내다본 맞은편 호텔방 안에서는 어른들이 변태적인 성행위를 하고 있다. 자신에게 창녀를 소개한 호텔 벨보이는 그에게 돈을 더 요구하며 폭력을 휘두른다. 호텔의 클럽에 드나드는 명문대생들도 말로는 고상한 척하며 테이블 아래로는 데이트 상대에게 치근대는 속물들이다. 옛 여자 친구도 경박한 쇼를 좋아하고 학벌이나 재력에 따라 사람을 만나며, 대학 교육을 받고 결혼을 해서 안정적인 가정을 꾸리는 것이 당연한 인생의 수순이라 생각한다. 홀든의 '추락'을 걱정해주는 존경하는 선생님도 잠들어 있는 자신의 이마를 쓰다듬어 홀든을 혼란에 빠뜨린다.

이들에게서 의미 있는 상호 이해를 기대할 수 없어 극도로 우울해진 홀든은 그런 세상에 물들기를 거부하고 순수함과 개별성을 지킬 수 있는 이상적인 세상을 꿈꾼다. 홀든의 이러한 꿈은 '호밀밭의 파수꾼'으로 형상화된다. 홀든은 세상의 위험이 다른 아이들에게 닥치지 않도록 천진난만하게 호밀밭을 뛰어다니며 노는 아이들이 낭떠러지에서 떨어지지 않도록 지켜주는 '파수꾼'이 되고 싶어 한다. 뉴욕이 복잡하고 부패한 어른의 세계를 상징한다면 호밀밭은 소박하고 목가적이며 때 묻지 않은 세계를 상징한다. 아이들이 낭떠러지에서 떨어진다는 것은 어른의 세계로 진입하여 위선자로 살아간다는 것을 의미하며, 홀든은 파수꾼이 되어 아이들의 순수함을 보호해주고자 한다. 홀든이 만난 어른들은 그가 기대한 진정한 유대감, 위로, 이해를 제공하지 못한 반면 홀든은 세상에 적응하지 못하고 힘들어하는 청춘들에게 기꺼이 손을 내밀고자 한다. 비록 홀든이 제시하는 비전이 이분법적이고 현실도피적이며 지나치게 이상적이라고 그 한계를 지적할 수 있지만, 순수함에 대한 열망은 필요한 것이며 그것을 지키는 일은 세상의 더러움을 예민하게 감지하고 그것에 물들기를 거부하는 일이기에 어렵지만 의미 있는 일임을 암시한다.

    샐린저는, 홀든이 여동생 피비와의 교감을 통해 절망에서 벗어나 행복을 느끼는 마지막 장면에서 독자들로 하여금 상처받고 방황하는 청춘을 위해 무엇을 할 수 있을 것인가를 생각하도록 한다. 서부로 떠나려는 자신을 따라가겠다는 피비의 청을 심한 소리로 거절한 홀든은 화가 난 여동생을 달래려 동물원에 가서 회전목마를 타라고 권한다. 회전목마를 두 번째 타기 전 피비는 용서와 사랑의 표시로 홀든에게 갑작스레 키스를 하고 비가 내리자 홀든이 주었던 사냥 모자를 다시 그에게 씌워준다. 여동생이 회전목마를 타고 도는 모습을 지켜보며 홀든은 행복감에 젖는다. 이 장면에서 피비는 홀든의 호밀밭의 파수꾼이 되어 홀든이 갈구하던 조건 없는 사랑과 따뜻함으로 홀든을 감싸주고 있는 것이다. 피비의 작은 몸짓이 홀든에게 큰 위로가 되었듯이 샐린저의 『호밀밭의 파수꾼』도 홀든의 이야기를 통해 이 거친 세상 어딘가에서 성장통을 겪고 있는 누군가에게 "넌 혼자가 아니야."라는 말을 건네는, 작은 위로가 될 수 있는 소설이다.

    많은 비평가들은 홀든이 샐린저의 분신이라 지적한다. 그는 1919년 뉴욕 출생이고 한 학기만 다니다 대학을 중퇴했고 컬럼비아 대학에서 창작 수업을 받다가 1940년 대중 잡지에 첫 단편을 발표했다. 2차 대전 참전 후 돌아와 1948년부터 본격적인 창작활동을 시작하며 쓴 단편 소설들은 주로 《뉴요커》에 실렸다. 1951년 『호밀밭의 파수꾼』을 발표해서 성공을 거두었고, 1953년 뉴햄프셔의 시골로 들어가 대중과의 직접적인 접촉을 멀리하기 시작했다. 결혼하여 두 명의 자녀가 있으며, 아내와는 이혼했다. 세상에 모습을 잘 드러내지 않아 그에 대해 알려진 것이 많지 않다. 그 외 단편집으로는 『프래니와 주이(Franny and Zooey)』(1961)와 『목수들아, 지붕보를 높이 올려라(Raise High the Roof Beam)』(1963) 등이 있다.

『호밀밭의 파수꾼』의 번역판으로는 민음사에서 2001년 소설 출간 50주년을 기념하여 낸 것이 있고, 1985년 초판을 발행한 문예출판사는 2002년 다시 출간했으며 하서출판사에서도 나온 것이 있는데, 민음사에서 나온 것을 추천한다.

이선진 | 부산대 · 미국소설

문학
25 　정신적 토양의 깊은 광맥

::『스완네 집 쪽으로』, 마르셀 프루스트

    한 권의 책이란 무엇인가? 「변신」의 작가 카프카의 어떤 편지에는 이렇게 씌어 있다. "한 권의 책은 우리 내면의 얼어붙은 바다를 깨는 도끼여야만 한다." 카프카에게 한 권의 책은 우리를 행복하게 만드는 것이 아니라 어느 날 느닷없이 닥쳐와 우리를 고통과 충격 속으로 몰아넣는 불행이나, 자신보다 더 사랑했던 이의 죽음과도 같다. 잠들어 있는 우리 내면의 어떤 것을 깨우는 한 권의 책을 생각하면서 우리는 좀 더 넓은 의미의 질문으로 나아갈 수 있을 것이다. 문학이란 무엇인가? 사르트르는 이 질문으로 한 권의 책을 썼다. 하지만 그의 책은 온 생을 바쳐 이 질문에 답한 작가의 작품에 비하면 초라해 보인다. 한 작가의 삶 전체(허구이든 실제이든)가 담겨 있는 단 한 권의 책,『잃어버린 시간을 찾아서』를 쓴 마르셀 프루스트Marcel Proust, 1871~1922는 이 질문에 이렇게 답한다. "진정한 삶, 마침내 발견되고 해명된 삶, 그러므로 실제로 체험된 유일한 삶, 그것이 문학이다." 다시 질문한다. 문학이란 무엇인가? 그것은 삶이다.

프랑스 현대문학은 프루스트를 교차로로 삼는다. 이는 전통과 모더니티가 횡단하는 지점이 『잃어버린 시간을 찾아서』이기 때문이다. 프루스트 이전까지의 모든 문학이 이 작품 속으로 흡수되고, 프루스트 이후의 문학이 여기로부터 뻗어나간다. 마담 세비네, 라신으로부터 발자크, 플로베르, 보들레르의 물결이 모여 로브 그리예, 나탈리 샤로트, 미셸 뷔토르 같은 누보로망의 지류로 흘러가는 저수지가 프루스트다. 이는 프랑스뿐만 아니라 영국, 독일, 러시아 소설들도 마찬가지다. 그 결과 현대의 작가들이나 비평가들은 본 의든 본의 아니든 프루스트와의 관계 속에서 자신의 문학적 입장을 표명하게 되었다. 현대문학을 이해하는 데 있어 프루스트의 중요성을 거론하는 것은 새삼스러운 일일 것이다.

현대에 있어서 고전은 무엇인가? 학교나 대학에서의 교육이나 연구에 필요한 학술적인 가치를 갖거나 문자 그대로 고전주의의 전범처럼 질서, 균형, 절도를 표방하는 작품인가? 주지하다시피 『잃어버린 시간을 찾아서』는 문학사에서 제임스 조이스의 『율리시즈』, 버지니아 울프의 『등대로』와 더불어 의식의 흐름을 다룬 모더니즘 작품의 하나로 꼽힌다. 그러나 오늘날 우리가 『잃어버린 시간을 찾아서』를 고전으로 읽을 수 있다면, 그 이유는 학술적인 위대함이나 고전적인 의미 부여에만 있는 것이 아니다. 대부분의 고전 작품이 그러하듯 진정한 걸작은 어떤 법령과 같은 것이 아니라 세대마다 그 의미와 영향력을 새롭게 만들어낸다.

『잃어버린 시간을 찾아서』가 고전의 반열에 오른 이유는 수없이 많을 것이다. 그러나 가장 중요한 요소는 이 작품의 복합성에 있을 것이다. 우리가 이 책을 읽을 때마다 매번 다른 세계를 돌아다녀야 하는 것은 이러한 복합성 때문이다. 프루스트가 19세기의 위대한 작품들을 비평할 때 겨냥했던 내용도 복합성이다. 그의 책은 원칙이 없어서가 아니라 무질서의 원칙을 지녔기 때문에 복합적인 체계를 이룬다. 프루스트는 "사실상 고전적인 소설을 전혀 닮지 않은 한 권의 책"에 대해 말한다. 또한 이 책을 "중요한 하나의 작품, 소설이라 하자, 왜냐하면 일종의 소설이기 때문이다."라고 묘사한다. 이 책은 바로 자신의 책일 것이다.

『잃어버린 시간을 찾아서』의 복합성은 오늘날 하이퍼텍스트의 복합성과 유사하다. 우리는 하이퍼텍스트에서처럼 이 책의 이곳저곳을 돌아다니고 머물기도 하면서, 총체적인 관점이 아니라 국부적이고 부분적인 관점을 갖는다. 마치 시공을 낯설게 하는 발벡 해변 주위를 자동차로 돌아다니는 것처럼, 이 책은 우리를 새로운 풍경과 새로운 전망, 새로운 여행으로 초대한다. 『잃어버린 시간을 찾아서』는 하이퍼텍스트나 삶처럼 멀리 떨어진 장소들 사이에 미지의 관계를 실현하기에 적합한 환경이다. 프루스트 소설을 다시 읽는 것이 마치 누보로망 작품을 읽는 듯한 느낌을 받는 것은 이러한 사실에서 비롯된다.

20세기 초의 작가들에게 마르셀 프루스트를 당대의 가장 위대한 작가 중 한 사람이며 장차 소설 기법을 혁신하고 철학 사상과 학술적 용어들을 예술세계에 편입시키게 될 인물이라고 소개했다면, 그들은 대단히 놀랐을 것이다. 프루스트는 언제나 병약했으며, 다분히 지적이긴 하지만 사교계를 드나드는 속물에 지나지 않는 변변찮은 아마추어 작가로 평가되었기 때문이다. 이러한 평가는 우리가 여기서 소개할 『잃어버린 시간을 찾아서』의 1권(총 7권), 『스완네 집 쪽으로』(1913)가 출판되기까지 지속되었다.

"오래전부터 나는 일찍 잠자리에 들었다."라는 문장으로 시작되는 이 작품은 약 3,000페이지를 더 읽고 난 다음 「되찾은 시간」에서야 끝이 난다. 이 책의 부피는 그야말로 유년 시절에서 삶을 되돌아보는 나이에 이른 화자의 삶 전체를 고스란히 담고 있는 듯하다. 이것은 프루스트에게 접근하기 어렵게 만드는 한 요인이기도 하다.

『스완네 집 쪽으로』는 출판에서부터 시련을 겪게 된다. 프루스트는 파스켈과 NRF 출판사에 타자 원고를 보냈으나 모두 출판 거부 통보를 받는다. 또한 올랭도르프사에 보낸 원고는 "제가 우둔한 탓인지는 모르겠으나 어떤 사람이 잠을 청하기 위해 침상에서 어떻게 뒤척이는지를 묘사하는 데 30페이지나 사용할 수 있는지 저로서는 이해할 수가 없습니다."라는 답변과 함께 출판이 거부된다. 결국 그는 그라세 출판사에서 자비로 책을 출판한다.

『스완네 집 쪽으로』의 첫 30페이지는 "자신의 주위에 세월과 세상의 질서와 시간의 실을 둘러치는" 잠드는 인간과 깨어나면서 자신이 점유하고 있는 공간과 그때까지 흘러간 시간을 순간 대조해 보는, 잠에서 깨어나는 인간을 묘사하는 것으로 시작된다. 이 첫

몇 페이지는 프루스트의 애독자와 비애독자를 나누는 갈림길일지도 모른다. 왜냐하면 프루스트의 세계로 들어서는 이 입구에서 스핑크스가 질문을 던지듯 그의 전형적인 문장에 대한 호불호를 대답으로 요구하기 때문이다. 올랭도르프사의 편집장처럼 불편한 마음으로 책을 덮든지, 그 문체에 매혹되든지.

잠의 터널을 지나면 낯선 외부인들이 야만인으로 비치고, 생틸레르 종루 아래 다정한 가족의 신들이 존재하는 중세의 마을과 같은 꽁브레가 묘사된다. 여기에는 감수성이 예민한 주인공 '나'와 자연과 예술을 사랑하는 할머니, 잠자리 키스를 받지 못해 안달 나게 만드는 어머니, 할아버지와 아버지, 작은할아버지 아돌프, 환자로 자신의 방 안과 주변을 맴돌며 집안과 마을의 매사에 간여하려는 레오니 고모할머니, 충실한 하녀 프랑수와즈, 부르주아 이웃 스완 등이 나타난다. 으레 프루스트를 언급할 때 빼놓지 않는 '무의지적인 기억'은 마들렌 에피소드를 통해 묘사된다. 마들렌 빵을 부드럽게 녹인 홍차 한 잔으로부터 어린 시절의 꽁브레 전체가 솟아나는 이 에피소드를 통해 제기된 시간과 기억과 기쁨에 대한 해명은 책의 끝부분인 「되찾은 시간」에 가서야 이루어진다.

『스완네 집 쪽으로』에는 작가가 되기를 바라는 화자에게 모델이 되는 예술가들, 즉 작가 베르고뜨와 화가 엘스띠르 그리고 음악가 뱅뙤유의 모습이 나타난다. 그리고 무엇보다도 꽁브레 주변에는 두 방향의 산책길이 있다. 그중 하나는 메제글리즈 방향인데, 이곳은 스완 씨 소유지를 지나야 하기 때문에 '스완네 집 쪽으로'라고도 불린다. 이쪽의 산책길은 거리도 짧고 오래 걸리지 않아 날씨가 흐려도 무방하다. 이 산책길에서 화자는 라일락꽃과 산사꽃, 개양귀비, 말리, 팬지꽃, 마편초와 같은 온갖 꽃들을 만난다. 또한 그는 첫사랑 질베르뜨 소녀를 만나기도 한다. 또 다른 산책 방향은 게르망뜨 쪽이다. 이곳은 거리도 멀고 시간이 많이 걸리기 때문에 날씨가 좋은 날에 산책하는 방향이다. 비본 시냇가를 따라 걷는 이 길은 이 고장에서 오랜 역사를 지닌 게르망뜨 가문의 성관이 있는 곳이기도 하다. 화자는 게르망뜨 공작부인에 대한 환상과 사랑을 품는다. 이 두 산책길은 화자의 '정신적 토양의 깊은 광맥' 속에 자리 잡고 있다.

나는 메제글리즈 쪽과 게르망뜨 쪽을 나의 정신적 토양의 깊은 광맥, 아직도 내가 의지하고 있는 견고한 지반으로 생각하지 않을 수가 없다. 유독 그 양쪽으로 인해서 알게 된 사물과 사람들만을 아직도 내가 진실한 것으로 생각하고, 또 그것들만이 아직도 나에게 기쁨을 줄 수 있는 것은 그 양쪽을 쏘다니는 동안 내가 그러한 사물과 사람들을 신뢰하고 있었기 때문이다. 창조한다는 신념이 나의 내면에서 고갈되었기 때문인지 아니면 실재란 기억 속에서밖에는 형성되지 않기 때문인지 오늘날 사람들이 처음으로 나에게 보여주는 꽃들은 나로서는 진짜 꽃 같지가 않다. 라일락이며 산사꽃, 수레국화, 개양귀비, 사과나무가 있는 메제글리즈 쪽과 올챙이가 우글거리는 시냇가, 수련, 미나리아재비가 있는 게르망뜨 쪽은 언젠가 내가 살고 싶은 고장의 모습을 언제까지나 나를 위해 이루어놓고 있다. (…) 그래서 지금도 여행을 하다가 들판에서 수레국화나 산사꽃, 사과나무 같은 것들이 어쩌다 눈에 띄는 수가 있는데, 그런 것들은 내 과거의 영역에서 같은 깊이에 위치하고 있기 때문에 즉시 내 마음과 교감상태에 들어가는 것이었다.

또한 이 책에는 따로 다루어도 좋을 「스완의 사랑」이 포함되어 있다. 이 이야기는 화자가 태어나기 이전에 스완이 겪었던 사랑을 다루고 있다. "우리가 사랑에 대해 품고 있는 관념만큼 사랑과 다른 것도 없다." 프루스트의 사랑에 대한 생각이다. 그에 의하면 사랑은 일종의 질병이다. 이 질병은 우리의 의지와는 무관하게 어느 날 갑자기 우리 몸에 자리 잡고는 독자적으로 생존하면서 우리에게 알 수 없는 고통과 변화를 주고는 아무렇지 않은 듯 치유되거나 심각한 후유증을 남기기도 한다. 질병과 같은 사랑의 관념에 이어 거짓과 질투, 불안과 신비, 모독과 감금 등은 프루스트가 사랑에서 찾은 현상들이다. 기억이나 시간의 주제들과 마찬가지로 프루스트라는 개인의 삶에서, 그리고 작품에서도 사랑은 중요한 주제 중의 하나가 된다. 그리고 뒤이어 무대는 파리로 옮겨와, 화자는 샹젤리제 거리에서 질베르뜨와 술래잡기 놀이를 한다. 또한 블로뉴 숲길을 우아하고 도도하게 산책하는 질베르뜨의 어머니이자 스완의 아내인 오데뜨의 모습이 그려진다. 그리고 고장의 이름과 그 어원에 대한 상세한 묘사가 이어진다.

끝으로, 프루스트를 읽는다는 것은 우리에게 어떤 장점이 있을까? 그가 펼쳐놓은 세계는 우리가 쉽게 뚫고 들어갈 수 없는 사물과 마음의 깊이로 인도하는 통로가 되지 않을까 한다.

번역서로는 김희명이 옮긴 『잃어버린 시간을 찾아서 1: 스완네 집 쪽으로 1 · 2』(민음사, 2012), 김창석이 옮긴 것(국일미디어, 1988), 남수인이 옮긴 『스완의 사랑』(지만지, 2010) 등이 있다. 이외에 참고할 만한 책으로는 에릭 카펠리스가 쓰고 이형식이 옮긴 『그림과 함께 읽는 잃어버린 시간을 시절을 찾아서』(까치글방, 2008), 알랭드 보통이 쓰고 박중서가 옮긴 『프루스트가 우리의 삶을 바꾸는 방법들』(청미래, 2010), 조르주 벨몽이 쓰고 심민화가 옮긴 『나의 프루스트 씨』(시공사, 2003), 질 들뢰즈가 쓰고 서동욱 · 이충민이 옮긴 『프루스트와 기호들』(민음사, 2004), 르네 지라르가 쓰고 김치수 · 송의경이 옮긴 『낭만적 거짓과 소설적 진실』(한길사, 2001) 등이 있다.

김승철 | 부산대 · 현대프랑스소설

문학
26 침묵과 부동의 연극,
기다림의 수수께끼

::『고도를 기다리며』, 사뮈엘 베케트

아일랜드 출신의 극작가 사뮈엘 베케트Samuel Beckett, 1906~1989의 희곡『고도를 기다리며』(1952)는 두 방랑객의 하염없는 기다림을 그린 부조리극이다. 베케트는 1930년대부터 파리에 체류하면서 프랑스어로 문학 활동을 전개해왔고,『고도를 기다리며』는 1953년 1월 3일 파리 바빌론 소극장에서 초연됐다. 이 연극을 본 당시 관객 대다수는 고도를 신神으로 간주했다. 하지만 베케트는 "이 연극에서 신을 찾지 말라."고 말한다. 그는 다소 무신론적 성향의 작가에 속한다. 이 작품은 삶의 의미를 탐구하면서 동시에 삶의 무의미함을 깨닫는 인간의 이야기다.

무대의 막이 오르면 황량한 길에 메마른 나무 한 그루가 서 있다. 허름한 옷차림의 에스트라공(일명 고고)이 길가에 앉아 구두를 벗으려고 애쓴다. 거기에 역시 낡은 저고리에 구겨진 넥타이를 맨

> "여자들은 무덤에 걸터앉아 무서운 산고를 겪고 구덩이 밑에서는 묘를 파는 일꾼이 꿈속에서처럼 곡괭이질을 하네. (…) 하지만 습관은 우리의 귀를 틀어막고 있지."
>
> _『고도를 기다리며』(오증자 옮김, 민음사, 2000, p.152)

블라디미르(일명 디디)가 나타나 모호한 대화를 시작한다.

두 사람은 고도를 기다리기 위해 여기에 왔다. 블라디미르가 어제도 이곳에 왔었다고 말하자, 에스트라공은 그렇지 않다고 말한다. 블라디미르가 오늘이 토요일이라고 하자 에스트라공은 아니 금요일이다, 어쩌면 일요일일지도 모른다고 대꾸한다. 그들은 여기가 정확히 어디인지, 지금이 며칠인지 모른다. 도대체 무엇 때문에 고도를 기다리는지, 고도가 누군지도 모른다. 다만 고도가 오면 자기들이 구원받을 것이라는 막연한 희망을 가지고 있을 뿐이다. 밤이 오면 더 이상 고도를 기다리지 않아도 된다. 내일 다시 기다리면 될 테니까. "만일 안 온다면?" "내일 다시 와야지." "그리고 또 모레도." "그래야겠지." 두 사람은 절망과 불안과 기대를 참아가며 공허한 대화와 시간 때우기 놀이를 하며 기다림의 지루함을 달랜다. 이때 거만한 태도의 포조가 등장한다. 그는 목에 밧줄을 매고 두 손에 무거운 짐을 든 하인 럭키를 앞세우고 있다.

　2막에서는 단 하루밖에 시간이 지나지 않았는데 나무에 잎이 돋아나 있다. 또한 럭키는 벙어리로, 포조는 장님이 되어 나타난다. 블라디미르가 언제부터 눈이 멀었냐고 묻자, 포조는 "말끝마다 언제 언제 하고 물어대다니! 그냥 어느 날이라고 하면 됐지. 여느 날과 같은 어느 날, 저 놈은 벙어리, 난 장님이 됐소."라고 답한다. 과연 하루밖에 지나지 않은 것일까? 혹시 연극 속의 인물들이 꿈을 꾸고 있는 것은 아닐까? 거기에 1막에 등장하여 고도가 오늘은 오지 않는다고 알렸던 소년이 다시 나타나 오늘도 고도는 오지 못한다고 말한다. 그러나 두 주인공들은 언젠가 고도가 반드시 올 것이라고 확신하며 무사히 하루가 지난 것에 안도한다.

　고전에 속한 문학작품들이 대개 그렇듯이 『고도를 기다리며』를 읽는 일은 인내심을 필요로 한다. 인물의 장황한 대사나 지루한 이야기의 전개 때문이 아니다. 사실 그런 요소를 갖고 있는 고전들은 수두룩하며 독자의 입장에서 어느 정도 감수해야 한다. 그러나 이 작품에는 지루하다 할 만한 이야기조차 없으며, 그저 무의미한 대화가 끝없이 이어진다. 그런데 우리는 작품을 읽으면서 묘하게도 그 지루함에 점차 동화되어간다. 왜 그럴까? 베케트의 『고도를 기다리며』가 주는 지루함은 우리 삶의 근본적 구조에서 나온 존재론적 권태이기 때문이다. 즉, 우리의 일상과 놀랍도록 유사하다는 뜻이다.

　어쩌면 어떤 관객(혹은 독자)은 두 인물이 고도를 기다린다는 이야기가 있지 않느냐고 반문할 수도 있다. 바로 그 기다림 속에 희곡의 주제가 있다. 어떤 결과를 향해 나아가는 것이 아니라 무의미한 행위와 반복적인 기다림의 연속인 것이다. 이 작품은 부조리한 상황을 설명하거나 이해시키려고 하지 않고 그 상황을 그대로 보여준다. 그럼으로써 관객들이 스스로 부조리와 맞부딪혀 그 자체를 느끼도록 한다. 즉, 부조리의 내용을 부조리의 형식에 담고 있는 것이다. 베케트는 그 부조리한 상황을 위해 변화하지 않는 시공간을 창조했다. 전통연극에서 시간의 흐름이나 공간의 변화는 사건의 전개를 통해 표현된다. 하지만 『고도를 기다리며』에서는 아무런 사건도 없다. 에스트라공은 "아무 일도 일어나지 않고 누구 하나 오지도 가지도 않네. 정말 견디기 힘들어." 하고 탄식한다. 그의 말에서 견딜 수 없이 무거운 삶의 무의미성이 묻어난다.

  연극의 대사들이 전부 내용 없는 말이라고 생각하면 곤란하다. 주인공들이 과거를 회상하며 내뱉는 독백들, 공허하지만 때때로 울림을 주는 언어는 전율이 일어날 정도로 강한 메시지를 던진다. 실제로 구세주 얘기를 하는 장면에서 블라디미르가 "누구나 다 그렇게 믿고 있다."고 말하자 에스트라공은 "사람들이 다 바보니까 그렇지."라고 빈정거린다. 포조가 무대를 떠나며 하는 말은 의미심장하다. "여자들은 무덤 위에 걸터앉아 아이를 낳는 거지. 해가 잠깐 비추다가 곧 다시 밤이 오는 거요." 또한 마지막 부분에서 블라디미르가 모든 것에 대해 회의하며 내뱉는 말은 삶의 덧없음에 대한 반성과 고찰에 값한다. 이처럼 『고도를 기다리며』는 우리의 인생과 별개인 대상으로서의 연극이 아니라, 그 자체로 우리의 삶을 말하고 있으며 배우와 관객을 하나로 묶어주는 역할을 한다.

그렇다면 고도란 무엇인가? 인물들은 서로에게 묶여 있다. 마치 인류가 시간, 공간, 절대자에게 묶여 있는 것처럼. 포조와 럭키는 주종관계의 밧줄로, 에스트라공과 블라디미르는 고도에게 묶여 있다. 아니, 고도가 그들을 옭아매고 있는지도 모른다. 그것은 죽음, 혹은 신, 아니면 일상 속에서 우리의 발목을 잡고 있는 그 무엇일지도 모른다. 그것은 계속 벗으려 해도 잘 벗겨지지 않는 에스트라공의 구두, 혹은 언제나 짐을 내려놓지 않는 럭키의 짐과도 같다. 그것은 인간의 숙명적인 짐인가. "인간은 누구나 작은 십자가를 지나니, 죽는 날까지. 그리고는 망각 속으로 사라지나니." 포조와 럭키는 서로 속박하고, 또 속박을 당한다. 디디와 고고는 서로 헤어질까도 생각해보지만 결국 그러지 못한다. 그들은 고도를 기다려야 하기 때문이다. 하지만 그 기다림의 대상이 막상 도래해도 그것을 인지하지 못한다. 그것이 무엇인지 모르기 때문이다.

그들은 그 시간의 굴레에서 벗어나지 못한다. 기다림의 시간은 고단하지만 결코 죽음으로써 완성되지 못한다. 그들의 시간 속에서는 모든 것이 불명확하다. 지식도, 기억도, 소유도, 권력도 사라짐의 대상이다. 포조의 파이프나 스프레이는 하나씩 없어진다. 삶은 결국 그렇게 무언가를 잃어가는 과정이다. 럭키는 포조에게 속박당해 있지만, 포조는 그의 지식을 두려워한다. 그러나 그것은 어느 순간 벙어리가 되고 장님이 되는 무상無償의 지식인 것이다. 세상을 제대로 볼 수 없고 본다 해도 말할 수 없는 상태, 그게 우리의 모습이다. 2막에서 앞을 보지 못하는 포조는 럭키에게 끌려간다.

권력과 지식에 의해 서로가 서로를 속박하는 모습이다. 그들의 경험 또한 불명확하다. 포조는 "어제는 누구를 만난 기억이 없는데, 그렇지만 내일이 되면 오늘 누군가를 만난 사실을 기억하지 못할 거야."라고 말한다. 그들은 고도를 만났다 해도, 그 사실을 기억하지 못할 것이다. 결국 그들은 고도를 알아보지도, 또 그를 만났다 해도 그 사실을 기억하지 못할 것이다. 그들은 알지도 못하는 대상을 끊임없이 기다려야 하는 운명에 묶여 있는 것이다. 포조가 "정말이지 떠날 수 있을 것 같지가 않다."고 말하자 에스트라공은 "그게 인생이요."라고 응수한다.

그들에게 희망이 있을까? 그들이 기다리는 고도가 과연 행복을 가져다줄 것인가도 알 수 없다. 다만 2막에서 나무에 돋아난 잎을 보면서, 우리는 그것을 유일한 희망의 상징으로 읽는다. 그러나 변한 것은 아무것도 없다. 어제는 정말 어제고, 오늘은 정말 오늘인지조차 알 수 없으니 말이다. 불완전한 이성과 기억은 그들을 더욱 옭아맬 수밖에 없다. 포조의 언어는 허무주의의 한계상황을 보여준다.

"이 세상 눈물의 양은 변함이 없으니, 어디선가 눈물을 흘리면 다른 누군가는 눈물을 그쳐야 하리. 웃음 또한 마찬가지라네. 그러니 우리의 시대가 나쁘다느니 얘기하지 맙시다. 우리 시대가 예전보다 더 불행한 것은 아니요."

그들은 더 불행하지도 않지만 더 행복하지도 않다. 그들이 기다리는 고도는 신일 수도, 죽음일 수도, 행복일 수도 있다. 그러나 두려운 건 끝없이 남아 있는 시간과 그동안 결코 끝날 것 같지 않은 기다림이다. 그것은 고통이 아니고 무엇이랴. 베케트는 고도를 기다리는 우리에게 무엇을 어떻게 하라고 귓속말조차 않는다. 그는 우리의 삶을 침묵과 부동의 연극무대로 이끌고 갈 뿐이다.

오증자가 옮긴 것(민음사, 2000)을 추천한다.

박형섭 | 부산대 · 불희곡

문학
27

비극적 휴머니즘 혹은
부조리한 삶에서 깨어나기

:: 『이방인』, 알베르 카뮈

프랑스의 《르몽드》지는 20세기 최고의 문학작품으로 알베르 카뮈Albert Camus, 1913~1960의 소설 『이방인』(1942)을 선정했다. 이 소설은 카뮈를 세계적 작가의 반열에 올려놓은 것으로 유명하다. 카뮈는 이 소설을 통해 문학의 새로운 비전을 제시했다. 즉, 작가는 단순히 이야기를 전달하는 사람이 아니라 세계를 창조하는 사람이라는 것이다. 그 역시 『이방인』에서 자신의 고유한 세계를 창조했다. 인간 사회는 부조리하며 거기에서 살아가는 현대인은 소설의 주인공 뫼르소를 닮았다는 것이다.

"오늘 엄마가 죽었다. 아니 어쩌면 어제."로 시작되는 『이방인』의 이야기는 매우 단순하다. 평범한 회사원 뫼르소는 어머니가 죽은 다음 날 애인과 함께 해수욕을 하고 코미디 영화를 본다. 그리고 그녀와 하룻밤을 지낸다. 그는 우연히 바닷가에서 건달이자 포

> "아무것도, 아무것도 중요한 것은 없다. (…) 사람들이 선택하는 삶, 사람들이 선택하는 운명, 그런 것이 내게 무슨 중요성이 있단 말인가?"
> _『이방인』(김화영 옮김, 민음사, 2011), 134쪽

주인 친구와 갈등을 빚던 아랍인을 죽인다. 그는 체포되어 재판에 회부되지만 왜 죽였느냐는 재판관의 질문에 "태양 때문"이라고 대답한다. 그는 재판관에게 검사에게 변호사에게 나아가서는 모든 일상사에 대해서 무관심한 태도를 보인다. 결국 그는 사형선고를 받는다. 그는 재판도 세상도 인간의 삶도 모두 부조리하고 우스꽝스럽다고 느끼면서 속죄도 거부한 채 고독한 이방인으로서 죽음을 기다린다. 형이 집행되기 전날 밤, 그는 "전에도 행복했고 지금도 행복하다."고 말한다. 그가 최후에 원하는 바는 자신의 죽음을 "많은 구경꾼들이 와서 증오의 함성"으로 맞아주는 것이다. 그리고 감방의 창밖에서 깜박이는 어둠 속의 별빛과 하늘이 인간에게 무심한 것처럼, 그 역시 세상의 모든 사물에 무심한 태도를 견지한다. 즉, 타인들의 죽음도, 어머니의 사랑도, 신부가 믿는 하느님도 다른

사람들의 삶이나 운명도 그에겐 별 의미가 없다.

사르트르는 이 짧은 소설을 동시대 최고의 이야기이며 "그 자체가 이미 하나의 이방인"이라고 평했다. 바로 소설계의 아웃사이더가 등장한 것! 자기 어머니가 죽었는데 해수욕을 하고 여자와 정사를 하며 어쩌다 저지른 살인을 태양 탓으로 돌리며 과거도 지금도 행복하다고 말하는 인물, 뫼르소를 인류는 어떻게 보아야 하는가? 일반적으로 보통 사람이라면 어머니의 장례식에서 슬픔의 눈물을 흘리는 것은 물론 상을 치르고 나서도 일정 기간 절제된 삶을 살아간다. 또한 애인에게는 공허할지라도 사랑한다는 말을 한두 번쯤 건네며 자신의 죽음 앞에서 공포심을 드러내는 법이다. 그러나 뫼르소는 그렇지 않다. 자신을 평범한 일상인으로 자처하지만 어느 순간 그는 이방인이다. 그는 인습의 저편에서 국외자로 살아가고 있는 것이다. 마치 카뮈가 "나는 이곳 사람이 아니다. (…) 세계는 내 마음이 기댈 곳을 찾지 못하는 풍경에 불과하다."고 언급한 것처럼. 뫼르소는 아무런 꾸밈없이 어떤 가식도 없이 느낀 대로 말하고 행동한다. 그는 투명하고 고지식한 인간이다. 카뮈는 그런 그를 "태양을 사랑하는 가난하고 숨길 것 없는 인간"이며, "절대와 진실에 대한 끈질기고 심오한 열정"을 가진 인간으로 규정한다. 이방인 뫼르소는 진정 누구인가?

두 부분으로 구성된 소설 『이방인』의 1부는 주로 뫼르소의 일상적 삶, 즉 그가 자신의 삶을 전혀 이방인의 삶으로 여기지 않는 모습을 보여준다. 뫼르소가 바다, 모래, 태양에 대해 이야기할 때는 마치 우리가 숨 쉬는 공기에 대해 얘기하는 것처럼 자연스럽다. 또한 그는 사랑이나 우정 같은 이념에 대해서 다른 사람들과 달리 타인을 의식하지 않는 독특한 캐릭터다. 이 소설의 전환점이자 극적인 상황은 뫼르소가 아랍인을 총으로 쏴 죽이는 장면이다. 그는 우연히 해변에서 마주친 예의 그 아랍인을 향해 정수리에 내리쬐는 뜨거운 "태양 때문"에 참을 수 없어 방아쇠를 당긴다. "나는 한낮의 균형과 내가 행복을 느끼고 있던 바닷가의 예외적인 침묵을 깨버렸다는 것을 깨달았다. 그때 나는 그 굳어진 몸뚱이에 다시 네 방을 쏘았다." 살인을 저지른 후 뫼르소는 그 상황에 대해 별 대수롭지 않다는 듯 "마치 불행의 문을 두드리는 네 번의 짧은 노크소리" 정도로 인식한다.

소설의 2부는 뫼르소에 대한 재판과정이다. 법정은 그의 살인이 계획적인지 아닌지를 가려서 유·무죄 판결을 내리는 것이 정당하다. 그러나 검사는 뫼르소가 어머니의 장례식 때 보였던 감정적 반응과 그 후의 행동을 문제 삼는다. 그의 모든 태도가 위험할 정도로 사회의 보편적 윤리에 반한다는 것이다. 그는 사회적 인습과 거리가 먼 인물이다. 그로서는 자기의 행동과, 검사가 재구성한 범죄 사이에서 아무런 연관성도 찾아낼 수가 없다. 그는 방관자적 심정으로 타인에 의해 자신의 운명이 결정되는 것을 지켜본다. 그리고 자신이 부조리한 상황에 처해 있음을 의식한다.

『이방인』에서는 이러한 배리背離와 부조리를 느끼고 반항하는 주인공의 세계관이 중요하다. 의식이 잠든 상태라면 누구나 자신이 무의미하고 기계적으로 행동하고 있음을 알지 못한다. 그러나 의식이 잠에서 깨어나는 순간 그러한 자신의 모습이 우스꽝스럽게 보일 것이다. 뫼르소는 어머니의 장례식을 치른 후 창밖의 상투적인 움직임을 바라보며 "창문을 닫고 방 안으로 들어오니 거울 속에 알코올램프와 빵조각이……. 내일은 다시 일을 시작해야 하겠고, 그러니 결국 달라진 것은 아무것도 없다는 생각이 들었다."고 말한다. 그의 의식은 여전히 잠자는 듯 수동적인 권태감에 둘러싸여 있다. 태도는 본능적이고 감각적이다. 그러나 재판이 진행되면서 모든 것이 변한다. "사람들이 나를 배제한 채 사건을 다루고 있다. 내 의견은 물어보지도 않고 나의 운명이 결정되는 것이었다." 뫼르소는 사형선고를 받고 죽음에 직면하는 매우 심각한 상황 속에서 비로소 각성한다.

카뮈가 『이방인』에서 취급한 주제는 이와 같은 삶의 부조리에 대한 통찰이며 고발이다. 부조리란 조리에 맞지 않는 것, 비합리적인 것, 즉 이성으로 파악되지 않는 것을 뜻한다. 그렇다면 삶의 부조리, 그것은 어디에서 기인하는 걸까. 현대인은 두 번의 세계대전을 겪으면서 자기들이 얼마나 비이성적인 존재인지 처절하게 확인하며 절망했다. 전쟁과 같은 잔혹한 비인간적 범죄는 가치관의 혼란은 물론 기성의 윤리에 대한 회의를 초래했다. 문명의 이기인 과학과 기술은 대량살상 무기를 제조하는 데 사용된다. 부조리 사상은 이러한 인식에서 비롯한다. 그것은 권위나 도덕률을 부정한다. 하지만 염세적 감상주의는 아니다. 오히려 혼란과 해체 이후 새롭게 정립할 존재성을 강하게 부각시키고자 한다. 즉, 실존을 의식하며 거기에 반항하는 적극적인 생존방식을 택하는 것이다. 『이방인』의 뫼르소는 부조리한 삶에 반항하는 인간의 전형이다. 그는 인간

존재의 무의미성을 자각하고 자기 방식대로 반응한다. 거기에서 뫼르소의 독자성이 빛난다.

우리는 어느 날 문득 모든 것이 낯설게 느껴질 때가 있다. 바로 그 순간 의식의 움직임이 시작된다. 참과 거짓, 선과 악, 삶과 죽음 등에 대한 인식 그리고 스스로 참을 수 없는 욕망의 노예라는 생각에 사로잡힌다. 이때 세상에 대한 혐오와 구토증이 일어난다. 그렇게 우리 자신에 대해서조차 영원히 이방인일 수밖에 없는 현실이 존재한다. 『이방인』을 읽으며 존재의 부조리를 인식하는 것, 그것은 우리가 변화할 수 있다는 희망이다. 그것은 자기와 또 다른 자기와 투쟁하는 것, 바로 반항적인 삶을 통해 가능해지는 것이다. 반항한다고 해서 즉각 희망이 보이는 것은 아니지만 그러한 태도를 의식하고 있는 것이 중요하다. 이것이 부조리한 삶에 대응하는 카뮈식 방법이다. 결국 부조리한 삶은 세계와 인간의 어느 한편에서 기인하는 것이 아니라 양자의 대립 속에서 살아가는 인간의 조건이다. 기계적인 일상의 피로감으로부터 문득 나란 존재, 왜 사는가의 물음을 던지는 인간은 스스로 이방인이라고 느낀다. 뫼르소는 삶 속에서 부조리한 감정을 느끼는 모든 현대인의 우상이 되었다.

카뮈의 세계에는 삶의 기쁨과 죽음, 긍정과 부정, 즉 안과 겉이 공존한다. 그는 어느 쪽도 숨기려고 하지 않는다. 그는 삶에 대한 기쁨과 동시에 어둡고 비극적인 면을 의식했다. 희망 없는 죽음은 허무하다. 『이방인』은 바로 이 허무감의 표현이며 그 허무감 앞에서 반항하는 사람의 이야기인 것이다. 『이방인』은 한 시대를 충실하게 반영하면서 그 시대를 초월하고 있다. 이 소설은 현대 프랑스

문학의 신화가 되었으며 부조리와 실존의 문제를 더욱 심화시켰다. 이방인 뫼르소는 낯설고 불편하지만 우리가 넘어야 할 또 다른 나의 모습인 것이다.

번역서로는 김화영이 옮긴 것(민음사, 2011)과 이기언이 옮긴 것(문학동네, 2011)을 추천한다.

박형섭 | 부산대 · 불희곡

문학

28 인간의 무한한 욕망의 끝은
어디인가?

:: 『파우스트』, 괴테

『파우스트』는 괴테 Johann Wolfgang von Goethe, 1749~1832가 유럽의 민간설화에 등장하는 악마 모티프를 통해 인간의 존재가 무엇인지에 대해 탐구한 독일 고전주의 희곡이다. 작품은 통일된 줄거리가 없이 사건 진행에서 시간과 공간의 비약이 많고 언어는 상징적이므로 학생들로서는 읽어내기가 힘들다. 전체는 제1부와 제2부로 구성되어 있다. 제1부와 제2부가 모두 주인공의 사랑과 결혼을 중심으로 주제가 유사하게 반복되는 대칭 구조를 취하고 있다.

제1부는 '헌사獻辭'로 시작된다. 대문호 괴테가 자신의 삶을 되돌아보며 회고록을 써야겠다며 노년의 심정을 토로하는 부분이다. 그는 기억 속에 떠오르는 모든 형상들을 하나의 완결된 작품으로 형상화하겠다는 의지를 밝힌다.

그 다음에 '극장에서의 전희前戱' 장면에서는 공연을 앞두고 극작

> 파우스트:
>
> 아! 나는 철학도
>
> 법학도, 의학도
>
> 심지어는 신학까지도
>
> 온갖 노력을 다 기울여 철저히 공부하였다.
>
> 그러나, 지금 여기 서 있는 나는 가련한 바보.
>
> 전보다 똑똑해진 것은 하나도 없구나!
>
> 석사니 박사니 허울 좋은 이름만 들으며
>
> 그럭저럭 십 년이란 세월을
>
> 위로 아래로 이리저리
>
> 내 학생들의 코를 끌고 다녔을 뿐—
>
> _『파우스트』(정서웅 옮김, 민음사, 1999) 중에서

가, 극장 소유주 그리고 희극배우가 등장해 연극예술이 나아가야 할 방향에 대해 논쟁을 벌인다. 극장 주인은 제작비를 아끼지 않을 테니 온갖 스펙터클한 장면을 전부 동원해 무조건 재미있게만 만들라고 요구한다. 희극배우는 그런 계획을 실행에 옮기려면 자신과 같은 유능한 배우의 연기력이 중요하다고 말한다. 반면에 극작가는 인생살이 전반에 대해 깊이 성찰하고 삶의 의미를 깨닫게 하는 철학적 작품이 중요하다고 주장한다.

그 다음에 '천상의 서곡' 장면에서는 성서의 욥기처럼 신과 사탄 간의 쟁론이 벌어진다. 사탄은 인간이란 벌레만도 못한 하찮은 존재라고 헐뜯지만, 신은 파우스트라는 인물을 예로 들며 인간의 편을 든다. "인간은 노력하는 동안에 방황한다"며 그의 탐구 정신을 무한히 신뢰한다.

이제 본론으로 들어가 공연이 시작되면, 중세의 오래된 고딕식 건물 안에 서재가 보이고 그 안에 파우스트 박사가 앉아 있다. 그는 법학, 의학, 신학, 자연과학 등 모든 학문에 통달했지만 이 세상 모든 진리의 끝을 알 수 없다는 절망감에 사로잡혀 있다. 그는 자신의 이성적 능력으로는 인간 내면의 깊은 허무감을 채울 수 없다는 사실에 절망하는 것이다. 그래서 그는 자살하려 결심하고 독이 든 병을 입에 댄다. 그 순간 그는 부활절 아침의 활기찬 종소리를 듣는다. 그리고 유년 시절 부활절의 즐거운 기억을 떠올리면서 자살하려던 마음을 접게 된다. 그가 봄날 아침의 신선한 새벽 공기를 마시며 산책을 나가자 사람들은 그에게 다가와 존경하는 마음으로 인사를 한다. 그가 서재로 되돌아오는 길에 악마 메피스토펠레스(이하 메피스토로 줄임)가 강아지 모습으로 몰래 뒤따라 들어온다.

메피스토는 파우스트에게 계약을 맺자고 제의한다. 그는 파우스트가 원하는 것은 무엇이든지 해줄 테니, 파우스트가 만족스러워하며 "순간이여, 멈추어라!"라고 말하게 되면 그의 영혼을 가져가겠다고 말한다. 즉, 파우스트의 목숨을 가져가겠다는 것이다.

이렇게 악마와 계약을 맺은 파우스트는 메피스토의 마법 양탄자를 타고 하늘을 날아서 라이프치히의 술집으로 간다. 메피스토는 그곳에서 만취한 대학생들을 만나 마술로 골려준다. 그의 농간으로 대학생들은 테이블에서 무한히 솟아나오는 공짜 와인을 마시며 즐거워하지만 그것이 뜨거운 불로 변하는 것이다. 그 다음으로 파우스트와 메피스토는 마녀의 부엌으로 날아가서 요지경 같은 세계의 진면목을 들여다보게 된다. 파우스트는 거기서 구한 탕약을 마시고 회춘하여 젊은이의 모습으로 변한다.

청년의 모습으로 변한 파우스트는 시골 마을의 청순한 처녀 그레첸을 만나 사랑을 나누게 된다. 메피스토는 그가 그녀와 동침할 수 있도록 그녀의 어머니가 깊은 잠에 빠지게 하는 수면제를 구해다 준다. 그 둘이 서로 사귀고 있다는 소문이 온 동네에 퍼지자 그녀의 오빠는 파우스트에게 결투를 요청한다. 그가 결혼도 하지 않으면서 여동생의 정조를 짓밟았기 때문이다. 이 결투에서 파우스트의 칼에 찔린 그녀의 오빠는 뜻하지 않게 죽게 된다. 메피스토가 칼끝에 독약을 묻혀두었기 때문이다. 그녀의 어머니도 수면제로 인해 역시 죽음을 맞는다. 이런 비극적 사실들을 모르는 파우스트는 메피스토를 따라 마녀들의 발푸르기스 밤 축제가 열리는 브로켄 산으로 간다. 그는 광란의 축제 현장에서 비몽사몽간에 그레첸의 환상을 본다. 그녀의 목에는 빨간 줄이 그어져 있다. 그는 그 길로 그레첸의 마을로 되돌아가서 그녀가 감옥에 갇혀 있는 모습을 목격하게 된다. 그녀는 파우스트와의 사이에 미혼모의 몸으로 사생아를 낳고 사람들의 비난이 두려워 우물에 그 아기를 몰래 버린 죄로 감옥에 갇혔다가 정신 착란 증세를 일으킨다. 파우스트는 그녀의 비극적인 모습을 보고 절망하면서 감옥 문을 열고 그녀에게 거기서 나오라고 말하지만 그녀는 거부한다. 메피스토는 이제 자기가 내기에서 이겼다고 생각해 그의 영혼을 가져가려고 하지만, 뜻밖에도 하늘에서 "하인리히(파우스트), 그는 구원받았다."라는 소리가 들린다.

이 작품이 세계문학의 고전주의 작품으로 인정받을 수 있는 이유는 무엇일까? 단순히 시문학으로 되어 있는 원어의 아름다움 때문일까? 아니면 인류가 파우스트처럼 자신을 되돌아보지 않고 욕망에 이끌려 앞만 향해 나아가다가는 끝없이 실수만 저지르고 패망할 것임을 미리 경고하고 있기 때문일까? 그럼에도 불구하고 인간은 파우스트처럼 새로운 실험을 계속해야만 발전한다는 가르침 때문일까? 이 작품은 아마도 그런 끝없는 질문을 제기하기 때문에 다양한 해석 가능성을 낳는다.

작품의 2부에서도 작가의 그런 총체론적인 시각이 확인된다. 파우스트는 자신의 개인적 욕망보다는 이번에는 사회의 모든 사람들의 행복을 위해서 일하겠다는 각오로 궁전에서 경제 관료로 일하지만 메피스토의 힘을 빌려 돈을 마구 찍어냄으로써 인플레이션을 유발시킨다. 또한 많은 사람을 위해 살 땅을 마련하겠다며 간석지 개간에 나서지만 바닷가의 불쌍한 노인부부의 집을 강제 철거하는 과정에서 그들을 죽게 만든다. 파우스트는 마지막에 눈이 멀어 장님이 되고 만다. 그는 메피스토의 계략에 빠져 자신이 묻힐 무덤을 파면서도 그 소리를 간석지를 개간하는 소리라 여겨 '자신의 뜻을 다 이루었다'며 만족한다.

이 작품의 1부와 2부는 그렇게 서로 유사한 주제를 가지고 있다. 개인 차원에서의 행복 추구와 사회 차원에서 공동체의 행복 추구가 모두 실패로 끝나는 것이다. 인간의 사랑과 책임, 선과 악, 진리의 문제 등 우리가 살아가면서 겪게 될 근본적 문제들이 거기에 모두 담겨 있다고 말할 수 있다. 젊은 대학생이면 자신의 가치관을 정립하기 위해 반드시 읽어보아야 할 고전이다.

괴테는 『파우스트』 이외에도 여러 문학 장르에 걸쳐 폭넓은 시야로 많은 작품들을 남겼다. 그것들의 서로 다른 형식은 독자들에게 동일한 고전주의적 주제에 대해서도 서로 다른 느낌을 가지게 하므로 직접 읽어볼 것을 권한다.

추천 번역서로는 정서웅이 옮긴 『파우스트 1·2』(민음사, 1999)와 박환덕이 옮긴 『파우스트』(서울대학교출판문화원, 1998), 괴테가 쓰고 오순희가 옮긴 『친화력』(서울대학교출판문화원, 2011), 괴테가 쓰고 안삼환이 옮긴 『빌헬름 마이스터의 수업시대 1·2』(민음사, 1999)가 있다.

인성기 | 부산대 · 독문학 독일희곡

문학
29 평범한 삶에 대한 동경

::『토니오 크뢰거』, 토마스 만

독일문학에서 괴테 이후 최고의 작가를 거론하라면 주저 없이 토마스 만$^{Thomas\ Mann,\ 1875\sim1955}$을 들 수 있을 것이다. 그가 보여주는 작가정신과 시대정신은 물론이고, 그가 뽐내고 있는 문체 또한 다른 작가가 흉내 내지 못할 정도로 수려하기 때문이다.

약 120페이지에 달하는 그의 대표 중편『토니오 크뢰거$^{Tonio\ Kröger}$』(1903)는 작가 토마스 만의 모든 면이 다 용해되어 있는 걸작이다. 물론『마의 산(Der Zauberberg)』(1924)이 그의 대표작으로 정전의 자리를 차지해왔지만 독일인들조차 읽기에 난해한 측면이 있다. 그러므로 난이도나 분량 면에서 접근이 용이한『토니오 크뢰거』가 토마스 만의 정전 대체 작품으로 거론될 수 있을 것이다.

토마스 만의 다른 작품과 마찬가지로『토니오 크뢰거』는 토마스 만의 자전적 성격을 띠고 있다. 만 자신이 부모에게서 상이한 성

> "대체 나는 왜 이렇게 이상하게 생겨먹어서 모든 사람과 충돌하는 것일까? 왜 선생님들과는 사이가 좋지 않고, 다른 소년들 사이에 있으면 왜 서먹서먹하게만 느껴지는 것일까? 저 선량한 학생들과 건전한 평범성을 갖춘 학생들을 좀 봐라! (…) 그들은 자신들이 정말 정상적이라고 느낄 것이고, 모든 세상사, 모든 세상 사람들과 진정으로 일체감을 느낄 것임에 틀림없어! 그건 정말 기분 좋은 느낌일 테지! 그러나 나라는 인간은 어떻게 된 것이지? 이 모든 게 앞으로 어떻게 되어 나갈 것인가?
> _『토니오 크뢰거』(안삼환 옮김, 민음사, 2011, p.13~14)

> "예술가가 인간이 되고 느끼기 시작하면 그는 끝장입니다."
> _p.45쪽

> "당신은 그릇된 길에 접어든 시민입니다, 토니오 크뢰거 씨 ― 길 잃은 시민이지요."
> _p.59

격을 물려받았듯이(어머니는 독일인과 포르투갈계 브라질 여인 사이에서 태어난 혼혈아로서, 전형적인 뤼벡 시민계급인 아버지와는 다른 이국적 정취를 지닌다), 토니오 크뢰거도 자유분방한 남미 혈통의 어머니와 "신중히 재단된 조용한 회색 양복을 입고 단순하고도 정확하게 갈라진 가르마를 한" 뤼벡 영사 사이에서 태어났다. 즉, 그의 태생 자체가 두 개의 대립된 세계의 경계에서 방황하는 형세로 설정되어 있는 것이다. 또한 '토니오 크뢰거'라는 그의 이름—어머니의 "이국적이고도 유별난 이름"인 토니오와 북구적 소시민인 크뢰거—과 소설에서 설정된 공간—자유로운 예술의 도시를 상징하는 뮌헨과 시민의 세계를 상징하는 뤼벡—도 이러한 대립을 내포하고 있다. 즉, 관능적·예술적 세계인 남국—뮌헨과 이탈리아—과 절제되고 경건한 시민 세계인 북국—뤼벡, 덴마크—은 공간적 대립관계를 보여주고 있다. 토니오 크뢰거가 뤼벡을 떠나 뮌헨으로 간 것이 시민의 삶을 벗어나 예술을 추구하는 그의 내적 동기에서 시작되었다면, 그가 다시 북구 방향 덴마크로 가기 위해 고향 뤼벡을 방문하는 것은 소시민 세계에서 살고 싶은 동경의 실현으로 볼 수 있다. 이러한 과정에서 토니오 크뢰거는 이 두 세계 사이를 방황하는 "그릇된 길에 접어든 길 잃은 시민"이 될 수밖에 없다.

한편, 시민적 삶을 대표하는 인물로는 토니오 크뢰거의 친구 한스와, 토니오가 마음속으로 좋아하는 잉에보르크가 있다. 한스는 공부를 잘하고 승마를 좋아하며 대인관계도 좋다. 실러의 『돈 카를로스』 읽기를 즐겨하고 "시 나부랭이나 끼적이면서 대체 장차 무엇이 될 생각이냐는 물음에 대답조차 변변히 못하는" 토니오는 자신의 취향과는 전혀 다른 한스에 대해 동경을 느낀다. 이 동경은 "가슴을 짓누르는 듯이 불타오르는 질투심이 섞인 동경"인데, 그러면서도 토니오는 한스가 "자기처럼 되어서는 안 되며 지금 상태 그대로 있어야 한다"고 생각한다. 토니오에게 있어 "삶이란 정신과 예술의 영원한 대립 개념으로서 정상적이고 단정하고 사랑스러운 것"이야말로 토니오가 동경하는 세계이며, 이러한 삶의 세계를 대표하는 인물이 한스인 것이다. 그리고 16세 때 토니오가 사랑했던 금발의 잉에보르크 역시 한스와 마찬가지로 일상적 삶의 영역에 속한다. 토니오는 그녀를 속으로만 사랑할 뿐, 그것을 표출할 수 없는 소심함과 또 그녀가 자신을 경멸하고 있을지도 모른다는 자격지심 등으로 속상해 하는데, 토니오는 작품 말미 무도회장에서 한스와 함께 있는 그녀의 모습을 발견한다.

이와 같이 토마스 만의 다른 많은 작품들처럼 『토니오 크뢰거』에도 양극적 세계의 대립이 극명하게 드러난다. 즉, 삶과 예술, 시민성과 예술성, 도덕과 관능, 평범함과 비범함 등의 이원적 세계가 작품의 중심 주제로 나타난다. 시민계급이 근면성과 도덕성을 바탕으로 하고 있지만 고루한 속물근성에 지배되고 있는 반면, 예술가는 자유롭고 아름다움을 추구하지만 방종의 세계로 빠져들 위험성이 있다. 주인공 토니오 크뢰거는 이 두 세계 사이에서 방황하고 갈등을 느끼는 것이다.

토마스 만은 자신의 처녀작 『부덴브로크 가의 사람들(Buddenbrooks)』(1901)에서도 시민성과 예술적 현존재 사이의 모순을 그려낸 바 있다. 이야기의 처음과 끝부분에 제시된 이 모순된 인물상, 즉 강건한 가장 요한과 17세에 병으로 죽는 유약한 증손자 하노가 그 대표적인 예다. 『베니스에서의 죽음(Der Tod in Venedig)』(1912)에서도 이러한 이원적 대립을 표상하는 주인공 구스타프 아셴바흐의 예술적 고뇌는 계속된다. 만의 대표작 『마의 산』에서도 역시 주인공 한스 카스토르프가 방문하는 '마의 산'에서의 모험은 '삶'의 영역과 '죽음'의 세계 간의 대립적 관계를 보여준다. 만의 후기 작품 『파우스트 박사(Doktor Faustus)』(1947) 등에서 시대 비판적 요소 혹은 신화소설의 특징을 발견할 수 있다면, 『마의 산』이전 초중기의 작품을 관통하고 있는 것은 바로 한 '시민'이 '예술가'로 변신해가는 고통스런 과정이라고 볼 수 있다.

토마스 만은 사상적 면에서는 니체와 쇼펜하우어의 영향을, 형식적 면(주도동기, Leitmotiv) 등에서는 바그너의 영향을 크게 받은 것으로 평가된다. 헬무트 코프만Helmut Koopmann은 토마스 만의 작품 특징을 현대문학의 특성과 관련시켜 몇 가지 말하고 있다. 그 가운데 대표적인 것은 디테일한 기법, 작품마다 유사한 묘사(작품 쓰는 기간이 중복되기도 한다), 신화소설로 나아가는 경향 등이다(후기의 『선택된 인간[Der Erwählte]』과 『요셉과 그의 형제들[Joseph und seine Brüder]』).

문학에서는 긴장이 작품을 이끌어가는 주요 요소 중 하나라면, 문예학에서는 이 긴장을 '종적 긴장'과 '횡적 긴장'으로 나눈다. '종적 긴장'은 탐정 혹은 모험 소설에서 주로 나타나는 긴장 형태로, 줄거리가 진행되면서 긴장이 형성되는 경우다. 반면 '횡적 긴장'은 이미 작품 시작부터 긴장이 형성되어 있어 다른 말로 '주제적 긴장'이라고도 한다. 종적 긴장은 통속성으로 빠져들 위험성이 있으며, 횡적 긴장은 보다 수준 있는 작품이 구사하는 경우가 많다. 토마스 만의 작품들이 바로 횡적 긴장의 대표가 된다.

번역서로는 안삼환이 옮긴 것(민음사, 2011)과 강두식이 옮긴 것(문예출판사, 2004)을 추천한다.

정인모 | 부산대 · 독문학

문학

문학 30

의미의 확정을 거부하는
20세기 모더니즘 문학의 대표적 고전

::『변신』, 프란츠 카프카

    체코 프라하 출신의 독일계 유대인이었던 카프카$^{Franz\ Kafka,\ 1883~1924}$의 단편소설 「변신」은 제목 그대로 사람이 곤충으로 변한 사건에 관한 이야기다. 어느 날 아침 주인공이 회사에 출근하기 위해 눈을 떠보니 자신의 몸이 거대한 곤충으로 변했다는 사실을 깨닫게 된다. 이때부터 벌어지는 사소한 사건들이 작품 전체의 내용이다. 그 사건들은 주인공의 1인칭 시점으로 관찰되고 있으며 언어는 투명하고 정밀하지만 독자들은 혼란스럽기만 하다. 주인공이 왜 곤충으로 변했는지 설명해주는 3인칭 전지자적 화자가 없기 때문이다. 독일문학사에서 이 작품은 바이마르 공화국 시대의 대표적 모더니즘 문학으로 분류된다. 전부 3장으로 구성된 이 소설의 줄거리부터 살펴보기로 하자.

> 어느 날 아침 그레고르 잠자가 불안한 꿈에서 깨어났을 때 그는 침대 속에서 한 마리의 흉측한 갑충으로 변해 있는 자신의 모습을 발견했다. 그는 철갑처럼 단단한 등껍질을 등에 대고 누워 있었다. 머리를 약간 쳐들어보니 불룩하게 솟은 갈색의 배가 보였고, 그 배는 다시 활 모양으로 휜 각질의 칸들로 나뉘어 있었다. 이불은 금방이라도 주르륵 미끄러질 듯 둥그런 언덕 같은 배 위에 가까스로 덮여 있었다. 몸뚱이에 비해 형편없이 가느다란 수많은 다리들은 애처롭게 버둥거리며 그의 눈앞에서 어른거렸다. '이게 대체 어찌된 일일까?' 그는 생각했다. 꿈은 아니었다.
>
> _「변신」(이재황 옮김, 문학동네, 2005) 중에서

제1장

주인공 그레고르 잠자Gregor Samsa는 어느 날 아침 침대에서 눈을 떴을 때 자신이 거대한 갑충의 모습으로 변해버렸다는 사실을 깨닫는다. 갑작스런 변화에 당황스럽지만 그는 그 사실을 당연한 듯 받아들인다. 잠을 조금 더 자보려 하지만 등껍질 때문에 편안한 자세를 취할 수가 없다. 그는 자신의 직업에 대해 생각하기 시작한다. 늘 시간에 쫓기는 영업사원으로서 바쁘게 살아야만 하는 탓에 깊은 인간관계를 맺을 수 없는 자신의 상황이 한탄스럽기만 하다.

그러다가 문득 시계를 보니 출근할 시간이 이미 지났다. 가족들은 그가 방에서 나오지 않자 걱정을 한다. 그때 마침 회사의 지배

인이 온다. 그가 정시에 출근을 하지 않았기 때문에 알아보러 온 것이다. 그가 근무 태만이라고 바깥에서 비난하는 목소리가 들리자 주인공은 변명을 한다. 그러나 지배인은 그의 말을 전혀 알아듣지 못한다. 그의 목소리는 그렁거리는 벌레 소리에 불과했기 때문이다. 그가 방문까지 몸을 질질 끌고 와서 간신히 열쇠로 문을 열고 나오려 하자, 지배인은 겁을 잔뜩 먹고 도망친다. 어머니는 마루 위에 털썩 주저앉고 아버지는 울기 시작한다. 주인공은 지배인을 따라나서지만 아버지가 지팡이로 그를 후려쳐 다시 방으로 몰아넣고 문을 잠근다.

제2장

그날부터 그레고르는 방에 갇혀서 단조롭고 따분한 생활을 하게 된다. 그가 평소에 사랑하던 여동생 그레테는 오빠의 변화에 대해 대수롭지 않게 여기게 되면서 그의 방 안으로 음식을 밀어 넣기도 하고 이따금씩 방 청소도 한다. 주인공은 입맛이 완전히 바뀌어 신선한 음식에 식욕을 느끼지 못하고 썩어가는 야채나 치즈가 먹고 싶어진다. 낮에는 창밖을 내다보며 시간을 보내고, 잠을 잘 때는 긴 소파 틈으로 몸을 비집고 들어간다. 여동생이 들어올 때에도, 그는 일부러 신경 써서 그곳에 몸을 숨긴다. 문 너머로 들려오는 가족들의 대화 내용을 엿들어보니까, 가족들은 그동안 절약해 모은 비상금이 있어 비록 유일한 수입원이 없어지더라도 앞으로 몇 년간은 생활할 수 있을 것 같다고 말한다.

그러는 동안 그는 방의 벽이나 천장을 타고 기어 다니는 습관이 생겼다. 그 사실을 알아챈 여동생은 그가 벽을 타고 기어다니는 데 방해가 되는 가구들을 방에서 치우려는 계획을 세우고 어머니와 가구들을 방 안에서 꺼내가기 시작한다. 그는 처음에 그들이 놀라지 않게 신경을 써서 몸을 숨기고 있었지만, '그들이 나의 인간이었던 시절의 흔적을 없애버려도 괜찮은 것일까?' 하는 의구심이 든다. 그래서 자신의 뜻을 내비치려고 일부러 벽에 걸려 있던 액자 사진에 달라붙자 그의 그런 모습을 보고 그가 반항하고 있다고 여긴 어머니는 졸도한다. 여동생은 부엌에서 약을 가져오고 그레고르는 그녀를 따라가다가 선반에서 쏟아지는 병에 맞아 얼굴에 부상을 입는다. 때마침, 최근 은행에 경비로 취직해 일하기 시작한 아버지가 귀가하면서 그 장면을 보고 그가 난동을 부린다고 생각해 사과를 집어 던진다. 그 사과는 주인공 그레고르의 몸에 박혀 깊은 상처를 낸다.

제3장

등에 박힌 사과로 인해 그는 1개월 동안 고통을 겪는다. 그 사이에 가족들은 그럭저럭 생계를 꾸려나간다. 생계에 도움이 되기 위해 가족은 세 명의 신사를 하숙시킨다. 그레고르의 방은 그들의 방에서 나온 쓸모없는 가구들을 쌓아두는 보관창고처럼 변해버린다. 하숙인들이 가끔 외식을 하러 나가서 집에 없으면, 가족은 그 짬을 이용해 그의 방문을 잠깐씩 열어둔다. 그가 너무 많이 소외감을 느끼지 않게 하려는 것이다.

그러던 어느 날 하숙인들이 집 안에 있는데도 그의 방문이 열려 있었고, 여동생의 바이올린 연주 소리가 들린다. 그레고르는 그 소리에 이끌려 자신도 모르게 거실로 기어나간다. 그를 발견한 하숙인들은 놀라면서 집안의 위생상태가 이렇게 불량할 수 있냐며 가족에게 즉시 하숙 계약을 파기하겠다고 통고한다. 여동생은 "저 물건"을 처리해버려야 한다며 오빠에 대한 적개심을 드러낸다. 그레고르는 이제 자신이 이 집에서 아무 필요 없는 존재라는 것을 깨달으며 죽는다. 그의 바싹 마른 시신은 가정부가 발견해서 아무렇게나 처리한다. 가족은 오래간만에 밝은 햇살을 받으며 근교로 가족 나들이를 떠난다. 부친은 딸의 부쩍 큰 키와 성숙한 모습을 보면서 흡족해 하며 그녀에게 모든 기대를 건다. 그러면서 그녀를 위해 성실한 남편감을 찾아주어야겠다고 말한다.

사람이 벌레로 변하는 것은 일상적인 경험 세계에서는 있을 수 없는 일이다. 살바도르 달리의 〈일그러진 시계〉나 〈물고기에 잡아먹히는 호랑이〉 그림을 연상시키는 그런 초현실주의적 문학세계는 이 작품을 모더니즘 문학으로 분류되게 한다. 마음속의 내면과 외부 세계의 경계가 문학의 무한한 상상력을 통해 사라지는 것이다. 그렇다면 벌레로 변한다는 것은 구체적으로 무엇을 의미하는 것일까? 아무도 그것을 '주인공이 어떤 몹쓸 병에 걸렸다'는 뜻으로 해석하지는 않을 것이다. 그것은 '그 자신의 동물적 욕망에 충실하려는 꿈'의 실현일 수 있다. 즉, 출근할 필요 없이 늦잠을 자도 되는 자유를 향한 꿈이 현실로 나타난 것이다.

그러나 그 꿈은 시민사회에서 산업발전에 기여하는 유능한 인물이 되는 것과는 거리가 멀다. 그러므로 헝가리 출신의 사회주의 철학자 루카치는 카프카의 문학세계를 퇴폐적이라고 비판한다. 그것은 파시즘적 자본주의 사회에서 미래의 전망을 상실한 소시민들의 데카당스 문학이라는 것이다. 이에 대해 서독의 비평가 아도르노는 카프카의 문학세계를 다시 옹호한다. 그의 작품이 곤혹스런 이유는 현실의 자본주의 사회가 전체적으로 통찰할 수 없이 불투명해졌기 때문이라는 것이다. 쉽게 읽히는 문학작품은 할리우드 미국 영화처럼 소비되고 말기 때문에 문학작품도 카프카의 작품처럼 난해해져야만 자본주의 소비문화 산업의 눈에 보이지 않는 억압에 저항하여 인간의 존엄한 실존적 자유를 회복시킬 수 있다는 취지다.

최근에 프랑스의 철학자 들뢰즈는 『카프카, 소수적인 문학을 위하여』(이진경 옮김, 동문선)에서 포스트모더니즘의 해체주의적 관점으로 카프카의 문학세계를 '기계'라는 개념으로 새롭게 해석한다. 카프카는 그 자신이 당시의 중심 권력 주변에 있던 아웃사이더였지만 바로 그렇기 때문에 자신만의 새로운 자유의 공간을 만들어나갈 수 있었다는 것이다. 즉, 그는 유럽에서 여러 정치경제적, 사회문화적 관계망이 교차하는 외곽에 살면서 그 모든 욕망의 선들을 연결해 매듭을 맺듯이 작품을 창작했다는 것이다. 그러면서 그의 작품세계를 정치적으로 재해석한다. 거기서 주인공은 아침의 기상 시간과 출근 시간 사이의 짧은 시간에 자신의 방에 자유의 둥지를 튼다. 그리고 그 공간에 자신의 피와 점액을 흘려 바르면서 영토권을 주장하며 자신만의 시간을 위해 추억이 담긴 액자의 그림에 매달려 정지 화면을 만든다. 카프카 문학에서 변신한 벌레의 모습은 그렇게 중심 권력에 저항하기 위해서 미시적 차원에서 작가가 기계처럼 무한히 변신한 결과라는 것이다.

들뢰즈의 그런 관점에 따르면 그 변신은 카프카 개인의 자유의지에 따른 것이라기보다는 우주를 지배하는 보편적이고 우글거리는 욕망의 에너지가 그를 기계로 사용하는 것일 뿐이다. 그 에너지는 그에게 무수히 많은 연애편지를 쓰게 하며 그 다음에는 단편소설들을 쓰게 하며 마지막에는 장편소설들을 쓰게 한다. 그런 힘이 카프카의 작품들에서 사람을 벌레로 변하게 하고, 원숭이로 변하게 하며(「어느 학술원에 드리는 편지」), 고문기계로 변하게 하며(「유형지에서」), 때로는 두더지(「굴」)로도 변하게 한다.

번역서로는 이재황이 옮긴 『변신』(문학동네, 2005), 전영애가 옮긴 『변신·시골의사』(민음사, 1998), 홍성광이 옮긴 『성城』(펭귄클래식코리아, 2008), 권혁준이 옮긴 『소송』(문학동네, 2010) 등을 권한다.

인성기 | 부산대 · 독문학 독일희곡

문학
31 신앙에의 현대적 도전과 응답
:: 『카라마조프가의 형제들』, 도스토예프스키

19세기 러시아가 낳은 세계적인 문호 표도르 미하일로비치 도스토예프스키Fyodor Mikhailovich Dostoevskii, 1821~1881의 장편소설 『카라마조프가의 형제들』은 1878년부터 1881년 작가가 사망할 당시까지 창작되었으나 결국 미완성으로 남겨진 대작이다. 이 작품은 다양한 정신적 편력 끝에 러시아의 그리스도를 얻는 인물을 주인공으로 하는 『무신론자』라는 제목으로 구상된 소설에서 탄생했다. "이 소설에서 모든 것을 다 말하겠다."고 한 것처럼, 작가는 평생 동안 고뇌하고 사유한 철학적·형이상학적·종교적 사상들을 마지막 창조적 열정을 다해 이 작품에 쏟아 부었다.

러시아의 소도시에 살고 있는 호색한 표도르 카라마조프에게는 세 아들인 드미트리, 이반, 알료샤와 백치 여인으로부터 낳은 스메르쟈코프라는 사생아가 있다. 어머니의 유산 문제로 아버지와 담

> "우리는 하나님의 세계인 이승의 아름다움과 그 위대한 신비에 대해서 이야기를 주고받았다. 한 오라기의 풀잎, 한 마리의 곤충, 한 마리의 꿀벌, 이 모든 것이 지성이 없으면서도 놀랄 만큼 자기들이 가야 할 길을 알고 있고, 하나님의 신비를 증명하며 끊임없이 그것을 수행하고 있지 않은가."

판을 벌이기 위해 찾아온 드미트리는 아버지가 좋아하는 그루센카라는 여인에게 반해 그녀를 사이에 두고 아버지와 경쟁을 벌인다. 드미트리는 그루센카를 돈으로 유혹하는 아버지를 증오하며 그루센카가 아버지에게 갈까 봐 거의 미칠 지경이 된다. 그러던 중 어느 날 밤 그루센카가 아버지를 찾아갔는지 알아보기 위해 아버지 집을 찾은 드미트리는 자신을 발견한 하인 그리고리를 절굿공이로 내리치고 피를 묻힌 채 도망친다. 그리고리는 다행히 죽지 않았으나 그날 밤 아버지 표도르는 머리를 맞은 채 죽은 모습으로 발견된다. 아버지 살해 혐의를 받게 된 드미트리는 감옥에 갇히게 되고 그의 무죄가 증명되지 않으면 시베리아로 유형 갈 운명에 처해진다. 표도르를 죽인 실제 살인자는 그를 오랫동안 증오해온 스메르쟈코프였다. 그러나 스메르쟈코프는 간질 발작이 일어난 것으로 꾸며 완전범죄를 시도하고 드미트리의 혐의를 벗기지 않은 채 자살한다. "만약 신이 없다면 모든 것이 허용된다."는 자신의 말이 스메르쟈코프에게 영향을 주어 그로 하여금 아버지를 살해하게 했음을 알게 된 이반은 자신이 진정한 살인자라고 느낀다. 그러나 법정에서 드미트리의 무죄를 증명하고자 한 그의 시도는 실패로 끝난다. 감옥 안에서 하나님을 발견한 드미트리는 시베리아로 유형을 떠날 것인가, 도중에 탈출할 것인가의 기로에서 고뇌한다.

이 소설은 가족에 관한 소설이자 도스토예프스키가 즐겨 만들어 낸 범죄소설이다. 친부살해라는 충격적인 줄거리를 기본으로 하고 있는 이 소설은 독자가 범인이 누구인지 이미 알고 있는 상태에서 범인의 범행 동기를 추적하는 도스토예프스키의 또 다른 소설『죄와 벌』과는 달리, 범인이 누구인지 가늠할 수 없는 가운데 독자의 궁금증을 증폭시키며 진행된다. 실제 범인은 자신의 출생 자체, 따라서 자신을 세상에 태어나게 한 아버지를 증오하는 사생아 스메르쟈코프로 드러나지만, 표도르의 적자들인 세 아들 드미트리, 이반, 알료샤 역시 모두 친부살해의 죄에서 자유롭지 못하다. 드미트리는 아버지의 죽음을 원했고 신이 그를 막아주지 않았다면 실제로 죽일 수도 있었다는 이유에서, 이반은 사상적으로 친부살해의 동기를 제공했다는 측면에서, 알료샤는 아버지를 곁에서 지키지 못했다는 이유에서 그렇다. 드미트리는 무죄를 입증하지 못한 상태에서 자신의 죄과를 인정하고 시베리아 유형이라는 십자가를 짊으로써 죄업을 속죄하고자 한다. 죄책감을 감당하지 못한 이반은 정신착란으로써 자신을 벌하며, 알료샤는 "모든 사람은 모든 사람의 죄에 대해 책임이 있다."는 조시마 장로의 유언을 세상 속에서 실천하는 수도사의 길로 들어선다.

    이 소설은 사상소설이다. 그래서 다소 난해하다. 치정과 가족 안에서 벌어지는 범죄라는 통속적인 내용이 이 소설의 뼈대라면, 그 살과 피를 구성하는 것은 치열한 사상적 실험과 투쟁이다. 지하생활자를 필두로 라스콜리니코프, 스타브로긴, 키릴로프 등 도스토예프스키가 창조한 일련의 '관념가들' 중 가장 대담하고 강력하며 매력적인 형상인 이반은 '사상의 순교자'라 할 만큼 사상으로 고뇌하고 아파하는 인물이다. "신이 없다면 모든 것이 허용된다."는 그의 관념은 아직 그의 내부에서 해결되지 않은 채 동요하고 있지만, 그 관념을 문자 그대로, 확고한 자신의 입장으로 받아들인 스메르쟈코프에 의해 실제 행동으로 옮겨진다. 관념이 실험될 때, 그 관념의 가공할 만한 잠재력이 현실화된다.

    이반은 신의 존재를 인정하지만, 신이 창조한 세계를 인정할 수 없어 신에게 반역하는 프로메테우스적인 주인공이다. 그는 신이 창조한 세계 내에 존재하는 고통, 특히 죄 없는 어린 아이들이 겪는 고통을 이해할 수도, 받아들일 수도 없다. 미래의 영원한 조화라는 그럴싸한 구실도 '불쌍한 어린 아이들의 눈물'만 한 값어치도 없다는 그의 처절한 항의는 구약 성경의 욥의 반항을 상기시킨다. 그 항의 앞에 어떠한 신학적 논증도 무력화된다. 신의 세계를 수용할 수 없는 이반은 자신만의 유토피아적 미래 세계를 구상한다. 「대심문관 전설」을 통해 그가 그려내는 세계는 신이 인간에게 부여했으나 인간에게는 무거운 짐일 뿐인 자유를 소수의 지배자들에게 양도하고 그 대신 다수의 인간들이 행복을 얻는 세계다. 『지하생활자의 수기』의 개미집과 수정궁에서 시작된 이 전체주의적 세계는 자유가 제거되고 평등만이 실현된 곳으로, 작가가 지독히도 혐오하고 우려했던 반(反)유토피아에 다름 아니다. 역설적으로 「대심문관 전설」처럼 인간의 자유를 이처럼 긍정한 문학은 그 어디에서도 찾아보기 어렵다.

　이 소설은 탁월한 종교소설이다. 도스토예프스키는 이 소설로 단테, 세르반테스, 밀턴에 이어 유럽의 위대한 기독교 문학의 계보를 현대적으로 계승한다. 이반의 반란은 기독교에 대한 강력한 현대적 도전이다. 그럼에도 불구하고 그것은 이미 내부로부터 균열되고 붕괴된다. 대심문관의 불행하고 음울한 초상, 예수의 침묵과 입맞춤은 이반의 저항이 얼마나 무력한지를 반증한다. 무수히 많은 비평가들과 독자들은 「대심문관 전설」에서 기독교 신앙에 대한 작가의 이중적 태도를 읽어내려고 한다. 그러나 이 작품에서 작가가 의도한 것은 그것에 맞서는 대화적 응답이었다. 그 역할을 맡는 것이 수도원의 노(老)장로 조시마라는 인물이다. 조시마를 통해 도스토예프스키는 정교 영성의 산실인 수도원을 소설적 공간으로 변형시키는 데 성공했다. 총 12권으로 구성된 이 소설의 6권은 조시마 장로가 유언으로 남긴 말들을 기록하고 있다. 작가는 이 6권을 이반의 항의와 「대심문관 전설」에 대한 예술적 반박으로 구상했으며, 그 성공 여부에 대해 염려했다. 일부 비평가들과 독자들에게 6권은 이반의 장광설에 비해 열기가 없는 맥 빠진 설교로 비춰지기도 하지만, 이 부분을 뺀 『카라마조프가의 형제들』은 상상할 수도 없다.

그것은 이 소설에서 작가가 전달하고자 했던 사상의 핵이다.

조시마 장로는 러시아 문학이 찾고 있던 긍정적인 인물의 성공적인 사례다. 그는 신화神化의 과정을 거의 통과한 성인으로서 도스토예프스키가 그려내고자 했던 정신적·영적 아름다움을 보유한 인간이다. 그는 이반이 거부한 신의 세계를 기쁘게 받아들이며 그 세계의 아름다움을 본다. 그가 러시아를 순례하던 중 여름밤에 본 신의 세계에 대한 묘사는 이 소설에서 잊히지 않는 가장 아름다운 페이지다. 그는 이반이 제기한 세계 악의 문제를 실천적인 사랑으로 극복한다. 악의 문제는 더 이상 이론이 아닌 실천적인 문제로 변모한다. 악을 이기는 길은 적극적인 선을 행하는 것밖에 없다. 조시마 장로는 자발적인 복종과 자아의 죽음을 통한 진정한 내적 자유를 가르친다. 그것은 도스토예프스키의 모든 주인공들이 주장했던 자의지와는 완전히 반대되는 길이다. 자의지는 속박으로 인도하지만 자기부인은 자유에 이르게 한다. 그것이 참된 수도사의 길이다. 조시마는 자기애와 오만한 의지를 복종으로써 꺾어 완전한 자유를 얻는 수도사의 존재에서 러시아와 인류의 희망을 본다.

미완성으로 끝난 이 소설이 완성되었다면, 그 주인공은 단연 알료샤가 되었을 것이다. 도스토예프스키의 죽은 아들의 이름을 딴 알료샤는 러시아가 필요로 하는 미래의 활동가다. 작가는 알료샤를 통해 세상 속에 살면서 세상의 필요를 돌보는 수도사라는 새로운 타입을 제시한다. 그것은 작가가 그리도 경계해 마지않던 사회주의적 세계 개조에 대한 그의 대안이었다. 이 세상은 외적인 질서의 변화를 통해서가 아니라, 한 개인의 철저한 내적 변형을 통해서 낙원으로 변모할 수 있다는 것이 그가 혼돈의 러시아, 길을 잃은 인류에게 내린 처방이었다.

　방대한 분량임에도 불구하고 한번 그 매력에 빠져들면 손에서 놓을 수 없는 것이 이 책의 매력이다. 이 소설이 제기하는 문제들은 언제나 현대적이고 보편적이다. 생동감 있는 다양한 인물들, 신선하고 대담한 사상과의 조우로 독서의 즐거움이 배가될 것이다.

　번역서로는 김연경이 옮긴 『카라마조프가의 형제들』(민음사, 2007), 채수동이 옮긴 『카라마조프 형제들』(동서문화사, 2007), 이대우가 옮긴 『까라마조프 씨네 형제들』(열린책들, 2009) 등이 있다. 그리고 참고할 만한 책으로는 콘스탄틴 모출스키가 쓰고 김현택이 옮긴 『도스토예프스키』(책세상, 2000)를 추천한다.

허선화 | 부산대 · 러시아문학

문학 32

위선적인 공동체 속에서 '정열적 사랑'을 추구하던 여인의 비극

::『안나 카레니나』, 톨스토이

『안나 카레니나』(1877)는 『전쟁과 평화』와 함께 세계문학의 고전으로 꼽히는 톨스토이Lev Nikolayevich Tolstoi, 1828~1910의 대표작이다. 이 작품은 평범하고 정숙한 삶을 살던 러시아 상류사회의 매력적인 부인이 한 청년을 만나 불륜에 빠지고, 마침내 비극적인 자살에 이르는 이야기를 그린 장편소설이다. 발표 당시에는 '상류사회의 시시한 로맨스'를 다룬 작품으로 치부되기도 했으나, 나보코프, 포크너 등 많은 후배 작가들에 의해서 최고의 예술작품으로 칭송을 받았고, 2007년 《타임》지가 선정한 '세계문학사상 최고의 10대 소설' 리스트에 이름을 올리기도 했다.

『안나 카레니나』는 19세기 러시아 상류사회의 세 가족에 대한 총 8부의 이야기로 구성된 연대기 형식의 장편소설이다. 공작의 딸 안나 아르까제브나와 남편 알렉세이 까레닌 백작의 가족, 안나의

> "원수 갚는 것은 내게 있으니, 내가 갚으리라."

오빠인 스쩨빤 오블론스키 공작과 그의 아내인 공작의 딸 다리야 알렉산드로브나(일명 돌리)의 가족, 그리고 돌리의 여동생인 공작의 딸 예까쩨리나 알렉산드로브나(일명 끼찌)와 스쩨빤의 오랜 친구이자 시골 영지 귀족인 니꼴라이 레빈의 가족 등, 세 가족에 대한 연대기적 이야기다. 소설의 중심축을 이루는 것은 안나와 그녀의 젊은 연인 알렉세이 브론스키 백작과의 사랑 그리고 레빈의 삶의 이야기다. 이런 이유로 톨스토이는 원래 이 소설의 제목을 『두 결혼』이나 혹은 『두 부부』로 정하려고 했다.

 스쩨빤의 잦은 외도 때문에 스쩨빤과 돌리 사이에 생긴 불화를 누그러뜨리기 위해 페테르부르크에서 모스크바로 온 안나는 자신의 시누이 돌리의 여동생인 끼찌와 결혼할 사이인 브론스키를 만나게 된다. 브론스키에게 적극적인 구애를 받은 후, 페테르부르크로 돌아온 안나는 기차역에서 자신을 마중 나온 남편의 귀가 볼품 없고 '유난히도 크다'고 생각한다. 그리고는 자신이 처음으로 남편에 대한 비판적인 말을 하고 있다는 사실에 스스로 놀란다. 그 후 20살이나 연상인 남편과의 결혼 생활이 무미건조한 고급관리와의 애정 없는 삶이었으며, 주변의 눈을 의식한 허위적인 결혼 생활이라는 생각을 갖게 되면서, 남편에 대해 점차로 환멸을 느끼게 된다. 남편이 자신을 단지 형식적인 의미의 아내로만 여겼지, 개성을 가진 한 인간으로 대하지 않았다고 생각하게 된 안나는 남편이 인간이 아니라 기계라고 말한다. 브론스키와의 만남을 부끄럽게 생각하던 마음도 점차로 흥분과 열락의 감정으로 바뀐다.

브론스키와 정사를 나눈 안나는 자신에게 남은 것은 브론스키뿐이라고 말한다. 스스로에게 성실하려는 성격을 지닌 그녀는 브론스키에게 자신의 모든 걸, 전 인격을 바친 정열적인 사랑을 준다. '페테르부르크의 황금 같은 청년들 중에서도 가장 멋진 인물의 하나'인 브론스키의 도시 귀족적인 화려함은 안나를 더욱 그에게 빠져들게 만든다.

그러나 한편 안나는 사랑하는 어린 아들 '세료자'의 '어머니'로서의 자신과, 브론스키를 '사랑하는 여인'으로서의 자신 사이에서 고통스러운 내적 투쟁을 벌인다. 톨스토이는 이 둘 중 누가 이겨야 하는가에 대한 판단을 내리지 않고, 안나의 '어머니'로서의 감정과 '사랑하는 여인'으로서의 감정을 동등하게 제시한다. 물론 안나는 브론스키와의 사랑을 선택한 자신의 인생길이 올바른 것이었다고 생각하지는 않는다. 그러나 까레닌이 안나의 불륜을 문제 삼지 않고 이혼을 허락할 의사가 있음을 비쳤을 때, 안나는 그 제안을 거부한다. 그 제안을 한 이유가 관대한 사람이라는 인상을 줌으로써 자신의 체면을 유지하려고 하는 것임을 알았기 때문이다. 그러므로 그 제안을 받아들인다면 자신은 까레닌보다 더 도덕적으로 비열한 존재가 될 것이며, 또한 그에게도 죄를 짓는 일이라는 것을 잘 알았기 때문이다.

이러한 정신적 혼란 속에서 안나는 브론스키를 따라 외국으로 떠난다. 이탈리아에서, 그리고 브론스키의 영지에서 함께 지내지만, 브론스키는 일없이 지내는 세월에 권태감을 느껴서, 안나는 사랑하는 어린 아들 세료자와 헤어져 사는 것을 참을 수 없어서, 두 사람은 다시 페테르부르크로 돌아온다. 러시아로 돌아온 후에도 안나는 남편에게나 사회를 향해서 브론스키를 향한 자신의 정열적인 사랑을 감추려 하지 않는다.

이러한 그녀의 태도는 불륜이 만연하고 또 내부적으로는 불륜을 마치 성공적인 로맨스인 양 자랑하지만, 그것을 공개적으로 내보이는 것을 터부시하는 상류사회(안나가 볼 때는 본질적으로 위선적인)와의 피할 수 없는 마찰을 가져온다. 불륜은 눈감아줄 수 있지만 그 불륜을 공개적인 자리에서는 숨겨야 하는 관습을 거부하는 안나에 대해 상류사회는 분노하게 되고, 그녀에게 '사려 깊지 않은 행동'을 하는 사람이라는 딱지를 붙이며 냉대한다.

안나도 페테르부르크 귀족들과의 관계를 끊어버리지만, 이러한 그녀의 처신은 상황을 더욱 어렵게 만든다. 안나는 상류사회와 관계를 끊은 채 브론스키와의 사랑과 행복을 떳떳하게 추구하려 하지만, 브론스키는 그럴 수가 없었던 것이다. 상류사회에 속하지 않는 자들을 경멸하며, 무엇보다도 상류사회에서 인정받고 출세하는 것을 중요하게 생각하는 브론스키가 안나와 관계를 맺은 것은 그녀의 아름다움에 매료되었기 때문만이 아니라, 매력적인 상류사회 부인이었던 안나와의 염문을 통해서 자신의 존재를 상류사회에 드러내고 싶었기 때문이기도 했다.

이미 아들 세료자를 남편에게 내준 안나로서는 이 세상에 자신이 의지하고 사랑할 인물이 오직 브론스키밖에 남아 있지 않았기 때문에 브론스키가 상류사회 여성과 만나는 것을 두려워하고 질투한다. 이 일로 두 사람 사이에 불화가 점점 심해지고, 상류사회와의 관계를 끊어버릴 수 없는 브론스키는 상류사회와 등을 지고 살아가고 있는 안나를 부담스러워하게 되며, 마침내 '사려 깊게 처신'하라고 그녀를 나무란다. 브론스키의 이러한 비난은, 까레닌이 브론스키를 향한 안나의 사랑을 '사려 깊지 않은' 행동이라고 나무랐던 순간을 떠오르게 한다. 안나와 브론스키의 염문 때문에 까레닌이 자신의 명예가 실추될 것을 두려워하면서 그녀의 행동을 '사려 깊지 않은 행동'이라고 나무랐듯이, 한때 안나를 사랑했던 브론스키가 이제는 안나와의 스캔들 소문을 두려워하면서 두 사람이 처한 어려운 현실의 모든 원인을 안나의 '사려 깊지 못한 행동'의 탓으로 돌리고 있는 것이다.

이렇게 해서 순수하고 정열적인 사랑을 지키기 위해 자신에게 떳떳하려고 애를 쓰던 안나는, 브론스키가 자신을 더 이상 사랑하지 않고 있음을 확신하게 된다. 그리고 마침내 삶의 모든 희망을 잃어버린 채 달리는 기차 바퀴 밑으로 뛰어들고 만다.

톨스토이는 안나가 죽음을 맞는 순간을 다음과 같이 묘사한다.

동요, 기만, 고통 그리고 악으로 가득 차 있었던 책을 그녀가 읽을 수 있게 해주었던 촛불이 다른 어느 때보다도 더 밝게 불타오르면서, 이전에는 어둠 속에 있었던 모든 것들을 그녀에게 환하게 보여주고 나서, 흔들리더니, 사그라지기 시작하고, 마침내 영원히 꺼지고 말았다.

안나의 비극은 그녀가 자신의 내부에 존재하는 생생한 삶의 열정과 자신이 속한 사회가 요구하는 억압적인 힘 사이에서 고뇌하다가 그것을 해결하지 못하고 스스로 생을 마감한 데 있다. 『안나 카레니나』의 또 한 명의 주인공인 레빈도 안나처럼 자신의 개인적 이상과 그것에 저항적인 사회 사이에서 만들어지는 긴장 속에서 괴로워한다. 시골의 진보적인 영지 귀족으로서 농민들의 삶을 향상시키려는 그의 이상은 러시아의 사회·경제적 현실과 근본적인 모순 속에 놓이면서, 죽음을 생각할 정도의 좌절감을 그에게 가져다준다. 그러나 안나와는 달리 레빈은 이 두 개의 힘 사이에서 중간의 길을 발견할 수 있었다. 그것은 민중들이 가지고 있는 무의식적인 집단적 지혜에 대한 깨달음이었다. 이 지혜는 레빈이 자기 영혼의 '지성소'를 지켜내면서, 사회 공동체와 함께 자신의 이상을 펼쳐나갈 수 있는 길을 제시해준다. 이렇게 해서 레빈은 삶의 의미로 가득 찬 미래를 꿈꿀 수 있게 된다.

톨스토이는 병렬적으로 연결된 안나와 레빈의 삶의 이야기를 통해서 개인의 이상과 공동체의 윤리규범이 충돌할 때 생기는 비극을 보여준다. 자신의 정열적 사랑을 이상으로 추구한 안나의 삶은 비극으로 끝나지만, 타자, 즉 러시아 농민들의 행복을 이상으로 삼은 레빈의 삶에는 긍정적인 전망이 나타난다.

안나의 삶이 자살로 끝나기는 했지만 톨스토이는 안나를, 불륜을 저지른 죄인이 아니라 삶의 정열에 충실하려고 했던 인물로 묘사하고 있다. "원수 갚는 것은 내게 있으니, 내가 갚으리라."라는 성경 구절을 제명題銘으로 제시한 이유도, 안나를 단죄하고 정죄할 권리가 상류사회에도 그리고 우리 독자들에게도 없음을 강조한 것이라고 볼 수 있다.

안나는 『전쟁과 평화』의 나타샤와 더불어 톨스토이가 묘사한 '인간으로서의 완전한 행복'을 추구하는 또 다른 여성상이다. 나타샤가 삐에르와 결혼을 통해서 마침내 그것을 이룬 여인이라면, 안나는 그 길에서 비극적으로 종말을 맞이한 여인인 셈이다.

번역서로는 이철이 옮긴 것(범우사, 1995)을 추천한다.

최동규 | 부산대 · 19세기소설 및 러시아문학비평

문학
33 일상에 숨겨진 삶의 진실

::『체호프 단편선』, 안톤 체호프

안톤 체호프Anton Pavlovich Chekhov, 1860~1904의 단편소설들은 날카로운 관찰을 바탕으로 한 19세기 사실주의와 통찰의 순간에 만들어지는 연상적 서사를 사용하는 20세기 심리적 사실주의를 연결하고 있다. 날카로운 심리분석을 통해 인간성의 복잡함을 잘 드러냄으로써 인간 이해의 가능성을 확장시켰다는 점에서 안톤 체호프의 세계문학사적 공헌은 도스토예프스키나 제임스 조이스의 그것에 필적할 만하다. 더욱이 이 두 작가가 장편소설을 통해 이루어낸 업적을 체호프는 단편소설을 통해서 이루어냈다는 점을 감안하면, 체호프 단편문학의 중요성을 새삼 인정하지 않을 수 없다.

안톤 체호프는 1860년 1월 29일 러시아 남부의 항구 도시 따간로그에서 태어나, 1904년 7월 15일 독일 바덴바일러의 온천장에서 폐병으로 44세의 생을 마감했다. 해방 농노의 아들로서 조그만

> "그들 중 그와 관계를 맺어 행복한 여자는 하나도 없었다. 시간의 흐름에 따라 그는 가까이 사귀고, 관계를 맺고, 그 다음 헤어졌을 뿐 진심으로 사랑을 한 적은 한 번도 없었다. 다른 것이라면, 다른 일이라면 없는 것이 없었지만 사랑만은 없었다. 그러던 것이 이제야, 머리에 백발이 늘어 가기 시작한 이제야 그는 진짜 사랑을 하게 된 것 같았다―생전 처음인 사랑을."
>
> _「개를 데리고 다니는 부인」 중에서

잡화상을 운영하던 그의 부친은 매우 엄한 사람이었고, 모친은 아이들에게 재미있는 이야기를 들려주는 훌륭한 이야기꾼이었다. 부친의 사업이 부도가 나면서, 체호프는 중학교 시절부터 스스로 학비를 마련하기 위해 가정교사를 비롯한 여러 가지 일들을 닥치는 대로 해야만 했기 때문에, 비교적 어린 나이에 다양한 삶을 체험할 수 있었다. 이 무렵부터 문학에 관심을 가지게 된 체호프는, 세르반테스, 뚜르게네프, 곤차로프, 쇼펜하우어 등의 작품을 읽고, 그 작품에 대한 비평을 남기기도 했다.

체호프가 본격적으로 작품 활동을 시작한 것은 모스크바 의과대학에 입학한 1879년부터다. 등록금을 마련하고 또 당시 모스크바에 살던 가족을 부양하기 위해서 오락잡지에 일상적인 삶의 풍경을 유머러스하게 묘사한 작품들을 안토샤 체혼테라는 필명으로 기고했다. 잡지 편집인의 요구로 100줄 미만으로 글을 써야 했기 때문에 작품 구성을 위해 꼭 필요한 디테일들만을 텍스트 속에 담는 글쓰기 훈련을 할 수 있었고, 이 과정에서 동기화된 디테일의 사용, 그리고 작가의 서술을 배제한 간결하고 압축적인 서사 등을 특징으로 하는 문체가 형성되었다. 형에게 보낸 체호프의 편지를 통해서 글쓰기에 대한 그의 태도가 어떠했는가를 엿볼 수 있다. 작가는 자연을 묘사할 때나, 혹은 등장인물의 심리를 묘사할 때, '애매한 일반화'를 피하기 위해 '모든 디테일들을 확실하게 장악한 후, 독자들이 마음속으로 어떤 이미지를 볼 수 있도록 그것들을 배열'해야 하며, 직접적인 서술이 아닌 '주인공의 행위로 주인공의 정신상태를 보여주려'고 애를 써야 한다는 것이다.

이 시기에 순수한 웃음을 자아내는 경쾌한 소품과 사회풍자성이 짙은 우수에 어린 작품들이 400여 편이나 쓰였다. 풍자와 유머와 애수를 담은 일상적인 삶의 일화인 「관리의 죽음」(1883), 「카멜레온」(1884), 그리고 「우수」(1886) 등은 하급 관리, 상인, 교사 등 도시 소시민의 숨겨진 심성을 폭로함으로써 삶의 진실을 드러내었고, 이 때문에 독자들에게 큰 호응을 얻었다. 체호프는 '러시아 길거리 삶의 풍자가'라는 명성을 얻게 되었다.

점차 일반 독자들뿐만 아니라 수보린이나 그리고로비치와 같은 비평가나 작가들에게 인정을 받게 된 체호프의 작품은 1886년부터 《노보에 브레먀》와 같은 유명 문학잡지에 실리게 되었다. 작품의 길이도 길어지고, 소재도 더욱 다양해지고, 줄거리도 더욱 복잡해졌다. 등장인물들도 더 이상 풍자적으로 묘사되지 않고, 내면

세계가 섬세하게 묘사되어졌다. 이 시기의 등장인물들은 단지 기억이나 공상만으로 다가갈 수 있는 '갈망하는 세계'가 실재 세계와 너무도 다른 현실 앞에서 불행을 느낀다. 「베로치카」(1887)와 같은 사랑의 이야기 속에서도 두 사람이 서로 사랑을 하지만 그 두 감정은 서로 일치하지 않는다.

새로운 서사형식을 갖는 실험적인 작품도 이어서 발표되었다. 1888년 《북방통보》지에 발표된 「초원」은 요양을 위해 떠난 우크라이나 여행에서 받은 아름다운 감동을 담기 위해 쓴 작품인데, 전통적인 플롯을 무시하고, 아홉 살 소년이 초원을 여행하면서 관찰하는 꽃과 식물들 그리고 만나는 사람들에 관한 서사를 통해서 체호프는 더욱 성숙한 창작 세계를 보여주었다.

의사로서의 체호프의 임상적 시각이 드러나는 작품들도 발표되었는데, 유산한 여인에 관한 이야기인 「명명일」(1888), 사창가를 찾아갈 때마다 극심한 우울증 증세를 보이는 대학생의 이야기인 「발작」(1888), 그리고 많은 것을 이루었지만 노쇠함과 건강 악화 그리고 다가오는 죽음에 대한 예감 때문에 실재의 삶에서 소외감을 느끼는 노교수의 이야기인 「지루한 이야기」(1889) 등이 그것이다. 이들 작품의 주인공들은 러시아의 삶의 진실과 참다운 자유에 대한 동경을 이해할 수 있을 만한 지식인들이기는 하지만, 결단력이 부족한 우유부단한 인물로 등장한다. 그들은 삶의 어려운 환경을 바꾸거나 극복하지 못하고 무기력하게 소시민의 삶을 지속한다.

등장인물들의 이러한 무기력한 삶의 모습에 대해 체호프는 '도덕적으로 최종화하는 작가의 말'을 던지지 않는다. 작가의 역할은 삶에 관한 질문에 대답을 주는 것이 아니라, 삶에 관한 질문을 던지는 것이라고 여기는 체호프는 작품 속에서 객관적인 증인 역할을 수행하는 작가로만 남아 있으려 했다. 이러한 작가관 때문에 '사상이 없는 작가'라는 비난까지 받게 되었다. 그러나 19세기 말 러시아의 지식인들이 안일한 염세주의에 빠져 있을 때, 사회의 모든 허위와 부정을 예리하게 풍자하여 묘사하는 것만으로도 이미 체호프의 문학은 '사상 없는 문학'이 아니었다.

단편작가로서 체호프가 가장 적극적인 창작 활동을 했던 시기는 1891년에서 1899년 사이다. 본연의 인간성 해방과 관련된 사회 철학적인 이슈들이 작품의 주제로 등장했다. 그가 이 주제에 관심을 가지게 된 계기는 1890년에 법학도였던 동생 미하일의 '교도소 개선에 관한 연구'를 돕기 위해, 당시 유형지였던 사할린을 방문했다가 그곳에서 죄수들이 처한 비인간적 상황을 보고 충격을 받았기 때문이다. 이 충격은 그의 삶과 문학에도 영향을 미쳤다.

1892년에 모스크바에서 약 80km 정도 남쪽에 떨어진 시골의 조그만 영지 '멜리호보'를 구입한 체호프는 지역의 농민들을 위해 의술을 베풀었다. 8년 전에 이미 의사 자격을 얻었던 체호프는 비록 의사로서 벌어들이는 돈은 얼마 되지 않았지만, "의학은 나의 합법적 아내이고 문학은 나의 정부다."라고 말할 정도로 의사직에 자부심을 가졌고, 기회 있을 때마다 가난한 사람들을 무료로 진료해주었다. 당시 자신도 폐병에 걸려서 고생하고 있었기 때문에 환자들의 고통을 잘 이해하고 있었다. 콜레라와 기근이 발생했을 때, 희생자들을 돕기 위해 보건소를 만들고 환자들을 살피기 위해 왕진을 다니기도 했다. 이 의료 봉사를 통해서 체호프는 러시아 사회와 좀 더 광범하게 접촉하면서 자신의 창작 세계를 넓힐 수 있게 되었다. 이로써 농민들의 비루하고 불결한 생활환경뿐만 아니라, 죽음을 맞이하는 병든 상류사회의 인물들도 작품의 소재가 되기도 했다.

이 시기에 주옥같은 많은 단편들이 발표되었다. 대표적인 작품들로는, 냉철한 사회다윈주의자인 동물학자의 무례한 인신공격성 발언 때문에 어쩔 수 없이 결투를 하게 되는 우유부단한 공무원 라에프스키의 이야기인 「결투」(1891), 표면적으로는 성격 차이로 갈등을 하는 것 같지만 사실은 서로간의 소통 부재로 고통받고 있는 안드레이와 그의 아내의 이야기인 「아내」(1892), 치료하던 환자들과 잦은 대화를 갖는다는 이유로 병원 관계자들에 의해 의심과 모함을 받아 정신병원에 갇힌 후, 깊은 절망에 빠져 죽고 마는 정신병원 의사의 이야기인 「제6병동」(1892), 그리고 자신을 사랑하지 않던 아내로부터 결혼 3년 만에 사랑한다는 말을 들었어도 이미 결혼생활의 열정이 가슴에서 사라져버렸음을 알고 우수에 빠져드는 라프쩨프의 이야기인 「삼 년」(1895) 등이 있다.

또한 대학을 졸업한 후 지적 노동이 아닌 육체노동을 선택한 후에, 비록 주변의 사람들은 모두 떠나가지만 자신은 새로운 삶에 편안함을 느끼는 페인트공 미하일의 이야기인 「나의 인생」(1896), 농민생활의 나로드니키적 이상주의를 비판한 「농군들」(1896), 융통성 없는 사고와 타인에 대한 의심 때문에 아름다운 여인과 결혼할 기회도 잃어버리고 낙심한 채 자신의 집에 틀어박혀 한 달 동안 보드

카만 마시다가 죽는 라틴어 선생 벨리꼬프의 이야기인「상자 속에 든 사나이」(1898), '구즈베리 농장이 있는 평안하고 자족적인 삶'이라는 목표 때문에 점차 몸도 마음도 피폐해가는 전직 공무원 니꼴라이의 이야기인「구즈베리」(1898), 자신과 관계된 남자들에 의해서만 자신의 정체성을 발견하는 수동적인 여인의 사랑을 그린「귀여운 여인」(1888), 그리고 우연히 휴양지 얄타에서 만난 한 여인을 버린 후에 나중에야 그녀를 진정으로 사랑하고 있음을 깨닫게 되면서 자신의 삶의 의미를 새롭게 성찰하게 되는 바람둥이 구로프의 이야기인「개를 데리고 다니는 부인」(1899) 등도 주옥같은 작품들이다.

44세라는 비교적 젊은 나이에 사망하고, 오랫동안 의사와 작가의 일을 같이 하였음에도 불구하고 무려 800편의 단편을 남긴 안톤 체호프는, 평범한 사람이 일상적인 삶 속에서 갑작스럽게 겪게 되는 예상치 못한 심적 체험을 고조된 서사적 긴장감을 유지한 채 놀라울 정도의 담담한 필치로 묘사한다. 바로 이러한 이유로 과학과 이성을 중시하는 근대를 벗어나 현상에 대한 다원적·상대적 이해를 추구하는 오늘의 탈근대, 포스트모던 시대에도 그의 단편 소설들은 여전히 독자들의 큰 사랑을 받고 있다.

김학수가 옮긴『체호프 단편선』(삼중당, 1977)을 추천한다.

최동규 | 부산대 · 19세기소설 및 러시아문학비평

문학 34

침묵과 고독 그리고 근친상간의 변주

:: 『백년의 고독』, 마르케스

콜롬비아의 작가 가브리엘 가르시아 마르케스(Gabriel García Márquez, 1927~)의 소설 『백년의 고독』은 1967년 부에노스아이레스에서 출간되자마자 선풍적인 인기를 끌었다. 지금까지 35개 이상의 언어로 번역되었고 전 세계적으로 3천만 부 이상이 판매되었다. 이 소설은 '마술적 리얼리즘(Realismo Magico)'과 라틴아메리카 문학을 대표하는 위대한 작품 가운데 하나이며, 마르케스는 이 작품으로 1982년에 노벨 문학상을 수상했다. 라틴아메리카 문학의 민족서사시로 불리는 이 장편소설에서 마르케스는 허구의 콜롬비아 시골 마을과 이 마을을 세운 부엔디아 가문의 흥망성쇠를 그리고 있다.

부엔디아 가문의 시조인 호세 아르까디오 부엔디아와 우르술라는 사촌지간이다. 그들은 근친상간으로 돼지 꼬리가 달린 후손이 태어날 것이라는 예언과 살인사건으로 인해 집안 대대로 살던 고

> "아우렐리아노 부엔디아 대령은 밤나무가 있는 곳으로 가지 않고, 역시 대문 쪽으로 가서 서커스단의 행진을 보고 있던 구경꾼들 틈에 섞여들었다. 코끼리 목덜미에 황금빛 옷을 입은 여자 하나가 앉아 있는 것을 보았다. 슬퍼 보이는 단봉 낙타도 보았다. 네덜란드 여자처럼 차려입고 국자로 냄비를 두드리며 행진의 박자를 맞추고 있는 곰도 보았다. 행렬 끝에서 재주를 부리는 어릿광대들도 보았는데, 모든 것이 다 지나가고 뻥 뚫린 환한 공간으로 변한 길거리와, 날개미들이 가득 찬 하늘과, 허전한 마음을 부여잡고 있는 일부 구경꾼들만 남았을 때, 다시 비참한 고독과 얼굴을 맞대게 되었다."

향을 버리고 먼 길을 떠나 마꼰도라는 마을을 세운다. 이 마을은 누구도 접근하기 어려운 밀림 한가운데에 자리 잡고 있고, 집시들만이 이따금씩 찾아올 따름이다. 이들은 자석, 나침반, 망원경과 같은 신기한 외부 문물들을 마을 주민들에게 소개한다. 집시들의 우두머리인 나이 든 멜키아데스는 지혜가 뛰어났고, 세상 사람들이 모르는 많은 비법을 알고 있었다. 그는 나중에 아우렐리아노 바빌로니아에 의해 밝혀지게 되지만 부엔디아 가문의 백년에 걸친 역사를 예견한 사람이었다.

외부와 차단되어 한때는 낙원과도 같았던 원시적인 마을은 불과 몇 십 년 사이에 인류 역사의 모든 단계를 체험한다. 그것은 위대한 발견, 엄청난 사상자를 낸 피비린내 나는 장기간에 걸친 내전, 외국 기업에 의한 비약적인 발전, 토착 주민들의 착취, 속수무책인 천재지변 등으로 총괄해볼 수 있다. 이와 같이 마꼰도 마을은 물질문명의 혜택을 누리는 번화한 도시로 발전했다가 신기루처럼 하루아침에 지상에서 사라져버린다.

『백년의 고독』은 부엔디아 가문의 시조에서부터 6대 아우렐리아노 바빌로니아와 그의 이모 아마란따 우르술라의 근친상간으로 돼지 꼬리가 달린 아이가 태어나는 순간까지 가문이 겪는 숙명적 고독을 다루고 있다. 이야기의 구성 방식은 연대기 순을 따르지 않고, 사색과 비유적인 관찰 속에서 과거와 현재가 뒤섞인다. 작가는 성경에서 유래하는 요소들, 콜롬비아의 역사에서 배태된 사건들, 콜롬비아 민간신앙과 할머니가 들려준 일화들을 함께 엮어낸다. 환상적이고 마술적인 그리고 실제적이고 사실적인 순간들이 번갈아 반복된다. 그리하여 조밀하고 다층적인 가문과 마을 그리고 콜롬비아, 더 나아가 라틴아메리카의 자화상이 생겨난다. 등장인물들 모두에게 한 가지 공통적인 것은 소설의 제목에서도 보듯이 거의 극복하기가 불가능한 고독이다. 이러한 고독의 저주 속에서 부엔디아 가문의 사람들은 때로는 고독을 피하기 위해, 때로는 고독 속에 파묻히기 위해 백 년 동안 수없이 근친상간을 하게 된다. 그 결과 마지막으로 탄생한 것이 돼지꼬리 달린 아이다.

마꼰도의 이야기를 들려주는 이 소설은 대략 네 시기로 나누어 볼 수 있다. 첫째, 부엔디아 가문의 이주와 마꼰도 마을의 설립 시기다. 부엔디아 가문의 시조 호세 아르까디오 부엔디아는 살인을 저지르고 피살자의 유령을 피하기 위해 아내 및 몇몇 다른 가족들과 함께 정글로 이주한다. 그들은 마을을 세우기에 적합한 장소를 찾아다니다 마침내 마꼰도를 건설한다. 얼마 후 한 무리의 집시들이 나타난다. 특히 무리의 우두머리라 할 수 있는 멜키아데스는 소설의 또 다른 중요인물이다.

둘째, 재판관의 등장과 내전의 경과 시기다. 마꼰도 마을은 지금까지 외딴 지형으로 인해 외부와 철저히 격리되어 있었다. 재판관의 등장으로 말미암아 이 마을은 국가 행정과 권력 체계 속으로 편입된다. 이제 마을은 공화국의 일부에 속하기 때문에 보수주의자들과 자유주의자들 간에 벌이는 내전 또한 마꼰도 주민들에게 지대한 영향을 미친다. 소설의 가장 중요한 인물이라 할 수 있는 아우렐리아노 대령은 여기서 가장 두각을 나타낸다.

셋째, 철도의 건설과 바나나 농장 기업들의 출현 시기다. 장기간의 내전을 겪은 후 북아메리카의 바나나 기업은 마을에서 가장 중요한 고용주 역할을 한다. 그러나 바나나 기업과 노동자들의 관계는 전혀 순탄치 못하고, 특히 역에서 대량학살이 자행되어 수많은 노동자들이 목숨을 잃는다.

넷째, 마을의 점진적 몰락과 완전한 파괴 시기다. 마꼰도 마을은 깊은 수렁 속에 빠져든다. 모든 것이 몰락하고, 한때 인간에 의해 파괴된 밀림은 서서히 영토를 회복한다. 주민들은 그것을 저지시키거나 이상하게 여기지도 않는다. 이야기는 점차 신비적이고 예기치 않은 결말로 치닫는다. 호세 아르까디오 부엔디아의 6대손인 아우렐리아노 바빌로니아는 멜키아데스의 감추어진 비밀문서를 해독한다. 그것은 마꼰도 마을과 부엔디아 가문의 연대기이자 예언으로 드러난다. 아우렐리아노 바빌로니아가 멜키아데스의 예언을 읽는 바로 그 순간 그는 죽음을 맞이한다. 이로써 장대한 이야기는 마을의 파괴와 함께 끝난다.

(…) 그것은 아우렐리아노 바빌로니아가 양피지의 해독을 마친 순간 거울의 도시(또는 신기루)는 바람에 의해 부서질 것이고, 인간의 기억으로부터 사라져버릴 것이고, 또 백년의 고독한 운명을 타고난 가문들은 이 지상에서 두 번째 기회를 갖지 못하기 때문에 양피지들에 적혀 있는 모든 것은 영원한 과거로부터 영원한 미래까지 반복되지 않는다고 예견되어 있었기 때문이다.

『백년의 고독』은 가톨릭 신앙과 성경과 관련된 수많은 구절을 포함하고 있다. 특히 마을의 건설은 창세기에 비유될 수 있고, 마을의 파괴는 묵시록에 비유될 수 있다. 또 소설의 전체 줄거리는 라틴아메리카 역사에 대한 알레고리로 간주될 수 있다. 위에서 소설의 전체 내용을 네 시기로 구분했듯이, 라틴아메리카의 역사도 대략 네 시기로 나누어볼 수 있다. 발견, 약탈, 식민지 시대(1492~1830), 공화국 시대 및 내전의 발발(1830~1902), 바나나 기업으로 대표되는 제국주의의 시작(1899~1930), 신제국주의라 할 수 있는 현재의 상황(1930~) 등이 그것이다. 이와 같이 이 작품은 그야말로 현란한 빛깔을 품고 있는 대하소설이면서 폭넓은 사회·정치적 알레고리를 담고 있다. 라틴아메리카는 고향을 떠난 개척자들에 의해 세워졌다. 부엔디아 가문의 역사 또한 서구의 식민 지배와 굴절된 근대화 과정을 겪어온 라틴아메리카 대륙의 메타포로 이해될 수 있다.

'마술적 사실주의'라 불리는 이 소설 속에는 사실과 환상, 실제와 허구, 현실과 비현실 등이 함께 어우러져 있다. '마술적'이라는 말과 '사실적'이라는 말의 연결은 그 속에 모순을 내포하고 있는 것 같다. 하지만 일상적인 경험과 마술적인 현실 묘사 그리고 그에 대한 해석은 이 문학의 특징이다. 현실은 돌리기만 하면 다채로운 장면과 새로운 통찰을 제공하는 만화경에 비유될 수 있다. 신화와 상상적인 세계관과 현실의 융합으로 대변되는 마술적 사실주의는 라틴아메리카 문학의 트레이드마크로 간주된다. 그로테스크하고 낯선 이국적인 비유, 신화와 현실의 변주가 절묘한 조화를 이루고 있는 것이 이 작품의 매력이라 할 수 있다. 마르케스는 라틴아메리카의 현실을 이렇게 묘사했다.

"라틴아메리카와 카리브 해 연안의 작가들은 결코 위대한 발명의 재능이 필요 없었다. 그들은 단지 현실에서 찾은 것을 믿을 만하게 만드는 문제에 직면해 있었다. 처음부터 그러했다. 라틴아메리카와 카리브 해 연안의 작가들은 솔직히 현실이 우리들보다 훨씬 더 훌륭한 작가라는 사실을 인정하지 않으면 안 된다. 우리의 운명과 명성은 겸허한 마음으로 현실을 최대한 잘 모방하는 데 있다."

마르케스는 대가답게 콜롬비아 민간신앙에 바탕을 둔 독특한 자신의 서사기법을 정치적·사회비판적 참여의식과 잘 결부시키고 있다. 마르케스에 대해 하인리히 뵐의 말보다 더 적확하게 꿰뚫은 것은 없을 것이다. "그는 유일무이한 현상이다. 왜냐하면 우리가 참여라고 부르는 것이 그에게는 우리가 시학이라고 부르는 것과 완전히 일치하기 때문이다." 『백년의 고독』은 그 당시까지 주변부에 머물러 있던 라틴아메리카 문학의 존재를 전 세계에 알리는 신호탄이었다.

번역서로는 조구호가 옮긴 것(민음사, 2000)을 추천한다.

김종수 | 부산대 · 사회언어학

문학
35 리허설 없는
오직 한 번뿐인 삶

::『참을 수 없는 존재의 가벼움』, 밀란 쿤데라

　체코 작가 밀란 쿤데라Milan Kundera, 1929~의 소설 『참을 수 없는 존재의 가벼움』은 1982년 체코어로 완성되었으나 1984년 프랑스어 번역판으로 처음 출판되었다. 오리지널 체코어 판은 그 이듬해에 출간되었고, 그 후 수많은 언어로 번역되어 쿤데라에게 세계적인 명성을 안겨주었다.

　이 소설은 1968년 8월 21일 당시 소련 군대가 '프라하의 봄'을 무력으로 진압한 것을 배경으로 하고 있다. 프라하의 한 병원에서 근무하는 성공한 외과의사 토마시는 결혼에 실패한 후 감정적인 구속이 없는 에로틱한 모험을 추구한다. 그는 보헤미아의 한 작은 마을에 머물 때 술집 웨이트리스로 일하는 테레자를 잠깐 알게 된다. 열흘 후 그녀는 아무런 예고도 없이 프라하에 있는 토마시의 집으로 찾아온다. 토마시는 난생 처음으로 한 여자 옆에서 잠이 든

> 파르메니데스는 이렇게 답했다. 가벼운 것이 긍정적이고 무거운 것이 부정적이라고. 그의 말이 맞을까? 이것이 문제다. 오직 한 가지만은 분명하다. 모든 모순 중에서 무거운 것과 가벼운 것의 모순이 가장 신비롭고 가장 미묘하다.

다. 테레자와 같이 살게 되지만 토마시는 수많은 여자들과의 애정 행각을 멈추지 않는다. 심지어 그의 애인 가운데 한 명인 화가 사비나는 테레자가 사진기자로 일하도록 도와준다. 이들의 관계에 정치적인 상황이 개입된다. '프라하의 봄'이 무참히 진압되고, 사비나는 스위스 제네바로 망명을 떠난다. 테레자는 소련 군대의 무차별 진압 장면을 사진으로 찍어 외국 기자들에게 필름을 건네준다. 결국 토마시와 테레자도 스위스 취리히로 도망간다. 토마시는 그곳에서 의사로 일을 하지만, 테레자는 그다지 만족할 만한 직장을 얻지 못한다. 그 사이 사비나는 유부남이자 교수인 프란츠와 관계를 맺기 시작한다. 그럼에도 불구하고 토마시는 다시 사비나와 관계를 지속한다. 테레자는 토마시의 외도를 견딜 수 없어 하고 악몽에 시달린다. 소비에트 점령 체제를 증오함에도 불구하고 그녀는 프라하로 돌아간다. 사비나 역시 스위스를 떠난다. 토마시는 직장을 잃을지도 모르는 위험을 감수하면서 동정심에 사로잡혀 테레자를 찾아 프라하로 돌아간다. 그곳에서 그는 곧 당의 새로운 노선과 갈등을 빚는다. 토마시는 예전에 스위스로 도망가기 전, 스탈린주의에 대한 입장과 자신이 누구를 살해했는지 모르는 오이디푸스를 비교한 글을 신문에 기고한 적이 있었다. 당에서는 이전에 기고한 글을 철회하고 사상을 전향할 것을 강요하지만 그는 거부한다. 그리하여 그는 의사로 살지 못하고 창문 청소부가 된다. 테레자와 토마시는 정권의 여러 압력에 저항하지만 반체제 인사가 되지는 못한다. 토마시의 여성 편력과 프라하에서 벌어지는 감시와 배반의 억압적인 분위기를 더 이상 견디지 못해 두 사람은 보헤미아 지방의 조그마한 시골 마을로 이사를 간다. 낙향한 시골에서 그들은 협동조합에서 일하며 평온한 삶을 영위한다. 테레자는 자신의 강아지 카레닌과 함께 있을 때 마음의 안정을 유지한다. 왜냐하면 카레닌에게서는 배반당할까 봐 두려워할 필요가 없기 때문이다. 그녀는 토마시가 얼마 전부터 받는 편지들이 은밀한 연애편지라고 비난한다. 토마시가 이 편지들이 자신의 아들로부터 온 것이라고 털어놓을 때 테레자는 그에게 사과를 한다. 한쪽이 다른 한쪽보다 더 강하지 않다는 사실을 인식하게 되는 화해의 순간에 두 사람은 자동차 사고로 목숨을 잃는다.

 이 소설은 7부로 이루어져 있다. 줄거리는 사건의 시간순으로 진행되지 않고 줄거리에서 벗어나는 소소한 이야기도 많다. 1부에서는 토마시와 테레자의 만남이 서술된다. 처음에는 토마시의 시각이, 다음에는 테레자의 시각이 서술되고, 이어서 토마시가 테레자를 찾아 스위스에서 프라하로 서둘러 돌아가는 시점까지 이야기된다. 쿤데라는 자신의 소설 첫 50쪽 이상을 할애하여 토마시와 테레자 그리고 이들이 스위스에서 다시 프라하로 돌아가기까지의 이야기를 들려준다. 2부와 4부에서는 토마시와 테레자에 대해 좀 더 세부적인 묘사가 전개되고, 3부에서는 사비나와 프란츠의 관계에 대한 이야기가 펼쳐진다. 5부에서는 토마시와 테레자의 이야기가 이어지고, 6부에서는 다시 한 번 프란츠와 사비나의 이야기가 계속된다. 7부에서는 토마시와 테레자 그리고 강아지 카레닌의 이야기가 마지막을 장식한다. 이 소설 속에는 성과 사랑, 정치와 자유, 우연과 결정, 행동과 삶에 대한 깊은 고뇌와 성찰이 녹아 있다.

쿤데라는 가벼운 것과 무거운 것에 대한 문제로 이야기를 시작한다. 그는 우리 인생의 매순간이 무한히 반복된다는 니체의 '영원회귀 사상'을 끌어들여 삶의 '가벼움'과 '무거움'을 둘러싼 문제를 제기한다. 우선 이 책이 우리를 엄청 사로잡는 것은 다름 아닌 제목 때문이다. 제목만 보더라도 궁금증과 호기심을 유발시키고 우리 스스로에게 질문을 하게 만든다. "대체 무엇이 존재에 참을 수 없을 정도로 가벼운가?" 토마시는 '존재의 가벼움'을 향유한다. 섹스는 그에게 아무런 감정적·도덕적 의무감이 없는 놀이거나 위신의 문제에 불과하다. 그에게는 모든 것이 필요 이상으로 존재한다. 그는 사랑과 성을 구별할 줄 안다. 그는 테레자가 자신에게 특별한 여자라는 것을 감지하고 삶에서 중요한 결정을 내릴 때면 그녀의 의견을 따른다. 하지만 가벼움은 테레자에게는 "참을 수 없는 것"이다. 그녀는 깊은 사색과 숭고한 것을 추구한다. 그녀는 사랑과 성을 별개로 볼 수 없으며 토마시에 대한 자신의 사랑을 확신한다. 토마시는 모든 특권을 빼앗긴 후에야 비로소 자아를 재발견하고 테레자에게 헌신한다. 한편, 토마시처럼 비교적 자유분방한 삶을 사는 사비나는 애인이 여러 명 있으며, 토마시, 프란츠와도 관계를 맺고 있다. 사비나와 프란츠의 관계는 몰이해에 기초하고 있다. 사비나에게는 프란츠가 사용하는 말들이 전혀 다른 의미를 가진다. 그녀는 삶에서 계속 앞으로 나아가기 위해 모든 것을 배반하고 항상 여행 중이다. 그녀는 성과 사랑을 어느 정도 구분할 수 있다. 그에 반해 프란츠는 음악과 비현실적인 것을 사랑하고 아내를 버리고 사비나와 관계를 맺는다. 그는 사비나로 인해 삶의 변화를 경험하지만 사랑과 성을 잘 구분하지 못한다.

쿤데라는 이 소설에서 여러 에피소드와 그에 대한 분석, 지난날에 대한 회상과 에세이적인 성찰, 드라마적인 서사를 역사적 배경과 철학적인 고찰 그리고 심리적 분석과 탁월하게 연결시키고 있다. 사건의 진행은 이야기를 들려주는 화자의 논평과 작중 인물들의 생각에 의해 자주 중단된다. 오히려 그것이 사건을 재배열하고 비극적인 내용과 때때로 스테레오타입적인 상황을 반어적으로 돌이켜보게 한다. 이러한 성찰은 작중 인물들에게 매력과 영광을 부여한다. 주옥같은 철학적인 단상들에도 불구하고 소설은 항상 인물들과 밀접한 관련을 맺고 있고, 작가의 주도면밀한 관찰력에 바탕을 둔 세밀한 묘사에서 서사적인 힘을 얻는다.

이 소설의 기본 주제는 철학적인 무게를 실감케 한다. 화자는 스스로 끊임없이 모습을 드러내고, 삶의 근본 문제들을 제기하며 능숙한 곡예를 부린다. 이 소설은 인간 간의 만남의 조그마한 순간도 예리하게 포착하여 철학적으로 무겁고 큰 삶의 문제를 성찰한다. 삶에서 무엇이 긍정적인 것이고 부정적인 것인지, 그리고 무엇이 가벼운 것이고 무거운 것인지를 묻는다. 만일 우리가 아무런 난관 없이 전적으로 소박한 삶을 영위하려고 한다면, 우리의 존재는 참을 수 없을 정도로 가볍게 될 것이다. 그 때문에 우리는 인위적인 무거움을 만들어낸다. 그렇게 함으로써 훨씬 더 단순화될 수 있는 일들을 복잡하게 만든다. 이것은 우리가 더 이상 삶의 가벼운 것들에 마냥 기뻐할 수 없다는 결론에 다다르도록 한다. 왜냐하면 우리는 언제나 무거운 것만을 진정 삶에서 가치 있는 것으로 보기 때문이다. 모든 인간은 행복과 목가적인 삶을 동경한다. 하지만 행복에 대한 동경은 반복을 향한 바람이기도 하다. 그러나 인간의 삶은 원을 그리며 도는 것이 아니라 직선으로 나아간다. 우리는 끊임없이 극복하지 않으면 안 되는 새로운 상황을 맞이한다. 사실상 우리는 매 상황에서 불행하다. 왜냐하면 우리는 주어진 상황의 무거움을 부담으로 느끼면서도 여생을 무한한 물질적 풍요 속에서 보내게 된다면 얼마 안 가 지겨워져 변화를 동경할 것이기 때문이다. 우리는 가벼운 것과 무거운 것을 구별하고자 하지만 양자를 분리하는 것은 불가능하다.

『참을 수 없는 존재의 가벼움』이 특별한 점은 이야기 자체보다는 이야기를 들려주는 방식이라 할 수 있다. 소설의 전체적인 분위기는 멜랑콜리하지만 격렬한 감정적인 동요보다는 아늑하고 따뜻한 우수를 자아낸다. 때로는 이러한 슬픔조차도 가볍고 빠른 이야기 전개 방식에 자리를 내어준다. 종종 이 소설은 줄거리의 골격을 형성하고 있는 '프라하의 봄'을 지엽적으로만 다루었다는 비판을 받고 있다. 하지만 이 소설의 강점은 바로 그 점에 있다고 할 수 있다. 쿤데라는 작중 인물들의 일상을 가감 없이 있는 그대로 드러냄으로써 순간의 소소한 일들이 추상적인 정치적 사건들보다 훨씬 더 중요할 수도 있다는 것을 보여준다.

쿤데라는 이 소설에서 사랑, 정치, 욕망, 인생과 같은 다양한 주제들을 함께 하나로 묶어내는 마술적인 능력을 선보인다. 우리는 긴박감 넘치는 사건의 진행 못지않게 사랑과 성, 인간 실존의 무거움과 가벼움의 관계, 인간 행동에 대한 철학, 인간의 심리 분석과 탐구에 매료될 것이다. 대단한 것은 쿤데라가 자신의 소설에서 끊임없이 삶의 큰 문제들을 다루면서도 일상의 세세한 것들을 분석하여 그 의미를 짚어본다는 점이다. 이를 통해 우리는 "세계문학의 참을 수 없는 소박성"을 만끽할 수 있을 것이다. 필립 카우프만 감독이 1988년에 이 소설을 영화로 만들어 큰 성공을 거두었다.

번역서로는 이재룡이 옮기고 민음사가 펴낸 것(2011)이 있다.

김종수 | 부산대 · 사회언어학

Part 2
역사

과거가 지닌 현재성
현재에 담긴 미래상
History

역사

36 신이神異를 역사의 동력으로 인식한 민족지

:: 『삼국유사』, 일연

　『삼국유사』는 일연一然. 1206~1289이 충렬왕 7년(1281)을 기점으로 그 이후 만년에 편찬한 역사서다. 모두 5권인데, 그 구성은 왕력王曆, 기이紀異, 흥법興法, 탑상塔像, 의해義解, 신주神呪, 감통感通, 피은避隱, 효선孝善 등 9편목으로 나누고 144항목으로 되어 있다. 이러한 체재는 『삼국사기』와 『해동고승전』과는 다른 특징이 있다. 이 책은 중국의 세 가지 고승전 체재에 유의하여 편목을 구성했지만, 왕력, 기이, 효선 등 중국 고승전 체재에서는 찾아볼 수 없는 독창적 면모가 있다.

　『삼국유사』의 내용은 왕력 및 기이편과 흥법부터 효선편까지로 대별된다. 전자는 일반 사서와 마찬가지로 역사 전반의 사실을 담고 있다. 왕력은 신라, 고구려, 백제, 가락국 등의 순서로 역대 왕의 즉위년과 재위년수 등을 중국의 역대 왕조와 연호를 기준으로 서

> "대체로 옛날 성인이 예악(禮樂)으로써 나라를 세우고 인의(仁義)로써 가르침을 베풀지만, 괴상한 힘과 어지러운 귀신에 대해서는 말하지 않았다. 그러나 제왕이 일어날 때는 부명(符命)과 도록(圖籙)을 받아 반드시 여느 사람과 다름이 있었다. (…) 삼국의 시조가 모두 신이(神異)한 데서 나왔다고 해서 무엇이 괴이하겠는가."

술한 일종의 연표다. 기이편은 전체 분량의 절반 정도를 차지하는데, 여기서는 삼국의 역사뿐 아니라 고조선의 단군신화를 시작으로 하여 고려 건국까지를 망라하고 있다. 후자는 불교에 관한 내용을 7편목으로 나누어 서술한 불교문화사라 할 만하다. 따라서 그 성격에 대해서 불교사서, 설화집성집, 불교신앙을 포함하는 역사에 관한 문헌, 잡록적 사서, 야사 등으로 보는 많은 견해도 많다.

이러한 『삼국유사』는 만록漫錄 정도로 보기 어려울 정도로 찬자의 각고의 노력과 강한 역사의식이 깔려 있다. 물론 『삼국유사』가 신라를 중심으로 자료를 수집하고 서술했다는 한계가 있긴 하지만, 일연이 광범위하게 수집한 고기古記, 사지寺誌, 금석문, 고문서, 사서, 문집, 승전僧傳 등의 자료는 『삼국유사』가 단순한 야사가 아니라 사서로서의 기본 틀을 갖추었음을 말해준다.

아울러 일연의 역사인식은 『삼국유사』 기이편 서문에 "대체로 옛날 성인이 예악禮樂으로써 나라를 세우고 인의仁義로써 가르침을 베풀지만, 괴상한 힘과 어지러운 귀신에 대해서는 말하지 않았다. 그러나 제왕이 일어날 때는 부명符命과 도록圖籙을 받아 반드시 여느 사람과 다름이 있었다. (…) 삼국의 시조가 모두 신이神異한 데서 나왔다고 해서 무엇이 괴이하겠는가."라고 하여 신이神異를 강조한 것에서 잘 나타난다.

이와 같이 일연이 『삼국유사』 전편을 통해 신이를 강조한 이유는 민족 자주성과 문화의 우위성을 내세우고자 했기 때문이다. 일연은 외세의 압박에 대항하여 이를 극복할 수 있는 새로운 힘의 원천이 자기 전통이라는 강한 확신을 가졌다. 곧 몽고와의 30여 년에 걸친 항쟁의 소용돌이에서 민중들에게 민족자존의식과 현실구원적인 신념을 일깨워주기 위한 사상적인 흐름이 일연으로 하여금 『삼국유사』를 저술하도록 한 것이다.

이와 같이 『삼국유사』는 역사서의 성격을 갖고 있지만 불교의 내용과 관련시켜보면 불교신앙적인 측면을 강조하기 위한 의도로 찬술되었다. 그러면 일연이 선종 승려임에도 불구하고 성격을 달리하는 『삼국유사』를 찬술한 사상적 경향은 발견할 수 없을까.

일연(1206~1289)은 오늘날 경북 경산의 토호 출신으로 속성은 김씨, 휘諱는 견명見明, 자는 회연晦然이며, 뒤에 일연으로 이름을 바꾸었다. 아홉 살 때 입산하고 열네 살에 설악산 진전사, 곧 선종의 가지산문에 입문하여 구족계를 받았다. 그가 살았던 고려사회는 무신정변, 대몽항전이 일어났으며 몽고에 예속된 고난의 연속이었다.

선승으로서 교학과 유학을 비롯한 제자백가에도 밝았던 일연은 대장경 조성이 거의 막바지에 이르렀을 때 남해에 설치된 대장도감 분사에 초청받아 대장경 조성에 참여하기도 했다.

『삼국유사』와 관련지어볼 때 일연의 행적 중 어느 시기보다도 원종 5년(1264)에 오늘날 대구 인근의 비슬산 인흥사로 옮겨가 근 십수 년간 머문 그의 만년이 주목된다.

곧 일연이 인흥사에 머물 때 조성하기 시작하여 그가 운문사로 떠난 다음 해인 충렬왕 4년(1278)에 간행한 것으로 현재 해인사 사간판으로 소장된 『역대연표歷代年表』가 중요한 실마리를 던져준다. 일연이 인흥사에 머문 시기에 만든 『역대연표』는 역사서를 찬술할 때 일차적으로 필요한 '연표'이며, 『삼국유사』를 찬술하기 위한 예비 작업으로 보인다. 이러한 '연표'를 만든 인흥사가 어떤 성격의 사원인지는 알 수 없다. 일연이 머문 것으로 보아 선종 사원임은 분명하지만, 『역대연표』가 간행된 시기에 어떤 사상적 경향을 띠었는지 살펴볼 필요가 있다. 당시 이곳에서 간행된 관음신앙과 다라니신앙에 관한 불서 몇 종이 현전하고 있다. 이는 당시 시대적인 상황과 무관하지 않으며, 선승의 길을 중심에 두면서도 신앙을 강조하는 방향으로 눈을 돌린 일연의 사상적 경향과도 관련된다.

이렇듯 13세기 후반기에 인흥사가 현실적 구원과 실천적 성격을 띤 관음신앙을 표방하면서 다라니신앙을 강조한 것은 무엇보다도 이 시기가 근 30년에 걸친 대몽항쟁이 실패로 끝나고 원 간섭기로 고려사회가 재편되어가는 시기였기 때문이다. 이때 일연은 오랜 전란에 지친 민중들로 하여금 구원과 희망을 갖게 하기 위한 신앙적 노력의 일환으로 민중적 성격을 띤 불교를 표방했던 것이다. 아울러 이민족의 침략으로 민중이 고통받고 고려가 복속국으로 전락한 현실은 일연으로 하여금 민족의 위기감을 갖게 했다. 곧 이민족에 복속되어 민중이 고통받는 참담한 사회상황은 일연으로 하여금 사상적으로 관심의 방향을 바꾸게 했고, 그 결과 그가 귀착한 세계는 현세구원적인 관음신앙을 표방하고 민중의 삶을 역사서로 승화시킨 『삼국유사』의 찬술로 나타난 것이다.

한편 고려 후기 대내외적인 격동기를 살아가면서 겪게 된 일연의 부침浮沈은 그가 소속된 가지산문의 향배와도 일치하며 나아가 불교계의 상황 변동과도 그 맥락을 같이한다. 일연은 고려사회가 이민족의 복속 하에 들어가게 되는 시점에 중앙정계 실력자의 후원에 힘입어 화려하게 각광받고 불승으로서는 국존國尊이라는 최고 승직자의 길을 걷게 된다. 이러한 세속적인 위상도 『삼국유사』의 찬술에 간접적으로 작용했을 것이다.

결국 『삼국유사』는 좁게는 한국 역사학의 고전적 저술이고, 넓게는 국문학, 민속학, 신화학을 비롯한 한국학 분야의 잊힐 수 없는 불멸의 금자탑이다. 『삼국유사』의 내용 중에는 현대인의 과학적 안목으로는 쉽게 이해할 수 없는 내용도 많다. 단군신화와 삼국의 건국설화, 불교적 색채가 농후한 신이적神異的 사실을 결함으로 생각할 수 있겠지만, 그러한 서술태도는 오히려 『삼국유사』가 갖는 큰 성과의 하나다. 단군신화에 나타나는 사회상이 그러하며, 불교와의 관련을 중심으로 서술된 민중의 신앙과 생활상에 관한 구체적이며 풍부한 신이적 기사 등이 또한 그러하다. 일연은 신이를 바로 역사의 동력이자 상징적인 실체로 인식한 것이었다. 따라서 『삼국유사』는 가치 높은 민족지民族誌의 성격을 갖기에 충분하다고 할 수 있다. 『삼국유사』는 13세기 후반의 민족적 모순이 극대화되었을 때 나온 시대적 산물로서, 일연을 필두로 한 당시 불교계의 사상적인 흐름과 지식인들의 역사인식을 보여준 것이다.

이재호가 우리말로 풀어 쓴 것(솔출판사, 1997)과 강인구 등이 지은 『역주 삼국유사 1~5』(이회문화사, 2002)를 추천한다.

채상식 | 부산대 · 한국사

역사
37 / 역사가의
시대인식과 책무

:: 『매천야록』, 황현

　오른쪽 페이지에 인용한 시구는 황현이 1910년 8월 3일 한일병합이 발표되자 그날 밤 아편을 먹고 숨지기 직전에 남긴 시의 일부다. 자기 나라가 없어진다는 사실을 애통해하면서 스스로 목숨을 끊는 일은 아무나 할 수 있는 일이 아니다. 황현의 사상과 삶이 궁금해지는 이유다.
　황현黃玹, 1855~1910은 전라도 광양현 서석촌에서 태어났다. 조부와 부친이 물려준 1,000여 권의 서적으로 아무런 걱정 없이 학문에 전념할 수 있었다. 덕분에 어려서부터 문장가로 두각을 드러내, 한말 우리나라를 대표하는 시인이자 역사가가 되었다. 그는 2,000여 수의 시와 『매천야록梅泉野錄』, 『오하기문梧下記聞』, 『동비기략東匪紀略』 등의 역사서를 남겼다. 오늘날 문학과 역사라는 분과학문이 나뉘어 있는 것과 달리 훌륭한 역사가들은 당대의 대표적인 문장가이기도

> 난리를 겪다 보니 백두년(白頭年)이 되었구나
> 몇 번이고 목숨을 끊으려다 이루지 못했도다
> 오늘날 참으로 어찌할 수 없고 보니,
> 가물거리는 촛불이 창천(蒼天)에 비추도다.

했다.

어려서부터 글재주로 이름을 날린 황현은 1883년 보거과(保擧科)에 응시했다. 하지만 부정이 팽배한 과거에 환멸을 느끼고 낙향했다. 부친의 엄중한 요구로 1888년 성균관 생원시에 합격하지만 관직에 나아가는 것을 도깨비 나라의 미치광이가 되는 것으로 생각하여 부패한 조정과 타협하지 않았다.

관직을 포기하고 낙향한 황현은 고향을 떠나 구례 만수동에서 정자를 짓고 살면서『매천야록』을 썼던 것으로 보인다.『매천야록』이 쓰이기 시작한 시기는 정확하지 않으나, 내용과 황현의 역사인식을 고려해볼 때 1895년 전후로 추측된다. 개항 후 외세가 밀려들자 조선 내부의 모순이 폭발하면서 갑오농민전쟁이 일어나고, 서양제도를 모방한 갑오개혁이 단행되고, 일본인에 의해 국모가 살해되는 등 조선의 미래를 예측하기 어려운 상황이었다. 조선왕조의 붕괴 이유를 분명히 파악하고, 개항 후 조선을 침략하는 제국주의 일본의 야심을 정확히 이해하는 것이 필요했다.『매천야록』은 총 6권 7책으로 구성되어 있는데 1864년부터 1893년까지의 30년간 내용이 권1에 수록되어 있고, 나머지 17년간은 권2에서 권6까지여서 권1에 비하면 상세하다.

『매천야록』은 관직을 버리고 시골에 묻힌 선비의 세계관을 이해할 수 있는 작품이다. 서술체계는 시대 흐름에 따른 편년체다. 특징적인 것은 황현이 살아가던 그 당시를 자기의 눈으로 보고 느낀 대로 서술했다는 점이다. 역사는『삼국사기』나『고려사』처럼 다음 왕조에 집필하거나 아니면『조선왕조실록』처럼 다음 왕대에 쓰이는 것이 일반적이다. 당대의 역사 서술이 정치적 영향으로 왜곡되는 것을 막기 위해서였다. 역사 서술이란 단순한 사실의 나열이 아니다. 역사가의 역사관이 개입될 수밖에 없다. 비록 사실의 나열이라 하더라도 어떤 사실을 기록하고, 어떤 사실을 버리느냐 하는 문제도 벌써 역사가의 생각이 개입된 결과다. 따라서 격동의 시대에 당대의 역사를 서술한다는 것은 쉬운 일이 아니다. 아마 황현 또한 이를 두려워했음인지 후손들에게『매천야록』을 공개하지 말 것을 당부했다. 그 때문에 황현이 사망한 지 45년이 지난 1955년에 이르러서야 국사편찬위원회 한국사료총서 제1집으로 간행되었다.

역사가는 기본적으로 사료에 근거하여 서술한다. 황현은 정부의 법안, 각국과 맺은 조약 내용, 상소문, 조서, 전문, 공문 등을 찾아 인용했다. 특이한 것은 책의 제목에서 암시하는 '야록野錄'이 의미하는 것처럼 자기가 보고 듣거나 항간에 떠도는 이야기, 인물들의 일화도 사료로 활용하고 있다는 점이다. 최근 기록으로 남겨지지 않은 이런 종류의 사료가 귀중하게 취급되고 있다. 황현은 기록으로 남겨진 문헌자료 이외에도 사람들의 입으로 이야기되는 내용도 중요한 사료로 활용했다.

황현은 전통적인 유학교육을 받은 선비였으나 성리학의 교조적인 이해에는 반대했다. 이황과 이이 등의 문인들에 대한 비판을 거침없이 내뱉었다. 한편 성리학을 대신할 수 있는 양명학, 실학 등 새로운 학문에 관심을 가졌던 것으로 보인다. 서양의 기술을 이용하여 기울어져가는 나라의 구원을 희망했다. 그렇지만 유교적인 전통질서를 부정하지는 않았다. 조부상을 당해 비단옷을 입는 행위 같은, 상중喪中에 해서는 안 되는 비유교적인 행동을 한 서재필을 비판한 데서 확인 가능하다. 이런 점에서 개항기 온건개화론을 주장하는 동도서기론東道西器論적인 입장이었음을 알 수 있다. 신학문을 도입하고자 한 열의는 1907년 사립 '호양학교壺陽學校'를 설립한 데서 잘 드러난다. 서양의 부富와 학문을 본받자는 것이었다. 신학문을 통해 애국적인 인재 양성을 기대했다.

『매천야록』의 서술적 특징은 역사적 사실과 관련 있는 많은 인물을 동원하고 있다는 점이다. 사실의 서술에만 머무르지 않고 해당 인물과 사건과의 관련성, 책임성 혹은 공적 등에 대한 평가를 병행했다. 고종과 명성황후, 고위관료로부터 의병장, 점술가, 승려, 화적의 괴수, 노비 등 사회의 모든 계층이 서술 과정에서 불려 나온다. 사건의 성격을 인물의 활약과 관련성을 중심으로 설명하려는 방법이다. 조선 왕조의 부패와 조선의 멸망 과정에서 등장하는 인물이어서, 당대 역사를 서술한 황현의 시국관을 잘 이해할 수 있다. 역사 서술에서 인물의 평가는 논란의 불씨가 된다. 그렇지만 황현은 자기 시대의 운세에 알맞은 글을 써야 한다고 주장했다.

황현은 자기가 살았던 시대를 조선왕조의 부패가 만연하고 일본의 침략이 본격화되는 시대로 규정했다. 왕실과 척족의 횡포, 국왕과 왕비의 무능과 부패, 과거제의 부패와 관리층의 비리, 경제 혼란, 신분제의 모순과 사회 문란 등 조선왕조의 모순을 신랄하게 비판했다. 흥선대원군의 개혁정책에 일부 찬성하면서도 많은 사람의 피를 흘리게 한 데는 비판적이었다. 고위관료들 가운데 매국노의 비리만이 아니라 비윤리적인 행위도 폭로했다. 매국노 이완용이 며느리와 간통했다느니, 민형식이 첩의 소생 딸과 결합했다느니, 홍종헌의 조카는 과부로 사는 사촌누이와 간통했다느니 해서, 매국노를 단순한 정치적인 잘못만이 아니라 인륜도 저버리는 패륜아로 묘사했다. 그럼에도 전통적인 모순에 저항한 갑오농민전쟁을 주도한 전봉준을 비판적으로 이해하는가 하면, 활빈당과 같은 민란의 세력을 도적에 비유하여 백성을 괴롭히는 존재로 이해했다. 이런 점에서 황현은 근대적인 시민에 근거한 국가로의 전환보다, 기존 질서의 부패를 교정한 조선왕조 체제의 유지를 희망한 유교적 보수주의자였다.

황현의 대일인식은 유교적인 화이관에 근거했다. 개항 전후 위정척사파들의 서양과 일본에 대한 인식과 흡사하다. 개항 당시 일본이 내세운 조선의 자주국이라는 표현을 일본의 간사한 음모로 이해했다. 이러한 비판인식은 청일전쟁과 러일전쟁을 지나면서 더욱 강해진다. 일본 어민의 침투, 일본 화폐 유통, 삼림채벌, 토지 매입, 국채 문제 등 일본의 이권침탈을 묵과하지 않았다. 을사보호조약 이후에는 을사오적의 활동이나 일본 정치인과의 관계를 하나하나 폭로했다. 뿐만 아니라 을사보호조약을 수치로 여기고 자결한 민영환, 송병선과 그의 여종 공림의 이야기 역시 아주 자세하게 서술했다. 1907년 군대해산 이후 의병들의 대일투쟁에는 '의보義報'란을 만들어 날짜별로 각 지역의 의병활동을 정리했다.

황현은 『매천야록』을 통해 지식인이면서 역사가가 지녀야 할 시대인식을 몸소 실천하려고 했다. 자신이 살고 있는 시대를 냉철하게 비판하고 대안을 제시하는 역사가의 책임감을 생각하게 한다.

임형택이 옮긴 것(문학과지성사, 2005)과 이장희가 옮긴 것(명문당, 2008)을 추천한다.

차철욱 | 부산대 · 한국현대사

역사
38 / 이 시대에 절실히 필요한 책

:: 『조선상고사』, 신채호

    신채호는 우리 역사의 사실이나 인식에 있어서 오류가 많음에 문제의식을 가지고 출발하여 고대사 인식의 체계를 확립했고, 이를 토대로 독립운동의 기초를 다지기 위해 주체적 역사인식을 강조했다. 그것은 총론에서 강조한 '아我와 비아非我의 투쟁' 논리와 상통하는 맥락이다. 그가 항상 마음속에 깊이 생각하고 있던 부분이었다.

1. 신채호의 사상과 활동

한나라(조국) 생각
나는 네 사랑 너는 내 사랑

두 사람 사이 칼로 썩 베면

고우나 고운 핏덩이가 줄줄줄 흘러 내려오리니

한 주먹 덥석 그 피를 쥐어 한나라 땅에 골고루 뿌리리

떨어지는 곳마다 꽃이 피어서 봄맞이 하리.

1910년 단재 신채호 선생이 중국으로 망명하는 길에 압록강을 건너면서 심정을 읊은 시다. 망국을 눈앞에 두고 떠나야 하는 그의 마음을 생각하면 처연하고 뭉클한 느낌을 감출 수 없다. 우리들은 그를 민족주의사학자, 언론인, 혁명가, 무정부주의자 Anarchist 등으로 부른다. 그런데 사실 이 중 하나라도 빠지면 그를 다 이해하지 못한 것이라 할 수 있다. 그만큼 백 년 전에 불꽃처럼 살았던 신채호의 삶의 궤적은 크다. 여기서는 본서의 해제를 위해 역사학자로서의 그의 사상과 활동을 중심으로 책을 설명하기로 한다.

신채호는 1900년대 황성신문, 대한매일신보에서 논설과 주필을 맡고 신민회에 참여하면서 애국계몽과 국권회복운동을 전개했다. 일본 제국주의를 비롯한 열강들의 침탈 속에 국권수호가 최우선의 과제였기 때문이다. 이어 일제의 감시와 억압이 심해지자 본격적으로 해외망명을 통해 현지 학교에서 민족교육에 심혈을 기울이고, 우리 역사와 관련한 글을 써서 민족의식을 고취시키는 데 힘썼다. 그는 늘 한민족의 독립정신을 화두로 삼고 있었다. 이와 관련하여 역사의 기본 정의를 '아我와 비아非我의 투쟁'이라 한 사실은 너무나 유명하다. 식민지배에서 벗어나 독립을 쟁취하기 위한 가장 현실적 방법이었다.

역사란 무엇인가? 인류사회의 '아'와 '비아'의 투쟁이 시간으로 발전하고 공간으로 확대되는 마음의 활동 상태의 기록이다. 세계사는 세계 인류가 그렇게 되어온 상태의 기록이요, 조선사는 조선 민족이 그렇게 되어온 상태의 기록이다. 무엇을 '아'라 하며 무엇을 '비아'라 하는가? 간단히 말하자면, 주관적 위치에 서 있는 자를 '아'라 하고, 그 밖의 것은 '비아'라 한다.

『조선상고사』 제1편 제1장 첫머리에 나오는 말로서 탁월한 민족주의 사론史論이다. 그는 인류의 역사를 물질이나 계급의 투쟁이 아니라 민족주체나 정신의 투쟁으로 보았다. 다소 관념적인 요소가 내재되어 있기는 하나 당시의 국제정세로서는 절실한 문제였다. 그는 강철처럼 굳건한 자아의식을 강조했다. 따라서 반일독립운동의 방법으로 '선실력양성 후독립운동'의 주장(준비론·외교론)을 맹렬히 비판하면서 '무장투쟁론'을 적극 주장한 것도 같은 맥락이다. 전자를 강조하던 무리들 일부가 일제의 식민정책에 동화되면서 민족을 배반하는 행동을 했다. 신채호는 이처럼 분열적인 상황을 인식하고 식민지배가 가혹하던 1920~30년대에 신문 연재 등의 방법으로 논문을 쓰기 시작했고, 그것들이 『조선상고사』나 『조선사연구초』 등의 역사책으로 간행되었다. 집필하는 동안에도 그의 마음속에는 늘 올바른 역사의식 확립을 통해서만이 한국인의 독립이 가능하다는 명제가 자리 잡고 있었다.

2. 책의 구성과 내용 및 특징

신채호는 1920년대에 『조선상고사』의 원고를 썼다. 특히 집필하기 전에 만주의 고구려와 발해 유적지를 답사하고 부여, 고구려, 발해 중심의 한국고대사 체계화를 구상했다. 써놓은 글을 1931년 신민족주의 역사학자 안재홍(安在鴻)의 추천으로 〈조선일보〉에 6월 10일부터 10월 14일까지 '조선사'라는 이름으로 연재했다. 이 글들이 모아져서 해방 후 1948년에 종로서원에서 『조선상고사』라는 이름의 책으로 처음 간행되었다. 책의 전체 구성은 모두 12편으로 되어 있다. 목차와 주요 내용은 다음 표와 같다.

편별	목차구성	주요 내용	특징
제1편	총론	역사의 정의, 사료 수집과 선택	역사의 3대원소
제2편	수두(단군신앙) 시대	조선민족의 구별, 단군조선	만주의 활동무대
제3편	삼조선(三朝鮮) 분립시대	기록에서의 삼조선과 분립, 그 후의 조선	한(韓)의 새로운 해석
제4편	열국쟁웅시대	동부여, 고구려, 백제, 신라, 가야의 성립과 한무제의 침략	
제5편	고구려 전성시대	고구려의 국력 성장과 그 원인	고구려의 웅혼성, 대외항쟁 승리
제6편	고구려의 쇠퇴 징조와 북부여의 멸망	고구려와 중국·선비족과의 싸움	
제7편	고구려·백제 두 나라의 충돌	양국 관계의 유래, 광개토왕의 북진정책, 장수태왕의 남진정책	백제의 해외정벌
제8편	남방 여러 나라의 대고구려 공수동맹	신라·백제·가야 등의 동맹과 고구려와의 대립	
제9편	삼국 혈전의 시작	진흥왕·무녕왕의 발흥, 6가야 멸망	삼국의 100년 전쟁과 수·당

제10편	고구려와 수의 전쟁	임유관 · 살수 전투	살수대첩에 대한 인식의 오류
제11편	고구려와 당의 전쟁	연개소문의 혁명, 안시성 전투	
제12편	백제의 강성과 신라의 음모	부여성충의 활동, 김춘추의 외교활동	백제 의병

『조선상고사』는 민족주의 역사학의 교과서라 할 수 있다. 그 이유는 크게 두 가지로 요약할 수 있다. 하나는 근대역사학의 방법론을 개척하면서 '아와 비아의 투쟁'의 역사를 강조한 점이다. 이는 식민지배 하에서 우리 민족의 절실한 과제를 제시한 것을 의미한다. 다른 하나는 역사의 객관적 서술을 위해 사료의 수집과 선택의 중요성을 강조한 점이다. 금석문, 서적, 위서판별, 언어와 풍속 등을 해박하게 설명한 것이 그 예다. 이와 같은 방법론에 입각하여 신채호는 일제 식민사관의 회유에 맞서서 주체적인 고대사의 체계를 확립했다.

이 책에서 보여주는 고대사 인식의 특징은 다음과 같다. 첫째, 외래사상에 대한 수두교의 고유사상(단군신앙)을 강조했다. 둘째, 고조선(단군)―부여―고구려로 이어지는 계통을 체계화했다. 셋째, 고대사의 무대를 중국 동북지역과 요서지방으로 확대했다. 넷째, 한사군(漢四郡)이 한반도에 존재했다는 종래의 설을 비판하고 한사군을 한반도 밖에 존재했거나 실존하지 않았던 것으로 보았다. 다섯째, 상고시대 삼조선과 삼국시대의 백제가 중국의 산동반도 정벌에 나서는 등의 이야기를 통해 동아시아 무대의 역사를 강조했다.

여섯째, 삼한의 이동설과 전후 삼한설을 주장했다. 일곱째, 부여―고구려 계보 중심의 역사인식에 입각하여 신라의 삼국통일을 부정적으로 평가했다.

이처럼 신채호는 우리 역사의 사실이나 인식에 오류가 많다는 문제의식에서 출발해 고대사 인식의 체계를 확립하였고, 이를 토대로 독립운동의 기초를 다지기 위하여 주체적 역사인식을 강조했다. 그것은 제1편 총론에서 강조한 '아와 비아의 투쟁' 논리와 상통하는 맥락이다. 그가 항상 마음속에 깊이 생각하고 있던 부분이었다. 또 고구려와 발해를 중시하는 그의 고대사 인식체계는 조선 후기 실학의 영향을 충실히 받은 것으로, 만주를 중심으로 하는 고구려의 웅혼한 기상과 대외적 주체의식의 산물이라고 할 수 있다.

결국 신채호의 역사연구는 박은식朴殷植과 함께 한국사학을 근대적 학문의 수준으로 끌어올린 업적이 되었다. 백 년 전 신채호 선생의 탁견이 오늘날 중국의 역사왜곡 정책에 준엄한 경종을 울리고 있는 셈이다.

윤재영이 옮긴 『조선상고사』(동서문화사, 1987)와 박기봉이 옮긴 『조선상고사』(비봉출판사, 2006)를 추천한다.

변광석 | 부산대 · 한국근세사

역사

역사 39 / 민족주의자가 말하는
자유와 독자성

:: 『백범일지』, 김구

　백범 김구가 망명지 중국에서 은신하며 쓴 『백범일지』가 지금 우리에게 하고 싶은 이야기는 무엇일까. 『백범일지』는 상, 하 두 권으로 나뉘어 있다. 상권은 1928년 3월경 시작하여 1929년 5월 3일 탈고하였고, 하권은 1942년 시작하여 1947년 첫 출판 무렵에 완성된 것으로 보인다. 상권은 태어나서부터 상해임시정부가 세워질 때까지의 내용이고, 하권은 그 이후 상해임시정부에서의 활동과 해방된 조국에 귀국한 뒤의 활동을 포함하고 있다.

　백범 김구1876~1949는 황해도 해주에서 태어났다. 어려서 개구쟁이였던 김구는 15세 때 할아버지가 돌아가신 후 한학을 배우기 시작했다. 그러나 당시 과거제의 타락상을 보고 신분상승의 욕구를 버렸다. 1893년 동학에 입도하여 황해도 '팔봉 접주'로 활동했다. 1896년 명성황후 살해, 단발령 등으로 반일감정이 심할 때 일본인

> 우리가 세우는 나라에는 유교도 성하고, 불교도 예수교도 자유로 발달하고, 또 철학을 보더라도 인류의 위대한 사상이 다 들어와서 꽃이 피고 열매를 맺게 할 것이니, 이러하여야만 비로소 자유의 나라라 할 것이요, 이러한 자유의 나라에서만 인류의 가장 크고 가장 높은 문화가 발생할 것이다.

을 때려죽여 인천감옥에 투옥되었다. 탈옥하여 충청도 마곡사에서 한때 승려가 되기도 했으나, 고향에 정착해 교육계에 종사했다. 1905년 을사보호조약 이후 전국 구국운동에 참여했다. 1910년 신민회 사건에 연루되어 징역 15년을 선고받고 서대문형무소에서 수감생활을 하면서, 향후 독립운동에 도움이 될 수 있는 다양한 사람들과 인맥관계를 형성했다. 1915년 가출옥 후 고향에서 교육계에 종사하던 중 3·1운동 직후 상해로 망명하여 임시정부 조직에 참여했다. 임시정부에서 경무국장, 내무총장, 국무위원회 주석 등의 직책을 맡아 활동했다. 1945년 해방과 함께 귀국해서 한국독립당을 조직하여, 반탁독립투쟁을 전개했다. 1948년 남북한 정부수립을 전후해 통일정부를 수립하기 위해 남북한을 왕래했다. 이 무렵 김구는 『백범일지』를 발간하여 자신이 희망하는 나라, 즉 문화의 힘이 부강한 나라를 만들고 싶다는 뜻을 밝혔다.

역사자료로서『백범일지』는 한 독립운동가의 정신을 이해할 수 있는 중요한 내용을 담고 있다. 대부분 경험과 기억에 의존하고 있다. 최근 그의 기억들은 부족한 사료의 한계를 극복하고, 기억하는 주체의 상황을 이해하는 데 중요한 자료가 된다는 점 때문에 역사연구의 자료로 많이 활용되고 있다. 역사적으로 중요한 사건이었던 갑오농민전쟁기 동학 접주로서의 활약, 동학군 내부의 갈등, 한국 독립운동의 성지와 같은 서대문형무소에서의 수감 생활, 수감자들과의 관계, 을사보호조약 이후 친일파와 일본 정치인들의 처단에 나선 나석주, 노백린, 안중근, 이재명 등과의 인연, 상해임시정부 내 다양한 세력들 사이의 갈등, 이봉창, 윤봉길 의사의 거사 준비과정 등에 대한 구체적인 내용을 확인할 수 있다.

다른 한편 김구의 개인사도 풍부하게 서술되어 있다. 어린 시절 할아버지와 아버지, 개인적인 스승과 친구에 대한 추억, 인천감옥과 서대문형무소 수감시절 옥바라지를 한 어머니의 고생담은 자세하다. 무엇보다 결혼, 부인, 자식들 이야기는 독립운동가의 사생활을 파악하는 중요한 자료다. 김구는 1904년 최준례와 결혼하기 전 세 명의 여자와 약혼했으나 이런저런 이유로 파혼하는 아픔을 겪었다. 결혼 후에도 딸 셋이 어려서 사망하는 안타까운 일도 있었다. 그리고 상해에서 아내의 사망, 어린 자식들과 어머니의 고달픈 생활 등 불행한 개인사를 소개하고 있다. 하지만 김구는 어떠한 감정을 드러내지 않는다. 자신의 활동을 위해 희생한 주변 사람들의 이야기를 많이 서술한 것은 아마 가족에 대한 미안한 마음의 표현이지 않을까 생각된다.

　김구는 다양한 사상, 다양한 문화, 다양한 계층이 공존할 수 있는 나라를 꿈꾸었다. 상해임시정부가 수립된 중국에는 조선인들이 만든 단체가 많았다. 특히 사회주의자 이동휘와의 논쟁에서 "우리 독립운동이 우리 한민족의 독자성을 떠나서 어느 제3자의 지도, 명령의 지배를 받는다는 것은 자존성을 상실한 의존성 운동"이라고 하여 그 누구에게 의존하지 않는 독자적인 힘에 의한 자주 독립국가를 희망했다. 이럴 때라야 진정한 '자유'를 보장받을 수 있고, 독립국가가 가능하다고 생각했다. 김구는 사회주의가 특정 개인이나 나라의 영향력이 강하게 작용하는 사상이라 생각했기 때문에 조선의 독립사상으로 받아들이지 않으려 했던 것이다. 해방 후 치열한 사상논쟁으로 변질되는 신탁통치를 반대한 이유도 외세에 의존한 국가건설을 반대했기 때문이다.

　여기서 우리는 김구의 독립국가·자유의 논리를 개인의 차원으로 끌어내려 이해할 필요가 있다. 다른 나라의 논리에 속박되지 않는 국가를 건설한다는 독립논리는, 타인의 물리력이나 사고력에 얽매이지 않는 다양성이 보장되는 개성의 필요로 재해석할 수 있다. 근대국민국가나 식민지주의에 의해 획일화되는 교육방법이나 논리적 사고가 가지는 한계를 지적하는 대목이다. 진정한 자유란 한 국가가 자기의 진로를 독자적으로 결정할 수 있듯이, 한 개인 또한 보이지 않는 힘에 좌지우지되지 않는 독자성을 가질 때 보장된다고 할 수 있다. 김구의 민족주의 논리와 그가 희망한 독립국가의 내용은 이렇게 해서 오늘날에도 의미를 지닌다.

김구 주위에는 많은 사람들이 있었다. 해방과 함께 귀국하자 김구가 가장 먼저 한 일은 윤봉길, 이봉창, 김경득의 유가족을 찾아 위로와 감사를 전하는 일이었다. 지방을 순회하면서 과거에 맺었던 많은 인연을 찾아보았다. 조선의 독립운동이나 임시정부에 독립자금을 지원한 인사들에게 감사를 표시하기 위해서였다. 목포에서는 양봉구, 강경에서는 공종열, 춘천에서는 유인석의 무덤을 찾았다. 『백범일지』에서 확인되지 않은 사례도 많다. 이처럼 김구는 인간관계에서 의리와 신뢰를 최우선으로 했다. 일본 천황을 저격하러 일본으로 떠나는 이봉창은 눈물을 흘리면서 자신의 행동을 후회하지 않는 이유를 김구가 보여준 믿음 때문이라 했다. 김구는 어려서 동학당에 가담할 때도 의리를 중시했다. 반드시 얻어야 하는 인재는 직접 방문하는 수고스러움을 마다하지 않았다. 이는 모두 어려서 스승으로 모신 고능선의 가르침 때문이다.

고능선의 가르침 가운데 지도자로서의 김구가 마음에 품은 문구는 다음과 같다.

가지 잡고 나무를 오르는 것은 기이한 일이 아니나
(得樹攀枝無足奇[득수반지무족기])
벼랑에 매달려 잡은 손을 놓는 것이 가히 장부로다
(懸崖撒手丈夫兒[현애철수장부아])

김구가 과단력이 부족함을 알고 스승인 고능선이 한 말이다. 김구는 1896년 안악군 치하포에서 일본인을 때려죽일 때, 인천감옥에서 탈옥할 때, 3·1운동 이후 상해로 망명할 때, 이봉창, 윤봉길 두 의사의 사건 등 중요한 결정을 해야 할 때마다 위의 문구를 떠올렸다. 자유가 없고 독자성이 없으면 과단력이 있을 수 없다. 누군가에게 의존한 삶이란 과감한 행동의 장애물이다. 확신이 없기 때문이다. 김구가 말하는 과단력이란 국가나 개인에게 자유가 보장될 때만 가능하다.

『백범일지』는 식민지시대와 해방공간에서 나라 세우기를 위한 논리에만 그치지 않고 지금 우리 앞에 놓인 우리 문제를 해결하기 위한 논리로도 타당하다. 그것은 자유와 독자성이다.

도진순이 주해를 한 『백범일지』(돌베개, 1997)를 권한다.

차철욱 | 부산대·한국현대사

문학
40 / 고대 중국인들의 사적事迹 탐구

:: 『사기열전』, 사마천

　오른쪽에 인용한 문장은 『사기열전』의 '이사李斯열전' 중에 수록된 글이다. 이사는 진시황이 중국을 최초로 통일할 수 있도록 토대를 마련해주었다. 그러나 이사의 간청으로 채택된 여러 가지 제도는 진시황이 죽고 난 뒤 이사가 세력 다툼에서 밀려나면서 모두 역사의 뒤안길로 사라졌다.

　진시황秦始皇이 '영토 통일'을 달성했다면, 사마천司馬遷, BC 145?~BC 90?은 '사상 통일'을 이룩한 셈이다. 때문에 사마천의 『사기史記』는 오늘날에도 그 영향력이 크다. 『사기』는 「본기本紀」 12편, 「표表」 10편, 「서書」 8편, 「세가世家」 30편, 「열전列傳」 70편 등 총 130편으로 이루어져 있으며, 기전체紀傳體 형식으로 쓰인 첫 역사서다. 그중에 가장 많은 편수를 차지한 「열전」은 주로 제후와 신하들의 전기傳記를 수록하고 있는데, 때로는 신분과 상관없이 기상천외한 인물과 소수

> 始皇可其議, 收去詩書百家之語以愚百姓, 使天下無以古非今. 明法度, 定律令, 皆以始皇起. 同文書. 治離宮別館, 周徧天下. 明年, 又巡狩, 外攘四夷, 斯皆有力焉.

> 진시황은 그 의견을 옳다고 여겨 『시경(詩經)』, 『서경(書經)』, 제자백가(諸子百家)의 어록을 수거하여 폐기시키고 백성들을 우매하게 함으로써 천하에 누구도 고대(古代)의 것으로 현재를 비판하는 자가 없게 하였다. 법도를 따르고 율령을 정하는 것은 모두 진시황에서 시작되었다. 문서도 통일시켰고, 이궁과 별관을 천하에 두루 지어 다스렸다. 다음해 또 순수(巡狩)를 하였고 밖으로는 사방(四方) 오랑캐를 물리쳤는데, 이사(李斯)가 모두 힘썼다.

이민족에 대한 사적事迹 구성, 그리고 생동감 넘치는 인물묘사로 매우 흥미롭게 서술한 전기체傳記體 형식의 역사서라고 할 수 있다.

이러한 역사서로서의 『사기열전』(원래는 『사기』의 「열전」편이라 부르는 것이 타당하나, 「열전」은 그 자체로서 독립된 책으로 묶이는 경우가 많아 따로 『사기열전』이라고 하기도 한다)은 삶에 대한 물음과 다양한 해답을 제시하면서 삶의 지표를 제공해주기도 한다. 『사기열전』은 오늘날 우리가 보다 나은 삶을 살아가기 위해 겪는 갈등과 고통이 고대 중국에서도 똑같이 되풀이되어왔음을 역사적 사실에서 알 수 있게 해주기 때문이다.

고대 중국인들의 사적事迹 탐구

『사기열전』은 이상옥이 두 차례(명문당, 1986; 2009) 번역했고, 정범진 등이 번역했으며(까치, 1995), 김원중(민음사, 1999; 2007)이 수정하여 번역했는데, 수정된 번역서에는 각 열전의 첫 부분에 해설을 수록했고, 중간 제목을 붙여 접근이 쉽도록 했다. 연변대학 고적연구소(서해문집, 2006)에서 번역된 것은 사실감 있는 역사서를 만들기 위해 대화체로 번역했고, 시대상을 알 수 있는 각종 유물 자료와 지도 등을 수록했으며, 각 편마다 서두에 해당 시기를 표기하여 역사적 흐름을 이해하도록 했다는 데에 특징이 있다.

『사기열전』의 체제는 사마천의 독창적인 서술법으로 역사서의 본보기가 되었으며, 이후 옛 사람들이 고사의 사적事跡을 서술하면 이것을 '전傳'이라 했다. 특히 『사기열전』에서는 우리 사회에서 자주 발생할 수 있는 대립과 갈등, 배반과 충성, 이익과 손해, 물질과 정신, 도덕과 본능, 탐욕과 자비 등 선택의 갈림길에서 인간의 단면을 제시하고 바로 그것이야말로 진정한 인간의 모습임을 느끼게 해준다. 이것은 여러 고사성어故事成語의 유래를 통해서 알 수 있다. 예를 들어, 흔히 '곧은 절개나 청절지사淸節志士'를 지칭할 때는 '백이숙제伯夷叔齊'에 비유한다. 이것은 『사기열전』의 맨 첫 편에 실린 '백이伯夷열전'에서 나온 말이다. '백이열전'을 보면 "백이와 숙제는 주周나라의 백성이 되는 것을 부끄럽게 여기고, 의리를 지켜 주나라의 곡식을 먹으려 하지 않고, 수양산에 은거하며 고사리를 캐어 그것으로 배를 채웠다. 굶주려서 곧 죽음에 이르렀을 때, 노래를 지었다. 그 가사는 이러했다. '저 수양산에 올라 산중의 고사리나 캐자꾸나. 포악한 것(주[周]무왕[武王])으로 포악한 것(상[商]주왕[紂王])을 바꾸었으니, 그 잘못을 알지 못하는구나. 신농神農, 우虞, 하夏의 시대는 홀연히 사라져버렸으니, 우리가 돌아갈 곳이 어디에 있단 말인가? 아! 이제는 갈 곳이 어디란 말인가. 운명이 다 쇠하였구나!' 마침내 이들은 수양산에서 굶어 죽고 말았다."라는 대목이 있다. 이것은 상商나라 말기 권력과 이해관계로 얼룩진 혼란 속에서 백이와 숙제만은 인의仁義를 추구하면서 나라에 대한 우국충정憂國衷情으로 굶어 죽었다는 내용이다.

이 외에도 『사기열전』에 등장하는 고사성어를 열거해보면, 진정한 우정을 표현할 때 주로 '관포지교管鮑之交'를 인용할 때가 있는데, 그 유래는 『사기열전』 제2편에 실린 '관안열전管晏列傳'에서 비롯된다. 또한 일이 있을 때는 실컷 부려먹다가 일이 끝나면 돌보지 않고 헌신짝처럼 버리게 될 때의 표현인 '토사구팽兎死狗烹'이라는 고사성어 역시 '회음후淮陰侯열전'에서 출전된 내용이다. '회음후열전'에 나오는 고사성어를 좀 더 살펴보면 '다다익선多多益善', '천려일실千慮一失', '배수진背水陣'도 있다. '맹상군孟嘗君열전'에 나오는 '계명구도鷄鳴狗盜'나, '유림儒林열전'의 '곡학아세曲學阿世'도 우리가 잘 아는 내용이다. '기화가거奇貨可居'는 '여불위呂不韋열전', '낭중지추囊中之錐'는 '평원군平原君열전'에서 출전되었고, '교주고슬膠柱鼓瑟'과 '문경지교刎頸之交'는 '염파인상여廉頗藺相如열전'에서 나왔을 뿐만 아니라, 인상여는 완벽完璧이란 말을 만들어낸 인물이기도 하다. '방약무인傍若無人'은 '자객刺客열전', '수서양단首鼠兩端'은 '위기무안후魏其武安侯열전', '누란지위累卵之危'는 '범수채택范雎蔡澤열전', '계포일락季布一諾'은 '계포난포季布欒布열전'에 실려 있는 내용이다. 이처럼 많은 고사성어를 배출한 것만 보더라도

『사기열전』에 등장하는 인물묘사가 흥미롭고 교훈적인 내용을 담지하고 있음을 알 수 있다.

특히 '여불위열전'을 보면 진秦나라가 최초의 통일제국을 이룩한 배경을 짐작할 수 있고, 그 진시황의 출생 신분까지 세심하게 다루고 있는 내용이 있어서 흥미롭다. '이사열전'에서는 진시황의 최후와 진나라가 쇠락하게 된 원인을 알 수 있도록 시대별로 서술한 점이 재미있는 부분이라고 할 수 있다. 나아가『사기열전』의 매 편마다 마지막 단락에서는 사마천이 그 열전의 인물과 품격에 대해 비평을 저술했다는 점에서 인과응보의 진리를 깨닫게 해주는 교훈서이기도 하다.

마지막 열전인 제70권에는 '태사공자서太史公自序'가 서술되어 있는데, 사마천이 신화전설의 시대인 하夏에 대한 인물들을 서술함으로써 선사先史시대까지 역사시대로 끌어올렸다는 데에 그 의미가 있다고 생각된다. 또한 제자백가에 대한 사상적 검토도 정리했고, 태사공의 뒤를 이은 사마천이 사기를 저술하게 된 배경까지 열거했다. 오제본기五帝本紀에서 열전列傳까지 총 130권에 대한 총괄적인 비평을 하면서 각각 편별로 저술의 의도에 대해 낱낱이 밝혀 서술했다.

『사기열전』이 비록 2100년 전에 저술된 책이기는 하지만, 상商나라의 인물에서 춘추전국시대春秋戰國時代, 전국칠웅戰國七雄을 거쳐 진秦의 통일과 한漢나라에 이르기까지 많은 인물들의 사적事迹을 다룸으로써 우리는 고대 중국인의 정치경제와 사상까지도 포괄하여 탐구할 수 있다. 이렇게 볼 때『사기열전』은『사기』의 백미百味라고도 할 수 있다.

    저자 사마천司馬遷, B.C.145?~B.C.90?의 저서 『사기史記』의 원명原名은 『태사공서太史公書』였다. 사마천은 전설 속의 황제黃帝 시기부터 한무제汉武帝 시기까지 3천여 년의 긴 역사를 집필했다. 그리하여 후대 사람들이 그를 '사성史聖', 혹은 '신사信史'라고 칭송하게 되었다고 한다.

    번역서로는 김원중이 옮긴 것(민음사, 2007)과 이상옥이 옮긴 것(명문당, 2009), 연변대학 고적연구소가 옮긴 것(서해문집, 2006), 정진범 등이 옮긴 것(까치, 1995)을 추천한다.

허명화 | 부산대 · 중국고대사

역사

41 / 근세 후기 중국
유교민본주의 정치사상

:: 『명이대방록』, 황종희

『명이대방록明夷待訪錄』은 고염무顧炎武, 왕부지王夫之와 더불어 명明의 3대 유신이라고 일컫는 황종희黃宗羲가 저술한 정치사상서다. 『명이대방록』의 '명이'는 『주역』 64괘 가운데 하나로, '밝은 태양이 땅속에 빠져 들어간' 상태이고, '밝고 지혜로운 사람이 상처를 입고 때를 기다리는' 형국의 암흑시대를 말한다. 흔히 기자箕子가 상商의 마지막 왕이자 폭군이던 주왕紂王의 '암흑' 통치 아래 간언하던 끝에 유폐되어 몸을 움츠렸지만, 상을 정벌한 주周 무왕武王이 그를 찾아와 정치를 묻자, 하夏의 우왕禹王이 만든 정치의 큰 틀을 전해주었다는 고사를 가지고 이야기한다. 『명이대방록』은 명말의 극심한 정치 문란, 농민반란군에 의한 왕조의 몰락, 만주족 청淸의 중국 지배로 이어지는 '천붕지해天崩地解'의 상황을 겪은 황종희가 지금은 '명이'의 세상이지만, 언젠가 새로운 시대가 되어 명군이 나타난다면, 그

> "옛날에는 천하의 백성이 주인이고 군주가 객이 되어, 무릇 군주는 일생 동안 천하를 위해 경영하였다. 지금은 군주가 주인이고 천하 백성이 객이 되었고, 무릇 천하의 어느 곳도 평안하지 않는 것은 오로지 군주만을 위하기 때문이다."

에게서 세상을 다스리는 큰 원칙에 관한 '물음을 받게 될 것을 기대(待訪)'하면서 저술한 '신시대 대망록'이다.

천하의 큰 해악은 다름 아닌 군주다

황종희는 '천하 백성이 주인이고 군주는 객'이라는 저명한 사상적 명제를 제기하였는데, 여기에는 천하는 공적인 것이고 백성이 주인이므로 천하의 이익은 백성에게 돌아가야 하고 천하의 손해는 군주가 책임을 져야 하는 것이 가장 이상적인 정치의 사회라는 생각이 담겨 있다. 그럼에도 현실은 도리어 '군주가 주인이고 천하 백성이 객'인 상황으로 주객이 전도되어버렸는데, 황종희는 그 근본 원인을 진한秦漢 이래 명이 멸망할 때까지 강화되어온 군주독재와 그 체제를 옹호하는 일체의 학설에서 찾고 있다.

그에 따르면, 인간은 누구나 사리를 추구하는 본성을 지니고 있다. 그렇지만 인간은 공동사회를 영위하기 때문에 사리의 추구를 공리公利의 차원으로 승화시켜야 하며 그 역할을 하는 것이 곧 군주다. 그러나 요순堯舜 시대와 달리 진한 이후로는 개개인이 사리를 추구할 수 있는 길이 막혀버렸다. 군주가 천하의 이익을 모두 독점하여 공리는 진작되지 못하고, 군주의 사적 이익이 마치 천하의 공적 이익인 것처럼 되어버려, 천하 백성들의 삶이 곤경에 빠졌기 때문이다. 황종희에게 있어 천하의 큰 해악은 다름 아닌 군주였다.

신하와 군주는 이름은 다르지만 실질은 같다

황종희에 따르면, 진한 이래 군주가 정치를 농단하면서 관리와 신하는 군주의 몸종이 되어 더 이상 백성을 위해 일할 수 없게 되었는데, 이는 군주와 신하 간의 차이가 기능적 차이職分(직분)라는 점이 밝혀지지 않았기 때문이다. 특히 명대에 재상의 직을 폐지하면서 군주의 지위가 절대적인 것으로 바뀐 것은 송대 이래의 유학이 군주와 신하의 관계를 아버지와 아들 간의 혈연적 자연질서와 동질의 것으로 보아 군주 개인의 존엄성과 절대성을 보장해준 것에서 비롯되었다. 황종희는 군주와 신하의 관계를 상하의 주종관계로 보는 명분론적 군신관을 비판하고 양자는 기능적 역할에서의 차이만 있는 동료師友[사우]관계로 규정하고 있다. 그에게 군주와 신하는 천하 백성이 있음으로 해서 존재할 수 있는 것으로, 신하가 군주 개인만을 위해 일한다면 그의 노복이 되어버리지만 천하를 위해서 일할 때는 군주의 동료가 된다는 것이다. 요컨대 군주의 지위를 관료체계에 묶어버림으로써 그 초월적 존재를 인정하려 하지 않는다.

사대부의 공론을 통한 정치의 사회

황종희는 군주권의 남용을 견제하기 위해 재상제의 회복을 주장하면서 동시에 학교를 통한 여론정치를 주장한다. 그는 사대부를 정치의 주체로 본다. 사대부 가운데 관직에 나간 자는 관계官界에서 행정을 담당하고, 그렇지 못하거나 퇴직한 자는 학교를 중심으로 사대부의 양성과 정치논의를 담당하게 함으로써 사대부에 의해 주재되는 천하사회를 구상하고 있다. 그것은 미관말직의 서리와 학생까지도 포함하는 전 독서인이 직위에 관계없이 모두 천하의 일을 함께 논의할 수 있는, 공론을 통한 정치의 사회다. 황종희는 이를 활성화시키기 위해 재상의 직을 부활시키는 것 외에, 관리 선발의 엄정함과 인재 발굴의 중요성, 환관의 정치간섭 배제 등을 골자로 하는 제도개혁론을 개진했다. 학생들의 정치 참여를 적극 권장했던 것도 군주독재에 대해 사대부의 집단인 학교를 중심으로 하여 조직된 역량으로 제어하고자 했기 때문이다.

사농공상 사민四民의 지도적 지위에 있는 사대부는 위로는 군주독재를 제어하며 아래로는 농공상의 각 업을 성취할 수 있도록 보장해주는 일을 그 임무로 본다면 관료체계를 넘어서는 광의의 기능을 발휘하게 된다. 황종희가 구상한, 군주와 신하, 사대부 간의 기능분화의 질서가 이룩된 사회는 개인의 능력을 제한하는 일체의 장애물이 제거되고, 군주는 신하와 마찬가지로 천하의 일을 위해 그 기능을 다하여 업적을 쌓아야 할 직분은 갖고 있지만 독재권은 부정되는 이상적 사회다.

중국의 루소

황종희는 민본정치사상을 바탕으로 군주독재의 지배체제를 비판하고 백성 개개인의 복리를 추구했기 때문에 '중국의 루소', '유교의 루소'라 불린다. 기존의 민본사상과 크게 다를 바 없는 것처럼 보이지만, 진한 이래의 유교정치사상의 민본은 군주로부터 내려오는 은혜로움에 가깝다. 이 경우 민본이라 하더라도 민은 어디까지나 대상적 존재이지 주체적 존재가 될 수 없다. 그러나 황종희의 '천하백성이 주인이고 군주는 객'이라는 명제에서 정치적 논의와 시비판단의 주체로 학교 중심의 사대부 계층을 선정한 것은 근대적 민주정치 형태에 근접한 것이라 할 수 있다. 이 점에서 황종희의 정치사상은 기존의 민본정치사상과 구별된다.

황종희의 정치적 이상은 중국의 새로운 지배자로 등장한 청조, 더욱이 역대 왕조 가운데 가장 강력한 군주독재를 실현한 이민족 군주들의 통치 아래에서는 실현될 수 없는 것이었다. 또한 천하의 해악으로서 군주를 지목하면서도 군주제의 폐지와 천하의 주인인 백성이 어떻게 정치적 결정권을 가질 수 있는지에 대해 구체적 설계를 하지 않았다는 점에서 한계가 있을 수밖에 없다. 그러나 명에서 청으로 왕조가 교체되는 17세기라는 시점에서 진한 이래 중국 정치제도의 원형을 철저히 부정했다는 것은 중국 정치사상의 전개에 하나의 돌파구를 마련한 것임에는 틀림없다. 또한 군주와 관료,

사대부의 공론을 통한 정치여야만 천하의 주인인 백성의 행복이 이루어질 것이라는 황종희의 주장은 유가의 원래 이상에 가깝기도 하지만 중국 정치의 내적 발전을 상상하게 해주는 새로운 정부의 대안이라 여겨지기도 한다.

그래서일까, 『명이대방록』은 신시대, 신사회를 갈망하는 근대 중국의 변혁가와 지식인들에게는 유용한 교과서 역할을 했다. 대표적으로 신해혁명을 주도한 쑨원孫文(손문)은 일본 망명 중 혁명결사체 '흥중회興中會'를 결성하면서 이 책을 선전품으로 휴대했고, 변법운동을 주도한 량치차오梁啓超(양계초)는 『중국근삼백년학술사』에서 이 책을 루소의 『사회계약설』에 비유하고, 황종희를 '중국의 루소'라고 불렀다. 같은 변법파인 담사동譚嗣同은 삼대 이후 군주권 배척과 인권존중이라는 차원에서 가장 뛰어난 사상과 저술은 『명이대방록』이라고 극찬했다. 장제스蔣介石(장개석) 역시 『명이대방록』을 루소의 『사회계약설』에 비유하며 황종희가 더 위대하다고 평가했다.

물론 중국의 정치적 전통이 민주주의의 법제화를 이루지 못한 것이 군주독재 때문만이었다고 말하기는 어렵다. 인류사회가 추구해야 할 정치적 이상에 민주주의만 있는 것도 아니다. 또한 지난 세기 민주주의에 대한 전 지구적 실험은 현재 대안정부의 모색이라는 과제를 향해 나아가고 있는 것도 현실이다. 중요한 것은 질서의 확립을 위해 다양한 정치 주체들의 공론을 통한 논의가 이루어지고 있는가의 여부다. 우리 사회의 정치적 현실에서 공론은 어느 정도 이루어지고 있고 어떤 의미가 있는가를 되묻는다면 『명이대방록』의 정치적 이상은 결코 과거의 것은 아니라는 생각이 든다.

『명이대방록』은 다음의 번역본들이 있어 접근하기가 어렵지 않다. 독서에 들어가기 전에 각 번역본의 해제를 꼭 한 번 읽어두기 바란다.

최병철이 옮긴 것(홍익출판사, 1999)과 김덕균이 옮긴 것(한길사, 2000), 강판권이 옮긴 것(계명대학교출판부, 2010)이 있다.

민경준 | 부산대 · 동양근세사

역사
42 역사의 아버지가 쓴
고대 지중해 세계사

:: 『역사』, 헤로도토스

기원전 5세기 그리스 사람인 헤로도토스Herodotos, BC 484?~BC 430?에 의해 쓰인 『역사』Historiai는 서양 고대세계의 중대사건 가운데 하나인 페르시아-그리스 전쟁(기원전 490~479)을 기록한 책이다. 전쟁의 배경과 원인, 경과가 그 주된 줄거리를 이루고 있다. 스토리의 주인공은 전쟁의 양 당사국인 페르시아와 그리스 도시국가들(poleis, 단수형은 polis)이고, 주제는 동·서 두 세력 간의 대결이다. 그렇지만 이 작품은 흔히 말하는 '전쟁사' 책이 아니다. 헤로도토스의 관심 분야와 시야는 그리스 본토에서 전개된 전쟁 자체보다 훨씬 더 넓은 범위의 것이었다. 사실상 책의 내용은 고대 '지중해 세계사' 혹은 '지중해 문화사'라 할 만큼 포괄적이고 종합적이다. 그래서 고대 지중해 세계를 이해하는 필수적인 자료인 동시에 입문서이기도 하다.

> "내가 나의 탐구결과를 발표하는 것은 헬라스인들과 이방인들이 수행한 중대하고 놀라운 행적들과, 특히 그들이 서로 전쟁을 벌였던 원인이 세상에 알려지지 않는 일이 없도록 하려는 것이다."

헤로도토스는 자신의 작품을 'historiai(historia의 복수형)'라고 했다 (영어의 history는 당연히 그로부터 유래한 말이다). historia는 '조사', '탐구' 혹은 '조사나 탐구의 결과기록'이라는 의미다. 그는 분명한 주제의식을 가지고 그 전쟁에 대한 자료를 수집, 조사하고 체계적으로 배열했다. 이러한 그의 작업은 학문적인 탐구, 즉 R. G. 콜링우드의 말처럼 '과학적 역사'에 해당하는 것이다. 이는 과거에 일어난 일들을 단순히 진술하거나 기록하는 이전의 방식들과는 근본적으로 다른 새로운 점이요, 『역사』의 중요한 특징이다.

『역사』는 일정한 주제가 있는 이야기 형식으로 되어 있다. 그런 점에서 서사시나 고대 오리엔트 왕의 업적록, 심지어 히브리의 구약성서도 『역사』와 유사한 점이 있지만 장르적으로 엄연히 구별된다. 이를테면 호메로스의 서사시는 '트로이 전쟁'이라는 역사적 소재를 다루고 있지만, 본질적으로 내용과 방법에 있어서 역사가 아닌 구전문학의 범주에 속한다. 그것은 사실을 밝히는 데 목적이 있었던 것이 아니다. 비록 시인은 거기에 나오는 이야기를 마치 사실인 것처럼 말하고, 심지어 당대의 독자들(혹은 청중들)도 많은 부분 사실로 믿은 것 같지만, 본질적으로 사람의 감정에 호소하는 문학적 허구다. 메소포타미아나 이집트 왕들의 기록 또한 자신의 업적을 선전하는 것이거나 이미 자기가 알고 있는(혹은 안다고 생각하는) 것을 선포한 것일 따름이다. 구약성서도 저자들의 목적이 사실을 밝히는 데 있는 것이라기보다는 스스로 믿는 바를 알리기 위한 것이기 때문에 역사의 영역에 속하지 않는다. 이러한 것들은 역사의 재료(사료)는 될 수 있을지언정 역사 자체는 아니다.

헤로도토스의 직접적인 선구는 오히려 기원전 5세기 전후에 그리스 각처에서 활약한 이른바 산문작가들(logographoi)이었다. 그들의 지리, 지형에 대한 관심이나 지방의 신들과 영웅들의 계보를 취급함에 있어서 합리적 기준을 적용하려고 시도했다는 점은 높이 평가받을 만하다. 그러나 그들의 작품은 주제 자체가 단편적·부분적이거나 체계를 갖추지 못했기 때문에 본격적인 역사는 아니었다. 그들에 비하면 헤로도토스의 저술은 일정한 주제에 대하여 그 사실을 밝히고 이를 후세에 전하려는 분명한 목적을 지녔다. 또한 시간적 전후와 공간적 거리 개념이 뚜렷하고, 사건의 인과관계와 합리적 설명이 어우러져 있는 하나의 완결된 작품이다. '역사의 아버지'라는 칭호는 이전에 없던 역사라는 학문 영역을 새로이 개척한 그에게 주어진 합당한 영예다.

소아시아의 할리카르나소스Halicarnassos라는 작은 도시 출신인 그가 어찌하여 이런 위대한 책을 쓰게 되었으며, 그 작업을 어떻게 수행했는가? 무엇보다 그는 페르시아 전쟁이 후대에 길이 전해져야 할 역사적 사건임을 인식하고 있었다. 페르시아 전쟁이 끝난 지 수십 년이 경과했지만, 페르시아는 여전히 위협적인 세력이었다. 전쟁에 참여했던 전사들은 대부분 늙었거나 사망한 상태였다. 그가 『역사』의 첫머리에 밝혀놓았던 것처럼, 세상 사람들에 의해 망각되기 전에 기록으로 남기는 것을 자신의 과제로 삼았다. 그러나 그것은 결코 쉬운 작업이 아니었다.

당시에는 그러한 연구를 지원하는 기관이나 학술 단체가 있었던 것도 아니고, 공동연구를 수행할 수 있는 팀도 그에게는 없었다. 중국의 사마천처럼 '사관史官'이라는 역사기록 면의 직업적인 배경이 있었던 것도 아니다. 그야말로 한 개인이 순수하게 사적인 노력으로 그 엄청난 작업을 시도한 것 자체가 놀라운 일이다. 연구에 필요한 문헌 자료가 거의 없이, 전쟁의 현장에 있지도 않았던 그가 관련 정보를 얻는 방법은 다른 사람들로부터 간접적으로 전해 듣거나 직접 찾아가서 현장의 자료를 자기 눈으로 보는 수밖에 없었다. 광범하게 여행하면서 사람들을 찾아가 궁금한 사항들에 대해 탐문하는 작업은 필수였다. 만약 사람들 간의 증언이 서로 엇갈릴 경우에는 그 모두를 제시하거나 나름의 합리적인 기준에 따라 취사선택했다. 이러한 작업에는 수십 년의 시간이 걸렸을 것이며 소요된 비용 또한 만만치 않았을 것이다.

전체 9권(권은 오늘날의 '장[chapter]'에 가깝다)으로 되어 있는 『역사』

의 내용 전개는 다음과 같다. 즉 제1권 전쟁의 발단에 대한 언급에서부터, 페르시아의 팽창과정, 이집트 정복, 다리우스의 등극과 스퀴티아Scythia 및 그리스 북부 정복으로 이어지며, 제5권에서는 그리스 침공의 직접적인 동기가 된 이오니아 반란과 뒤이은 다리우스의 원정(마라톤 전투) 실패, 크세르크세스의 계승과 기원전 480년~479년의 침입, 그리고 마지막 제9권의 뮈칼레Mycale 전투에 이르기까지의 주요 전투들에 대해서 기술하고 있다. 페르시아 전쟁은 기원전 490년에서 479년까지 10년 남짓한 기간 동안 일어난 사건이지만, 헤로도토스가 다루고 있는 시간적 범위는 페르시아의 퀴로스에서 크세르크세스 때까지, 즉 기원전 559년에서 479년까지의 약 80년간의 역사다. 지리적 범위는 전투의 무대가 되었던 그리스 도시국가들의 세계와 페르시아뿐만 아니라, 사실상 당시에 알려진 거의 모든 민족과 국가들을 망라한다. 그는 이들 지역들에 대한 탐구를 위해 그리스와 에게해의 여러 도시국가들은 물론 페니키아, 트라키아 등의 이민족 국가들을 방문했던 듯하다. 그 밖에도 아프리카 북부의 카르타고와 이탈리아 남부, 시칠리아, 스퀴티아와 인도에 이르기까지 서술대상에 포함된다. 다양한 민족들의 습속과 전통, 생활방식 등에 대해서 말할 때에는 그리스인들과의 차이와 그들 사이의 다양성에 주목했다. 자연적 환경과 문화적 특성에 따라 나타나는 그러한 차이들에 대해 그는 역사가답게 최대한 편견을 지양하고, 열린 마음으로 객관적이고 공정한 평가를 가하려고 노력했다.

    그의 책을 읽어보면, 예컨대 그와 쌍벽을 이루고 있는 또 한 사람의 그리스 역사가인 투퀴디데스(기원전 465?~400?)와는 달리, 우선 읽기 쉽고 재미가 있다. 이는 아마 그의 문체가 평이한 이야기체로 쓰인 탓이 크지만, 또한 다양한 지역과 민족들의 유별난 특징들에 대한 그의 관심과 아울러 이야기의 중간에 종종 빠져들곤 하는 수많은 에피소드 때문일 것이다. 뤼디아 왕국의 개창자인 귀게스^{Gyges}의 이야기, 크로이소스와 솔론의 대화, 페르시아 제국의 건설자인 퀴로스의 등장과 다리우스의 집권, 바빌론의 경매혼과 신전 매춘 이야기, 이집트의 기이한 전승들 등은 학생들에게 특히 흥미로운 내용들이다. 그 밖에도 그가 비중 있게 다루고 있는 기적적이거나 기이한 사건들, 꿈과 신탁(oracle)이 많이 등장한다. 그런 탓으로 그를 일컬어 '엄밀한 사실보다는 귀를 즐겁게 하는 이야기꾼' 정도로 폄하하는 의견들이 이미 고대 때부터 있어왔다. 실제로 먼 과거의 이야기나 일화적인 이야기 중에서 믿기 어려운 부분도 포함하고 있다고 생각되지만, 그렇다고 그러한 전언을 전적으로 허구로 돌릴 필요는 없다. 예컨대 그가 리디아와 메디아 간의 전쟁 중에 일어났다고 전하는 일식은 후에 천문학적 사실로 입증되었다. 그가 흔히 인용하는 꿈과 신탁도 스스로 꾸며낸 이야기가 아니라, 그러한 것을 일반적으로 믿은 고대인들의 관념을 있는 그대로 전하고 있을 따름이다.

　헤로도토스의 『역사』에 재미있는 이야기가 많이 나온다고 해서 반드시 그것이 약점인 것은 아니다. 큰 틀에서 보면 그는 일어난 사실을 기록하는 역사가의 임무에 충실했으며, 그가 우리에게 전해주는 여러 민족들의 문화에 대한 다양하고 풍부한 정보들은

2450여 년이 지난 지금까지도 여전히 빛을 발하는 값진 것이다. 흥미는 그가 우리에게 제공하는 일종의 자극제 내지 보너스 같은 것이다.

  참고로, 그의 정확한 생몰연대는 전하지 않는다. 다만 그의 저서에 나와 있는 언급들과 당시 사건의 전후관계를 기초로 분석한 바에 따르면 기원전 484년경에 태어나 펠로폰네소스 전쟁이 한창인 기원전 420년대에 사망한 것으로 보인다. 여기에 소개한 『역사』가 그의 유일한 저서로 알려져 있다.

  번역서로는 천병희가 옮긴 『역사』(숲, 2009)를 추천한다.

송문현 | 부산대 · 서양고대사

역사
43 / 개인과 세계의 발견으로서의 르네상스

:: 『이탈리아 르네상스의 문화』, 야콥 부르크하르트

야콥 부르크하르트Jacob Burckhardt, 1818~1897는 스위스 바젤의 상류 부르주아 가문 출신으로, 19세기의 대표적인 예술사가이자 문화사가다. 삶의 대부분을 바젤 대학 역사학 교수로 봉직했다. 그는 4세기를 그리스도교적 내세관의 강화로 고전정신이 위기에 처한 전환기적 시대로 본 『콘스탄티누스 대제의 시대』를 시작으로, 그에게 예술사가로서의 대중적 명성을 안겨준 이탈리아 예술탐방기 『데어 치체로네』, 자신의 이름과 거의 동일시 될 정도로 후일 그에게 학자로서의 큰 명성을 안겨준 『이탈리아 르네상스의 문화』 등을 썼다. 그 외에 강의록을 정리한 『세계사적 고찰』과 『그리스 문화사』가 사후에 간행되었다.

우리가 르네상스에 대해 얘기할 때 반드시 만나게 되는 두 가지 관점이 있는데, 그 하나는 르네상스가 '근대의 시작'이라는 것이고,

'
　중세에는 의식의 두 측면, 곧 세상을 향한 것과 인간 스스로의 내면을 향한 것이 하나의 베일에 덮여 꿈꾸거나 혹은 절반쯤 깨어 있는 상태에 있었다. 그 베일은 맹목적 신앙심과 소아적 편견과 허황된 망상들로 짜여 있었다. 그것을 통해 보는 세상과 역사는 기묘하게 채색되어 있었고, 인간은 스스로를 오직 종족, 민족, 당파, 가족, 단체 등 보편적인 형태로만 인식하였다. 이러한 베일이 맨 처음 공기 속으로 날아가 버린 곳이 다름 아닌 이탈리아였다. 국가 및 이 세상의 모든 사물들에 대해 '객관적'으로 관찰하고 생각하는 방법들이 비로소 나타났다. 바로 그 옆에서 '주관적' 측면 역시도 힘차게 기지개를 켜고 있었다. 인간은 정신적 '개인'이 되기에 이르렀고, 스스로 그 사실을 깨닫게 되었다.
'

　다른 하나는 '중세의 끝'이라는 점이다. 부르크하르트는 15세기 이탈리아 문화가 보여주는 합리성과 개인성, 그리고 당시의 미술작품에 표현된 사실주의적 경향이야말로 곧 근대성의 발로라고 본 반면, 벨기에의 역사가 요한 하위징아는 같은 시대의 프랑스 및 플랑드르 문화의 양상에 근거하여, 15세기가 내뿜고 있는 빛나는 광휘는 근대의 시작이 아니라 '중세의 가을'이 거둔 값진 수확이라고 주장했다. 르네상스는 시간적으로 보아 분명히 중세에서 근대로 넘어가는 과도기에 틀림없지만, 그 시대정신이 과연 여전히 중세적인지 아니면 새로운 면모를 보여주고 있는지에 대한 해석에 확연한 차이가 있는 것이다. 부르크하르트는 역사가로서 르네상스를 근대의 시작으로 간주하는 현재의 주류적 시각을 거의 최초로 제시한 인물이었다.

부르크하르트는 흔히 20세기 후반에 나타난 '문화사'의 선구자 중 한 명으로도 알려져 있는데, 그의 이러한 경향은 정치사 혹은 사회경제사가 주류를 이루던 19세기의 지적 풍토에서 매우 도전적인 것이었다. 그는 역사의 가장 중요한 세력으로 국가, 종교, 문화를 꼽았다. 역사는 이 세 요소가 서로 상호작용하면서 만들어진다는 것이었다. 그가 규정한 '문화'란 사교활동, 기술, 예술, 문학, 과학의 다양한 측면들을 포함하는, 그 자체로서 자율적으로 움직이는 영역이었다. 그는 이 세 요소 중 어느 하나가 더 두드러지는 시대가 있는데, 예컨대 고대 이집트는 국가가, 이슬람 세계는 종교가, 고대 그리스는 문화가 더 결정적 요소였다는 것이다. 결국 부르크하르트의 '문화사'란 좁은 의미에서의 문화만을 다루는 것이 아니라, 한 시대의 모든 것을 관통하는 총체적·문화적 삶의 방식 같은 것을 추구하는 것에 더 가깝다고 하겠다. 그는 이런 인식 하에서, 역사를 단순히 시간적 흐름 속에서 발생한 사건들을 기술하기보다는 한 시대를 잘라내어 그것을 만든 "불변적인 것, 반복되는 것, 전형적인 것"을 묘사하고자 했다.

부르크하르트는 르네상스기야말로 "문화의 위대한 목적을 위해" 살았던 시대의 또 다른 한 예라고 보았고, 바로 이러한 인식 하에서 쓴 것이 『이탈리아 르네상스의 문화(Die Kultur der Renaissance in Italien)』(1860)였다. 이 책은 총 6장으로 구성되어 있다. 1장은 '예술품으로서의 국가'다. 이때의 '예술품'이란 좁은 의미에서 우리가 흔히 말하는 예술품 자체를 가리키는 것이 아니라, 인간이 어떤 확고한 의도를 가지고 만든 것(문화적인 것)이라는 함의를 갖고 있다. 즉 국가는 중세적 관념에서처럼 신에 의해 자연적으로 주어지는 것이 아니라 그 통치자 자신의 목적과 계산에 의해 만들어가는 것으로서, 르네상스기 이탈리아의 군소 국가들, 특히 피렌체 및 베네치아의 국정이 바로 이런 방식으로 이루어졌다는 것이다. 마키아벨리의 『군주론』은 이에 대한 최고의 예증이었다.

2장은 '개인의 발전'인데, 그 첫머리가 바로 307페이지에 별색으로 표시한 발췌문으로서 부르크하르트가 본 르네상스적 '근대성'을 가장 극명하게 보여주고 있다. 그에 따르면 중세는 "맹목적 신앙심과 소아적 편견과 허황된 망상들"로 짜인 베일에 덮여 있었고, 이 모든 것을 일소하면서 "국가 및 이 세상의 모든 사물들에 대해 '객관적'으로 관찰하는 동시에, 인간이 정신적 '개인'"이 되고 스스로도 "그 사실을 깨닫게" 된 때가 바로 이탈리아 르네상스기였다는 것이다. 그의 '개인'은 곧 앞 시대에는 볼 수 없었던 독특한 개성과 능력을 가진 인물들로서, 그것이 최고조로 발현된 예가 바로 '만능인' 혹은 '전인全人'이다. 그는 이 만능인의 예로 우선 레온 바티스타 알베르티Leon Battista Alberti, 1404~1472를 꼽았고, 특히 레오나르도 다빈치에 대해서는 필설을 넘어서는 경외감을 표시했다. 당시의 문인들과 예술가들을 사로잡은 개인적 명성의 추구와 풍자 및 패러디의 유행 역시 르네상스적 '개인성'을 보여주는 시대적 풍경들이었다.

3장의 주제인 '고대의 부활'은 르네상스의 개념을 구성하는 가장 기본적인 측면이다. '르네상스'란 말 자체가 부활 혹은 재생이란 뜻인데, 이런 관념을 처음으로 제시한 사람은 『미술가 열전』으로 유명한 16세기 중엽의 화가이자 근대 최초의 미술사가이며 미술비평가였던 조르조 바자리Giorgio Vasari, 1511~1574였다. 그는 미켈란젤로로 절정에 달한 16세기 전반기까지의 이탈리아 미술이 중세의 '암흑기'를 넘어 고전·고대의 찬란했던 문화를 되살려냈다고 생각했다. 부르크하르트는 르네상스 문화가 15~6세기 이탈리아인의 특출한 재능이 이러한 고전문명의 부활과 결합하여 새로운 양상으로 발현된 것으로 본다. 특히 고전기 로마의 학문과 삶의 지혜를 자신의 시대에 변용하려 한 수많은 휴머니스트들이 바로 이러한 고대 숭배의 사도들이었다.

4장의 제목인 '세계와 인간의 발견'은 2장의 '개인의 발전'과 함께 부르크하르트 식 '이탈리아 르네상스의 문화'를 규정하는 핵심 개념 중 하나다. 이 표현은 원래 약 20년 앞서 프랑스 역사가 미슐레가 썼던 것인데, 이제는 부르크하르트의 르네상스 개념을 대변하는 캐치프레이즈가 되었다. 그의 말인즉, 르네상스기 이탈리아인들은 미지의 세계를 발견하고 그곳의 지리와 풍속을 결합한 세계지 혹은 민족지들을 썼다. 그들은 천체를 관찰하고 정원을 디자인하고 동식물에 대해 자세히 묘사했다. 자연의 아름다움을 새롭게 인식하기도 했다. 이러한 것들이 '세계의 발견'이라면, 희극과 전기, 앞서 말한 민족지 등 갖가지 종류의 문학작품에 표현된 인간에 대한 세밀하고도 풍부한 묘사들, 그리고 그 속에 담겨 있는 개성에 대한 강조들이 다름 아닌 '인간의 발견'이었다.

'사교와 축제'에 대한 5장과 '도덕과 종교'를 다룬 6장 역시 부르크하르트의 문화사적 특성을 잘 보여주고 있다. 의복, 언어, 예법, 카니발, 종교의식, 심지어는 화장과 청결성에 이르기까지, 지금으로서는 풍속사라 부르는 편이 더 나은 삶의 다양한 측면들을 세세히 묘사하고 있는 것이 5장이라면, 6장에서는 종교와 도덕 그 자체보다는 오히려 문화가 그것에 미친 영향과 결과를 기술하려고 했다는 점에서 이 장 역시 문화사의 한 부분으로 볼 수 있는 것이다. 부르크하르트는 노름벽, 복수욕, 간통, 강도, 청부살인, 독살 등 당시에 기승을 부리던 타락과 범죄가 어느 정도는 개인주의의 어두운 측면이라 간주했다. 교회와 성직자에 만연한 부패, 여전히 유행하던 미신, 동시에 고전적 지혜에서 창출된 합리주의 정신 등이 묘하게 결합하면서 중세 이래의 그리스도교적 종교관은 근대적 세속주의에 서서히 자리를 내주고 있었다.

『이탈리아 르네상스의 문화』는 20세기에 들어 르네상스 연구가 심도 있게 진행되면서 많은 비판에 직면했다. 특히 부르크하르트의 핵심 개념이던 르네상스 '개인주의'는 현실과 큰 괴리가 있음이 밝혀졌다. 르네상스기 이탈리아인들 다수는 그의 말과는 달리 여전히 "종족, 민족, 당파, 가족, 단체"의 틀 속에서 사고하고 생활하고 있었다는 것이다. 달리 말하자면, 그가 르네상스적 '근대'를 중세와 너무 날카롭게 단절시켰다는 것이었다. 그럼에도 불구하고, 그의 책은 그를 비판하는 학자들에게조차 깊은 영감을 던져줌으로써 이후의 르네상스 연구에 큰 기여를 했다. 더욱이 르네상스를

'근대의 시작'으로 보는 그의 관점에 대한 수많은 도전에도 불구하고 아직 그것을 대체할 만큼 완전히 새로운 전망이 나타났다고 볼 수는 없으며, 따라서 당분간은 여전히 르네상스를 바라보는 주류적 시각으로 남아 있을 것이다.

『이탈리아 르네상스의 문화』 한국어 번역으로는 안인희 역(푸른숲, 1999), 혹은 이기숙 역(한길사, 2005)을 권한다. 부르크하르트의 삶과 저작에 대해 두루 알고 싶은 독자에게는 최성철이 지은 『부르크하르트: 문화사의 새로운 신화를 만들다』(한길사, 2010)가 적격이다.

곽차섭 | 부산대 · 서양사

역사
44 역사는 무엇에 쓰는가?

::『역사를 위한 변명』, 마르크 블로크

평생토록 역사를 연구하는 역사가들은 많지만 저명한 역사가로 세계적 명성을 얻은 이는 매우 드물다. 그러나 프랑스의 역사가 마르크 블로크$^{Marc\ Bloch,\ 1886~1944}$는 학문연구는 물론 공화파 지식인으로서 현실참여에도 치열한 생을 삶으로써 소수의 위대하고 모범적인 역사가의 반열에 오른 드문 예에 속하는 인물이다. 20세기 위대한 역사가의 한 사람인 블로크는 새로운 연구방법을 추구했으며 그의 수많은 저술들은 관련 분야의 고전으로 인정받고 있다. 그는 58세의 결코 길지 않은 생애(학문 활동 기간은 34년) 동안 14권의 저서와 96편의 논문 그리고 977편의 서평 등을 남겼다.

1886년 리옹의 유대계 가정에서 태어난 그는 부친 구스타브 블로크의 영향을 많이 받았는데, 그의 부친은 알제리계 유대인으로 파리고등사범학교를 나온 고대 로마사 연구의 전문가로 리옹 대

> "각 시대 간의 연대성은 매우 공고하기 때문에 시대를 이해한다는 것은 실제로 이중적 의미를 지닌다. 현재에 대한 이해 부족은 필연적으로 과거에 대한 무지 때문에 생긴 것이다. 반대로 현재에 대해 아무것도 모르면서 과거를 이해하려고 노력하는 것 역시 헛된 일이다."

학, 파리고등사범학교 교수를 거쳐 1904년 소르본 대학 교수가 되었다. 1888년 부친을 따라 파리로 이주한 블로크는 루이 르 그랑 고등중학을 거쳐 1904년 파리고등사범학교에 입학했으며, 1908년 역사교사 자격증을 얻었다. 몽펠리에와 아미앵 고등중학에서 역사와 지리를 가르치던 그는 1914년 제1차 세계대전이 일어나자 보병 상사로 징집되어 네 번의 표창과 십자무공훈장을 받고 육군 대위로 제대했다. 1919년 스트라스부르 대학 중세사 강사로 임명된 블로크는 그해 결혼했고, 1920년 소르본 대학에서 '국왕과 농노'라는 제목의 논문으로 국가 박사학위를 얻은 뒤 이듬해 스트라스부르 대학의 교수로 임용되고, 1927년 중세사 담당교수가 되어 1936년까지 재직하게 된다. 이곳에서 그는 평생의 학문적 동반자인 루시앵 페브르를 알게 되고 그와 함께 아날anal, 학술적 정기간행물 잡지 《세계

사회경제사 연보》를 창간했다.

1936년 소르본 대학의 경제사 교수로 임용된 그는 비교적 평탄한 교수 생활을 영위할 수도 있었지만 1939년 제2차 세계대전이 발발하자 프랑스에서 가장 나이 많은 대위로 군입대를 자원하고 나치 독일군에 용감하게 맞서 싸웠다. 당시 그는 53세의 중견교수이자 여섯 명의 자녀를 둔 가장이었다. 친독 괴뢰정권인 비시 정권이 수립된 이후 레지스탕스 운동에 적극 가담했던 블로크는 결국 1944년 3월 게슈타포에게 체포되고 6월 16일 리옹 동북부의 벌판에서 다른 대원들과 함께 "프랑스 만세"를 외치면서 처형당했다. 이 책 『역사를 위한 변명』은 그가 남긴 미완성의 원고를 정리하여 그의 사후 저서로 출판된 만큼 부족한 부분도 있지만 그의 역사에 대한 생각을 엿볼 수 있는 중요한 책으로 평가된다.

1941년부터 1943년까지 나치 지배하의 어려운 시기에 틈틈이 쓴 『역사를 위한 변명』은 아들이 역사가인 자신에게 던진 순진한 질문 "아빠, 역사란 대체 무엇에 쓰는 것인지 설명해주세요."에 대한 답변을 염두에 두고 작성되었다. 블로크는 역사라는 학문이 무엇보다 인간 개인에게 위안을 준다고 말하고 어릴 적부터 자신을 기쁘게 한 역사에는 인간의 지성과 상상력에 끊임없이 호소하는 묘한 매력과 독특한 심미적 즐거움이 있다고 지적한다. 그는 역사라는 말이 너무 오래되었기 때문에 역사라는 말만 들어도 염증을 느끼는 사람들이 있다고 말하면서 『역사를 위한 변명』은 고증학적 엄격함의 노예가 되어 현실 이해의 유용성을 갖지 못한 채 과거라는 지하 감옥에 격리되어 있는 전통적 역사가와 지식인들의 역사

무용론을 반박하기 위해 쓴 역사를 위한 변론이라고 주장했다.

블로크는 역사와 현재의 삶이 갖는 의미를 강조하고 역사가의 현재에 대한 이해를 무엇보다 중요하게 생각했다. 살아 있는 것을 이해하는 능력이야말로 역사가의 진정한 의미에서의 중요한 자질이라는 것이다. 블로크는 역사상의 위작이나 기만행위(속임수)에 대해서도 신랄한 비판을 던지고 그 비판방식을 구체적으로 제시했다. 가명으로 쓰인 대부분의 서적이나 문서는 그 내용도 가짜임이 분명하다고 단정한 그는 규칙에 맞게 작성된 공문서조차 고의적 부정확성이 난무하고 있는 만큼, 기만에 대해 확인하는 것으로 충분하지 않고 그 동기를 분명히 찾아내야 한다고 지적한다. 그는 가필, 개작, 각색, 과장 등의 속임수 미학이 고대나 중세 역사 서술에는 물론 오늘날의 신문에서조차 그 비중이 과거 못지않다고 말한다. 블로크는 역사가 스스로 대천사장이라도 되는 양 착각하는 태도를 경계하고 "역사란 다양한 인간성의 거대한 경험이며 인간들 사이의 오랜 만남이다. 인생은 학문과 마찬가지로 이런 만남이 우호적일수록 많은 것을 얻을 수 있다."고 지적함으로써 역사가의 만남과 소통의 중요성을 강조했다. 그는 또한 획일적 관점이 아니라 상이하고 다양한 관점에서 연구하고 분석하는 것이야말로 모든 분야의 학문연구에 중요한 태도임을 특히 강조한다.

학문은 서로 결합하고 융합하는 이른바 집중 포화의 빛으로 현실을 좀 더 잘 관찰하기 위해 현실을 분석한다. 만약 각각의 탐조 등이 자신만 모든 것을 볼 수 있다고 주장하거나 자기 분야만이 모든 것을 다 포괄하고 있다고 생각할 때 위험은 시작된다.

중세 농촌문제의 전문가이던 블로크는 중세에 대한 편견과 잘못된 시각을 뛰어넘어 중세가 나름대로 일정한 시대적 역할을 담당했다는 긍정적 평가를 다음과 같이 분명히 제시한 바 있다.

우리는 중세를 더 이상 암흑기로 보지 않으며 불모의 사막으로도 묘사하지 않는다. 우리는 중세를 기술발명과 예술, 감정이나 종교적 성찰 등의 분야에서 매우 풍요로웠던 시기로 여긴다. 우리는 중세에서 유럽 경제성장의 최후의 도약을 보았으며 중세가 유럽인들에게 각자의 조국을 제공했다는 사실을 잘 알고 있다.

끝으로 블로크가 1940년에 집필한 『이상한 패배: 1940년의 증언』 서론에서 자신에 관해 소개한 글의 일부를 인용함으로써 이 해제를 마치기로 한다. 여기에는 역사가로서의 자세와 사명감 그리고 조국에 대한 열렬한 애국심이 너무도 잘 드러나 있기 때문이다.

역사를 가르치고 글을 쓰는 것이 30년 동안의 내 직업이었다. 이 직업 덕분에 나는 수많은 문서들을 검토하고 최선을 다해 진실과 허위를 구별하려 했으며 많이 보고 관찰했다. (…) 나는 역사가로서의 관찰하는 태도와 비판적 태도 그리고 가능한 정직한 태도를 견지하고자 노력했다. (…) 나는 유대인이다. (…) 무슨 일이 일어나든 프랑스는 내 조국이며 이곳에서 내 마음이 떠날 수는 없다. 나는 이곳에서 태어났고 그 문화의 샘물을 마셨으며 그 과거를 내 것으로 받아들였으며 프랑스의 하늘 아래서만 숨을 편히 쉴 수 있으며 나 스스로 나라를 지키는 데 최선을 다하였다.

고봉만이 옮긴 『역사를 위한 변명』(한길사, 2007)뿐만 아니라, 위에서 언급한 『이상한 패배』(김용자 옮김, 까치글방, 2002), 그리고 김주식이 옮긴 『프랑스 농촌사의 기본성격』(신서원, 1994)과 이기영이 옮긴 『프랑스 농촌사의 기본성격』(나남, 2007)의 일독을 권한다.

이세희 | 부산대 · 서양근대사

역사
45 중국 과학의 비밀을 캐다

:: 『중국의 과학과 문명』, 조셉 니덤

많은 사람들은 아직도 과학의 기원을 서양에서만 찾는다. 사실상 근대과학이 탄생한 지역도 서양이고, 지금 우리가 접하고 있는 과학도 대부분 서양과학이다. 이 때문에 세계 학계는 오랫동안 "동양에는 과학이 없었다"는 편견을 가지고 있었다. 이러한 편견을 깨는 데 결정적인 기여를 한 책이 조셉 니덤Joseph Needham, 1900~1995의 『중국의 과학과 문명(Science and Civilization in China)』이다.

니덤의 원래 전공은 생화학이었다. 그는 24살 때 케임브리지 대학에서 박사학위를 받았고, 그 후로도 같은 대학에서 평생을 보냈다. 니덤은 과학 전반에 대해 폭넓은 관심을 가지고 있었으며, 과학을 통해 사회주의의 이상을 실현하는 데에도 많은 열정을 쏟았다. 1930년경에 과학사에 입문한 그는 1937년부터 세 명의 중국인 유학생을 통해 중국의 과학전통에 눈을 뜨기 시작했다. 1942년

> 우리는 근대 문명이 16~17세기의 갈릴레오 및 베살리우스와 같은 르네상스 인물들에게서 시작되었다고 생각하고 싶은 유혹과 '지혜는 우리 서양에서 태어났다'는 결론을 경계해야 한다. 자연에 대한 인간의 이해와 통제에는 중국인들의 공헌이 있었으며, 그것은 위대한 것이었다. 하나의 민족이나 한 무리의 민족들이 과학의 발전에 독점적인 공헌을 한 것이 아니었다. 만약 우리가 계속해서 인간의 보편적인 형제애로의 길로 나아가고자 한다면, 이 모든 성취들이 인정되고 찬양되어야 할 것이다.

영국문화원의 프로그램에 합류해 4년간 과학자문단으로 중국에서 체류했고, 그 후 2년간 파리에서 유네스코 자연과학부의 책임자를 맡았으며, 케임브리지로 돌아온 1948년부터 『중국의 과학과 문명』을 집필하기 시작했다. 니덤은 1976년에 케임브리지 대학을 퇴직한 후 동아시아 과학사 도서관을 설립했고, 그 도서관은 1983년에 니덤연구소로 재출범했다.

『중국의 과학과 문명』은 1954년에 제1권이 발간된 이래 니덤이 죽은 지금까지도 계속되고 있는 학문적 저술 작업이다. 이 책은 전체 7권 34책으로 계획되어 있다. 제1권은 중국의 언어, 지리, 역사 등을 전반적으로 다루고 있는 서론이고, 제2권은 니덤 특유의 관점이 강하게 담겨 있는 중국의 과학사상사를 다루고 있다. 제3, 4, 5, 6권은 각각 수학 및 하늘과 땅의 과학, 물리학 및 물리기술, 화학 및 화학기술, 생물학 및 생물기술에 대한 것으로 중국 과학의 성과를 본격적으로 소개하고 있다. 제7권은 중국 과학의 사회적 배경을 다루는 결론에 해당한다. 현재 제1권 1책, 제2권 1책, 제3권 1책, 제4권 3책, 제5권 11책, 제6권 5책, 제7권 2책 등 모두 24책이 출간되었다. 『중국의 과학과 문명』을 저술하는 작업은 처음에는 몇몇 중국계 학자들의 도움을 받아가며 니덤 혼자서 진행했지만, 이후에는 각 분야의 전문 연구자가 공동으로 참여하여 해당 분야를 집필하는 형태로 바뀌었다.

니덤의 저술이 워낙 방대해 일반 독자들이 쉽게 접근할 수 있는 책도 발간되었다. 콜린 로넌은 『축약된 중국의 과학과 문명』을 4권으로 발간했는데, 그중 두 권이 우리말로 번역되어 있다. 『중국의 과학과 문명: 사상적 배경』(김영식·김재란 옮김, 까치, 1998), 『중국의 과학과 문명: 수학, 하늘과 땅의 과학, 물리학』(이면우 옮김, 까치, 2000)이 그것이다. 또한 로버트 템플은 니덤의 대작에 나오는 대표적인 사례 100가지를 간추려 『중국의 재능: 과학, 발견, 발명의 3천년』을 출간했으며, 그 책은 『그림으로 보는 중국의 과학과 문명』(과학세대 옮김, 까치, 2009)으로 번역된 바 있다. 314페이지의 인용문은 로넌의 축약본 중의 서론에서 옮긴 것이다.

『중국의 과학과 문명』은 중국 전통사회에 존재했던 과학과 기술의 거의 모든 분야를 정리, 분석, 평가해놓은 일종의 백과사전과 같은 저술이다. 이 책을 통해 니덤은 중국이 매우 풍부한 과학과 기술을 보유하고 있었다는 점을 방대한 사료를 통해 자세히 보여주고 있다. 서양 이외의 다른 문화권에도 상당한 수준의 과학과 기술이 존재했다는 것이다. 이러한 사실은 과학의 본질이나 근대과학의 성격을 다시 새겨보게 한다. 니덤이 "모든 민족과 문화의 고대 및 중세 과학은 근대 과학의 대양으로 흘러 들어가는 강물들"이라고 비유했듯이, 근대 과학은 유럽적인 혹은 서양적인 과학이 아니라 보편적인 세계의 과학이라는 것이다.

더 나아가 니덤은 적어도 13~14세기까지는 중국이 서양보다 과학과 기술에서 앞서 있었으며, 유럽에서 탄생한 근대적 과학과 기술이 중국에 많은 빚을 지고 있다고 주장했다. 일찍이 프랜시스 베이컨은 나침반, 화약, 인쇄술의 세 가지 발명이 세상을 바꾸었다고 말했는데, 니덤은 그것들이 모두 중국에서 유래되었다는 점을 명확히 했다. 또한 니덤은 농업, 천문, 지도, 의학, 수학, 물리학, 수송, 음악, 전쟁 등 거의 모든 분야의 중요한 발견과 발명이 중국에서 먼저 시작되었다는 견해를 보이고 있다. 이와 관련하여 『그림으로 보는 중국의 과학과 문명』 말미에는 중국의 발명·발견과 서구의 전래 사이의 시간차를 보여주는 도표가 제시되고 있다.

니덤의 문제의식은 여기에 그치지 않는다. 그는 중국 과학이 초기에는 서양보다 우월했는데, 왜 그것이 근대과학으로 발전하지 못했는가 하는 의문을 던진다. 그것은 흔히 "중국에서는 왜 과학혁명이 일어나지 않았는가?"라는 형태로 표현되기도 한다. 이러한 질문에 대한 답을 니덤은 중국 전통과학의 내부에서가 아니라 주로 정치·경제·사회적 배경에서 찾고 있다. 그가 가장 중요시하는 것은 유교사상에 바탕을 둔 중국의 관료제다. 유교 자체가 자연세계에 본격적인 관심을 두지 않았을 뿐만 아니라 중국의 지식층이 관료만을 희망함으로써 과학이나 기술과 같은 분야에 인재가 유입되지 못했다는 것이다.

이처럼 니덤은 중국 과학의 성취와 한계를 중심으로 중국 과학의 비밀을 파헤치고 있다. 그러나 니덤에 대한 비판도 만만치 않은데, 이를 간단히 요약하면 다음과 같다. 첫째, 니덤은 과학이 하나의 보편적인 구조를 따라 진보한다는 신념을 가지고 있으며, 이로 인해 지나치게 오늘날의 관점에서 과학의 역사를 바라보는 문제점을 보이고 있다. 이러한 점은 니덤이 책을 저술하는 방식은 물론 과학을 분류하거나 번역어를 선택하는 데에도 반영되어 있다. 둘째, "중국에서는 왜 과학혁명이 일어나지 않았는가?"라는 질문도 적절하지 않다는 평가가 지배적이다. 사실상 우리는 불이 나지 않은 집에 가서 왜 불이 나지 않느냐고 묻지 않는다. 오히려 중국과 서양의 과학이 왜 다른 방식으로 변화해왔는가에 대해 탐구하는 것이 바람직할 것이다. 셋째, 니덤은 중국 중심의 관점에 편향되어 동아시아 과학사 전체를 바라보는 경향을 가지고 있다. 예를 들어 그는 측우기나 금속활자와 같은 한국 고유의 유산에 대해서도 그것이 중국에서 유래했다는 식으로 서술하고 있다. 니덤이 중국의 문헌이나 학자에만 의존한 채 다른 지역의 전문가와 충분히 교류하지 못했다는 점을 보여주는 대목이다.

이와 같은 문제점이 있다고 해서 니덤의 저작이 갖는 역사적 의의나 학술적 가치가 훼손되는 것은 결코 아니다. 20세기의 학자 중에 니덤처럼 원대한 기획을 바탕으로 집요하게 연구를 수행한 사람을 찾기는 쉽지 않다. 게다가 니덤 덕분에 많은 사람들이 중국

과학사에 관심을 갖게 되었으며, 실제로 중국 과학사를 전공하는 연구자 집단도 형성될 수 있었다. 비록 니덤이 제기한 질문이 적절하지 않다 하더라도 그러한 질문에 대답하는 과정에서 동양과 서양의 과학을 비교하는 작업이 촉진되었다는 점도 빠뜨릴 수 없다. 『중국의 과학과 문명』은 중국 과학사에 관심이 있는 사람들에게 좋은 안내서인 동시에 넘어야 할 벽인 셈이다.

  니덤은 1900년에 태어나 1995년에 세상을 떠났다. 그의 저서로는 『중국의 과학과 문명』 이외에도 『위대한 적정滴定: 동양과 서양의 과학과 사회』, 『중국의 학자와 장인』 등이 있으며, 공저로는 『천상의 침들: 침과 뜸의 역사 및 설명』, 『천상의 시계: 전통 중국의 위대한 천문시계들』, 『서운관의 천문의기와 시계에 관한 기록』 등이 있다.

  추천 번역서는 앞서 소개한 책들로 대신한다.

송성수 | 부산대·과학기술학

역사
46 / '야만'에서 '문명'으로?

::『문명화과정』, 노르베르트 엘리아스

노르베르트 엘리아스Norbert Elias, 1897~1990는 독일 브레슬라우 출신의 유대계 사회학자다. 1935년 이후 나치를 피해 영국에 정착한 그는 이곳에서 주저主著 『문명화과정(Über den Prozeβ der Zivilisation)』(1939)을 썼다. 하지만 2권으로 된 이 대작은 이후 약 30년 동안 서구 학계에서 완전히 망각된 상태로 묻혀 있었다. 그의 업적이 주목받게 된 결정적 계기는 1969년 영역본이 간행되면서였다. 그의 책 제1권이 『문명화과정: 매너의 역사』라는 이름으로 번역된 것이다. 1973년에는 불역본 『풍속의 문명화』가 뒤를 이었다. 이후 그는 마치 봇물 터뜨리듯 오랜 망명 기간 동안 구상했던 아이디어와 써놓았던 글들을 바탕으로 수많은 저작을 내놓았다. 『궁정사회』(1969), 『사회학이란 무엇인가』(1970), 『죽어가는 자의 고독』(1982), 『참여와 이탈』(1983), 『후마나 콘디티오』(1985), 『개인들의 사회』(1987), 『독일

> 짧은 바지만 걸친 아버지가 발가벗은 부인과 아이들을 데리고 골목을 가로질러 목욕탕으로 뛰어가는 것은 흔히 볼 수 있는 풍경이었다. (…) 10세, 12세, 16세, 18세의 여자아이들이 완전히 벗은 채, 누더기 같은 작은 천조각과 찢어진 목욕 가운으로 앞만 가리고 뛰어가는 모습을 나는 얼마나 자주 보았던가! (…) 그들 옆에는 발가벗은 10세, 12세, 14세, 16세의 남자아이들이 뛰어가고 있었다.
>
> _『문명화과정』, 1권 8장에서

인 연구: 19~20세기의 권력투쟁과 관습의 발전』(1989), 그리고 유작『모차르트: 천재의 사회학』(1991), 『상징이론』(1991) 등은 단지 그 일부에 불과하다.

『문명화과정』은 '문명'과 '미개'에 관련된 관념과 가치가 중세 이래 서유럽에서 역사적으로 어떻게 형성되었는지를 세밀히 추적한 저작이다. 저자의 의도를 쉽게 풀어서 말하자면, 현재 우리가 생활 속에서 어떤 행동은 '세련된' 것으로, 또 어떤 행동은 '촌스러운' 것으로 간주한다면, 그러한 가치판단은 언제 어떻게 왜 만들어진 것인가를 묻고자 하는 것이다. 일반적으로 사회학자들은 현재 혹은 현재와 비교적 가까운 시기의 사회가 어떻게 작동하는가에 관심을 둔다. 반면 역사가들은 현재와 시간적으로 상당한 거리가 있는 과거의 다양한 측면들을 연구한다. 엘리아스의 이 저작이 독특한 것은, 예절과 인격의 '문명화' 과정이라는 역사적 주제를 "인간의 감정구조와 통제구조의 장기적 발전경향"이라는 사회학적 시야에서 고찰했다는 것이다. 현재의 관점에서는 '장기 지속의 문화사(혹은 심리학적 문화사)'라고도 부를 수 있을 그의 접근 방식은 20세기 초반에는 아직 생소한 것이었고, 더욱이 나치와 2차 세계대전이 초래한 힘든 삶 속에서 그처럼 새로운 시도가 받아들여질 여지는 별로 없었다고 보아야 할 것이다.

『문명화과정』은 2권으로 구성되어 있다. 1권(예법의 역사)은 프랑스적 '문명' 개념과 이에 대항하는 독일적 '문화' 개념의 역사적 연원을 따지는 것으로 시작하지만, 독자에게 주는 이 책의 묘미는 아마도 갖가지 '매너'가 어떻게 변해왔는가를 고찰한 2부에 있을 것이다. 그는 식사예절, 생리적 욕구, 코 푸는 행위, 침 뱉는 행위, 침실에서의 행위, 섹스 행위, 이성관계, 폭력적 행위, 말하는 방식 등 인간이 삶을 영위해나가면서 일상적으로 하는 다양한 행위들에 대한 사회적 기준과 전범典範의 역사적 발전과정을 세세히 밝히고 있다. 엘리아스는 이러한 기준이 궁정 예절에서 시작되어 점점 더 많은 사람들에게 퍼져나갔으며, 특히 어떤 행위에 대한 수치와 혐오의 감정이 문명과 야만을 가르는 중요한 가치가 되었다고 주장한다. 계급, 신분, 상하관계 등 복잡한 사회적 관계망이 부과한 내면화된 자기억제가 프로이트의 '초자아'에 해당하는 심리적 자아인식을 발전시켰다는 것이다.

엘리아스가 이러한 '하비투스', 즉 문화관습의 변화를 추적하는 데 활용한 주요한 사료는 탄호이저, 폰 치클라리아(중세), 에라스무스, 델라 카사(르네상스기), 쿠르탱(17세기), 라 살(18세기) 등을 포함한 중세와 근대의 수많은 예법서들이다. 이해를 돕기 위해 예를 하나 들어보자. 16~17세기 상류계층의 식사에서는 커다란 고깃덩이를 식탁에 올려놓고 직접 잘라먹는 것이 보통이었다. 함께 식사하는 사람들에게는 신분, 혈연, 연령의 상하관계가 있었기 때문에 고기를 어떻게 잘라 먹어야 하는지가 중요한 예법이 되었다. "고기를 자르는 정확한 방법을 어릴 적부터 가르쳐야 한다." 에라스무스의 말이다. 쿠르탱도 "높은 지위의 사람이 네 바로 앞에 놓인 음식을 달라고 청할 때, 어떻게 해야 예의 바르고 올바른 방식으로 고기를 자를 수 있는지를 (…) 아는 일이 중요하다."고 썼다. 사정이 이러하니, "군주의 궁정에서 고기 잘라주는 일은 (…) 가장 명예로운 일로 간주"될 정도였다. 정육점에 걸려 있는 고깃덩이를 봐도 불쾌해지는 현대인들에게 '고기 자르는 일'에 대한 수백 년 전의 이런 관습은 혐오스러운 일로 비칠 것이 분명하다. 과거의 '문명'이 현재의 '야만'으로 바뀌고 있는 것이다. 이처럼 문명과 야만의 장기적인 교체 및 그 저변의 사회 심리적·감정적 자아인식이야말로 엘리아스가 1권에서 다루고자 한 주제다.

『문명화과정』 제2권(국가 형성과 문명)에서는 1권에서 검토한 '문명화' 과정의 양상들이 어떤 원인들에서 연유했는지를 고찰한 뒤, 이러한 원인들이 초기 근대국가의 중앙집중화, 그리고 사회망의 다변화 및 상호연관성의 증대와는 어떤 관련이 있는지를 밝히고 있다. 우선 엘리아스는 근대국가를 경쟁과 독점의 메커니즘으로 파악한다. 그리고 17~18세기 절대주의 국가가 바로 그러한 메커니즘을 성취한 역사적 실례라고 본다. 대략 이때부터 국가는 공권력의 이름으로 개인적 차원의 복수復讐를 규제하게 되었다. 폭력을 국가가 독점하게 된 것이다. 이와 연관하여 개인들도 모든 측면에서 국가의 '기준'에 맞추어 행동할 것이 강제되었다. 기준에 맞지 않는 행동은 서서히 혐오와 수치의 대상이 되었다. 원래는 국가적 강제에서 시작된 것이 시간이 흐름에 따라 자기통제로 변화한 것이다. 결국 '문명화'된 인간은 타인도 지킬 것이라고 예측되는 사회적 규칙과 규범을 '자발적'으로 지키는 인간이다. 이런 종류의 인간들로 구성된 사회라면 평화로운 공간이 될 것이라는 것이 엘리아스의 믿음이었다.

하지만 『문명화과정』은 그 탁월한 통찰에도 불구하고 현대적 입장에서 볼 때 문명 개념을 지나치게 발전론적 관점에서 파악하고 있다는 비판을 받을 여지가 있다. 과연 모든 사회가 언제나 과거의 '야만'에서 현재의 '문명'으로 바뀌어간다는 말인가? 즉, 과거는 항상 야만적이란 것인가? 이러한 문제 제기에는 과연 '야만'과 '문명'이 지닌 함의가 그토록 단순한 것인가에 대한 의문이 함축되어 있다. 우리는 '문명화'된 현대인의 무자비한 폭력을 수없이 경험하고 있다. 동시에 역사 속에서 '야만적'인 중세인들의 고귀한 '문명' 역시 종종 목도하게 된다. 엘리아스를 망명객의 힘든 삶으로 내몬 히틀러와 나치는 왜 '문명화'되지 않은 것인가? 20세기 전반은 특히 각 '문명'의 특질에 대한 고찰이 유행하고 있을 때였다. 하지만 21세기의 문턱을 넘어선 지금 우리는 문명 개념 그 자체가 언제나 자신이 속한 문명이 다른 문명을 열등한 '타자'로 인식하는 가운데 성립하는 것임을 알고 있다. 서구식 '개인화'가 진행되지 않은 다른 문명권은 어떤 방식의 '자기통제'를 성취했는지도 의문이다. 그러나 이 모든 의문과 비판에도 불구하고 『문명화과정』은 여전히 읽을 가치가 있다. 문명에 대한 사회학적·심리학적·역사적 개념들을 이렇게 잘 연결시켜놓은 저작은 지금도 찾기 힘들기 때문이다.

『문명화과정』 한국어 완역으로는 2권으로 된 박미애 역(한길사, 1996~1999)을 권한다. 유희수가 옮긴 『매너의 역사』(신서원, 1995;2001)는 원전의 2권 중 제1권만 번역한 것이다.

곽차섭 | 부산대·서양사

역사
47 한 무슬림 청년의
이슬람권 체험기

:: 『이븐 바투타 여행기』, 이븐 바투타

아침 염송을 마치자 샤이흐가 불러서 간밤의 몽사를 묻기에 자초지종을 이야기하였으니, 그는 이렇게 예언하였다. "앞으로 자네가 성지순례를 하고 선지자를 배견하게 될 걸세. 그러고 나서는 예멘과 이라크, 터키, 그리고 인도까지를 두루 돌아볼 걸세. 인도에서는 오랫동안 체류하면서 딜샤드란 인도인을 만나게 되며, 어려울 때 그가 자네를 구제해줄 걸세."

이븐 바투타^{Ibn Battutah, 1304~1368/1369}가 이집트에서 만난 한 예언자에게서 들은, 앞으로 있을 자신의 운명과 여정에 대한 예언이다. 이 예언은 이븐 바투타의 여행에서 큰 전환점이 되었다. 왜냐하면 성지순례를 떠난 이븐 바투타에게 메카는 이제 여행의 도착점이 아닌 여행의 새로운 출발점이 되기 때문이다. 이는 자신도 전혀 예상하지 못한 대장정을 하게 되는 계기가 된다.

이『여행기』는 역사상 가장 위대한 여행가였던 한 무슬림 지식인이 남긴 문명교류의 이야기이자 한 개인의 일대기다. 1325년 모로코 탕헤르 출신의 무슬림 청년 이븐 바투타는 메카로 성지순례를 떠났다. 아프리카의 맨 서쪽 끝에 자리 잡은 나라 모로코의 항구도시 탕헤르는 여행자가 유럽에서 아프리카로, 아프리카에서 유럽으로 건너갈 때 마지막으로 이용하는 관문이다. 그래서일까, 이 도시는 언제나 여행자의 출발지이자 도착지 구실을 해왔다.

탕헤르에서 본다면 당시로는 세상의 끝에서 끝으로 오간 이 여정은 무려 12만 킬로미터에 이르는 대장정으로, 공교롭게도 바로 그 직전에 69세의 나이로 사망하고 만 마르코 폴로보다 3배나 긴 여정이었다. 이븐 바투타는 아프리카에서 아시아와 유럽으로, 다시 아프리카로 돌며 온갖 인생역정을 겪고는 학자에서 장사꾼, 신비주의자, 무슬림 전사 그리고 법관으로 변모한다. 광기스러운 폭군을 만나기도 했고 여성들에게 인기가 있어 열 명의 부인과 많은 애첩을 두기도 했다. 29년 뒤 고향으로 돌아와 이 모든 것을 기록으로 남겼다.

이븐 바투타는 모두 세 차례에 걸쳐 이 대장정을 실행했다.『여행기』는 이를 두 권에 걸쳐 다루고 있는데, 1권은 북아프리카─중동─소아시아─중앙아시아로 이어지는 여정을, 2권은 인도와 중국으로 이어지는 해상 실크로드 여정과 북아프리카와 스페인을 거쳐 모로코로 이어지는 귀국 여정을 기술했다. 이 여정에서 이븐 바투타는 당시 세계 문명의 중심이었던 이슬람 세계의 구석구석을 돌아다니며 이슬람의 다양성과 신비로움을 체험했다.

여행기의 원제는 '여러 지방의 기사奇事와 여러 여로旅路의 이적異蹟을 목격한 자의 보록寶錄'이나 일반적으로 『이븐 바투타의 여행기』라 일컫는다. 오늘날 전해오는 것은 이븐 바투타가 1355년에 손수 집필한 원본이 아닌(소실됨) 1356년 2월에 시인이자 당대 명문장가인 이븐 주자이가 술탄의 명을 받아 원본을 요약하여 베껴 쓴 필사본이다. 이 여행기를 이븐 바투타가 들려준 것을 이븐 주자이가 필사한 것으로 주장하는 학자가 있는데 그것은 사실이 아니다.

사실 여행 시기를 제외한 이븐 바투타의 삶에 대해서는 거의 알려진 것이 없다. 게다가 『여행기』는 대체로 이븐 바투타가 방문한 장소나 만난 학자들과 정치지도자들에 관한 이야기로만 되어 있을 뿐 그의 물질적 조건이나 개인적 관계 같은 세부사항에 대해서는 거의 다루고 있지 않다. 따라서 개인의 고백을 다룬 여행기가 아니다 보니 이븐 바투타의 사람됨이나 철학, 사상 따위를 정확하게 읽어내기는 쉽지 않다. 다만 책을 통해 유추해볼 때, 이븐 바투타는 사치와 향락 그리고 돈을 좋아했던 것으로 보아 실리를 잘 좇고 여자를 좋아한 매우 현실적이고 감정적인 인물이었던 것으로 보인다.

청년 시절 독실한 무슬림이었던 이븐 바투타를 놀랄 만큼 대단한 여정으로 이끈 것은 분명 성지순례라는 종교적 열정이었다. 성지순례는 이슬람의 5대 의무 중 하나로, 무슬림이라면 일생에 꼭 한 번은 치러야 하는 통과의례다. 하지만 어릴 적부터 철저한 이슬람 교육을 받으며 남부럽지 않게 자란 명문사족 출신의 이 청년을 미지의 세계로 이끈 데에는 또 다른 동력이 있었다. 그것은 그 당시 세상을 지배하던 이슬람 세계의 신비로움과 세상에 대한 탐구욕이었다.

새로운 세상으로 나가는 일은 곧 그 세상의 참된 이치를 이해하려는 노력이기도 하다. 이슬람의 경전 『꾸란』은 학문과 예술을 익히는 것을 모든 무슬림의 의무로 규정하며 지식 추구의 중요성을 지적하고 있다. 아울러 무함마드의 언행록 『하디스』도 "신이 창조한 모든 것을 연구하는 것이 무슬림의 의무"라며 지식이야말로 천국으로 가는 길을 열어주고 행복으로 가는 안내자라 규정한다. 그래서 이슬람은 지식의 종교라 할 수 있다. 그것은 『꾸란』에 계시된 첫 번째 절이 지식 추구의 관문인 '읽기'를 명령하고 있다는 데서도 잘 드러난다.

이렇듯 무슬림에게 지식 추구는 거부할 수 없는 유혹이었고 피할 수 없는 사명이었다. 그런데 그 지식 추구에서 최고의 학습장이었던 것이 바로 여행이다. 따라서 여행을 통한 지식 추구는 그야말로 이슬람 학문의 핵심이었다. "지식을 추구하라! 그로 인해 먼 중국 땅에 이를지라도."라는 무함마드의 말은 이슬람에서 여행과 지식 추구가 어떤 관계로 얽혀 있는지를 잘 보여준다. 그러니 여행은 이슬람을 실천하는 중요한 행위이자 그것을 이해하는 핵심적인 소재라 하겠다.

수많은 무슬림 지식인들이 여행을 떠났지만 그 경험을 기록으로 남긴 이는 그다지 많지 않다. 설령 남겨놓았다 하더라도 여행 자체에 대한 설명은 담겨 있지 않다. 예를 들면 여행지의 기후나 특산품, 관습이나 풍물을 소개하거나 해당 지역의 주요 통행 길을 안내하는 책은 있지만 정작 중요한 여행가의 일상이나 여행 중 겪은 사건에 대해서는 언급하고 있지 않다. 따라서 뛰어난 여행가라 해서 반드시 여행기를 남긴 것은 아니었다. 그런 점에서 이븐 바투타는 아주 예외적인 여행가였다.

이븐 바투타의 『여행기』는 수많은 민속학적·인류학적 자료를 담고 있는 인류문명의 큰 자산이다. 비록 기록의 신빙성에 대한 진위 여부로 논란이 있지만 그 때문에 이 책의 가치와 명성이 훼손되지는 않는다. 무엇보다도 이 책은 중세 인문지리학 연구에 필요한 많은 자료를 담고 있어 학문적으로도 연구 가치가 아주 크다고 할 수 있다. 특히 이 책이 그려내고 있는 이슬람의 모습은 놀랍고도 신기할 정도로 다채롭다.

이븐 바투타의 발자취를 따라가다 보면 온갖 탈을 쓴 '천의 얼굴'을 한 이슬람을 만나게 된다. 신비주의 춤을 추는 아나톨리아의 무슬림과 마술을 부리고 '불을 먹는' 인도의 무슬림, 그리고 거의 나체로 거리를 활보하는 몰디브의 무슬림 여성들……. 이들 모두 아랍-이슬람에서는 볼 수 없는 기묘하면서도 역동적인 이슬람의 다양성을 보여주고 있다. 이슬람의 이런 모습은 오늘날 우리가 잘못 알고 있는 이슬람에 대한 오해와 편견을 없애는 데 큰 도움이 되리라 본다.

『여행기』의 한글 번역본 출간은 한글 독자들에게는 특별한 의미를 갖는다. 옮긴이 정수일 선생에 따르면 한글 완역본은 프랑스어본에 이어 세계에서 두 번째 완역본이라고 한다. 아랍어 원전을 한

글로 번역하는 일이 낯설기만 한 한국에서 이 방대한 저작을 우리 말로 읽을 수 있게 된 것은 어쩌면 행운이라 할 수 있다. 동시대에 거의 비슷한 여행기를 남긴 마르코 폴로에 비하면 아직도 우리에게 이븐 바투타는 그다지 익숙하지 않은 낯선 이방인 여행가다. 이런 점에서 한글 번역본은 두 여행가로 상징되는 서구와 이슬람 두 문명권에 대한 좀 더 객관적이고 균형 잡힌 시각을 갖게 하는 데도 큰 기여를 할 것으로 보인다. 2001년 창작과비평사에서 출간된 이븐 바투타의 『여행기』는 2012년 9월 현재 1권은 14쇄본이, 2권은 12쇄본이 찍혀 나왔다.

앞서 소개한 정수일 선생이 옮긴 『이븐 바투타 여행기 1·2』(창작과비평사, 2001) 외에 데이비드 에인스가 쓰고 이정명이 옮긴 『이븐 바투타 오디세이』(산처럼, 2011)도 추천한다.

김동원 | 부산대 · 합스부르크 · 오스만튀르크 관계사

역사
48 일본, 일본인 그리고
일본문화 들여다보기

::『국화와 칼』, 루스 베네딕트

　세계 어느 지역과 국가의 구성원들보다 한국인은 일본을 대할 때 감정적으로 되고 만다. 일본에 대한 경멸과 피해만을 강조해온 주입식 역사교육 탓도 있지만 일본에 대해 제대로 이해하려는 자세가 결여된 채 그들을 무시하고 일방적으로 평가해온 점이 가장 큰 이유일 것이다.
　이런 점에서 보면 『국화와 칼』에서 베네딕트가 강조하고 있는 타문화 이해의 자세인 '어느 정도의 관대함'이나 '나름의 가치를 갖고 있다는 인정'은 적어도 일반적인 한국인이라면 취하기 어려운 타문화 이해의 자세일 것이다. 그렇지만 이제 한국도 '다문화 사회'로 접어들었고 일본과의 교류는 개인적인 레벨에서부터 국가적 차원에서도 피할 수 없는 대세라는 점을 고려해보면 베네딕트의 문제 제기는 여전히 유효하다고 하겠다. 왜냐하면 사실을 사실

> 일본이 평화 국가로 재출발하는 데 이용할 수 있는 참된 장점은 어떤 행동방침이 '실패로 끝났다'고 인정한 뒤부터는 다른 방향으로 노력한다는 점에 있다. 일본인은 양자택일적인 윤리를 가지고 있다. 그들은 전쟁으로 '알맞은 위치'를 얻으려 했으나 실패했다. 그들은 이제 그 방침을 포기할 수가 있다. 여태껏 받아온 일체의 훈련이 그들을 방향전환에 응할 수 있는 인간으로 만들어냈기 때문이다.

로서 접근하고 이해할 때 비로소 비판적인 평가가 이루어질 수 있기 때문이다.

『국화와 칼』은 미국이 일본 제국주의자들과 전쟁을 치르면서 일본군의 성정을 파악하여 대처하기 위한 현실적 요구가 전제되어 있다. 그리고 태평양전쟁을 끝내고 나서 일본을 수월하게 지배하기 위한 '점령정책 입안' 참고서 정도로 이해해두면 좋을 것 같다. 그렇지만 이런 목적을 수행하기 위해 저자가 동원한 객관적 분석의 틀과 자세는 실용성을 뛰어넘어 문화를 이해하는 보편적 학문 방법론을 견지하고 있고 그런 점에서 『국화와 칼』을 일본문화론에 대한 '고전'으로 만들어주고 있는 것이다.

먼저 『국화와 칼』의 전체 목차를 보면, 「1. 연구 과제: 일본」, 「2. 전쟁 중의 일본인」, 「3. 각자 알맞은 위치 갖기」, 「4. 메이지 유신」,

「5. 과거와 세상에 빚을 진 사람」, 「6. 만분의 일의 은혜 갚음」, 「7. 기리처럼 쓰라린 것은 없다」, 「8. 오명을 씻는다」, 「9. 인정의 세계」, 「10. 덕의 딜레마」, 「11. 자기 수양」, 「12. 어린 아이는 배운다」, 「13. 패전 후의 일본인」으로 되어 있다.

여기서 일본을 바라보는 전체적 시각 설정은 첫 장의 '연구과제'에 잘 드러나 있다. 다른 지역에서는 보기 힘든 모순적 상황이 일본에서는 다반사로 일어난다는 점을 지적한다. 이를 감안할 때 태평양전쟁의 종전을 눈앞에 둔 시점에서 구체적인 일본, 일본인에 대한 이해가 막바지 전투현장—항공기 폭격의 폭탄투하 지점 설정에서부터 개개인의 총격전에 이르기까지— 을 처리해나가는 데 중요한 과제로 떠올랐음을 짐작하게 한다. 이는 이후 예상하고 있는 일본에 대한 점령정책을 펼쳐나가는 데에도 매우 유익한 자료가 될 것임을 확신해서다(왜냐하면 1942년 8월 미군의 과달카날섬 상륙으로 이미 전황은 미국의 승리로 기울었고 언제, 어떻게 일본의 항복을 받아내는가가 미국의 정책수립가에게는 관심사였기 때문이다).

실제 미국은 전쟁 책임의 중심에 있고 전범으로서 가장 먼저 책임을 물어야 할 천황에게는 면죄부를 주고 일본의 천황제를 존속시키면서, 다른 한편으로는 미국식 민주주의를 주입함으로써 일본을 냉전체제에서의 반공의 보루로 활용했다.

여기서 우리는 저자가 활용한 문화 일반을 이해하기 위한 분석의 독특한 틀을 발견하게 된다. 그것은 일본문화가 갖고 있는 유사점과 차이점이다. 이를 수행하기 위해서는 타문화와의 비교는 필수적인 작업일 것이다. 이를 통해 일본문화의 특성과 다른 민족과의 차이를 찾아내고자 했다. 그리고 모든 문제는 분리된 채 개별적으로 존재하는 것이 아니라 서로 체계적 관계를 갖고 있으며 종합적인 유형으로 분류될 수 있다는 관점을 견지하고 있다는 점에 주목할 필요가 있다. 이는 감정과 가치판단을 함부로 개입시켜 타문화를 왜곡되게 이해하려고 하는 자문화중심주의에 경종을 울린다.

그래서 "이 책은 일본인의 종교나 경제생활, 정치기구 등 특정 일면만을 다루지 않았다. 이 책은 일본인의 보편적 특성을 그들의 생활방식에서 검토한 책이다. 당면한 활동이 어떠한 것이든 그 속에 이런 특성이 어떻게 나타나는가를 기술하고 있다. 이 책은 일본을 일본인의 나라답게 만드는 것이 무엇인가를 다룬 것"이며 그렇기 때문에 관용과 포용이라는 객관적 시선으로 일본문화를 분석해 내고 있다.

이 책에서 제시하고 있는 일본문화 이해의 가장 중요한 개념은 '계층제階層制'다. 인간이 사회생활을 하면서 맺게 되는 서로의 약속, 즉 책임과 의무를 지면서 타인과의 관계를 가진다면 이는 횡적이고 평등한 관계다. 그렇지만 주인이 있고 그 밑에 머슴이 있다든지, 아니면 주군과 신하와 같은 위아래의 관계로 설정되어 있다면 이는 계층적 관계 설정으로 봐야 하는 것이다. 자신의 위치가 어디인지를 항상 의식하고 저마다 알맞은 위치를 찾기 위해 노력하는 것이야말로 바른 삶으로 믿고 있는 것이 일본인이며, 계층제도를 수립하기 위해 노력하고 심지어 싸워나가야 한다는 생각을 전체 일본사회가 하고 있다는 것이다.

또한 사무라이의 시대에는 칼이란 단순히 공격의 상징이 아니다. 이상적이고, 자기 행위에 대한 책임 있는 인간에 대한 비유다. 자기수양을 통해 실력을 함양하고 평정심으로 자신을 억제하는 평형제의 역할을 한다.

이러한 계층제에 대한 사고가 '대동아공영권'적 사고를 낳고, 계층제는 일본 국내에 머무르지 않고 세계로 확대해서 '대동아전쟁'을 일으켰으며, 제민족에 대한 가혹한 수탈과 탄압을 태연하게 수행해나가는 정신적 기반으로 작동했다는 것이다. 당연히 여기에는 일본이 중심이 된다는 일본중심적 사고가 깔려 있고 그 중심인물이 천황이며 천황의 선조인 아마테라스라는 신관념 또한 종교적 신념체계를 제공해주고 있다. 그리고 여기서 타민족, 타국가를 계층적으로 하위에 두고 그 위에서 일본이 군림하는 국제적 계층제가 성립해야 한다는 발상이 생겨날 수 있는 것이다.

그리고 일본인의 사고와 행위를 이해하는 데 중요한 것은 명예와 수치심에 대한 태도다. 일본 군인들은 전쟁터에서 항복보다는 자결을 선호한다. 왜냐하면 포로가 되어 살아서 돌아간다는 것은 무엇보다도 수치스러운 일이 되기 때문이다.

명예와 수치에 대한 태도는 만약 포로가 되었을 때 극단적인 반전을 이룬다. 전쟁에서 패한 군인은 이미 명예를 잃은 상태이고, 계층에서 제 구실을 못하는, 자신의 위치를 갖지 못한 자이므로 저항은 무의미하게 되고 이는 철저하게 순종적인 인간으로 거듭나게 된다. 바로 어제 "1억 옥쇄"를 외치던 일본인들이 항복과 동시에 미국의 점령군에게 철저하게 복종하고 순종하는 국민으로 거듭나게 되는 것도 이러한 속성에서 찾아볼 수 있을 것이다. 자신의 분수에 맞는 생활을 하고 이에 만족하는 삶은 존중된다. 정신과 육체를 일치시켜 현실에 안주하는 현실주의적 생활태도를 추구하게 된다.

그 자리에서 자신이 해야 할 일을 철저하게 수행함으로써 아무나 흉내 낼 수 없는 재능을 보이는 것은 일본사회에서 흔히 볼 수 있는 모습이다. 마치 일을 통해 자기수양을 하고 있는 듯한 인상까지 주는 일본인의 생활태도는 '국화'와 '칼'로 상징되는 두 정신 속에서 어울려 나온다. 국화를 기르는 부드러운 정신과 칼을 가는 듯한 날카로운 정신이 한데 어울려져 있다.

이러한 생활태도는 온은(恩惠[은혜] 혹은 義務[의무])에 대한 인식에서 극명하게 드러난다.

최우선이자 최대의 채무인 '천황의 온(皇恩[황은])'을 일컫는 경우, 온은 항상 무한한 헌신이란 의미로 사용된다. 그것은 천황에 대한 채무로서, 사람들은 황은을 무한한 감사로 받아들인다. 일본인은 이 땅에서 태어나 안락한 생활을 누리며 자기 신변의 크고 작은 일이 잘 되어간다고 느낄 때, 언제나 그것을 한 사람이 내려준 은혜라고 생각한다. 일본의 모든 역사 시대에 일본인이 빚을 지고 있는 사람은, 그들이 소속하는 세계의 최고 윗사람이었다. 그것은 시대의 변화에 따라 지방 영주, 봉건 영주, 쇼군 등으로 변했다. 오늘날엔 그것이 천황이다. 그러나 윗사람이 누구인가보다 더욱 중요한 것은, 몇 세기에 걸쳐 '은혜를 잊지 않는다'는 것이 일본인의 습성 속에서 최고의 위치를 차지하고 있다는 사실이다.

오늘날의 일본인에게도 전통적인 문화유산이 그들의 생활을 크게 좌우하고 있다는 지적이다.

'평화의 나라' 일본이 시끌벅적 소란이다. 물론 정치적인 이슈가 주제이기는 하지만 10년을 넘어선 불황의 경제나 활력을 잃어가는 문화 그리고 개인의 권리와 집단화 속에서 우왕좌왕하는 교육 등 다양한 분야에 걸쳐 기존의 일본적 근대의 기조가 새로운 방향전환을 모색하고 있다. 정치로 다시 돌아오면 '평화헌법'이 일본을 평화의 나라로 인식하게 만들지만 이를 고쳐서 적극적인 '보통국가', 즉 자위(대)가 아닌 군대를 가지면서 핵무장도 하고 전쟁도 하는 국가가 되겠다는 것이다.

한국과의 '군사정보보호협정'이 서명 직전에 연기되기는 했지만 일본은 이에 아랑곳하지 않고 이른바 '집단적 자위권'에 대한 포괄적 해석으로 한반도에서의 군사적 충돌시에 일본군(자위대)의 개입을 당연하게 여기는 분위기를 만들어가고 있다.

일제 식민지배의 참상과 태평양전쟁에서 일본군이 저지른 만행이 아직도 기억에 생생한데 전쟁 과정에서 생긴 일본의 책임이 미국이 주도한 '샌프란시스코 강화조약'에 의해 반성과 보상 없이 유야무야되고 있다. 경제 강대국 일본이 군사 및 정치 대국으로 변신을 꾀하고 있는 것이다. 역사는 되풀이되지 않는다고 하지만 한반도와 일본열도를 둘러싼 정치적 긴장과 그로 인한 비극의 탄생은 되풀이되는 듯한 인상을 지울 수도 없는 상황이다.

『국화와 칼』을 통해 우리는 일본인과 일본사회 나아가 일본문화를 보다 쉽게 이해할 수 있다. 그러면서도 저자가 보지 못한 문제, 특히 일본인이 만들어낸 역사적 사건의 발생 원인과 변천과정을 누락한 것은 숙제로 남는다. 일본에 대한 따뜻한 시선과 객관성을 잃지 않으려는 자세는 배워야 하지만 일본사회가 안고 있는 문제를 어떻게 해결할 것인가 하는 물음을 제기해보면 저자에게서는 아무런 해답의 단서를 찾아낼 수 없게 된다. 일본을 알기 위한 참고로 삼으면서 현대 일본을 이해하기 위해서는 또 다른 과제가 우리에게 부과되고 있다는 점을 명심해야겠다.

김윤식과 오인석이 공동으로 번역한 『국화와 칼』(을유문화사, 2008)을 추천한다.

김동기 | 부산대 · 동양사학.일본사상사

현실과 이상을 잇는
징검다리

Philosophy

철학
49

원칙론자 공자,
정직과 공부로 세상을 끌다

:: 『논어』, 공자

    어렸을 때부터 제기祭器를 가지고 놀던 아이가 있었다. 그 아이는 다른 아이들과 달리 성격이 우울했다. 아니, 실은 아이답지 않게 진지했다. 어려서 아버지 없이 어머니 안징재顔徵在의 품에서 컸던 아이는 왜 사람까지 제사를 지내는 제물로 써야 할까 하는 의구심에 사로잡힌다. 우연히 목격한 인제人祭, 즉 사람을 희생양으로 삼아서 전쟁의 승전을 기리는 비극적 제식은 어린 아이의 마음속에 끝없는 질문을 던졌다. 삶은 무엇이고, 죽음이란 무엇인가? 같이 어울려 잘살려면 무엇을 해야 하는가? 과연 어떻게 살아야 잘사는 것일까?

    『논어』가 『성경』만큼이나 동아시아권, 아니 동양학을 공부하거나 관심을 두고 있는 세계인의 가슴에 자리 잡고 있는 이유는 분명하다. 바로 인간의 삶과 죽음이라는 근본적인 질문, 삶의 방식을

> 배우고 때때로 익히면 또한 기쁘지 않은가?
> 벗이 멀리서 찾아오면 또한 즐겁지 않은가?
> 남들이 알아주지 않아도 성내지 않는다면 또한 군자가 아니겠는가?

건드리고 있기 때문이다. 『논어』의 언어체계나 문화양식은 특수한 위치에 있다. 그러나 그것이 언급하고 결론짓고 있는 논지가 '보편적'이기에 『논어』는 동서고금을 통틀어 읽혔고, 앞으로도 읽힐 것이다. 『논어』에 대한 후대의 평가와 주목에 비해 공자孔子, BC 551~BC 479의 삶은 그다지 행복하지 않았다. 출생에 대한 논란이 있는 것을 보면, 평범한 가정에서 삶을 시작한 것 같지는 않다. 그 시시비비를 가릴 자리가 아니기에 그에 대한 논의는 생략하지만 평범하지 않았던 환경이 오히려 그를 세상의 질서와 관계에 눈뜨게 해준 것은 아닐까 생각해본다.

그런데 '제의祭義'는 그냥 흘릴 문제가 아니다. 어쩌면 『논어』를 꿰뚫고 있는 공자의 생각이 '제의'에 담겨 있을지 모르기 때문이다. 공자는 어머니가 세상을 떠난 뒤 어머니의 관을 안고 도성 밖에 앉아서 어머니의 상을 알린다. 훗날 맹자가 구렁이나 계곡에 죽어 버려진 사람을 누군가 거적때기로 덮어주었던 일을 특기하며 인간에 대한 예(禮)를 거론하는 데서도 알 수 있듯이, 죽은 자(물론 위정자가 아니라 보통 백성들을 일컫는다)에 대하여 일정한 의식을 갖고 송별하는 일은 아주 특이한 일이었다. 도성 문 앞의 사람들 모두 낯선 광경에 흘낏거릴 뿐 시비까지 걸지는 않는다. 그러다 위정자의 눈에 그 모습이 들어왔다. 참으로 시건방진 짓이었다. 일개 하층 백성이 어머니를 송별하는 절차를 수행하다니. 그가 공자에게 묻는다. "네가 말하는 예는 어디에 있는가?" 공자는 말없이 자신의 가슴을 가리키고, 다음에 하늘을 가리킨다. 나의 마음속에 어머니를 그리워하고 보내는 정신이 있고, 저 하늘이 이 마음을 알아주고 있다는 것이었다. 마음에 들진 않지만, 그렇다고 트집 잡을 수도 없는 완벽함, 이것이 당시 공자의 모습이었다.

사람들에게 낯설고 이상한 모습으로 비치는 공자는 하나둘씩 동지(이들이 훗날 그의 제자들이다)들을 규합해나간다. 모두 정성어린 환대와 배려, 그리고 정도를 실천하는 그의 모습에 반한 어린 친구들이었다. 공자와 그의 제자들 사이의 연배나, 그들이 만난 시점에 대한 논란이 있더라도 이들이 관계를 맺어간 방식은 이를 벗어나지 않으리라. 공자와 그의 제자들은 세상의 이끗이나 세속적 욕망으로 만나지 않았다. 이 점이 공자 학단을 높이 평가하지 않을 수 없는 이유다.

사마천의 기억에 의하면, 공자의 제자들은 참으로 다양했다. 사람의 수만큼이나 다양한 특성과 품성을 지녔던 인물들, 이들은 하나같이 공자를 '스승'으로 모셨다. 사실 자로^{子路}와는 너덧 살 차이라고 하니, 나이로 본다면 친구에 불과할지 모른다. 게다가 공자가 했다는 벼슬이라고 해봐야, 계손 씨와 같은 귀족 집안에서 허드렛일을 보았던 처지이지 않은가? 그 어떤 기적이나 영성^{靈性}을 보여주지 않았던 공자가 사람들에게 어필할 수 있었던 것은, 바로 그의 끊임없는 학인으로서의 자세와 인간적 성실함 그 이상도 이하도 아니었다. 또한 생계를 위해 벌인 일 속에서 오히려 옛사람들의 지혜를 '스스로 익히는' 태도는 그 어디서도 볼 수 없었던 일이었다. 상갓집의 곡자^{哭者}가 되어서 악^{樂}을 익히고, 마차를 몰면서 그 방법을 논리적으로 이해할 줄 알았던 공자는, 일상의 삶 그 자체가 배움터였고 스승이었다. 그래서 공자가 "삼인행 필유아사언$^{三人行\ 必有我師焉}$, 세 사람이 길을 가면, 그 안에 반드시 나의 스승이 있다."라고 했던 말은 자신의 실제 체험에서 우러나온 것이지 그냥 선생으로서 하는 말은 아닌 것이다.

특이하게도 공자가 누구에게 배웠는지를 소상하게 밝혀놓은 기록이 없다. 기원의 미신을 믿고 있는 우리로서는 공자의 스승이 누구인지가 미스터리인 점이 오히려 미스터리하다. 공자의 유일한 어록인 『논어』를 봐도, 그것이 공자의 입을 통한 것인지, 제자들의 입을 통한 것인지 여전히 알 수 없다. 그래서 『논어』를 보면 밋밋하다. 특별히 주목할 만한 사건이나 정황이 나타나기는커녕 주로 부모님과의 일, 친구들과의 일, 이웃집과의 일 등뿐이다. 하다못해 군주와 대화를 나눈 일조차도 정치적 포부나 치세의 방법을 멋지게 전달하기보다는 '근면', '성실' 이 두 마디로 요약할 수 있는 수준이다. 그래서 굳이 『논어』를 보지 않아도 21세기를 살고 있는 우리는 이미 『논어』가 전하는 '진리'를 '알고 있다.' 덕분에 『논어』는 읽어도 읽지 않아도 무방한 책이 되어버린 지 오래다.

그런데 바로 이 지점에 『논어』와 공자의 위대함이 담겨 있다. 공자는 '일상'을 '학교'로 삼고 '인간관계의 이러저러한 상황'을 '텍스트'로 삼아, '관계 속에서 가져야 할 마음이나 태도'를 '이야기 한다.' 그 내용을 정리한 것이 『논어』다. 사실 굳이 공자에게 스승을 말하라 하면 옛 책일 것이다. 그 책도 위정자들을 위해 준비된 것이었을 뿐 일개 무지렁이 백성들에겐 불쏘시개 정도로 치부되던 것들이다. 글을 모르니 책이 눈에 들어오지 않고, 책을 보지 않으니 옛 지혜를 전해 받을 방법이 없다. 돈도 없으니 선생에게 배울 기회도 없었으리라. 공자는 일찍이 글을 배웠고 책을 읽을 수 있었다. 책에서 말하는 세상이 비록 자신이 살고 있는 세상과 어긋나는 것은 많았지만, 오히려 책 속의 지혜를 통해 지금 세상의 비틀리고 뒤엎어진 부분을 알 수 있었고, 어떻게 살아야 하는지도 알게 되었다. 그의 삶이 '원칙적'일 수밖에 없었던 것은, 바로 책을 통해 배운 상식을 '진리'로 받아들인 데 기인한다. 당시 위정자들도 책을 통해 지혜를 익혔겠지만 이미 현실 속 욕망으로 굴절시켰던 탓에 옛 책 속의 지혜는 그저 글자더미에 지나지 않게 되었다. 그래서 공자는 당시로서는 낯선 존재일 수밖에 없었다. 그 낯섦이 21세기까지도 우리에게 호소력을 갖게 되었음이 바로 공자의 매력이다.

공자가 살았던 시대는 주나라를 정점으로 세력이 큰 몇몇 나라가 천하를 분할하고 있었다. 그 패권 국가 안에 공자의 고국인 노나라는 포함되어 있지 않았다.

노나라는 중원의 심장부에서 동쪽으로 치우친 변방이었다. 노나라는 공자가 살았던 시기를 전후하여, 몇 개의 귀족 집안이 권력을 삼분, 혹은 사분하고 있었다. 이른바 계손 씨, 중손 씨, 맹손 씨 등이 그들이다. 이들의 권세는 이미 노나라 군주의 그것을 능가하고 있었다. 거莒나라를 무찌르고 돌아온 계손 씨는 모든 재화를 자신의 집 정원에 늘어놓고 형제들을 불렀다. 중손 씨와 맹손 씨는 시기심에 마뜩치 않았지만 그 자리에 참석했다. 마침 승전 소식을 들은 노 소왕은 국가적 연회를 조정에서 열도록 했지만, 계손 씨는 자기 집에서 주연을 즐길 뿐 조정에 나아가지 않는다. 이에 분노하기보다는 자리를 파하면서 아무렇지도 않게 여기는 소왕의 모습, 이것이 공자 시대의 노나라 모습이었다. 계손 씨의 추악한 권력욕망은 천자의 예식을 치르는 수준까지 이른다. 옛 법도에 의하면, 연회에서 출 수 있는 춤은, 천자는 팔일무八佾舞, 제후는 육일무, 대부는 사일무였다. 계손 씨는 제후국의 대부이니 사일무가 적격이었다. 그런데 그 팔일무를 자신의 정원에서 추어 보이며 연회를 연 것이다. 공자는 이에 대해 이렇게 분노한다.

"是可忍也, 孰不可忍也(시가인야, 숙불가인야, 이것을 참을 수 있다면, 무엇인들 참을 수 없겠는가)?"

국가의 권력이 공식적인 군주에 의해 움직이지 않고, 몇몇 귀족 집안의 수장에 의해 휘둘리는 상황을 목도한 공자, 적어도 저들에게 양심적이고 도덕적인 모습을 기대했건만 참람僭濫을 저지르고도 그것이 참람인 줄 모르는 상황에 그만 좌절하고 만다. 우리는 공자가 천하를 주유하며 자신의 생각을 받아들일 군주를 찾아 헤매었다고 알고 있다. 그러나 돌이켜보면, 이 말은 사실이 아닐 가능성이 크다. 공자는 이미 젊은 시절에 목격한 계손 씨의 무람됨, 저들의 오만방자함, 이를 제어하지 못하는 공식적인 권력을 목격했다. 저들에게 무엇을 기대할 수 있을 것인가? 다른 방법이 필요한 것이 아닐까? 그것이 '학단'을 꾸린 이유였을 것으로 짐작한다.

다시 공자가 죽음을 보냈던 마음을 기억해본다. 이를 공자는 '신종추원愼終追遠'으로 요약한다. 비록 증자曾子의 입을 통해 전해진 것이긴 하지만, 공자의 생각으로 봐도 무방하리라. '종終'은 현재 삶을 마감한 이를 뜻한다. '원遠'은 지금 살아 있지 않은 먼 조상을 뜻한다. 이미 세상을 떠난 이들인 셈이다. '종'이든 '원'이든 모두 이승에 존재하지 않은 이들이다. 이처럼 눈에 보이지 않는 존재들에 대하여, 그들의 죽음을 근신하는 태도로 송별하고, 이미 삶의 시간이 흘러버린 이들을 추념하면서 기억해주는 것은 어떤 의미를 지닐까? 질문을 바꿔, 과연 눈앞에 살아 있는 존재에 대한 예의는 정직하게 이뤄지고 있었을까? 죽음에 대한 예는 삶에 대한 경의의 기탁寄託이요, 그 예의 공개적이고 정당한 실행만이 인간의 삶을 그나마 비정상적 곡해로부터 방비할 수 있을 것이다. 그러나 공자가 바랐던 세상, 그것은 꿈이었을지도 모른다. 지금도 예가 어긋난 행위와 권력이 요동치지 않고 있는가.

추천 번역서로는 성백효가 옮기고 주해를 단 『논어집주』(전통문화

연구원, 2012, 개정증보판)와 김용옥이 옮긴 『논어한글역주』(통나무, 2008)가 있고, 참고도서로는 요시가와 코지로가 쓰고 조영렬이 옮긴 『공자와 논어』(뿌리와이파리, 2006)를 추천한다.

이준규 | 부산대 · 조선조 한문학 및 경학

> 철학
> **50** / 맹자, 남을 아파하는 마음에서
> 새로운 세상을 보다
>
> :: 『맹자』, 맹자

인간의 욕망이 마음껏 부딪히고 그 욕망을 따라 움직이는 것이 최고의 선이라면, 이 세상은 끔찍한 전쟁으로 점철될 것이다. 다른 이의 안위를 돌보지 않고 제 이익을 앞세우며, 하다못해 가족의 죽음조차 제대로 떠나보낼 여유가 없어 그저 도랑이나 계곡에 시신을 갖다버릴 수밖에 없었던 시대, 그런 시대에 과연 정의가 있고, 인간이 있고, 도덕이 있다고 말할 수 있을까? 이른바 위정자들의 눈은 자기 혈족의 영원한 권력 승계와 안전을 바라볼 뿐이요, 귀족들은 자신의 기득권을 유지하기 위해 혈안이 되어 있으며, 백성들은 위정자나 귀족들에게 굴종은 할지언정 전혀 믿지 않는 세상, 그런 세상이 바로 이름도 흉악한 전쟁하는 시대, 즉 '전국시대'였다.

'전국시대'는 진晉나라의 귀족이 자신이 모시던 군주를 해치고 나라를 갈라서 한韓, 위魏, 조趙나라 등 셋으로 나뉘던 시대부터, 진秦

> 사람들은 땅을 더 많이 갖고 백성을 더 많이 소유하기를 원하지만, 진정한 기쁨은 거기에 있지 않다. 또 사람들은 세상 한복판에 서서 수 많은 사람을 지배하기를 즐거워하나, 인간의 참된 본성은 거기에 있지 않다. 참된 본성이란 비록 내가 아주 성대하게 커져도 더 보태지지 않고, 쪼들려 살아도 덜어지지 않는다. 분수가 정해져 있기 때문이다. 참된 본성을 가진 사람이라면, 그 마음자리에 인仁, 의義, 예禮, 지智가 뿌리를 내리고, 그들이 피워낸 아름다운 광채가 발그레 얼굴에 드러나고 등으로 배어나와 온몸에 펼쳐지며, 사지가 애써 말하지 않아도 마음을 알아 움직이게 된다.

의 시황에 의해 중원이 일통一統되던 시기까지를 일컫는다. 그 시대가 시작되어 한창 무르익던 즈음 언젠가 맹자가 살았다. 그보다 앞선 어느 즈음에 공자孔子와 그의 제자들이 살았고, 그 다음 세대에 묵자墨子가 살았으며, 묵자가 사라질 즈음 맹자가 태어났다.

맹자孟子, BC 372?~BC 289?가 태어난 곳은 산둥 지역의 노魯나라 한 귀퉁이에 추鄒라고 불리는 땅이었다. 작은 지역이지만, 주周나라의 예법이 남아 있던 노나라, 그리고 공자가 태어났던 곡부曲阜를 근처에 두고 있었던 탓에, 그는 향학鄕學으로 유학의 한 자락을 붙들고 있었다. 흔히 맹자는 공자의 손자인 자사子思의 문하에서 배웠다고 한다. 이는 맹자의 학통이 이른바 '정통'에 서 있음을 증명해준다. 그런데 뒷날 연구에 의하면, 당시 맹자는 순자荀子에 비해 그다지 우위에 서 있지는 않았던 듯하다. '정통'이란 것이 후세에 구성되는 것이고 보면 맹자정통론은 하나의 가설로 보는 것이 적절하다. 그러나 제나라 선왕宣王이나 위나라 혜왕惠王과의 이야기를 생각해보면, 맹자가 당시 사람들에게 주목을 받았던 것은 사실인 듯하다.

당시 위나라는 패권을 장악했던 나라였지만 혜왕의 실정으로 끊임없이 나라가 줄어들고 백성도 떠나가는 상황이었다. 그런 그가 멀리서 찾아온 맹자에게 던질 수 있었던 질문은 당연히 "하이리오국何以利吾國, 어떻게 우리나라를 이롭게 하시렵니까?"이었다. 이를 맹자는 "하필왈리何必曰利, 어이 구태여 이로움을 말하십니까?"라고 되묻고, "역유인의이이의亦有仁義而已矣, 진정 인과 의가 있습니다."라고 대답한다. 『맹자』의 처음에 등장하는 위 혜왕('양 혜왕'이라고도 부르는 것은 위나라가 '대량'에 도읍을 하였기 때문이다)과의 에피소드는 맹자 시대에 처한 '시대정신'과 그에 맞서는 맹자의 '도덕적 대응'과의 괴리를 잘 보여준다.

대화 속에서 위 혜왕은 그저 패권에 눈먼 군주로 그려지고, 맹자는 그런 시대에 도전하는 용기 있는 지식인으로 그려지지만, 자못 실상은 그렇지 않은 부분이 있다. '리利'는 당시 나라를 부강하게 만들 수 있는 방법 가운데 가장 각광을 받고 있었다. 특히 저마다 실리를 추구하는 시대에는 더욱 그러했다. 이른바 의리가 사라지고 실리를 추구하는 세상, 자신의 잘잘못을 성찰하기보다 남의 것을 더 빼앗으려는 것이 미덕이 된 세상, 그런 세상에서는 '리'가 대세였다. 그래서 맹자가 살았던 시대는 '변법變法'이 요구되었다. '변법'은 지금의 '법치'의 원조 격인데, 사실 당대의 의미는 좀 남다르다.

혈연에 기반한 부족들의 연맹적 성격이 강한 국가체제는 법으로 다스려지기보다는, 혈족 간 세력의 균형과 안녕을 유지하기 위한 계층 간 합의와 암묵으로 지배되고 있었다. 그런 상황에서 '변법'은 기득권에 대한 도전이었다. 특히 일반 백성들에게 귀족들은 착취자의 다른 이름이었던 바, '법'이라는 것이 일반 백성이든 귀족이든 모두 '공평'하게 적용된다고 하니 기득권층에게는 대단히 귀찮고 번거로운 존재임에 틀림없었다. 하늘 아래 무무한 백성들과 자신이 똑같은 사람이란 생각을 해본 적이 없었던 기득권 귀족에게 법치를 강조하는 '법가'의 무리들은 경계의 대상이 될 수밖에 없었다. 그럼에도 이 시기 각 나라들은 국가의 체질을 강하게 하기 위해, 즉 다른 말로 '부강'하게 하기 위해 법가들을 등용할 수밖에 없었다. 그만큼 백성들을 동원하고 귀족의 세력을 억제할 장치가 필요했던 것이다. 이를 통해 패권을 장악할 수 있는 능력을 갖게 되는 것, 이것이 당시 위정자, 특히 제후들의 초미의 관심사였다.

위나라 혜왕은 당시 패권을 지녔다가 자신의 대에서 점차 쇠약해지는 뼈아픈 경험을 하고 있었다. 특히 방연龐涓이란 걸출한 전략가를 잃은 뒤, 위나라는 나락으로 향하고 있었다. 이때 '천 리를 멀다 하고 온' 이가 바로 맹자였다. 맹자는 유가의 큰 선생으로 인정받고 있었기에 혹시 날로 허약해지는 위나라를 구원해줄지도 모를 일이었다. 다시 말해 자신의 왕권을 유지하고, 적절하게 국가의 체질을 바꿔서 부강해질 기회가 될 수도 있었다. 그래서 그는 맹자에게 '의구심에 가득한 질문'을 던지게 된다. 그런데 맹자는 그의 바람을 알면서도 모른 채, 인간의 선한 본성에 호소하며 패권적 정치 방식을 근본적으로 바꾸도록 권유한다. 이것이 맹자의 한계이자 장점이다.

맹자가 자신의 이상을 펼칠 수 있다고 믿었던 군주는 제나라 선왕宣王이었다. 제나라는 중원에서 1,000km 떨어진 산둥이란 외진 곳에 있었다. 본래 주나라의 일등공신 여상呂尙에게 주어진 나라였지만 이즈음 소유주는 전田씨로 바뀌어 있었다. 그러고 보면 '춘추'와 '전국'의 사이에는 정통이 의리에 의해서 유지되느냐 아니면 실리에 의해서 좌우되느냐 만큼의 거리가 있었던 것으로 보인다. 선왕의 앞 대인 위왕威王은 손빈孫臏과 전기田起를 등용하여 위나라의 방연을 거꾸러뜨렸다. 이는 앞서 말한 대로 국가 간 세력 균형을 무너뜨리는 것이었고, 이후 제나라는 패권의 가능성을 지닌 국가로 성장하게 된다. 이즈음 등장한 군주가 선왕이다. 맹자는 선왕을 주목했다. 무엇보다 젊었고, 이른바 학자들을 위한 아카데미인 '직하학궁稷下學宮'을 세웠던 사람이기 때문이다. 적어도 학자의 목소리에 귀 기울여주리라고 믿었다. 주로 위나라와 제나라 사이를 오가고, 산둥 지역의 등滕나라, 설薛나라 등지에서 자신의 꿈을 실현하고자 했던 맹자는 선왕에게 큰 기대를 걸었다. 맹자를 만난 선왕은 자신이 롤 모델로 여기는 사람들을 물음으로써 우회적으로 자신의 꿈을 이야기한다. 직설적이었던 위 혜왕보다는 한 수 위였던 것이다.

"저 옛날 제나라 환공(桓公)과 진(晉) 나라 문공(文公)의 일을 이야기해줄 수 있겠소?"

이 두 사람은 춘추시대의 패자였다. 선왕의 꿈 역시 패자가 되는 것이었다. 그의 질문에 맹자는 위 혜왕에게 질책성의 반문을 했던 것과는 달리 그와 다른 이야기를 들려주겠다고 한다. 맹자는 그와 대화를 나누면서 선왕의 마음 한 자리에 차지하고 있던 인간 본연의 아름다운 본성을 들추어낸다. 환기를 통해 상대의 긍정적 마음을 이끌어내는 방법을 취한 것이다. '기억'이란 자신의 정체성을 지층으로 쌓아올리는 방식으로서, 의식적으로 쌓은 기억은 자기합리화를 위한 충복이 되는 경향이 크다. 반면 의식하지 않았던 기억은 지금 자신이 '희망하는' 모습과 또 다른 자아의 세계를 담고 있을 가능성이 크다. 그래서 의도적으로 배제되기도 한다. 맹자는 선왕이 가진 또 하나의 모습을 '환기'시켜 그가 패권이 아닌 '왕도王道'의 세계로 나아가기를 기대했다. 노쇠한 위 혜왕과 달리 젊은 제 선왕에게 자신의 마지막 희망을 걸었던 셈이다.

선왕의 경험은 단순했다. 흔종釁鐘이란 예식에 희생으로 쓰이기 위해 끌려가는 소를 보고 마음이 아파진 선왕은 소 대신 양으로 바꾸라고 지시했다. 이를 두고 세상 사람들은 선왕이 배포가 적은 인색한 군주라고 비꼬았다. 더러는 차라리 예식을 없애라고도 말했다. 과연 소를 양으로 바꾼 선왕의 마음자리에는 무엇이 있었던 것일까? 맹자는 선왕의 '마음 아파하는' 지점, 바로 그곳에 인간으로서의 본성이 빛나고 있음을 발견했다. 사실 선왕의 재발견인 셈이다. 더구나 그 본성은 인간 본성 가운데서도 핵심인 '인仁'의 핵질이었다.

『맹자』를 읽는 학자들은 이 본성 부분에 초점을 맞춘다. 이른바 성선설의 출발점이자 논리적 종결처이기 때문이다. 심성론적 경향이 짙었던 조선조 성리학자들도 대부분 『맹자』에서 이 부분에 집착했다. 정치공학적으로든, 철학사상적으로든, 사회심리학적으로든, 이 「곡속장 穀觫章」은 눈에 띄는 부분이다. 맹자의 의도가 무엇인지 정확하게 알 수 없을지라도 그가 선왕을 마주하여 나눈 이야기를 세심하게 읽어보면, 위 혜왕에게 충고했던 것과도 서로 통한다. 서로 빛깔은 상이하지만 그의 논지는 일관된 셈이다. 인간의 아름다운 본성이 누구나 자신도 모르는 어딘가에 자리 잡고 있으니, 그것을 잘 발아시켜 키워낸다면 분명 좋은 세상이 되리라는 것이다.

맹자는 이를 군주와 같은 사회적 지도층을 상대로 설득했다. 왜냐하면 그가 살던 시대는 사람 한둘의 착한 본성이 회복된다고 맑아질 곳이 아니었기 때문이다. 어떻게든 전쟁과 욕망의 소용돌이를 멈추게 해야 했고, 그러자면 국가를 경영하는 실세를 움직여 '패러다임을 근본적으로 전환하는 것'이 요구되었기 때문이다. 물론 그의 희망은 좌절된다. 적어도 그가 살았던 시간 동안은 여전히 욕망과 욕망, 무력과 무력이 충돌하며 인간의 삶을 파괴했다. 그로부터 100여 년도 더 흘러서야, 가장 큰 욕망과 무력이 세상을 하나로 정리했고, 오랜 충돌은 잠시 소강상태에 빠져들게 된다. 그게 진나라의 통일이다.

어쩌면 맹자가 꿈꾸었던 왕도의 패러다임은 영원히 도달할 수 없는 이념적 로망이었을지 모른다. 맹자로부터 수천 년이 흐른 지금 역시 욕망의 충돌로 숱한 삶과 환경이 파괴되고 있지 않은가. 인간이 이 땅에서 사라질 즈음에 그 싸움이 그칠지도 모른다는 불길한 예감이 든다.

『맹자』에서 '맹자'만의 목소리를 찾아 읽으면 오독으로 가는 지름길이 될 수 있다. 그 안에 들어 있는 패권 패러다임의 변주된 목소리를 함께 들을 수 있을 때, 안독眼讀을 넘어 심통心筒을 울리는 명독鳴讀이 될 것이다. 모두 7장으로 이뤄진 『맹자』를 완독하려는 용기를 가진 독자들에게 맹자가 선왕을 환기시켰던 언술을 들어 격려하고자 한다. 부디 내 안에 들어 있던 '또 하나의 나'를 발견하기를 기대하면서.

"당신에게 있는 아파하는 마음, 이것이 왕도를 실현할 수 있을 것입니다 (是心, 足以王矣[시심, 족이왕의])."
_『맹자』, 「양 혜왕·상」

추천하는 책으로는 주희가 집주하고 성백효가 옮긴 『맹자집주』(전통문화연구회, 2010)와 황종희가 쓰고 이혜경이 옮긴 『맹자사설』(한길사, 2011), 김용옥이 지은 『맹자 사람의 길』(통나무, 2012)가 있다.

김승룡 | 부산대 · 여말선초 한문학 및 한시

철학
51 / 욕심 덜어가며 부드러움으로
세상을 살아가는 길

::『노자』, 노자

　현재 동양의 정신문화를 대표하는 말들을 꼽으라면 그 가운데 '道도, Tao'가 수위를 차지할 것이다. 다소 신비주의적 색채가 가미된 'Tao'는 도가의 고전『노자』를 대표하는 개념이다. 전근대시대 동북아시아 사회 제도권에서는 유가의 고전으로 사회구성원을 양산했지만, 그 사회에서 성장한 사람들이 세파를 헤쳐 나가는 와중에 한 숨 돌리기 위해서 나무 그늘처럼 찾았던 고전이 바로『노자』였다. 세상의 근원과 처세의 지혜에 대한 영감 어린 금언을 머금은『노자』의 간결한 문체는, 우주의 근원을 두고 고민하는 학자들의 갈증을 채워주고 정쟁에 지친 정치가들의 마음을 위로해주었다. 더구나『노자』는 모두 5,000글자 정도의 적은 분량 때문에 더 많은 독자를 확보할 수 있었고, 이런 이유 때문에『노자』에 대하여『논어』와 더불어 동양문화사에서 가장 많은 독자를 확보했던 고전이

> 하늘의 길, 마치 활 당기는 것 같아라.
>
> 긴 것 눌러 짧게 하고, 짧은 쪽 당겨 길게 하며,
>
> 남는 것 덜어내어, 부족한 쪽 보태네.
>
> 하늘의 길, 남는 쪽 덜어 부족한 쪽 보태건만,
>
> 사람의 길, 그렇지 못해.
>
> 부족한 쪽 덜어내어 남는 쪽에 바친다네.
>
> 누가 남는 쪽 덜어내어 하늘 아래 사람들에게 바칠 수 있을까?
>
> 오로지 하늘의 길을 가는 자뿐이리라.
>
> _『노자』 77장

라는 평가를 내리는 경우도 있다.

지금으로부터 2,000년 넘는 세월을 거슬러 전국시대에 성립한 『노자』는 긴 세월 동안 생존한 책, 바로 고전이다. 과연 『노자』는 어떤 책일까? 이 책이 이렇게 오랫동안 살아남은 이유는 무엇일까? 지금 사람들에게 『노자』에 대해 물어보면 대체로 '신비주의'나 '허무주의'라는 대답이 돌아오는데, 이러한 인식은 송대 이후 성리학의 배타주의에 오염된 관점 때문이다. 진·한대 이후 『노자』 이해의 역사를 살펴보면, 『노자』를 정치방법론과 중앙집권 시스템 구축의 관점에서 재해석한 한비자의 「해로^{解老}」, 「유로^{喩老}」를 필두로 '정치의 기술', '처세의 길', '생명 연장의 방법', '부처가 되는 길' 등 다양한 관점에서 읽혔다는 점을 확인할 수 있다.

진·한대 이후 장구한 문화사 속에서 『노자』는 현실과 이상의 경

계를 넘나들면서 해석되었으며, 송대 이후에는 '이단'으로 그 가치가 강등되기도 했다. 이후 『노자』에 '이단'이라는 불명예스러운 이름을 추가하게 되었지만, 송대 성리학자들이 『노자』를 이단의 책으로 평가 절하했던 관점에 아무런 근거가 없었던 것은 아니다.

『노자』에는 유가의 도덕적 개념에 대해 직접적으로 부정하는 내용이 있다. 특히 유가의 도덕 강령인 인의仁義의 기능적 한계를 지적한 18장과 19장의 내용은 『노자』와 유가 사이를 대립관계로 이해하기에 충분한 계기를 제공한다. 이처럼 『노자』와 유가는 서로 첨예하게 대립할 가능성이 있기 때문에, 『노자』 이해에 있어서 염두에 두어야 할 과제 가운데 하나가 바로 『노자』와 유가의 관계에 대한 문제다. 『노자』에는 유가의 규범 윤리에 대한 직설적 비판이 보이는데, 과연 이 비판이 그 자체로 목적인지 아니면 수단으로서 '비판을 통한 재구성'을 지향하는가를 생각해야 한다.

물론 『노자』의 유가에 대한 비판이 '『노자』는 사회 자체를 부정했다'라는 단편적 의미만을 지니는 것은 아니다. '『노자』의 유가에 대한 비판'은 매너리즘에 대한 비판, 곧 『노자』는 '인간의 사회적 상호관계' 자체를 부정한 것이 아니라 '도덕적 가치가 권위화되었을 때, 그 본래적 기능을 상실하고 형식주의에 빠져서 인간의 자율성을 속박할 수 있다'라는 점에 대하여 지적하고 있는 것으로 이해할 수도 있으며, 이런 관점을 매개로 유가와 『노자』의 관계는 대립에서 상호 소통으로 전환될 가능성을 확보하게 된다.

한편 『노자』의 내용에는 전국시대 당시의 정치현실에 대해 상당히 비판적인 시각으로 접근하는 부분이 있는데, 이것이 '원시적 삶'으로의 복귀로 이해되는 경우도 있다. 하지만 『노자』의 이런 내용은 사회 자체에 대한 부정과 문명 자체에 대한 거부가 아니라 정치권력의 강압과 전쟁의 피해 및 경제적 불평등으로 인한 민생의 피폐에 대한 문제 제기의 일환으로 이해할 수 있다. 이와 같이 『노자』에서는 텍스트 성립 당시인 전국시대의 거대권력과 사회적 문제에 관심을 놓치지 않고 있다. 예를 들어서 『노자』 31장의 '전쟁에 승리하더라도 적군과 아군의 죽음에 모두 예우를 표하여 상호 간 전쟁의 상처를 치유하고 더 이상의 인명피해를 줄이자'라는 부분과 46장의 '전쟁터의 말을 농사일에 쓰도록 하자' 그리고 77장의 '활을 당기면 긴 길이는 줄어들고 짧은 폭은 늘어나듯이 남는 것은 덜어내고 부족한 것은 보태자', 80장의 '나라의 크기를 작게 하고 나라의 인구를 적게 하여 권력의 개입이 최소화된 사회에서 살아가자'라는 등의 부분에서 부국강병책의 부작용에 대한 비판이 구체적으로 드러난다.

『노자』에서 목격되는 사회문제에 대한 비판적 내용 이외에 『노자』 이해의 관건이 되는 개념이 있는데, 바로 '무위無爲'와 '자연自然'이다. 이 두 개념은 『노자』에 대한 오해의 근원지이기도 하고, 『노자』를 이해하는 입구이자 『노자』를 연구하고 수용하는 계기가 되기도 했다. 우선 『노자』의 '자연(스스로 그러함)'은 지금의 '자연환경(Nature)'과 다른 의미를 지니는 특수한 개념이라는 점을 간과해서는 안 된다. 『노자』에서는 '자연'을 '통나무'나 '갓난 아이'의 비유로 설명하고 있는데, 이 비유를 통해서 『노자』의 '자연'은 '잠재력', '외부적 간섭 이전의 상태'를 의미한다고 이해할 수 있다. 『노자』

에서 '자연'은 다양한 분야에서 그 의미가 구체적으로 제시된다. 이는 외부적 간섭에 대한 『노자』의 비판적 시각에서 그 단서들을 엿볼 수 있다. 우선 우리 주변에서 '외부적 영향에 의해 고정화·일률화되는 사례'를 찾아보면 '교육'을 들 수 있다. 틀에 맞추는 교육은 규범과 질서를 준수하는 사회구성원 양성에는 효과가 있지만, 개개인의 재능을 발견하여 계발시키는 방면에서는 취약점을 보인다. 노장사상의 관점에 의하면 한 개인의 타고난 재능이 바로 그 사람의 '자연'이다. 『노자』에서는 한 개인의 자연성 발현을 위하여 정형화된 교육보다는 개인적 특수성에 집중하는 방법, 말보다는 솔선수범이 선행되는 교육정신, 간섭보다는 관찰과 이해를 중시하는 '말 없는 교육(不言之教)'(2장, 43장)을 주장한다. 이 '불언지교' 역시 교육 자체를 부정하지는 않고 한 개인의 재능 계발을 중시하는 교육 방법론적 시각을 제공하는 데에 그 무게를 두고 있는 것이다.

그리고 '자연' 개념에서 파생되는 '외부적 구속으로부터의 자유'라는 문제는 개인의 재능을 넘어서 사회구성에 관한 부분으로 논점이 확대된다. 부국강병을 추구했던 전국시대 사회상에서 『노자』가 집중했던 부분은 부국강병정책의 폐해였다. 그래서 『노자』 본문에는 정치적 폭력과 전쟁의 잔혹함에 대한 고발과 거대권력 유지에 필요한 세금·부역·군역 강요에 의해 사회구성원들의 삶이 왜곡되는 현실에 대한 비판적 시각이 도사리고 있다. 이러한 비판적 시각을 기반으로 '권력의 간섭으로부터의 자유', 곧 거대권력에 의해 침해당하거나 왜곡되지 않은 사회구성원의 자연성을 주장한다. 이는 『노자』 후반부 80장에서 평화를 유지하면서 최소한의 지식만으로 소박한 삶을 이어가는 '소국과민'의 작은 정부 사상으로 표출된다. 또한 『노자』 17장에서는 '가장 좋은 정치는 백성들이 위정자가 있다는 것만을 알 뿐이다. (…) 모든 일이 이루어져도 백성들은 나 스스로 그러할 뿐이라고 여긴다.'라고 지적하여 '거대권력으로부터의 자유'를 표방하고 있다.

이어서 '자연'과 더불어 『노자』를 대표하는 개념은 '무위'다. '무위'를 이해하는 데 있어서 주목해야 할 점은 '불언지교'가 교육 자체에 대한 부정이 아닌 것과 마찬가지로 '무위' 역시 '아무것도 하지 않는다'라는 의미가 아니라는 점이다. 일반적으로 사람들은 모종의 목표를 수행할 경우 적극적으로 진행할 것을 생각한다. 하지만 『노자』에서는 애써 앞으로 나아가려는 길목에 멈추어 서서 한숨 돌리고 그 반대편을 생각해보자고 제안한다. 그래서 '애써서 억지로라도 성취하려고 하지 말자', 곧 '무위'를 주장하는 것이다. 그런데 『노자』의 '무위'는 부정 자체가 목적이 아니라 유용성 창출의 방법론으로서 이중 부정 곧 강한 긍정을 지향하고 있다. 곧 '무위'에는 '무위의 방법론을 통해서 목표를 성취하자'라는 의미가 숨어 있다. 이와 같은 관점에 의거하면, 『노자』의 '무위'에는 '부정을 통해서 최대한의 효과를 창출하자', '손실과 투자를 최소화하면서 효과를 극대화하자'라는 실용성이 도사리고 있는 것으로 이해할 수 있다. 또한 이러한 말들은 '싸우지 않고 이기는 것이 최선이다'라는 의미로 치환될 수 있다. 당연히 병법가들에게도 『노자』는 관심의 대상이었다. 그래서 『노자』 37장과 48장에서는 '무위의 이면에 무불위가 수반되어야 한다(無爲而無不爲)'라는 점을 지적하고 있으며,

이러한 논점은 이후 정치 방법론적 측면에서 『노자』를 이해하려는 사람들에게 호재로 받아들여지기도 했다. 한편 『노자』의 '무위'와 '무'는 인도 불경의 한문번역 과정에서 각각 '열반'과 '공'으로 이해되어서, 중국 불교 성립의 가교 역할을 수행하기도 했다.

그러면 이상에서 지적한 『노자』의 핵심 개념인 '무위'와 '자연'의 보편성을 어떻게 해결할 것인가? 『노자』에서는 이 부분에 대하여 '大道대도', '常道상도'라는 개념을 설정한다. 이 개념을 통해서 무엇으로도 규정할 수 없지만 다른 한편으로 '모든 것을 이루는 작용성'을 지니며, 그 무한성으로 인하여 이름 붙일 수 없는 '그 무엇' 바로 '보편 법칙'을 요청하고 있는 것이다. 보는 관점에 따라서 『노자』에는 후대 『노자』 이해에 지대한 영향을 주었던 왕필王弼, 226~249의 『노자주老子注』처럼 형이상학으로 해석될 가능성이 상존하고 있는 셈이다.

한편 『노자』는 『도덕경』이라는 다른 이름을 가지고 있다. 『노자』의 전반부(1장~37장)가 『도경』, 후반부(38장~81장)가 『덕경』으로 구성되어 있기 때문에 이 둘을 합하여 『도덕경』이라고도 한다. 하지만 1973년 중국 후베이성湖北省(호북성) 츠앙사시長沙市(장사시) 마왕떼이馬王堆(마왕퇴)의 전한시대(기원전 168년경) 묘지에서 비단에 필사된 『노자』 곧 '백서『노자』帛書老子'가 발굴되었는데, 이 백서 『노자』는 전반부 『덕편』과 후반부 『도편』으로 구성되어 있었다. 이 단편적 사실을 통해서 전한시대에는 『노자』라는 서명書名이 존재하지 않았다는 것과 후대의 『덕경』 부분을 원래는 『노자』의 전반부인 『도경』이 차지하고 있었다는 점이 확인되었다. 곧 『덕도경』이었던 『노자』가 전한시대 이후 인위적으로 편집되었던 것이다. 그리고 1993년에는 후베이성 징먼시荊門市(형문시) 꿔디엔郭店(곽점)에서 전국시대 중기(기원전 300년 경) 초묘楚墓에서 대나무 문서, 곧 죽간竹簡에 기록된 문서들 가운데 현재의 『노자』와 부분적으로 일치하는 것들이 발견되어서 『노자』의 텍스트적 성격에 대한 논쟁에 다시 불을 지피게 되었는데, 이를 '초간 『노자』楚簡老子'라고 한다. 이 초간 『노자』가 던져준 문제들 가운데 가장 논란이 되는 부분은, 반유가적 내용의 중심 논거인 『노자』 19장 본문 '성스러움과 지혜를 끊어버려라(絶聖棄智)', '인과 의를 끊어버려라(絶仁棄義)'에서 부정의 대상이었던 '성聖', '인仁', '의義'와 같은 유가의 도덕적 가치를 대변하는 개념들이 초간 『노자』에는 유가의 도덕규범과 직접적으로 관계없는 '변辯', '교巧', '리利'로 구성된 점과 초간 『노자』의 분량이 현행본 『노자』의 5분의 2 정도에 지나지 않는다는 점이다. 애초에 '유가에 대한 비판'과 관계없었던 『노자』가 누군가에 의해서 '반유가적 『노자』'로 날조되었던 것은 아닌지, 그리고 과연 초간 『노자』 그 당시의 『노자』는 형성 과정의 미완성 텍스트였는지, 아니면 무덤 주인이 평소 좋아했던 부분만을 골라서 적어놓은 것인지, 현재 논의가 진행 중인 부분이다. 일단 현시점에서 확언할 수 있는 것은 『노자』가 한 사람의 손에 의해 단번에 작성된 책이 아니라는 점이다.

전설상 『노자』의 저자로 알려진 이이李耳에 대한 가장 오래된 기록은 사마천의 『사기』에 남아 있는데 여기에는 '노자老子, BC 6세기경 활동는 성은 이李 씨이고 이름은 이耳이며 자는 담聃이다. 그는 주나라 말기에 도서관 관리를 하다가 윤희尹喜에게 도와 덕의 의미가 담긴 5000글자 상·하편을 남겨주고 떠났는데, 그가 어디로 갔는지는 아무도 모른다'라고 이야기하고 있다. 사마천의 이 기사만을 가지고 '노자'라는 인물의 실존 여부는 알 수 없고『노자』가 그의 저술이라는 점을 입증할 수도 없다. 하지만 전대미문의 『노자』라는 서적을 일필휘지로 써서 남겨두고 홀연히 어디론가 떠나버린 신비감! 그 이미지는 후세에 깊게 각인되었다. 이후 노자라는 인격은 신성화되어 도교의 태상노군太上老君으로 신격화되기도 했고 인도에서 석가모니로 환생했다는 전설을 낳게 된다. 물론 이 과정에서 『노자』라는 책도 성전으로 승격되는 지경에 이른다.

『노자』의 말 가운데 우리에게 가장 익숙한 한 마디가 '대기만성 大器晩成'이다. 확실히 텍스트 성립과 유통 이후 2000여 년이 지난 지금도 『노자』는 유일하고 고성告成된 의미의 고전이 아니다. 영원한 미해결의 텍스트로서 고갈되지 않는 '마이너스 에너지Minus Energy'에 대한 영감을 우리에게 제공할 것이며, 세월이 갈수록 빛을 발하는 대기만성의 고전으로 인류에게 지혜의 등불 역할을 할 것이다.

번역서로 임헌규가 옮긴 『노자』(책세상, 2005)를, 참고할 만한 책으로 이강수가 지은 『노자와 장자』(길, 2005)를 추천한다.

조한석 | 영산대·도가철학

철학
52 / '변신'과 '쓸모없음의 유용성'에 대한 성찰

:: 『장자』, 장자

　전통적으로 『논어』와 『맹자』가 짝을 이루듯이, 『노자』와 『장자』도 짝을 이룬다. 각각 유가와 도가를 대표하는 이 고전들은 내용도 상이하지만, 문체 역시 내용만큼이나 차이를 보인다. 『논어』, 『맹자』는 모두 회화체로 구성되어 있는 것에 반하여 『노자』는 잠언 문체와 시적 문체를 취하고 『장자』는 우화, 곧 꾸며낸 이야기들로 구성되어 있다.

　『장자』를 읽는 데 있어서 우선 주목해야 할 부분은 바로 문체다. 마치 전지적 작가 시점의 연극대본처럼 프롤로그 부분이 앞으로 이어질 이야기의 주제를 던져주고, 이어서 가상 인물들 사이의 대화와 그들의 심리 상태에 대한 묘사가 이어진다. 우화 속 대화의 주인공들은 역사적 실존 인물과 전설상의 인물도 있고, 가공의 인물과 죽은 사람, 심지어는 동식물들도 더러 대화의 주인공으로 등

> 남곽자기가 책상에 기대어 하늘을 우러르며 세상 모든 것을 잊은 듯이 초연한 모습으로 우두커니 앉아 있었다. 앞에서 그를 모시고 서 있던 안성자유가 물었다.
> "어찌된 영문입니까? 정말로 선생님처럼 온몸의 감각을 마른 나무와 같이 할 수 있으며 마음을 꺼진 재처럼 할 수 있습니까? 지금 제 앞에 계신 분은 어제까지 보았던 그런 사람이 아닌 듯합니다."
> 남곽자기가 대답했다.
> "자네, 좋은 질문이야. 지금 나는 나를 잊었다. 자네가 이것을 알겠는가?"
> _『장자』, 「제물론」에서

장하기도 한다. 물론 역사적 실존 인물이 등장한다고 해서 해당 우화가 사실을 기록한 것은 아니며, 이 역시 이야기의 설득력을 확보하기 위한 문학적 장치다. 그리고 가공의 인물과 동식물이 이야기의 주인공으로 등장한다고 해서 그 우화들이 흥미 위주의 판타지라는 것은 아니다. 특히 이들 가운데 불구자들과 목재로서의 상품 가치가 없는 나무들은 대체로 '자기부정'의 이미지를 품고서 『장자』의 대변인 역할을 하고 있다. 이처럼 『장자』는 마지막 편인 「천하」를 제외하고 나머지 32편 모두가 비유적 수사법에 의해 꾸며낸 이야기들의 모임으로서 다른 동양 고전에 비해서 문학적 성향이 강하다.

　이와 같은 특유의 문체 때문에 『장자』 읽기는 각 우화 속의 문학적 표현, 특히 비유와 은유에 대한 해석이 독해의 관건이 된다. 곧 『장자』의 표현 방식은 중요한 이야기 주제를 직접적으로 지적하지 않고 비유와 우화적 전개를 통해서 은근히 노출시키는 방식을 택하고 있다.

　『노자』를 대표하는 핵심 개념이 '무위無爲'와 '자연自然'이라면 『장자』를 대표하는 개념은 '소요逍遙'와 '제물齊物'이다. 이 두 개념은 각각 『장자』의 첫 번째 편명과 두 번째 편명인 「소요유」와 「제물론」 앞의 두 글자에서 유래한다. 「소요유」는 곤鯤이라는 큰 물고기가 붕鵬이라는 큰 새로 탈바꿈하는 이야기에서부터 시작한다. 곧 이 첫 번째 우화에서는 '물고기'에서 '새'로의 '탈바꿈' 그리고 탈바꿈 이후 창공을 나는 새의 '자유'를 이야기한다고 이해할 수 있다. 『장자』의 첫 번째 우화를 이렇게 독해할 경우, '변화'와 '자유', 이 두 가지가 「소요유」 첫 번째 우화의 주제이자 『장자』 전체를 지탱하는 줄거리라고 설정할 수 있다. 이어서 「소요유」의 마지막 우화에서는 '제도권의 구속이 없는 상태에서 노닐 듯이 자유를 누리는 삶'을 '무하유지향無何有之鄕, 어떠한 구속도 존재하지 않는 곳의 나무 그늘 아래에서 소요한다'라고 표현하면서, '쓸모없는 것의 쓸모'의 문제를 제기하여 탈속적 이미지를 부각시킨다. 여기서 제기된 '쓸모없는 것의 쓸모'는 이후 「인간세」 부분에서 곧 '무용無用의 대용大用' 곧 '쓸모없는 것의 큰 쓸모'로 이야기가 확대된다. 이 '무용의 대용'은 『노자』의 '무위이무불위無爲而無不爲'에 대한 『장자』식 표현이다. 하지만 이 둘 사이의 의미는 사뭇 다른 지향점을 지닌다. 『노자』에서는 '아무런 목적도 없는 듯이 긴장을 풀어냄(無爲[무위])'이라는 방식을 통해서 '어떠한 일도 성취하지 못함이 없음(無不爲[무불위])'을 지향하는 권모술수적 뉘앙스가 다소간 풍긴다. 하지만 『장자』의 '부정의 논리'는 『노자』보다는 비정치적이며 인간의 내면을 직시하는 의미가 강하다. 『장자』「소요유」에서 제기되어 이후 지속적으로 제기되는 '무용의 대용' 곧 '쓰임 없음의 큰 쓰임'은 '제도적 구속과 세속적 장애로부터의 자유를 통한 자기 인생 살아가기'라는 다소 개인적·탈속적 성향을 지닌다고 정리할 수 있다.

「소요유」를 통해서 읽어낼 수 있는, 제도권의 구속을 벗어던진 탈속적 인간이 되기 위해서는 우선 인격의 변화가 선행되어야 한다. 그래서 「소요유」 중간 부분에서는 이슬을 먹고 사는 막고야산藐姑射山의 신인神人과 세속적 성공을 버린 지인至人을 이야기한다. 마치 '물고기'가 '새'로 탈바꿈하듯이 '평범한 인간'이 세속적 성공에 집착하는 자기 자신을 버리는 과정을 통해서 탈속의 '지인'으로 다시 태어난다는 이야기를 하고 있는 것이다. 이 주제는 「소요유」 다음의 「제물론」에서 구체적으로 진행된다. 「제물론」은 '남곽자기南郭子綦'와 '안성자유顏成子游'라는 가공의 사제 관계 사이의 문답으로 시작되는데, 여기서 바람이 불어도 불길이 일어나지 않는 불씨처럼 그리고 계절이 바뀌어도 싹트지 않는 고목나무처럼 무심無心한 남곽자기의 마음 상태에 대하여 안성자유가 "정말로 하루 사이에 사람이 그렇게 달라질 수 있는가?"라고 물어보자, 남곽자기는 '吾喪我오상아' 곧 "나는 나를 잊었다"라는 3형식의 문장으로 대답한다. 이

'吾喪我' 세 글자를 자세히 보면 1인칭 대명사가 '吾'와 '我'로 구분되어 있음을 확인할 수 있다. 곧 '잊는다'는 동사의 주체는 '吾'로 표기하고 목적어는 '我'로 표기하여 자아의 층차를 구분하고 있는 것이다. 「제물론」의 저자는 '자기 부정을 통한 인격의 상승', 곧 '잊혀야 하는 자기(我)'에서 '잊고 부정하는 자기(吾)'에로의 인격적 진화에 대하여 이야기하고 있다는 점을 확인할 수 있다.

'변화'에 대한 이야기는 『장자』의 처세관에서도 이어진다. 「제물론」에 이어서 『장자』의 세 번째 편 「양생주」에서는 백정을 이야기 주인공으로 등장시켜서 '뒤얽힌 힘줄과 촘촘한 뼈 사이를 지나면서도 칼날에 흠집을 내지 않는 백정의 기술'을 '험한 인간세상에서 유연하게 살아남는 법', '주변 상황에 따른 수동적 변신'과 연결하여 이야기를 진행하고 있다. 물론 이 이야기는 도덕적 원칙과 사회적 희생에 대한 내용은 없고 개인적 안위에 초점을 맞추고 있는데, 이 부분이 특히 유학자들이 '이기주의', '기회주의'로 『장자』를 비판하는 근거가 되었다. 곧 『장자』에서 말하는 '세상에서 누리는 소요' 곧 '자유'는 '사회적 문제에 대한 적극적 해결을 외면하고, 사회문제에 대한 소극적 관조 내지는 사회적 문제로부터의 도피를 지향한다'라는 비판에 직면할 수 있는 것이다.

물론 이상 『장자』의 전반부 세 편에 대한 이야기들이 『장자』를 이해하는 유일한 길은 아니다. 예를 들어서 위에서 말했던 이슬을 먹고 사는 막고야산의 신인의 이야기를 인격적 변화의 비유가 아닌 사실로 이해하면, 그 순간 『장자』는 '불사不死의 신선神仙'에 대한 이야기로 급변하고 만다. 이러한 '신선 되는 방법'을 통한 『장자』

해석은 특히 송·명대의 도사들에 의해 시도되었다. 그리고 「제물론」에 보이는 '만물제동萬物齊同, 만물의 차별성을 초월하는 인식의 전환'의 문제는 초기 중국 불교 형성에 조력자 역할을 담당했으며, 「지북유知北遊」의 '도는 똥오줌 속에도 있다'라는 파격적 선언은 이후 선불교 선문답의 배경이 되었다. 불교와 『장자』의 단편적 유사성에 대하여 좀 더 근본적인 측면을 지적하자면, 『장자』 「양생주」와 「대종사」에서는 인생의 비애감을 '거꾸로 매달린 듯한 고통'으로 설명하고 이러한 고통으로부터의 해방을 '거꾸로 매달린 듯한 고통에서 벗어남' 곧 '현해懸解'라는 말로 표현하고 있는데, 이 '현해'는 불교의 '고통과 고통의 소멸'과 유사한 이야기 구조를 지니고 있다. 이와 같이 『노자』의 '무', '무위'와 더불어 『장자』의 '소요'와 '현해' 역시 인도 불교의 중국적 변용과 성립에 큰 기여를 했다는 부분을 지적할 수 있다.

한편 「달생達生」에는 상대방의 강약이나 움직임 여부에 흔들리지 않는 부동심不動心의 상징으로 '나무 닭(木鷄[목계])'을 등장시켜서 평범한 투계가 무적의 강자로 탈바꿈하는 과정을 이야기하고 있는데, 여기서 '자기 부정을 통한 효용의 극대화', '역발상적 실용 추구'라는 주제로 『장자』가 이해될 수도 있다는 점을 엿볼 수 있다. 실제로 이 '나무 닭' 우화는 특히 한 순간에 생사를 다투었던 일본의 전국·에도시대 무사들에게 애독되었던 부분이었다.

또 하나 『장자』 이해의 역사에서 주목할 부분은 송대부터 목격되는 '유가적 『장자』 해석'이다. 송대 이후 유학자들 가운데는 『장자』와 유가를 닮은꼴로 설정하여 「제물론」의 주제를 '사회적 문제에 대한 적극적 해결과 그 객관적 근거에 대한 이야기'로 설정하여 『장자』를 해석한 경우도 있다.

　이상의 세 가지 관점들로 『장자』를 읽으면 더 이상 '정신적 자유'와 '해탈' 같은 이야기는 자리를 잡을 곳이 없어진다. 이런 부분들이 『장자』 이해의 역사를 정리하는 과정에서 딜레마에 빠지는 부분이다. 왜냐하면 이러한 창조적 해석들 속에는 『장자』에 대한 왜곡이 동반되어 있기 때문이다.

　『장자』를 읽고 이해함에 있어서 「소요유」의 '신인'과 「제물론」의 '오상아'에 치중하여 인격적 진화의 입장을 중심으로 할 것인가, 아니면 「양생주」의 '사회적 선행이나 악행 어디에도 걸림 없는 처세술 및 생존법'에 눈을 두고 실용적 처세의 관점으로 『장자』를 읽을 것인가, 이도저도 아니면 『장자』를 사회·철학적 시각에서 재구성하거나 무도 수련의 교과서로 활용할 것인가? 어느 것도 정답이 아니며, 어떠한 해석도 오답은 아니다. 단지 각 시대의 『장자』 해석은, 그 시대의 사상가들에게 선택되어 그 시대의 시각에 의해 읽혀졌던 것일 뿐이다. 어떻게 『장자』를 읽을 것인가? 궁극적으로 그것은 오로지 『장자』를 읽고 해석하는 사람의 몫이다. 열 사람이 『장자』를 읽으면 10권의 『장자』가 새로 생겨난다. 이것이 『장자』가 2,000년 넘는 세월 동안 외면당하지 않고 읽히는 이유다. 만약 『장자』에 대한 유일한 해석이 있었다면, 그 순간 『장자』는 끊임없이 변하는 세상과 인간을 이해하는 기능을 수행하지 못했을 것이다. 아마도 고전이라는 자격을 박탈당하고 그 유일한 해석과 더불어 역사의 뒤안길로 사라졌을 것이다.

이렇듯 다양한 시각을 통해서 이해할 수 있는 『장자』의 저자는 장주^{莊周} / 莊子, BC 4세기와 BC 3세기에 걸쳐 활동로 알려져 있다. 장주에 대한 가장 오래된 기사는 『사기』의 '장주는 양 혜왕·제 선왕 시대에 살았고 한때 옻나무 숲 관리 일을 한 적이 있다. 노자의 학술을 계승하여 우언^{寓言}으로 된 10만 글자의 책을 남겼다'라는 기록이다. 이로 보아서 그는 대체로 기원전 355년 무렵에서 기원전 275년 경 사이에 생존했던 것으로 보인다. 장주의 생존 연대 이외에도 위의 기록에서는 '장자가 노자를 계승했다'라는 점과 '『장자』의 저자가 장주 1인이다'라는 관점이 보인다. 하지만 이 두 가지를 역사적 사실로 받아들이기는 어렵다. 전문가들은, 『노자』와 『장자』를 사상사적 계승 관계로 설정하는 '노장^{老莊}'이라는 호칭은 전한시대 『회남자』에서 목격되기 시작해서 위·진시대에 와서야 일반화되었다는 점을 지적하고 있다. 곧 『노자』와 『장자』를 학파적 계승 관계로 보는 관점은 후대 사상가의 필요에 의해 구성되었을 가능성이 농후하다는 점을 지적하고 있는 것이다. 그리고 『장자』 역시 『노자』와 마찬가지로 오랜 편찬 과정을 거쳤다. 『장자』라는 서적의 성립 연대에 대해서 여러 견해가 있지만, 『순자』 「해폐^{解蔽}」편과 『여씨춘추^{呂氏春秋}』의 「거우^{去尤}」·「필기^{必己}」편에 장자에 관해 언급하고 있는 것으로 보아서, 최소한 기원전 3세기 초중반 무렵 사상계에 장자 사상이 제법 알려져 있었고, 현재의 『장자』 텍스트는 전국시대 중반 이후 여러 차례에 걸쳐 편집·성립되었던 것으로 보인다.

지금 우리가 보고 있는 『장자』는 크게 「내편」, 「외편」, 「잡편」으로 구성되어 있다. 그리고 이 세 편은 각각 7편, 15편, 11편으로,

현재 『장자』는 도합 33편으로 구성되어 있다. 그런데 『장자』라는 책의 구성과 관련된 6세기 후반의 기록을 보면, 수·당시대 이전에는 52편 10만여 글자의 『장자』 외에도 27편, 26편으로 구성된 다양한 판본의 『장자』가 있었다는 것을 확인할 수 있지만, 아쉽게도 현재의 『장자』는 서진西晉의 곽상郭象, 약 252~312이 33편에 대략 6만5천 글자로 새로 편집한 『장자』가 유일하다. 결국 우리는 우리 의사와 관계없이 어느 정도 곽상의 시각을 통해서 『장자』를 읽고 있는 셈이다.

한편 당나라 초기 도교 부흥 정책의 일환으로 장주라는 인격은 남화진인南華眞人으로, 『장자』라는 책은 남화진경南華眞經으로 그 가치가 격상되었지만, 장주의 신격화는 노자의 태상노군 신격화만큼의 종교적 파급력은 없었다. 그러나 초나라 위왕威王의 재상직 제안을 거절하고 가난과 자유를 선택한 장자의 탈속적 이미지는 후대에 깊게 각인되고 유전되어 문인들의 서화 속에 부귀영화를 버린 탈속의 은사, 세속의 번민에 초연한 은자로 남게 된다.

『장자』의 우화들 가운데 우리에게 가장 익숙한 것이 조삼모사朝三暮四다. 우화 속 원숭이들처럼 산업사회를 살아가는 현대인은 수치 앞에 약하다. 이런 현대인에게 장자는 '삶의 중요한 것들을 수량으로 환산하여 일희일비하는 우리 마음속 원숭이들을 영혼과 자유의 가치에 대해 깊이 생각하는 지성적 생명체로 진화시키자'라고 '인격적 탈바꿈'과 '인간적 성숙'의 메시지를 던져주고 있다.

번역서로는 김달진이 우리말로 옮긴 『장자』(문학동네, 1999)를 추천하고, 연구서로는 나카지마 다카히로가 쓰고 조영렬이 옮긴 『장자, 닭이 되어 때를 알려라』(글항아리, 2010)와 로버트 앨린슨이 쓰고 김경희가 옮긴 『장자, 영혼의 변화를 위한 철학』(그린비, 2004)를 추천한다.

조한석 | 영산대 · 도가철학

철학 53 / 중도中道의 이론과 실천

:: 『중론』, 용수(나가르주나)

석가모니 부처님이 열반에 든 지 약 500년 지났을 무렵인 기원후 150년경, 남인도에서 '제2의 부처'라고까지 칭송받는 위대한 사상가가 태어났다. 그는 나가르주나 Nāgārjuna, 150~250년경라고 불렸다. '나가'는 용龍이란 뜻이고 '아르주나'는 나무樹라는 의미를 지니고 있어 '나가르주나'라는 이름은 용수龍樹라고 한역한 것이다. 그가 지은 대표적인 저술이 『중론中論』이다.

『중론中論』의 산스크리트어 원명은 『마드야마까-까리까Madhyamaka-kārikā』다. 마드야madhya는 가운데, 중간, 중심을 의미하는 형용사고, 까리까kārikā는 노래, 즉 송頌을 뜻한다. 따라서 마드야마까-까리까Madhyamaka-kārikā를 한문으로 직역할 경우 중론中論이 아니라 중송中頌이 되어야 하나 총 449개의 게송偈頌으로 이루어진 내용들이 모두 논리적인 논증형식으로 되어 있어 중론中論이라고 번역하고 있다. 동

> 연기(緣起)인 것, 이것을 공성(空性)이라고 한다. 이것은 또한 의존된 가명(假名)이며 이것은 실로 중도(中道)이다.
>
> yaḥ pratītyasamutpādaḥ śūnyatāṃ tāṃ pracakṣmahe sā prajñaptirupādāya pratipatsaiva madhyamā.

아시아에서 오랫동안 읽혔던 한문본 『중론』은 용수가 쓴 총 27장 445개의 게송에 핑갈라Pingala, 靑目, 4세기 전반가 주석을 붙인 것을 구마라집Kumarajiva이 기원후 409년에 한문으로 번역한 것이다. 『중론』의 불교사상적인 의의는 『반야경般若經』에 근거하여 대승 공관空觀의 입장에서 원시불교 이래의 연기설에 대한 독자적인 해석을 시도하여 당시에 왜곡되어가던 불교의 근본 취지를 널리 천명하는 데 있다고 할 수 있다.

이제 『중론』이라는 텍스트가 전하려고 하는 핵심적인 내용이 무엇인지 알아보도록 하자.

일반적으로 텍스트의 제목은 텍스트의 전체 내용을 가늠할 수 있게 하는 이정표와 같은 역할을 한다. 따라서 『중론』이라는 텍스트의 내용을 소개하는 적절한 방식 중의 하나는 『중론』이라는 표제에서 '중中'의 의미가 무엇인지 물어보는 것이라고 할 수 있다. 왜냐하면 『중론中論』은 '중中에 대해 논論하는 것'이기 때문이다. 『중론』의 중中은 불교의 핵심적인 가르침인 중도中道를 뜻한다.

'중도中道'라는 말은 불교에 관심이 없는 현대인에게 있어서도 전혀 생경한 단어는 아니다. 흔히 정치적 맥락에서 우파, 좌파와 함께 우파와 좌파 어느 쪽에도 치우치지 않는 정치적 입장을 나타낼 때 중도파中道派라는 용어를 사용한다. 하지만 이때 쓰이는 중도라는 말은 불교의 핵심적인 가르침인 중도와는 전혀 의미와 내용을 달리한다.

나가르주나는 중도에 대해서, 아래에 인용된 『중론』 24장 18절의 게송에서 다음과 같이 제시하고 있다.

> 연기(緣起)인 것, 이것을 공성(空性)이라고 한다. 이것은 또한 의존된 가명(假名)이며 이것은 실로 중도(中道)이다.

『중론』의 전체 내용을 요약하는 가장 핵심적인 위의 게송에서 나가르주나는 중도는 공성이라고 천명하고 있고 공성은 연기라고 밝히고 있다. 따라서 중도가 무엇인지 알기 위해서는 공성이 무엇인지 알아야 하고 공성이 무엇인지 알기 위해서는 연기가 의미하는 바가 어떤 것인지 이해해야 한다. 그럼 먼저 연기가 무엇인지부터 알아보도록 하자.

'연기緣起'는 산스크리트 원어 'pratītyasamutpādaḥ'를 한역한 것이다. '프라티트야 pratītya'의 의미는 '의존하다', '조건 지워지다'이고, '삼무파다^{samutpādaḥ}'는 '생겨나다', '발생하다'는 뜻을 가지고 있다. 따라서 'pratītyasamutpādaḥ'는 '의존적 발생' 혹은 '조건 지워진 일어남'이라는 뜻이 된다. 따라서 'dependent arising(의존하여 생겨남)', 'conditioned genesis(조건 지워진 생성)', 'dependent co-arising(의존된 상호발생)' 또는 'interdependent arising(상호의존하여 생겨남)' 등으로 영역된다. 한자어 연緣에는 '말미암다'는 뜻이 있는데 '연기緣起'는 '말미암아 일어나다'라는 의미로 '의존적 발생' 혹은 '조건 지워진 일어남'을 나타내는 말이다.

연기가 불교의 핵심적 교리라는 것은 '연기緣起를 보면 진리(法[법])를보는 것이고, 진리를 보면 곧 연기를 보는 것이다(中阿含 象跡喩經[중아함 상적유경])'라는 초기 경전의 말씀에 잘 나타나 있다. 진리를 간파하는 것이 쉽지 않은 일이라고 한다면 연기가 무엇인지 이해하려 할 때 겪게 되는 어려움도 만만치 않을 것이다. 심오한 연기의 의미를 이해하기 위한 방편으로 초기 경전에서 연기를 설명하는 비유부터 살펴보기로 한다.

> 세 개의 갈대가 땅에 서려고 할 때 서로서로 의지하여야 서게 되는 것과 같다. 만일 그 하나를 버려도 둘은 서지 못하고 또한 둘을 버려도 하나는 서지 못하듯이 서로서로 의지하여야 서게 된다.
> _『잡아함경(雜阿含經)』권 12,「노경蘆經」에서

갈대들은 서로가 서로에게 기댈 수 있어야 설 수 있다. 혼자 스스로 설 수는 없는 것이다. 갈대 a가 서 있으려면 갈대 b와 c가 서 있어야 하고, 갈대 b가 서 있으려면 갈대 a와 c가 서 있어야 하며, 갈대 c가 서 있으려면 갈대 a와 b가 서 있어야 한다. 이것은 갈대 a, b, c가 각각 서 있기 위해서는 서로가 서로를 필요로 한다는 것, 즉 상호의존적이라는 것이다. '연기한다'는 것은 어떤 존재도 '스스로 존재할 수 있는 성질' 즉, '자성自性, svabhāva'을 가지고 있지 않다는 것이다. 연기란, 한 존재는 다른 존재에 말미암아 비로소 성립되고 서로가 서로에게 의존한다는 것이다.

『중론』 제19장 「관시품觀時品」에서는 시간의 연기성緣起性, 즉 상호의존성에 대해 논하고 있다. 과거란 현재가 지나간 것이므로 과거가 존재하려면 현재가 있어야 한다. 또 현재는 미래가 도래한 것이므로 현재가 존재하려면 미래가 있어야 한다. 또 현재와 과거 없는 미래란 어떤 의미인지 가늠할 수조차 없으므로 현재와 과거에 무관한 미래란 존재할 수 없다. 과거, 현재, 미래가 마치 세 개의 갈대처럼 서로 의존하여 존재하고 있다. 따라서 과거와 현재, 미래 각각은 스스로 존재할 수 있는 성질, 즉 자성自性이 없다.

『중론』은 총 27장으로 구성되어 있는데 각 장에서는 운동과 운동하는 자, 인식주체와 인식대상, 생성과 소멸, 불과 연료, 행위와 행위의 주체, 속박과 해탈 등등 갖가지 존재들이 모두 자성을 지니지 않고 연기하는 것임을 논리적인 방식으로 증명하고 있다. 운동이 없으면 운동하는 자가 없고, 인식대상이 없으면 인식주체도 없고, 생성이 없으면 소멸이 없으며 그 역도 마찬가지라는 것을 논증하고 있다. 따라서 운동과 운동하는 자, 인식주체와 인식대상, 생성과 소멸, 불과 연료, 행위와 행위의 주체, 속박과 해탈 등은 스스로 존재하지 못한다. 스스로 존재하지 못하는 것은 자성이 없는 것, 즉 무자성無自性, niḥsvabhāva이다. 나가르주나는 『중론』에서 모든 것이 무자성임을 귀류논증歸謬論證을 통해 증명하는데, 그 논리의 탁월성과 천재성은 원전을 통독해보아야 느낄 수 있다. 연기는 무자성이고 무자성이 바로 공성空性, śūnyata이다.

존재의 공한 모습은 "마치 환상 같고 꿈같고 신기루 같다."(『중론』 7장 34절) 또 "오직 신기루와 같은 모습을 하고 있으며 아지랑이나 꿈과 같다."(『중론』 23장 8절)

앞서 중도의 의미는 공성이고 공성은 곧 연기라고 했다. 그런데 중도中道의 '도道'는 길을 의미한다. 아무리 잘 닦아놓아도 누군가 걷지 않으면 그것은 길이 아니다. 중도는 실천이 동반되지 않으면 의미를 상실한다. 중도인 연기와 공성은 각각 어떤 실천적 함의를 지니고 있을까. 공성의 가르침은 어떤 것도 고정 불변하는 자성이 없으니 어떤 것에도 집착하지 말라는 의미를 함축하고 있다. 고정 불변하는 것이 있다는 착각이 집착을 불러일으키고 집착은 고통을 초래한다. 연기가 함축하는 중도의 실천적 의미는, 모든 것은 상호의존적이니 자신의 욕심만을 차리며 타자를 배제한다면 결국 자신조차 설 수 없게 된다는 진실이다. 이런 나가르주나의 중도에 대한 입장은 고타마 붓다가 제시한 고락苦樂이라는 두 가지 치우침을 버린 중도와, 정견正見, 정사유正思惟, 정어正語, 정업正業, 정명正命, 정정진正精進, 정념正念, 정정正定이라는 여덟 가지 항목으로 제시되는 팔정도八正道의 정신을 계승한 것이다.

『중론』에 대한 우리말 번역은 여러 가지 종류가 있지만 경서원에서 1993년 출판한 김성철 교수의 번역이 산스크리트어 원문 번역과 아울러 한문 번역이 수록되어 있어 여러모로 도움이 된다. 『회쟁론』(나가르주나 저, 김성철 옮김, 경서원, 1999)도 꼭 읽어보아야 할 논서다.

김용환 | 부산대 · 인도철학

철학 54 / 성리학性理學의 입문서

:: 『근사록』, 주희 · 여조겸 편

    오늘날 우리 사회의 일반인에게는 이미 익숙지 않게 되었지만, 적어도 100년 전까지만 해도 이 땅은 유교儒教사상, 그중에서도 특히 주자학적朱子學的 성리학性理學의 지배를 받았다. 우리가 지금 화폐에서 접하는 퇴계退溪 이황李滉과 율곡栗谷 이이李珥라는 철학자가 우리 역사에서 이 사상을 대표하는 인물이라는 점을 생각하면, 그 내용은 모를지라도 일반인들이 아주 생소하게만 여기지는 않을 것이다. 물론 이들 외에도 수많은 성리학자들이 있었을 뿐 아니라, 조선시대는 후기로 갈수록 사회 전체가 이 사상의 강고한 지배를 받았다. 주자학적 성리학은 근대 이전 사회의 지배적 사상이었다는 이유로 이에 거부감을 가진 이들에 의해 조선의 근대화를 지연시킨 주적으로 지목되는 수난을 받기도 했다. 사실 성리학은 역사 발전과정에서 동아시아의 중세적 사고를 대표한다. 서양의 기독교

> 성인(聖人)은 하늘을 바라고, 현인(賢人)은 성인을 바라고, 선비는 현인을 바란다. _주돈이(周敦頤)
>
> 살아서 나는 성실히 일하고, 죽어서 나는 편안히 쉴 뿐이다. _장재(張載)
>
> 인(仁)이란 천지만물을 한 몸으로 여겨 자기가 아님이 없는 상태이다. _정호(程顥)
>
> 배움으로써 성인聖人의 도에 이른다. _정이(程頤)

역시 서양의 근대화 과정에서 극복해야 할 중세 사상이었지만, 우리 사회에서는 서양 제국주의의 침탈 과정에 편승한 이들이 성리학을 밀어내면서, 오히려 기독교가 근대화를 추동하는 사상인 것처럼 비친 것은 아이러니다.

성리학이 특정 시대의 이념으로 작용했다 해도, 그것을 굳이 한 시대의 울타리에만 가둘 필요는 없다. 어떤 사상이든지 그 시대적 한계를 지니고 있지만, 시대를 초월한 보편성 또한 함유하고 있기도 하다. 왜냐하면 모든 사상의 창출자는 그 스스로 언제나 보편성을 지향했기 때문이다. 성리학을 단순히 조선시대의 사고로만 치부하지 않고 그 속에 오늘날에도 여전히 가치를 발하는 요소가 있다고 평가하는 것은 이 때문이다. 오늘날 이 가치를 확인하기 위해 성리학을 접하려면 어떤 문으로 들어가, 어떤 경로를 밟아야 하는가. 『근사록近思錄』이 바로 그 입문서다. 조선시대의 학자들도 이 책에 이러한 의의를 부여하고 중시했다. 『근사록』을 편찬한 이들의 편찬 의도부터가 그러했다.

『근사록』을 편찬한 이는 중국 남송대南宋代의 주희朱熹, 1130~1200, 주자朱子로 존칭와 여조겸呂祖謙, 1137~1181이다. 『근사록』은 1175년 주희가 한천정사寒泉精舍에 머물러 있을 때 여조겸이 방문하면서 같이 계획을 세워 1178년에 그 체제가 잡혔다. 그런데 주희든 여조겸이든 이 책의 저자는 아니다. 편자일 뿐이다. 그 저자는 남송대의 바로 앞 시대인 북송대北宋代의 주돈이周惇頤 또는 周敦頤, 1017~1073, 장재張載, 1020~1077, 정호程顥, 1032~1085, 정이程頤, 1033~1107 등 네 사람이다. 저자 또한 공동저자인 것이다. 『근사록』이 마지막 극히 일부분을 제외하고는 거의 북송대 이 네 사람의 말로 구성되어 있는데도 세상에서는 주희와 여조겸, 그것도 마치 주희 단독의 저서로 인식되는 경우가 많다. 그렇다고 이 책의 편자들을 단순한 편자로만 평가할 수는 없다. 적어도 어떤 내용으로 어떻게 구조화하는가 하는 것은 편자의 몫이기 때문이다. 즉, 『근사록』에는 주희와 여조겸의 사상, 특히 주희의 사상이 구조적으로 반영되어 있는 것이다.

『근사록』이란 제목은 유가儒家의 창시자인 공자孔子의 철학이 담겨 있는 『논어論語』에서 유래되었다. 『논어』「자장편子張篇」의 "넓게 배우면서 뜻을 독실하게 하며, 간절히 묻고 가까운 일에서부터 생각하면, 인仁이 그 가운데 있다(博學而篤志, 切問而近思, 仁在其中矣)."에 '근사近思'라는 말이 있다. 『논어』의 이 부분은 공자의 말은 아니고 그 제자인 자하子夏의 말이다. 하지만 이는 유학儒學의 특징을 대표하는 말 중의 하나다. '가까운 일에서부터 생각함(近思[근사])'이 왜 유학의 특징인가. 공자가 당시까지의 시가를 정리하여 훗날『시경詩經』으로 불린 책에 있는 시이면서, 유학의 한 중요 문헌인『중용中庸』에 인용된 시에 이런 구절이 있다. "도끼자루를 베려 하네, 도끼자루를 베려 하네, 그 기준이 멀리 있지 않네(伐柯伐柯, 其則不遠[벌가벌가, 기칙불원])." 도끼자루가 필요해 도끼로 나무를 베는데 그 크기를 어느 정도로 해야 할까. 바로 그 나무를 베려고 자신이 잡고 있는 그 도끼의 도끼자루를 보면 될 것이다. 이를 두고 진리는 멀리 있는 것이 아니라 가까운 데 있음을 말하는 것으로 유가에서는 해석한다.

유학은 그 출발부터 모든 가치판단의 기준과 진리를 우리의 삶에 가장 가깝고 절실한 데서 찾았다. 공자가 이 사상을 창시할 당시 중국 천하는 정치적으로 매우 혼란스러웠다. 이런 상황에 염증을 느끼고 은둔하는 사람들도 있었다. 훗날 이런 부류의 사상가는 도가道家로 불렸다. 공자는 이러한 도피가 해결책이 아니라고 여겼다. 세상의 현실적 삶 속에서 문제를 해결해야 한다고 생각한 것이다. 이어 공자의 사상을 계승한다고 자부한 맹자孟子가 살았던 당시에는 도가의 선구자인 극단적 현실도피자 양주楊朱 및 그 반대편의 극단적 현실개입자인 묵적墨翟, 흔히 墨子로 일컬음도 있었다. 유가의 사상은 이러한 양 극단 속에서 가장 정의로운 것이 무엇인가를 고민했다. 유가의 '근사近思'는 진리는 가까운 곳에 있으므로 현실 속에서 가장 올바르고 적절한 문제해결방법을 찾는다는 취지다.

현실 속에서 진리와 정의를 구하는 유가는 역사적 전개과정 속에서 자연히 현실과 부딪히게 되어, 정치권력에 의해 '분서갱유焚書坑儒'와 같은 탄압을 받기도 했지만, 정치권력에 의해 오히려 정치적으로 왜곡돼 이용되기도 하면서 시대적 변용을 해왔다. 훗날 이러한 변용을 '변질'로 간주하여 초기의 유가정신을 회복하자는 취지의 사상운동을 펼친 이들이 송대宋代에 나타났는데, 그 대표자들이 바로 북송대의 주돈이, 장재, 정호, 정이 그리고 남송대의 주희였으며, 이들의 사상운동에 의해 형성된 유학 유형을 오늘날 성리학이라 부른다(송나라는 처음 황하 유역 개봉[開封]을 수도로 하였으나 북쪽의 금金나라가 침략하여 남쪽으로 밀려났다. 그래서 역사에서 북쪽에 수도가 있을 때를 북송, 남쪽에 수도가 있을 때를 남송이라 부른다.) 주희는 진정한 유학의 회복에 모범을 보인 앞 시대의 선배들로서 이들 네 사람을 꼽았고, 이들을 통해야 진정한 진리에 접근할 수 있다고 여겼다. 그래서 주희가 이 네 사람의 저술 중 학문의 입문자들에게 가장 요긴하고 절실하며, 이해와 실천의 측면에서 가장 현실에 가깝게 부합된다고 여겨지는 말들을 여조겸과 더불어 편집한 책이 『근사록』이다.

『근사록』은 이 네 사람의 어록에서 그들의 말을 모두 622개 조條로 가려 뽑아 구성한 것인데, 그것은 다시 그 내용상의 성격과 취지에 따라 14권卷으로 분류되어 편집된다. 즉, 「1. 도체道體」, 「2. 위학爲學」, 「3. 치지致知」, 「4. 존양存養」, 「5. 극기克己」, 「6. 가도家道」, 「7. 출처出處」, 「8. 치체治體」, 「9. 치법治法」, 「10. 정사政事」, 「11. 교학敎學」, 「12. 경계警戒」, 「13. 변이단辨異端」, 「14. 관성현觀聖賢」이다. 맨 처음의

「도체」는 도의 본체를 논하는 부분으로서 형이상학^{形而上學}을 그 내용으로 하고 있다. 공자는 형이상학적인 것에 대해 말하기를 꺼렸다. 당시 가장 먼저 해결해야 할 급선무는 '근사'의 취지처럼 눈앞에 가까이 펼쳐져 있는 혼란에 빠진 천하요, 도탄에 빠진 백성이었다. 고원한 형이상학을 말할 한가한 상황이 아니었다. 맹자의 현실 과제 역시 그러했다. 그러나 사상적 경쟁관계에 있는 도가는 형이상학적 원리로서의 '도^{道}'를 내세우며 그들의 형이상학을 만들었다. 그리고 나중에 인도에서 불교가 들어오게 되었다. 불교의 사상 역시 도가의 사상처럼 현실을 넘어선 초월적 진리를 구하고 있었다. 또 도가를 종교적으로 만든 도교^{道敎}도 나타났다. 중국 사상계는 이후 오랜 세월 동안 이 사상들이 주도적 위치를 점하면서 송대에 이르렀다. 당시의 청년과 지식인에게는 형이상학적 원리와 현실을 초월한 어떤 신비스러움을 논하는 이들 사상이 뭔가 철학적으로 '있어 보이는' 것으로 비쳤다. 유교의 문전에는 스산한 바람만 부는 형국이었다. 그래서 유학자들도 유학을 새로운 모습으로 재정비할 필요를 느끼게 되었고, 고대의 유교 문헌 중 『주역^{周易}』과 『중용』 같은 형이상학적 성향의 문헌을 중심으로 유학의 판을 새로 짜기에 이르렀다. 이에 『근사록』의 맨 첫머리에 주돈이의 「태극도설^{太極圖說}」을 실어 일체 존재의 근원을 밝혔다. 그 근원은 『주역』에서 취한 '태극^{太極}'이다. 이 외에도 제1권은 세계와 인간의 존재근원과 그 본성을 말하는, 이른바 이^{理}, 기^{氣}, 심^{心}, 성^{性}을 중심 내용으로 하고 있다. 그러나 사실상 입문서의 내용으로서는 이 부분이 어려운 것임을 주희도 인정했다. 하지만 학문의 기본체계와 도달할 목표를 처음에 제시하기 위한 취지로 그렇게 했다.

그래도 나머지 부분은 유학 학문방법의 특징인 '낮은 데서 높은 데로', '가까운 데서 먼 데로' 나아가는 내용으로서 '근사'의 취지에 맞추어져 있다. 그 내용들은 대체로 공부하는 방법, 세상에 처신하면서 자신의 이기심을 극복하고 올바르게 살아가는 방법 그리고 남을 다스리는 방법 등으로 구성되어 있는데, 그것은 유학의 근본 취지가 '자신을 닦고 남을 다스림(修己治人[수기치인])'에 있기 때문이다. 이 중 제2권에 나오는 장재의, 천지를 부모로 하는 세상 모두를 사랑하라는 일종의 사해동포주의四海同胞主義, cosmopolitanism가 특히 의미 있다. 『근사록』의 마무리 부분인 제13권 「변이단」, 제14권 「관성현」도 주목할 필요가 있는데, '변이단'이란 '이단'을 변별하는 것이고, '관성현'은 '성현'을 관찰함이다. 오늘날 종교에서 흔히 쓰는 '이단異端'이란 말은 원래 공자가 만든 말이다. 공자는 정도가 아닌 생각으로 행동하는 부류들을 이단이라 불렀는데, 송대의 학자들은 그 예로 맹자가 비판한 양주와 묵적의 사상을 비롯하여 당시에 그들의 사상적 대적자인 도가, 도교와 불교를 그 대표로 들었으며, 특히 그들이 공을 들여 비판한 이단은 불교였다. 제1권에서 도의 본체를 밝힌 이유도 이들 '이단'의 사상이 마치 진리의 근원을 말해주는 것처럼 세상에 비치는 것을 경계하고, 자신들이 생각하는 진정한 진리의 근원을 말하기 위해서다. 마지막 제14권에서는 그들의 진리관에 부합하는 역사적 성현들에 대한 인물 품평을 하여, 배우는 이의 모범으로 제시한다. 이른바 주자학적 성리학은 바로 이 네 사람의 사상을 중심으로 한 북송대의 사상을 주희가 종합함으로써 이루어진 것이다.

　주희는 『근사록』을 당시 유학의 입문서로 편찬한 만큼, "사서四書는 육경六經의 사다리이며, 『근사록』은 사서의 사다리다."라고 규정했다. 육경은 공자가 당시까지 전해 내려오는 중국의 문화적 유산을 시詩, 서書, 역易, 예禮, 악樂, 춘추春秋의 여섯 범주로 분류하여 이후 경經으로 불리게 된 것으로서, 공자 당시 유학의 주된 내용이다. 사서四書는 공자의 사상이 담긴 『논어』, 맹자의 『맹자』, 그리고 『대학』, 『중용』으로서, 결국 육경을 이해하기 위한 관문이다. 이러한 사서를 이해하기 위한 입문서가 곧 주희와 여조겸이 편찬한 『근사록』이므로 주희는 '『근사록』→사서→육경'으로 올라가는 사다리의 비유를 쓴 것이다.

　이러한 『근사록』은 중국, 한국, 일본 등 주자학적 성리학이 통치이데올로기로 작용한 곳에서는 당연히 존중되었다. 성리학 독존의 사회였던 조선왕조사회에서는 더욱 존중되어 이에 관한 주해서가 가장 많았다. 특히 조선조 성리학의 주요 학맥인 이황 계열과 이이 계열 중 이이를 받드는 서인西人 학맥의 계열이 『근사록』을 더 많이 연구했으며, 서인 중에서도 조선조 후기의 지배 세력인 노론老論의 이념적 입문서가 됨도 자연스런 귀결이다. 그런데 한 가지 아이러니한 것은, 비록 이 책의 제1권에 어려운 형이상학적 내용을 담았다 하더라도, 우리의 삶에 가장 가깝고 절실한 데서 진리를 추구하기 위한 목적으로 제목을 붙여 만든 이 책을 존숭하는 주자학적 성리학이 오히려 이 책 제1권류의 내용을 더 힘써 추구하여 훗날 '공리공담空理空談'의 비판을 받게 된 점이다. 하지만 이런 평가는 역사

현실 속 정치 세력 간의 다툼과 결코 무관하다 할 수 없으며, 오늘날 성리학에 대해 부정적 관점을 가진 쪽의 의도적 폄하에도 원인이 있다고 볼 수 있다. 이런 점을 감안할 때『근사록』의 내용이 담고 있는 철학적 가치 그 자체는 오늘날에도 여전히 높이 평가되어야 할 것이다.

현재 우리가 이 책의 내용을 보다 손쉽게 접하기 위한 번역서는 여러 가지가 나와 있지만, 명문당의『신완역 근사록』(김학주 옮김)을 추천한다. 좀 더 전문적인 접근이 필요하면, 아카넷에서 나온『근사록집해 I·II』(이광호 역주)가 괜찮다.

*이 글의 표현 중 유가(儒家)는 공자가 창시한 학파, 유교(儒敎)는 그 가르침, 유학(儒學)은 그 학문이라는 의미로 쓰인 것이다.

정해왕 | 부산대·중국철학

철학 55

땅막과 무덤이 둘이 아닌 세계

:: 『대승기신론소』, 원효

    서기 650년, 원효元曉, 617~686는 자신보다 젊은 의상義相과 함께 당나라로 가는 유학길에 올랐다. 원효는 그 전에도 이미 한 차례 육로를 통해 당나라에 가려고 시도한 적이 있었다. 고구려를 통하여 당으로 가려 했지만 국경에서 고구려군에게 붙잡혀 첩자로 오인받아 고초만 치르고 신라로 다시 돌아올 수밖에 없었다. 모진 어려움을 무릅쓰고 원효가 굳이 유학을 가려 한 것은 당나라에 삼장법사 현장이 있었기 때문이다. 그는 후세에 『서유기西遊記』의 주인공으로 등장하는 모델이 될 만큼 유명한 고승이었는데 인도에서 유식학唯識學을 배워와 중국에서 가르치고 있었다. 원효는 현장이 가르치는 유식학唯識學을 배우기 위해 당나라로 가려 했던 것이다. 유식唯識이란 '모든 것은 오직 마음의 작용이다'라는 유심唯心사상과 맥을 같이하는데 유식학은 당시 최신의 학문이자 최고의 불교학으로 인정받고

> 마음이 생하는 까닭에 온갖 것들이 생기고
>
> (心生則 種種法生)
>
> 마음이 멸하면 땅막(土龕[토감])과 무덤이 둘이 아니네
>
> (心滅則 龕墳不二)
>
> 세계는 오직 마음이요, 모든 현상은 오직 마음일 뿐이다.
>
> (三界唯心 萬法唯識)
>
> 마음밖에 아무것도 없는데 무엇을 따로 구하랴!
>
> (心外無法 胡用別求)
>
> _찬녕(贊寧)의 『송고승전(宋高僧傳)』에서

있었다.

원효와 의상은 배를 타기 위해 서해안의 당항성으로 가던 중 비가 오고 날이 저물어 지친 몸을 쉬기 위해 깜깜한 밤중에 굴과 비슷한 땅막에 찾아 들어갔다. 한밤중에 잠에서 깨어 심한 갈증을 느낀 원효가 주위를 더듬으니 물이 담겨 있는 바가지가 있어 그 물을 달게 마시고 다시 잠에 빠졌다. 그러나 새벽이 되어 눈을 떠보니 땅막이라고 여겼던 곳은 무덤이었고 달게 마셨던 바가지의 물은 해골에 담긴 썩은 물이었다. 그는 구역질을 하면서 더러운 것도 깨끗한 것도 마음을 떠나 별도로 존재하는 것이 아니라는 유심唯心의 도리를 깊이 깨닫고 위의 게송을 지어 불렀다고 한다.

원효가 깨달은 이런 도리를 '모든 것은 마음이 만든다'는 뜻의 '일체유심조一切唯心造'란 말로 표현하기도 한다. 이후 원효는 의상만

당나라 유학길에 떠나보내고 홀로 다시 경주로 돌아온다. 왜냐하면 그는 이미 유식학이 말하는 진리를 몸소 체득했기 때문이다. 마음밖에 아무것도 따로 구할 것이 없으니 굳이 당나라에 가서 배울 필요가 없었던 것이다. 그렇다면 과연 해골 물을 마신 그날 새벽 원효가 깨달은 '마음'이란 무엇인가?

흔히는 일체유심조란 말을 '모든 것은 마음먹기 나름이다', '모든 것이 생각하기 나름이다'라는 뜻으로 쉽게 해석한다. 그런데 원효가 깨달은 마음의 도리가 과연 이 정도의 수준에 머무르는 얕은 지혜에 불과한 것일까. 모든 것은 마음먹기 나름이니 항상 긍정적으로 생각하라는 식의 해석은 통속적인 해석에 불과하다. 불교 가르침의 핵심은 존재의 실상을 '있는 그대로(眞如[진여])' 보는 것이다. 사실을 사실대로 보아야지 생각을 조작하여 주관적인 편견이나 신념으로 '있는 그대로'를 왜곡하는 것은 불교의 가르침이 아니다.

이런 통속적인 해석을 벗어나 원효가 깨달은 마음의 진리가 무엇인지 확인해보기 위해서는 그가 경주로 다시 돌아온 후 저술한 『대승기신론소大乘起信論疏』를 살펴보아야 한다. 『대승기신론소』는 인도의 마명馬鳴, Aśvaghosa, 100~160이 기원후 2세기경에 저술한 것으로 여겨지는 『대승기신론大乘起信論』을 원효가 주석한 것이다. 『대승기신론』은 대승불교 철학의 진수를 요약해놓은 것으로서 높이 평가되고 있으며 중국, 한국, 일본을 비롯한 동아시아 불교의 전개에 큰 영향을 끼쳤다. 『대승기신론』에 대한 주석서는 1,000여 권이 넘으나, 원효의 주석은 중국에서 '해동소海東疏'라 불리며 널리 유통될 만큼 높이 평가되었다. 원효는 어느 한쪽 특정한 종파 의식에 치우치지 않는 화쟁和諍과 회통會通의 입장에서 『대승기신론』을 파악했기 때문에 원효의 『대승기신론소』는 다른 많은 주석가들이 보여주지 못했던 불교 해석의 새로운 경지를 드러내고 있다.

원효의 '마음의 철학'은 일찍이 고오타마 붓다가 제시한 가르침에서 유래한 것이라고 할 수 있다. 마음이 존재의 실상을 잘못 아는 무지無智, 無明에 의해 맹목적인 욕구와 욕망(taṇha, 渴愛[갈애])이 일어나는데, 이 욕망의 뿌리에는 잘못 전제前提된 자아의식이 있다. 우리 모두가 가지고 있는 '나'라고 하는 자아의식은 자신을 특정한 형태의 정신과 육체에 한정시키고 또 혈연, 지연, 민족, 국가, 종교 등의 사회적 공동체에 소속되면서 자기 정체성을 확립하여 그 속에 안주한다. 그리고 그것을 자신과 동일시하여 집착하는 경향을 가진다. 그것이 모든 대립과 모순의 원점이며 출발점이다.

붓타의 이와 같은 '마음의 철학'을 계승한 대승불교의 사상은 원효의 『대승기신론소』에까지 이어져 꽃을 피우게 된다. 『대승기신론』은 이 세계와 인생이 모두 '한마음(一心[일심])'에서 비롯된 것으로 본다. '한마음'은 일체 만물의 뿌리이며 근원으로, 파도가 물을 떠나 별도로 존재하지 않듯이, 일체만물도 '한마음'을 떠나 별도로 존재하지 않는다. 그것은 '한마음'으로부터 실재實在인 심진여心眞如와 현상세계인 심생멸心生滅이 비롯되었기 때문에 양자는 일심一心을 체體로 하고 있어 본래 '둘이 아니다(不二[불이])'.

그러나 심생멸의 결과로써 생겨난 무수한 개별적 존재는 그 존재의 근저에 있는 '한마음'을 알지 못함(無明[무명])으로 인해 개체적 자아自我에 집착하여 다른 개아個我와 분열·대립하게 되는 것이다.

『기신론』은 이러한 분열·대립의 경험세계를 지양止揚하여 심진여心眞如를 회복하는 길을 제시하고 있다.

파도와 물이 둘이 아니듯 일심에서 나온 생멸과 진여는 불이不二이나, 변함없이 항상 그 자리(眞如[진여])를 보면 보리菩提(보제)의 깨달음이요, 생멸변화하고 분열·대립하는 세계(生滅[생멸])만을 보면 무명無明인 것이다. 또 전자가 성聖스러운 세계라면 후자는 세속世俗의 세계이다. 또 전자가 상주불멸常住不滅하고 영원한 존재의 영역이라면 후자는 인연 따라 생노병사하고 생멸변화하는 무상無常한 존재의 영역이다.

이렇게 양자는 표면적으로는 다른 모습을 하고 있지만 '한마음'에 기초하고 있기 때문에 이원적二元的인 대립과 긴장의 관계가 아니다. 서로 열려 있어 가고 옴의 왕래가 자유롭다. 중생衆生은 항상 중생으로만 머물러 있고, 불·보살은 항상 불·보살로만 머물러 있는 것이 아니라, 누구든지 수행을 하여 '번뇌와 무명으로 가득 찬 마음(心生滅[심생멸])' 속에 본래부터 갖추고 있는 심진여心眞如, 불성佛性, 여래장如來藏을 찾기만 하면 부처(Buddha, 覺者[각자])가 될 수 있다.

일심一心의 무분별지無分別智에서 보면, 꿈속에서의 가고 옴이 실제의 가고 옴이 아니며, 꿈속에서 보는 세계가 실재實在하는 세계가 아니듯, 눈병 난 사람의 눈에 비친 헛꽃(空華[공화])이 본래 있는 것도 없는 것도 아니듯, '가고·옴(去來[거래])', '유·무有無', 진여眞如·생멸生滅 등의 이원二元의 상대성을 본래 초월한 것이므로, 어떠한 말로써 규정하거나, 개념화하려 하면 천지天地 차이로 벌어지는 것이 실상實相의 경지다.

다시 말하자면 원효가 깨달은 일체유심조의 심心은 개인의 마음을 말하는 것이 아니다. 또한 원효가 깨달은 마음은 다만 인간의 마음만을 말하는 것도 아니다. 그것은 우주의 모든 삼라만상을 다 품고 있는 '우주적 마음' 또는 '보편적 마음' 즉, 일심一心이다. 생멸 변화하는 물질적 대상들, 심리적 대상들 일체는 다 이 마음에서 비롯되는 것이기에 원효는 그 마음을 한마음(一心)이라고 하였던 것이고 일체유심조라고 말할 수 있었던 것이다. 앞서 언급했듯이 불교는 진리를 진여眞如 즉, '있는 그대로'라는 말로 표현한다. 있는 그대로를 보는 마음이 진여심이고 있는 그대로의 마음이 또한 진여심이다. 마치 바다에서 파도가 일어나듯이 이 진여심에 의해 생멸하는 현상계가 나타난다. 원효의 '일체유심조'를 이렇게 볼 수 있는 해석의 안목이 필요한 것이다.

원효의 오도송悟道頌에서 깨끗한 땅막을 심진여의 세계에 비유할 수 있다면 오염된 무덤(鬼墳[귀분]) 심생멸의 세계라고 할 수 있다. 원효가 해골 물을 먹었다는 사실을 알고 구토하면서 깨달은 순간 그는 심진여의 일심을 보았다. 그때 그는 땅막이라는 심진여의 세계와 무덤이라는 심생멸의 세계가 다시 둘이 아님을 깨달았던 것이다. '마음이 생기니 온갖 것이 일어나고, 마음이 사라지니 온갖 것이 다 사라진다(心生故 種種法生, 心滅故 種種法滅)'는 구절은 실상 그가 이후 주석하게 될 『대승기신론』에서 이미 언급되어 있었다. 원효는 저 구절을 이미 알고 있었겠지만, 무덤 속의 해골 물 사건으로 저 구절의 참뜻을 깨달았던 것이다.

원효가 체득한 깨달음의 세계를 엿보고 싶다면 그가 지은 『대승기신론소』를 읽어보기를 권한다. 또한 『대승기신론소』는 뛰어난 연구자들에 의해 하이데거나 데리다와 같은 현대 서양의 대표적인 철학자들의 사상과 비교되고 있다. 원효의 『대승기신론소』가 시대와 지역을 초월하는 사상적 깊이를 지니고 있음을 보여주는 부분이다.

추천하고 싶은 번역본은 『대승기신론소·별기』(은정희 옮김, 일지사. 1992)이다. 이 책은 원효가 지은 또 다른 『대승기신론』의 주석인 『대승기신론별기』가 수록되어 있어 원효의 사상을 파악하는 데 도움이 된다. 또 다른 추천작은 『금강삼매경론』(원효 저, 은정희·송진현 역주, 일지사. 2006)이다.

김용환 | 부산대 · 인도철학

철학 56 / 지경持敬으로 성인聖人 되기

:: 『성학십도』, 이황

　퇴계는 사화의 시대를 살았던 지식인이었다. 연산군 시대에 시작된 사화는 명종 시대에도 계속되었다. 명종시대에 벼슬을 했던 퇴계 역시 사화로부터 자유롭지 못했다. 사화로 인한 정치적 혼란은 그가 요직을 두루 거치면서도 은퇴와 귀향을 거듭했던 직접적인 원인이기도 했다. 결국 자신의 정치적 신념을 펼치기 어려웠던 퇴계가 선택한 길은 물러남(退[퇴])이었으니, 그는 고향의 토계兎溪라는 시냇가에 암자를 짓고, 토兎 자를 '퇴退'로 고쳐 자신의 호로 삼았다. 퇴계는 이곳에서 학문을 연마하고 다음 시대를 이끌어갈 인재를 양성하고자 했다.

　선조가 즉위한 1568년은 긴 사화의 시대를 지나 새로운 국면으로 접어든 해였다. 『성학십도聖學十圖』는 아무런 준비 없이 즉위한 어린 선조를 위해 노회한 성리학자가 왕으로서 알아야 할 유교적 정

> 이기를 겸하고 성정을 통섭하는 것은 마음입니다. 성이 발하여 정이 되는 즈음이 바로 한마음의 기미로서, 선과 악이 여기에서 나누어집니다. 배우는 자는 한결같이 경을 견지하여 이치와 인욕을 분별하는 데에 어둡지 않게 하고, 이를 더욱 삼가하여 미발인 때에는 존양 공부가 깊고 이발인 때에는 성찰의 습관이 익숙해지도록 해야 합니다.

치이념의 핵심을 정리하여 올린 책으로, 퇴계의 평생 공부가 집약되었다고 해도 과언이 아니다. 그는 선조에게 『성학십도』를 올린 뜻에 대해 "성인聖人의 학문은 큰 단서와 핵심적인 법이 있으며, 지극한 요점이 있습니다. 그것을 그림으로 보이고 말씀으로 가르쳐서 도로 들어가는 문과 덕을 쌓는 기초를 사람들에게 보여준 것입니다. 특히 임금의 마음은 온갖 일이 비롯되고 온갖 책임이 모이는 곳이며, 뭇 욕구가 서로 공격하고 사특함이 번갈아 뚫고자 하는 곳입니다. 그러므로 한 번이라도 태만하고 소홀해지거나 방종이 계속되면, 산이 무너지고 바다에 풍랑이 이는 것처럼 걷잡을 수 없게 될 것이니 누가 막을 수 있겠습니까? 옛 성왕은 이런 점을 근심하여 날마다 조심조심하고 두려워하며 근신하면서도 아직 그러하지 못한 듯이 하였습니다."라고 밝혔다. 퇴계는 선조가 성인이 되는 학문의 요점을 잘 파악하고 실천하기를 바랐는데, 그중에서도 '마음을 바로잡는 일(正心[정심])의 중요성을 강조했다.

『성학십도』는 성인聖人이 되는 데 꼭 알아야 할 요점을 열 개의 그림으로 정리한 책이다. 그리고 사단의 형이상학적 근거를 확립하기 위한 이론을 담고 있기도 하다. 하지만 단순히 이론적 정밀성을 추구한 것은 아니다. 『성학십도』는 성리학적 이념을 구현함으로써 정치적 혼란을 극복하고 사람이 살 만한 세상을 만들고자 했던 퇴계의 열망과 실천을 담고 있기 때문이다.

퇴계는 『성학십도』에서 우주의 근본원리와 인간의 본질이 동일하기 때문에(性卽理[성즉리]), 학문을 통해 그 본질을 체인體認하고 보존하며(存天理[존천리]) 실천해야 하는 당위성을 해명했다. 천리를 보존하는 것은 곧 사소한 잘못도 용납하지 않는다(閼人欲[알인욕])는 것이며, 이것은 사회적 부조리를 해결하는 근본적인 대책이었다(修己治人[수기치인]). 『성학십도』는 우주의 기원을 설명하는 태극도太極圖에서 시작해 우리 자신이 우주, 즉 하늘과 땅 그리고 만물과 어떤 관계인가를 밝힌 서명도西銘圖로 이어졌다. 그러나 공부는 가장 소박한 일상에서 시작되는 것이기에 소학도小學圖를 서명도 다음에 배치했다. 인간다운 덕성을 함양하는 것은 아침에 일찍 일어나 정갈한 마음으로 마당을 쓸고 사람을 응대하는 것과 같은 잘디잔 행동에서 시작해야 한다. 이렇게 길러진 덕성은 개인적 차원에 국한되어서는 안 된다. 유학은 수기치인을 지향하기 때문이다. 잘 길러진 덕성은 밖으로 드러나 백성을 새롭게 하는 데에 일익을 담당해야 하기 때문에 대학도大學圖가 그 다음으로 이어졌다. 백성을 새롭게 하기 위해서는 바른 도덕이 우선 실천되어야 하므로 백록동규도白鹿洞規圖가 그려졌다.

퇴계는 거듭되는 사화 속에서 '어떻게 하면 인간의 타고난 본성을 그대로 드러나게 할 수 있을까'를 고민했다. 인간의 본성은 곧 천리(性卽理[성즉리])다. 그러므로 천리를 체인하기 위해서는 우리의 본연한 심성부터 살펴야 한다. 따라서 제6도는 심통성정도心統性情圖다. 심통성정도는 인간 본성과 몸이 있기 때문에 느끼는 감정 일반(七情[칠정])을 통솔하는 마음의 작용을 그렸다. 마음의 작용이 늘 인仁의 드러남이어야 하므로 인설仁說을 그 다음에 붙였다. 사람다운 사람(仁[인])이 되기 위해서는 마음을 다스리는 것이 필요하다. 마음은 일신의 주재가 되기 때문이다. 심학도心學圖가 그 뒤를 이은 까닭이다. 그런데 마음이란 늘 내 뜻대로 되는 것이 아니다. 아무리 마음속으로 생각한다고 해도 그것이 행동으로 옮겨지지 않는다면 무슨 소용이 있겠는가? 마음을 올바르게 가진다는 것은 몸을 잘 다스린다는 것이다. 성리학에서는 몸과 마음을 이분법적으로 구분하지 않았고, 마음이 곧 몸짓으로 드러난다고 생각했다. 그러므로 마음이 사심 없이 올바르면(正心[정심]) 곧 모든 행동이 바르게 된다(修身[수신]). 경은 일심의 주재가 되는 것이기 때문에 경재잠도敬齋箴圖를 그렸다. 몸을 가지런히 하기 위해 아침에 일어나서 밤에 잠자리에 들기까지 하루의 일과를 성실하게 해야 하기에 마지막으로 숙흥야매잠도夙興夜寐箴圖를 배치했다.

열 개의 그림을 다시 차례대로 그려보자. 태극도—서명도—소학도—대학도—백록동규도—심통성정도—인설도—심학도—경재잠도―숙흥야매잠도다. 이 열 개의 그림을 관통하는 중심개념은 '지경持敬'이다. 퇴계가 가장 애착을 가지고 읽었던 책이 『심경』과 『심경부주』였던 것만 보아도 그가 '마음'에 관한 문제를 얼마나 중요하게 여겼는지 알 수 있다. 앞서 『성학십도』 서문에서 살핀 것처럼 퇴계는 모든 일은 마음에서 비롯되기 때문에 마음을 바로잡는 것이 가장 중요하다고 생각했다. 개인적인 차원뿐만 아니라 정치, 경제 등 모든 사회문제의 최종적인 출발점은 바로 그 일을 담당하고 있는 인간의 마음이라고 생각했기 때문이다. 퇴계는 마음은 일신의 주재가 되고, 경은 일심의 주재가 된다고 했다. 그러므로 퇴계에게 마음과 경이 매우 중요한 주제였다.

특히 그는 제6도에서 자신의 심성론과 사칠론을 집약적으로 정리해놓았다. 심통성정도는 상, 중, 하 세 부분으로 구성되어 있다. 정복심程復心의 심통성정도를 상도로 삼았고, 중하 2도를 직접 그려 넣어 마음 작용과 경의 관계를 구체적으로 밝혔다. 퇴계는 마음 작용이 발동하는 그 순간, 바로 선악이 나눠지기 때문에 그 기미를 잘 살펴야 한다고 했다. 그리고 그 순간에 경으로써 이치와 욕망을 분별하여 본 마음을 보존하고 본성을 기르며 성찰하는 것이 필요하다고 강조했다.

여기에 중요한 언급이 또 있다. "사단四端의 정은 리가 발함에 기가 따르니 본래 순선하여 악이 없습니다. 반드시 리가 발한 것이 미처 이루어지지 못하고 기에 가려진 후에야 흘러서 불선이 됩니다. 칠정七情은 기가 발함에 리가 그것을 타니 역시 선하지 않음이 없지만, 만일 기가 발하여 정도에 맞지 못하여 그 리를 멸하게 되면 방탕하여 악이 되는 것입니다." 이것이 바로 퇴계의 리기호발설 理氣互發說이다.

퇴계가 호발설을 주장한 이유는 사단의 순선함을 실현하기 위함이었다. 그러므로 퇴계 철학의 키워드는 '사단'이라고 할 수 있다. 사단은 맹자가 말한 '측은지심, 수오지심, 사양지심, 시비지심'이다. 퇴계는 순수한 도덕성이 그대로 드러난 사단인 상태를 항상 유지한다면, 사람이 살 만한 세상을 이룰 수 있다고 생각했다. 마음이 항상 사단인 상태를 유지해야만 사람이 하지 말아야 할 짓을 스스로 하지 않게 될 수 있기 때문이다.

조선은 남성 양반에게 권력이 집중된 사회였다. 특권을 향유하는 세력은 항상 과하기 싶다. 과유불급 過猶不及. 넘치는 것은 모자란 것과 같다이라 하지 않았던가? 마음의 발로가 항상 사단인 상태를 유지하기 위해서 필요한 것이 지경이었다. 그러므로 퇴계는 경재잠도에서 경을 '성학의 처음과 끝'이라고 단언했다. 구체적으로 몸가짐을 조심하고 삼가라는 것은 개인의 자유를 억압하는 구속이 아니라 참다운 인간이 되기 위한 몸짓이었다. 퇴계가 『성학십도』를 경재잠도와 숙흥야매잠도로 끝을 맺은 의도는 이와 같이 깊은 의미를 함축하고 있다.

퇴계는 사단의 순선함을 강조하기 위하여 선악善惡 미정未定인 칠정과 구별하여 사단을 리발이라고 주장했으며, 다시 이를 존재론적 차원에서는 리동설을, 인식론적 차원에서는 리도설로서 체계화했다. 퇴계가 왜 '사단리발설四端理發說'을 주장했는지 그 이유를 더욱 세밀히 살피고 싶다면 「론사단칠정서」와 『심경부주』도 읽어보자.

사단법인 퇴계학연구소가 펴낸 『국역퇴계전서 3』과 최영진이 지은 『퇴계이황』(살림), 금장태가 지은 『성학십도와 퇴계 철학의 구조』(서울대학교출판부), 김영두가 지은 『퇴계와 고봉, 편지를 쓰다』(소나무)를 권한다.

박정심 | 부산대 · 한국철학

철학 57

기질氣質을 바로잡아 제대로 된 사람이 되어보자

::『성학집요』, 이이

    퇴계가『성학십도』를 올린 지 7년 뒤인 1575년에 율곡은『성학집요聖學輯要』를 선조에게 올렸다. 책 제목에서도 알 수 있듯이 한국 성리학을 대표하는 철학자인 퇴계와 율곡이 모두 '성학'을 문제 삼았는데, 그렇다면 성학이란 무엇인가? 성학은 성인聖人, 제대로 된 사람, 仁한 사람, 사람다운 사람이 되기 위한 학문을 말한다. '성학집요'란 성인이 되기 위한 학문적 정수를 모아서 요약했다는 뜻이다. 율곡 자신도 서문에서 밝히고 있듯이, 성학이란 이름 아래 선진 유학을 비롯하여 성리학에 이르기까지 성현들의 사상적 핵심을 자신의 철학적 입장에서 정리하고 자신의 견해를 덧붙였다.

    유학은 내성외왕內聖外王을 구현하고자 한다. 즉 내적으로 성인이 되고자 함(修己[수기])은 개인적으로 덕스러운 사람이 되는 것에 국한되는 것이 아니라 사회적으로 올바른 지도자가 되려는 지향점을

> 신이 살피건대 몸을 닦는 공부에는 지식을 넓히는 것도 있고 행하는 것도 있습니다. 지식은 착한 것을 밝히는 것이요, 행하는 것은 몸을 성실하게 하는 것이니, 지식과 행하는 것을 합하여 말해야 합니다.

갖는다(治人[치인]). 도덕적 본성을 회복하는 것(修己[수기])이 곧 치인 治人의 근본이자 출발점이 된다. 성인은 내가 도달할 수 없는 저 높은 곳에 계신 분이 아니라, 지금 여기 있는 나 자신의 삶 속에서 구현해야 할 존재였다. 그래서 율곡은 스스로 성인이 되고자 하는 목표를 세우는 일(立志[입지])이 무엇보다 중요하다고 강조했다. 성인은 인간의 보편적인 가치를 본유한 존재지만 도덕적 수양을 열심히 한다면 누구나 될 수 있는 그런 존재였다.

그렇다면 성인이 되기 위해서는 무엇을 해야 하는가? 율곡은 퇴계의 성리학적 문제의식을 계승하면서 동시에 그 문제점을 지적했다. 율곡은 먼저 퇴계의 리발설을 문제 삼았다. 퇴계는 늘 마음 작용이 순선한 사단이 되도록 노력해야 한다고 보았다. 그러므로 사단은 리발인 반면 칠정은 기발이라고 하였으니, 순선한 사단과 선악 미정善惡未定인 칠정의 질적 차이를 해명한 것이 바로 리기호발설理氣互發說이었다. 그러나 율곡은 성리학에서 '리는 무형무위無形無爲, 형태가 없으므로 어떠한 운동도 할 수 없다하고 기는 유형유위有形有爲, 일정한 형태를 가지므로 모든 운동이 가능하다'하므로, '리발'이란 성립할 수 없는 개념이라고 보았다. 따라서 사단과 칠정은 모두 기발이며, 사단은 칠정에 포함된 것이라고 보았다.

퇴계처럼 마음 작용이 늘 리발인 사단이 되어야 한다는 점을 강조한다면, 자연히 순선한 본성을 드러내는 데 집중하게 된다. 반면 율곡처럼 마음의 작용이 모두 기발이라고 한다면, 퇴계가 주목했던 '순선한 리가 그대로 드러나는 차원'을 어떻게 실현할 수 있는가에 답해야 했다. 왜냐하면 퇴계와 율곡은 모두 성리학자로서 도덕적 본성을 어떻게 구현할 수 있는가를 기본문제로 삼았기 때문인데, 퇴계가 순선한 사단을 기르는 방향을 선택했다면 율곡은 불선을 어떻게 제거할 것인가에 집중했다.

성리학에서 선과 불선은 기의 청탁수박淸濁粹駁의 다름에 기인한다. 탁박한 기가 발현된다면 그것이 꼭 알맞은(中節[중절]) 선이 되기란 매우 어려운 일이다. 율곡이 사단과 칠정이 모두 기발이라고 봤다면 '기'에 천착하여 문제를 해결하는 것이 당연한 귀결이었다. 율곡은 성의誠意와 교기질矯氣質을 통해 이 문제를 해결하고자 했다. 율곡은, 성의는 수기치인의 근본이 된다고 했으며, 교기질을 통해 본연지성을 회복하는 것이야말로 학문의 요체라고 주장했다.

수기치인의 이념을 제시한 『성학집요』는 『중용』의 치중화致中和와 『대학』의 3강령을 근간으로 삼아 8조목의 체계에 따라 사서오경 및 성현의 말씀을 선별·집약하고 그에 대한 주석으로 이루어져 있다. 『성학집요』는 크게 「통설」과, 『대학』의 8조목을 재배열한 「수기修己」, 「정가正家」, 「위정爲政」, 그리고 「성현도통聖賢道統」으로 구성되어 있다. 제1편 「통설」은 서론에 해당하는데, 『중용』의 중화설과 『대학』의 3강령(明明德[명명덕]: 밝은 덕을 밝힘, 新民[신민]: 백성을 새롭게 함, 止於至善[지어지선]: 지극한 선에 머묾)을 가지고 수기치인의 이념을 전체적으로 논했다. 본론에 해당하는 「수기」, 「정가」, 「위정」 3편은 『대학』의 내용을 토대로 전체적인 틀을 다시 만들었기 때문에 『대학』의 8조목에 분속시킬 수 있다. 먼저 제2편인 「수기」는 3강령의 명명덕과 8조목의 격물치지, 성의, 정심, 수신에 해당하는데, 학문의 방향을 세우고 사물의 이치를 밝히는 것과 수신의 효과를 다루었다. 제3편과 제4편인 「정가」와 「위정」은 3강령의 신민과 8조목의 제가, 치국, 평천하에 해당한다. 그리고 「수기」, 「정가」, 「위정」의 끝부분에는 각각 3강령의 지어지선을 배치함으로써 각각의 이상적인 경지를 제시했다. 제5편 「성현도통」은 『대학』의 이념이 실현된 실제 자취를 밝혔다. 『성학집요』에서 가장 많은 분량을 차지하는 것이 「성현도통」이다. 「성현도통」에 이토록 심혈을 기울인 것은 유학적 이상을 구현했던 성현들이 걸었던 길(道[도])의 자취를 서술함으로써 당대에 이상사회를 재현하고 싶은 염원 때문일 것이다. 이 편에서 율곡은 도통을 이어온 성현을 언급하고 선조에게 도통을 이어받도록 요구하고 있다. 즉, 『성학집요』는 성인이 되겠다는 뜻을 굳게 세우고 도덕적 본성을 닦아 가정, 사회, 국가를 잘 다스리기 위한 성리학적 이념을 집약한 책이다.

조선은 성리학의 나라였다. 유학의 정치철학은 민본사상에 근본하고 있다. 백성들이 정치의 주체는 아니었지만, 통치자는 백성을 나라의 근본으로 여기고 백성을 위한 정치를 해야 한다고 주장했다. 통치자가 정치적 권력을 사유화하거나 남용하는 것을 방지하는 길은 통치자가 인간의 선한 본성을 회복하는 것이라고 여겼다. 통치자가 도덕적으로 제대로 된 사람(內聖[내성])이라야 왕도정치를 실현(外王[외왕])하여 인간답게 살 수 있는 국가를 건설할 수 있다고 했다. 백성은 통치의 대상이기도 했지만, 도덕적 본성을 지녔다는 점에서 통치자와 동일한 존재였으며, 바로 이 점 때문에 교화가 가능하다고 생각했다. 즉, 교화의 출발은 통치자가 도덕적 모범이 되는 것이었기 때문에 제도적 정밀함보다 통치자의 솔선수범을 정치의 근본으로 중시했다. 그러므로 통치자의 도덕적 본성을 회복하는 것이야말로 가장 근본적이면서도 가장 중요한 문제일 수밖에 없었다. 그러나 성리학이 곧 정치철학에 국한된 것은 아니었다. 그것은 근본적으로 인간에 대한 이해방식의 문제였다. 맹자의 성선설을 전제로 삼았던 성리학은 삶의 모든 관계망에서 어떻게 하면 인간 주체가 인간다운 인간, 자기다운 자기가 될 수 있는지를 물었던 것이고, 정치철학은 그 정점에 있었다고 할 수 있다.

그렇다면 성학의 요점은 '사람은 어떻게 사람다운 사람이 될 수 있는가?'일 것이다. 율곡은 부여받은 기질이 비록 차이가 있더라도 기질을 바로잡으면 누구나 성인이 될 수 있다고 주장했다. 그런 사상적 맥락에서 볼 때 『성학집요』의 중심 내용은 성의誠意와 교기질矯氣質, 양기養氣라고 할 수 있다. 율곡은 천리인 본연지성本然之性이 마음

속에 내재해 있기 때문에 천리를 밝히려는 실심(實心)의 성(誠)을 강조했다. 실심의 성이 있으므로 경 공부도 가능하다.

그러나 태어날 때 부여받은 기질은 청탁수박(淸濁粹駁)하여 차이가 있다. 만약 청수한 기질이 발현된다면 본심이 그대로 드러날 것이니 이때에는 본심을 잘 잡아 지키면 된다. 그런데 탁박한 기질이 발현된다면 본심을 상실하여 불선(人慾[인욕])으로 흐를 것이다. 본심을 가리고 있는 탁박한 기질을 바로잡아(矯氣質[교기질]) 기의 본연함을 유지한다면, 본심(實心[실심]: 기질에 따라 형성된 분치[忿懥], 공구[恐懼] 등의 마음이 없는 상태 혹은 사욕[私欲]이 없는 상태)의 경계에 이른다고 설명했다.

교기질의 구체적인 방법은 첫째, 자신의 기질을 파악하고 치우친 기질을 교정하려고 노력하는 것이다. 둘째, 안연의 극기복례를 제시했다. 셋째, 기질을 바로잡는 공부에 힘쓰는 것(勉强[면강])이다. 사람이 어떤 일정한 상황에서 마음이 본래의 모습을 지니고 있다면 이 본심을 잡아 지키자는 논의가 양기론이 되며, 심기(心氣)가 그 본심을 상실했다면 심기를 단속하여 인욕을 극복함으로써 본심을 회복하자는 것이 교기질론이 된다.

성리학은 조선시대의 정치이념이었기 때문에, 현대사회에는 불필요한 낡은 사상인가? 성리학을 현대사회에 그대로 적용시킬 수는 없지만, 그렇다고 전혀 쓸모없는 것은 아니다. '사람다운 사람', '나다운 나'가 되는 것이야말로 시대를 초월하여 추구해야 할 것이 아닌가? 비록 시대적 상황이 달라졌다고 해도, 우리가 고민해야 할 궁극적인 물음은 '이 시대의 사람다운 사람(仁[인])이란 무엇인가?'

이지 않을까.

  추천하는 책으로는 김태완이 옮긴 『성학집요』(청어람미디어, 2007)와 황준연이 쓴 『율곡철학의 이해』(서광사, 1995)가 있다.

박정심 | 부산대 · 한국철학

철학
58 / 관료가 집행하는 국가 폭력을
막는 방법

::『목민심서』, 정약용

다산茶山 정약용丁若鏞, 1762~1836의 『목민심서牧民心書』는 누구나 알지만 정작 읽어본 사람은 매우 드물 것이다. 그런데도 왜 이 책은 지속적으로 인구에 회자되는가.

『목민심서』란 책 이름을 새겨보자. '목민관牧民官이 마음으로 새겨야 할 책'이란 뜻이다. '목민牧民'의 '목牧'은 '가축을 기르다'는 뜻의 동사다. 따라서 목민이란 가축을 기르듯 '백성을 기른다'는 뜻이다. '모든 권력은 국민으로부터 나온다'는 대한민국 헌법 제1조를 떠올리면 불쾌한 생각이 들겠지만, 조선의 백성은 비유컨대 가축과 다름이 없었다. 조선사회는 사족士族, 문벌이 좋은 집안, 선비·무인의 집안과 그 자손이 지배하는 사회였다. 사족은 국가권력을 장악하고, 피지배층인 민民을 다스렸다. 사족은 민을 마치 가축을 돌보듯 다스려야 한다고 생각했던 것이다. 그 다스림은 때로는 '애민愛民'이란 고상한 말로 표

> 청렴은 수령의 본분인데, 모든 선(善)의 원천이며 모든 덕(德)의 근본이다. 청렴하지 않고 능히 수령 노릇할 수 있는 자는 없을 것이다. 청렴은 천하의 큰 장사이다. 크게 탐하는 자는 반드시 청렴하려 한다. 사람이 청렴하지 않게 되는 것은 그 지혜가 짧기 때문이다. 그러므로 예로부터 지혜가 깊은 선비는 청렴을 교훈으로 삼지 않는 사람이 없었다. 수령이 청렴하지 않으면 백성들은 도적으로 지목하여 마을을 지날 때 더럽다고 욕하는 소리가 비등할 것이니, 이것 역시 수치스런 것이다.

현되기도 했다. 백성에 대한 지나친 수탈을 멈추고 그들의 물질적 삶을 충족시키는 것이 애민의 구체적인 내용이었다.

사족은 과거를 통해 관료가 되고 백성을 다스렸다. 관료들에게는 각별히 애민의식이 요구되었다. 하지만 그것은 이상일 뿐이었고, 현실은 판연히 달랐다. 조선 후기가 되면 지방의 행정이 극도로 부패했다. 중앙에서 지방에 파견되는 지방관, 그리고 지방을 실제 지배하는 향리 등은 백성을 가차 없이 수탈했다. 중고등학교 국사 교과서에 등장하는 백골징포, 황구첨정과 같은 방식의 악질적 수탈은 역시 지방관과 향리에 의해 이루어진 것이었다. 그리고 이 수탈은 조선이 망할 때까지 멈추지 않았다. 『목민심서』는 지방관에 의해 이루어졌던 악질적 수탈을 방지하기 위해 쓴 책이다.

1392년 건국 이후 2세기 동안 대체로 안정되어 있던 조선은 임진왜란과 병자호란 이후 일대 위기를 맞이했다. 위기는 여러 국면에서 일어났지만, 국가의 입장에서 가장 큰 위기는 재정에서 발생했다. 수세지^{收稅地}가 엄청난 규모로 축소되고, 오군영^{五軍營}과 같은 상비군의 설치, 방만한 재정 운용 등으로 인해 국가의 경영이 어려워졌던 것이다. 한편 임병양란 이후 토지의 사적 소유가 진행되자, 토지는 일부의 지주층에 집적되기 시작했고, 대다수 농민은 극히 적은 토지를 소유하는 빈농이 되거나 지주의 토지를 경작하는 소작농이 되었고, 또 그럴 형편도 되지 않는 농민은 거지가 되거나 도둑이 되었다. 국가가 요구하는 세금은 원래 지주들이 담당해야 할 것이었으나, 지주들은 세금을 내는 데 거세게 저항했기에 결국 국가의 재정은 농민을 수탈하는 것으로 충족될 수밖에 없었다.

농민을 고통으로 몰아넣은 또 하나의 요인은 세금 징수 방식의 변화였다. 국가는 안정적인 재정을 확보하기 위해 한 해에 거두어야 할 세금의 총량을 정하고, 그것을 지방에 분배했다. 이것은 지방관과 지방의 토착세력인 향리^{鄕吏}에게 세금 징수권을 넘긴 것이나 다름없었다. 지방관과 향리들은 중앙정부에 바치는 세금의 완납을 위해 그리고 자신의 축재를 위해 그 권력을 마음껏 활용했다.

중앙정부, 곧 서울의 조정은 지방관과 향리에 의해 백성에 대한 무자비하고도 무한한 착취가 이루어진다는 것을 충분히 인지하고 있었다. 하지만 토지의 소유 문제와 사족 체제 자체의 개혁 외에는 문제를 해결할 방도가 없었다. 그것은 가능한 일이 아니었다. 또 현실적으로 대부분의 지방관은 정치권력을 장악하고 있는 서울의 경화세족^{京華世族}의 일원이거나 그들과 연계되어 있는 양반이었다.

따라서 자신들에게 부富를 가져다주는 제도 자체를 포기할 수가 없었으니, 개혁은 거의 무망한 일이었던 것이다.

이에 토지를 갖지 못한 농민이 착취를 견디지 못한다면, 결국 사족 체제 자체가 위험해진다는 위기감을 갖는 사람이 늘어났다. 우리가 실학자라 부르는 사람이 그런 사람이거니와 그중에서도 정약용은 이 문제를 가장 예민하게 인식한 지식인이었다. 다산은 『목민심서』에서 근본적인 개혁책은 아니지만, 애민의 정신을 따라 지방관이 행정의 현장에서 취해야 할 양심적 행정의 매뉴얼을 제시한 것이다.

『목민심서』는 그 내용이 매우 복잡하고 풍부하기에 내용을 일괄할 수 없다. 그 세목만 제시해본다.

제1편 부임赴任—제배除拜, 치장治裝, 사조辭朝, 계행啓行, 상관上官, 이사莅事

제2편 율기律己—칙궁飭躬, 청심淸心, 제가齊家, 병객屛客, 절용節用, 낙시樂施

제3편 봉공奉公—첨하瞻賀, 수법守法, 예제禮際, 보문報聞, 공납貢納, 왕역往役

제4편 애민愛民—양로養老, 자유慈幼, 진궁振窮, 애상哀喪, 관질寬疾, 구재救災

제5편 이전吏典—속리束吏, 어중馭衆, 용인用人, 거현擧賢, 찰물察物, 고공考功

제6편 호전戶典—전정田政, 세법稅法, 곡부穀簿, 호적戶籍, 평부平賦, 권농勸農

제7편 예전禮典—제사祭祀, 빈객賓客, 교민敎民, 흥학興學, 변등辨等, 과예課藝

제8편 병전兵典—첨정簽丁, 연졸練卒, 수병修兵, 권무勸武, 응변應變, 어구禦寇

제9편 형전刑典—청송聽訟, 단옥斷獄, 신형愼刑, 휼수恤囚, 금폭禁暴, 제해除害

제10편 공전工典—산림山林, 천택川澤, 선해繕廨, 수성修城, 도로道路, 장작匠作

제11편 진황賑荒—비자備資, 권분勸分, 규모, 설시設施·보력補力, 준사竣事

제12편 해관解官—체대遞代, 귀장歸裝, 원류願留, 걸유乞宥, 은졸隱卒, 유애遺愛

위의 세목들은 전공자가 아니면 무슨 뜻인지 전혀 모를 것이다. 세세한 설명은 불가능하고, 간략한 설명을 붙여본다.

5편 「이전」에서 10편의 「공전」까지는 조정의 육조六曹가 맡고 있는 업무와 유사한 것이다. 이전은 주로 인사, 호전은 재정, 예전은 제사와 학교, 병전은 군역과 교련, 형전은 재판과 형벌, 공전은 숲과 강, 내, 건축에 관련된 것을 처리한다.

그 외는 다산이 덧붙인 것이다. 1편 「부임」은 수령이 발령을 받아 부임할 때까지 가져야 할 자세와 처신, 2편 「율기」는 부임한 뒤 수령의 몸가짐, 3편 「봉공」은 공무에 임하는 정신과 자세, 4편 「애민」은 백성을 대하는 마음가짐과 방법 등에 대해 말하고 있다. 요컨대 백성을 직접 다스리는 수령으로서 청렴하고 공정하며, 백성을 사랑으로 대할 것을 요구하고 있는 것이다. 5편 「이전」에서 10편 「공전」까지 다산은 아전에게 휘둘리지 말고 아전을 통제할 것, 청렴할 것, 뇌물을 받지 말 것, 공평할 것을 끊임없이 역설한다. 11편 「진황」(흉년에 백성을 구휼함)에서도 이 정신은 동일하게 반복된다.

『목민심서』는 관리들의 윤리지침서지만, 이렇게만 말한다면 이 책의 중요성을 온전히 파악하지 못하는 것이 된다. 『목민심서』는 심상한 윤리지침서가 아니라, 그야말로 지방행정의 구체적 현실을 현미경적 시각에서 포착하고 구체적인 대안을 제시하고 있는 책이다. 예컨대 5편 「이전」의 제1장 '속리束吏'를 보면, 아전의 행태를 구체적으로 지적하고 역사적으로 풍부한 사례를 들며 그들을 통제하는 방법까지 구체적으로 제시하고 있는 것이다. 실로 『목민심서』는 18~9세기 조선의 지방 백성이 어떻게 수탈을 당하고 있었는지에 대한 정직한 보고서이며, 또 더할 수 없이 정확한 지방행정 실무의 실천 매뉴얼이었던 것이다.

『목민심서』는 조선사회 관리의 백성에 대한 지배에 있어서 관이 가져야 할 윤리를 구체화한 것이지만, 이 책이 전근대사회에만 적용되는 것은 아니다. 현재 국가의 앞에는 '민주공화'란 수식어가 붙어 있지만, 국가는 항상 민인民人에게 거부할 수 없는 폭력적 강제로 다가온다. 국가권력은 그 자체로 정당하며, 그 정당성은 폭력을 배후에 둠으로써 순조롭게 작동한다. 행정부와 입법부, 사법부를 이루는 관료들은 국가권력을 국민에게 집행하는 자이다. 그 개개인은 보잘것없는 몸뚱이에 불과하지만, 국가권력을 집행할 때 그 몸뚱이는 거대한 괴물로 현현顯現한다. 이런 사실을 상기한다면, 오늘날 대한민국 국민은 물론이고 특히 국가권력을 집행하는 관료들에게 『목민심서』는 반드시 읽고 새겨야 할 책이 아닌가 한다.

『목민심서』의 가장 정평 있는 번역본으로는 다산연구회에서 1978년부터 1985년까지 번역 간행한 『역주 목민심서』(창작과비평사)가 있다.

강명관 | 부산대 · 한국한문학사 및 한문학 비평론

철학
59 / 천문학으로 중국 중심설을
해체하다

:: 『의산문답』, 홍대용

    1637년 1월 30일, 인조는 남한산성을 나와 청淸 태종에게 항복했다. 치욕적인 굴복은 조선 지배계급인 사족士族에게 엄청난 충격이었다. 하지만 곧 더 큰 충격이 있었다. 1644년 명明이 이자성李自成에 의해 멸망하고, 이어 청이 북경을 점령하여 명을 대신해 대륙의 지배자가 되었던 것이다. 그것은 단순히 대륙의 한 왕조가 멸망한 것을 의미하지 않았다. 중국의 장구한 역사에서 이민족의 중국 통치는 늘 있는 일이었다. 따라서 사실 놀랄 것도 없었다. 문제는 조선에 있었다. 성리학에 의식화된 조선의 사족들은 중국이 세계의 중심이고, 중국만이 문명의 정통성을 갖는다는 사고를 갖고 있었다. 문명의 정통성을 보유한 명이 미개한 오랑캐에게 무너졌다는 것은 납득할 수 없는 충격적 사건이었다. 게다가 조선의 사족에게 명은 임진왜란 때 조선을 도운 국가였다. 명에 대한 의리를 지

> 하늘이 낳고 땅이 기른 것으로 혈기가 있는 것은 꼭 같이 사람이다. 사람 중에서 뛰어나 한 지방을 다스리는 자는 꼭 같이 임금이다. 문을 겹으로 세우고 해자를 깊이 파고 나라 땅을 굳게 지키면 모두 꼭 같이 나라인 것이다. 장보관(章甫冠)을 쓰거나, 위모(委貌)를 쓰거나 몸에 문신을 그리고, 이마에 무늬를 새기거나 모두 꼭 같이 풍속인 것이다. 하늘의 입장에서 본다면, 어찌 안과 밖의 구분이 있을 수 있겠는가? 이런 까닭에 각각 자기 나라 백성을 사랑하고, 각각 자기 임금을 받들고, 각각 자기 나라를 지키며, 각각 자기의 풍속을 편안히 여길 뿐이다. 화(華)와 이(夷)는 같은 것이다.

키고, 언젠가 청에 대해 복수를 감행해 문명의 정통성을 회복하는 것, 곧 북벌北伐이야말로 조선이 해야 할 일이라는 생각이 곧 조선의 국시國是가 되었다.

조선의 사족들은 내심 청이 망하기를 바랐다. 하지만 청은 망하지 않았다. 망하기는커녕 강희, 옹정, 건륭에 이르는 1세기 이상의 번영을 누렸다 (1662~1796). 청과의 외교도 안정기에 접어들었다. 북벌론은 여전했지만, 서울의 양반들, 곧 경화세족京華世族들은 북경에 사신으로 파견되었고, 번영하는 청을 목도했다. 그들의 여행담은 서울에 퍼졌고, 사신단의 자제들은 오직 유관遊觀을 위해 사신단을 따라 북경으로 들어갔다. 그리고 그중 어떤 사람들은 자신의 중국 체험을 여행기로 남기기 시작했다.

김창업金昌業, 1658~1721의 『노가재연행일기』는 그중 빼어난 것이었다. 동지사인 형 김창집金昌集을 따라 1712년 북경에 갔던 김창업은 자신의 연행록에서 북경과 청 체제의 번영을 소상하게 그려내었다. 김창업으로부터 43년 뒤인 1765년 홍대용은 서장관인 숙부 홍억洪檍을 따라 북경으로 갔다. 경화세족 자제의 북경행은 흔한 일이었기에 홍대용의 북경행이 문제 될 것은 없었다. 하지만 귀국 후 홍대용의 북경 체험을 문제 삼는 사람들이 있었다. 그가 북경에서 엄성嚴誠, 반정균潘庭筠, 육비陸飛 등 중국 지식인들과 사귄 것이 문제가 되었다. 홍대용은 1766년 2월 짧은 북경 체류 기간 동안 이들과의 필담을 통해 넓고도 깊은 학문적 토론을 나누었고, 국경을 초월한 우정을 쌓았던 것이다. 엄성 등과의 우정에 감격한 홍대용은 귀국 후 그들과의 필담을 정리해서 박지원朴趾源을 비롯한 자신의 동무들에게 보였고, 동무들은 감탄해 마지않았다. 홍대용의 북경 구경과 지식인들과의 교유는 서울의 양반사회에 금방 퍼져나갔다.

김종후金鍾厚는 평소 홍대용과 잘 아는 사이였다. 그는 홍대용이 '더러운 오랑캐의 나라'에 가서 '머리를 깎은 거자擧子, 곧 변발을 한 엄성 등을 지칭한 것이다'와 죽이 맞아 사귄 것을 비난했다. 홍대용이 오랑캐 청에 의해 지배된 중국인을 사귀는 것, 곧 명에 대한 충절을 버리고, 청에 대한 저항의지를 상실한 채 오랑캐의 조정에 벼슬하고자 하는 오염된 인간들을 친구로 삼고, 그들에 대한 찬사를 늘어놓는 것은 선비의 처신이 아니라는 지적이었다. 김종후의 주장은 당시 명·청과 조선의 관계 설정에 대한 사족 사회의 공식적인 입장이었다. 그것은 문명의 중심을 화華(=중국)로 설정하고, 그 외의 지역을 이夷(=오랑캐)로 설정하는 화이론華夷論에서 나온 것이었다. 이夷가 화華

를 지배하는 현실은 분명 정상이 아닌 비정상적인 상태였다. 조선은 원래 동이東夷였지만, 중국의 문명을 받아들인, 특히 중국이 이적의 손아귀에 떨어진 뒤 유일하게 중국의 문명을 보존하고 있는 작은 중화, 곧 소중화小中華로 인식되었다. 조선만이 정상적인 문명 상태에 있다는 것이다. 홍대용은 김종후의 경직된 태도를 비판했지만, 그것으로 김종후를 침묵시킬 수는 없었다. 화이론 자체를 해체하지 않는 한 이 문제는 풀릴 수 없는 것이었다. 『의산문답』은 바로 이 문제를 다룬 것이다.

『의산문답』은 허자虛子와 실옹實翁의 대화로 이루어진 대화록이다. 내용을 간단히 요약해보자.

허자는 은거하여 독서한 지 30년이다. 천지의 변화와 성명性命의 오묘함을 철저히 연구하고, 오행五行의 근원과 삼교三敎의 깊은 뜻을 완전히 이해한 인물이다. 자신을 알아주는 사람이 없어 북경으로 가서 두 달을 머물렀지만, 거기서도 몰라주어 쓸쓸히 조선으로 귀국한다. 귀국 중 의무려산醫巫閭山에서 세상을 한탄하면서 숨어 살 결심을 하고 다시 길을 가다가 '실거지문實居之門'이라고 쓴 돌문을 발견하고 그곳의 주인인 실옹을 만나 대화를 나눈다. 『의산문답』은 의무려산에서 이루어진 대화이기에 붙은 이름이다. 실옹과 대화를 나누는 동안 허자의 과거 학문과 세계관은 산산이 부서진다. 여기서 북경에 가서 60일을 머물렀던 허자는 북경 여행 이전의 홍대용임을 알 수 있다. 또 허자는 홍대용의 북경 체험을 비난했던 김종후와 같은 조선의 보수적 인물들이기도 하다. 홍대용은 허구의 대화록을 만들어 자신에게 가해졌던 비난과 그 비난의 근거, 곧 낡은 세계관과 가치관을 비판하고자 했던 것이다.

『의산문답』은 허자와 실옹의 대화를 기록한 것이지만, 허자는 짧은 질문을 던지고 있을 뿐, 대부분은 실옹의 도도한 변설을 싣고 있다. 이 변설에서 실옹, 곧 홍대용이 가장 먼저 주장하는 것은 인간과 물物의 구분이 존재하지 않는다는 것이다. 곧 사람의 시각이나 물의 시각을 벗어나 하늘의 시각에서 본다면, 인간과 물은 동등한 존재다. 곧 홍대용은 물의 우위에 서는 인간중심주의를 부정한다. 인간과 물이 동등하다는 충격적인 주장을 힘들게 수용한 허자는 다시 인간과 물에 생生을 부여하는 근거에 대해 묻는다.

실옹은 그 근거는 천지라면서 천지에 대해 설파하기 시작한다. 이로부터 홍대용은 자신의 독특한 천체관天體觀을 펼친다. 그에 의하면 지구는 구형球形이고 공중에 떠서 쉴 새 없이 돌고 있다고 한다. 자전설自轉說이다. 지구설地球說과 자전설로 실옹, 곧 각성한 홍대용은 '하늘은 둥글고 땅은 네모나다'는 재래의 천원지방설天圓地方說을 부정하고 나아가 중국 중심적 지리관을 부정한다. 서양과 중국은 180도의 경도 차이가 있는데, 중국 사람은 중국을 정계正界로 삼고 서양 사람은 서양을 정계로 삼는다는 것, 여기서 중국이 세계의 중심이라는 믿음이 송두리째 부정된다.

나아가 그는 지구가 우주의 중심이라는 것도 부정했다. 그는 태양과 달이 지구를 중심으로 돌고, 오성(화성, 수성, 목성, 금성, 토성)은 태양을 중심으로 돌고 있다고 생각했다. 따라서 지구가 태양과 달의 중심이 될 수 있고, 태양은 오성의 중심이 될 수 있지만, 이 무한한 우주(그는 우주가 무한하다고 생각했다)에서 지구도 태양도 중심이 될 수 없다는 것이었다. 이것이 홍대용 천문학의 핵심이다. 이 우주관을 근거로 하여 그는 화·수·목·금·토의 오성을 오행五行과 연결시키거나 천문현상을 정치와 관련짓는 비합리적 사유 일체를 공박한다. 또 음·양 이기二氣와 오행에 의해서 만물이 생성된다는 설을 비판, 부정했다.

『의산문답』의 3분의 2를 채우는 것은 이렇듯 천문학이다. 홍대용의 학문에 있어서 천문학은 대단한 의미를 갖는 것이다. 홍대용의 스승은 정통 노론이자 도학자였던 김원행金元行이다. 홍대용은 젊은 날 김원행의 문하에서 경전과 성리학을 공부했다. 홍대용 역시 경학에 매진하던 젊은이였다. 하지만 서양 천문학에 몰두해 있던 나경적羅景績을 만난 이후 그는 서양 천문학과 수학에 매료되었다. 홍대용의 특이한 천문관 역시 서양의 천문학, 특히 티코 브라헤의 천체관 위에 구축된 것이었다. 브라헤는 달과 태양이 지구의 주위를 돌고, 화성, 수성, 목성, 금성, 토성이 태양의 주위를 돌고 있다는 천체관을 제시했는데, 홍대용은 브라헤의 주장을 수용했던 것이다. 다만 홍대용은 특이하게도 브라헤와 달리 지구의 자전을 주장했다(자전만 주장했을 뿐 공전은 주장하지 않았다).

『의산문답』은 천문학을 중심에 놓고 있지만, 이 책이 천문학 자체를 위한 것은 아니다. 또 홍대용이 새롭게 천문학적 발견을 한 것도 아니다. 그는 당시 조선을 지배하고 있던 낡은 세계관과 가치관을 전복하기 위해 천문학을 근거로 삼았을 뿐이다. 그의 천문학이 최종적으로 풍수지리설까지 비판한 것도 이 때문이다.

『의산문답』은 최종적으로 역사의 문제를 제기한다. 홍대용의 역사관은 비관적이다. 그는 인간의 번성과 함께 문명이 시작된 자체가 비극이라고 말한다. 이어 국가의 성립과 함께, 지배-피지배의 사회적 관계가 출현하고 전쟁이 시작되었다고 서술한 뒤 그는 중국의 역사를 개괄한다. 중국 역사의 처음은 복희, 신농, 황제^{黃帝}, 요^{堯}, 순^{舜} 등 성인이 다스리던 시대다. 성인은 인간의 욕망을 다스리고자 했으나, 욕망은 통제될 수 없었다. 홍대용은 이후 하^{夏}·은^{殷}·주^{周} 이후의 중국 역사를 간략하게 압축하는데, 그것은 타락과 쇠퇴의 역사다. 홍대용의 역사관에서 윤리적 판단은 개입하지 않는다. 따라서 그는 최종적으로 오랑캐인 청이 명을 차지하게 된 것을 '천시^{天時}의 필연'이라고 단정한다.

중국 역사의 끝, 곧 오랑캐 청이 중국 대륙을 통치하는 시대의 도래를 천시의 필연으로 파악하는 것은 곧 청의 중국 지배를 정상적 상태로 보는 것이었다. 이것은 화이론^{華夷論}을 부정하는 것이다. 반발하는 허자의 말에 대한 실옹, 곧 각성한 홍대용의 답은 이렇다.

하늘이 낳고 땅이 기른 것으로 혈기가 있는 것은 꼭 같이 사람이다. 사람 중에서 뛰어나 한 지방을 다스리는 자는 꼭 같이 임금이다. 문을 겹으로 세우고 해자를 깊이 파고 나라 땅을 굳게 지키면 모두 꼭 같이 나라인 것이다. 장보관(章甫冠)을 쓰거나, 위모(委貌)를 쓰거나 몸에 문신을 그리고, 이마에 무늬를 새기거나 모두 꼭 같이 풍속인 것이다. 하늘의 입장에서 본다면, 어찌 안과 밖의 구분이 있을 수 있겠는가? 이런 까닭에 각각 자기 나라 백성을 사랑하고, 각각 자기 임금을 받들고, 각각 자기 나라를 지키며, 각각 자기의 풍속을 편안히 여길 뿐이다. 화(華)와 이(夷)는 같은 것이다.

장보는 은殷나라 때, 위모는 주周나라 때 쓰던 모자다. 몸에 문신을 그리는 것은 동이東夷의 풍속이고, 이마에 무늬를 새기는 것은 남만南蠻의 풍속이다. 장보와 위모는 중화를 상징하고, 몸의 문신과 이마의 무늬는 오랑캐를 상징한다. 하지만 그것은 하늘의 입장에서 본다면 동일한 것이다. 홍대용 입장에서는 중국과 오랑캐 사이의 구분이 없었던 것이다.

이제 화이론은 돌이킬 수 없는 상처를 입었다. 홍대용은 김종후의 화이론을 부정하기 위해 먼 길을 돌아왔던 것이다. 요컨대 『의산문답』은 화이론을 위시한 조선시대의 세계관, 가치관을 근원에서 회의하고 비판한 유일무이한 저작이다.

『의산문답』은 민족문화추진회에서 번역한 홍대용의 문집 『국역 담헌서』에 실려 있다. 문고본으로 『의산문답』(김태준·김효민 옮김, 지식을만드는지식, 2011)이 있다.

강명관 | 부산대 · 한국한문학사 및 한문학 비평론

철학
60 / 양지良知로 새 세상을
열어라!

::『박은식전서』, 박은식

한국 근대는 유학을 중심으로 한 도덕문명과 과학기술을 중심으로 발전한 서구적 기술문명(civilization)이 만난 시대였다. 서구적 근대문명과의 충돌적 만남은 단순한 문화접촉이 아니라 전통사회를 뿌리째 뒤흔든 정치·경제적 격변이었다. 낯설고 이질적일 뿐만 아니라 강력한 타자와 마주선 한국 근대 지식인들은 국권상실의 위기를 해결할 근대 주체를 모색했으니, 박은식은 '진아眞我'를, 신채호는 '고유한 조선의 근대 주체(我[아])'를 제시했다. 사상적으로 근대는 보편문명의 전환기였기 때문에 유학이 서구 근대학문과 어떤 관계 맺음을 해야 할 것인지에 대해서도 답해야 했다. 박은식은 양명학을 통해 이 문제를 해결하고자 했다.

박은식은 오랫동안 성리학을 공부했지만, 국권상실의 위기에 직면하여 성리학을 묵수墨守하는 것으로는 시대문제를 해결할 수 없다고 판단했다. 유학을 버릴 것까지는 없지만 성리학만 묵수한다

> 오늘날 유학의 문제는 세 가지로 요약할 수 있다. 첫째, 제왕중심적 사유를 벗어나지 못하여 인민을 사회적 주체로 인식하는 민권의식과 평등정신이 부족하다. 둘째, 시대적 변화에 맞지 않는 방법을 개량하지 않고 사회현실에 적극적으로 대응하지 못하고 있다. 셋째, 간이직절한 법문(양명학)을 중요하게 생각하지 않고 지리한만한 공부(주자학)만을 숭상하여 시대 문제에 적극 대처하지 못하고 있다.
>
> _「유교구신론」

거나 중국중심적 사고에서 벗어나지 못한다면 잘못이라고 생각했다. 특히 그는 「유교구신론儒教求新論」에서 한국 주자학의 문제점을 비판하고 유교가 평등사회를 지향하는 이념으로 새롭게 태어나야 한다고 주장했다.

그는 유학이 성리학적 이념성만 고집할 것이 아니라 근대사회적 변화에 따라 마땅히 변화해야 하며, 서구 근대문명의 장점은 수용해야 하지만 그 폭력적 야만성에 대해서는 저항해야 한다고 보았다. 박은식은 이러한 문명 간의 충돌과 시대문제를 양명학적 사유를 통해 인식하고 해결하고자 했다. 그가 성리학에서 양명학으로 사상적 전환을 한 것은 이러한 시대문제에 답하기 위한 전략이었다. 그러한 사상적 고민의 결실이 『왕양명실기』였다. 『왕양명실기』는 왕양명의 삶과 양명학의 진수를 소개한 글이지만, 양명학을 통해 당대의 문제를 해결하고자 했던 박은식의 문제의식도 생생하게 담고 있다.

박은식은 양명학의 양지良知 개념을 근간으로 근대 한국이 직면한 중층적인 문제들에 답했다. 양명학의 중심개념인 양지는 무엇이 올바른 일인지, 무엇을 해야 하는지 현명하게 판단하고 실천할 수 있는 능력을 말한다. 박은식은 양지의 근대적 구현인 '진아眞我'를 한국의 근대 주체로 상정했다. 진아란 사심私心, 사욕私欲, 사의私意와 같은 사적私的인 자아의식自我意識에 가려지지 않았기 때문에 사욕私慾과 물욕物慾이 없는 참된 인간 주체다. 진아는 도덕적 자율성을 본유本有하고 있기 때문에 외재적인 타율이나 형식을 행위의 준거로 삼지 않고, 주체가 처한 상황에 따라 무엇이 옳은 것인지를 명석하게 판단할 수 있다. 그러므로 양지에 비추어 보면 유학이념이 평등사회를 지향해야 한다는 비전을 제시할 수도 있었다. 특히 그는 유학적 지식이나 신분보다는 양지를 실현할 수 있는지 여부를 중요한 준거로 삼아 유학적 구습에 사로잡혀 새로운 사회를 전망하지 못하는 유림보다는, 비록 유학적 지식을 갖추지 못했더라도 올바름을 판단하고 실천할 수 있는 무문자無文者에 주목했다. 진아는 국권회복과 민족독립을 위해 자신을 기꺼이 희생할 수 있는 의지와 실천력을 가진 한국 근대의 주체였다.

1900년대 들어 한국 지식인들은 사회진화론을 이론적 근거로 하여 국권회복을 위한 자강운동을 전개했다. 적자생존과 약육강식 논리였던 사회진화론은 '경쟁'에 기초한 이론이었다. 특히 근대는 국가를 단위로 한 사회였으므로, 사회진화론을 수용한 자강론자들은 국가를 경쟁단위로 하여 세계를 인식했다. 박은식 또한 사회진화론을 수용했기 때문에 당시대를, 국가를 경쟁단위로 하는 국가 간 경쟁시대라고 파악하고, 우리도 그들(서구와 일본)처럼 강한 국가를 건설하여 국권을 회복하고자 했다. 일차적으로는 교육과 자본주의적 경제발전에 힘써야 한다고 보았다. 그러나 당시 사회진화론은 군국주의를 앞세운 야만적 침략행위를 정당화하는 이론이기도 했다. 박은식은 사회진화론적 경쟁원리를 부정하지는 않았지만, 경쟁논리에 맹목적으로 의존할 수는 없다고 판단했다. 그는 야만적 침략행위의 부당함과 경쟁의 공정성 문제, 그리고 서구의 앞선 과학기술이 군국주의의 도구로 전락한 문제 등에 대하여 고민했다.

박은식이 제시한 진아는 유학적 도덕의식에 기반하고 있다는 점에서 서구의 이성적 개인과는 다른 근대 주체였다. 진아는 타인, 사회, 국가 더 나아가서는 세계 전체와 관계 맺음을 하는 존재이지 결코 고립된 개인이 아니다. 그러므로 개인의 삶은 곧 국가적·민족적 삶이요, 세계적 지평에 선 삶이다. 그는 진아가 근대 한국사회의 주체가 될 때 한국은 일본제국주의의 침략으로부터 벗어날 수 있을 뿐만 아니라, 세계평화를 이루어나갈 세계적 구심점이 될 수 있다고 보았다. 개인(진아)에서 국가로, 국가에서 세계로 차원을 확대하여 인도人道와 평화平和를 실현해나가는 것(萬物一體之仁[만물일체지인])이 바로 유학의 방법적 차별애다. 그래서 박은식은 한국 민족의 당면과제를 강권의 제국주의를 이겨내고 평등주의를 실현하는 주체가 되는 것으로 설정했다. 주체가 해체되어버리고 나면 인도

人道와 평화平和를 실현할 수 있는 구심점이 없어져버리기 때문이다. 제국주의의 침략 한가운데에서, 제국주의 침략을 넘어서서 세계평화를 지향하면서도 민족의 모습을 잃어버리지 않았던 박은식 사상의 의의가 여기에 있다.

최근 학계는 유럽 중심주의 및 서구적 근대성에 대한 비판적 성찰을 통해 문명의 문명다움을 되묻고 있다. 새로운 미래를 열어갈 '문명다움'에 대한 해답을 제시한 것은 아니지만, 적어도 서구적 근대성만이 유일한 보편이념일 수 없다는 것에는 동의하고 있다. '문명의 문명다움'은 인종적 편견이나 근대적 인간중심주의에 기초해서는 불가능하다. 그러나 유럽 중심주의에 대한 비판이 또 다른 중심을 세워 폭력을 재생산해서는 안 된다. 또 삶을 주도하고 있는 과학기술이 결코 가치중립적이지 않다는 사실도 받아들여야 할 것이다. 그렇다면 '지금' 우리는 박은식의 사상을 어떻게 재음미할 수 있을까?

과학기술은 유럽의 '문명적 진보'를 확보해주는 주요한 수단이었으나, 군국주의 팽창의 도구이기도 했다. 박은식은 객관적 과학지식(見聞知[견문지])을 수용하지 않을 수 없지만 동시에 그것이 궁극적으로는 인간다운 삶을 위한 수단이 되어야 한다는 점에서, 견문지에 대한 덕성지적德性知的 성찰이 필요하다고 주장했다. 박은식이 과학기술적 문명이 인간다운 삶을 위한 수단 이상의 의미를 가질 수 없다는 측면을 양명학의 양지와 덕성지를 통해 통찰할 수 있었던 것은 서구적 근대에 대한 비판적 성찰이 선행되었기 때문이다.

진아는 도덕적 자율성을 본유한 주체로서 모든 존재와 관계 맺음하고 있는 존재다. 진아는 우리가 어떤 상황에 처해 있든지 현실을 직시하고 그에 따라 적절한 시비판단을 할 수 있는 진정한 인간 주체다. 박은식은 진아론을 통해 유학이 평화시대를 열어나가야 한다고 주장했다. 그의 진아론眞我論은 단순히 유학문명의 재건에 그치는 것이 아니라, 유학이 늘 시대와 함께 호흡하면서 시대적 문제를 고민하는 시대정신의 역할을 담당해야 한다고 역설力說하고 있다. 그렇다면 이 시대 '유학'은 무엇을 말해야 하는 것일까?

『朴殷植全書박은식전서』(단국대부설동양학연구소 편, 단국대학교출판부, 1999)는 국한문혼용체이고 현대어 완역본이 없기 때문에 읽기가 쉽지 않을 수 있다. 그러나 국한문혼용체의 맛을 음미하면서 읽을 만한 논설들이 많다. 「儒教求新論유교구신론」, 「物質改良論물질개량론」, 「大韓精神대한정신의 血書혈서」, 「自强能否자강능부의 問答문답」, 「學학의 眞理진리는 疑의로 좇아 求구하라」를 권한다. 번역서로는 『왕양명실기』(이종란 옮김, 한길사, 2010)가 주석 작업이 꼼꼼하고 읽기 수월하다.

박정심 | 부산대 · 한국철학

철학
61 / 행복의 추구

:: 『니코마코스 윤리학』, 아리스토텔레스

오늘날 많은 사람들이 행복을 추구한다. 그러나 '무엇이 행복인가'라는 질문에 쉽게 답할 수 있는 사람은 없다. 그럼에도 불구하고 무엇이 행복인지 알기라도 하는 듯이 무언가를 열심히 추구한다. 그런데 아리스토텔레스 Aristoteles, BC 384~BC 322의 윤리학은 행복(eudaimonia)의 윤리학이다. 그는 『니코마코스 윤리학』에서, 우리가 대부분 인정할 수 있는 몇 가지 단계를 거쳐서 자신의 체계를 건설한다. 우리의 모든 행위—학문적 추구, 정치·사회적이거나 개인적 행위, 직업 행위 모두는 '선善'을 추구한다. 물론 이 선이 참다운 의미에서는 선이 아닐 수도 있다. 즉, 행위자에게 그렇게 여겨졌을 뿐일 수도 있다. 그리고 이 선이 행위의 목적이라고 할 수 있다. 그런데 형식적으로 보았을 때 행위를 두 가지로 구분할 수 있다. ① 행위 이외에 또 다른 목적을 가지지 않고 그 자체가 선인 행위와 ② 행

> 일반적으로 말해서 모든 기술적 활동과 학문적 활동, 또한 모든 실천과 각각의 직업은 어떤 도달해야 할 선(善)을 목적으로 한다. _1, 1
>
> 일반대중뿐 아니라 탁월한 정신도 그것(인간의 최고선)을 행복(eudaimonia)이라고 일컫는다. 그리고 그들은 행복하다는 것이 기쁜 삶을 영위하고 그를 잘 간직하는 것과 같은 것이라고 생각한다. _1, 4
>
> 행복이란 내적인 탁월성/덕(arete)에 따르는 정신적인 활동이다. _1, 13
>
> 사람이 다른 모든 것들을 소유한다고 하더라도 아무도 우정이 없는 삶을 선택하고 싶어 하지 않는다. _8, 1

위와는 다른 목적을 가진 행위. 여기서 ②는 그 '다른 목적' 때문에 하게 되는 것이고 ①은 행위 그 자체 때문에 하게 된다. 이를테면 산책을 하러 공원에 간다면 ②공원에 가는 행위는 그 자체가 목적이 아니라 다른 목적, 즉 산책이 목적이다. 그리고 산책이 즐거워서 하는 사람에게는 ①산책이 그 자체로 목적이다.

이때에 이 두 행위, 공원에 가는 것과 산책하는 것은 각각 선이라고 할 수 있다. 즉, 스스로 선택한 행위다. 그런데 이 행위들은 계층적 질서를 가지고 있다. 산책하는 것은 공원에 가는 것보다 상위

행복의 추구

의 선이라고 할 수 있다. 그리고 이렇게 행위들과 목적들을 계층적으로 나누다 보면 일정한 위계질서를 발견할 수 있을 것이고, 또한 최상위에 있는 궁극적 목적이라는 개념을 생각해볼 수 있다. 물론 궁극적 목적이 하나일 수도 있고 여럿일 수도 있으나 그것은 그 자체 때문에 추구하게 되고 또 다른 어떤 것을 목적으로 하지 않는, 그러한 목적일 것이다. 우리의 예에서 산책이 정말 또 다른 목적을 지니지 않는다면 궁극적 목적이겠지만 아마도 건강해지기 위해서 산책을 하는 경우가 많을 것이다. 그렇다면 이것은 그 자체 때문에 하기도 하지만 또한 또 다른 목적을 위해서 한다. 그렇다면 그것이 공원에 가는 것보다는 상위의 선이지만 최상의 선은 아니다.

그런데 아무리 생각해도 또 다른 목적을 가지지 않는, 그 자체로 완전하게 충족되는 선이나 목적이 있을까? 아리스토텔레스는 그러한 선이 있다고 믿는다. 그것이 행복이다. 왜냐하면 행복보다 상위에 있는 목적이 있다고 믿기는 쉽지 않을 것이고, 행복하다면 다른 무엇이 부족하거나 없어도 좋을 것이기 때문이다. 또한 우리는 최고선인 행복으로부터 멀고 가까움에 의해서 우리가 하는 행위와 추구하는 것의 가치를 잴 수 있다. 행복에 가까울수록 가치 있는 행위다. 이렇게 해서 아리스토텔레스는 어떤 당위를 따로 설정하지 않고도 일정한 윤리학 체계를 세울 수 있게 되었다.

물론 이것으로 끝난 것이 아니다. 왜냐하면 행복을 정의하는 것이 너무 어려운 문제이기 때문이다. 오늘날에도 대다수의 사람들이 행복을 추구한다. 그런데 오늘날의 문제는 행복을 주관적이고 일시적인 감정과 동일시한다는 점이다. 그러나 이것은 아리스토텔레스의 행복이 아니다. 그가 생각하는 행복이란 '지속적으로 덕을 따르는 능동적인 삶' 자체다. 이때에 덕(arete)이란 도덕적인 의미도 있으나 일차적으로는 기능적인 의미로서 '탁월성'을 의미한다. 그러므로 덕을 따른 삶이란 탁월하게 사는 삶이다. 오늘날 쓰는 말로 하자면 '잘사는 삶', '웰빙'이라고 할 수 있을 것이다. 여기서 문제는 '잘(well)'의 의미상의 혼란이다. 흔히 부자로 사는 것, 건강하게 사는 것을 잘사는 것으로 여기지만, 이를 기능적으로 이해해보자는 것이 아리스토텔레스의 제안이다. 지속적으로 잘사는 것, 탁월하게 사는 것이 행복이다. 물론 건강하게 사는 것도 잘사는 것의 일부를 이루지만 그것은 일부분일 뿐이다. 직업 분야에서는 이 탁월성을 규정하기가 쉽다. 이를테면 장군의 탁월성은 승리에 있으며 구두장이의 탁월성은 좋은 구두를 만듦에 있다. 그런데 인간으로서의 탁월성은 무엇일까? 그는 인간으로서의 탁월성을 철학적 지혜나 실천적 지혜와 같은 ①지적인 탁월성과, 정의나 우정과 같은 ②도덕적인 탁월성으로 나눈다.

①지적인 탁월성은 가장 인간적인 기능인 이성과 사유의 탁월성이다. 이에 따르자면 지속적인 관조적 삶(vita contemplativa)이 행복이다. 그런데 관조적 삶이 가장 좋고 가장 신적인 삶이기는 하지만, 누구나 이 삶에 도달하거나 그것을 지속하기는 불가능하다. 그러므로 아리스토텔레스는 또 다른 탁월성을 말한다. ②도덕적인 탁월성이고 이것은 성품(hexis)의 탁월성이다. 탁월한 성품은 반복해서 실천함으로써 얻게 되는 좋은 습관(ethos)을 통해서 도달하게 되는데, 원칙적으로 누구라도 도달할 수 있다. 그렇다면 어떠한 성

품이 도덕적으로 탁월한가? 여기서 아리스토텔레스는 중용을 말한다. 이를테면 용기라는 탁월성은 단지 겁이 없는 것을 의미하는 것이 아니라, 겁이 너무 많지도 않고 너무 없지도 않은 상태, 즉 비겁과 만용의 중간이다. 이렇게 지속적으로 중용을 따라서 우리의 삶을 영위해나갈 때 우리는 성품의 덕을 이루게 되고 이렇게 지속적으로 사는 것이 행복이다.

그런데 『니코마코스 윤리학』에 대해서 또 하나 설명하고 싶은 것은 우정의 덕이다. 이는 단지 당위이기만 한 것이 아니라 우리가 기꺼이 추구하는 것이기도 하다. 왜냐하면 아무리 다른 것들이 다 갖추어졌다고 할지라도 우정이 없는 삶을 선택하고 싶은 사람은 없기 때문이다. 사람이 잘살고 싶어 하는 주요한 이유 중의 하나는 친구들에게 베풀고 싶기 때문이다. 또한 많은 것을 가진 사람은 자신이 가진 것을 지키기 위해서라도 친구들을 필요로 한다. 그러나 아리스토텔레스에게 우정은 단지 사적인 것만은 아니다. 왜냐하면 우정은 또한 국가를 공고히 하는 가장 중요한 요소들 중의 하나이기 때문이다. 그 때문에 통치자들은 시민들 사이에—심지어 정의보다도 더욱—우정이 생기도록 애를 쓰게 마련이다. 왜냐하면 국가를 제대로 유지하기 위해서 반드시 필요한 화합은 우정과 유사하기 때문이다. 우리는 이러한 우정의 관계로부터 정의보다 더욱 포괄적이고 더욱 강력한, 이웃 시민들에 대한 배려를 기대할 수 있을 것이다.

아리스토텔레스는 기원전 384년 오늘날 터키 땅 스타기라^{Stagira}에서 태어나 기원전 322년에 죽었다. 그의 대표적인 실천적 저술은 『니코마코스 윤리학』 이외에도 『정치학』 등이 있으며 이론적 저술들인 『자연학』과 『형이상학』을 비롯한 여러 논리학적 저술들이 있다.

좋은 번역으로는 이창우 등이 그리스 원문을 번역하고 이제이북스에서 출판한 『니코마코스 윤리학』(2006)이 원문에 충실할 뿐 아니라 읽기에도 좋아서 추천할 만하다. 또한 참고문헌으로는, 아리스토텔레스 철학 전반을 위해서는 W. D. 로스가 쓰고 김진성이 번역해서 누멘에서 출판한 『아리스토텔레스: 그의 저술과 사상에 관한 총설』(2011)과 J. L. 아크릴이 쓰고 한석환이 번역해서 서광사에서 출판한 『철학자 아리스토텔레스』(1992)를 들 수 있겠고, 특히 『니코마코스 윤리학』을 위해서는 크리스토퍼 원이 쓰고 김요한이 번역해서 서광사에서 출판한 『아리스토텔레스의 니코마코스 윤리학 입문』(2011)을 추천할 수 있겠다.

주광순 | 부산대 · 고대철학 및 상호문화철학

철학 62 / 인간 내면의 신비

::『고백록』, 아우구스티누스

고대 그리스 철학에서와 마찬가지로 아우구스티누스에게도 행복을 추구하는 것은 매우 중요한 작업 중의 하나였다. 그런데 오늘날 많은 종교인들이 행복해지려고 드리는 기도는 대체로 어떤 것일까? 대학입시, 승진, 건강, 성공, 명예? 그렇지만 참다운 종교인이라면 이것들과는 다른 차원의 무엇을 구해야 하지 않을까? 아우구스티누스는 사람이 물질 없이 살아갈 수는 없지만, 진정한 행복을 얻기 위해서는 그것들만으로는 불충분하다는 사실을 잘 알고 있었다.

아우구스티누스는 북아프리카에서 평범한 공무원의 아들로 태어났다. 그의 부모는 그를 잘 교육시켜서 상류사회로 진입시키려고 했다. 그는 처음에는 고향에서, 그 뒤에 북아프리카의 중심도시인 카르타고에서 웅변술 교사로 성공했다. 훗날에는 제국의 수도

> 당신은 우리를 당신을 향해서/위해서 창조했습니다. 우리의 심장이 당신 안에서 쉼을 얻기까지는 쉼을 얻을 수 없습니다. _1, 1
>
> 내가 훔치기를 원했고 훔친 것은 곤경이나 결핍 때문이 아니었다. 정의를 반대해서 그랬으며 불의에 대한 욕구에서 했던 것이다. _2 4
>
> 시간이란 도대체 무엇인가? 만약에 그에 대해서 아무도 묻지 않는다면 나는 시간을 안다. 그러나 어떤 질문자에게 내가 대답하려고 한다면 나는 시간을 모른다. _11, 14

인 로마에서, 그리고 나서는 서로마 제국의 새로운 수도인 밀라노에서 활약했다. 그는 성공가도를 달렸다. 그러나 거기에 만족하지 못하고 내면적으로 갈등을 겪었다. 그러던 중 밀라노에서 주교 암브로시우스를 만나 회심하여 이전의 소원을 모두 포기하고 철저히 종교에 헌신하는 삶으로 전환했다. 이러한 삶의 궤적과 그가 발견한 신의 은총을 기록한 책이 바로 『고백록』이다.

『고백록』은 이처럼 전기적 요소가 많은 부분을 차지하고 있어서 다른 딱딱한 철학책들보다는 읽기에 편하고 흥미롭다. 때문에 문학적 흥미만으로도 『고백록』을 추천할 수 있다. 그러나 이러한 인상을 통해서 이 책을 판단하는 것은 오해를 낳고 저자의 의도를 간과하게 만든다. 그래서 우선 흔히 발견하게 되는 두 가지 오해를 먼저 제거하고자 한다. 어떤 이들은 『고백록』을 '참회록'이라고 번역하기도 하지만, 이는 좋은 번역이 아니다. 왜냐하면 아우구스티누스는 이 책에서 단순히 자신의 죄목을 나열하는 것이 아니라, 적극적으로 신을 찬양하고 있기 때문이다. 그리고 이 책이 루소의 『고백록』, 톨스토이의 『고백록』과 함께 3대 '고백록'으로 여겨지고 있지만, 아우구스티누스의 『고백록』은 일차적으로 신의 은총을 찬양한다는 목적을 지니므로, 단순히 자신의 삶을 지성적으로 되돌아보는 작품이라고 치부하는 것도 저자의 원래 의도를 외면하는 표피적인 이해에 불과하다.

아우구스티누스가 40대에 4년이나 걸려서 저술한 『고백록』은 13권으로 되어 있는데, 학자들은 흔히 크게 세 부분으로 나눈다. 첫 부분인 1권에서 9권까지는 유년기를 거쳐 성장기와 청년기를 그리고 있는데, 8권에 이르러 32세의 회심과 그 뒤의 종교적 생활을 묘사하는 자전적인 서술로 채우고 있고, 둘째 부분인 10권은 현재 느끼는 신의 은총에 대한 감사를 묘사하면서 셋째 부분으로 이어간다. 그리고 세 번째 부분인 11권에서 13권까지는 성경 창세기 1장을 해석한다. 이렇게 전기적인 부분과 신의 은총에 대한 감사, 창세기 해석으로 이루어진 구성은 이 세 부분들 간의 관계가 그렇게 밀접하지 않다는 인상을 줄 수도 있다. 그러나 첫 부분에 나오는 2권의 배나무로 상징되는 타락과 죄악, 그리고 8권의 무화과나무로 상징되는 회심과 신의 은총이 나머지 두 부분에서도 중심축을 이루고 있다는 점을 관찰한다면 그러한 오해는 불식될 수 있다.

첫 부분과 둘째 부분의 개인적 요소가 단지 아우구스티누스 개인의 것이라기보다는 인간의 일반적인 상태의 한 예로 이해한다면, 셋째 부분에서 등장하는 기억과 시간과 은총이라는 테마를 중심으로 창세기를 해석하는 것과 잘 어울린다는 것을 알 수 있기 때문이다.

아우구스티누스의 『고백록』이 신앙서적이면서도 일반적으로 '고전'이라고 불리는 이유는 그 속에 인간에 대한 심원한 통찰이 담겨 있기 때문이다. 아우구스티누스가 제시하는 인간, 기억, 시간, 영원 등을 주제로 한 인간 내면에 대한 사색은 당대의 다른 사상가들과 비교해볼 때 대단히 현대적이었다. 당시는 불확실성과 불안의 시대였기에 많은 철학자들이 행복에 관해서 물었다. 그리고 당대를 풍미하던 에피쿠로스나 스토아학파 철학자들은 고대 그리스의 전통을 이어서 합리성의 원천인 이성이 감정, 욕구, 충동과 같은 요소들을 제어함으로써 행복해질 수 있다고 주장했다. 그러나 아우구스티누스가 보기에 이는 지나친 낙관론이었다. 인간 내면의 부정적인 측면이나 세계의 악을 간과한 것이다. 예컨대 그 스스로가 체험한 것처럼 10대의 소년이 도둑질하는 것은 단순히 배가 고파서가 아니라, 오히려 법이 금지한 것을 위반하는 데서 오는 즐거움 때문이다. 그는 인간이 근본적인 두 충동, 즉 선하고자 하는 마음과 악하고자 하는 마음의 갈등 속에 끼어서 괴로워하고 있으며 이성은 악에 대항하는 데에 충분하지 못하다는 사실을 배웠다. 그래서 기독교의 현실주의는 이성적 인식 그 이상을 추구하도록 요구한다. 그리고 그가 회심하기 이전에 한 개인적 경험이 이를 잘 보여준다.

그는 이성적 진리를 얻고자 대단히 노력했지만 더욱 커지는 갈증과 조금씩 깨우친 진리로 인한 교만밖에는 얻은 것이 없었다. 왜냐하면 이성은 선과 악을 분별해주지만 마음을 움직일 수 없어서 도덕적 악을 극복할 능력이 없기 때문이다. 그러나 신의 빛이야말로 우리의 마음을 이런 갈등으로부터 벗어나 선으로 향하게 해준다. 그러므로 아우구스티누스는 회심 후 신 안에서야 비로소 갈망과 갈등이 해소되고 마음의 평화를 누리게 되었다. 또한 신에게로 향함은 단지 지성적 작업이 아니라, 마음 전체의 일이었다. 따라서 그는 감성 혹은 충동 등을 이성에 대립시키지 않았다. 오히려 신에 대한 사랑(caritas) 개념을 이용하여 이성을 넘어서는 ─ 그리스 철학에서는 결코 긍정적으로 묘사하지 않는 욕구 ─ 독특한 열망을 표현했다.

아우구스티누스는 이러한 신학적이고 철학적인 통찰력을 셋째 부분에서 '기억', '시간', '영원' 등의 개념을 통해서 체계적으로 발전시킨다. 기억은 우리의 경험을 통해 얻은 것들을 보관하고 이를 적절히 활용해서 지식을 얻게 하는 원천이다. 하지만 기억에는 경험을 넘어서서 인간 스스로도 인지하지 못하는 신비한 영역이 있다. 다시 말해서 기억이란 신의 음성이 우리를 두드릴 때 우리 내면에 잠재되어 있는 신의 형상(imago Dei)을 표출하는 일종의 지식 생성기관이다. 그러므로 아우구스티누스에게 있어 기억이란 과거의 일을 저장한다는 의미에서의 단순한 창고가 아니라, 숨겨진 진정한 나 자신이기도 하다.

더 나아가서 기억은 시간과 영원에 연결되어 있다. 일차적으로 나의 기억은 시간의 물결에 휩쓸려서 죄악에 물들어 있고 우리의 의지를 움직여 죄를 짓게 한다. 이때에 시간이란 죄를 짓게 되는 인간의 실존적 상황이다. 아우구스티누스에게 시간이란 흔히 시계가 가리키는 객관적 시간을 의미하지 않는다. 시간이란 우리 마음이 재는 것이다. 현재를 중심으로 할 때 과거는 이미 무無로 흘러가 버린 시간이고 미래는 아직 오지 않은 시간이다. 과거란 우리의 회고 속에 존재하고 미래란 우리의 전망 속에 있다. 다만 현재만을 우리가 직관하며 그것만이 우리에게 현존한다. 그러나 이 현재는 지속되지 않는다. 왜냐하면 만약에 현재가 항상 현존할 수 있다면, 그것은 더 이상 시간이 아니라 영원이 될 것이기 때문이다. 이렇게 시간은 끊임없이 비존재로 흘러가고 말 뿐 영원의 언덕으로 올라가지 못한다. 그러므로 우리 마음은 시간 속에 갇혀서 시간을 재지만, 또 한편 영원을 갈망하기도 한다. 그러므로 기독교에서 말하는 회심이란 어떤 의미에서 무상한 시간을 초월해서 신의 영원을 향하는 것이다. 이때 영원은 시간의 무한한 지속이 아니라, 지속적인 현재이자 시간의 초월이다. 그리고 신의 영원한 현존이 시간 세계를 지속시켜준다. 그에 반해서 죄악이란 영혼이 흘러가버리고 마는 시간의 세계에 사로잡혀 있음이다.

아우구스티누스는 354년에 북아프리카의 소도시 타가스테에서 태어나서 430년에 죽었다. 그의 주요 작품은 『고백록』 이외에도 『신의 도성』, 『삼위일체론』, 『행복론』, 『독백록(Soliloquia)』, 『교사론』, 『신앙요리교육론(De catechizandis rudibus)』, 『재고록

(Retractationes)』 등이 있다. 그리고 좋은 번역으로는 원성현과 조용석이 번역하고 두란노 아카데미에서 펴낸 『기독교 고전총서』 6권(2011)에 수록한 것을 추천할 만하다. 또한 참고문헌으로는 에티엔느 질송이 저술하고 김태규가 번역해서 성균관대학교출판부에서 출판한 『아우구스티누스 사상의 이해』(2010)와 게리 윌스가 저술해서 안인희가 번역하고 푸른숲에서 출판한 『성 아우구스티누스』(2005)를 들 수 있겠다.

주광순 | 부산대 · 고대철학,상호문화철학

철학

63 / 우리는 어떻게
살아야 하는가?

::『방법서설』, 데카르트

　우리는 어떻게 살아야 하는가? 우리 모두는 바람직한 삶을 살고자 하는 뜻을 가지고 있다. 이 뜻을 펼칠 수 있는 길을 우리는 프랑스 철학자 데카르트Rene Descartes, 1596~1650의 『방법서설』에서 찾을 수 있을 것이다.

　이 글에서 예비 독자들이 읽도록 권유하려는 『방법서설』의 원래 제목은 '이성을 잘 인도하고, 학문에 있어 진리를 탐구하기 위한 방법서설'이다. 이 책을 쓴 데카르트의 의도는 "이성을 인도하기 위해 각자가 따라야 할 방법을 가르치는 것이 아니라, 단지 내 이성을 인도하기 위해 내 자신이 어떻게 했는지를 보여주는 것"이다. 그러므로 예비 독자들은 『방법서설』을 읽으면서 데카르트의 추종자가 아니라 심판자 역할을 맡아야 할 것이다.

　서양 철학사에서 데카르트는 서양 근대철학의 선구자로 평가되

> Discours de la methode pour bien conduire sa raison, et chercher la verite dans les sciences.
>
> 왜냐하면 좋은 정신을 지니는 것만으로는 충분치 않으며, 그것을 잘 사용하는 것이 더 중요하기 때문이다. 위대한 영혼의 소유자는 엄청난 덕행을 할 수 있는 반면에 엄청난 악행도 할 수 있으며, 천천히 걷되 곧 은길을 따라가는 사람은 뛰어가되 곧은길을 벗어나는 사람보다 훨씬 더 먼저 갈 수 있는 것이다.
>
> _『방법서설』(이현복 옮김, 문예출판사, 1997) 중에서

고 있다.

서양 근대철학의 특징은 인간을 문제해결의 실마리로 삼은 것이다. 인간이 문제해결의 실마리가 된다는 것은 또한 인간이 문제해결의 주도자가 된다는 것을 의미한다. 서양 근대철학은 인간의 자유와 권리를 인간에게서 확인하려는 획기적인 시도다. 그런데 이와 같은 야심에 찬 기획이 성공적으로 완수되었는가에 대한 평가는 부정적이다. 하지만 데카르트를 비롯한 서양 근대철학자들의 입장과 태도는 우리가 안고 있는 문제들을 풀기 위해 아직도 여전히 유효할 수 있다. 이를테면, 데카르트의 『방법서설』을 읽은 독자들이 데카르트의 입장과 태도를 스스로 이해하고 해석할 수 있을 때 그러할 것이다.

바람직한 삶을 살기 위해 "우리는 '곧은길'을 따라가야 한다."는

것이 데카르트가 『방법서설』에서 독자들에게 제안하고자 했던 바다. 『방법서설』에서 데카르트는 '자기 자신' 속에서 또는 '세상이라는 커다란 책' 속에서 '자연의 빛'으로 학문을 발견하기 위해 자신이 걸었던 오솔길을 보여주려 한다. 이 오솔길에서 데카르트가 발견한 '곧은길'은 우리가 바람직한 삶을 살기 위해 따라가고 있거나 따라가야 하는 여러 가지 곧은길들 가운데 하나일 수 있다. 다시 말해, 바람직한 삶을 살고 싶어 하는 만큼 우리는 모두 그 길을 찾으려 하며, 이럭저럭 나름대로 찾아낸 길을 따라가면서 시행착오를 겪고, 그때마다 새로운 길이나 다른 길을 찾아 따라가고 있다.

데카르트가 『방법서설』에서 독자들에게 보여주려 했던 것은 확실한 지식이 담긴 학문을 발견하는 방법이다. 확실한 지식이 담긴 학문은 바람직한 삶을 위해 필요한 것이며, 확실한 지식이 담긴 학문을 발견하는 방법들 가운데 하나로 데카르트는 『방법서설』에서 오솔길을 거쳐 찾은 '곧은길'을 제안했다. 데카르트의 곧은길은 현실을 곧바로 보는 방법이다. 우리가 삶 속에서 겪는 여러 가지 어려움들은 현실을 곧바로 보지 못하는 데에서부터 비롯한다. 우리가 현실이라고 생각하는 것과 우리가 살고 있는 현실은 다를 수도 있다는 것을 놓치게 될 때, 우리는 바람직한 삶을 사는 데에 어려움을 겪게 된다. 이와 같은 어려움을 피하기 위한 길잡이가 현실에 대한 확실한 지식이 담긴 학문이다.

학문의 곧은길을 제안하는 『방법서설』에서 "우리는 어떻게 살아야 하는가?"라는 물음에 대한 답을 예비 독자들이 찾도록 권유하는 이 글이 생뚱맞게 보인다면, 일상적인 삶과 학문이 맺고 있는 관계를 되새겨보도록 하자. 일상적인 삶 속에서 우리는 여러 가지 어려움들을 겪으면서 그때마다 물음을 던지게 된다. 우리는 이 물음에 대한 답을 찾으려 하며, 나름대로의 답을 찾기도 하지만, 이 답의 확실성에 관해서 우리는 확신을 갖지 못한다. 그 까닭은 확실성을 검토할 수 있는 뚜렷한 근거를 우리 스스로 찾아내지 못하기 때문이다. 이와 같은 어려움을 전문적이고 체계적이며 근원적으로 해결하려고 노력하는 학문의 곧은길은 우리가 일상적인 삶 속에서 따라가야 하는 곧은길일 수 있다.

『방법서설』에서 데카르트가 보여주는, 세상이라는 커다란 책 속에서 확실한 지식이 담긴 학문을 발견하기 위해 그가 걸었던 오솔길은 우리에게 그리 낯선 길은 아니다. 일상적인 삶 속에서든 학문적인 삶 속에서든 우리는 이미 얻은 지식의 확실성에 대해 의심하는 가운데 발견한 오류를 바로잡아 확신에 이르고자 한다. 다만 데카르트와 우리가 서로 다른 점은 철저한 의심의 태도일 것이다. 조금이라도 의심의 여지가 있는 것을 그대로 받아들이지 않으려는 태도는 오만일 수도 있으나 겸손일 수도 있다. 지식의 확실성을 검토할 수 있는 근거를 찾기 위한 데카르트의 철저한 의심은 과거를 무시하는 오만이 아니라 미래를 개척하려는 겸손이며, 그래서 파괴적인 의심이 아니라 생산적인 의심 곧 방법적 의심이다.

오솔길에서 방법적인 철저한 의심을 통해 데카르트가 도달한 곧은길의 출발점은 "나는 생각한다. 그러므로 나는 존재한다."라는 명제의 확실성이다. 이 명제는 '생각하는 나'가 아니라 '존재하는 나'에 초점을 맞추고 있다. 다시 말해, "존재하기 위해서는 나는 생각해야 한다."가 아니라 "생각하기 위해서는 나는 존재해야 한다."라는, 어느 누구도 의심하거나 부정할 수 없는 명석하고 판명한 인식의 명증성에서 데카르트는 "나는 생각한다. 그러므로 나는 존재한다."라는 명제의 확실성에 대한 근거를 찾았다. 이와 같은 인식의 명증성은 데카르트의 철저한 방법적인 의심의 결과다. 우리가 『방법서설』에서 눈여겨보아야 할 것은 데카르트의 철저한 방법적인 의심의 태도다.

누구나 할 수 있지만 아무나 하지 않는 것이, 일상적인 삶이나 학문적인 활동에서 이미 주어져 있는 지식들의 확실성에 대해 검토하는 일이다. 우리 모두는 바람직한 삶을 살고자 하며, 바람직한 삶을 살기 위해서는 현실을 곧바로 보는 것이 필요하다. 현실을 곧바로 보기 위해서는 데카르트의 방법적인 철저한 의심이 필요하다. 그런데 데카르트의 방법적 의심은 전혀 새삼스러운 것이 아니다. 우리는 살아가면서 끊임없이 회의하며, 선택하고 결단하여 실행한다. 다만 현실을 곧바로 보기 위해서는 철저한 의심을 거쳐 자기 확신에 도달해야 한다. 그 확실성에 대해 우리가 더 이상 의심할 수 없는 것을 근거로 삼을 때 우리는 현실을 곧바로 보기 위한 자기 확신에 이르게 된다.

현실을 곧바로 보는 자기 확신의 대가로 우리는 견디기 어려운 고독을 받아들여야 한다. 고독의 다른 이름은 자유이며, 자유는 인간만이 누릴 수 있는 권리다. 다만 이 권리를 제대로 누리지 못할 때 자유는 고독이다. 데카르트는 『방법서설』에서 자유의 날개로 날 수 있는 4개의 규칙들을 제시하고 있다. 이 규칙들도 실은 우리에게 그다지 낯선 것들은 아니며, 우리가 일상적인 삶 속에서 겪는 어려움을 벗어나기 위해 가끔씩은 느슨하게 이럭저럭 사용하던 것들이다. 다만 첫 번째 규칙인 "명증적으로 참이라고 인식한 것 외에는 그 어떤 것도 참된 것으로 받아들이지 말 것"만이 데카르트의 방법적인 철저한 의심에 따른 확실성의 근거인 명증성에 의거하고 있다.

데카르트의 『방법서설』에서 독자가 무엇을 얻을 수 있는가는 오로지 독자의 입장과 태도에 달려 있다. 모든 독서가 실은 그러하지만, 저자인 데카르트는 특히 『방법서설』을 독자들에게 방법적인 철저한 의심의 대상으로 삼기를 권유하는 것으로 보이며, 바람직한 삶을 살기 위해서 독자들은 또한 마땅히 그렇게 해야만 할 것이다.

『방법서설』에는 데카르트가 살았던 시대와 지역의 한계, 그리고 데카르트 개인의 한계가 엿보이는 내용들이 포함되어 있다. 이와 같은 내용들에 대해서는 예비 독자들이 충분히 가려서 읽을 수 있을 것으로 보인다. 또한 철학사에서 논란이 되고 있는 데카르트의 철학적 주장에 대해서도 속단과 편견에 휘둘리지 않고 차근차근 따져보는 여유를 예비 독자들은 가져야 할 것이다.

『방법서설』의 번역본은 여러 가지가 있지만, 이현복 교수가 번역하고 문예출판사가 출판한 것이나, 최명관 교수가 번역하고 창에서 출판한 『데카르트 연구』(2010)를 예비 독자들에게 권장하고 싶다. 왜냐하면 이 번역본들에는 『방법서설』과 연관이 있는 『정신지도를 위한 규칙들』과 『제일철학에 대한 성찰』이 각각 함께 실려 있어서 『방법서설』을 읽은 독자들의 데카르트 철학에 대한 호기심에 이바지할 수 있을 것으로 보이기 때문이다. 이종훈 교수가 편역하고 이담Books가 출판한 『데카르트의 삶과 진리추구』는 예비 독자들에게 『방법서설』을 읽는 길잡이 역할을 한다. 각 부분이 시작될 때 내용을 요약하고, 마칠 때 생각해볼 거리를 제시하며, 책의 끝부분에 토론해볼 거리를 제안하고 있다.

손영삼 | 부산대 · 현상학

철학
64

인간은 자유롭기에 도덕적일 수 있으며 도덕적이기에 존엄하다

:: 『윤리형이상학 정초』, 칸트

　칸트는 근대 계몽주의를 완성했으며, 그 자신은 관념론에 대해 비판적인 거리를 유지하면서도 독일 관념론의 단초를 마련한 대표적인 18세기의 철학자다. 철학의 궁극적인 과제는 바로 우리 자신에 대한 인식과 해명, 즉 '인간은 무엇인가?'라는 물음에 대한 답변을 얻는 것이고, 그 답을 얻기 위해서는 좀 더 구체적으로 '①나는 무엇을 알 수 있는가?', '②나는 무엇을 해야 하는가?', '③나는 무엇을 바라도 좋은가?'라는 세 가지 물음이 선결되어야 한다고 그는 보았다. 인식론과 관련된 첫 번째 물음을 그는 자신의 3대 비판서 중 하나인 『순수이성비판』에서 다루고, 윤리학으로 귀착되는 두 번째 물음은 『실천이성비판』의 주제가 되며, 종교와 역사로 이어지는 세 번째 물음에 대한 답변은 『판단력비판』에서 그 원리가 마련된다. 윤리학과 관련된 칸트의 저작은 『실천이성비판』이외에도 『윤

> 그러므로 정언 명법은 유일한 것일 수밖에 없는데, 그것은 바로 '너의 준칙이 보편적 법칙이 되도록 네가 동시에 의욕할 수 있는 그러한 준칙에 따라서만 행위하라.'는 것이다.
> _『윤리형이상학 정초』, B 52

> 도덕성만이 이성적 존재자가 목적 자체가 될 수 있는 조건이다. 이 도덕성에 의해서만 목적의 왕국에서 법칙을 수립하는 성원이 될 수 있기 때문이다. 그러므로 윤리성과 윤리적 능력이 있는 한의 인간성만이 존엄성을 가진다.
> _『윤리형이상학 정초』, B 77

> 그렇다면 도대체 자율, 즉 자기 자신에게 법칙일 수 있는 의지의 성질 이외에 무엇이 의지의 자유일 수 있겠는가? 그런데 의지가 모든 행위에서 그 자신에게 법칙이 된다는 명제는 자기 자신을 보편적 법칙으로서 대상으로 삼을 수 있는 준칙 이외의 다른 준칙에 따라서는 행위하지 않는다는 원리를 나타낼 뿐이다. 그런데 이것이 바로 정언 명법의 정식이고 윤리성의 원리이다. 그러므로 자유 의지와 도덕 법칙 아래에 있는 의지는 동일한 것이다.
> _『윤리형이상학 정초』, B 98

리형이상학 정초』와 『윤리형이상학』 같은 저서들 그리고 「자연신학과 도덕의 근본 명제들의 명확성에 관하여」라든가 「이론적으로는 옳으나 실천에는 적합하지 않다는 속설에 관하여」 같은 몇 편의 소논문들이 있다.

『윤리형이상학 정초』는 칸트가 『순수이성비판』을 완성하고 나서 『실천이성비판』을 집필하기 이전의 그 중간 기간에 앞으로 나올 『실천이성비판』으로 독자들을 인도하고 도덕 원리의 학문적 정초에 대한 이해를 돕기 위해 일종의 대중적 입문서로 출간한 저서다. 또한 그것은 칸트의 생전 마지막 저작이 되는 『윤리형이상학』을 위한 예비적 기초 작업이기도 하다. 물론 『실천이성비판』이나 『윤리형이상학』이 칸트의 윤리사상을 가장 체계적으로 서술한 본격적인 윤리학 저서들이긴 하지만, 전문 연구자들조차 그 두 저서보다는 오히려 『윤리형이상학 정초』를 토대로 칸트의 도덕철학을 해설하는 경우가 많다. 그 까닭은 칸트 도덕철학의 핵심 사상이 그리 많지 않은 분량의 『윤리형이상학 정초』에서는 복잡한 체계 논리에 크게 구애받지 않고 보다 더 생동감 있고 간결하게 집약되어 제시되고 있기 때문이다. 이 저서의 본래 제목은 'Grundlegung zur Metaphysik der Sitten'인데 칸트 자신의 애매한 언어 사용 그리고 학계 내에서 충분히 합의된 번역어의 부재 때문에 '윤리형이상학 정초', '도덕 형이상학 정초', '도덕 형이상학을 위한 기초 놓기', '도덕철학 서론' 등 다양한 이름으로 번역되고 있다.

칸트의 도덕철학은 통상 '의무론적 윤리학' 또는 '형식주의 윤리학'으로 지칭되면서 원리상 이와 대조적인 특징을 지니고 있는 공리주의나 사회계약론 등과 더불어 서구의 근대 윤리학에서 가장 영향력 있는 이론 중의 하나로 평가받는다. 칸트는 자신의 도덕철학이 그 이전의 서구 윤리학의 전통과 급격한 단절을 이룬 급진적인 성격을 지니고 있다는 사실을 자각하고 있었으며 또 이를 자랑스럽게 여겼다. 그는 그 이전의 모든 윤리학이 행복이나 쾌락, 신의 명령, 최대 다수의 최대 행복 등과 같은 도덕 외부에 있는 가치에 의존하곤 했기 때문에 근본적으로 잘못된 원리와 전제 위에 서 있었으며, 자신이 이제 새롭게 수립한 도덕 원리와 그 학문적 정초 방식만이 유일하게 타당한 것이라고 자부했다.

그의 윤리학은, 도덕 원리란 모름지기 의지의 자유를 최종 근거로 삼으면서도 보편타당성과 필연성을 지녀야 한다는 신념에서 출발한다. 그리고 '정언 명법'이라는 도덕 법칙의 선험적 정초를 통해 윤리학의 일관성과 자족성을 확보하려고 노력한다. 한편으로 칸트의 도덕철학은 선善, 좋음과 도덕적 옳음을 논리적으로 분리시키고 관습과 인격보다는 행위에 초점을 맞추고서 그 옳음을 판단할 수 있는 보편적 법칙을 찾으려고 시도한다는 점에서 여타의 근대 규범 윤리학들과 공통점을 지니고 있다. 그러나 다른 한편 어떤 행위의 옳고 그름의 기준을 그 행위가 따르는 규칙 안에서 내재적으로 확립하고 도덕적 행위의 동기를 오직 도덕 법칙에 대한 존경심에 두고 있기 때문에 그의 윤리학은 '의무론'으로서의 변별적 특징을 지닌다. 또한 그가 제시하는 도덕 법칙이 모든 내용을 의도적으로 배제한 채 그 어떤 구체적인 행위 지침도 제공해주지 않지만 그 대신 어떤 행위의 옳고 그름을 검토하고 판단할 수 있는 형식 기준을 제공한다는 점에서 '형식주의적'이다.

"도덕성의 최고 원리를 찾아서 확정하는 것"을 목표로 삼는 『윤리형이상학 정초』는 짧은 머리말을 제외하고 모두 세 부분으로 구성되어 있다. 제1장의 제목은 '평범한 윤리적 이성 인식에서 철학적인 윤리적 이성 인식으로의 이행'이고, 제2장은 '대중적인 윤리적 세계 지혜에서 윤리 형이상학으로의 이행', 제3장은 '윤리 형이상학에서 순수 실천이성 비판으로의 이행'이다. 이런 제목의 목차와 구성에서 이미 이 저서의 목적 그리고 『실천이성비판』 및 『윤리형이상학』과의 연관성을 충분히 짐작할 수 있다.

제1장에서 칸트는 보통 사람들이 일상적으로 가지고 있는 도덕적 의식과 관념을 출발점으로 삼고 이를 분석하여 그런 일상적 도덕 인식 속에 함축되어 있는 철학적 전제들을 명료화한다. 우리는 모두 도덕에 관해 생각할 때 선한 의지만이 절대적으로 선하다는 명제에 동의하는데, 이런 선의지의 개념은 '~을 해야 한다'는 의무 개념을 내포하고 있고 의무에 따른 행위가 절대적인 도덕 가치를 가지려면 일체의 경험적 경향성을 제거하고 오직 그것이 의무이기 때문에 행한 것이어야 한다는 점을 깨닫게 된다는 것이다. 칸트에 따르면 어떤 행위가 도덕적 행위가 되기 위해서는 우선 도덕 법칙에 부합해야 하지만 그것만으로는 불충분하다. 더 나아가 그 행위의 동기가 순수하게 "법칙에 대한 존경심"에 있어야만 한다. 이런 이유에서 그는 '도덕성'과 '합법성'을 엄격하게 구분한다.

제2장에서는 이런 조건을 충족시키는 유일한 도덕 법칙은 '정언 명법'일 수밖에 없음을 가언 명법과 비교하면서 설명한 후에 정

언 명법의 세 가지 정식을 제시하고 또 그것이 어떻게 구체적인 도덕 판단에 적용될 수 있는지를 예시한다. 정언 명법이란 모든 상황에서 모든 이성적 존재자에 대해 절대적 구속력을 갖는 도덕적 명령을 말한다. 반면에 기술적 지침이나 처세술 또는 목적론적 윤리학에서의 권고나 명령은 모두 가언 명법의 형식을 가지고 있다. 그런데 오직 정언 명법만이 도덕 법칙이 요구하는 보편타당성과 필연성을 담보해줄 수 있다. 칸트가 제시한 정언 명법의 여러 정식들 가운데 459페이지에 인용한 '기본 법칙' 이외에 자기 목적적 존재로서의 인간에 대한 존중 사상을 담고 있는 다음과 같은 "실천 명령"도 중요하다. "너 자신의 인격에서나 다른 모든 사람의 인격에서나 인간성을 결코 단지 수단으로만 사용하지 말고 항상 동시에 목적으로 사용하도록 행위하라." 이 정언 명법은 '목적의 왕국'이라는 칸트의 이상理想으로 이어진다. 그리고 이 장의 마지막 부분에서는 정언 명법의 존재 근거로서 의지의 자유가 요청된다.

제3장에서 칸트는 도덕 법칙이 실재하는 근거와 구속력을 지니는 조건이 무엇인지를 종합적으로 검토한다. 이를 위해 그는 자유 개념을 상세하게 논하는데, 우선 자유를 자연 필연성 또는 타율과 대비한 후에 비종속성이나 자발성을 뜻하는 부정적·소극적 자유와 자율을 뜻하는 긍정적·적극적 자유를 구분한다. 자율이란 스스로 만든 법에 스스로 복종하는 것, 즉 이성적 자기 입법을 말한다. 칸트에 따르면 오직 자율로 이해된 자유만이 진정한 의지의 자유이자 도덕 법칙의 최고 원리다. 그런데 이런 자유는 모든 이성적 존재자의 고유한 특성으로 전제되어야 한다고 그는 강조한다. 그

리고 마지막으로 도덕 법칙이 실질적인 구속력을 지닐 수 있기 위해서는 우리에게 도덕 법칙을 따르고자 하는 '도덕적 관심'이 필요한데, 우리가 그런 관심을 가질 수 있는 이유는 우리가 단지 자연의 사물들처럼 '감성계'에만 속하지 않고 또한 동시에 자유롭고 이성적인 존재자로서 '예지계'에도 속하기 때문이라고 밝힌다. 이렇게 칸트에게 자유와 도덕 법칙과 인격의 존엄성은 윤리 형이상학의 최고 원리들로서 서로 긴밀하게 결합되어 있다.

추천하는 번역서로는 최재희가 옮기고 박영사가 펴낸 『실천이성비판』에 포함된 「도덕철학서론」(1975)과 이원봉이 옮긴 『도덕 형이상학을 위한 기초 놓기』(책세상, 2002), 백종현이 옮긴 『윤리형이상학 정초』(아카넷, 2005)가 있다. 제각각 다른 이름으로 번역되었지만 같은 책을 우리말로 옮긴 것이다. 그리고 연관된 도서로는 『실천이성비판』(최재희 옮김, 박영사, 1975)과 『윤리형이상학』(백종현 옮김, 아카넷, 2012)을 추천한다.

김준수 | 부산대 · 윤리학

철학 65 / 개인의 자유에 바탕을 둔
근대적 인륜 공동체

::『법철학』, 헤겔

　『법철학』은 독일 관념론의 정점을 이루는 헤겔이 자신의 손으로 출판한 마지막 저서인데, 여기에는 후기 헤겔의 완숙한 실천철학이 집대성되어 있다. 헤겔의 방대한 철학 체계에서 『법철학』이 지니는 중요성은 그 어떤 다른 부분도 능가한다. 첫째로 헤겔 철학의 발전사라는 측면에서 실천철학은 늘 그의 사상 중심에 자리 잡고 있었다. 청년 시기 헤겔의 사상은 격동의 혁명기인 당대가 던진 실천적인 문제들에 대한 고심과 숙고 속에서 형성되었으며 그의 이론철학은 바로 이런 실천적인 문제들을 파악하고 해결하기 위해 학문적으로 모색하면서 발전하기 시작했다. 둘째로 영향과 수용의 역사라는 관점에서도 『법철학』은 헤겔의 다른 어떤 저서와도 비교할 수 없는 넓고 깊은 흔적을 남겼다. 출판 직후부터 현재에 이르기까지 이 저서는 극도로 치열한 대립적 논쟁을 야기했으며, 또 그

> 법의 지반은 무릇 정신적인 것이며, 또한 그것의 좀 더 엄밀한 위치와 출발점은 자유로운 의지이다. 이 자유야말로 법의 실체와 규정을 이루며, 법의 체계는 실현된 자유의 왕국, 정신 자체로부터 산출된 제2의 자연으로서의 정신의 세계이다.
> —『법철학』, § 4
>
> 인륜성이란 자유의 이념, 즉 자기의식 속에 자신의 앎과 의욕을 가지고 있고 자기의식의 행위를 통하여 그 현실성을 갖는 그리고 자기의식이 인륜적 존재에 자신의 즉자 대자적인 기반과 동인이 되는 목적을 두고 있는 그런 생동하는 선(善)으로서의 자유의 이념이다—인륜성은 현존하는 세계가 되고 자기의식의 본성이 된 자유의 개념이다.
> —『법철학』, § 142

만큼 이 저서에 대한 해석과 평가도 지극히 다양하고 분분하다. 헤겔 사후 헤겔 학파가 이른바 '헤겔 정통파', '헤겔 좌파', '헤겔 우파'로 분화되는 것도 종교에 대한 태도와 더불어 『법철학』을 둘러싼 철학적·정치적 입장의 차이에 주로 기인한다.

『법철학』의 본래 제목은 '법철학 개요 또는 자연법과 국가학 강요(Grundlinien der Philosophie des Rechts oder Naturrecht und Staatswissenschaft im Grundrisse)'이다. 제목에서도 알 수 있듯이 『법철

학』은 좁은 의미의 법론法論만이 아니라 덕론德論 그리고 당시 '국가학'이라고 통칭되는 사회제도론과 정치경제학, 국제관계론, 심지어 역사철학까지도 포괄하고 있는 매우 광범위한 규범학 일반이다. 여기서 헤겔은 여전히 '자연법'이라는 용어를 사용하고 있는데, 헤겔의 철학적 법학은 고전적 자연법에 대한 비판이자 동시에 그것을 근대적 조건 아래에서 혁신하여 재건하려는 시도다.

한편으로 헤겔의 『법철학』은 어떤 특정한 시대의 특정한 국가(예를 들어 당시 헤겔이 몸담고 있던 프로이센 제국)에서 실제로 통용되는 사실적 법에 대한 기술記述을 넘어서서 역사적 우연성과 특수성을 초월한 보편타당한 법에 대한 규범적 이론을 제공하려고 한다는 점에서 분명 자연법의 전통을 이어받고 있다. 그러나 다른 한편 헤겔은 자신의 『법철학』이 한낱 비현실적인 당위론으로 이해되는 것을 경계한다. 『법철학』이 목표로 하는 것은 법과 국가란 어떠해야 하는지에 대한 도덕적 교훈을 주려는 것이 아니라 법과 국가는 무엇인지를 개념적으로 파악하고 인식하는 일이라고 그는 강조한다. 이런 점에서 헤겔의 철학적 법학은 선험적이거나 현실 초월적인 자연법이 아니다. 헤겔은 법의 개념이 세계 정신의 역사적 발전을 통해 당대의 현실 세계 속에서 이미 실현되어 있고 철학적 법학의 과제는 다만 그런 법의 현실 속에 내재하는 이성을 개념적으로 파악하는 일이라고 믿었다. 즉, 『법철학』이 서술하려고 하는 것은 역사의 마지막 단계인 근대 세계, 특히 프랑스 혁명을 통해 표출된 근대적 자유의 질서에서 비로소 현실화된, 그러나 그 원리에 있어서는 영원한 법의 개념이다. 『법철학』은 근대의 법현실에 관계하는 기술적^{記述的} 학문이면서 동시에 법현실을 비판할 수 있는 영원법의 규범학이고자 한다.

'법'이라고 하면 사람들이 보통 법률로서의 법, 특히 헌법을 필두로 한 실정법의 체계를 염두에 둔다. 헤겔은 『법철학』에서 법이라는 개념을 때로는 이런 통상적인 이해에 따른 좁은 의미로 사용하기도 하지만, 때로는 법률적 법(추상법)만이 아니라 도덕성과 인륜성, 심지어는 세계사까지 포괄하는 매우 넓은 의미로 사용하기도 한다. 『법철학』이라는 제목이 지칭하는 '법'은 이런 광의로 사용된 것으로서 자유 의지가 현실화된 모든 현존재의 양식들을 통틀어 일컫는다. 그렇기 때문에 『법철학』은 민법이나 형법, 헌법 등의 법률만이 아니라 선^{善}이나 양심 같은 도덕성 그리고 가족, 시민 사회, 국가, 세계사 같은 인륜성의 영역까지 광범위하게 다루는 것이다. 『법철학』은 법학, 윤리학, 경제학, 정치학, 역사학 등 실천철학 전반을 포괄한다.

헤겔은 법을 '제2의 자연'이라고 표현한다. 인간의 의지와는 무관하게 본래부터 스스로 그렇게 주어져 있는 '제1의 자연'과는 달리 법은 '제2의' 자연으로서 인간 고유의 자유로운 정신에 의해 새롭게 구축된 자유의 영역이다. 그러나 또한 법은 제2의 '자연'으로서 개개인에게는 그 속에서 태어나고 성장하는 삶의 주어진 지평이자 토대가 된다. 법은 전적으로 인간의 자유의지의 산물이지만 동시에 개인의 주관적 자의를 넘어선 '객관적인 것'이다. 그렇기 때문에 『법철학』은 '객관 정신'의 영역에 속한다. 법은 이성적 존재로서의 시민들 각자가 지닌 보편 의지를 현실 속에서 객관화하고 제도화한 것이다. 법에 복종하는 것은 자신의 자유를 포기한 채 타율과 외적 폭력에 굴종하는 것이 아니라 오히려 타인과의 인륜적 연대 속에서 자신의 진정한 자유를 획득하고 실현하는 것이다.

철학적 법학인 『법철학』은 이와 같은 "법의 이념, 즉 법의 개념과 그것의 실현"을 대상으로 삼고서 법개념의 논리적 자기 전개에 따라 법의 체계를 서술한다. 자유의지의 현존재인 법은 크게 '추상법', '도덕성', '인륜성'이라는 세 가지 형태로 구성된다. 이 세 가지 형태는 동시에 법개념이 보다 더 완전하게 실현되고 자유의지를 지닌 행위자의 규범 의식이 좀 더 상위의 단계로 발전해가는 계기들이기도 하다. 그리고 다시 「1. 추상법」은 ①소유, ②계약, ③불법(불법에 맞선 법)으로, 「2. 도덕성」은 ①기도와 책임, ②의도와 복지, ③선과 양심으로, 「3. 인륜성」은 ①가족, ②시민 사회, ③국가로 세분된다.

추상적 인격성을 근거로 한 형식적인 법인 추상법에서는 직접적 개별 의지가 자신의 자유를 외적 사물을 통해 실현한다. 그러므로 추상법의 첫 번째 형태는 배타적 개인의 소유권으로 나타난다. 그런데 추상법의 영역에서 법적 효력을 지니는 것은 직접적 개별 의지 자체가 아니라 법적 인격성 일반이라는 추상적 보편성이다. 여기서 문제가 되는 것은 모든 개인이 법적 인격자로서 동등하게 지니는 형식적 권리 능력일 따름이고, 한 개인이 실제로 어떤 특정한 권리를 획득하고 행사하는지 그리고 그가 어떤 가치관과 인생 설계와 추구하는 목표를 가지고 있는지 등 개별 의지의 특수성은 고려 사항이 아니다. 「추상법」 장에서 헤겔은 소유권과 계약, 형벌 등

근대 법이론의 핵심을 이루는 사법私法과 형법刑法의 주요 요소들을 다룬다.

추상법이 특수성을 사상捨象시킨 보편적 의지의 법이었다면, 도덕성은 스스로가 몸소 통찰하고 수긍하는 것만을 의무로 인정하고 자신의 의도와 신념이 담긴 행위에 대해서만 책임을 지려는 "주관적 의지의 법"이다. 추상법의 영역에서는 권리 주체가 '누구'인지는 중요하지 않았지만, 도덕성에서는 바로 이 '누구', 바로 이 개별 의지의 특수성과 주관성이 이제 자신의 권리를 주장한다. 여기서 의지는 자신의 자유를 실현하는 대상을 더 이상 외적 사물에서 찾지 않고 자신의 내면에서, 즉 자신의 의지 자체에서 찾는다. 이렇게 의지가 자신의 의지를 대상과 내용으로 삼게 됨으로써 비로소 개인은 실제적인 '주체'가 되고 추상법에서보다 자유의 개념에 더 부합하는 현존재를 획득하게 된다. 그렇기 때문에 도덕성은 추상법보다 더 발전된 법의 형태다. 더 나아가 행위자인 개별 의지가 추상법에서는 타인에 대해 배타적인 의지였던 반면에, 도덕성에서는 타인의 복지와 안녕도 주관적 의지의 본질적인 고려 사항이 되면서 "타인의 의지에 대해 긍정적인 관계"를 갖게 된다. 도덕적 주체는 자신의 삶을 스스로 선택하고 자주적으로 계획한다. 그리고 그는 이런 자기 이해와 자기 존중 속에서 동시에 타인에게 관심을 갖고 그를 동등한 권리를 지닌 존재로 존중하고 배려한다. 「도덕성」 장에서 헤겔은 '선善', '복지', '의무', '의도', '책임' 등의 개념을 검토하면서 근대의 개인주의 윤리학, 특히 칸트의 윤리학을 비판적으로 서술한다.

도덕성이 주관의 특수성을 지양하여 내용의 측면에서도 보편성을 획득하고 사회적 연관 속에서 구체적으로 실현될 때 인륜성으로 이행한다. 개인의 도덕적 양심은 사회 공동체의 생동하는 보편적 규범인 인륜성을 전제로 할 때에만 진정한 선이 무엇인지에 대한 내실 있고 확고한 인식과 왜 도덕적으로 옳은 행위를 해야 하는가라는 동기에 대한 정서적 확신을 획득할 수 있다. 인륜성은 추상법과 도덕성의 진리이며, 인륜성 없이는 추상법과 도덕성 모두 자기 안에 존립 근거를 갖지 못한 '추상물'에 불과하다. 추상법과 도덕성이 자신의 영역 안으로 유리되어 폐쇄될 때, 다시 말해 법과 도덕이 각각 자신을 '자기 재생산적 체계'로 절대화하여 사회 질서 전반을 장악하려고 할 때, 양자는 그 특유의 불안정성과 자기모순을 드러낸다. 추상법과 도덕성이 존립할 수 있는 근거이자 지평이 되는 인륜성은 또한 추상법과 도덕성을 자신의 분지分枝로 갖고 있는 유기적 통일체다. 인륜성 속에서 추상법과 도덕성은 '지양'되어 통합된다.

법의 개념은 인륜성 속에서 비로소 완전하게 전개되고 자신에게 합당한 보편적 정신의 형태로 실현된다. 따라서 인륜성은 "자유 개념의 진리"이다. 헤겔은 인륜성의 두 가지 구성 요소를 언급한다. 그 하나는 '현존하는 세계'라는 객관적 계기인데, 이런 관점에서 인륜성은 "즉자 대자적으로 존재하는 법률과 제도들"로 존재한다. 다른 하나는 '자기의식'이라는 주관적 계기인데, 이에 따르면 인륜성은 상호주관적으로 계몽된 긍정적 자유의 의식, 즉 "나의 실체적인 이해 관심이나 특수한 이해 관심이 타자의 이해 관심과 목적 안에,

즉 타자가 개별자로서의 나에 대해 갖는 관계 안에 보존되고 포함되어 있고, 따라서 이 타자가 곧 나에 대해서 타자가 아니며 내가 이러한 의식 속에서 자유롭다고 하는 의식"에 있다. 요약해서 말하자면 인륜성은 상호주관적·연대적 자유가 보편적 사회 제도로 체제화되고 또 이것이 개인의 성숙한 의식 속에서 자신의 진정한 자유로 자각된 것을 의미한다. 이런 의미에서 인륜성은 주관과 객관, 보편성과 특수성의 사변적 통일이다. 이런 인륜성의 구체적인 제도들로서 헤겔은 가족과 시민사회와 국가를 제시한다.

헤겔의 『법철학』이 지향하는 근본 목표는 바로 고대 이후 역사의 진행 속에서 상실되었던 인륜성을 '근대'라는 적대적이면서 연약한 조건 아래에서 재구축하는 것, 개인의 법적 권리와 도덕적 주체성을 구성 요소로서 내포하고 있는 근대적 인륜성을 새롭게 수립하는 것이다. 이는 개인의 자유와 주관적 특수성을 가능한 한 제약 없이 발휘되도록 허용하면서도 개인들이 서로를 부축하고 북돋우는 강력한 결속감과 연대적 조직으로 통합되어 있는 그런 사회 제도와 정치 체제를 구축하려는 시도다.

번역서로는 임석진이 옮긴 『법철학』(한길사, 2008)을 추천한다. 연관된 책으로는 헤겔이 쓰고 김준수가 옮긴 『자연법』(한길사, 2004)과 강유원이 우리말로 옮긴 마르크스의 저작 『헤겔 법철학 비판』(이론과실천, 2011)을 추천한다.

김준수 | 부산대·윤리학

철학 66

우리는 어떻게 살고 있는가?

:: 『형이상학이란 무엇인가?』, 하이데거

'우리는 어떻게 살고 있는가?'라는 물음보다 '우리는 어떻게 살아야 하는가?'라는 물음이 우리에게는 더 절실하게 보인다. 하지만 과연 그러한가? 앞의 물음에서 '어떻게'가 방법이 아니라 상황, 곧 삶의 근원적 사태나 현실적 삶의 뿌리에 대해 묻는 의문사라면, 앞의 물음에 대한 답을 먼저 찾지 않으면 우리는 뒤의 물음에 대한 답을 찾을 수가 없다. 다시 말해, '우리는 어떻게 살아야 하는가?'라는 물음을 던지기 위해 '우리는 어떻게 살고 있는가?'라는 물음을 먼저 하고 그 답을 찾아야만 한다. 도대체 왜 그러해야만 하는가? 이 물음에 대한 답을 우리는 독일 철학자 하이데거[Martin Heidegger, 1889~1976]의 『형이상학이란 무엇인가?』에서 찾아볼 수 있을 것이다.

'형이상학이란 무엇인가?'라는 물음과 '우리는 어떻게 살고 있는가?'라는 물음 사이에는 틈이 있는 것처럼 보인다. 이 틈을 메우

> 인간이 이성적 동물로 남아 있는 한, 인간은 형이상학적 동물이다. (…) 이에 반하여 사유가 다행스럽게도 형이상학의 근본바탕으로 되돌아가게 되면, 사유는 인간의 본질(Wesen)도 함께 변화하도록 유발할 수 있을 것이고, 이 변화와 더불어 형이상학의 변화도 찾아들게 될 것이다.
>
> _『이정표 1』(하이데거 지음, 신상희 옮김, 한길사, 2005), 「형이상학이란 무엇인가」

는 일은 『형이상학이란 무엇인가?』라는 책을 읽은 독자들에게 맡겨진 몫이다.

형이상학은 철학이라는 학문의 한 분야이며, 그런 한에서 '형이상학이란 무엇인가?'라는 물음은 형이상학이라는 학문의 정체성에 관한 물음인 것처럼 보인다. 실은 그렇다. 하이데거는 1927년에 『존재와 시간(Sein und Zeit)』을 발간한 후, 이 책에 대한 독자들의 오해를 풀기 위해 1929년 7월 24일 프라이부르크 대학교 교수 취임 기념강연에서 '형이상학이란 무엇인가?'라는 주제로 『존재와 시간』에 대해 해명하고자 시도했으며, 이 강연문이 『형이상학이란 무엇인가?』라는 책으로 발간되었다.

'형이상학形而上學'이라는 이름이 가리키는 바는 그야말로 '형形으로부터(而) 넘어선(上) 학(學)'이다. 다시 말해, 형이상학은 '우리가 현실이라고 생각하는 것(形)'의 뿌리에 관한 학문이다.

학문은 일상적인 삶에서 겪는 어려움을 이겨내기 위한 물음에서부터 출발했다. 우리는 일상적인 삶에서 현실이 이러저러할 것이라고 생각하면서 그때마다 어떤 것을 선택하고 결단하여 실행하지만, 그 결과가 본디 우리가 바라는 것이 아닐 경우, 우리는 우리가 현실이라고 생각하는 것이 현실이 아닐 수도 있다는 것을 알게 된다. 그렇다면 현실이란 도대체 무엇인가? 이와 같은 물음에 대한 답을 찾고자 하는 사유 활동이 형이상학이며, 이 활동이 학문의 틀에 따라 짜임새를 갖춘 것이 형이상학이라는 학문이다.

『형이상학이란 무엇인가?』를 읽을 때, 우리는 두 가지의 형이상학을 구별해야 한다. 하이데거가 비판하는 형이상학과 이 형이상학을 극복한 형이상학. 하이데거는 '형이상학이란 무엇인가?'라는 물음을 던지면서 형이상학적일 수밖에 없는 인간이 형이상학이라는 사유 활동을 통해 어떻게 살고 있는가를 밝혀 드러내고자 했다. 이 일을 하이데거는 『존재와 시간』에서 '존재란 무엇인가?'라는 물음을 물으면서 이미 시도했다. 하지만 『존재와 시간』의 독자들은 존재와 존재자의 구별을 제대로 이해하지 못하고, 그래서 하이데거의 야심찬 기획은 새로운 실존철학으로 평가되었다. 그럼에도 불구하고 『존재와 시간』은 독자들로부터 엄청난 찬사를 받고 하이데거는 거인이 되는 어처구니없는 일이 벌어졌다.

하이데거가 비판하는 형이상학은 존재와 존재자를 구별하지 않고, 그래서 존재자에 대해서만 물음을 묻는 형이상학이다. 존재자에 대한 물음을 묻기 위해서는 존재에 대한 물음을 먼저 물어야 한다는 것이 하이데거의 기본적 입장이다. 존재와 존재자를 구별하여, 존재자로 하여금 존재자이도록 하는, 곧 존재자보다 앞서는 존재에 대한 물음을 먼저 묻는 형이상학이 하이데거가 극복한 형이상학이다. 하이데거의 입장과 태도는 아주 단순 명쾌하다. 존재가 무엇인지 먼저 알아야 존재하는 것인 존재자를 비로소 알 수 있다는 것이 하이데거 철학의 출발점이다. 그래서 『존재와 시간』에서 하이데거는 '존재 이해는 어떻게 가능한가?'라는 물음을 묻는다.

하이데거가 『존재와 시간』에서 "존재는 ~이다."라는 답을 줄 것으로 기대하는 예비 독자들은 실망하게 될 것이다. 마찬가지로 『형이상학이란 무엇인가?』에서 하이데거가 "무無는 ~이다."라는 답을 줄 것으로 기대하는 예비 독자들도 실망하게 될 것이다. 하이데거 철학에서 존재와 무는 서로 다른 것이 아니라 같은 것이다. 하이데거는 『형이상학이란 무엇인가?』에서 무를 앞세워 『존재와 시간』에 대한 독자들의 오해를 풀고자 했다. 하지만 독자들은 『형이상학이란 무엇인가?』에서 무의 함정에 빠져든다. 하이데거 철학에서 무는 존재자가 아닌 존재의 다른 이름일 뿐이다. 그럼에도 불구하고 『형이상학이란 무엇인가?』의 독자들은 무를 마치 존재자들 가운데 하나인 것처럼 받아들인다.

『존재와 시간』에 대한 오해를 풀고 이해를 돕기 위한 『형이상학이란 무엇인가?』도 독자들의 오해를 받게 되고, 그래서 하이데거는 이 오해를 풀기 위해 1929년 발표된 『형이상학이란 무엇인가?』에 1943년 「나중말(Nachwort)」을, 그리고 1949년 「들어가는 말(Einleitung)」을 보충했다. 이와 같은 하이데거의 노력에도 불구하고,

『형이상학이란 무엇인가?』의 독자들의 이해를 돕고자 하는 이 글에서도 여전히 오해에 대한 조바심을 낼 수밖에 없는 것이 안타깝다. 이 글을 읽게 될 『형이상학이란 무엇인가?』의 예비 독자들에게 꼭 하고 싶은 말은 다음과 같다. 우리가 어떻게 살아야 하는가를 알고 싶다면, 우리가 어떻게 살고 있는가를 먼저 알아야 한다. 우리는 형이상학적으로 살고 있다.

"우리는 형이상학적으로 살고 있다."에서 '형이상학적'이라는 표현은 우리가 사는 방법이 아니라 우리가 살고 있는 상황을 나타낸다. 『형이상학이란 무엇인가?』를 읽을 예비 독자들은 이 '형이상학적'이라는 표현에 담긴 의미를 이 책에서 발견해야 할 것이다. 물론 우리가 칸트와 하이데거가 파악한 바와 같이 형이상학적으로 살고 있는가에 대한 논란은 가능하다. 철학자들의 입장과 태도 그리고 그에 따른 이론은 여러 가지 가능성들 가운데 하나일 수 있으며, 그래서 우리는 철학자들의 주장을 제안으로 받아들이는 것이 필요하다. 『형이상학이란 무엇인가?』에서 또는 하이데거 철학에서 '형이상학적'이라는 표현이 담고 있는 의미를 '존재를 이해하는 가운데' 정도로 이해할 수 있겠다.

우리는 형이상학적으로, 곧 존재를 이해하는 가운데 살고 있다. 이와 같은 상황에 대한 해명이 『형이상학이란 무엇인가?』에, 나아가서는 『존재와 시간』에 담겨 있다. 하이데거의 해명을 따라갈 때 예비 독자들이 주의를 기울여야 할 낱말은 존재, 현존재, 불안 그리고 무無다. 이 낱말들이 담고 있는 의미에 대해 그리고 이 낱말들이 지시하고 있는 바에 대해 우리는 어떻게든 이미 알고 있다. 그런데 이 낱말들을 우리는 오로지 하이데거에 따라, 다시 말해 문맥에 따라 이해하고 해석해야 한다. 이렇게 하는 가운데 우리는 하이데거가 논의하고 있는 차원으로 들어갈 수 있다. 그렇다고 해서 하이데거가 우리의 현실이 아닌 다른 어떤 것에 대해 논의하고 있는 것은 아니다.

다만 하이데거는 동일한 현실을 우리와는 다르게 보고 있다. 이와 같은 사정은 하이데거에게만 특별한 것은 아니고 모든 철학자들에게도, 심지어는 철학자들 사이에서도 그리고 우리들 사이에서도 마찬가지다. 우리가 살고 있는 현실은 하나일 수밖에 없다. 그럼에도 불구하고 이 하나인 현실에 대한 이해와 해석이 다양할 수 있다는 수수께끼를 하이데거는 '존재망각'이라는 사태로 파악하고 있다. 존재망각은 우리가 어떻게 살고 있는가를 제대로 파악하지 못하고 있는 사태이며, 우리가 존재를 이해하는 가운데 살고 있다는 것을 잊고 있는 사태이다. 하지만 하이데거는 우리가 존재를 이해하는 가운데 살고 있으며, 존재를 어떻게 이해하고 있는가를 자신의 철학에서 밝히고자 했다.

『형이상학이란 무엇인가?』의 번역본은 여러 가지가 있지만, 신상희 박사가 번역하고 한길사가 출판한 하이데거의 『이정표 1』(2005)에 실려 있는 것을 예비 독자들에게 권장하고 싶다. 왜냐하면 이 번역본이 가장 최근에 출판된 것이어서 구하기 쉬울 뿐만 아니라 함께 실린 하이데거의 다른 글들도 하이데거 철학을 이해하고자 하는 독자들에게 도움이 될 것이기 때문이다. 물론 하이데거 철학을 이해하기 위해서는 『존재와 시간』을 읽는 것이 지름길이겠지만, 먼저 『형이상학이란 무엇인가?』를 읽고, 다음으로 이선일 박사가 번역하고 한길사가 출판한 하이데거의 『이정표 2』에 실려 있는 「휴머니즘 서간」을 읽는 것이 비록 에움길이기는 하지만 지레 지치지 않는 방법일 것이다.

손영삼 | 부산대 · 현상학

철학

67 / 자본주의에도 정신이 있는가?

:: 『프로테스탄티즘의 윤리와 자본주의 정신』, 막스 베버

막스 베버Max Weber, 1864~1920는 기존의 지적 전통과 조류를 비판적으로 종합하여 향후 문화과학과 사회과학이 나아가야 할 길을 제시한 거장이다. 베버의 정신세계는 베버주의자뿐만 아니라 심지어 반反베버주의자도 반드시 넘어야 하는 거대한 산맥이다. 수없이 명멸한 지식인들 가운데 오직 칼 마르크스Karl Marx, 1818~1883만이 그와 비견될 수 있을 것이다.

『프로테스탄티즘의 윤리와 자본주의 정신』(이하 『윤리와 정신』으로 표기)은 베버가 남긴 방대한 지적 유산 가운데에서도 가장 널리 알려져 있는 저작이다. 그가 누구인지 잘 모르는 문외한도 '베버' 하면 으레 이 저작을 연상한다(참고로 이 저작은 책이 아니라 1904년과 1905년 두 차례에 걸쳐서 학술지에 논문 형식으로 발표된 것이며, 따라서 여기서는 저작으로 칭하기로 한다).

> '영리욕', '이윤 추구', '화폐 취득', 그것도 가능한 한 많은 화폐 취득을 추구하는 것 자체는 자본주의와 전혀 상관이 없다. 이러한 추구는 웨이터, 의사, 마부, 예술가, 매춘부, 부패한 관리, 군인, 도적, 십자군, 도박사, 거지들 사이에 존재했고 또한 존재한다. (…) 무제한적으로 영리를 탐하는 것은 자본주의와 아무런 상관이 없으며, 자본주의 '정신'과는 더더욱 그러하다. 자본주의는 오히려 이러한 비합리적인 충동의 억제, 또는 적어도 합리적 조절과 동일할 수 있다.

그러나 『윤리와 정신』은 수많은 오해와 논쟁을 불러일으킨 것으로도 유명하다. 출간 직후부터 시작된 오해와 논쟁은 100년이 지난 오늘날에도 여전히 진행 중이다. 그리고 앞으로도 영원히 현재진행형이 될 것이다. 그런 의미에서도 이 저작은 진정한 의미의 고전, 고전 중의 고전이라 할 수 있다. 고전이란 논쟁을 그리고 때로는 오해에서 기인하는 논쟁을 촉발시킴으로써 지적 논의와 연구에 끊임없는 활력과 생명력을 불어넣는 것이 아닐까?

『윤리와 정신』에 대한 가장 전형적인 오해는, 베버가 이 저작에서 프로테스탄티즘이 자본주의를 창출했다는 테제를 내세웠다고 생각하는 것이다. 사실 이런 식으로 생각하는 것은 아주 천진난만하고 조야한 인식 수준의 발로다. 인류 역사상 그 어떤 경제체계도 종교에 의해 직접적으로 형성된 것은 없다. 예컨대 중세의 봉건제는 그 시대를 지배하던 가톨릭에 의해 형성된 경제체제가 아니다. 그러나 가톨릭은 중세 경제에 특정한 정신적 색채를 부여했다. 그렇다! 베버가 『윤리와 정신』에서 추구하는 인식 관심은 바로 이 정신적 색채다. 보다 구체적으로 말하자면, 근대 자본주의의 정신적 색채, 즉 자본주의 정신이며, 이 정신의 인과적 요소를 다름 아닌 프로테스탄티즘의 윤리에서 찾는 것이다.

이를 제대로 이해하기 위해서는 베버가 자본주의를 체계로서의 자본주의와 정신으로서의 자본주의로 구분한다는 사실을 직시해야 한다. 체계로서의 자본주의는 기업, 시장, 생산설비, 노동조직, 유통수단 등 외적인 요소를 가리키며, 정신으로서의 자본주의는 정신적 태도, 인격, 윤리, 행위 유형, 생활양식 등 내적인 요소를 가리킨다. 그리고 또 한 가지 중요한 점은 베버가 자본주의를 비단 근대 서구에서 발생한 산업자본주의에 국한된 것으로 보지 않는다는 점이다. 베버에 의하면 자본주의가 존재하기 위한 필요충분조건은 자본과 시장이다. 이 경우 자본주의의 반대개념은 사회주의가 아니라 자연경제가 된다. 이렇게 보면 인류 역사의 아주 다양한 시기와 지역에서 아주 다양한 종류와 형태의 자본주의를 확인할 수 있다. 아니, 자본주의는 인류 역사와 더불어 존재해왔다고 말할 수 있다. 예컨대 약탈자본주의, 모험가자본주의, 전쟁자본주의, 투기자본주의에 대해서 말할 수 있으며, 또한 농업자본주의, 상업자본주의, 산업자본주의, 금융자본주의에 대해서 말할 수 있다. 베버가 『윤리와 정신』에서 논하고자 하는 것은 이 무수한 자본주의의 한 특수한 형태인 서구 근대 산업주의인데, 그는 이를 '자유노동의 합리적인 조직에 기반하는 시민계층적 기업자본주의'라고 정의한다.

그런데 『윤리와 정신』에서 베버가 문제 삼고 있는 것은 이 근대 자본주의 전체가 아니라 그 한 측면인 정신이다. 구체적으로 그 담지자인 시민계층(기업가, 자본가, 은행가 등)의 직업윤리가 그것이다. 또한 이 정신이 형성되는 데에는 아주 다양한 인과적 요소가 영향을 끼쳤으며, 베버가 이 저작에서 다룬 프로테스탄티즘의 윤리는 그 가운데 하나일 뿐이다. 이처럼 프로테스탄티즘의 윤리와 자본주의 정신에 대한 베버의 연구는 지극히 제한적이고 일면적이며 단편적임을 알 수 있다. 그러나 이러한 특성은 과학적 논의의 본질이자 숙명이다.

흔히 자본주의 정신을 이윤 추구 및 화폐 취득 그리고 화폐경제와 동일시한다. 베버 당시의 지식인들도 그랬다. 그리하여 그들은 유대인에게서 자본주의 정신의 종교적 기원을 찾곤 했다. 그러나 베버는 이러한 입장을 단호히 거부하고 자본주의 정신을 합리성 및 금욕성과 연결시킨다.

> '영리욕', '이윤 추구', '화폐 취득', 그것도 가능한 한 많은 화폐 취득을 추구하는 것 자체는 자본주의와 전혀 상관이 없다. 이러한 추구는 웨이터, 의사, 마부, 예술가, 매춘부, 부패한 관리, 군인, 도적, 십자군, 도박사, 거지들 사이에 존재했고 또한 존재한다. (…) 무제한적으로 영리를 탐하는 것은 자본주의와 아무런 상관이 없으며, 자본주의 '정신'과는 더더욱 그러하다. 자본주의는 오히려 이러한 비합리적인 충동의 억제, 또는 적어도 합리적 조절과 동일할 수 있다.

이처럼 합리적이고 금욕적인 자본주의 정신의 기원을 베버는 금욕적 프로테스탄티즘, 즉 경건주의, 감리교, 재세례파 그리고 특히 칼뱅주의에서 찾는다. 칼뱅의 예정론은 그 신도들에게 구원과 저주는 이미 영원으로부터 예정된 것이고 따라서 신(神) 자신도 이를 변경할 수 없다고 가르쳤다. 그리고 각 개인이 신으로부터 구원되기로 예정된 자들에 속한다는 것을 내적·외적으로 확증할 수 있는 유일한 방법은 직업윤리에 있다고 가르쳤다. 즉, 신으로부터 소명받은 자본주의적 직업과 노동에 헌신하고 이로부터 발생하는 이윤을 쾌락이나 향락 또는 경제외적 목적을 위해서 낭비함이 없이 지속적으로 사업에 투자함으로써 신의 영광을 드높이라는 것이다. 이러한 직업관념은 칼뱅주의에서 발생한 영국의 청교주의에서 가장 일관되게 정초되었다. 거기서는 노동이 가치가 되었다.

> 노동은 (…) 신이 규정한 삶 일반의 자기 목적이다. "일하지 않는 자는 먹지도 말라"는 사도 바울의 명제는 무조건적으로 모든 사람에게 적용된다. 노동 의욕의 결핍은 은총받지 못한 상태의 징후이다.

사실 이처럼 경제를 종교와 연결시키는 것은 잘 납득이 가지 않는다. 양자는 상호 무관하며 심지어 상호 적대적으로 보이기 때문이다. 그러나 베버의 친구이자 동료인 게오르그 옐리네크Georg Jellinek, 1851~1911는 근대의 인권개념이 프랑스 혁명의 작품이 아니라 종교개혁과 그 투쟁의 열매라는 사실을 논증한 바 있다. 그리고 역시 베버의 친구이자 동료인 에른스트 트뢸치Ernst Troeltsch, 1865~1923는 근대

개인주의와 합리주의의 이념적 근원을 종교적 이념에서 찾는다. 물론 이에 대해서는 얼마든지 이론異論의 여지가 있을 수 있다. 그러나 중요한 것은 이들의 연구가 인간의 삶과 행위에 대해 종교가 얼마나 큰 문화 의의를 갖는가를 예증한다는 점이다.

그 후 베버는 다양한 세계 종교―유교와 도교, 불교와 힌두교, 고대 유대교 등―의 경제윤리를 비교했다. 그가 이러한 비교연구를 통해서 밝혀내고자 한 것은, 세계 종교의 공통적인 것이 아니라 금욕적 프로테스탄티즘의 윤리에서 그 중요한 인과관계를 찾을 수 있는 근대 서구의 경제적 합리주의의 특징이다. 즉 보편성이 아니라 특수성을 밝혀내는 것이 그의 궁극적인 인식 목표다.

솔직히 말해서, 베버의 저작 『프로테스탄티즘의 윤리와 자본주의 정신』은 한국의 대학생들이 읽기에는 상당히 벅찬 편이다. 그러나 꼭 한 번 읽어볼 만한 가치가 있는 고전 중의 고전이다. 그 이유는 크게 두 가지다. 첫째, 이 저작은 유물주의적 천민자본주의로 전락한 한국 자본주의에 대한 자아성찰에 더할 나위 없이 좋은 준거점이 될 것이다. 둘째, 지적 훈련에 더할 나위 없는 소재가 될 것이다. 한국의 대학생들은 아주 어려서부터 그리고 매우 집약적으로 마치 이 세상에는 반드시 정답이 있으며, 그 정답은 이 세상 전체를 담아내는 것처럼 배운다. 그 결과 수준 높은 인식과 사유의 능력이 결여되어 있다. 바로 이런 연유로 대학에서 제일 시급하게 그리고 절대적으로 해야 할 과제는, 인식의 영역과 범위를 엄격하게 설정하고 합리적인 방법과 절차에 따라서 엄밀하게 논증하며 광범위하게 비교연구를 하는 것을 배우는 일이다. 나는 이를 '인식론적 재무장'이라고 부른다. 그리고 『윤리와 정신』이야말로 이 인식론적 재무장을 위해서 그 어떤 고전보다도 유용하다고 나는 확신해 마지않는다.

베버의 『프로테스탄티즘의 윤리와 자본주의 정신』은 그 명성에 걸맞게 여러 권의 번역본이 있는데, 필자가 옮기고 도서출판 길이 펴낸 것(2010)을 추천할 만하다. 이것은 베버 전공자에 의한 번역본으로서 방대한 역주와 상세한 해제를 갖추고 있다. 더불어 이 저작과 밀접한 관계에 있는 『프로테스탄티즘의 분파들과 자본주의 정신』이 보론으로 들어 있다. 그리고 문예출판사에서 펴낸 『유교와 도교』(이상률 옮김, 1990)를 같이 읽으면 베버의 논의를 보다 입체적으로 이해할 수 있을 것이다.

김덕영 | 독일 KASSEL대학 · 사회학이론 및 사회학사

사실과 현상에 대한 탐구

Social Science

사회 과학 68
플라톤의 『국가』, 어떻게 읽을 것인가
: 구조, 쟁점 그리고 형식

:: 『국가』, 플라톤

플라톤Platon, BC 428?~BC 348?의 『국가』는 인류 역사상 가장 오랫동안 가장 많은 사람들이 읽어온 고전 중 하나다. 『국가』가 이토록 시대와 장소를 초월하여 인기를 누릴 수 있었던 것은 무엇 때문인가? 아마도 『국가』의 주제인 정의의 문제가 인류의 가장 보편적인 관심사이고, 이에 관한 『국가』의 분석이 어떤 저작보다도 탁월하기 때문일 것이다. 『국가』는 또한 지금까지 존재해온 어떤 정의론보다도 체계적이고 포괄적이다. 『국가』는 개인의 차원에서 어떤 행위와 삶이 정의로운가라는 질문으로 출발하지만, 개인의 정의는 불가분 국가의 정의와 맞물려 있음을 지적하고, 이에 따라 개인과 국가의 정의의 실현에 관한 체계적인 시각을 제시한다. 즉, 『국가』는 '이상국가'의 실현을 위한 총체적인 매뉴얼인 셈이다.

『국가』를 읽는 독자라면 누구라도 플라톤이 제시한 '이상국가'를

> 철학자들이 나라들에 있어서 군왕들로서 다스리거나, 아니면 현재 이른바 군왕 또는 최고 권력자들로 불리는 이들이 진실로 그리고 충분히 철학을 하게 되지 않는 한 (…) 지금껏 우리가 논의를 통해서 자세히 말해 온 그 정체가 결코 가능한 한도까지 성장하여 햇빛을 보게 되는 일은 결코 없을 걸세.

나름대로 평가할 수 있는 자격이 생긴다. 그런데 이를 위해 기본적으로 전제되어야 할 것이 있다. 텍스트에 대한 면밀하고 꼼꼼한 분석이다. 플라톤의 '이상국가'를 평가하기 위해서는 적어도 '이상국가'에 대한 논의가 어떻게 시작됐고, 어떤 구조에서, 어떤 쟁점들이 존재하는가를 이해해야 한다. 이는 결국 텍스트를 직접 대하는 독자들의 몫이지만, 여기서는 『국가』의 전체적인 구조와 몇 가지 중요 쟁점을 소개함으로써 독자들의 이해를 돕고자 한다.

먼저 『국가』의 논의가 어떻게 시작되고 어떤 구조에서 전개되고 있는가를 지적하고자 한다. 『국가』의 원제는 politeia(politeia는 정체[regime]로 해석될 수도 있다. 국가의 구성 원리[그런 의미에서 헌법]를 의미하기 때문이다. 그러나 그런 구성 원리에 의해 만들어진 구체적인 공동체를 의미하기도 하므로 '국가[영미권에서는 Republic]'로 해석해온 전통적 해석도 틀린 것은 아니다)이지만, 애초부터 국가에 관한 논의가 목적은 아니었다. 『국가』 1권에 소개된 내용에 따르면, 소크라테스 일행은 피라에우스라는 아테네 인근의 항구도시에 축제 참석차 들렀다가 아테네로 돌아가는 길에 케팔로스의 집에 머물게 됐고, 그에게 노년의 삶에 대해 묻는 과정에서 '정의란 무엇인가'라는 문제에 직면하게 된다. 따라서 이 정의는 지극히 개인적인 삶과 관련된 것이었다.

1권에서 소크라테스의 대화 상대자들은 '정의란 무엇인가'라는 질문에 대해 각기 다른 해석을 내놓는다. 케팔로스는 정직함과 꾼 것을 돌려주는 것으로, 폴레마르코스는 친구에게 유익을 주고 적에게 해를 끼치는 것으로 정의를 규정한다. 이런 규정들은 한편으로 수긍할 수 있는 것이지만, 소크라테스는 이런 규정들은 모두 온전한 의미의 정의가 될 수 없음을 지적한다(어떤 의미에서 소크라테스가 그런 주장을 하는지, 또 그러한 주장은 과연 논리적으로 타당성을 갖는지에 대해서는 독자들이 『국가』를 직접 읽으면서 따져보기 바란다). 이러한 소크라테스의 주장에 대해 소피스트인 트라시마코스가 가장 크게 반발한다. 트라시마코스에 따르면, 정의는 권력자에 의해 제정된 법규에 의해 규정되므로, 정의란 우리의 상식과 달리 '강자의 이득'이라는 것이다. 트라시마코스의 주장은 정의에 관한 단편적인 견해라기보다 인간의 삶을 둘러싼, 특히 정치공동체를 둘러싼 총체적인 이해에 바탕을 두고 있다는 측면에서 설득력을 갖는다. 그럼에도 불구하고 소크라테스는 『국가』 1권 후반부에서 트라시마코스의 정의관을 완전히 논박한다. 문제는 이 소크라테스의 논박이 논리적으로는 성공한 것처럼 보이지만, 이 대화를 지켜본 참석자들이나 이 지점까지

『국가』를 읽은 독자들에게 전혀 설득력을 얻지 못한다는 사실이다. 이렇게 1권은 정의를 보다 완벽하게 규정할 필요가 있음을 공감하며 막을 내린다. 이런 맥락에서 소크라테스와 그의 대화 상대자들은 2권에서 정의에 대한 논의를 다시 시작한다.

　소크라테스의 아이디어는 개인의 정의를 찾기에 앞서 국가의 정의를 먼저 찾아보자는 것이다. 형식적으로 개인의 정의보다 '크기가 큰' 국가의 정의를 찾는 것이 더 용이하다는 것이 그 이유다. 이렇게 해서 『국가』의 논점은 정의로운 '이상국가'를 만드는 것으로 옮겨진다. 이후 『국가』의 내용이 우선 '이상국가'를 말로 만들어 보고(2권부터 4권), 이런 국가가 실현되기 위해서는 어떤 조건이 필요한가를 검토하며(5권부터 7권), 이런 '이상국가'와 상반된 불의한 국가들의 발생과 특징을 검토(8권, 9권)하는 것으로 구성되어 있다는 점을 고려하면, 『국가』 전체의 내용은 개인-국가의 유추 구조가 지배하고 있다고 해도 과언이 아니다. 따라서 『국가』를 읽는 독자가 가장 크게 염두에 두어야 할 것은 이 개인-국가의 유추 구조가 『국가』 전체의 내용에서 얼마나 일관성 있게 유지되고 있으며, 또 그것이 의도한 목적을 얼마나 잘 달성하고 있는지를 따져보는 일이다.

　이제 개인-국가 유추라는 전체적인 구조 속에 놓여 있는 몇 가지 쟁점들에 대해 살펴보자. 가장 대표적인 쟁점은 철인왕에 의한 이상국가의 실현 가능성에 관한 것이다. 소크라테스는 앞의 인용문에 나타난 바와 같이 철인왕이 나타나지 않고서는 '이상국가'가 실현될 수 없다고 주장한다. 문제는 소크라테스의 교육 프로그램을 마친 철학자는 그 본성상 철학적 삶만을 추구할 뿐 권력을 잡으려 하지 않는다는 것이다. 소크라테스는 이들이 권력을 잡도록 다수가 이들을 강제해야 한다고 한다. 그러나 본성상 철학을 경시하는 다수가 권력을 마다하는 철학자에게 권력을 잡도록 강제하고 소위 철학자의 지배에 복종할 수 있을까? 『국가』를 읽는 독자가 풀어야 할 가장 중요한 쟁점 중의 하나는 철학자와 정치권력의 결합을 어떻게 가능하게 할 것인가이다.

두 번째 쟁점은 '이상국가'의 바람직성과 관련된 문제다. 철인왕에 의한 '이상국가'(학자들은 이를 '가장 아름다운 국가'라는 의미의 그리스어 결합어로 '칼리폴리스'라고 부른다), 그리고 이 국가의 본이 되는 '말로 만든 이상국가'(이 국가 역시 말[로고스]과 국가[폴리스]의 결합어로 '로고폴리스'라고 부른다)는 언론과 사상의 자유를 제한하고, 때로는 검열을 실시하며, 일부 계급(수호자 계급)에 대해서는 사유재산을 금하고 가족을 부정하는 요소까지 포함하고 있다. 또 『국가』는 곳곳에서 다수의 판단을 경멸하는 반민주적 태도를 드러내기도 한다. 『국가』의 독자들에게 남겨진 골칫거리는, 바로 이런 반민주적·반자유주의적 요소 때문에 플라톤의 '이상국가'를 전적으로 배격할 것인가 혹은 그럼에도 불구하고 '이상국가'의 이념을 수용할 것인가의 문제다. 학자들은 플라톤의 '이상국가'의 자유민주적 타협을 시도하기도 한다. 『국가』를 처음 대하는 독자들에게도 전문적인 학자들 수준의 대안은 아닐지라도 현대적 관점에서 플라톤의 '이상국가'에 대한 적정 수준의 비판과 수용이 요구된다.

『국가』의 독자가 유의해야 할 세 번째 쟁점은 『국가』에 등장하는 형이상학의 역할에 관해서다. 『국가』의 전체적인 구조는 '이상국가'의 실현이라는 정치철학적 주제에 바탕을 두고 있지만, 『국가』에는 태양, 선분, 동굴의 비유 등을 통해서 플라톤의 형이상학이 제시되고 있다. 이러한 형이상학적 주제들은 철학자의 교육이나 이들의 정치참여를 비유적으로 나타내는 과정에서 부각되지만, 독자들은 플라톤의 형이상학이 플라톤의 정치철학적 구조에서 어떤 역할을 하고 있는가를 따져봐야 할 것이다.

마지막으로 플라톤의 저작을 읽는 독자라면 반드시 고려해야 할 사항이 있다. 플라톤의 저작은 논문이 아닌 대화라는 독특한 형식을 취하고 있다는 사실이다. 『국가』 역시 마찬가지다. 플라톤이 왜 이런 저술 형식을 선택했는가에 대해서는 학자들 간에 치열한 논쟁이 진행되고 있다. 우리가 당장 그 논쟁에 참여할 수는 없다. 그러나 『국가』를 읽으면서, 우리는 적어도 플라톤의 정치철학이 대화편이라는 특정한 형식에 담겨 있다는 사실에 주목해야 한다. 플라톤의 아이디어는 대부분 소크라테스라는 극적 인물에 의해서 대표되지만, 그의 주장이 누구를 대상으로 어떤 극적 배경에서 전개되고 있는가에 따라서 그 내용이 달리 해석될 수 있다. 앞에서 필자가 제시한 『국가』의 구조와 쟁점들도 대화편이라는 극적 형식에 따라 전혀 다르게 해석될 여지가 있다. 이런 맥락에서 어떤 학자는 『국가』에 나타나는 '이상국가'에 대한 논의는 역설적으로 이상국가에 대한 야심을 경계하기 위한 것이라고 해석하기도 한다. 이렇게 보면, 『국가』에 대한 해석의 여지는 매우 넓게 열려 있는 셈이다. 『국가』의 독자로서 우리 역시 나름의 독자적인 해석을 가져봄직하다. 다만, 어떤 해석도 『국가』의 구조와 쟁점 그리고 형식의 면밀한 분석에 바탕을 두어야만 설득력을 얻을 수 있음을 명심해야 할 것이다.

번역서로는 박종현이 옮긴 『국가·정체』(서광사, 1997)를 추천한다.

박성우 | 중앙대·정치사상

사회
과학
69 / 권력의 본질에 대하여

::『군주론』, 니콜로 마키아벨리

　　니콜로 마키아벨리Niccolo Machiavelli, 1469~1527는 르네상스기 피렌체 공화국의 저명한 외교관이자 문인이며 정치사상가다. 그는 16세기 초 제2서기국 서기장과 10인위원회 비서로서 피렌체의 외교정책에서 핵심적 역할을 수행했고, 관직에서 물러난 뒤에는『군주론』을 필두로『티투스 리비우스의 로마사 첫 10권에 대한 논고』,『전쟁의 기술』,『피렌체사』,『만드라골라』등 정치, 역사, 문학에 관한 중요한 작품들을 남겼다.

　　흔히 마키아벨리즘으로 알려진 그의 사상에 대해서는 매우 다양한 관점들이 제시되어왔다. 한쪽에서 그를 가리켜 권모술수가, 냉혹한 정략가, '권력국가'의 선구자, 심지어는 악마의 사도라고까지 폄하하면, 다른 쪽에서는 근대 정치 관념의 창시자이자 세속적 역사관의 선각자라고 칭송한다. 그를 군주제주의자, 폭정의 조언자

> (…) 인간이 어떻게 살고 있는가는 인간이 어떻게 살아가야 하는가의 문제와는 다른 것이므로, 일반적으로 행해지고 있는 대로 행동하지 않고 행해져야 하는 대로 행동하기를 고집하는 군주는 자신의 국가를 유지하기보다는 오히려 약화시키게 될 것이다. 왜냐하면 언제나 선하게만 행동하려는 사람은 전혀 선하지 않은 많은 사람들 사이에서 결국 패퇴하고 말 것이기 때문이다. 따라서 스스로의 권력을 보존코자 하는 군주는 비록 선하지 않은 방법이라 할지라도 필요하다면 쓸 수 있는 마음의 준비를 갖추어야 한다.
>
> _『군주론』 15장

로 규정하는가 하면, 시민의 덕성과 자유를 옹호한 고전적 공화주의자로 보기도 한다. 이러한 양극적 해석의 중심에 있는 것이 바로 『군주론(Il Principe)』(1513)이다.

『군주론』은 권력과 처세에 대한 깊은 통찰을 담고 있는 책이다. 마키아벨리는 권력이란 것이 어떻게 산출되며 어떻게 사라지는지, 그것을 성공적으로 유지하는 방법은 무엇인지, 혹은 그것을 유지하기 힘든 본질적 이유는 무엇인지를 고금의 예를 들면서 하나하나 짚어가고 있다. 이러한 과정에서 정치와 도덕의 분리, 비르투(덕)와 포르투나(운)의 대립과 같이, 후일 큰 영향력을 미친 유명한 명제들이 제시된다.

『군주론』을 읽을 때 특히 눈여겨보아야 하는 측면은 "사람들은 보통 이렇게 합니다"는 식의 언명들이다. 그것이 의미하는 바는 결국 정치적 행위란 통상적인 사람들의 눈높이를 기준으로 삼아야 한다는 것으로서, 흔히 얘기되는 마키아벨리의 '현실주의'도 바로 이러한 시각에서 출발한다. 사람들은 통상적으로 도덕과 종교를 칭송하지만 실제로는 그것에 따라 행동하지 않는 경우가 많기 때문에, 이를 간과하면 정치에서 실패하기 십상이라는 것이다. 『군주론』 후반부의 장(章)들에서 나타나는 '악명 높은' 권고들도 바로 이러한 현실인식에서 나온 것이다.

여기에는 인간의 본성이 이기적이라는 마키아벨리식 가정이 깔려 있다. 자신의 목적을 달성하려면 성공의 노하우가 필요하다. 여우들(성공하기 원하는 모든 사람들)로 둘러싸인 곳에서 생존하기 위해서는 사자의 힘과 여우의 책략을 적재적소에 사용할 수 있어야 한다. 기존의 가치에 표피적으로 얽매이지 말고 그 본질을 직시하여 운세와 상황의 변화에 따라 어느 쪽으로든 바람 부는 대로 자신의 행동방식을 바꿀 수 있는 준비를 갖추는 것이야말로 마키아벨리적 처세술의 핵심이다. 이는 결코 단순한 기회주의가 아니다. 그것은 스스로의 역량이 어느 정도인지를 냉철하게 판단할 수 있고 동시에 변화의 방향까지도 꿰뚫어볼 수 있는 통찰을 필요로 한다.

모두 26장으로 이루어진 『군주론』은 내용상 크게 두 부분으로 나뉜다. 앞부분은 군주국의 종류를 논하고 있는 1~11장이다. 여기서 마키아벨리는 군주국을 특히 세습군주국과 신군주국 두 가지로 분류한다. 그리고는 6장과 7장에서 각각 자신의 군대와 덕(비르투)에 의해 획득한 신생군주국과 타인의 군대와 운(포르투나)에 의해 획득된 신군주국을 논한다. 이 경우, 덕이란 도덕적 함의를 지닌 공자孔子의 유가적 덕이 아니라 어떤 일을 이룰 수 있도록 해주는 능력, 즉 노자老子의 도가적 덕에 더 가깝다.

하지만 마키아벨리의 진정한 관심사는 타인의 군대와 운(포르투나)에 의해 획득된 신군주국에 있다. 왜냐하면 현대 이탈리아 군주 중 자신의 군대와 덕을 통해 신군주국을 세운 경우는 거의 없지만, 타인의 군대 및 운에 의한 경우들은 많기 때문이라는 것이다. 가장 대표적인 예가 교황 알렉산드로스 6세의 사생아 체자레 보르쟈Cesare Borgia다. 8장(「사악한 방법으로 군주국을 획득한 인물들」)과 9장(「시민 군주국」)은 사악한 방법보다는 가능하면 시민의 도움을 얻어 국정을 처리하라는 권유를 담고 있는데, 이는 아마 메디치가의 야심에 부응하면서도 공화정의 틀을 유지해보자는 마키아벨리의 심려深慮에서 나온 것일 수도 있다.

『군주론』 뒷부분(14~23장)은 군주가 권력을 획득하고 유지하려면 어떻게 행동해야 하는가에 대해 다루고 있다. 후일『군주론』을 유명하게 만든 것도 바로 이 부분에서 제시된 '부도덕한' 조언들이다. 특히 이 글 서두의 발췌문에서 보는 것처럼, 마키아벨리는 15장에서 현실과 당위를 엄격히 구분하면서, 군주에게 당위보다는 현실에 기초하여 판단하고 행동할 것을 주문하고 있다. 이후의 장章들은 도덕주의자들의 전통적 덕성 개념을 조목조목 비판하고자 하는 의도에서 쓰인 것으로 보인다. 마키아벨리는 이를 통해 흔히 악덕으로 간주되어온 행위들(인색함, 잔혹함, 약속의 파기)이 공익을 다루는 정치의 장場에서는 오히려 미덕이 될 수도 있다는 점을 보여줌으로써 신군주의 새로운 행위 윤리를 제시하고 있다.

예를 들어 보자. 16장에서 관대함보다는 인색함을 권고한 것은 만사에 구두쇠가 되어야 한다는 뜻이 아니라, 쓸데없는 지출을 줄여서 국고를 튼튼히 해야 한다는 의미다. 이 사람 저 사람에게 관대함을 보이는 것은 기분 좋은 일일지는 모르나, 결국 국고를 낭비하게 되고 그리하여 백성들에게 더 많은 세금을 요구하게 되므로 피해야 한다는 것이다. 한마디로 인색함이 더 긴 안목에서는 관대함이 된다는 것이다.

잔혹함과 인자함, 혹은 두려움과 사랑을 다룬 17장 역시 16장의 경우와 동일한 논법으로 이루어져 있다. 백성들의 사랑을 받는 것은 좋으나, 변덕스러운 그들이 언제 사랑을 거두어들일지 모르므로 그것에만 의존하는 것은 위험하다. 반면 두려움은 군주 자신으로부터 나오는 것이므로 그것을 잃을 위험이 적다. 따라서 군주는 백성들의 사랑을 받기보다는 그들에게 두려움의 대상이 되는 편이 낫다. 잔혹함 역시 두려움을 유지하기 위해 꼭 필요한 경우에 쓸 수 있다는 것이다.

군주가 반드시 약속을 지킬 필요는 없다는 18장도 마키아벨리의 '악명'에 일조했다. 하지만 그가 무조건 약속을 지키지 말라고 한 것은 결코 아니다. 약속의 이행에는 반드시 그것이 스스로의 이익과 합치될 때 지킬 가치가 있다는 것, 그리고 상대방 역시 언제나 그것을 착실히 지킬 것이라는 전제가 깔려 있어야 한다. 만약 이러한 전제가 충족되지 않는데도 단지 도덕적인 이유로 언제나 그것을 지키려 한다면, 그 군주는 곧 권력을 잃고 말 것이며 백성들은 이로 인해 다시 불안정한 상태에 처할 것이다. 군주에게 상황을 고려하지 않는 도덕주의는 단지 어리석음에 지나지 않을 뿐이라는 것이 마키아벨리의 주장이다.

현대의 『군주론』은 다양한 얼굴로 끊임없이 되살아나고 있다. 마키아벨리 시대의 '군주'는 현대의 정치 보스이기도 하고 대기업의 CEO이기도 하다. 마키아벨리가 관찰한 인간의 행위방식은 시대의 흐름에도 불구하고 변함이 없기 때문일 것이다. 유사 『군주론』이 계속해서 간행되고 많은 사람들이 그것을 읽는 이유도 여기에 있다. 『군주론』이 밝히고 있는 '권력의 비밀'이 불편할 수도 있겠지만, 그럼에도 불구하고 우리는 그것을 인식하고 직시할 필요가 있다. 그래야 권력의 자의성을 이성적으로 통제할 수 있기 때문이다.

『군주론』 한국어 번역으로는 지금까지의 번역 오류를 수정하고 이탈리아어 원문을 함께 수록한 필자 역 『군주론』(길, 2013)을, 그의 삶에 대해 알고 싶다면 최고의 전기로 평가받는 로베르토 리돌피의 『마키아벨리 평전』(곽차섭 옮김, 아카넷, 2000)을 권한다.

곽차섭 | 부산대 · 서양사

사회
과학
70 / 국가권력의 원천에 대한
인간학적 논증

:: 『리바이어던』, 토머스 홉스

링컨의 유명한 정의에 따르면, 민주주의는 '국민의, 국민에 의한, 국민을 위한 정부'에서 시작된다. 이것이 이른바 주권재민主權在民의 원칙이다. 우리나라 헌법에는 물론이고, 세계 거의 모든 나라의 헌법 첫머리에 이 원칙이 명시되어 있다. 이에 따라 민주국가에서는 복수의 정당이 정권을 획득하기 위해 서로 경쟁하고, 주기적인 선거를 통해 국민이 정부를 '선택'한다. 그러나 수천 년에 걸친 인류의 정치사에서 이러한 '정부 선택'의 관념은 그리 오래된 일이 아니다. 18세기 말까지도 대부분의 유럽 국가에서 최고 통치자는 군주였으며, 그 통치권은 왕권신수설王權神授說에 의해 정당화되었다. 정당과 선거가 제도화된 것은 19세기에 와서의 일이다. 서양의 지적 전통에서 그러한 '정부 선택'의 관념은 국가를 '사회계약'의 산물로서 파악하는 '계약국가' 이론에서 비롯된다.

> 지금까지 플라톤을 비롯한 그 어떤 철학자도 도덕이론의 모든 공리(公理)를 정리하고, 충분히 혹은 대략이나마 증명하여, 사람들이 통치하는 법과 복종하는 법을 배울 수 있도록 하지 못했다는 것을 생각하면, 다시금 희망이 생긴다. 나의 이 저술이 어느 주권자의 손에 들어가, 그가 스스로 생각하고(이 저작은 짧고, 내 생각에는 명료하니까), 사심(私心)이 있거나 혹은 질투심이 많은 해석자에게 현혹되지만 않는다면, 또한 그가 온전한 주권을 행사하여, 이것이 공적으로 교육될 수 있도록 보호한다면, 이 사색의 진리는 실천적인 이익으로 바뀔 것이다. 그런 날이 오기를 기대한다.

토머스 홉스Thomas Hobbes, 1588~1679의 『리바이어던』(1651)은 국가가 사회계약에 의해 성립된다는 주장을 최초로, 체계적으로, 명료하게 논증한 저술이다. 모두 4부로 구성되어 있는데, 제1부는 국가의 '재료'인 인간에 대한 논의를 '유물론적' 관점에서 전개하고 있고, 제2부는 인간을 재료로 '설립'된 국가의 목적과 형태 및 기능에 대해 논의하고 있다. 제3부에서는 교황이 국가통치권을 가질 권한이 없다는 것을 성경에 근거하여 조목조목 증명하고, 제4부에서는 그릇된 신학이론으로 초래된 여러 가지 불합리한 현실들에 대해 비판하고 있다.

국가권력과 같은 정치적 질서가 생겨나는 이유는 무엇인가? 이에 대한 설명 중의 하나는 정치공동체에서 벌어지는 권력현상 그 자체를 자연스러운 것으로 인식하는 소위 '자연적 엘리트 이론'이다. 이 이론에 따르면, 일부 사람들은 혈연이나 능력, 혹은 신(神)의 선택과 같은 선천적인, 혹은 자연적인 어떤 이유로 다른 사람들보다 우월하기 때문에 정치적 지배권을 갖게 되고, 이로부터 정치적 질서가 생겨난다는 것이다. 그러나 홉스는 이러한 엘리트 이론을 거부하고 국가는 '평등한 인간들'에 의해 철저히 '인공적으로' 만들어졌다고 주장한다. 이를 입증하기 위해 홉스는 국가의 '건립자'이며 동시에 국가의 '재료'가 되고 있는 '인간'의 본성에 대한 논의부터 시작한다.

인간은 그들 모두를 위압하는 공통의 권력이 존재하지 않는 자연 상태에서는 전쟁 상태에 들어가게 된다. 이 전쟁은 만인에 대한 만인의 전쟁이다. … 전쟁 상태에서는 성과가 불확실하기 때문에 근로의 여지가 없다. 토지의 경작이나 해상무역, 편리한 건물, 무거운 물건을 운반하는 기계, 지표(地表)에 관한 지식도 없고, 시간의 계산도 없다. 예술도 없고, 학문도 없고, 사회도 없다. 끊임없는 공포와 생사의 갈림길에서 인간의 삶은 고독하고, 가난하고, 험악하고, 잔인하고, 그리고 짧다.

홉스는, 인간은 나면서부터 모두가 평등하게 '자기보존'의 권리를 가지고 있다고 주장했는데, 이 주장 때문에 중국의 순자(荀子)와 함께 '성악설'의 대표자가 되고 말았다. 그러나 예를 들어, 늑대가 '자기보존' 즉 생존을 위해 토끼를 잡아먹는다고 해서 '늑대의 본성은 악하다'고 단정할 수는 없을 것이다. 그래서 홉스는 이렇게 항변한다. "내가 말로써 인간을 비난하고 있다면, 금고를 잠그고 문을 닫아 걸고 무장을 단단히 하고서야 거리로 나오는 사람들은 행동으로써 인간을 비난하고 있다."

인간의 본성에 대한 면밀한 고찰 끝에 홉스가 내린 결론은 이렇다. 죽음의 공포와 안락한 생활에 대한 욕구, 그리고 근로를 통해 안락한 생활을 얻을 수 있으리라는 희망이 인간을 평화로 향하게 한다는 것이다. 공포, 욕구, 희망과 같은 정념들과 함께 작용하는 '이성'은 죽음의 공포와 안락한 생활에 대한 욕구를 이용하거나 격화시켜 명예욕이나 자만심이 가져오는 파괴적인 결과들을 통제할 수 있는 규칙을 가르쳐준다. 홉스는 이러한 이성의 규칙들을 '이성의 명령' 혹은 '자연법'이라고 부르고 있다. 그는 자연법이 평화에 이르는 방법과 예절 혹은 덕의 실천을 명령하기 때문에 바로 '도덕'과 같은 것이며, 자연법이야말로 '진정한 도덕철학'이라고 주장했다.

'제1의 기본 자연법'은 "모든 수단을 동원하여 평화를 추구하라"는 것이다. '제2의 자연법'은 "다른 사람들도 그렇게 할 경우, 처음 자신이 가지고 있던, 모든 것에 대한 권리를 포기하고, 자신이 다른 사람에게 허락한 꼭 그만큼의 자유에 만족해야 한다"는 것이다. '제3의 자연법'은 "신의계약(信義契約)을 맺었으면 지켜야 한다"는 것이다. 이 원칙이 지켜지지 않을 경우, 사회는 사회로서 존속할 수가 없다. 이외에도 홉스가 말한 자연법에는 재판관의 역할을 위임받은 '중재자의 형평'도 들어 있고, '배은', '오만', '자만', '불공평', '편벽' 등에 대한 금지도 들어 있다. 홉스는 자연법에 대한 자신의 '세밀한 추리'가 '식생활에 바쁘거나' 혹은 '게으른' 사람들에게는 이해하기 힘든 것이 될지도 모른다는 염려에서 모든 사람들이 다 이해할 수 있도록 자연법을 이렇게 요약한다. "남이 너에게 행하기를 원치 않는 일은 너도 남에게 행하지 말라."(마치 공자의 『논어』를 읽은 사람처럼!) 이것은 '대접받고 싶은 대로 대접하라'는 성경(마태 7,12 참조)의 황금률과도 같다.

홉스에 따르면, 제3의 자연법, 즉 '계약의 준수'야말로 정의의 원천이다. 그러나 미래에 어떤 행동을 하기로 약속하는 신의계약은 신뢰에 바탕을 두고 있다. 자연 상태에서는 그러한 신뢰를 바랄 수가 없으며, "칼 없는 신의계약은 빈 말에 불과할 뿐이다." 그러므로 사람들이 계약을 이행하게 하는 강제적 권력, 즉 '주권'이 존재해야 한다. 주권이 존재함으로써, 계약을 위반할 때 기대되는 이익의 유혹보다는 처벌의 공포가 더 큰 힘으로 작용하게 된다. '공포의 정념' 이외의 다른 도덕적인 힘에 기대어 사람들의 신뢰 있는 행동을 기대하는 것은 무망無望한 일이다.

> 공통의 권력은 외적의 침입과 상호간의 권리 침해를 방지하고, 또한 스스로의 노동과 대지의 열매로 일용할 양식을 마련하여 쾌적한 생활을 할 수 있도록 하기 위한 것이다. 이 권력을 확립하는 유일한 길은, 모든 사람의 의지를 다수결에 의해 하나의 의지로 결집하는 것, 즉 그들이 지닌 모든 권력과 힘을 한 사람 혹은 합의체에 양도하는 것이다. (…) 다수의 사람들이 하나의 인격으로 결합되어 통일되었을 때 그것을 '국가(Commonwealth)'라고 부른다. 이리하여 바로 저 위

대한 '리바이어던(Leviathan)'이 탄생한다.

국가는 다수 인간이 상호간의 계약에 의해 창조한 일종의 '법인격(legal person)'이다. 이 법인격을 만든 인간들은 이 '인조인간'의 의지를 자신들의 의지로 간주해야 한다. 이것은 곧 모든 백성은 주권자의 모든 행동을 자신의 행동으로, 주권자가 제정한 모든 법률을 자기 자신이 만든 것으로 간주해야 한다는 것을 의미한다. 이러한 논리는 정치권력의 원천을 '피치자被治者의 동의'에서 찾고 있는 오늘날 민주주의의 지배적인 학설과 정확히 일치한다.

『리바이어던』의 제3부와 제4부는 '기독교 국가'에서 주권이 누구에게 있는가 하는 문제를 다루고 있다. 여기에서 홉스는 성경 구절을 종횡으로 인용하면서 많은 주제들을 다루고 있는데, 주된 논점은 다음과 같다. 첫째, 제1부와 제2부에서 전개한 감각, 경험, 이성에 입각한 유물론적 세계관과 시민정부 이론은 성경의 '참된 가르침'과 결코 어긋나지 않는다는 것이다. 그의 유물론은 어떠한 '무형의 영적 실체'도 인정하지 않기 때문에 누가 보더라도 '무신론'으로 보인다. 그러므로 그는 하느님과 그리스도를 '영적 실체'로 믿고 있는 신자들을 향해, 성경에 나오는 '영적 존재'에 관한 구절을 읽을 때는 '단어'를 보지 말고, '의도'를 읽으라고 권고하는 것으로 충돌을 피해간다. 둘째, 모든 진리는 성경과 이성에서 나오는데, 교황과 주교들이 주장하는 '교권'은 성경에도 근거가 없고, 이성적으로도 합당하지 않다는 것이다. 교황의 권력은 결코 '수장首長'의 권력도 아니고, '지배자'의 권력도 아니다. 기껏해야 '교사'의 권력일 뿐이라는 것이다. 교사는 어떤 일에 대해 '권고'를 할 수 있을 뿐, '명령'할 권한은 없다. 따라서 백성들이 그에 복종해야 할 어떠한 '의무'도 없다. 그럼에도 불구하고 교황은 기독교 국가들에 대한 통치권을 주장하고, 로마 가톨릭 교회는 '사탄'과 '마귀'와 '지옥'과 '연옥'으로 무지한 신도들을 위협하면서 혹세무민惑世誣民하고 있다는 것이다.

홉스는 자신의 국가이론에 따라 등장하게 될 절대정부가 국민을 억압하는 독재정부가 되리라고는 생각하지 않았다. 그가 기대한 국가생활의 모습은 오늘날의 민주정부에서 이상으로 삼고 있는 것과 매우 흡사하다. 국가는 법률로써 국민의 생업을 도와주고, 나태와 낭비를 억제하며, 근로와 항해를 장려한다. 국민이 짊어져야 할 부담은 공평하게 나누어지며, 세금은 소비에 따라 부과되고, 근면한 자가 보상을 받고, 국민 개개인은 국가의 보호를 받은 만큼 국가에 대가를 지불한다. 만인은 법 앞에서 평등하며, 타락한 재판관에게는 엄한 징계를 내리고, 누구나 법원에 상소할 수 있다. 국민의 안전이야말로 최고의 법이며, 이 안전에는 국민 개개인이 국가의 권력과 충돌하지 않고 적법하게 얻을 수 있는 생활의 만족과 기쁨이 포함되어 있다.

홉스는 계몽주의 시대의 영국 철학자다. 옥스퍼드 대학에서 스콜라철학을 공부하고, 유럽 대륙에서 수학과 자연과학을 연구했으며, 프랜시스 베이컨의 영향을 받아 유물론적·기계론적 세계관을 세웠다. 찰스 1세와 의회와의 대립이 격화되고 내란의 조짐이 보이자, 왕당파로 의심을 받아왔던 홉스는 신변에 위협을 느끼고 1640년 프랑스로 피신하여 1652년 초까지 머물렀다. 그 뒤 크롬웰 정권하의 런던으로 돌아와 정쟁政爭에 개입하지 않고, 오직 학문연구에 힘썼다. 49세가 되던 해인 1637년에 자연과 인간과 사회에 대한 과학적 지식을 유클리드기하학의 논증방법에 따라 건설한다는 목표 아래 『물체론』, 『인간론』, 『시민론』을 집필할 계획을 세웠다. 이 중 『시민론』이 1642년에 라틴어로 출판되었으며, 1649년에는 프랑스어 번역판이 나왔고, 1651년에는 홉스 자신이 쓴 영어판이 나왔다. 바로 이 해에 『리바이어던』이 영어로 출판되었다. 이 책은 프랑스 망명 기간 중에 집필되었는데, 출간은 런던에서 했다. 『리바이어던』을 출간한 후 '무신론'과 '신성모독' 등 이단異端 혐의로 시달리다가 당국으로부터 영어로 저술한 모든 책에 대한 출판금지처분을 받았는데, 1668년 『리바이어던』 라틴어판을 출간하면서 이단에 대한 처벌의 부당성을 주장하는 부록을 붙였다. 1655년에는 『물체론』을, 1658년에는 『인간론』을 출간함으로써 계획했던 3부작을 완성했다. 노년에 이르기까지 왕성한 집필활동을 하여 80세가 되던 해인 1668년에는 『비헤모스Behemoth』를 저술했다. 홉스의 여러 저작 중에서 『리바이어던』이 특히 유명한 이유는 그가 과학적 지식의 건설을 위해 계획한 물체론, 인간론, 시민론의 기본사상이 체계적으로 집대성되어 있기 때문이다.

    홉스의 국가에 대한 분석은 생물학자의 해부처럼 세밀하고, 논리 전개는 기하학자의 증명을 닮았다. 문장은 재판관의 판결문과 비슷하여 답답할 정도로 엄밀하고, 숨이 차도록 길다. 그런 만큼 쉽게 읽히는 책은 아니다. 그러나 그의 논리를 따라가다보면, 고찰 대상(물체, 인간, 국가)에 대한 치밀한 분석과 명석한 논증에 감탄이 절로 나온다. 그의 논리를 수용하든 거부하든, 그가 던지는 질문 하나하나가 인간과 사회에 대해 우리가 알아야 할 것들이 무엇인지 깊이 생각하도록 만든다는 점에서 『리바이어던』은 읽을 만한 가치가 충분하다.

그의 주요 저서로는 『리바어어던』(1651) 이외에 『시민론』(1642), 『물체론』(1655), 『인간론』(1658), 『비헤모스』(1688) 등이 있는데, 몰즈워드 경이 11권으로 편집하여 출간한 『토마스 홉스 영문 저작집』(William Molesworth, ed. 1839~1845. *The English Works of Thomas Hobbes*. 11 vols. London: John Bohn)에 모두 수록되어 있다.

번역서로는 필자가 우리말로 옮긴 『리바이어던 1·2』(나남출판, 2008)를 추천한다.

진석용 | 대전대 · 정치사상

사회과학 71 / 자유로운 개인이 사회 진보에 공헌한다

:: 『자유론』, 존 스튜어트 밀

존 스튜어트 밀John Stuart Mill, 1806~1873의 『자유론(On Liberty)』은 발언의 자유가 왜 중요한지를 설득력 있게 옹호한 대표적인 문건이다. 자유라고 하는 주제는 사회생활의 질서가 어떠해야 하는지에 관한 질문과 인간적 삶의 의미가 무엇인지에 관한 질문에 공히 연관되어 깊은 성찰을 요구한다.

우선 삶의 의미와 관련하여, 밀은 각 개인이 자신의 삶을 자기 뜻대로 설계하고 영위하는 것이 최선이라고 말한다. 여기에는 두 가지, 공리에 입각한 이유와 본원적 가치에 입각한 이유가 있다.

공리에 입각한 이유는 결과적으로도 자유로운 선택이 강압에 따른 행동보다 낫다는 것이다. 각자의 선택이 항상 최선의 결과로 이어진다는 말은 아니다. 사람은 누구나 때로 실수할 수가 있기 때문에 원치 않은 결과를 낳게 되는 선택도 자주 한다. 하지만 잘못된

> (…) 전체 인류 가운데 단 한 사람이 다른 생각을 가지고 있다고 해서 그 사람에게 침묵을 강요하는 일은, 어떤 한 사람이 자기와 생각이 다르다고 나머지 사람 전부에게 침묵을 강요하는 일만큼이나, 옳지 않다.

선택을 내렸다고 할지라도, 바로 그러한 경험을 통해 많은 점을 깨달아 다음번에는 더 나은 선택을 내릴 수 있는 역량이 배양된다는 점을 밀은 강조한다. 본원적 가치에 입각한 이유는 자유롭게 선택한 행위여야 당사자가 자발적으로 선택한 행위가 되기 때문에, 곧 자신의 행위라고 말할 수 있는 자격을 갖춘다는 말이다.

다음으로 사회생활의 질서와 관련해서도 밀은 같은 방식으로 자유를 옹호한다. 개인들에게 자유를 폭넓게 허용하는 사회가 공리라는 점에서나 본원적인 가치라는 점에서나 억압적인 사회보다 낫다는 것이다.

밀은 사회의 진보를 강구하기 위해서는 공리功利, utility의 증진에 초점을 맞춰 생각을 진행해야 한다고 주장한 벤담의 후계자였다. 그의 아버지 제임스 밀은 벤담의 제자이자 동지로서, 장남 존을 세

살 때부터 공리주의의 원리에 따라 고안된 교육 프로그램에 맞추어 양육했다. 공리주의는 이치에 따르는 엄밀한 비교와 계산에 의해 사회문제 대부분을 해결할 수 있다고 본다. 엄밀한 비교와 계산이 가능하기 위해서는 무엇보다 사안의 진상이 발굴되고 확인되어야 한다. 밀이 자유를 옹호하는 이유는 공론의 광장에서 사안의 진상을 밝혀내기 위해 반드시 필요하다고 보기 때문이다.

밀은 네 가지 차원에서 자유가 진상의 발굴에 기여한다고 본다.

첫째, 어떤 사안에 관해서든지 진상이 무엇인지는 한 개인 또는 여러 개인들이 가진 의견의 형태로 나타난다. 그런데 사람의 의견이란 완전히 옳거나 완전히 틀린 경우가 드물고, 대개는 옳은 면과 옳지 않은 면을 함께 가진다. 그러므로 하나의 의견을 옳다고 보아 그와 다른 의견을 억압하게 되면, 인정된 의견에 담겨 있는 틀린 면까지 옳다고 인정하는 셈이며, 억압된 의견에 담겨 있는 옳은 면까지를 억압하는 셈이다. 이는 사회에 손해다.

둘째, 어떤 의견이 대체로 틀렸다고 할지라도, 거기에는 약간의 일리가 들어 있을 때가 많다. 그러므로 그런 경우에도 침묵을 강요하기보다는 의견을 표명하도록 허용해야, 그 안에 들어 있는 약간의 일리가 자라나 사회에 기여할 수 있는 가능성이 열린다.

셋째, 완전히 틀린 의견이라도 발언할 자유는 허용되어야 한다. 표현할 기회 자체가 봉쇄당하게 되면, 그것이 왜 어떤 점에서 틀렸는지 명백하게 드러날 기회도 동시에 봉쇄당한다. 표현되어 공론의 장에서 반박당하는 기회가 허용되어야, 틀린 의견을 가졌던 당사자뿐만 아니라 주변의 시민들까지 해당 주제에 관해 옳고 그름을 분명하게 학습하는 경험을 가질 수 있다.

넷째, 교조를 강제로 주입하게 되면 개인들의 개성이 설자리를 잃는다. 어떤 행동을 하든지 스스로 판단해서 옳기 때문에 하는 것이 아니라, 힘센 자의 눈치를 보기만 하는 성향이 팽배하게 된다. 사람들이 서로 눈치만 보는 사회에서는 이성이 작동할 수가 없다.

이 가운데 넷째 차원에는 자유를 본원적 가치로 보는 밀의 입장이 스며들어 있다. 순종적인 성향으로 가득 찬 사회는 자발성, 창의성, 천재적 영감 따위가 애초에 생겨날 수 없다. 이는 공리라는 관점에서 사회 전체에 손해일 뿐만 아니라, 도덕적 인간성의 발현도 원천적으로 방해한다. 정신적 에너지가 전면적으로 위축되어 어떤 사안과 관련해서도 진실이 밝혀질 수 없기 때문에 문명의 발전 자체가 불가능한 상태는 공리라는 관점에서만 손해인 것이 아니라, 인간성 자체를 타락시키기까지 한다. 그런 사회에서는 "활력이라고는 시든 것밖에 남지 않을" 것이며, "심술궂고 완고하며 뒤틀린 인간"만이 양성되기 때문이다. 이를 밀은 "집단적 범용凡庸, collective mediocrity"이라고 부르며, 이런 사회는 결국 집단적 범용의 무게를 못 이기고 무너지리라고 보았다.

밀이 개인의 모든 자유를 옹호한 것은 아니다. 모두가 자기 맘대로 행동한다는 것은 무질서일 뿐이므로, 누구도 그런 주장을 펼칠 수는 없다. 밀은 다른 사람에게 피해(harm)를 줄 자유는 아무에게도 없다고 보았다. 그러므로 행동에는 마땅히 제약이 있어야 하지만, 자기 생각을 공개적으로 발언해서 표현할 자유만은 절대적으로 보장되어야 한다고 보았다. 심지어 정부를 전복하겠다는 혁명

사상이나 자살을 부추기는 이론이라고 해도 말이나 글을 통해 공론장에 고개를 내미는 것을 막으면 안 된다는 것이다.

의견의 표명을 가로막는 사람들은 그 의견이 틀렸거나 해롭기 때문에 가로막아야 한다고 말한다. 하지만 밀은 어떤 의견을 틀렸다거나 해롭다고 여기는 것 역시 하나의 의견일 뿐임을 날카롭게 지적한다. 그러므로 그 의견이 틀렸다고 보는 사람은 자신의 견해를 밝히고, 옳다고 보는 사람 또한 자신의 견해를 밝히는 가운데, 의견의 자유 시장에서 공론이 전개된다면 틀렸거나 해로운 의견은 자연스럽게 도태되리라는 것이다.

이는 넓은 의미에서 자유주의의 핵심 가치라고 할 수 있는데, 한국에서는 흔히 자유주의라고 하면 평등에 반대한다거나 시장에 대한 국가의 개입을 반대하는 것으로 보는 경향이 있다. 이런 입장은 자유주의의 한 갈래일 뿐으로, 레세-페르 자유주의(laissez-faire liberalism)라고 불린다. 반면에 존 스튜어트 밀의 자유주의는 사회적 자유주의(social liberalism)라고 불리는 갈래에 속한다. 사회적 자유주의는 규제가 무조건 적을수록 좋다고 보는 것이 아니라, 사회 전체의 공리를 위해 필요한 규제는 정당하다고 본다. 공동체의 안보 또는 경제의 안정적 성장을 위해 필요한 만큼 개개인의 행동은 규제될 수 있다. 단, 안보든 경제든 또는 어떤 다른 주제에 관해서든, 개인들이 말이나 글을 통해 자신의 의견을 발언하는 것은 누구에게도 피해를 주지 않는다. 오히려 시민들의 다양한 의견이 공개적으로 논의됨으로써, 어떤 행동을 규제할 필요가 있고 어떤 행동은 규제할 필요가 없는지가 이치에 따라 분별될 수 있을 것이다.

이와 같은 생각은 17세기에 영국의 밀턴(『아레오파지티카』)과 로크(『관용에 관한 편지』), 그리고 19세기 초 프랑스의 콩스탕(『근대인의 자유와 고대인의 자유』) 등도 일찍이 제창한 바 있었다. 밀의 『자유론』은 이런 생각을 가장 선명하고도 가장 포괄적으로 정형화한 작품이다. 그리고 그 후 발언의 자유는 영국, 북미, 오세아니아 등 영어권 사회 그리고 영불해협을 건너 서유럽 사회에서 일종의 헌법적인 원리로 받아들여졌다. 이 원리는 대한민국 헌법(제17~22조)에도 스며들어 사생활, 통신, 양심, 종교, 언론, 출판, 집회, 결사, 학문, 예술의 자유 등으로 구현되어 있다.

의견의 자유 시장을 신봉하고 발언의 자유를 절대적으로 옹호했던 만큼, 밀은 설령 지금 살아 있더라도 자신에 대해 제기되는 다양한 비판들을 경청했을 것이다. 여기서는 두 가지 비판만을 소개한다.

하나는 공론장에서 옳고 그름이 가려질 것이라고 본 밀의 견해는 이치에 따른 결론이 아니라 불특정다수의 이성을 신뢰한 그의 믿음일 뿐이라는 지적이다. 의견의 자유 시장에서 진실이 승리하고 허위가 도태되리라는 말은 시간에 제한을 두지 않을 때에만 항상 맞다. 하지만 실제적인 사회생활에서 정책의 결정은 항상 시간상의 제약 아래서 이루어진다. 그러므로 발언의 자유가 충분히 허용된 사회라고 해도, 결정을 내려야 하는 시점에서 득세하는 의견이 항상 옳은 것은 아니다.

다른 하나는 남에게 피해를 주지 않는 한 자유롭다고 말할 때 밀이 기본적으로 물리적인 피해만을 고려하고 심리적이거나 도덕적인 방면의 피해는 미처 생각하지 못했다는 비판이다. 예컨대 영상물을 통해 지나친 폭력이나 음란한 내용이 노출될 때 수용자들의 심리나 도덕에 피해가 간다는 주장이 있다. 이러한 주장은 남에게 피해를 주지 않는 한 자유롭다는 원칙으로부터 표현의 자유가 무제한이어야 한다는 결론이 논리적으로 도출되지는 않음을 보여준다. 말이나 글에만 국한하더라도, 악의적인 중상모략이나 명예훼손까지 자유롭게 허용하기는 어려운 일이다. 그리고 이런 점들을 함께 고려하기로 하면, 피해의 기준을 획정하기가 대단히 까다로워진다.

그러나 19세기를 살았던 밀에게 20세기 및 21세기 사회의 문제들을 풀어달라고 요구할 수는 없다. 밀은 다양성과 자발성을 옹호했던 사상가이기 때문에 스스로 말한 내용이 어떤 의미에서도 절대적인 진리로 남으리라고는 생각하지 않았다. 자기가 살았던 시대적·공간적 배경 위에서 스스로 검토해본 결과, 옳다고 사료되는 주장들을 펼쳤을 뿐이다. 그의 주장 가운데 자유가 대단히 소중한 가치라는 점은 그 후 영어권은 물론이고 영어권 바깥으로까지 퍼져나가 많은 사람들에게 영감을 제공했다. 한편 자유에는 경계가 필수적이고, 아마 발언의 자유 역시 글자 그대로 무제한 허용되기는 어렵다고 봐야 할 것이다. 이런 문제들에 관한 경계는 밀에게 물어서 획정할 일이 아니라, 각 사회의 구성원들이 공론장에서 활발한 논의를 거쳐서 분별할 일에 해당한다. 이것이 『자유론』을 통해 밀이 전하고자 한 메시지다.

『자유론』은 한국어본이 여러 종류 나와 있는데, 책세상 문고본으로 나온 서병훈 변역본(2005)이 가장 낫다. 이 번역본에 달려 있는 해제 역시 전반적인 개관에 도움이 된다. 이 외에 존 스튜어트 밀의 다른 책으로는 『정치경제학 원리(Principles of Political Economy)』(박동천 옮김, 나남, 2010), 『여성의 종속(The Subjection of Women)』(서병훈 옮김, 책세상, 2006), 『공리주의(Utilitarianism)』(서병훈 옮김, 책세상, 2007), 『자서전(Autobiography)』(최명관 옮김, 서광사, 1991), 『대의정부론(Considerations on Representative Government)』(서병훈 옮김, 아카넷, 2012), 『논리학 체계(System of Logic)』(국내 미번역) 등이 있다.

박동천 | 전북대 · 정치철학

사회과학 72 / 자살에 대한 사회학적 연구

:: 『자살론』, 에밀 뒤르켐

스스로 목숨을 끊는다는 것이 얼마나 괴로운 일일까? 좌절과 절망의 구렁텅이 속에서, 살아가고자 하는 마지막 희망조차도 놓아버리는 것. 그 고통과 절박함은 경험하지 못한 사람은 이해하기 어려울 것이다. 언제부턴가 우리 사회는 자살하는 사람들이 늘고 있다. 이미 우리나라는 OECD 국가 가운데 자살률이 단연 1위다. 청소년과 학생의 자살률이 1위이며, 무엇보다 노인의 자살률은 다른 나라에 비해서 압도적으로 높다. 무엇이 사람들로 하여금 스스로 목숨을 끊게 만드는가? 도대체 우리 사회는 무엇이 잘못되었는가? 자살 문제는 우리 사회의 핵심 문제가 되었으며, 이를 해결할 방안이 시급히 마련되어야 할 것이다. 자살의 원인에 대하여 사회학적으로 탐구한 에밀 뒤르켐Émile Durkheim, 1858~1917의 『자살론』은 사회학의 고전이기도 하지만, 오늘날 한국사회의 자살 문제를 규명하고 해

> 왜 사람들은 스스로 목숨을 끊는가?
> 자살은 개인적 행위이고, 자살률은 사회적 사실이다.
> 사회적 사실인 자살률을 다른 사회적 사실로 설명하다.
> 사회적 원인은 개인에게 집합적 표식을 남긴다.

결하기 위해서는 우리가 반드시 읽어야 할 책이기도 하다.

 자살은 개인적 행위인가 사회적 사실인가? 뒤르켐의 『자살론』이 나오기 이전에도 자살에 대한 연구들이 진행되었다. 하지만 뒤르켐 이전의 연구들은 자살의 원인을 정신이상이나 신경쇠약 등 개인적인 특성에서 찾고자 했다. 개인적인 특성이 자살에 영향을 끼치긴 하지만, 뒤르켐이 주목한 것은 남자가 여자보다 정신질환을 덜 앓음에도 불구하고 남자의 자살률이 여자의 자살률보다 더 높다는 것과 유대인, 가톨릭 신자, 개신교 신자 순으로 정신질환을 앓는 경우가 더 많음에도 불구하고 자살률은 정반대의 순서인 개신교 신자, 가톨릭 신자, 유대인으로 나타난다는 것이다. 뒤르켐은 사회의 자살률에 논의의 초점을 맞춘다. 남자가 여자보다, 그리고 개신교 신자가 가톨릭 신자보다 자살을 더 많이 하는 것은 사회적 사실(Social fact)이며 이런 사회적 사실을 개인적 이유가 아닌 사회적 이유로 설명하고자 하는 것이 뒤르켐의 『자살론』의 핵심 내용이다.

뒤르켐은 프랑스에서 조사된 자살에 대한 다양한 통계자료들을 분석하면서, 여러 가지 유형의 사회적 통합(Social integration) 및 사회적 규제(Social regulation)가 자살률에 영향을 끼친다는 것을 발견했다. 한 사회에 존재하는 사회적 통합 및 규제라는 사회적 사실이 또 다른 사회적 사실인 자살률의 원인이 된다는 것이다. 사회적 사실로서 사회적 사실을 설명하고자 했던 뒤르켐의 사회학적 시선이 『자살론』에서 분명하게 적용된 것이다.

뒤르켐은 자살을 초래한 사회적 원인에 따라 자살의 사회적 유형을 이기적 자살(Egoistic suicide), 이타적 자살(Altruistic suicide), 아노미적 자살(Anomic suicide) 그리고 숙명적 자살(Fatal suicide) 등 네 가지로 구분했다.

첫째, 이기적 자살. 이기적 자살은 사람들이 속한 공동체의 사회적 통합 정도가 낮을 때 발생한다. 공동체가 개별화되고, 개인이 공동체로부터 충분히 지지받지 못할 때, 그리하여 개인이 지나치게 고립되어 있을 경우 발생하는 자살이 이기적 자살이다. 가톨릭보다 개신교에서, 대가족보다 핵가족에서, 결혼한 사람보다 미혼인 사람에게서 자살률이 높은 것은 그 사람이 속한 공동체의 사회적 통합 정도가 낮기 때문이다. 전쟁이나 혁명 기간 동안 자살률이 낮은 이유는 그 기간 동안 사회적 통합의 정도가 높아지기 때문인 것이다.

둘째, 이타적 자살. 이기적 자살이 '지나친 개인화' 때문에 일어나는 것이라면 이타적 자살은 반대로 '충분하지 못한 개인화' 때문에 일어나는 것이다. 개인이 속한 공동체의 결속이 지나치게 강할 경우, 공동체적 가치가 이념과 도덕을 통해서 개인들에게 강요되는 경우, 그리고 사회를 위한 개인의 희생이 선한 것으로 여겨지는 경우, 결국 개인들이 사회에 지나치게 통합되어 있을 때 자신이 속한 공동체를 위해서 목숨을 버리는 이타적 자살이 발생한다. 사회적 의무를 수행하기 위해서 스스로 목숨을 끊는 것이다. 전쟁 중에 동료의 죽음을 보고 적진을 향해 달려가며 스스로 목숨을 끊는 경우도 여기에 해당되며, 자신이 속한 집단의 이익을 위해 자살테러를 하는 것도 이타적 자살에 속한다.

셋째, 아노미적 자살. 사회적 통합의 차이에 따라 이기적 자살과 이타적 자살이 발생한다면, 여기에 속하지 않는 다른 유형의 자살들이 있다. 아노미적 자살과 숙명적 자살이다. 아노미적 자살은 사회의 조정 및 규제 기능이 약화되어 그 사회 속에 사는 개인들이 방향을 상실하게 되었을 때 일어나는 자살이다. 아노미적 상황은 사회가 급격한 변화 속으로 휩쓸려 들어가면서 전통적 규범들이 급작스럽게 와해되어 무규범 상태로 빠져든 경우를 말한다. 그 때 삶의 방향을 상실한 채 정신적 혼란에 빠져 자살하는 것을 아노미적 자살이라고 한다. 경제 위기시 자살률이 높아지는 것과 이혼이나 사별 등 가정 위기시에 자살률이 높아지는 것은 이 때문이라고 할 수 있다.

넷째, 숙명적 자살. 사회적 규제가 약화되었을 때 발생하는 자살이 아노미적 자살이라면, 반대로 사회적 규제가 과도하게 개인들을 억누를 때 발생하는 자살이 숙명적 자살이다. 포기하고 체념하면서 죽음을 운명적으로 받아들이는 것. 즉, 사회적인 강압 속에서 자신의 삶을 체념할 때 생기는 자살이다.

뒤르켐의 『자살론』은 한 개인의 자살에 대한 개인적인 이유와 동기를 규명하는 것보다도, 여러 집단들 간의 자살률 차이를 사회적 통합과 사회적 규제라는 이유를 가지고 설명하는 데 주안점을 둔다. 이는 곧 한 개인의 자살을 사회적 통합과 사회적 규제라는 사회적 사실로 설명하는 것은 아니라는 데 주목할 필요가 있다. 뒤르켐의 지적처럼 개인들의 자살 속에 담겨 있는 그 모든 고유한 특성들은 사회적 이유로만 환원될 수 없는 것이기 때문이다. 자살의 개인적인 이유는 질병, 신변 비관, 가정불화, 경제난, 우울증 등 무척 다양할 것이다. 뒤르켐은 자살의 이유에 대한 심리학적 연구를 뛰어넘어, 집단 간 자살률 차이를 사회적 통합과 규제라는 사회적 원인으로 설명하고자 했다. 어느 사회이건 사회적 원인은 개인들에게 집합적 표식을 남기기 마련이며, 사회적 통합과 규제라는 사회적 특성은 개인들에게 영향을 끼치고 그 결과 집단 간 자살률 차이라는 사회적 사실을 초래한 것이다.

오늘날 OECD 자살률 1위 국가인 우리나라가 뒤르켐의 『자살론』에서 배워야 할 점은 무엇인가? 학생, 청소년, 노인들의 자살률을 낮추기 위해서 무엇을 어떻게 해야 하는가? 그것은 곧 이 사회가 사회적 통합과 사회적 규제에 대한 감수성을 가지는 것이다. 사회적 통합과 결속력이 낮은 공동체에 통합과 결속력을 높여야 하며, 사회적 규제가 지나치게 높은 공동체엔 규제의 정도를 낮추어야 한다. 결국 결속 없이 무관심한 곳엔 따뜻한 공동체적 관심을, 지나친 규제로 포기하고 체념하는 곳엔 위로와 희망으로 규제를 극복해나가는 용기를 심어주는 것이 뒤르켐의 『자살론』 연구가 오늘날 우리에게 주는 교훈이 아닐까 한다.

에밀 뒤르켐의 저서 가운데 『자살론』(1897) 외에 『사회분업론』(1893)과 『종교생활의 원초적 형태』(1912)도 같이 읽을 것을 권한다.

윤일성 | 부산대 · 도시사회학 및 지역사회학

사회과학 73 / 경제학의 바이블, 시대의 혁명독본

::『국부론』, 애덤 스미스

근대 경제학의 시조라고 불리는 애덤 스미스^{Adam Smith, 1723~1790}는 스코틀랜드에서 출생하여 글래스고우 대학에서 도덕철학을 강의했다. 그리고 말년에는 스코틀랜드 관세청장, 글래스고우 대학 총장을 역임하는 등 그는 학자이면서도 현실에 활발하게 참여했던 당대 최고의 사회철학 사상가였다. 12년 동안 글래스고우 대학에서 진행한 도덕철학 강의를 바탕으로 1759년『도덕 감정론』을 발간했고, 이후 대학 교수를 사직하고 당시 중농주의의 대가 케네와 철학자 볼테르 등과 교류하면서 연구에 몰두하여 1776년 3월 9일 나이 53세에 필생의 역작인『국부론』(본서의 전체 이름은 '국부의 성질과 원천에 관한 연구[An Inquiry into the Nature and Causes of the Wealth of Nation]')을 출간한다. 이 책이 출간된 1776년을 경제학이라는 학문이 탄생한 시기로 볼 정도로『국부론』은 이전의 경제사상과는 확연히 구

> 우리가 매일 식사를 마련할 수 있는 것은 푸줏간 주인과 양조장 주인 그리고 빵집 주인의 자비심 때문이 아니라, 그들 자신의 이익을 위한 그들의 고려 때문이다. 우리는 그들의 자비심에 호소하지 않고 그들의 자애심(自愛心)에 호소하며, 그들에게 우리 자신의 필요를 말하지 않고 그들 자신에게 유리함을 말한다.
>
> _『국부론』(김수행 옮김, 비봉출판사, 2007) 1편 2장 19쪽

별되는 근대 경제학적 분석과 사고의 틀을 제공하고 있다.

애덤 스미스가 살던 시대는 영국을 중심으로 산업혁명이 시작되면서 신흥 자본계급이 출현하기 시작했지만, 정치적으로는 여전히 절대왕정의 지배하에 있었다. 『국부론』이 경제학의 원조로 소개되는 가장 큰 이유는 곳곳에서 당시 절대왕정이 신봉하던 중상주의적 국가 개입 활동인 수입규제, 식민지 건설, 무역독점의 폐해를 이론적으로 그리고 역사적 경험분석을 통하여 규명했기 때문이다. 이런 점에서 『국부론』은 중상주의를 비판함으로써 절대왕정을 무너뜨리고 부르주아 중심의 새로운 시민사회를 열었던 '시대의 혁명독본'이라고 말할 수 있을 것이다.

『국부론』은 서문을 제외한 총 5편에 걸친 방대한 저술로서(김수행 번역본 기준, 1,183쪽) 경제학의 체계를 세운 책이라 할 수 있다.

제1편「노동생산성을 향상시키는 원인들과 노동생산물이 상이한 계급들 사이에 자연법칙에 따라 분배되는 질서」에서는 국부의 성질과 원천이 중상주의에서 주장하는 금과 은을 보유하는 것이 아니라 한 나라 국민의 1년간 노동이라고 규명하여 국부의 개념을 완전히 바꾸어놓으면서 근대적 경제분석의 토대를 마련했다. 이에 따라 노동생산성을 향상시키는 분업과 생산적인 노동자 수의 증가가 중요하다는 점을 갈파했고, 노동생산물이 생산에 기여한 계급들 사이에 분배되는 과정을 규명하면서 임금, 이윤, 지대의 개념을 도입했다. 특히 중요한 것은 노동생산물의 가치는 그 상품을 생산하는 데 투입되는 노동량에 의존한다는 노동가치설을 주장했는데, 이는 이후 마르크스에 의해 비판적으로 계승되면서『자본론』의 기초를 형성하게 된다.

제2편「자본의 성질·축적·사용」에서는 자본의 성질과 축적 방식을 소개하면서, 특히 국부를 증진시키는 자본의 성격에 따른 산업의 우선순위가 농업, 제조업, 도소매업(외국 무역을 포함)의 순서를 보인다고 말한다. 또한 노동을 생산적 노동과 비생산적 노동으로 구분하여 상업보다는 제조업과 농업에 국부 창출의 원천이 있음을 주장한다. 그리고 경쟁의 일반적 유익에 관하여 논하면서 "일반적으로, 어떤 사업이 사회를 이롭게 한다면 그 사업에서 경쟁이 더 자유롭고 일반적일수록 사회를 더욱 더 이롭게 할 것이다."(『국부론』, 김수행 역 2편 서론 332쪽)라고 천명하고 있다.

제3편「각국의 상이한 국부 증진 과정」에서는 앞서 주장한 자본축적을 위한 산업의 우선순위를 토대로 국가들이 이와 같은 자연

스러운 순서를 지키지 않음으로써 국부의 약화를 초래한 사실들을 역사적으로 규명하고 있다. 로마제국 이후 유럽의 정책이 농업보다 도시 수공업, 상업을 우대함으로써 국부 증진에 실패한 점을 사례로 들고 있다.

제4편 「정치경제학의 학설체계」에서는 정치경제학의 두 가지 목표를 다음과 같이 언명하고 있다. "정치경제학은 정치가나 입법자의 과학의 한 분야로, 두 개의 목적을 가지고 있다. 첫째, 국민들로 하여금 스스로 충분한 수입 또는 생활 자료를 얻을 수 있도록 하는 것이고, 둘째, 공공서비스를 공급하는 데 충분한 수입을 국가에 제공하는 것이다. 즉, 정치경제학은 국민과 국가 모두를 부유하게 하려는 것이다."(『국부론』, 김수행 역 4편 서론 516쪽) 또한 중상주의와 중농주의의 두 가지 상이한 사상체계를 비교·분석하면서, 중상주의의 허구를 밝히고 있다. 특히 그 유명한 '보이지 않는 손'이라는 표현을 사용하여 중상주의의 정책이 특정 계급의 사적 이익만을 증진시켜서 오히려 사회 전체의 공공 이익을 저해할 수 있음을 강조했다. 공익은 말로 떠든다고 획득되는 것이 아니라, 각자가 자신의 이익을 추구하더라도 올바른 경제사회 질서 아래에서 추구하면 자연스럽게 이러한 활동이 실제 의도하지 않았던 국부의 증가로 이어진다는 사실을 논증하고 있다.

> 나는 공공 이익을 위해 사업을 한다고 떠드는 사람들이 좋은 일을 많이 하는 것을 본 적이 없다.
> _『국부론』(김수행 옮김, 비봉출판사, 2007) 4편 2장 552쪽

그러나 애덤 스미스가 사익과 공익의 조화를 말하는 명제에서 내세운 공익 개념 혹은 사회 전체의 이익이란 것이 국왕과 신흥 자본계급의 이익이지, 이후 첨예하게 대립되었던 노동자의 이익을 포함한 것은 아니었다는 점에 유의해야 한다. 그리고 애덤 스미스의 이러한 시장질서에 대한 사상은 오늘날 신자유주의가 주장하는 시장만능주의와는 거리가 있다는 점도 유의해야 한다. 왜냐하면 그는 독점의 폐해, 자본가계급의 기득권 옹호에 대한 비판, 교육의 무의 강조 등을 통하여 오늘날의 시장만능주의자와는 상반된 입장을 보였기 때문이다.

마지막 제5편 「국왕 또는 국가의 수입」에서는 오늘날의 재정학, 공공경제학에 해당하는 국가의 수입과 지출, 과세에 대하여 논의하고 있다.

『국부론』내용의 전체 분량 1,183쪽 중 1편에 325쪽(27.5%), 4편에 335쪽(28.3%), 5편에 339쪽(28.7%)의 분량을 할애하고 있어, 애덤 스미스가 경제이론의 확립(1편)과 중상주의 정책비판(4편) 그리고 국가의 재정(5편)을 설명하는 데 주안점을 두었다는 것을 알 수 있다.

흔히 애덤 스미스를 경제학의 시조, 자유방임을 주창한 시장주의자로 평가하면서 그 근거를 그의 주저인『국부론』에서 찾는다. 그러나『국부론』을 통해 우리에게 나타나는 애덤 스미스는 특히나 그의 또 다른 저서인『도덕 감정론』을 동시에 고려할 때 "자유방임자도, 자본주의자도 시장주의자도 아니다. 그는 인간사회의 운영원리를 탐구한 도덕 사회학자로서 공정한 규칙에 입각한 시장경제와 약자에 대한 배려를 동시에 고려하는 균형이 잘 잡힌 조화로운 사회상을 제시"(윤원근 저, 『국부론을 말하다』 15쪽)한 도덕철학자다.

『국부론』은 단순한 교과서가 아니다. 발간된 이후 온 유럽을 변화시킨 사상서이자 혁명의 대본이며, 마르크스가 『자본론』을 집필하면서 가장 많이 인용한 책이다. 많은 안내서에서 소개되었듯이 이 책에는 당시 유럽 사회에 대한 엄청난 분량의 역사적·문화적·사회적·종교적 지식이 온갖 흥미로운 주제의 형태로 담겨져 있음을 재차 강조하고자 한다. 오늘날 현대사회가 직면한 핵심적 이슈들—교육문제, 재벌문제, 국제무역, 경제성장 등—에 관하여 시대를 초월하여 기본으로 돌아갈 수 있게 해주는 '지혜의 보고'라 할 수 있을 것이다.

한글 번역서는 김수행이 옮기고 비봉출판사가 펴낸 『국부론 상·하』(2007)와 한국농어촌사회연구소 유인호 이사장이 번역하고 동서문화사가 펴낸 것(2008, 2판 6쇄)이 있다. 너무 방대한 분량이라 짧은 소개서 형태의 도움이 되는 해설서를 먼저 읽겠다면 김수행이 쓴 『젊은 지성을 위한 국부론』(두리미디어, 2012)과 윤원근이 지은 『국부론을 말하다』(신원문화사, 2009)를 추천한다.

이대식 | 부산대·기술경제학

사회과학 74 / 타자로서의 여성

:: 『제2의 성』, 시몬 드 보부아르

프랑스의 실존주의 페미니스트 시몬 드 보부아르Simone de Beauvoir, 1908~1986가 1949년에 발표한『제2의 성(Le Deuxieme Sexe)』은 여성의 의식 각성에 큰 역할을 한 작품으로, 페미니즘 철학의 정전으로 꼽혀왔다. 이 작품은 발표 이후 무수한 페미니스트들에게 영향을 주어 영미와 프랑스를 중심으로 한 소위 '제2의 페미니즘 물결'을 일으킨 출발점으로 인식되었다. 제1의 물결이 여성의 참정권과 재산권 등의 법적 장애를 문제 삼았다면, 제2의 물결은 가족, 여성의 성 문제, 노동현장과 재생산권 문제로 기존 여성의 문제를 확장시켰다는 데에 차이를 보인다. 이 책은 모두 두 권으로 출간되었다. 출간 당시 이 저서의 적나라한 문제제기와 표현은 학생들에게 비교육적이라고 평가되었을 뿐 아니라 보수 진영에 의해 '포르노'로 혹평받기도 했다. 바티칸 교황청은 이 책을 금서의 명단에 올리기도

> "여자는 태어나는 것이 아니라 여자로 만들어지는 것이다."

했다. 그러나 현재는 미국 대부분의 큰 대학에서 여성학 강좌가 개설되어 있으며 그 교과과정에서 이 저서는 거의 빠짐없이 주요 참고도서 목록에 들어 있다. 그만큼 이 작품은 여성의 신화와 사실을 파악하는 데 중요한 책인 것이다.

이 저서의 잘 알려진 문구인 "여자는 태어나는 것이 아니라 여자로 만들어지는 것이다."는 보부아르의 자기인식으로부터 출발했다. 자신의 『회고록』에서 보부아르는 『제2의 성』이 우연하게 착상되었다고 말하고 있다. 자기 자신에 대해 말하고 싶어졌을 때 제일 먼저 제기된 질문이 '나에게 여자라는 사실은 무엇을 의미했던가?'였다. 이 같은 질문을 시작으로 보부아르는 사적 이야기보다는 여성 조건을 보편성 속에서 탐구하게 되었고 그 결과물이 바로 『제2의 성』이었던 것이다.

여성에 관한 연구를 통해 보부아르가 내린 결론은 여성의 역사적 존재조건에서 여성은 '타자'라는 사실이다. 남성은 여성을 자기와의 관계에서 상대적인 존재로만 정의를 내리고 여성을 독립적인 존재로 간주하지 않는다. 남성은 절대적 존재이자 주체로 행세해 왔으며 여성은 남성과의 관계에서 한정 지워지고 구별되어온 타자라는 것이다. 그러므로 보부아르는 "인류는 남성이다."는 말로 당대 프랑스 여성의 존재조건을 표현했다.

그리하여 이 저서는 종속과 억압의 여성사에서 여성과 어머니의 존재조건을 자유롭게 하려는 저자의 의도를 강렬하게 반영하고 있다. 보부아르에게 여성은 남성의 타자로서 수동적인 대상이나 도구가 아니라 여성만의 독특한 육체성을 갖는 완전히 다른 존재다. 그런데 보편적인 가부장적 관념 속의 여성과 어머니상은 아이의 재생산의 통로로 간주하여 여성/어머니 존재의 차이를 간과했을 뿐 아니라 여성의 몸을 생식의 도구로 축소시켜왔다. 보부아르와 계약결혼을 했던 사르트르의 실존철학만 해도 임신과 출산, 양육을 모두 어머니에게 부과하는 가부장적 휴머니즘을 벗어나지 못했다. 그러나 이 저서에서 보부아르는 가부장사회가 규정하고 요구한 생물학적 어머니 대신에 생명체인 아이를 둘러싼 인간의 실존 상황과 책임을 강조함으로써 기존의 어머니상을 탈피하고자 한다. 어머니라는 존재의 의미는 생물학적으로 결정되지 않으며 아이와 관련하여 실존적인 상황으로 제시되는 것이다. 보부아르의 이러한 어머니 개념은 사회의 소수자인 동성애자의 부모 되기나 여성하위자의 어머니 되기와 같은 낯설고 새로운 상황들을 수용할 여지를 제공했다. 따라서 보부아르의 어머니 개념은 여성의 재생산 권리 논의에 시사한 바가 크다. 여성의 출산이 남성의 소원과 선택이 아니라 여성 자신의 욕망과 합리적 결정에 따르는 것이고 이러한 사실은 여성의 재생산 권리 논의의 핵심을 이루고 있다. 그런 이유로 아직까지도 이어지고 있는 현 시대 출산과 낙태를 둘러싼 뜨거운 논쟁의 한 축을 이루어왔다.

이 저서가 다루고 있는 여성 인식은 실로 매우 다양하고 광범위한 학문의 지식체계 위에서 전개되고 있다. '사실과 신화'라는 부제가 붙은 1권은 「운명」, 「역사」 그리고 「신화」의 관점에서 여성문제를 논의하고 있다. 1부 「운명」은 생물학적 관점과 정신분석학적 관점 그리고 유물사관의 관점에서 남녀의 차이를 비교하고 있다. 여기에서 기존의 프로이트와 아들러의 정신분석학을, 여성문제를 제대로 풀지 못한 남성중심의 논의로 비판하고 있으며 엥겔스의 가족, 사유재산, 국가의 기원이 여성문제에 합리적인 설명을 제시하지 못했음을 꼬집는다.

5장으로 구성된 2부 「역사」는 여성조건이 진화하기 위해서는 여성의 생산 참여와 재생산의 노예 상태였던 역사로부터의 자유가 필요함을 역설하고 있다. 역사적으로 기존의 어머니상은 여성을 육체에 고정시켜 남성이 자연을 지배하듯 여성을 지배하는 것이 가능하게 만들었다. 역사적으로 억압을 받아온 유대민족이나 프롤레타리아 같은 집단과 달리 여성은 남성에 의해 지속적으로 지배를 받으면서도 자신들의 독립된 문화나 특성을 보인 적이 없었다. 보부아르는 특히 남성이 가족과 가부장제를 영구화하고자 할 때 여성을 지배해왔으며 유산상속의 역사도 여성 지배와 밀접한 관계를 지닌 것으로 설명하고 있다. 여성 억압에 대한 종교의 역사도 예외는 아니어서 기독교와 성직자들이 여성을 종속시킨 경우가 허다했다. 또한 보부아르는 12세기에 발생한 궁정 연애에 의한 성 매춘과 권력의 역학관계의 역사를 분석하기도 한다. 더 나아가 19세기의 산업혁명은 집으로부터의 탈출구를 제공했지만, 여성의 노동에 대한 대가는 거의 없었음을 역설하고 있다.

3부 「신화」는 모두 3장으로 구성되었다. 첫 장은 여성의 월경과 동정, 여성의 성, 결혼, 어머니 되기, 매춘을 다루고 있다. 2장은 다섯 명의 남성 작가의 작품을 대상으로 각 작가들이 여성에 대해 공통적으로 보이는 집단 신화를 분석하고 있다. 3장은 여성에 관한 남성들의 신화에 깃들인 '신비'가 여성 억압과 종속의 현실을 반영하는 양상을 보여주고 있다.

'산 경험'이라는 부제가 딸린 2권은 모두 4부, 즉 「형성기」, 「상황」, 「정당화」, 「해방을 향하여」로 구성되었다. 1부 「형성기」에서 보부아르는 아이의 출생과 성장을 설명하면서 프로이트의 여성의 거세 콤플렉스(female castration complex)를 거부한다. 성장 과정에서 소녀들은 소년들을 부러워하도록 교육되며 소녀들에게는 자아상으로 인형이 주어진다. 소녀는 사회가 요구하는 성인 여성이 되도록 가르침을 받고 교사나 사회는 소녀에게 여성의 주어진 운명을 부과한다. 이 가운데 여성은 남성 신을 경외하고 상상의 성인 애인을 창조해내도록 배운다. 여성은 남성이 세계의 주인이라는 것을 발견하게 되면서 자아의식에 변화를 겪게 된다는 것이다.

2부 「상황」은 결혼에 대한 보부아르의 부정적 사고를 분명히 보여준다. 즉, 현실적이고 사회적이며 도덕적인 의무로 묶여 있는 두 배우자에게 일생 동안 성적 만족을 주문하는 것은 모순이라는 것이다. 결혼은 여성의 성적 만족을 좌절시킴으로써 여성의 감정의 자유와 개성을 부정한다고 지적하면서, 무엇보다도 보부아르는 낙태가 여성의 선택일 것을 주장한다. 낙태는 윤리의 문제가 아니라 여성을 향한 남성의 폭력의 문제이며 낙태와 관련된 가톨릭의 교리를 비판하는 것이다. 여성도 남성과 같이 적극적이고 효과적이며 논리적인 일을 할 수 있기 때문에 보부아르는 임신과 출산을 위해 보다 적절하게 구성된 사회 그룹이 상당량의 육아를 맡을 수 있기를 주문한다.

3부 「정당화」는 여성의 나르시시즘과 신비주의를 논의하고 있다. 여성이 자신에게서 도피하기 위해서가 아니라 스스로를 찾기 위해, 체념에서가 아니라 자긍심에서 결혼하게 된다면, 사랑은 여성에게 있어서 삶의 원천이 될 것이라고 선언한다. 마지막 장인 '신비주의 여성'에서 초월적인 것과의 관계를 창조한 여인들로 마담 귀용, 성 시에나 캐서린, 마리 알라코크 같은 여성을 예로 들고 있다.

마지막 4부인 「해방을 향하여」는 1장과 결론으로 구성되었다. 1장인 '독립한 여성'은 사디즘과 자기학대증을 피할 수 있는 직업여성이 극히 소수임을 지적한다. 그리하여 이제 여성은 스스로의 기회를 택할 시간임을 저자는 피력한다.

결론에서 보부아르는 소비에트 혁명이 약속했지만 실천하지 못한, 여성이 남성과 동동한 미래를 꿈꿔본다. 남성과 동등하게 양육되고 교육된다면, 미래의 여성은 동일한 조건에서 동일한 봉급을 받고 일할 것이고, 그녀의 성적 행위는 더 이상 '서비스'로 간주되지 않을 것이며, 스스로의 생계를 짊어질 책임이 주어질 것이며, 결혼은 원하면 파기할 수 있는 자유로운 관계에 기초할 것이며, 여자의 어머니 되기는 자유롭게 선택될 것이며, 산아제한과 낙태는 여성의 자유선택이 될 것이며, 주체로서의 권리가 주어질 것이며, 출산휴가를 받을 것이다. 이것이 보부아르가 『제2의 성』에서 꿈꾸는 미래사회의 그림인 것이다.

이제 이 저서가 출간된 지 반세기를 훌쩍 넘어 보부아르가 제기한 여성문제의 일부분은 어느 정도 실현되었다고도 말할 수 있다. 그럼에도 불구하고 산아제한과 낙태의 자유선택이나 결혼의 자유선택을 비롯한 대다수의 여성문제는 아직도 지구촌 곳곳에서 해결되지 않은 채 숨어 있다.

번역서로는 이희영이 옮기고 동서문화사가 펴낸 『제2의 성』(2009)을 권한다.

유제분 | 부산대 · 영미소설

사회 과학

75 민주주의 시대에 필요한 민주적 시민을 위하여

:: 『미국의 민주주의』, 토크빌

토크빌Alexis de Tocqueville, 1805~1859은 19세기 전반기에 미국의 민주주의를 목격하면서 이미 현대 민주주의의 취약점을 포착했고, 그에 대한 민주주의적 처방을 적실성 있게 제시했던 정치학자이자 사회학자다. 그의 대표적인 저술은 『미국의 민주주의(De la democratie en Amerique)』와 『구체제와 프랑스 혁명(Ancien Regime et la Revolution)』이다. 5년이라는 시간의 차이를 두고 두 권으로 출간된 『미국의 민주주의』에서 토크빌은 미국을 여행하면서 미국의 민주주의 정치와 민주주의 사회에 대해 목격했던 것을 토대로 '민주주의' 자체에 대한 엄밀한 분석을 행하고 있다.

1권(1835)은 민주주의가 미국의 법률, 정부 그리고 미국인의 일상생활에 미치는 영향 등을 밝히려 했고, 17장의 제목이 말하고 있듯이 '미국에서 민주주의적 공화국을 유지시키는 주요한 원인들'

537

> 민주주의 시대 사람들은 자기 자신에게만 집착해 있으며, 혼자 힘으로 생활하려 한다. (…) 이러한 부류의 사람들에게 보호자와 같은 거대한 권력이 군림하게 되는데, 이 권력은 스스로 이들을 만족스럽게 해주고 또 이들의 운명을 감시해주려고 나선다. 이 권력은 절대적이며 세심하며 절도가 있으며 신중하고 그리고 유순하다. (…) 권력은 인간을 계속 어린 아이의 상태에 묶어두려고 한다. 만약 국민이 환희만을 생각한다면 아마 아주 만족스럽게 환희에 찰 수도 있을 것이다.

이 무엇인가를 찾으려 했다. 2권(1840)은 '미국적'이라기보다는 '민주주의적'이다. 토크빌은 '민주주의'에서 미국적인 특징을 구별해 내고 그로부터 분리하여 민주주의만의 특징을 추출하려 했고, 그것을 통해 민주주의의 이상적인 형태를 구성했다. 이어서 그것을 귀족주의적 특징에서 벗어나지 못하고 있는 유럽과 비교하고 있다.

『구체제와 프랑스 혁명』(1856)에서 토크빌은 프랑스의 장기적인 역사 과정에서 형성되어온 민주주의를 분석하면서 민주주의가 프랑스인들의 습속에 어떻게 형성되어왔는지 그리고 그것이 갖는 특성은 무엇인지를 분석한다. 이 책은 500년 전, 즉 절대왕정이 등장하면서 프랑스 사회에 형성되어온 민주주의적 특성과 프랑스인의 습속을 분석하고 있으며, 그에 따라 프랑스 역사학계에 많은 영향을 끼쳤다. 반면에 『미국의 민주주의』는 1970년대 이후 전체주

—히틀러의 나치체제와 스탈린의 공산체제—에 대한 비판이 제기되고 민주주의 위기가 대두되는 상황 속에서 특히 주목을 받았다. 그가 제기한 민주주의의 위험성과 민주주의 자체에 내재해 있는 위기를 극복할 방안은 현대 민주주의의 역사 속에서 새롭게 조명을 받고 끊임없이 언급되고 있다.

토크빌이 미국을 여행하기로 한 것은 1830년 7월 혁명이 발발한 것과 함께 프랑스에서 혁명이 끊이지 않는 이유를 찾기 위해서였다. 1789년 프랑스 대혁명과 함께 구체제가 무너졌지만, 프랑스는 혁명 이후 1791년의 입헌군주정, 1793년 자코뱅 공화정, 나폴레옹의 제정, 1815년의 왕정복고, 그리고 다시 1830년 7월 혁명 등을 거치면서 결코 안정적인 정치체제를 정착시키지 못하고 있었다. 자유주의, 보수주의, 공화주의 세력 등으로 프랑스는 분열되어 있었고, 프랑스 혁명과 함께 등장한 민주주의의 문제가 각 세력들 간의 이해차 속에서 가장 중요한 쟁점 중의 하나로 부각되었다. 토크빌은 『미국의 민주주의』를 통해 민주주의가 미국에서는 어떻게 안정적으로 정착하여 잘 작동하고 있는지, 반면에 유럽, 특히 프랑스에서는 민주주의가 왜 혁명을 낳고 있는지를 규명하고자 했다.

토크빌은 미국에서 "민주주의 자체의 이미지 그리고 그 성향, 성격, 편견, 그리고 민주주의의 정념들을 찾으려" 했다. 미국은 토크빌에게 민주주의의 순수한 경험의 예로서 등장하고 있으며, 또한 그의 저작 속에서 "지적 왕복운동의 하나의 축"으로서 작동하고 있다. 특히 유럽 대륙이 민주주의의 정착과 조직화에서 무능함을 보여주고, 민주주의의 발전에 둔감하다는 사실이 토크빌로 하여금 미국이라는 우회로를 통해 민주주의의 원칙을 이해하게 했던 것이다. 유럽에서 민주주의는 "힘의 이미지"로서 떠받들어지거나, 혹은 "그것이 과다하게 되었을 때 민주주의를 수정하고 교육시키려 하기보다 파괴"의 대상으로 여겨지고 있었다. 토크빌은 민주주의를 그 자체의 원칙 속에서 이해하기 위해 구대륙 속에 산재해 있는 민주주의의 지적·정신적 무질서를 넘어서, 귀족주의적 전통과 혁명의 부재라는 조건 속에서 형성된 미국 민주주의 모습을 관찰하려 했던 것이다.

그렇다고 미국이 제시하는 민주주의의 모습이 결코 유럽 대륙의 나라들이 따라야 할 모델로서 제시되고 있는 것은 아니다. 토크빌은 자신의 의도를 미국의 민주주의적 습속과 법률을 모방하도록 제안하는 것으로 파악하는 것은 커다란 오류이며, 자신의 의도는 "미국의 예를 통하여 법률과 특히 습속이 민주주의적 인민들을 자유롭게 만들어줄 수 있다는 사실을 보여주려는 것"이었다고 단언한다. 따라서 "미국민들과는 다른 형태의 조직화된 민주주의적 인민들을 상상할 수 있을 것"이라고 주장한다. 사실상 토크빌은 『미국의 민주주의』를 쓰면서 지속적으로 미국적인 것, 민주주의에 고유한 것, 그리고 유럽적인 것 등을 각각 구별하려고 노력했다.

토크빌은 당시 일반적으로 이해되던 민주주의, 즉 '인민에 의한 정부'라는 정치학적 정의와 더불어 '조건들의 평등으로서 사회 상태'라는 사회학적 정의를 제시한다. 결국 전자의 정의는 후자에 포함된다. 전체 저작의 흐름을 볼 때, 인민 주권은 '조건들의 평등으로서 사회 상태'라는 민주주의 개념의 한 부분이자 그 결과물로서 이해되고 있다. 그것은 토크빌이 미국의 민주주의를 관찰하면서 인민 주권으로서의 민주주의가 미국인들의 사회 상태 속에 어떻게 각인되어 있는가를 살피는 것에서 드러난다. 토크빌이 보기에 미국에서 인민 주권의 원칙은 "다른 나라에서와 같이 숨겨져 있는 것이 아니라 그들의 습속에 의해 인정되고 법률에 의해 선언되어" 그들의 삶 속에 내재되어 있었다.

토크빌은 '조건들의 평등'으로서의 민주주의가 하나의 섭리적 사실, 즉 거스를 수 없는 힘으로 작용하고 있다고 보았다. 미국에서 민주주의적 사회 상태는 부인할 수 없는 사실이었고, 유럽에서 역시 거부할 수 없는 역사적 경향이었다. 하지만 미국은 민주주의적 사회 상태에 조응하는 민주주의 정부를 구성한 반면에, 유럽은 거대한 민주주의 혁명을 겪었다는 점이 달랐다. 프랑스가 혁명을 겪으면서 다다른 지점은 공포정치와 나폴레옹에 의한 전제정이었다. 따라서 토크빌은 미국의 민주주의를 보면서 유럽에서 민주주의의 폐해를 방지할 수 있는 방안을 찾고자 했으며, 나아가 민주주의적 사회 상태에 조응하는 민주주의 정부 형태를 제시하고자 했다.

『미국의 민주주의』 2권에서 집중적으로 분석되고 있는 민주주의의 폐해들 중의 하나는 민주주의가 가져오는 동질화 경향과 그로 인한 개인성의 소멸이다. 토크빌은 "민주주의가 각각의 인간을 언제나 자기 자신에게만 매달리게 하며 마침내는 인간을 완전히 고독한 존재로 가둘 위험을 안고 있다."고 주장한다. 반면에 중앙집중화된 관료제를 통해 국가권력은 더욱 더 강해진다. 특히 민주주의 시대에 사람들이 정치적 자유와 권리에 대해 무관심해지면서 물질적 향유라는 사적인 영역에 매몰될 경우 그 귀결점은 '민주주의적 전제정'이라고 경고하고 있다. 민주주의적 전제정에서는 "국민의 동의 없이 국민의 이름으로 모든 권한을 행사할 수 있는 유일한 수권자가 전체 국민 위에 군림"할 수 있다고 토크빌은 말하고 있다. 자기 자신의 영역에서 사적인 이익만을 추구하는 개인들에게 민주주의적 전제군주는 물질적 향유만을 만족시켜주면서 거대한 통치자로 등장할 수 있는 것이다.

토크빌은 자유가 부재한 상태에서 민주주의가 '야성적 본능'에 맡겨졌을 때, 전제정으로 귀결될 수밖에 없음을 강조한다. 정치적 자유만이 고립된 개인을 공동체의 구성원으로 인식하게 하고, 그럼으로써 민주주의가 국가의 제도와 국민의 습속 속에 안착하여 통치에 적합해질 수 있는 것이다. 민주주의 사회에 적합한 민주주의 정부를 구성할 수 있도록 하는 것이 '새로운 정치학'의 임무라고 보았던 토크빌은 '정치적 자유'를 주요한 처방책으로 제시한다. 토크빌은 미국사회에서도 서서히 탈정치화 현상이 나타나고 있음을 우려했다. 그는 시민들에게 공적인 것에 관심을 갖게 하고, 사회·정치적 공간을 메마르지 않게 하는 정치의 필요성을 역설했다.

그는 미국사회에 존재하고 있는 정치적 자유를 위한 제도와 습속들을 발견했다. 다양한 결사체들은 원자화된 시민들을 매개하는 권력으로서 정치적 자유 실현의 공간이 되고 있으며, 코뮌과 같은 지방자치제도는 인민들의 손에 자유를 가져다주고, 그 자유를 어떻게 사용하고 어떻게 누리는가를 가르쳐주고 있다. 그리고 배심원제와 같은 사법제도는 시민들에게 책임감을 교육시키고 정치적 덕목을 가르침으로써 개인들의 이기주의를 극복시키고 있다. 미국의 민주주의적 제도들은 개인주의와는 반대되는 공적 심성과 애국심을 불러일으키는 역할을 하고 있으며, 그것을 통해 미국의 민주주의가 건강하게 유지되고 있는 것이다.

토크빌은 근대의 필연적 과정으로서 민주주의를 이해하면서 동시에 그것이 가져올 수 있는 폐해를 포착했다. 그리고 민주주의적 폐해에 대한 치유책을 민주주의 자체에서 찾으려 했다는 것에 그의 탁월함이 있다. 토크빌이 예견했듯이, 20세기에 등장했던 두 전체주의 체제는 '근대' 민주주의에 내재된 일탈이었고, 20세기 말 등장한 신자유주의의 횡포는 민주주의의 또 다른 편향을 낳게 하고 있다. 그의 민주주의에 대한 진단과 처방은 현대의 우리에게도 유효하다. 신자유주의의 강한 영향 속에서 사회적 유대나 공적 심성에 대한 관심은 약해지고 사적 영역에서 물질적 이해만을 좇는 현대의 우리에게 토크빌의 경고와 공동체에 대한 관심과 민주적 덕성을 갖춘 시민이라는 처방책은 의미 있게 다가온다.

번역서로는 임효선과 박지동이 공동으로 번역한 『미국의 민주주의』(한길사, 2002)를 추천하고, 함께 읽을 책으로는 『구체제와 프랑스 혁명』(이용재 옮김, 박영률출판사, 2006)과 홍태영이 지은 『국민국가의 정치학』(후마니타스, 2008)을 권한다.

홍태영 | 국방대 · 서양정치사상

76 / 무의식의 발견

::『정신분석 입문』, 프로이트

　프로이트 Sigmund Freud, 1856~1939는 오스트리아의 유대인 정신과의사로서, 그가 창시한 정신분석은 정신의학뿐 아니라 인문학, 정치, 예술, 문화 등 사회 각계의 전 분야에 엄청난 영향을 미쳤다. 정신분석은 한마디로 무의식의 발견이라고 할 수 있는데, 그 이전까지의 인간관이 의식을 가진 자아에 토대를 두었다면, 프로이트는 의식 이전의 무의식의 존재를 입증함으로써 인간에 대한 이해를 완전히 바꾸어놓았다. 프로이트로 인해 인간의 행위는 무의식적 동기를 가진 것으로 이해되었으며, 그 무의식적 동기를 의식적으로는 파악할 수 없다는 의미에서 인간은 불안정한 토대를 가진 존재가 되었다. 더구나 프로이트는 무의식적 동기의 주요 부분을 성적 충동에 둠으로써 부르주아적 규범에 젖은 당대 학계의 강한 반발에 부딪쳤지만, 그는 정신과 의사로서의 임상 경험과 자기분석을 통하

> 사람들이 거부감을 보이는 정신분석 주장 가운데 첫째는, 정신 과정 자체가 무의식적 과정이며, 의식적인 것은 전체 정신활동에서 벗어난 독자적인 것이거나 그 일부분에 불과하다는 것입니다. (…) 다시 말해 정신분석은 의식이 곧 정신이라고 보지 않습니다.

여 그 믿음을 끝까지 고수했다.

『정신분석 입문』은 1915년과 1916년에 걸쳐 오스트리아 빈 대학에서 했던 강의를 모아 1917년 출간된 저서다. 의과생들과 일반인들에게 정신분석의 기본 원칙을 소개하는 강의록이니만큼 정신분석의 개론서로서 널리 읽혀져 왔다. 이 책은 크게 세 부분으로 나뉜다. 첫 번째 부분은 실수 행위를 다루고, 두 번째 부분은 꿈을 다루며, 세 번째 부분은 신경증에 대한 일반이론을 다룬다.

제1부를 이루는 「실수의 심리학」에서는 일반인에게 흔히 일어나는 말실수 행위의 원인을 주의력 결핍으로만 돌려서는 안 되며, 실수의 의도에 대해 심리학적인 연구를 해야 한다고 주장한다. 실수는 상반된 두 개의 의도가 서로 갈등하고 그중 하나가 억압되면서 생긴다는 것이다. 예컨대 원치 않는 것을 읽어야 할 때, 있는 그대

로 읽지 않으려는 강력한 바람이 잘못 읽기를 유도할 수 있다. 이처럼 정신활동이란 상반된 의도들이 투쟁하는 활동무대이며 그 갈등의 타협이 실수 행위로 나타난다.

제2부를 이루는 「꿈」에서 무의식이란 용어가 전면에 등장한다. 프로이트는 잠에서 깨어난 후 기억하는 외현적인 꿈 내용과는 다른, 숨겨진 잠재적 꿈 사고가 있다고 주장하는데, 이 꿈 사고가 무의식이다. 꿈은 무의식적인 것의 왜곡된 대체물이며, 따라서 꿈 해석의 과제는 이러한 무의식적인 것을 찾아내는 일이다. 잠재적 꿈 사고를 외현적 꿈 내용으로 변환시키는 것을 꿈 작업이라고 하는데, 여기에는 ①잠재적 꿈 사고를 요약하는 압축, ②검열에 의해 수용될 만한 것으로 대체되는 전위, ③꿈 사고를 시각적인 이미지로 변환시키는 시각화가 있다. 이 가운데 전위는 꿈 검열의 결과로 나타난다. 꿈 검열은 잠재적 꿈 사고를 이루는 무의식적인 충동이 꿈꾸는 사람이 의식적으로 받아들일 만하게 변형되거나 누락되는 것을 말한다. 꿈 검열이 이루어지는 까닭은, 잠재적 꿈 사고에는 윤리적·미적·사회적 관점에서 혐오스럽고 비난받을 만한 것이 많기 때문이다. 잠재적 꿈 사고에서 윤리적 속박에서 벗어난 자아는 성 본능의 모든 욕구들을 거침없이 보이는데, 오로지 쾌락을 추구하는 욕망인 리비도는 아무런 제약 없이 아무것이나 고르고 금지된 것을 선호한다. 꿈에서는 이러한 소망들이 충족되려는 성향이 있으며, 그 소망들은 꿈 왜곡을 거쳐 변형되어 꿈 검열을 통과한다.

제3부인 「신경증에 대한 일반 이론」에서는 흔히 노이로제라고

알려진 정신질환 중의 하나인 신경증 환자의 사례를 토대로, 신경증을 일으키는 원인으로서 무의식의 존재를 입증한다. 신경증 환자가 고통을 호소하는 증상을 가지고 있을 때, 그 증상의 원인이 되는 무의식적 충동을 확인함으로써 그 증상이 사라지게 된다는 것이다. 그러나 정신분석의가 환자의 무의식에 다가가는 것은 쉽지 않은 일이다. 환자의 집요한 저항과 마주치기 때문이다. 그러한 저항 자체가 무의식의 역동적인 작용을 드러낸다. 임상 경험의 결과로 프로이트는 인간의 정신구조가 무의식—전의식—의식의 세 가지 방으로 되어 있다고 주장한다. 무의식의 방은 심리적 충동들이 북적거리는 커다란 대기실과 같다. 그 옆에 전의식이라는 작은 방이 있는데, 문턱에 문지기가 있어서 개별적인 충동들을 걸러내고 검열한다. 무의식이라는 대기실에 있는 충동들이 문턱까지 도달했지만 문지기에 의해 제지되었다면 그것들은 의식할 수 없다. 이것을 '억압되었다'고 말한다. 개별적인 충동들이 무의식에서 전의식으로 들어가지 못할 때 억압되는 것이다. 억압된 충동의 대체물이 의식에서 증상으로 나타나는 것이다.

신경증 증상의 원인으로 지목된 무의식적 충동은 성적 충동이라는 것이 프로이트의 주장이다. 신경증 증상들이 성적 만족의 대체물이라고 주장함으로써 프로이트는 많은 반론에 직면하는데, 그것을 타파하기 위해 프로이트는 인간의 성 개념을 확대한다. 생식을 목표로 한 남녀의 성생활이 일상적인 의미의 성이라면, 프로이트가 제시한 성은 생식과는 관계없이 쾌락을 추구하는 성도착을 포함한다. 그리고 성도착은 유아기의 성생활과 밀접하게 연관되어 있다는 의미에서 일반성을 갖는다. 유아기의 성은 리비도의 발달 단계를 보여준다. 유아는 젖을 빠는 데서 쾌감을 얻는 구순기를 거쳐, 배설을 함으로써 쾌감을 느끼는 항문기를 거치고, 6세나 8세 이후가 되면 잠재기에 들어선다. 그리고 사춘기가 되어 다시 성충동이 활발해질 때는 옛날의 성 대상들이 다시 등장하고 리비도가 그것을 새롭게 다시 이용한다. 예컨대 구순기의 쾌감 충동의 대상은 어머니이므로 어머니와 같은 대상을 찾게 된다. 그러나 대개의 경우 아들은 어머니를 향한 리비도적인 욕망들에서 스스로 벗어나고 그 욕망을 현실적인 다른 대상을 선택하는 데 사용함으로써 오이디푸스 콤플렉스에서 벗어난다. 오이디푸스 콤플렉스는 아버지를 죽이고 어머니와 결혼한 그리스 비극의 주인공 오이디푸스에서 따온 용어다. 이러한 오이디푸스적 성향이 인간의 보편적인 성충동의 성향이지만, 이것이 사회화의 과정에서 인정되지 않기 때문에 정상적인 사람에게는 무의식 속에 억압되고 꿈에서 솟아나온다. 다만 신경증 환자는 오이디푸스 콤플렉스를 제대로 해결하지 못하기 때문에 일상생활에서 증상으로 고통받고 있다. 정상적인 사람과 신경증 환자는 정도의 차이가 있을 뿐 모두 오이디푸스 콤플렉스의 영향을 받고 있다.

  정신분석의 치료는 환자의 무의식을 의식으로 대체하고, 무의식을 의식으로 해석해냄으로써 이루어진다. 무의식을 의식의 차원으로 끌어올림으로써 억압과 함께 증상이 나타나는 조건들을 없앨 수 있으며, 병인이 되는 갈등을 해결할 수 있는 정상적인 갈등으로 바꾸는 것이다. 그러나 어떻게 무의식을 의식으로 바꿀 수 있을까?

환자에게 '당신의 무의식은 이렇습니다'라고 말하는 것은 변화에 아무런 도움이 되지 않는다. 무의식이 의식으로 올라오지 못하게 막는 억압을 없애야 무의식을 의식으로 성공적으로 대체할 수 있다. 그렇다면 억압을 어떻게 없앨 수 있는가? 여기에서 환자와 의사 사이의 전이가 중요한 역할을 한다. 치료과정에서 환자는 의사에게 애정이나 적대감 등 감정을 전이하면서 자신이 가지고 있던 무의식적인 갈등을 의사와의 관계에서 재현한다. 환자는 의사에게 과거에 했던 대로 행동하려고 한다. 이때 의사는 그 갈등을 새로운 방향으로 틀어줌으로써, 환자가 모든 정신적 힘을 발휘하여 갈등에 대해 다른 결정을 내리도록 요구한다. 정신분석의 치료 과제는 자아에서 분리된 리비도가 속박된 상태를 벗어나서 다시 자아를 위해 일할 수 있도록 만드는 데 있다.

『정신분석 입문』은 실수 행위와 꿈, 그리고 신경증에 대한 분석 요법의 과정과 성과를 일목요연하게 설명하고 있지만 동시에 정신분석의 어려움도 말하고 있다. 객관적으로 입증할 수가 없고, 환자의 이야기에만 의존해야 하며, 치료 기간이 길고, 성공 여부가 불확실하다는 것이다. 그럼에도 불구하고 프로이트는 성적인 욕구충동이 신경증이나 정신병을 유발하는 데 중요한 역할을 하고 있다는 것을 임상 경험을 통해 확신했으며 그 확신을 이 저서를 통해 전달하고자 한다. 그는 신경증 환자의 분석 결과를 정상적인 사람들에게도 적용할 수 있으며, 꿈의 분석을 통해 알 수 있듯이 건강한 사람도 잠재적인 신경증 환자라고 주장한다.

그가 제시하는 성적 충동의 예는 개별적인 인간을 넘어서 인류사와 문명의 발달, 그리고 예술문화의 창조에까지 이른다. 문명이란 본능 충족을 포기하고 생존경쟁에서 살아남기 위해 만들어진 것이며, 성 본능이 본래의 성적인 목표에서 사회적인 목표로 바꾸어 승화될 때 예술문화의 창조가 이루어지는 것이다.

『정신분석 입문』에서 강조하는 것은 무의식의 발견이다. 정신분석의 가장 중요한 주장은 정신 과정 자체가 무의식적 과정이며 의식적인 것은 일부분에 불과하다는 것이다. 이 주장이 사람들의 격렬한 반발을 불러일으킨 것을 두고 프로이트는 과학이 발달하면서 인류가 겪은 다른 두 가지 획기적인 사건과 함께 비교한다. 첫 번째 사건은 인류가 살고 있는 지구가 우주의 중심이 아니라는 지동설이고, 두 번째는 특별하게 창조된 인간의 우월함이 다윈의 진화론에 의해 무너졌다는 것이다. 정신분석은 자아마저도 더 이상 자신의 주인이 아니며, 자신의 정신활동 내에서 무의식적으로 진행되는 과정에 대해서도 잘 모른다는 것을 입증했다. 이는 달리 말하면, 코페르니쿠스적 혁명, 다윈의 진화론과 함께 프로이트의 정신분석학이 인간을 이해하는 데에 중요한 전환점을 찍었다는 것을 의미한다. 과연 프로이트의 정신분석은 이후 지동설과 진화론에 버금갈 만한 영향을 후대 사회에 미쳤다.

『정신분석 입문』은 지난 50년간 꾸준하게 번역되어왔다. 최근에 나온 번역으로는 최석진이 편역하고 돋을새김에서 출간한 책(2009)이 가독성이 뛰어나다.

김지영 | 부산가톨릭대 · 영문학

사회과학 77 / 지식 – 권력과 감시 사회

:: 『감시와 처벌』, 미셸 푸코

미셸 푸코Michel Foucault, 1926~1984는 근대 이후 당연하게 여겨져 왔던 서구의 사고방식과 전제들에 의문을 제기한 현대 사상가로 손꼽히는 인물이다. 그는 주체 중심적이고 이성 중심적인 세계관이 우리의 삶과 사유를 전체화하고 통제하는 데 기여한다고 보고, 그 억압적 성격을 폭로하고자 한다. 『감시와 처벌』(1975)은 이런 비판적 의도가 담긴 그의 대표적 저서 가운데 하나로, 현대의 고전이라 일컬어 손색이 없는 저작이다. 푸코 스스로가 "나의 첫 번째 책"이라고 했을 만큼 애착과 자부심을 가졌던 책이기도 하다.

이 책을 통해 푸코는 권력을 행하는 것이 단순히 무력이나 강압에 의해 이루어지는 것이 아님을 추적하여 보여준다. 감옥과 처벌의 역사는 이 점을 입증하기에 좋은 재료다. 푸코는 책의 첫머리를 18세기 중반, 유럽에서 벌어진 끔찍한 공개처형 장면을 묘사하는

> 우리가 인정해야 할 점들은 다음과 같다. 권력은 지식을 창출하며…, 권력과 지식은 상호 직접 관여한다. 지식 영역과 상관관계가 조성되지 않은 권력 관계는 존재하지 않으며, 권력 관계를 전제하고 구성하지 않는 지식도 존재하지 않는다.

것으로 시작한다. 죄인의 신체를 뜨거운 쇠집게로 지지고, 유황불로 태우고, 말이 잡아끌게 하여 사지를 절단하는 따위의 잔인한 형벌 장면이 자극적으로 그려진다. 이러한 신체형身體刑은 다행스럽게도 이제는 거의 사라져버렸다. 그런데 이것은 사람들이 잔인하고 야만적인 방식을 버리고 이성적이고 계몽된 상태로 진보했기 때문일까?

푸코에 따르면, 그렇게 보는 것은 순진한 생각이다. 과거의 공개처형은 군주의 위력을 과시하고 공포를 조장함으로써 민중을 통제하는 권력 행사의 한 방식이었다. 그리고 그것은 한동안 꽤 효과적이었다. 공개처형은 당시에 권력이 제공하는 공포스러운 구경거리였다. 하지만 인구와 사유재산이 증가하고 사회 분업이 진전되는 등의 변화가 일어나자, 공개처형 방식의 효과는 떨어지고 부작용이 늘어나기 시작한다. 공개처형이 도리어 권력에 대한 반감을 부추기고 권력에 저항하는 기회로 부각되기조차 했다. 이런 점에서 볼 때, 신체형이 폐기된 것은 어떤 도덕적인 고려 때문이었다기보다는 그것이 더 이상 효율적인 통제 방식이 되지 못했기 때문이다.

그러나 신체형이 사라졌다고 해서 권력 행사가 사라지거나 약해진 것은 아니다. 인간의 신체에 대한 통제와 관리는 이제 감금과 감시라는 방식을 띠게 되었다. 19세기에 들어와 대규모 감금 시설이 본격적으로 세워지기 시작했고, 통제에 필요한 지식이 이 새로운 방식과 결합되었다. 이른바 '인간과학'은 중립적이고 과학적 탐구에 그치는 것이 아니라, 인간에 대한 이와 같은 통제에 기여하는 바가 크다. 이런 맥락에서 푸코는 지식과 권력이 밀접하게 관련되어 있음을 주장한다. 심리학자, 정신의학자, 행형行刑 담당관, 교육자 등등이 생산해내고 실행하는 지식과 조처들은 인간의 신체와 정신을 관리하는 데 유용하게 사용된다. '지식-권력'이라는 푸코의 유명한 개념은 이렇게 권력과 지식이 직접 결합되어 있음을 나타낸다.

이와 같은 방식으로 작동하는 권력은 여간해서는 노골적인 폭력을 앞세우지 않는다. 그 대신 정교하게 인간을 주시하고 규율하는 기술과 전략을 발전시킨다. 그러므로 이런 권력의 실체는 사회의 어느 한 지점이나 기관에 모여 있는 것이 아니라, 세부적으로 행사되는 온갖 조처들과 그런 조처들이 행해지는 제도들 속에 퍼져 있다. 예를 들면, 교도소의 점호 방식과 검열 방식, 식사·운동·복장·위생 등을 관리하는 규칙, 교도관들이 사용하는 언어 따위에 이르기까지 권력이 스며들어 있지 않은 곳은 없다. 죄수들의 행동과 상태는 세세하게 감시되고 기록되며 분류되고 평가된다. 신체형은 사라졌지만 신체에 대한 지배와 관리는 더욱 끈질기고 강고해졌고, 이를 통해 정신마저 감시받고 통제되기에 이른다. 사실 푸코는 인간의 자유로운 정신을 전제하는 인간관을 받아들이지 않는다. 오히려 정신은 신체에 대한 관리를 통해 주조鑄造되는 것이라고 할 수 있다. 그런 의미에서 푸코는 "정신은 육체의 감옥"이라고까지 표현한다.

이런 관리 방식을 단적으로 드러내주는 감옥 형태가 바로 영국의 공리주의자인 벤담Jeremy Bentham이 고안해낸 원형감옥(Panopticon)이다. 푸코는『감시와 처벌』의 한 장章에서 이 원형감옥을 자세히 다루고 있다. 원형감옥은 감시를 효율적으로 실행하기 위한 시설인데, 중앙에는 사방을 주시할 수 있는 망루가 서 있고 그 주위를 빙 둘러 감방이 배치되어 있다. 이런 형태의 주요한 특징은, 감시하는 자는 감시받는 자들을 언제라도 주시할 수 있는 데 반해 감시받는 자들은 감시자를 제대로 볼 수 없다는 데 있다. 그 때문에 이곳에 갇힌 사람들은 항상 자신이 누군가에 의해 감시받고 있다고 여기게 된다. 이런 특징은 여기서 행사되는 권력의 정체를 알 수 없게 만든다.

푸코는 이러한 감시 방식이 비단 감옥만이 아니라 사회 전체에 적용될 수 있다고 주장한다. 원형 감시 방식을 통해 근대사회가 감시사회로 형성된다는 것이다. 감옥에서 사용되는 것과 유사한 감시와 규율, 또는 훈련이 사회의 여러 영역과 분야에서 유용한 개인을 만들어내는 기술로 쓰인다. 공장과 학교가 대표적인 경우지만, 관찰, 기록, 조절, 규율이 적용되는 사회의 온갖 장소가 다 이런 방식이 작동하는 무대인 셈이다. 푸코의 눈으로 보면, 인터넷과 발달된 정보처리 기술이 활용되는 오늘날의 사회는 이러한 감시 방식이 더욱 심화된 사회로 비칠 것이다.

그런데 푸코에 따르면, 이와 같은 감시와 규율이 작용하기 위해 전체를 총괄하는 어떤 조직이나 주체가 있어야 하는 것은 아니다. 푸코는 지배자와 피지배자, 지배계급과 피지배계급을 선명하게 나누어 사회를 파악하지 않으며, 통일된 제도나 체계를 통해 사회가 조작된다고 보지도 않는다. 사회에는 여러 감시 기구와 규율이 분산된 형태나 중첩된 형태로 존재하지만, 이 가운데 어느 것도 우세한 지위를 배타적이거나 항구적으로 누리지 못한다. 현대사회를 감시사회로 이해한다고 해서 조지 오웰의 소설『1984』에 나오는 '빅 브라더'와 같은 존재를 상정할 필요는 없다. 오히려 감시사회에서의 권력은 각 영역의 세부에 편재遍在해 있는 미시적微視的인 것이라 할 수 있다. 요컨대, 푸코에 의하면 현대사회는 권력을 공개적으로 과시하는 구경거리 사회가 아니라 은밀한 감시와 규율의 사회다.

이와 같은 푸코의 생각은 인간 개개인을 지나치게 수동적인 존재로 보는 것이며 따라서 인간의 적극적인 의지와 노력을 무시하는 것이라는 비판적 의견도 있을 수 있다. 하지만 인간을 자유로운 주체로 내세웠던 근대 이후의 서구적 사고방식이 오랫동안 간과해 온 현대사회의 주요한 면모를 푸코가 설득력 있게 들춰내고 있음은 부인하기 어렵다.『감시와 처벌』은 "인간의 자유를 발견한 '계몽주의 시대'"가 그 이면에서 어떻게 "또한 규율을 발명"했는지를 이해하기 위해서 반드시 읽어보아야 할 책이다.

오생근이 옮기고 나남출판이 펴낸 것(2003)을 추천한다.

문성원 | 부산대 · 역사 및 문화철학

사회과학 78 / 국제정치를 힘을 중심으로, 과학의 이름으로 설명한 월츠

:: 『국제정치이론』, 케네스 월츠

1979년 출간된 케네스 월츠Kenneth Waltz, 1924~의 『국제정치이론』은 국가를 움직이는 사람들 그리고 국가들 간의 관계를 설명하려는 사람들에게 가장 많은 영향을 준 책이다. 미국의 정치지도자들, 그리고 국무부 관리들의 대외정책 사고방식뿐만 아니라, 한국과 같은 국가들의 국제정치학 분야의 현장과 학문 모든 분야에서 그러하다. 그 이유를 두 가지로 생각해볼 수 있다. 첫째는, 우리들이 국가들 간의 관계를 생각할 때, 자연스럽고 당연하게 받아들일 수 있는 관점을 월츠도 받아들이고 있기 때문이다. 국제정치에는 영원한 적도 친구도 없다는 흔히 들을 수 있는 말처럼, 국제사회는 정부가 없는 무정부 상태이며, 모든 국가들은 자신들의 생존과 안위를 우선적으로 고려한다. 이처럼 사람들이 자연스럽게 생각하고 받아들이는 관점 안에 있는 생각은 매우 용이하게 확대되고 확산

> 만약 힘이 통제력을 가져다주지 않는다면, 그 힘은 당신을 위해 무엇을 행할 것인가? 우선적으로 다음의 네 가지를 생각해볼 수 있다. 첫째, 힘은 다른 사람이 휘두르는 무력 앞에서 자신의 자율성을 유지하는 수단을 제공한다. 둘째, 비록 행동의 결과들은 불확실하다 하더라도, 더 큰 힘은 행동의 범위를 넓혀준다. (…) 셋째, 더 많은 힘을 가진 사람들은 힘을 적게 가진 사람을 다루는 데 있어서 보다 많은 안전감을 향유하고, 어떤 게임이 어떻게 진행될 것인지에 대해 더 많은 발언권을 지니게 된다. (…) 넷째, 강한 힘은 그 보유자에게 체계 유지에 따른 이익과 그것을 위해 행동할 능력을 부여한다. 그들에게 국제체제관리는 가치 있고 가능한 것이 된다.

될 수 있다. 이러한 관점에서 국가들 간의 관계를 설명해왔던 흐름을 국제정치학은 현실주의(realism)라고 부른다. 그러나 이것만으로 월츠의 이 책이 현재까지도 국제정치 분야에서 막대한 영향력을 행사할 수 있었던 이유를 충분히 설명하지는 못한다.

둘째는, 월츠가 이 책을 통해서 기존의 현실주의가 힘(power)의 개념을 중심으로 설명하려 했던 국제정치의 현상을 '과학'이라는 이름으로 이론화했다는 점이다. 월츠는 1장 「법칙과 이론」에서 자신의 세 가지 저술 목적을 밝히고 있다. "첫째는 이론적으로 중요하다고 주장되는 국제정치이론과 접근법에 대해 검토하는 일이다. 둘째는 현존 이론들의 결점을 교정하는 국제정치이론을 구성하는 일이다. 셋째는 구성된 이론을 현실에 적용시키는 것이다." 월츠는 기존 국제정치 연구의 "우울한 특징" 가운데 하나로 많은 연구에도 불구하고 그로부터 얻어진 "설명력은 미미하다"고 평가한다. 국제정치에 관한 설명들인 평화의 조건을 정의하고 전쟁의 원인을 찾아내는 시도들은 그 변수들(variables)이 위치하는 수준에 따라서 개인, 국가, 국제체계로 구분된다. 월츠는 국제정치는 국제체계의 수준에서 설명되어야 함에도 불구하고 기존의 이론들은 개인 혹은 국가의 수준에서 설명하고 있다고 비판하면서, 그러한 이론들을 환원적 이론이라고 한다.

월츠의 이 책이 출간되자 국제정치학자들은 현실주의를 새롭게 정립한 그의 이론을 신현실주의(neorealism)라 명명했다. 그러면 그는 국가들의 관계를 어떻게 이론화했을까? 그는 국제정치는 이론적으로 국제체계의 수준에서 정립해야 한다고 주장한다. 어떠한 결과를 가져오는 요인들로는 단위변수들의 속성과 그들의 상호작용들을 생각해볼 수 있다. 예를 들면 화학은 원소라는 단위변수들이 갖고 있는 속성들, 그리고 원소들의 상호작용과 결합으로 이루어지는 분자결합에 대한 학문이다. 월츠는 단위변수들의 속성과 그들의 상호작용뿐만 아니라 일련의 상호작용하는 단위들의 집합(분자구조와 같은)에 주의를 기울인다. 즉, 단위들이 조직되는 방식에 따라서 전혀 다른 결과들이 양산되고 따라서 이를 해명하는 것이 가장 중요한 작업이 된다. 월츠는 단위변수들이 조직되는 방식을 이해하기 위하여 결국 체계적 접근방법이 필요하고, 국제정치에서는 체계 수준의 힘이 작동하고 있다고 믿는다. 국제정치에서 월츠의 가장 주요한 관심사는 체계의 구조(국제체제)가 상호작용하는 단위국가들에 어떻게 영향을 주는가이다.

단위들이 결합해서 하나의 체계를 이룬다고 할 때, 두 가지가 궁금해진다. 결합 원리와 결합 형태다. 단위들은 어떠한 원리로 서로 결합하게 되며, 서로 결합된 체계의 모양은 어떠한 모습일까? 하나의 생명체가 태어날 때, 정자와 난자는 어떠한 원리로 서로 결합하게 되고, 결합된 체계의 모양은 동물의 종(種)마다 어떻게 다를까? 개인들이 결합해서 하나의 국가를 이룬다고 할 때, 어떠한 원리로 결합하며, 결합된 체계(국가)의 모습은 서로 어떻게 다를까? 시장을 경제 원리로 채택하는 국가와 계획을 경제 원리로 채택하는 국가들의 상이한 경제정책 형태를 떠올려도 될 것이다. 국제정치에서 흔히 비유로 이용되는 것이 당구대 위에 있는 당구공들의 분포 모양이다. 국가를 하나의 단위로 취급하고 당구공으로 비유할 때, 당구대 위에 펼쳐진 공들의 전체 모양이 국제체계라고 할 수 있다.

월츠는 '힘의 배분(distribution of power)'이 국제체계에서 국가들이 조직되는 원리라고 설명한다. 이를 '구조(structure)'라고도 하는데, 국가들이 보유한 힘에 따라서 국제체제의 구조가 형성된다. 그리고 개별적인 단위들의 의도와는 무관하게 형성된 구조가 단위들의 기대에 영향을 미치고, 그것은 그들의 행동을 제약하는 국제체계와 구조의 작용 결과에 관한 문제로 이어진다. 그는 국제체계의 불변적인 구조로서 무정부적 배열 원리가 세력 균형을 지속적으로 형성하게 한다고 설명한다. 또한 국제체제를 극(pole)을 형성할 수 있는 능력을 보유한 강대국의 수에 따라서 단극(unipolar), 양극(bipolar), 다극(multipolar)으로 구분하고, 개별 국가들은 이러한 체계 수준에서 형성된 국제체제의 구조적 요인 때문에 그 행동의 제약을 받는다고 주장한다. 예를 들어 미소 냉전과 같은 양극체제에서 대다수의 국가들은 미국 혹은 소련의 양 극에 편입되어 자국의 생존과 안위를 모색할 수밖에 없는 대외정책을 추진했다는 것이다. 이러한 구조에서는 '효과'가 발생하는데, 서로 다른 구조에 따라서 서로 다른 효과가 나타난다는 것이다. 예를 들면, 수(數)의 논리도 그러하다. 우리가 여행을 갈 때 혼자 가는 것, 둘이 가는 것, 셋 이상이 가는 것 등은 여행 기간 동안 처하게 되는 상황을 다르게 만드는 효과를 발생시킨다. 월츠는 국제체계의 구조에 따른 경제적 효과와 군사적 효과에 대해서 설명하면서, 국제체계의 영속성과 안정성을 비교 검토한다. 그는 단극체계보다 양극체계가 안정적이며, 과거 유럽에서 전쟁을 유발했던 다극체계는 가장 불안정한 것으로 평가한다.

국제정치 분야의 현실주의 이론을 체계와 구조의 개념으로 보다 이론적으로 정교화한 월츠는 마지막 9장 「국제관계의 관리」에서 국제체계를 유지하거나 전환하는 문제에 대하여 기술하고 있다. 이것은 체계가 변화함에 따라서 강대국들이 국제적 문제들을 건설적으로 운영할 가능성이 어떻게 변화하는지와 관련된 문제다. 그러나 아쉬운 점은 그가 체계의 구조적 전환에 대한 이론적 문제를 더 이상 진척시키지는 못했다는 것이다. 단지 국제체제의 안정성에 대한 미국의 역할을 강조하고 있을 뿐이다. 그는 다음과 같은 추론을 하는데, 첫째, 체계 내에서 개별 단위의 상대적 크기가 크면 클수록 그 개체는 자신의 이익과 체계의 이익을 더 잘 일치시킬 것이며, 둘째, 최고의 권한을 보유한 단위들은 특별한 책임성을 가진다. 즉, 그들은 그들의 체계가 질서 있고 평화롭기를 바라며 공공의 이익을 원한다는 것이다. 냉전시대 미국과 소련이 이 역할을 수행했다고 설명하는데, 이러한 점에서 그의 이론은 진실로 강대국의 국제정치이론이다. 그는 만약 힘이 통제력을 제공해준다면 그것은 다음과 같은 이유라고 설명한다. 힘은 다른 사람이 휘두르는 무력 앞에서 자신의 자율성을 유지하는 수단을 제공하고, 더 큰 힘은 그러한 행동의 범위를 넓혀주기도 한다. 더 많은 힘을 가진 사람들은 힘을 적게 가진 사람을 다루는 데 있어서 보다 많은 안전감을 향유하고, 어떤 게임이 진행될 것인지에 대해 더 많은 발언권을 지니게 된다. 강한 힘은 그 힘을 보유하는 자에게 체계 유지에 따른 이익과 그것을 위해 행동할 능력을 부여하기 때문이다.

월츠는 힘을 추구하고 힘을 행사하는 국가들의 의지와 욕망이 충돌하는 국제정치의 현실에서 작용하는 내적 원리를, 국제체계와 구조의 개념으로 성공적인 이론적 규명을 했다. 그의 이론은 세계 국제정치학계의 주류 패러다임으로 자리 잡았고, 대외정책을 수행하는 많은 정치지도자들에게 영향을 미쳤다. 이렇게 된 이유는 어찌 보면 힘은 가장 원초적으로 선행하는 인간행동의 출발점이기 때문일지도 모른다. 그러나 월츠의 이론은 가장 원초적인 수단인 힘이 작용하는 국제정치의 현실을 이론적으로 합리화했다는 비판을 받는다. 그리고 미국의 패권 지배를 합리화하고 있다는 비판에도 직면해왔다. 다른 개체를 힘으로 통제하는 방법보다, 협력을 통해서 새로운 질서를 만드는 방법(신자유주의 및 제도주의) 그리고 서로 다른 개체들을 통합해서 공통의 정체성을 만드는 방법(통합이론 및 구성주의)에 대한 국제정치 분야의 이론적 작업을 비교적으로 검토할 때만이 월츠의 이 책에서 경도된 맹목적 현실주의자의 오류에서 벗어날 수 있을 것이다. 그런데 어떤 경우에는 힘이 꼭 필요할 때가 있다. 스스로 자신을 지킬 수 없는 개체들은 체계에서 사라질 테니까 말이다.

번역서로는 박건영이 옮긴 『국제정치이론』(사회평론, 2000)이 있다.

차창훈 | 부산대 · 국제정치, 중국정치

사회과학 79 / 자유주의 시장경제에 대한 문명사적 접근

:: 『거대한 전환』, 칼 폴라니

    이 책의 원제는 'The Great Transformation: the political and economic origins of our time'이며 칼 폴라니$^{Karl\ Polanyi,\ 1886~1964}$에 의해 1944년 초판이 출간되었다. '우리 시대의 정치·경제적 기원'이란 부제가 시사하듯이 19세기부터 20세기 초까지 진행되었던 자유주의 시장경제의 형성과 몰락 과정을 분석하고 있다. 때문에 자유주의 시장경제의 기원과 정당성에 대해 묵직한 의문을 가진 많은 지식인들에게 읽히고 회자되어왔다. 대중성을 갖기에는 방대하고 지적인 깊이가 만만치 않지만 우리나라에서 홍기빈 씨의 한글 번역본으로 출간되어, 이 책에 대해 많이 들었지만 아직 제대로 읽을 기회가 없었던 독자들에게 접근성이 높아졌다. 본문과 주석에 역자주까지 덧붙여 영어판보다 훨씬 읽기 좋게 번역되었다.

    이 책의 번역본이 왜 우리나라 독서계에 화제가 되었을까 묻는

> 후대에 돌이켜본다면 우리 시대는 자기조정 시장의 종말을 목도한 시대라는 이름을 얻게 될 것이다. 1920년대에는 경제적 자유주의의 명망이 그 절정에 달했다. 그 때문에 수억 명의 인민들이 인플레이션의 재앙을 겪어야 했고, 모든 사회 계급들과 나라들이 수탈을 겪어야 했다.
>
> _『거대한 전환』(홍기빈 옮김, 길, 2009), 396쪽

다면 그다지 어렵지 않게 답할 수 있을 듯하다. 그간 세계화의 조류와 함께 맹위를 떨친 신자유주의와 자유시장주의가 많은 사회적 문제점을 노출하고 있다는 인식이 팽배하면서 자유주의 시장경제의 기원과 생성에 대한 관심이 높아졌기 때문일 것이다.

자유 시장경제는 단순히 경제제도만을 일컫는 것이 아니다. 폴라니에게 자유주의 시장경제의 생성은 19세기 유럽에서 진행된 사회와 경제, 정치, 사상, 국제정치까지 망라하는 총체적 변화였다. 19세기부터 형성되어 사회 전반에 걸쳐 제도와 사상, 삶의 방식까지 송두리째 바꾸어버린 근대의 이 거대한 변화—이는 거의 문명사적 전환이었다.

폴라니의 분석을 이해하는 데 핵심적인 키워드는 '자기조정적 시장' 그리고 '경제적 인간(economic man)'이다. 자기조정적 시장이

란 보이지 않는 손에 의해 스스로 균형을 찾아가는 시스템으로 이해하면 될 것이다. 경제적 인간이란 이런 시장 기제 속에서 자기 이익의 최대화를 위해 행동하는 인간이다. 그런데 사람들은 자기조정적 시장과 경제적 인간이 자연법칙에서 나온 것이라고 받아들였다.

시장경제로의 전환은 이전의 사회 시스템을 모조리 파괴하는 거대한 변화였다. 이와 같은 변화는 산업혁명으로 기계제 생산이 대두하면서 나타나기 시작했는데, 종획운동(Enclosure Movement)으로 농민들은 토지에서 유리되고, 인간(노동)과 자연(토지)은 언제든 사고팔 수 있는 상품으로 존재하게 되었다. 산업혁명과 더불어 무역이 발전하면서 농촌 질서는 파괴되고, 도시로 유입된 농촌 노동자들은 공장 노동자나 도시 빈민으로 전락했다. 국가의 제도와 법 역시 시장경제에 맞게 개편되었다. 사실상 자기조정적 시장은 변화에 맞추어 개편된 국가의 행정체제 통제 아래에서 형성되었음에도 불구하고 '시장은 자기조정적'이라는 믿음이 모든 사회통치 원리에 자리 잡았다. 인간, 자연, 화폐까지도 모두 상품이라는 '상품허구(commodity fiction)'가 보편화되고 인간 경제가 자기조정적 시장이라는 패러다임에 지배되면서 사회는 시장의 부속물쯤으로 인식되기에 이르렀다. 이와 같이 자연법칙을 향한 맹신이 인간과 사회공동체를 파괴하는 데 대한 저항운동도 일어났다. 노동세력은 노동조합, 정당 등을 조직하여, 농업세력은 보호관세와 토지 관련법 제정을 통해 자유시장 교리에 저항하고 '사회'를 보호하려 했다.

하지만 이 당시 구호대상 극빈자 문제에 대한 정치경제학적 논의를 살펴보면 애덤 스미스까지 유지되었던 인문주의 전통—국가의 부는 물질·도덕적인 모든 차원을 포함하며, 인간을 자연의 일부로 취급하거나 고유한 원리로 작동하는 자연법칙을 통해 파악하려 하지 않았던—이 점점 왜소해지고 자연주의, 즉 자연과 사회 모두 스스로 작동하는 자연법칙에 따라 이해되고 구성되어야 한다는 사상이 점점 발달하는 것을 볼 수 있다. 이러한 믿음은 구빈법과 곡물법 철폐, 자유무역 발달, 금본위제 시행 등을 부추겼다. 이런 식으로 19세기 시장체제는 자유무역, 경쟁적 노동시장, 국제적 금본위제가 서로 발맞추어 확장되어나갔던 것이다.

여기서 설명을 덧붙이자면, 금본위제는 영국이 주도하던 팍스 브리태니카 체제에서 자유무역체제를 지행하던 금융통화제도였다. 이 제도가 시행된 바탕에는 일정량의 금에 각국의 화폐 가치를 고정시킨 고정환율 아래에서는 적자국과 흑자국의 국제수지가 금의 이동에 따라 저절로 균형이 잡히게 될 것이라는 믿음이 깔려 있었다. 하지만 금본위제도 사실 자연적으로 균형이 맞추어진 것이 아니라 영국은행을 필두로 한 정부의 부단한 개입과 노력에 의해서 유지된 제도였다.

폴라니의 저서를 필자가 자유주의 시장경제에 대한 문명사적 접근이라 이름한 것은 시장경제에 대한 그의 설명이 경제와 사회에 그치지 않고 정치경제이론, 국제정치와 국제질서까지 포괄하고 있기 때문이다. 19세기에는 자유주의 국내 정부, 자기조정적 시장, 국제 금본위제, 국제정치에서의 세력균형체제로 구성된 지구적 시장자본주의가 형성되었다. 그리고 이 지구적 시장자본주의는 제국주의 경쟁과 제1차 세계대전으로 파국을 맞게 된다. 1차 대전이 끝난 후, 자기조정시장이라는 19세기의 유토피아를 믿는 자유주의자들은 국제연맹과 금본위제 재건을 통해 19세기 문명 재건에 노력한다. 하지만 1920년대 금본위제를 재건하려는 자유시장주의자들의 노력은 디플레이션과 실업, 인민들의 고통을 가져왔다. 이 해제의 서두에 별색으로 인용한 본문의 구절이 바로 그 상황을 묘사하고 있는 대목의 일부다. 금본위제 하에서 통화 가치를 유지하기 위해 국가는 각종 정책으로 개입을 시도했지만 자유시장은 회복되지 않고 정치적 혼란만 야기되었다. 민주주의 세력이 약화되고 이는 급기야 파시즘 출현을 가져왔다.

이 책의 1장에서 폴라니는 19세기 유럽 정치의 세력균형체제와 국제금융의 역할 등에 대해 논하고 있다. 2장에서는 1차 대전 후 금본위제를 부활시키기 위한 노력, 그 실패와 금본위제 붕괴, 세계적으로 일당독재정권과 파시즘의 등장 등을 언급하면서 그의 방대한 이야기를 시작한다. 시장경제의 형성에 대해 설명하기 전에 책의 서장에서 이런 이야기를 먼저 시작한 것은 독자들을 다소 어리둥절하게 할 수 있는데 그 시점이 바로 폴라니가 존재했던 시점이기 때문이다. 폴라니가 한창 활동하던 1920~30년대 유럽은 19세기 문명의 종언을 알리는 대대적인 변화들을 경험했다. 1차 세계대전으로 유럽의 세력균형과 평화체제는 붕괴했다. 자유무역체제를 엮어주던 금본위제의 골격이 해체되고 세계경제는 공황으로 돌입했다. 그리고 유럽 각국에 파시즘의 기류가 상승하여 자유주의 정권들이 붕괴되기 시작했다. 1930년대에는 이탈리아와 독일의 파시즘 정권 이외에도 유럽 곳곳에 일당독재 권위주의 정권들이 속

출했다. 1940년, 미국으로 이주하기 전까지 1920~30년대에 경제지 《오스트리아 경제》 국제문제 담당 선임편집자로 활동하던 폴라니는 이런 현상들에 깊은 관심을 갖고 그 원인을 탐색하게 되었다. 그 결과 폴라니는 위에서 설명한 것처럼 자기조정적 시장에 대한 교조적 믿음, 그리고 결정론적 메커니즘이 19세기 자유주의 시장경제 문명을 지배했고 1920~30년대의 혼란은 바로 그 문명의 몰락에 해당하는 것이라 설파했던 것이다.

그의 방대한 저술은 깊고 풍부한 역사적·사회적 자료를 바탕으로 역사, 사회, 인류학, 경제학, 국제정치 등 사회과학의 여러 영역을 넘나들며 예리한 통찰력을 발휘하고 있다. 분량과 깊이가 만만찮은 책이기는 하지만 자유주의 시장경제의 생성과 몰락, 그리고 다시 부활하여 이 시대에 이어지고 있는 자본주의 시장경제에 대한 깊고 통찰력 있는 이해를 얻을 수 있다. 폴라니의 풍부한 지식과 깊은 혜안으로 재구성된 역사를 보면서 21세기에 다시금 맹위를 떨치고 있는 시장 맹신주의에 눈을 돌리게 될 것이다. 시장이 인간을 지배하는 것이 아니라, 반대로 인간의 자유와 가치라는 이상을 위해 시장이 봉사하는 기능적 제도가 완성되어야 하며 그런 방향으로 사회가 변혁되어야 한다는 것이 19세기 문명의 종말을 목도하며 새로운 세상을 꿈꾼 폴라니의 소망이 아니었을까 생각하게 된다.

번역서로는 앞서 언급한 홍기빈 역의 『거대한 전환』(길, 2009)이 있다.

김진영 | 부산대·국제정치경제

사회과학 80 / 우리 속의 전체주의자들에 대한 경고

:: 『노예의 길』, 하이에크

하이에크Friedrich August von Hayek, 1899~1992는, 자유주의를 주장하는 것이 시대 유행에서 벗어난 것처럼 보이던 시기, 곧 고전적 자유주의가 경멸받고 서구의 진보주의자들이 과거 독일의 사회주의 정책을 모방하는 것이 추세로 간주되던 시기에, 사회주의 계획경제가 이탈리아, 러시아 및 특히 독일에서 개인의 정치적·경제적 자유를 어떻게 파괴해갔는가를 홀로 치열하게 규명했다. 그는 독일에서 개인의 자유를 파괴하게 만든 상황조건들이 15~25년의 시차를 넘어 영국에서 고스란히 재현됨을 주목하고 이에 경각심을 주기 위해 『노예의 길』을 썼다.

벌린I. Berlin이 규명한 대로 자유의 소극적 의미는 '~로부터의 자유'이며 개인이 외부의 간섭을 받지 않을 때에 그에 관한 성과를 만들어낸다. 그런데 자유를 국가의 적극적인 개입을 통해서 실현

> 사회주의는 자유로 가는 길이 아니라 노예로 가는 지름길이다.

되는 것으로 이해한다면 그것은 전혀 다른 의미가 된다. 적극적으로 개입하여 어떤 특정 상태를 만들려는 국가주의자들이 보기에 '자생적 질서'와 개인의 자유에 의존하는 방식으로는 그 성과를 만들어내는 것이 너무 느려 보인다. 또 그들에게는 자유주의가 반사회적인 기득권자들의 상투적인 방어 논리로만 여겨진다. 그뿐인가? 국가가 개인의 자유를 무시한 채 적극적으로 개입하여 얻게 되는 단기의 물질적 성과는 대단히 매력적이다. 예컨대 히틀러 치하의 계획경제가 이룬 성과는 눈부신 것이었다. 이런 이유들 때문에 그들은 현재의 발전이 실은 자유주의의 산물이라는 사실을 망각하고서 점차 자유주의를 버리게 되었다. 이리하여 본래 진보주의자들이 압도적으로 지지하던 자유주의는 사라지게 되고 그 자리를 사회주의가 차지하게 되었다.

> 국가가 늘 이 땅의 지옥이 된 것은 바로 인간이 그것을 자신의 천국
> 으로 만들려 했기 때문이다
> What has always made the state a hell on earth has been
> precisely that man has tried to make it his heaven.

하이에크는 독일 작가 횔덜린F. Hölderlin의 말을 인용하며 나치주의가 실은 사회주의이며 그것이 결코 자유주의와 결합될 수 없는 것임에도 불구하고 그것이 마치 새로운 자유를 실현해주는 '위대한 유토피아(Great Utopia)'인 양 기만해왔음을 논증한다. 사회주의는 민주주의가 시대적 추세일 때 '민주적 사회주의'라는 이름으로 교묘히 자신을 분식했지만, 사회주의란 본질상 독재적이고 비민주적인 것이며 민주주의와는 양립 불가능한 개념이다. 이런 의심에서 벗어나기 위해 사회주의는 경제적 자유를 강조하는 '새로운 자유'를 내세웠는데, 그것은 물질적 궁핍에서 해방되는 것을 의미했다. 그러나 정확히는 경제조건을 절대적으로 정복할 정도로 부富를 확장하는 것이 아니라, 부의 평등한 분배를 의미하는 것이었다. 이렇게 본래 자유주의와 상반되던 사회주의는 '자유'라는 명칭(새로운 자유)으로 포장되고 마치 새로운 자유를 줄 것이라고 믿게 만들었다. 그러나 그 길은 자유의 길이 아니라 노예의 길로 가는 첩경이다. 히틀러주의는 스스로를 진정한 민주주의요, 진정한 사회주의라고 주장하면서도 결코 자유주의를 실현하는 것이라고는 자처하지 않았는데, 그것은 전체주의의 최대 적은 민주주의나 사회주의가 아니라 자유주의이기 때문이다(2장 「위대한 유토피아」). 그럼에도 우리는

지금까지도 '개인적 사회주의(individualist socialism)', '자유주의적 사회주의(liberal socialism)'와 같은 모순된 용어 속에서 살고 있다.

마르크스는 역사의 흐름 속에서 경제에서의 경쟁이 소멸하여 국가 독점이나 사기업 독점으로 귀결되는데 그중에서 전자를 선택할 수밖에 없다고 주장하여 국가의 중앙집권적 경제계획의 필연성을 강조한다. 그러나 오늘날 사기업 독점이 생긴 가장 큰 원인은 기업과 국가권력이 결탁했기 때문이다. 더 근본적인 문제는 중앙집권적 경제계획은 그 자체가 성립 불가능하다는 점이다. 그 이유로 첫째, 계획위원회는 경제에 관한 실질적 지식과 정보를 알 수 없으며 오직 거대한 의사소통체계 역할을 하는 시장 경쟁을 통해서만 이를 얻을 수 있다. 분업이 경제적 성과를 이룩하는 것은 그것이 의도적으로 조직되지 않았기 때문이다. 둘째, 다양한 인간의 복지는 국가의 공통 목적으로는 서열화될 수 없으며, 개인이 그 공통 목적에 동의할 수도 없다. 이 때문에 사회주의는 필연적으로 국가의 직접 통제를 수반하여 동의를 강요하고 이로 인해 개인의 자유와 민주주의는 억압될 수밖에 없다. 셋째, 그것은 '법의 지배' 원리와도 상충된다. 개인은 인간이 아닌 법에 복종할 때 최소한의 자유를 얻을 수 있다. 이 원리를 구현하려면 경제활동의 구체적 내용은 개인에게 맡기고 법은 일반적이고 형식적인 법령이어야만 한다. 그러나 계획경제 하에서 계획위원회는 가변적인 경제 상황에 대응하기 위해 광범위한 위임 입법을 만듦으로써 경제의 구체적 사항들을 통제하게 되고 나아가 화폐를 비롯한 모든 국면 전체를 통제하는 전체주의로 나아간다. 넷째, 국가가 지향하는 단일한 목적을 위해 모든 개인들로 하여금 그 목적을 신봉하도록 강제하는데, 이는 필연적으로 사상의 국유화를 낳으며 이성의 퇴보와 사상의 정체라는 결과로 이어진다(11장 「진리의 종말」).

사유재산제도는 자유의 불가결한 요건이다. 사유재산제도는 재산이 있는 자는 물론이고 없는 자에게도 자유의 가장 중요한 보증수단이 된다. 재산권이 다수의 개인에게 분할되어 있는 곳에서는, 설령 그것이 한 재벌에게 집중된 경우라도, 국가가 재산권을 장악하여 한 하급 공무원의 재량에 따라 개인의 운명이 좌우되는 경우보다는 훨씬 더 자유롭다. 정부가 내세우는 대로 분배적 정의와 평등을 위해 노력한다고 일단 믿어보자. 그 경우 시장기구 없이 개인의 상대적 기여도를 알 길이 없는 정부로서는 기껏 모든 개인의 머릿수에만 따르는 기계적 평등을 적용할 수밖에 없을 것이고, 그런 절대적 평등은 그 자체가 정의에 어긋나며 지지를 받지도 못한다. 이 때문에 사회주의는 실제로는 절대적 평등이 아니라 "좀 더 평등(greater equality)"을 내세우지만 이는 공동선(common good), 사회복지(social welfare)만큼이나 모호한 것이다. 결국 그 사실상의 뜻은 부자로부터 최대한 많이 빼앗아내자는 것에 불과하다(8장 「누가, 누구를?」).

전체주의는 민주주의의 절차가 느리고 따분해 보이는 상황에서 단호하고도 신속히 문제를 해결해야 한다는 일반적 요구에 의해 대두한다. 전체주의가 표방하는 좋은 의도들이 좋은 구성분자들에 의해 집행될 수도 있을까? 그러나 전체주의 집단은 필연적으로 최악의 사람들로 구성되기 마련인데 그 이유는 다음과 같다. 첫째,

교육과 지식 수준이 높은 사람들 간에는 가치 간 합의가 어려우므로 독재자로서는 도덕적·지적 수준이 한참 낮은 사람들의 본능에 호소하는 것이 더 수월하다. 둘째, 독재자는 사고가 불확실하여 동요되기 쉽고 감정과 열정에 쉽게 선동되는 사람들의 지지를 얻으려 한다. 셋째, 부자에 대한 시기심, 타 인종에 대한 증오심, 타국에 대한 경계심을 자극하여 대중의 무조건적인 충성을 받아내려 하는데 이 때문에 독일에서는 유대인이, 러시아에서는 부농계층이 '적'으로 간주되었다. 사회주의는 본질상 민족주의적이고 인종주의적인 것인데, 왜냐하면 외부 집단을 대적하는 구도로 만들어 자신의 주장을 민중에게 효과적으로 주입할 수 있기 때문이다. 그러므로 민족, 국가, 인종을 넘는 "한 세상(one world)"의 사회주의란 성립할 수 없다. 결국 전체주의의 구성분자들은 가장 최악의 인물들인 것이다(10장 「왜 가장 사악한 자들이 최고의 권력을 잡게 되는가」).

　독일에서 반자유의 비극이 출현한 원인을 국민의 기질에 바탕을 두어서는 안 된다. 예컨대 독일인이 특히 악하거나 반자유주의적이기 때문으로 보아서는 안 되는 것이다. 영국의 자유주의는 독일의 괴테와 훔볼트의 영향을 받았으며, 나치즘의 지적 토양에는 영국의 칼라일T. Carlyle이나 체임벌린H. Chamberlain도 있기 때문이다. 수십 년 동안 독일에서 갑자기 왜 국가사회주의가 성장하고 끝내 승리했던가를 면밀히 분석하는 것이 필요하다.

　나치즘과 파시즘을 목도한 당시 서구는 그것이 자본주의의 필연적 귀결이며, 자본주의의 파국으로부터 국가를 구하기 위해서는 정부의 대규모 통제만이 해결책이라고 믿었다. 흔히 나치즘과 파시즘이 사회주의에 대한 반동으로 나타난 것으로 오해하는데, 사회주의와 공산주의의 상극이 나치즘, 파시즘은 결코 아니다. 하이에크는 나치즘의 사회적 뿌리가 바로 사회주의임을 증명한다. 피히테Fichte, 로트베르투스Rodbertus, 라살레Lassalle 등의 먼 이념적 선조들은 물론이거니와 좀바르트W. Sombart, 플렝게J. Plenge, 나우만F. Naumann, 렌슈P. Lensch와 나치즘의 직접적 이론 토양이 된 슈펭글러O. Spengler 및 묄러 판 덴 부르크M. Bruck로 이어지는 사상적 전개를 통해 이를 논증한다(12장 「나치즘의 사회적 뿌리」). 나치즘의 뿌리가 바로 사회주의인 것이다. 그럼에도 불구하고 나치주의는 사회주의와 상극이며 자본주의에 기여한다고 믿는 오류를 범해왔다(1장 「버려진 길」).

자유사회와는 양립될 수 없는 그 정책들을 왜 서구사회는 암묵적으로 모방하려고 하는가! 시대를 앞서가는 선지자의 음성은 으레 세인들의 귀에 거슬리게 마련이다. 바른 사상과 지식만이 세상을 바로잡는다. 독일에서 국가사회주의에게 길을 내어준 것은 바로 국가의 선의를 확신하고 그 정책에 기대와 희망을 보냈던 선한 당대 최고의 독일 지식인들이었는데 바로 그 점이 가장 비극적인 사실이다. 그들은 국가가 고상한 국가 목적을 달성하기 위해서는 개인의 자유를 침해하는 것과 '계획(planning)'이 불가피하다고 주장한다. 딴에는 선의를 가지고 그런 운동에 몰입하는 사람들에게 그 길의 종국이 무엇인지를 알게 해주어야 할 것이다. 고상한 이념에 따라 의식적으로 국가를 설계하려다 부지 중 그것과는 정반대의 길, 곧 노예의 길로 들어서는 위험에서 구해야 하므로.

우리는 공산 소련의 몰락과 동구 및 중국이 시장주의로 돌아서는 역사의 대실험 결과를 목도했으며, 또 독재를 벗어나 민주화의 길을 밟아온 한국의 경우 전체주의의 위협은 낮아 보인다. 그럼 더 이상 노예로 가는 길로 빠질 위험은 없어진 것일까? 하이에크가 힘주어 밝힌 것은 특정 국가의 정치체제나 이념을 논증한 것이 아니라 근본적으로 지식을 얻는 경로를 시장에서 개인을 통하지 않고 국가나 집단에 맡기는 것이 바로 자유를 박탈하게 만든다는 점이다. 그 점에서 보면 오늘날 한국에서 개인의 자유에 대한 위협은 좀 다른 모습으로 나타나고 있다. 그것은 진정한 의미의 "법의 지배" 원리를 벗어나 반자유의 수많은 규제 법규를 양산하는 무제한 입법 권력과, 사회복지, 분배정의, 경제민주화라는 유토피아적 공동선을 내세우며 시장·자유·자기책임 원리를 억누르며 평등을 표방하는 국가주의와, 이 땅의 일부 지식인에게 여전한 마력을 주는 듯한 시대착오적 세계 최악의 공산주다. 90년 전 독일도 대략 이런 상태에서 출발했다. 그래서 하이에크의 음성은 이 시대에 더욱 쟁쟁하다. 부지 중 우리는 어느 정도 사회주의자들이 되어가고 있는 것은 아닌가? "이제 우리 모두가 사회주의자들이다."라고까지 말할 필요도 없는 것은 그것이 너무 뻔한 사실이 되어가기 때문은 아닌가? 그리고 그 길의 끝은 어떠하였던가?

하이에크의 주요 저서로는 『자유의 헌법(Constitution of Liberty)』(1960), 『법, 입법 그리고 자유(Law, Legislation and Liberty)』(1권_규칙과 질서, 1973 / 2권_사회정의라는 허상, 1976 / 3권_자유인의 정치 질서, 1979), 『치명적 자만(The Fatal Conceit: The Errors of Socialism)』(1988) 등이 있다. 1945년에 쓴 논문「사회에서의 지식의 사용(The Use of Knowledge in

Society)」은 미국 최고 경제학술지 《아메리칸 이코노믹 리뷰 American Economic Review》가 선정한 100년 동안의 최고 논문 20편에 선정되었다. 가장 유명한 『노예의 길(The Road to Serfdom)』(1974) 번역본으로는 최근래에 나온 김이석 박사의 역서(나남출판, 2006)를 권장한다.

김행범 | 부산대 · 공공선택론, 예산론

사회 과학

81 / 민족은 핏줄이 아니라 사람들의
상상으로 만들어지는 것

∷ 『상상의 공동체』, 베네딕트 앤더슨

　우리는 민족성(nationality), 민족 됨(nation-ness), 혹은 민족주의(nationalism)를 쉽게 받아들인다. 우리는 역사 교과서를 통해서 중국의 한족漢族 혹은 일본인과 구별해주고 우리의 정체성을 드러내는 한민족韓民族 혹은 배달민족이라는 명칭에 전혀 거부감을 갖지 않고 있다. 중국인이나 일본인을 만나서 대화를 하게 되면 음식문화, 생활습관 등의 문화적 차이를 느끼면서 서로 구별됨을 확인한다. 그런데 적어도 외양적인 모습에서 그들과 큰 차이를 느끼지 못할 때 간혹 이런 생각을 하게 된다. 한국, 중국, 일본 사람들은 핏줄이 서로 다른 민족일까? 생물학적인 유전자로 이들을 구별할 수 없다면, 무엇이 이들을 '민족'으로 구분하고 언어, 사고방식 등의 문화적 차이를 가져오게 했을까? 앤더슨Benedict Anderson, 1936~은 『상상의 공동체』에서 이 문제에 대한 해답을 제시하고 있다.

> 마지막으로 민족은 공동체로 상상된다. 왜냐하면 각 민족에 보편화되어 있을지 모르는 실질적인 불평등과 수탈에도 불구하고 민족은 언제나 심오한 수평적 동료의식으로 상상되기 때문이다. 궁극적으로 지난 2세기 동안 수백만 사람들로 하여금 그렇게 제한된 상상체들을 위해 남을 죽이기보다 스스로 기꺼이 죽게 만들 수 있었던 것은 이 형제애이다. 이러한 죽음은 우리를 민족주의가 제기하는 핵심적인 문제에 갑자기 직면하게 한다. 무엇이 겨우 2세기 정도밖에 안 되는 근대 역사의 축소된 상상체들로 하여금 그렇게 대량의 희생을 낳게 하는가? 나는 이 대답의 시작이 민족주의의 문화적 근원에 놓여 있다고 믿는다.

대부분의 사람들은 '민족'에 애착을 갖고 있다. 하지만 앤더슨은 민족을 영속적인 고정불변의 개념으로 이해하지 않는다. 그는 민족을, 18세기 말경에 '민족주의'라는 '문화적 조형물'이 서로 관련이 없는 역사적 동력들과 복잡하게 작용하면서 창조된 '우발적인 증류물'이었다고 주장한다. 그러나 그것은 일단 창조되자 아주 다른 사회적 환경에서 다양하게 의식적으로 이식될 수 있는 '조립물'이 되었으며, 여러 종류의 정치적·이념적 유형들을 통합하고 또 이 유형들에 흡수될 수 있었다고 설명한다.

앤더슨은 인류학적인 측면에서, 민족이란 "본래 제한되고 주권을 가진 것으로 상상되는 공동체"라고 정의한다. 민족은 어떤 민족에 속하는 성원이 자기네 민족을 이루는 대부분의 성원들을 알지 못하고 만나지 못하며 심지어 그들에 관한 이야기를 듣지 못하면서도 구성원 각자의 마음에 친교(communion)의 이미지가 살아 있기 때문에 상상된 것이다. 앤더슨은 민족과 병치되는 '공동체(community)'라는 개념에서 민족을 유추하는데, 공동체들은 공동체가 형성되는 타당성의 옳고 그름에 의해서가 아니라 그들이 상상하는 방식에 의해서 구별된다고 주장한다. 따라서 앤더슨은, 민족은 공동체로 상상되지만, 이는 한정된 경계를 갖고 신이 정한 계층적 왕국의 합법성을 무너뜨린 주권국가의 형태로 상상된다고 정의하는 것이다. 앤더슨은 무명용사의 기념비에 경의를 표하는 의식은 근대 이전에는 없었던 현상이라 강조하면서, 그와 같은 민족적 상상물들을 통해서 민족이 '상상되는' 문화적이고 역사적인 기원을 추적한다.

앤더슨은 민족이 종교적 상상과 강한 연관을 맺고 있다고 말한다. 종교가 우주 안에서의 인간, 종種으로서의 인간, 삶의 우연성과 숙명성, 그리고 세대를 잇는 연속성 등에 대한 해답을 제시해왔지만, 18세기 서유럽 사람들 사이에서 종교적 사고는 황혼기를 맞고 있었고, 민족주의가 기존의 종교적 관심을 대체하게 되었다. 숙명과 우연을 '운명'으로 바꾸는 민족주의의 마술은 "내가 한국인으로 태어난 것은 아주 우연이야. 그러나 결국 한국은 영원한 것이야."라는 언명처럼 민족주의의 출발점이 종교적 사고에 뿌리를 두고 있음을 나타낸다. 앤더슨은 민족주의는 의식적으로 주장된 정치적 이데올로기와의 결합에 의해서 탄생한 것이 아니라, 민족주의 이전에 있었던 보다 더 큰 문화체계와의 결합에서 배태된 것으로 이해되어야 한다고 주장하는 것이다.

그는 그러한 문화체계로서 종교공동체와 왕조국가를 설명하고 있다. 기독교 세계, 이슬람 세계, 중화문명권를 비롯한 문명들은 신성한 언어와 글로 쓴 종교 경전이라는 매개체를 통해 우리가 상상할 수 있었다. 하지만 앤더슨은 언어를 민족 됨의 상징으로 단순히 취급하는 것은 잘못된 것이라고 강조한다.

> 언어에 있어서 가장 중요한 것은 특별한 결속감을 실제로 만들어내며 상상의 공동체를 창조해낼 수 있는 능력이다.

그리고 민족주의를 발명한 것은 한 특정한 언어 자체가 아니라, 대중들이 자신의 민족을 동시에 상상하게 했던 활자어(print-language)다. 근대 유럽에서는 라틴어가 아닌 지방어(예를 들면 영어와 같은)가 발전하고 왕조의 정통성이 희미해지면서 민족이라는 표어를 중시하게 되었고 그와 함께 민족이라는 개념이 싹트게 되었다. 사람들이 새로운 방식으로 생각하고 그들의 생각을 연결해주는 인쇄 자본주의가 발달하면서 과거의 문화는 퇴조하게 되었으며, 활자어의 주인공으로 등장한 지방어들이 새로운 세력을 형성하면서 민족이라는 단위로 사람들을 묶어주게 되었다. 19세기를 특징짓는 계몽된 식자층과 상업·산업의 발달, 그리고 교통수단과 국가조직의 발전은 각 왕조의 영토 안에서 지방어를 통일시키는 강렬한 자극이 되었다. 라틴어는 1840년대까지 명맥을 유지했지만 곧 사라졌고, 신문·과학·문학의 언어들은 인쇄 자본주의의 발전과 함께 왕조의 영토 내에서 지방어로 대체되었다.

다음으로 앤더슨은 3세기가량 고요히 지속되었던 스페인령의 아메리카 대륙이 왜 갑자기 18개의 독립국으로 분리되었는가를 설명한다. 그는 이들을 크리올 공동체(creole community)라고 부르는데, 크리올이란 순수한 유럽 계통이지만 아메리카 대륙에서 출생한 사람들을 일컫는다. 역사가들은 이 원인을 스페인 본국 정부의 통제 강화와 계몽주의 사상으로 설명하지만, 앤더슨의 주요한 관심은 18개의 독립국이 분화되는 경계와 관련된 것이다. 다시 말하면, 18개의 개별 독립국이 어떠한 방식으로 경계 지워졌는가이다.

그는 18개의 독립국들이 16세기부터 독자적인 행정단위였다는 점에서 단서를 찾는다. 스페인이 처음 아메리카 대륙의 행정단위들을 구분한 것은 어느 정도 자의적이고 우연한 것으로서 특정한 군사 정복에 의한 공간적 경계를 나타내는 것이었지만, 시간이 지나면서 행정조직들이 의미를 갖고 지리적·정치적·경제적 요소들의 영향을 받아서 각각의 행정단위들은 확고한 실체(reality)로 변화했다는 점이다. 아메리카 대륙의 독립운동은 유럽의 민족국가, 공화제도, 보통 시민권, 인민주권, 국기, 국가 등의 상상된 실재에서 민족국가의 모형을 표절했고, 그 과정에서 왕조, 군주제도, 절대주의 속민, 세습귀족제, 농노제 등의 개념들을 청산했다.

앤더슨은 19세기 민족으로 상상된 공동체의 세계적 전개에 위협을 느낀 지배계층이나 지도인물이 있는 국가들을 관 주도 민족주의의 모형으로 설명한다. 독일과 일본이 이러한 사례에 해당된다. 슬로바키아인들이 마즈르화되고 인도인들이 영국화되고, 한국인들이 일본화되었지만, 이들 국가의 민족들은 본능적으로 외국의 지배에 저항했다. 식민지 민족주의는 앤더슨에게는 근대 민족주의의 마지막 물결이다. 제국주의 행정단위와 영토와의 유질동상(isomorphism, 성분은 다르지만 일부 공통된 성질이 있어서 서로 같은 결정형을 갖는 물질), 공립학교와 근대식 교육의 전파, 신흥 민족주의 지식인의 형성 등이 식민지 민족주의를 설명해준다.

앤더슨은, 사람들은 왜 이 민족이라는 발명품을 위해서 죽기를 각오하는가에 대한 질문을 던진다. 그는 20세기의 세계대전은 전례 없이 많은 사람들이 자신들의 목숨을 바치도록 설득당했다고 하는 점에서 이례적이라고 설명한다. 역사적 숙명성과 언어를 통해 상상된 공동체라는 측면에서 민족은 애국심을 낳게 되는데, 어머니의 무릎에서 접하고 무덤에 가서야 헤어지는 그 언어를 통해서 사람들은 과거를 복원하고 동료의식을 상상하며 자신의 미래를 꿈꾸기 때문이다.

민족이 영구불변한 핏줄로 결정되는 것이 아니라, 언어 등의 매개를 통해서 사람들이 서로를 구별하면서 갖게 되는 문화적 조형물이라는 앤더슨의 주장은 우리들 인식의 벽을 깨뜨린다. 너와 나를 구별했던 민족주의, 그리고 그 구별에 기반하여 증오와 적개심으로 상대를 침략하고 정복하려 했던 전쟁의 야만성이 얼마나 허구였는지를 적나라하게 드러낸다. 민족이 역사적으로 형성된 문화적인 조형물이라는 점은 현재의 민족 구분이 미래에는 무의미하게 될 수도 있다는 것을 의미한다. 나와 타자를 구별해왔던 민족이라는 생각의 허구를 깨닫게 됨으로써 나와 타자의 구별 대신 '우리'라는 공통의 정체성을 만들 수 있는 인식론적인 기반을 제시해주고 있는 것이다. 앤더슨은 르낭Renan이 "민족의 핵심은 전 소속원들이 많은 것을 공유한다는 사실이며, 동시에 전 소속원들이 많은 것을 망각해주어야 한다는 사실이다."라고 민족의 개념을 상상한 것과 관련하여 이를 설명한다.

우리의 현실을 적용하면 한국전쟁 이후 분단된 남북한은 역사, 언어 등 많은 것을 공유하고 있지만, 남북한 국민들이 한국전쟁의 참상을 망각해주어야지만 서로를 적대시하지 않는 또 하나의 공동체로 상상될 수 있을 것이다. 독일인들이 서독과 동독의 구별 없이 하나의 공동체를 상상하기 위해 망각의 시간을 필요로 했듯이, 우리도 그러할 것이다. 어차피 '너'가 없으면 '나'도 없는, 우리는 공동의 운명체인 것을…….

번역서로는 윤현숙이 옮기고 나남출판사가 펴낸 『상상의 공동체: 민족주의의 기원과 전파에 대한 성찰』(2004)이 있다.

차창훈 | 부산대 · 국제정치 및 중국정치

사회과학 82 / 동양에 대한 편견에서 벗어나기

::『오리엔탈리즘』, 에드워드 사이드

　오리엔탈리즘은 본래 서양의 입장에서 '동양을 동경하는 취향'이라고 할 만한 예술과 학문의 경향을 뜻하는 말로 쓰였다. 우리나라에서 번역되거나 저술된 서양과 관련한 서적에서도 비슷한 의미로 사용되는 경우가 종종 있다. 서양에서는 아직도 대체로 그런 의미로 사용된다. 그런데 1978년 에드워드 사이드(Edward Said, 1935~2003)가 『오리엔탈리즘』에서 그 말을, 서양이 동양을 지배하기 위한 수단으로 날조된 동양에 대한 서양의 사고양식 내지는 지배양식이라는 뜻으로 사용하면서 그 말에 다른 뜻이 부여되었다.

　사이드는 오리엔탈리즘을, 위압적인 제국주의 세력으로부터 동양문화를 보호하고 동양문화의 생존을 보장하려는 의도가 아닌, 동양에 대한 서양의 지적·기술적 지배의 표현이자 정치적·군사적·경제적 우위를 확대하려는 수단으로 파악했다. 다시 말해서

> 나는 과거 식민주의의 폭정을 거듭 당한 나라들에서는 원초의 순수 상태가 서양인에 의해 침해되었다는 의식을 조장하기는커녕, 다음 사실을 반복하여 강조했다. 즉, 그런 신화적 추상 개념은 허위이고, 그것과 같이 과거의 식민지국이 서구를 비난하는 다양한 수사도 허위라는 것이다. 문화는 너무나도 혼합적이고 그 내용도 역사도 서로 의존하며 잡종적인 것이므로 외과수술 하듯이 크게 잘라 동양이나 서양이라는 거의 이데올로기적인 대립으로 나눌 수 없다는 것이다.
>
> _에드워드 사이드

오리엔탈리즘은 하나의 실재가 아니라, 하나의 구조물, 지배의 상징, 권력의 수단을 표상하는 것으로 보았다. 이로써 오리엔탈리즘은 다양하고 이국적인 문화에 대한 학문적 존중에서 나온 산물이라고 하는 종래의 공감대 개념으로서의 성격을 상실하고, 오히려 유럽의 동양 지배를 합법화하기 위해 획일적이며 신비로운 동양이라는 개념을 창출하는 문학적 수단으로 간주되었다.

이렇게 1980년대와 1990년대에 오리엔탈리즘에 담긴 부정적인 의미가 새롭게 부각되자, 이 '새로운 오리엔탈리즘'은 놀랍도록 광범위한 논쟁을 불러일으켰다. 그리고 주로 문학비평가들 사이에서 전개된 논쟁의 결과로, 포스트구조주의, 담론 이론, 포스트모더니즘과 같은 20세기 후반의 중요한 지적 운동들이 탄생하게 되었다.

사이드가 말하는 오리엔탈리즘은 첫째, 동양을 대상으로 하는 학문, 둘째, 학문만이 아니라 동양을 언급하는 문학이나 예술, 저널리즘 등에서 동양과 서양을 구분하는 존재론적·인식론적 사고양식, 셋째, 동양에 관하여 서술하고 그것에 권위를 부여하여 가르치거나 식민통치를 하기 위한 지식의 상호연관적인 제도 내지는 네트워크를 모두 뜻한다. 이와 같이 대상화된 오리엔탈리즘이란 푸코가 말하는 '담론'이자 담론적인 실천을 말한다. 그런데 이러한 오리엔탈리즘이 표상하는 동양과 실제의 동양이 반드시 일치하는 것은 아니다. 표상으로서의 동양은 오리엔탈리즘 담론의 동양을 표상하고, 그 표상은 서양적 시각 하의 주체-종속으로 나타난다. 또한 서양에 대해 동양을 대립적으로 위치시키는 것도 서양식 오리엔탈리즘 담론이다. 곧 사이드는, 서양인은 참된 동양을 알 수 없고 동양인만이 동양을 알 수 있다는 점에 무게중심을 두는 것이 아니라, 서양의 오리엔탈리즘이 정치·경제적 실천에 의해 지배와 억압이라는 권력관계를 낳는다는 것을 문제로 삼는다.

 사이드에 의하면 제국주의나 식민주의는 단순히 경제적 착취와 수탈에 그치는 것이 아니다. 그것은 어떤 지역과 사람들이 지배를 받아야만 한다는 생각을 포함하는 이념에 의해, 그리고 지배와 연관되는 지식에 의해 생성되고 추진된다. 고전적인 제국주의도 '열등한', '종속적인', '복종하는 사람들', '의존', '확장' 그리고 '권위'와 같은 개념—품위 있는 서양인이 동양인을 복종시켜야 한다는 생각, 서양인이 제국의 에너지를 충전하여 종속적이고 열등하며 후진적인 동양인을 지배해야 한다는 생각—으로 가득 차 있었다. 이러한 생각을 가진 이들은 자주와 독립은 백인들만의 것이고 과학,

학문, 역사도 모두 서양에서 만든 것이라고 믿는다.

이러한 오리엔탈리즘에 대해서 마르크스를 포함한 서양의 어떤 지식인도 이의를 제기하지 않았다. 사이드는 서양의 지식사회에 담긴 이 단단한 인식을 엄청난 인명록과 도서목록을 들어 낱낱이 해부한다. 디포우, 오스틴, 새커리William M. Thackeray, 디킨스, 브론테, 디즈레일리, 제임스, 도일, 스티븐슨, 로렌스, 멜빌, 콘래드, 키플링, 플로베르, 포스트, 카뮈, 지드, 말로, 네이폴Vidiadhar Naipaul 등과 같은 소설가들, 그리고 칼라일과 러스킨, 아우얼바흐, 윌리엄즈, 트릴링과 같은 평론가들부터 『자유론』의 밀, 『제국주의론』의 홉슨, 『농민전쟁』의 울프, 『고대법』의 메인, 프랑크푸르트학파(특히 하버마스), 오페라 〈아이다〉를 작곡한 베르디, 화가 들라크루아와 마네, 제롬에 이르기까지 그 범위와 규모는 대단히 방대하다. E. M. 포스터의 원작을 영화화한 데이비드 린의 영화 〈인도로 가는 길〉이 영국의 포틀랜드 침략시에 만들어진 것도 제국주의적 향수의 잔재였다. 서구 역사에서는 노동계급운동이나 여권신장운동마저도 예외 없이 제국에 이익이 되는 쪽으로 작용했다. 미국식 대학 교양교육으로 강화된 서양 고전 읽기도 사실은 제국주의의 잔재였다.

사이드에 의하면 문화와 제국주의의 관계는 지극히 긴밀하고도 절실하다. 제국주의란 자신의 소유가 아닌, 다른 사람이 소유하고 있는 것과 다른 사람이 살고 있는 머나먼 땅을 조종하려는 생각을 포함한다. 그러한 생각을 실현하는 수단은 군인과 대포만이 아니라, 관념과 형식, 이미지와 상상이 될 수도 있다. 1914년까지 전 지구의 85%를 차지했던, 정치적 침략을 중심으로 한 고전적 제국주의는 끝났다고 할 수 있을지 모르나, 오늘날까지도 경제적·사회적 영역, 특히 문화적 영역에서 제국주의는 엄청난 영향력을 행사하고 있다.

이처럼 오리엔탈리즘은 서양의 실체적인 문명과 문화를 구성하는 부분으로 동양을 인식하는 문화적·이데올로기적 담론으로, 나아가 여러 제도와 학식, 형상, 신조 그리고 식민지 관료제와 식민지적 양식에 의해 지탱되는 것으로 표현되고 표상되는 문화적 헤게모니의 체계를 말한다. 다시 말해서 오리엔탈리즘은 역사적으로 서양이 비서양 세계를 침략하여 세계를 제패했던 제국주의 시대에 침략과 지배를 합리화하기 위해 만들어진 모든 정치적·경제적·사회적·문화적 논의의 근본에 비서양 세계에 대한 멸시와 차별이 있었음을 표상하는 말이다.

사이드에 의하면 '동양'이란 서양이 자신들과 구분되는 타자를 상징하는 말이다. 그러한 생각의 저변에는 동양과 서양 사이에는 본질적인 차이가 있다고 보는 존재론적이고 인식론적인 구분이 깔려 있다. '동양'은 서양이 조작한 것이다. 침략과 지배는 멸시와 함께 신비화를 조장한다. 그 결과, 정치적 독재주의나 사회적 권위주의, 문화적 신비주의를 동양의 고유한 특질로 인식하게 된다. 이러한 인식은 서양이 동양을 지배하는 데 필요한 구실을 마련해준다.

서양의 동양관은 19세기 제국주의 시대에 본격적으로 나타났지만, 역사적으로는 동양을 지배하기 시작한 그리스-로마 시대부터 비롯되었고, 21세기인 지금도 지속되고 있다. 이처럼 뿌리 깊은 인식은 정치, 경제, 사회, 문화만이 아니라 정신과 육체까지도 지배하고 있다.

사이드가 밝히는 오리엔탈리즘의 몇 가지 특징을 살펴보자. 첫째, 동양과 서양 사이에는 쉽게 넘을 수 없는 경계선이 분명히 존재한다는 것을 전제한다. 둘째, 동양에는 수많은 독자적 문화가 있는데도 동양을 마치 하나인 것처럼 취급해 그 독자성을 말살한다. 셋째, 서양에는 능동성과 이지성理智性, 남성성, 합리성, 주체성, 진취성 등의 속성을 부여하는 반면 동양은 서양의 작용을 수동적으로 수용하는 객체로서의 수동성, 관능성, 여성성, 비합리성, 객체성, 정체성 등의 속성을 갖는 것으로 파악한다. 넷째, 그런 동양은 스스로를 자각할 수도, 표상할 수도 없으므로 서양에 의해 서술되고 설명될 필요가 있다고 주장한다. 즉, 서양은 자신이 만든 타자상에 타자의 현실을 종속시킴으로써 그 밖의 담론이 나올 가능성을 말살한다. 다섯째, 정체적이고 수동적인 동양은 스스로 발전과 변혁을 할 수 없으므로 서양의 개입과 지배가 필연적이라고 본다. 따라서 서양의 진출은 억압이나 침략이 아니라 동양 세계 스스로 바라는 것이라고 정당화하고 합리화한다.

사이드의 『오리엔탈리즘』은 동양에 대한 서양의 우월주의가 어떻게 문학과 학문, 예술과 종교 등의 이름으로 조작되었는지, 또한 그것이 어떻게 제국주의적 지배권력과 결탁하여 식민지 민중을 착취하고 열등감에 사로잡히게 하고 있는가를 해부한 책이라는 점에서 중요한 역사적 의미를 갖는다. 이 책은 서구정신의 허구와 위선을 고발하고 있지만, 기본적으로는 참된 '정신적 행동'을 촉구하고 있다. 그리고 중동에 대한 서구 제국주의의 침투를 대상으로 하고 있지만, 우리의 경우 과거의 일제강점기나 오늘날의 근대화=서양화=미국화=국제화=세계화에 대해서도 그대로 적용할 수가 있다. 한 가지 생각해볼 사실은, 일제 역시 서양을 모방하여 조선을 착취하고 조작했다는 점이다.

『오리엔탈리즘』이 출간된 이후, 서구의 학문이나 예술, 특히 동양학과 문학, 미술, 건축, 음악을 향한 사이드의 비판은 엄청난 논쟁을 불러일으켰다. 무엇보다도 사이드가 제기한 개념들은 서구에서의 침략적·신비주의적 동양학 논의에 대한 새로운 비판적 시각을 제공했고, 이후 제3세계의 민중계층, 식민지 통치하에서 진행된 민족상의 조작, 식민정책의 모순과 모호성을 지적하는 논의로 발전하고 있다. 그리고 그러한 논의는 비서구 세계의 다양성, 반권위주의의 민주성, 반이성의 정신성을 토대로 한 새로운 세계문화체계를 수립하는 이정표로서 끊임없는 활력소가 되고 있다.

번역서로는 필자가 옮기고 교보문고가 펴낸 『오리엔탈리즘』(2007, 개정증보판)이 있다.

박홍규 영남대 · 노동법

Part 5
과학
기술
의학

문명과 생명의 새로운 지평

Science
Technology
Medicine

83 / 젊은 과학도들을 향한 사려 깊고 열정어린 조언

:: 『과학자를 꿈꾸는 젊은이에게』, 산티아고 라몬 이 카할

    과학자가 장래 희망인 어린이가 많았던 시절과 아이돌 가수가 되고 싶은 어린이의 수가 훨씬 더 많은 오늘의 한국을 비교하는 어떤 공익광고를 본 일이 있다. 오늘의 사회가 얼마나 많은 수의 과학자를 필요로 하는가라는 물음에 답하기란 어렵고 복잡한 일이지만, 그 수가 아이돌 가수의 수보다는 많아야 한다는 사실은 분명해 보인다. 그런 점에서, 대학에서 과학이나 공학의 어느 분야를 전공하겠다고 마음먹고 과학도의 길에 들어선 젊은이들은 우리 사회의 소중한 자산이고 희망이다. 이런 젊은이들이 아직은 막연할 수밖에 없을 자신의 미래에 대해 구체적이고 희망적인 그림을 그릴 수 있도록 돕는 것, 그 희망이 충분한 이유 없이 증발되어버리지 않도록 격려하고 돌보는 것, 그들이 공부의 단계마다 필요로 하는 지식과 훈련을 제공하는 것, 이런 일들은 교수들과 대학, 그리고 기업

' 모든 위대한 연구는 몇 달 혹은 심지어 몇 년 동안 끈질기게 한 가지 주제에 매달리는 집중과 인내와 끈기가 결합되어 맺는 열매다. 창조적 성과의 비결에 관해 질문을 받았던 여러 명의 뛰어난 과학자들도 그렇게 답했다. 뉴턴은 자신이 만유인력이라는 중요한 법칙에 도달하게 된 것은 오로지 그 문제만 끊임없이 생각했던 덕분이라고 말했다. 다윈의 아들 말에 따르면, 다윈은 진화의 원리와 관련된 생물학적 사실들에 집중한 나머지 여러 해 동안 자신의 연구목표와 관련 없는 독서나 사색은 전부 계획적으로 멀리했다고 한다. 뷔퐁은 서슴없이 이렇게 말한다. "천재성이란 다만 극단적인 형태의 인내일 뿐이다."

_영어판 pp.38~39, 한국어판 83~84쪽 '

과 정치가들이 모두 힘을 합쳐 해야 할 일이다.

그러나 과학자는 단순히 그렇게 제도적 교육과 교수들에 의해 자동으로 생산될 수 있는 생산품이 아니다. 비슷한 지적 역량을 지닌 두 젊은이가 유사한 사회적 여건 속에서 같은 교육과정을 거치며 성장하고도 결국 전혀 다른 높이의 성취에 도달하는 것은 전혀 생소한 일이 아니다. 물론 삶이 도달하는 높이를 일차원으로 잴 수는 없지만, 한 사람이 과학자로서 이룩한 성취의 높이는 꽤 객관적으로 가시화된다. 어쩌면 그것이 과학이라는 영역이 유능한 젊은이들을 끌어들이는 고유한 매력 가운데 하나인지도 모른다. 그런

두 젊은이의 성취 사이에 수준 차이를 낳는 것은 바로 그들이 과학도로서 얼마나, 그리고 어떻게 정진했는가이다. 『과학자를 꿈꾸는 젊은이에게』의 저자인 라몬 이 카할Santiago Ramon y Cajal, 1852~1934은 바로 이 장면에서 필요한 조언을 하나씩 풀어놓는다. 그 조언은 일반적이면서도 아주 구체적이고, 그 안에는 저자의 경험과 뜨거운 사랑의 마음 같은 것이 녹아들어 있다. 그는 아끼는 후배를 앞에 놓고 이야기하듯이, 혹은 과학도의 길에 들어선 자기 자녀를 마주보며 이야기하듯이 마음을 담아 이야기한다.

이 책은 저자가 40대 중반의 과학자였던 1896년에 스페인어로 처음 출판된 후, 2년 뒤인 1898년을 비롯하여 이후 여러 번 재간행되고 여러 나라의 언어로 번역되었다. 라몬 이 카할이 1906년 노벨 생리의학상을 수상한 이후에도 이 책은 거듭 출간되었고, 매사추세츠공대 출판부(MIT Press)는 2004년에도 이 책을 다시 출간했다. 100년을 넘기며 계속 출간되고 있는 것이다. 놀라운 점은 이 책에서 들려주고 있는 실험실과 관련한 이야기들이 100년 전의 일이라고는 전혀 느껴지지 않는다는 사실이다. 저자의 조언 중에는 박사학위 논문을 준비하고 있는 대학원생이나 박사학위를 받고 갓 전문가의 길에 들어선 과학자에게 적절할 만한 것도 있지만, 대부분은 대학교 1~2학년 학생을 비롯한 모든 수준의 연구자에게 요긴할 만한 것들이다. 뿐만 아니라 이 책 내용의 대부분은 자연과학의 경계를 넘어 공학과 사회과학의 여러 영역에서도 먹힐 만한 힘을 지녔다.

저자는 초보 연구자가 빠지기 쉬운 함정을 열거하는 것으로 이야기를 시작한다. 그런 함정은 권위에 대한 지나친 존경심, 해결해야 할 중요한 문제들은 이미 다 해결되었다는 생각, 응용과학의 의미에 대한 선입견, 그리고 자신의 능력이 원래 모자란다는 생각 등이다. 마지막 것을 예로 들어 살펴보자. 저자는 "누구라도 마음먹고 노력하기만 하면 뛰어난 실험가가 될 수 있다." 식으로 말하지 않는다. 오히려 그는 "확실히 실험 연구에 맞지 않는 사람들이 있다."고 말한다. 그러나 그는 묻는다. "스스로 무능하다고 주장하는 대다수의 사람들이 정말 그런가? 그 일이 얼마나 어려운지 과장하고, 자신의 능력을 과소평가하는 것은 아닌가?" 나아가서 그는 '뛰어난 연구자'가 한 가지 유형이 아니라는 사실을 지적한다. 평범한 지적 능력을 지녔지만 손을 쓰는 작업에 재능과 끈기를 지닌 사람, 자연의 아름다움을 꿰뚫어보는 예술적 감각을 지닌 사람, 또 호기심 많고 침착해서 하찮아 보이는 자연 현상의 세밀한 탐구에 기꺼이 오랜 시간을 바치는 사람, 이런 사람들은 모두 성공적으로 실험실 연구를 수행하는 데 필요한 훌륭한 적성을 지니고 있다.

이어 3장에서 저자는 연구자에게 필요한 지적 특성을 분석한다. 그것은 독립적 판단, 집중력, 명예욕, 애국심, 발견을 즐기는 마음 등이다. 특히 집중력에 관해 저자는 "모든 위대한 연구는 (…) 끈질기게 한 가지 주제에 매달리는 집중과 인내와 끈기가 결합되어 맺는 열매"라고 강조하면서, "천재성이란 다만 극단적인 형태의 인내일 뿐"이라는 뷔퐁 Georges Louis Leclerc Buffon의 말을 인용한다.

또 한 가지 저자가 이 책에서 여러 차례 강조하고 있는 것이 바로 과학적 발견을 향한 열정이다. 그는 5장에서 "새로운 사실들을 발견하는 일에 관심을 가져라. 그것들만이 누구도 무시할 수 없을 만큼 가치 있는 것들이다."라는 화학자 리비히Justus Liebig의 말을 인용하면서, 특히 '이론'이나 '가설'이 아니라 가설을 세우고 또 무너뜨리는 바탕이 되는 새로운 데이터의 중요성을 강조한다.

> 학자의 실질적인 기여는 그가 만든 독창적인 데이터의 총량으로 측정된다. 가설은 왔다 가지만 데이터는 남는다. 이론들은 우리를 버리지만, 데이터는 우리를 지켜준다.

4장은 특히 대학생 수준의 과학도들이 경청할 만한 실질적인 조언을 담고 있다. 거기서 저자는 초보 과학도가 갖추어야 할 것들에 대해 이야기한다. 첫째는 너른 지식을 함양하는 교양교육(general education)이다. 앞에서 언급된 덕목들이 빛을 발하고 훌륭한 열매를 맺을 수 있으려면 과학도 자신이 풍부한 지적 토양을 갖추고 있어야 한다. "예를 들어 생물학자는 해부학과 생리학에 공부를 한정하지 말고 심리학, 물리학, 화학 등에 관한 기본 지식을 갖춰야 한다." 그러나 풍부한 토양만으로는 과학적 발견의 열매를 맺을 수 없다. 그래서 강조되어야 할 것이 전문성이다. 방금 말한 '너른 지식'이 백과사전식 지식에 그치지 않고 진정한 과학적 업적으로 이어지려면 과학도는 '한쪽 날만을 날카롭게 세운 칼'을 만들어 지니도록 힘써야 한다.

이어 저자는 외국어 능력과 연구서 읽는 방법을 터득하는 것 등에 대해서 언급한다. 그중에서도 특히 흥미롭게 들리는 조언은 '기법(technique)의 숙달'에 관한 것이다. 이것은 앞에서 언급한 '독창적인 데이터의 중요성'과 연결하여 생각해볼 만하다. 그런데 한 분야의 연구에 필요한 수많은 기법들 가운데 과학도는 어떤 것을 우선적으로 익혀야 할까? 저자는 구체적으로 제안한다. "최신 연구 기법을 선택할 수도 있다. 그러나 무엇보다도, 제일 어려운 기법을 익히는 데 우선 힘을 기울여야 한다." 물론 그렇게 어려운 기법을 익히려면 기초적이고 기본적인 기법들에 먼저 익숙해져야 할 것이고, 또 실제 경쟁 상황에서 이와 같은 저자의 조언이 항상 최선의 결과를 낳으리라고 볼 수는 없을 것이다. 그러나 최초의 발견이라는 빛나는 열매를 손에 넣고 싶은 과학도라면, 저자의 조언에 담긴 그 정신을 되새겨볼 필요가 있다.

라몬 이 카할의 이 책은 한 세기 전에 쓰였다. 그동안 과학자들의 세계도 많이 변모했으니, 만일 저자가 오늘 다시 같은 제목의 책을 집필한다면 적잖은 부분을 고쳐 쓰고 장도 한두 개 추가할 것이다. 아마도 그렇게 추가되는 장에는 전문가들의 커뮤니티와 관련된 이야기와 전문 분야 간에 서로 협력해야 하는 상황을 위해 과학도가 무엇을 준비해야 하는지에 대한 이야기가 포함될 것이다. 그러나 한 권의 책이, 관련된 모든 주제를 다 담아내기를 바라는 것은 현명한 일이 아니다. 이 책은 100년이 넘도록 젊은 과학도들에게 저자의 또렷한 목소리를 들려주고 있고, 이 점만으로도 이 책의 존재의미는 확연하다. "초보 과학자는 아직 발견되지 않은 사실을 발견하기 위해 최선의 노력을 기울여야 한다. 그것은 정밀하게 관찰하고, 유용한 실험을 하고, 정확히 기술함으로써 가능해진다."

번역서로는 김성준이 옮기고 지식의풍경이 펴낸 『과학자를 꿈꾸는 젊은이에게』(2002)가 있다.

고인석 | 인하대 · 과학기술철학

과학 기술 의학

84 / 여성주의 과학철학자가 쓴 노벨상 수상자의 전기

:: 『생명의 느낌』, 이블린 폭스 켈러

　이 책은 바바라 매클린톡Barbara McClintock, 1902~1992이라는 미국 여성 유전학자의 전기다. 매클린톡은 1983년 여성으로는 최초로 노벨 생리의학상을 단독 수상했다. 그녀의 연구 업적 가운데 가장 유명한 것은 옥수수 염색체를 관찰하고 연구하던 중, 일명 '튀는 유전자'라고 불리는 트랜스포손transposon, 전이성 유전자(transposable element)라고도 한다을 발견한 것이다. 그때까지 과학자들 사이에는 유전자가 한 자리를 지키며 유전정보를 전달한다는 '중앙통제론'이 확고한 신념으로 자리 잡고 있었다. 하지만 매클린톡의 이 발견으로 인간을 포함한 수많은 생명체의 세포에 트랜스포손이 존재하고 있다는 사실과, 트랜스포손의 생물학적 기능이 밝혀지게 되었다.
　그런데 일반 과학자뿐 아니라 대중 사이에서 매클린톡이 더욱 유명세를 타게 된 이유는, 유전자가 움직일 수 있다는 그녀의 가설

> 매클린톡은 그녀의 실험실에 있었다. (…) 나는 그렇게 삶이 배어 있는 실험실을 어디에서도 본 적이 없다. (…) 어느 쪽이 인터뷰를 하는 건지 애매할 정도였다. (…) 나에 대해, 내가 공부한 분야에 대해, 내 관심 분야에 대해 그녀가 나를 인터뷰한 셈이었고, 나는 충실하게 대답했다.
>
> 연륜이 쌓이다 보면 대부분 판에 박힌 일이나 궂은일은 조교들에게 시키게 마련인데, 그녀는 결코 그러지 않았다. 늘 초보자처럼 모든 일을 끙끙거리며 혼자 해냈다.

이 남성 중심의 주류 과학자 사회에서 오랜 기간 외면당했기 때문이다. 이러한 사실은 이 책에서도 상세하게 언급하고 있으며, 매클린톡 스스로도 노벨상을 수상한 뒤 가진 《타임》지와의 인터뷰(《타임》지 1983년 10월 24일자 기사)에서 인정하고 있다. 당시 미국 과학자 사회에서 주류가 아니었던 여성 과학자에게 가해진 편견과 부당한 대우, 과학자로서는 조금 별난 개성, 사교성이 부족하다는 평가 등을 생각할 때 매클린톡이 '별종'으로 취급받았다는 사실이 어느 정도는 수긍이 간다.

전기를 쓴 켈러는 왜 매클린톡이 뛰어난 업적을 이루고도 부당한 대우를 받았는지, 왜 그녀의 전이성 인자에 대한 가설이 주류 과학계로부터 외면당했는지를 여성주의적 시각에서 서술하고 있다. 먼저 켈러는 전형적인 남성 과학자들과는 확연히 대조되는 매클린톡만의 자질에 주목한다. 켈러는 매클린톡이 관찰 대상인 옥수수와 옥수수 염색체에 대해서 세심히 관찰하고 연구했을 뿐만 아니라, 내면에 떠오르는 '생명의 느낌'을 통해 새로운 과학적 사실로 나아가는 열쇠를 얻는, 전통적인 과학 연구방식과는 다른 그녀만의 "언어"를 사용했다고 해석한다. 켈러는 이와 같은 다른 접근법과 언어를 사용한 것이 매클린톡의 과학적 업적이 외면당하게 된 이유 중 한 가지였다고 보았다. 그러면서 켈러는 매클린톡과 같은 여성 과학자가 보여준 통찰력과 감성 또한 과학의 다양성으로서 존중되어야 한다고 주장했다.

이처럼 켈러는 여성주의적 관점에서 매클린톡과 다른 과학자(주로 남성인)의 차이점에 집중했다. 그러나 그 차이점을 드러내기 위해 저자가 매클린톡의 연구방식을 너무 단순화시킨 것이 아닐까 하는 의구심이 들기도 한다. 실제로 나타니엘 C. 컴포트라는 저술가는 켈러의 여성주의적 견해에 의해 정형화된 '매클린톡 신화'에 비판을 가하기도 했다(The Tangled Field: Barbara McClintock's search for the patterns of genetic control. Cambridge, MA: Harvard University Press. 2001).

그렇다고 켈러의 전기가 여성주의에 완전히 함몰된 것만은 아니다. 이 책은 매클린톡과 같은 천재 과학자뿐 아니라 보통의 과학자에게서 자주 발견되는 과학자들의 공통적인 특성에 대해서도 자주 언급한다. 훌륭한 과학자들은 연구하고자 하는 대상에 대한 열정에서 비롯된 통찰력을 지니고 있고(그 부작용으로 주변의 사소한 것을 신경쓰지 않는 때도 있지만), 연구에 집중할 수 있는 환경이 주어진 것에 감사하고 만족해하며(반면 그렇지 못할 때에는 깊은 슬럼프를 겪기도 하지만), 동료들의 얘기를 경청하고 존중하며 그들에게 도움을 주고자 한다(때로는 자신의 연구결과보다 경쟁자의 동일한 연구결과가 먼저 발표될까 봐 불안해하기도 하지만).

하지만 이 책을 읽으면서 자칫 여성주의 메시지에 몰입할 때 빠질 수 있는 함정은, 매클린톡이 동료 남성 과학자들로부터 멸시와 무시를 당하다가 나중에서야 인정과 존경을 받았다는 사실에 너무 깊은 의미를 두게 된다는 점이다. 이 책이 출간된 뒤 《사이언스》지에 이 책을 소개한 한 유전학자는 매클린톡의 연구가 옥수수를 연구대상으로 하는 유전학자들 사이에서 존중받았을 뿐만 아니라, 매클린톡 자신은 이 책이 출간되는 것을 긍정적으로 생각하지 않았다고 밝히기도 했다(존 R. 로난. 1984년. *A Career in Genetics*. Science, 223권 482쪽). 실제로 매클린톡은 '튀는 유전자'를 발견하기 전부터 옥수수 세포유전학 분야에서 이미 최고의 반열에 올라 있었다. 세포에서 염색체의 움직임이나 인이 형성되는 과정을 세밀하게 밝혀내는 등 유전학의 역사에서 빼놓을 수 없는 지대한 공헌을 했다. 비록 이 책이 쓰인 시점보다 한참 후의 일이기는 하지만, 필자가 학생 시절 만나본 원로 옥수수 유전학자들은 매클린톡에 대한 학문적·인간적 존경심과 향수를 간직하고 있었다. 그리고 필자가 아는 대부분의 과학자들은 자신이 집중하는 학문 영역에서 받는 학자로서의 평판에 관심을 갖지, 자신이 연구하는 분야와는 거리가 먼 영역이나 다른 대상을 연구하는 학자들로부터 인정받는 것에는 그다지 신경을 쓰지 않고 있었다. 이러한 점은 매클린톡과 같은 위대한 학자 역시 크게 다르지 않았을 것이다.

위에 열거한 몇 가지 오해의 소지에도 불구하고, 이 책이 여성주의적 관점에서 제기한 문제를 비롯하여 학문공동체 내의 소수자(minority)를 배려하는 것과 학문 연구의 다양성에 대해서 문제를 제기한 점은 정당하며 지금 이 시점에도 여전히 유효하다고 본다. 오늘날에도 여성, 특정 인종, 경제적 약자 등은 이공계열 학문공동체에서 상대적으로 소수이며, 소수자에 대한 편견과 부당한 평가는 특히 경력이 쌓일수록, 또 학문적 지위가 높아질수록 강해지는 것이 현실이다. 학문공동체 구성원의 다양성을 높이고 소수자를 배려하려는 제도적 장치가 이전보다 확실히 개선되었음은 부인할 수 없지만, 외형상의 생물학적 차이나 문화적 배경의 차이를 두고서 비공식적인 다수가 행하는 '횡포'는 여전히 넘기 어려운 장벽으로 남아 있다. 이러한 장벽은 매클린톡을 포함한 대부분의 과학자가 일생 동안 적어도 한 번 이상은 경험했을 연구활동의 위기 상황에서는 더욱 단단하고 높아 보였을 것이다.

이쯤 되면 과학자의 길을 가려 하지만 스스로를 소수자라고 생각하는 학생 독자는 절망에 빠질 수도 있을 것이다. 그러나 과학자의 길만이 이러한 위기와 함정이 도사리고 있는 것은 아니며, 학문공동체 내의 불평등을 해소하기 위한 제도적 장치 역시 어느 정도 마련되어 있다. 우리 사회 거의 어디에나 존재하는 '유리 천장(glass celling)'을 뚫을 수 있는 개별적인 대책은 결국 주변에 함정이 있음을 인식했을 때 그것을 피하거나 정면으로 돌파하는 것뿐이다. 정면으로 돌파하다가 함정에 빠질 때를 대비해 차선책을 마련해두는 것도 현실적인 대책일 것이다. 하지만 무엇보다도 우리 앞에 도사리고 있는 온갖 부당함을 견뎌내는 긍정의 힘이 가장 강한 무기가 될 것이다.

사족으로, 이 책을 읽는 독자 중 상당수는 이 책에서 종종 나타나는 생물학과 유전학의 용어를 부담스러워할지도 모른다. 그러나 이러한 과학적 지식은 저자가 전하고자 하는 중요한 메시지를 받아들이는 데 반드시 필요한 것은 아니다. 때문에 과학 용어와 지식을 이해하기 위해 많은 시간을 할애할 이유는 없을 듯하다. 다행히 과학적 지식이 필요한 부분은 일부에 지나지 않으며, 경우에 따라서는 건너뛰고 읽어도 무방하다.

여성주의적 관점에서 이 책을 읽는 독자라면, 미국 과학계의 불합리한 환경과 그에 대비되는 매클린톡의 독특한 과학관에 귀를 기울이면 된다. 과학자의 길에 입문하고자 하는 독자라면, 이 책을 통해 20세기 유전학과 분자생물학의 역사를 접할 수 있고, 뿐만 아니라 활자화된 책에서는 쉽게 접할 수 없는 과학자들의 극적이고 은밀한 얘기를 엿들을 수 있는 기회를 얻을 것이다.

정태준 | 부산대 · 식물생리학

과학
기술
의학
85 / 새로운 패러다임을 여는 열쇠,
엔트로피

:: 『엔트로피』, 제레미 리프킨

    에너지의 보존과 변환을 설명하는 과학을 열역학이라고 한다. 열역학의 가장 기본이 되는 법칙 두 가지가 있다. 우주 에너지의 총량은 항상 일정하다는 제1법칙과, 엔트로피 총량은 지속적으로 증가한다는 제2법칙이다. 독일의 화학자 루돌프 클라우지우스 Rudolf Clausius가 이름 붙인 엔트로피 entropy는 일할 수 있는 유용한 에너지가 손실되는 것을 의미하는데, 더 이상 일로 전환될 수 없는 에너지의 양을 측정하는 수단이 된다.

    어떤 사건이 발생할 때마다 지상의 유용한 에너지 재고가 그만큼 줄어든다는 사실은 매우 다층적인 의미를 품고 있다. 엔트로피의 정의는 과학에서 출발했지만, 이제 엔트로피는 경제, 교육, 문화, 심지어 종교에 이르는 각 분야에서 발생하는 여러 가지 문제와 갈등을 진단하고 해결책을 제시하는 주요 핵심 단어가 되었다.

> 오늘날 풀 한 포기가 자라나거나 미생물 한 마리가 탄생한다는 것은 내일 풀 한 포기나 미생물 한 마리가 덜 태어난다는 것을 의미한다.

역사를 살펴볼 때, 종교적 세계관이 지배했던 중세기 이후 인류의 세계관은 과학의 영향력에서 자유로울 수 없었다. 근대에는 뉴턴의 발견으로 인해 기계론적 세계관이 형성되었고, 현대에 도입된 양자역학은 다시 기계론적 세계관을 뒤흔들었다. 과학기술의 발달은 대량 살상 무기의 생산과 두 번의 세계대전, 강대국의 출현을 부추겼고, 인류로 하여금 자연을 지배 대상으로 인식하도록 만들었다. 이제 인류는 개발과 보존이라는 완전히 다른 두 가지 방향 중 어느 하나를 선택해야 하는 극단에 몰려 있다. 이와 같은 상황에서 역사는 새로운 세계관의 출현을 기대하고 있는지도 모른다.

금세기의 저명한 문명비평가 중 한 사람인 제레미 리프킨_{Jeremy Rifkin, 1945~}은 자신의 책 『엔트로피』에서 현대 세계의 다양한 사회문제를 상세히 조명하고 갖가지 영역에 엔트로피 법칙을 적용시키며 우리의 각성을 촉구한다. 엔트로피가 증가한다는 것은 유용한 에너지가 줄어든다는 것을 의미한다. 무용한 에너지를 다른 말로 표현하면 '오염'이다. 열역학 제2법칙에 의하면 엔트로피는 한 방향(혼돈과 무질서)으로만 변화해가며, 무용한 에너지의 총량은 극대점을 향해 움직이는 경향을 보인다. 과학기술의 발전은 인류에게 편리함을 선물했지만, 환경오염을 발생시키고 천연자원을 고갈시키며 나아가 정신적 황폐함을 가져왔다. 이 때문에 저자는 "농업, 수송, 도시화, 군대, 교육, 보건 등의 모든 분야에서 우리 인류는 이제까지 엄청난 진보를 이루었다고 믿으며 진보는 '영원한 것'이라는 확신에 차 있지만, 가까이서 들여다보면 이런 생각은 모두 환상이며, 이 환상을 깨뜨리는 것이 바로 열역학 2법칙이다."라고 말하며 아래와 같이 단언하고 있다.

엔트로피 법칙은 이제 곧 과학의 지배적인 패러다임으로서 뉴턴 역학의 자리를 차지할 것이다. 왜냐하면 오직 엔트로피 법칙만이 변화의 본질과 방향 그리고 변화의 과정에 관련된 모든 것들의 상호연관성을 충분히 설명해줄 수 있기 때문이다. 엔트로피 법칙은 언젠가 잘못된 것임이 증명되어 버려질 수도 있다. 그러나 적어도 현재로서는 우리가 살고 있는 세계와 그 안에서 어떻게 살아갈지를 설명하는 유일한 법칙이다.

리프킨에 의하면 현대 산업사회에서 엔트로피 법칙이 적용되지 않는 분야는 거의 없다. 경제학, 농업, 수송, 도시화, 군대, 교육, 보건 분야는 물론이고 심지어 종교문제에까지 개입하여 갈등을 해소하고 새로운 세계관을 형성하는 열쇠 구실을 할 수 있다. 리프킨은 시대가 요구하는 새로운 경제이론, 제3세계의 발전, 부의 재분배, 태양에너지 시대의 새로운 인프라, 과학혁명, 교육개혁, 제2의 종교개혁 등의 영역에서 엔트로피가 절망에 빠진 인류를 희망으로 이끌어낼 수 있는 유일한 가치라고까지 단정한다. 아울러 모든 기술은 주변 환경에 더 큰 무질서를 만드는 대가를 지불하고 일시적인 '질서의 섬'을 만들고 있을 뿐이라며, 우리 뒤에 오는 인류는 우리보다 더 가난한 상태에서 삶을 시작하게 될 것이라는 사실을 잊어서는 안 된다고 강조하고 있다.

천연자원이 고갈되어가고 있는 오늘날, 과학기술자들은 원자력을 이용하고 마지막 남은 자원이라고 여겨지는 태양에너지를 활용하는 연구에 매달리고 있다. 태양전지를 개발하는 것도 그러한 노력 중의 하나다. 저자는 이에 대해서 따끔하게 충고한다. 원자력을 개발하는 것에 대해서는, 물리학자이자 태양에너지 예찬론자인 아모리 로빈스Amori Lovins의 말을 빌려 "분열이든 융합이든 원자력은 버터를 자르려고 톱을 들이대는 격"이라며 문제점을 제기한다. 또한 태양에너지는 지상의 유한한 자원과 상호 반응하여 에너지로 변환되기 때문에 이 둘을 떼어서 생각해서는 안 된다고 지적한다. 태양에너지는 지구상의 자원과 결합해야만 어떤 제품을 만들어낼 수 있다. 이러한 변환과정 때문에 지구상에 존재하는 유한한 자원은 계속 무용한 상태가 되고 있음을 경고하는 것이다.

인류에 닥친 당장의 위기에도 불구하고 오늘을 살아가는 현대인들은 엔트로피적 세계관을 선뜻 받아들이지 못하고 있다. 저자는 이러한 현실에 안타까움을 드러낸다. 저자에 따르면, 기존의 세계관을 벗어던지지 못하는 사람은 대략 세 가지 부류다. 첫째, 낙관주의자다. 이들은 재생 가능한 에너지원만 있으면 자원은 결코 고갈되지 않고 성장 역시 지속될 것이라고 믿는다. 둘째, 실용주의자다. '적은 것에서 더 많은 것을 얻자'가 이들의 모토다. 효율을 극대화하는 방법으로 난관을 극복할 수 있다고 믿는다. 하지만 효율이란 당장의 이익에 눈이 먼 이들이 내세우는 환상에 불과하다. 세 번째 부류는 향락주의자라고 부를 수 있다. '신나게 놀아보자'가 이들의 모토다. 이들은 이제 곧 파국이 다가올 텐데 하찮은 우리 인간이 먹고 마시고 즐기는 것 외에 할 수 있는 일이 무엇이냐고 말한다.

리프킨은 "엔트로피 법칙은 아주 아름다운 것이다. 이 법칙을 통해 우리는 우주를 지배하는 달콤하고도 씁쓸한 최고의 원리를 이해하게 되며, 우리의 궁극적인 운명을 알게 된다. 동시에 이제 어떻게 해야 할 것인가에 대한 확신을 얻는다."고 말한다. 그리고 엔트로피 법칙은 인류 역사에 출현했던 모든 문화가 품었던 핵심적인 의문에 대한 답을 줄 것이라고 결론을 맺는다.

이 책은 1980년에 초판이 출간된 뒤 1989년에 2판이 발행되었다. 한국에서는 범우사와 세종연구원에서 각각 번역본을 출판했다. 세종연구원에서 펴낸 번역본의 경우, 우리말로 매끄럽게 옮겨져 2000년에 초판을 낸 뒤 2012년 2판 28쇄가 발행될 만큼 꾸준히 읽히고 있다. 과학자나 기술자가 아니더라도, 또 엔트로피에 대한 기본적인 상식이 없더라도 누구나 쉽게 읽을 수 있으며, 책을 읽다 보면 엔트로피의 중요성과 엔트로피적 세계관의 필요성을 공감하리라 생각한다.

《타임》지는 제레미 리프킨을 "과학계로부터 가장 증오받는 인물"이라고 소개했다. 또 이 책은 엔트로피를 제대로 이해하지 못한 상태에서 열역학 제2법칙을 자의적으로 해석했다는 비판에 직면하기도 했다. 하지만 이 책의 역자가 후기에서 밝힌 것처럼, 저자가 책의 첫머리에 쓴 "이 책을 읽고 난 사람들의 마음가짐은 결코 전과 같지 않을 것이다."라는 말은 독자들에게도 예외가 아닐 것이다.

앞서 소개한 세종연구원과 범우사의 번역본 외에『쉽게 읽는 엔트로피: 지구를 구하기 위한 21세기의 새 세계관』(엔트로피를생각하는 사람들 편저, 두레, 1993)과 곽영직이 쓴『클라우지우스가 들려주는 엔트로피 이야기』(자음과모음, 2005)를 함께 읽기를 권한다.

하창식 | 부산대 · 고분자물성

과학
기술
의학
86 / DNA 구조의 규명을 향한 과학자들의
열정과 경쟁을 기록한 진솔한 이야기

::『이중나선』, 제임스 왓슨

『이중나선』에는 20세기 과학의 가장 위대한 업적으로 평가받는 DNA의 3차원 구조를 규명하는 과정에서 과학자들이 보여주는 경쟁과 열정 그리고 과학자들 간의 숨겨진 이야기들이 담겨 있다. 이 과정에 참여한 과학자의 일원인 제임스 왓슨 James Dewey Watson, 1928~은 이 책에서 미래의 젊은 과학도와 일반인들이 실제의 과학계를 간접적으로 체험할 수 있도록 진솔한 이야기를 전하고 있다. 필자는 과학자로서 연구과정과 학계에서 느꼈던 많은 것들을 60년 전의 상황을 묘사한 이 책을 통해서 비슷하게 느낄 수 있었다. 동일한 연구 분야를 연구하는 과학자들 사이의 경쟁과 이를 통해 나타나는 과학자들 간의 불편한 감정 등을 저자인 제임스 왓슨은 이 책에서 정제하지 않은 문체로 솔직하게 잘 묘사하고 있다. 뿐만 아니라 과학도들이 성공적으로 연구를 수행하기 위해서는 선행 연구

> 이 책을 쓰는 이유는 … 내가 보기에 일반 대중이 과학의 발전이 어떻게 이루어지는가에 대하여 너무 모른다는 점이다. 나는 DNA의 이중나선 구조를 발견한 과정도, 반대를 위한 반대와 정정당당한 경쟁, 그리고 개인적 야심이 뒤얽힌 과학계에서 벌어지는 일반적 현상을 그대로 답습하였다고 생각한다.

자들의 연구결과를 면밀히 검토하고, 동시대 연구자들과 교류하여 공동연구를 진행하며, 기본적인 개념을 정립하는 일이 매우 중요하다는 사실을 보여주고 있다. 따라서 본인은 이 책을 산티아고 라몬 이 카할이 쓴 『과학자를 꿈꾸는 젊은이에게』와 함께 미래의 과학도인 이공계의 학생들에게 필독도서로서 추천한다.

제임스 왓슨과 동료인 프랜시스 크릭은 DNA의 3차원 구조를 규명한 논문을 1953년 《네이처Nature》지에 발표한다. 이 공로로 두 사람은 1962년 모리스 윌킨스와 공동으로 노벨 생리의학상을 수상한다. 미국인인 제임스 왓슨은 인디애나 대학에서 박사학위를 받은 뒤 지도교수의 추천으로 덴마크 코펜하겐으로 건너가 박사후과정을 밟았다. 이곳에서 그는 세균에 감염되는 바이러스인 파지Phage를 연구하게 된다. 하지만 파지에 관한 연구에 별 흥미를 느끼지 못하고 있던 중, 이탈리아 나폴리에서 열린 학회에서 모리스 윌킨스가 발표한 DNA 결정의 X-선 회절 사진을 보고 왓슨은 유전물질로서 DNA가 갖는 중요성을 인지하고서 DNA에 대해 큰 관심을 갖게 된다. 그는 DNA의 구조를 연구하기 위해 케임브리지 대학의 캐번디시 연구소로 자리를 옮기고, 이곳에서 프랜시스 크릭과 운명적으로 조우한다. 크릭은 단백질과 같은 거대분자의 구조를 규명하기 위한 실험기법인 X-선 회절이론에 정통한, 자신만만하고 열정적인 박사과정의 젊은 과학자였다. 당시 런던에 있는 킹스 대학에서는 모리스 윌킨스와 여성 과학자 로잘린드 프랭클린이 X-선 회절 분석법을 이용하여 DNA의 구조를 구명하는 연구를 이미 수행하고 있었다. 여기에 케임브리지의 왓슨과 크릭이 뒤늦게 뛰어든 것이었다.

책에서 왓슨은 이미 윌킨스와 프랭클린이 선점하여 수행하고 있던 DNA 연구에 새로이 진입하는 것에 대한 양심적 문제와, 이 연구가 노벨상을 안겨줄 수 있다는 중요성 사이에서 갈등했음을 보여준다. X-선 회절 분야에서 윌킨스와 프랭클린에 크게 뒤진 왓슨과 크릭은, 미국 화학자인 라이너스 폴링이 단백질의 알파-나선구조를 분자모델을 이용하여 제시한 것에서 영감을 얻는다. 이들은 분자모델을 이용하여, 윌킨스와 프랭클린이 얻은 X-선 회절 사진과 DNA에 대해 연구한 다른 과학자들의 선행 연구결과를 설명할 수 있는 DNA 구조를 만들기 위해 노력한다. 이미 1951년에 알렉산더 토드가 DNA는 당, 인산, 염기로 이루어진 뉴클레오티드가 규칙적인 방식으로 배열되어 이룬 폴리뉴클레오티드 가닥으로 구성된 분자임을 제안했지만, 몇 개의 폴리뉴클레오티드 가닥이 어떤 모양으로 DNA를 구성하고 있는지에 대해서는 그때까지 알려진 바가 없었다.

왓슨과 크릭은 DNA의 구성요소인 4개 염기의 규칙적인 비율을 보여주는 어빈 샤가프의 선행 연구결과, 존 그리피스가 제시한 아데닌과 티민 그리고 구아닌과 시토신 사이의 수소결합 가능성, DNA의 나선구조 가능성, 프랭클린의 X-선 실험결과를 기반으로 하여 모든 선행 연구결과와 일치하는 DNA의 이중나선구조 모델을 성공적으로 확립하게 된다. 그 당시 화학계의 거목이었던 라이너스 폴링 역시 DNA 구조를 규명하는 연구에 참여하여 왓슨-크릭, 윌킨스-프랭클린 연구팀과 경쟁하게 되지만, 결국은 왓슨과 크릭이 세계 최초로 DNA의 이중나선구조의 모델을 완성하고 그 구조로부터 유추한 DNA 복제기작을 발표하게 된다.

책에는 프랭클린-윌킨스와 왓슨-크릭 사이의 불편한 관계와, 왓슨과 크릭이 정의롭지 못한 방법으로 프랭클린의 정밀한 X-선 회절 데이터를 획득하는 과정들이 솔직하게 묘사되어 있다. 그리고 실험실을 벗어난 과학자들의 일상생활도 생생하게 그려지고 있다.

같은 목표를 향해 왓슨-크릭 연구팀과 경쟁했던 프랭클린-윌킨스 팀, 그리고 폴링은 경쟁이 끝난 뒤 왓슨과 크릭의 승리를 인정했고, 그 후 각자 자기 분야의 연구에 정진하여 큰 업적을 세우게 된다. 모리스 윌킨스는 DNA 나선구조를 규명하는 데 필요한 핵심 데이터인 X-선 회절 결과를 얻은 공로로 왓슨, 크릭과 더불어 노벨상을 공동으로 수상한다. 로잘린드 프랭클린은 X-선 회절 실험에 관한 업적에도 불구하고 1958년 암으로 사망하여 노벨상 수상에서 제외된다.

번역서로는 최돈찬이 옮긴 『이중나선』(궁리, 2006)을 추천한다.

오정일 | 부산대 · 미생물학

과학 기술 의학 87 / 미지의 세계를 탐험한 청년 다윈

:: 『다윈의 비글호 항해기』, 찰스 다윈

오른쪽 페이지의 인용문은 찰스 다윈^{Charles Darwin, 1809~1882}이 자신의 저작 『비글호 항해기(The Voyage of the Beagle)』의 말미에 덧붙인 글이다. 역사상 가장 위대한 과학적 항해기로 평가되고 있는 『비글호 항해기』는 1839년 초판이 출간된 데 이어 1845년에 2판이, 1860년에는 3판이 출간되었다. 우리말 번역본으로는 『다윈의 비글호 항해기』(장순근 옮김, 가람기획, 2006), 『찰스 다윈의 비글호 항해기』(권혜련 외 옮김, 샘터, 2006) 등이 있다.

『비글호 항해기』는 1859년에 발간된 『종의 기원』을 향한 항해기라 해도 지나침이 없을 것이다. 다윈은 비글호 항해를 마친 후에 진화의 메커니즘을 밝히려는 탐구에 몰입했기 때문이다. 다윈은 서른 살 때 『비글호 항해기』를 썼고, 쉰 살 때 『종의 기원』을 발간했다. 『비글호 항해기』는 『종의 기원』에 비해 훨씬 경쾌한 느낌을

> 젊은 박물학자에게는 머나먼 이국으로의 여행이 스스로를 발전시킬 수 있는 가장 좋은 방법이라는 생각이 든다. (…) 새로운 사물을 만났을 때의 흥분과 성공할 수 있는 기회 때문에 더욱 활발히 움직이게 된다. 더구나 수많은 개별적인 사실에 대한 흥미는 금방 사라지므로, 비교하는 습관을 통해 일반화하게 된다. 반면에, 한곳에서 잠시밖에 머물지 않는 여행자의 묘사는 대개 세밀한 관찰이라기보다는 단순한 스케치에 그치고 만다. 따라서 (…) 지식의 크나큰 부족함을 부정확하고 피상적인 가설로 채우려는 끊임없는 경향이 생기게 된다.

준다. 『종의 기원』에서 원숙한 과학자 다윈을 접할 수 있다면, 『비글호 항해기』에서는 미지의 세계에 첫 발을 내딛는 청년 다윈을 만날 수 있다.

다윈이 어릴 적부터 위대한 과학자의 기질을 보였던 것은 아니었다. 그는 주의가 산만하고 지능이 떨어지는 학생으로 여겨지기도 했다. 다윈은 의사이던 아버지의 바람대로 1825년에 에든버러 대학의 의학부에 입학했다. 그러나 다윈은 의학에 전혀 흥미를 느끼지 못했고 아버지는 의사 대신에 목사를 권유했다. 1827년에 케임브리지 대학의 신학부에 입학했지만 신학 공부도 등한시했다. 그 대학에서 다윈을 사로잡았던 것은 헨슬로 교수의 식물학 강의였다. 헨슬로는 다윈의 잠재력을 알아보았고 다윈은 헨슬로의 야외채집에 항상 따라다녔다. 그래서 다윈에게는 '헨슬로 교수의 그림자'라는 별명이 붙었다.

대학을 졸업한 직후인 1831년 8월 29일에 다윈은 자신의 운명을 바꾸어놓을 한 통의 편지를 받는다. 헨슬로가 보낸 편지였다. 헨슬로는 다윈에게 영국 해군의 조사선인 비글호의 세계 여행에 동행하지 않겠느냐고 제안했다. 비글호의 선장인 피츠로이는 지루한 여행을 함께할 젊은 박물학자를 원했고, 헨슬로는 다윈을 적격자로 추천했던 것이다. 다윈은 아버지의 반대에도 불구하고 외삼촌의 도움으로 비글호에 오를 수 있었다. 그때가 1831년 12월 27일이었고, 비글호는 약 5년 뒤인 1836년 10월 2일에야 영국으로 돌아왔다. 다윈은 스물두 살부터 스물일곱 살까지의 청춘을 비글호 항해에 바쳤던 것이다.

다윈은 비글호를 타고 남아메리카, 오스트레일리아, 남아프리카 등지를 여행하면서 조사한 내용을 무려 18권에 달하는 공책에 꼼꼼히 기록했다. 이를 바탕으로 다윈은 『비글호 항해기』를 출간할 수 있었는데, 이 책은 비글호가 항해한 경로를 따라 총 21개의 장으로 구성되어 있다. 다윈은 『비글호 항해기』를 통해 동물, 식물, 화석, 지질 등에 대한 과학적 사실은 물론 당시 사람들이 살아가는 모습도 흥미롭게 파헤치고 있다. 상어를 죽인 가시복, 노예들의 비참한 생활, 멸종된 말의 이빨, 거대한 동물 화석, 광부들의 근무 조건, 지진의 원인, 조개껍데기들이 풍화된 흔적, 해초를 먹고 사는 바다 도마뱀, 뉴질랜드 여자의 장례식, 석회질을 띤 나무, 산호초가 만들어지는 과정 등이 그 예가 될 수 있을 것이다. 다윈이 서문에서 밝혔듯이, 이 책이 심오하고 정제된 이론을 제시하고 있는 것은 아니다. 오히려 그는 비글호 항해를 통해 보고 들은 것들을 자세히 묘사하면서 자신의 지식과 추리력을 바탕으로 흥미로운 몇몇 가설을 제안했다.

비글호 항해는 다윈이 진화론을 정립하는 데 매우 가치 있는 경험을 선사했다. 다윈은 비글호 항해를 통해 그동안 화석으로만 접했던 몇몇 동물들을 실제로 관찰할 수 있었고, 같은 종의 경우에도 지역에 따라 서로 차이가 난다는 점을 알 수 있었다. 가장 중요한 것은 갈라파고스 제도에서 진행한 관찰로, 다윈은 겨우 수십 마일 떨어진 여러 섬들에서 다른 종류의 동물상과 식물상이 분포하고 있음을 보았다. 특히 그의 흥미를 끈 것은 '핀치'라는 새의 모양이 섬에 따라 조금씩 달랐다는 점인데, 훗날 다윈의 후예들은 갈라파고스의 핀치에게 '다윈의 핀치'라는 별명을 붙여주기도 했다.

이러한 관찰로부터 다윈은 몇 가지 결론을 내릴 수 있었다. 우선, 종種이 시간과 지역에 따라 서로 모양새가 다르다는 점을 계속해서 확인했고, 그것은 다윈으로 하여금 종의 진화를 사실로 받아들이게 했다. 그리고 지역에 따른 종의 차이는 진화가 주위환경에 적응하는 과정을 통해 일어난다는 점을 말해주었다. 그러나 기후와 풍토가 거의 흡사한 섬들에 서로 다른 종들이 분포되어 있다는 사실은 종의 진화가 단순히 자연적 조건에 의해 기계적으로 진행되는 것은 아니라는 점을 암시했다. 비글호 항해를 마친 다윈은 생물이 진화한다는 사실을 완전히 받아들였다. 남은 문제는 진화가 어떻게 일어나는가, 즉 진화의 메커니즘을 밝히는 일이었다.

다윈은 진화의 메커니즘을 찾기 위한 단서를 동식물 사육가들의 경험에서 찾았다. 그들은 인위적인 선택을 통하여 인간의 필요에 적응하는 품종 쪽으로 종의 진화를 이루어내고 있었다. 다윈은 인위선택에 대한 유비로 진화의 메커니즘이 자연선택에 있다는 점에 주목했다. 그리고 그는 맬서스의 『인구론』을 통해 자연선택의 수단으로 경쟁의 중요성을 인식할 수 있었다. 이로써 다윈 진화론의 골자인 "경쟁을 통한 자연선택"이라는 아이디어가 정립되었다. 이처럼 다윈은 1830년대 말에 진화론의 핵심적 주장을 이미 완성해놓고 있었지만, 약 20년 동안이나 자신의 주장을 널리 공개하지 않았다. 여기에는 자신의 주장이 가진 약점을 보완하려는 학문적 신중함과, 진화론이 야기할 종교적 차원의 논쟁에 대한 두려움이 중요한 원인으로 작용했다. 다윈은 1858년에 자신과 비슷한 주장을 담은 월러스의 편지를 받았고, 그것이 촉매제가 되어 1859년에 『종의 기원』을 출간했다.

이처럼 비글호 항해는 다윈에게 진화론의 요람으로 작용했다. 또한 비글호 항해를 매개로 다윈은 영국 과학계의 주목을 받을 수 있었다. 그는 항해 도중에 계속해서 연구결과를 본국에 보고했기 때문에 귀국할 즈음에는 상당히 유명해져 있었다. 자식의 장래를 걱정하던 아버지가 다윈을 인정하게 된 것도 비글호 항해 덕분이었다. 다윈의 아버지는 아들을 과학자의 길로 인도해준 헨슬로에게 감사의 편지를 썼다. 다윈 자신에게는 1839년이 매우 특별한 한 해였을 것이다. 그 해에 그는 『비글호 항해기』를 출간했고, 영국 왕립학회의 회원으로 추대되었으며, 외사촌이던 엠마와 결혼식을 올렸다.

이후에 다윈의 진화론은 진화의 증거, 유전의 문제, 과학과 종교, 사회진화론, 사회생물학 등을 매개로 숱한 논쟁의 대상이 되어왔다. 우리가 오늘날에도 계속해서 다윈을 논의하고 있는 것도 그만큼 다윈이 풍성한 식탁을 차려놓았기 때문이라 할 수 있다.

다윈은 1809년에 태어나 1882년에 세상을 떠났다. 그의 저서로는 『비글호 항해기』와 『종의 기원』 이외에도 『사육 동식물의 변이』, 『인간의 유래와 성선택』, 『인간과 동물의 감정 표현』, 『식물의 교배에 관한 연구』 등이 있다.

번역서로는 『다윈의 비글호 항해기』(장순근 옮김, 가람기획, 2006)와 『찰스 다윈의 비글호 항해기』(권혜련 외 3인 옮김, 샘터, 2006) 등이 있다.

송성수 | 부산대 · 과학기술학

과학의 눈으로 본 인류 문명사

:: 『총, 균, 쇠』, 재레드 다이아몬드

『총, 균, 쇠』, 제목이 무척 강렬한 책이다. 원제도 'Guns, Germs, and Steel'인데, 만약 번역을 '무기, 병균, 금속'으로 했으면 다소 맥 빠지는 제목이 되었을 거란 생각이 든다. 사실 필자가 재레드 다이아몬드Jared Mason Diamond, 1937~를 알게 된 것은 그의 책 『제3의 침팬지』를 통해서다. 당시 『털 없는 원숭이』(데즈먼드 모리스 지음)라는 책이 인기를 끌고 있었는데, 인간을 동물의 한 '종種'으로 보고 인간의 행동을 진화론적으로 분석하는 책이었다. 그 시기는 1990년대의 탈권위주의 분위기와 어우러져 조금은 이단적인(?) 이런 종류의 책들이 유행했다. 처음에는 『제3의 침팬지』도 이와 유사한 책이라 보고, 굳이 또 볼 필요 없을 거라 생각했던 것 같다. 하지만 주위의 강력한 권유로 읽기 시작한 『제3의 침팬지』는 나에게 큰 충격을 주게 된다.

> 민족마다 역사가 다르게 진행된 것은 각 민족의 생물학적 차이 때문이 아니라, 환경적 차이 때문이다. 지리 환경은 분명히 역사에 영향을 미친다. 문제는 그 영향력이 얼마나 큰지, 그리고 과연 역사의 광범위한 경향도 지리적 환경으로 설명할 수 있는지를 밝혀내는 일이다.

『제3의 침팬지』 전반부는 『털 없는 원숭이』와 비슷한 내용을 다루고 있지만, 중반부터는 인간의 문명과 관련한 내용을 주로 이야기한다. 인간에게 종족학살(genocide)의 경향이 있다는 것, 아메리카에 도착한 인간이 대형 포유류를 멸종시켰다는 내용, 대륙 간의 문명 차이는 지리적인 요인 때문에 생긴 것이란 주장 등이 나에게는 놀라움으로 다가왔다. 그 결론의 진위를 떠나서 이런 질문을 과학적인 방식으로 접근할 수 있다는 것 자체에 충격을 받은 것 같다. 이미 『제3의 침팬지』에서 중요한 내용은 다 언급해서 그런지, 『총, 균, 쇠』를 보며 아주 새로운 것은 없는 듯했다. 다만, 인간의 문명에 집중하여 훨씬 방대한 자료를 바탕으로 보다 꼼꼼하게 이야기를 풀어간다는 점에서 다르다고 하겠다. 특별 증보면을 빼고도 620페이지에 달하는 책의 두께는 웬만한 사람들에게 숨이 탁막히는 느낌을 줄 수도 있다. 나 같은 책벌레들은 책이 두꺼울수록 더욱 구미가 당기기 마련이지만.

『총, 균, 쇠』에서 답하고자 하는 가장 중요한 질문은 다음과 같다. 각 민족마다 문명의 발전 정도가 달랐던 이유는 무엇일까? 쉬운 말로 하면 왜 유럽인들이 아메리카 인디언과 오스트레일리아의 원주민을 정복할 수 있었던 걸까? 더 노골적으로 물어보자면, 왜 반대의 경우, 그러니까 아메리카 인디언이나 오스트레일리아 원주민이 유럽을 정복하지 못했을까? 이런 질문을 접하고 인디언이나 원주민들의 지능이 떨어지기 때문이 아닐까 하는 생각이 드는 사람은 반드시 이 책을 읽어야 한다. 사실 이 질문은 우리에게도 적용된다. 왜 우리가 일본을 정복하지 못하고, 일본이 우리를 식민지로 만들었을까? 우리의 지능이 일본인들보다 떨어졌기 때문일까?

한 문명이 다른 문명을 정복하는 과정을 이해하기 위해 다이아몬드는 『총, 균, 쇠』에서 스페인의 잉카제국 정복을 예로 든다. 1532년 스페인의 프란시스코 피사로가 이끄는 168명의 스페인 군대는 80,000명에 달하는 잉카제국 군대와 맞서 승리를 거둔다. 당시 피사로는 고립무원의 처지로 페루에 들어와 있었으므로 원군이 온다는 것은 꿈도 꿀 수 없었다. 더구나 잉카 군대는 자기들 앞마당에서 싸우는 것이니 사실 상대도 안 되는 싸움이었다. 잉카제국의 황제 아타우알파가 허탈하게 피사로의 함정에 빠져 포로가 된 것이 주요하기는 했지만, 그래도 수적으로는 500대 1이 아닌가?

스페인 군대가 가진 군사적 이점은 쇠로 만든 칼과 갑옷, 총, 말 따위였다. 잉카 군대는 돌과 청동기로 만든 무기를 가지고 있었지만, 총과 말은 본 적이 없었다. 더구나 말을 대신할 어떤 대형 동물도 가지고 있지 못했다. 잉카 군대는 난생처음 보는 네 발 달린 괴물인 말과 천둥소리를 내는 총을 보고 혼비백산하여 도망치게 된다. 첫날 전투에서 스페인 군대는 한 명의 사상자도 없이 잉카 군대 수천 명을 학살한다. 그렇다면 왜 잉카제국이 갖지 못한 쇠칼, 총, 말을 유럽인들은 가질 수 있었을까? 저자는 이 질문에 대해 다음과 같이 답을 구해간다.

쇠와 총을 만드는 기술을 얻기 위해서는 충분히 많은 인간들이 충분한 밀도로 존재해야 한다. 하루 먹을 식량 구하기도 바쁜 수렵채집인 한 명이 기술을 발전시킨다는 것은 불가능하다. 이런 수렵채집인은 밀림 속의 원숭이와 다를 바 없다. 충분히 많은 인간이 존재하기 위해 필요한 것은 충분한 식량을 확보하는 일이며, 이는 농업의 발견을 통해 성취된다. 농업의 시작을 위해서는 농업하기에 적당한 식물이 존재해야 하는데, 아메리카나 오스트레일리아와 같은 신대륙에는 적합한 식물이 절대적으로 부족했다. 이는 신대륙에 살았던 사람들의 잘못이 아니며, 순전히 지리적으로 그들의 위치가 불리했기 때문이다.

이런 약점은 작물에 국한되지 않는다. 신대륙의 대형 포유류는 인간이 신대륙에 도달했던 즈음 대부분 멸종해버렸다. 말은커녕, 소나 돼지 같은 유용한 가축도 없었던 것이다. 신대륙의 불행은 여기에 그치지 않는다. 총을 만들기 위해 필요한 기술력은 지식의 전파를 통해 얻을 수 있다. 지식은 인간이 만든다. 하지만 당시 인간이 살 수 있는 지역은 온대에 국한되어 있었으므로, 충분히 넓은 온대지역이 확보된 곳에서 기술이 발전하기 쉽다. 구대륙의 온대지역은 유럽에서 동아시아에 이르는 광대한 지역을 아우르지만, 아메리카는 미국 서부에서 동부까지에 불과하다. 유라시아 대륙은 동서 방향으로 긴 반면, 아메리카 대륙은 남북으로 길다는 것이 문명 발전 속도를 갈랐던 것이다.

총과 말이 주는 충격은 처음에만 유효하다. 스페인의 피사로가 첫 대면에서 잉카제국의 왕을 생포할 수 있었던 것은 큰 행운이 아닐 수 없었다. 아메리카 인디언들은 처음에 엄청난 충격을 받지만, 곧 유럽인들이 가져온 총과 말로 무장한다. 말 타고 달리며 총을 쏘는 인디언의 전형적인 이미지는 그들이 처음에는 말과 총을 가지지 못했다는 사실을 잊게 만든다. 잉카제국의 경우도 총이나 말로 인한 충격이 컸다고 해도 500대 1이라는 수적 우위는 전투에서 결코 무시할 수 없는 요인이다. 사실 신대륙의 군사적 저항을 무력화시킨 것은 총이나 말보다는 구세계 인간들이 가져온 병균이었다. 1520년 2,000만에 달했던 멕시코의 인구를 1618년 160만으로 떨어뜨린 것은 스페인 군대의 학살이 아니라 원인 모를 대규모 전염병이 창궐했기 때문이었다.

스페인 군대가 조직적으로 세균전을 펼친 것은 물론 아니다. 그들에게는 이미 면역력이 확보되어 있는 병원균들이 신세계의 사람들로서는 처음 접하는 것이었다는 사실이 재앙의 원인이었다. 스페인 군대가 가진 백전불패의 무기는 바로 홍역, 결핵, 천연두와 같은 무시무시한 병균이었던 셈이다. 저자는 이런 병균들이 인간과 가축이 같이 모여 살 때 생기는 것이란 점을 이야기한다. 최첨단 무기인 병균조차 동물의 가축화나 농업의 탄생과 밀접한 관련이 있다는 것이다. 그렇다면 유럽인이 세계를 정복할 수 있었던 것은 그들이 잘나서가 아니란 얘기다. 단지 지리적인 요인이 처음 그들에게 준 몇 가지 이점이 이런 결과를 초래한 것이다.

끝으로, 『총, 균, 쇠』를 읽지 않아도 이런 메시지를 충분히 이해했다고 생각하는 사람이 있다면 큰 오산이라는 점을 지적해두고 싶다. 우리가 이 책에서 얻어야 할 진정한 미덕은 바로 이런 결론을 얻기 위해 저자가 제시하는 수많은 증거와 자료다. 이 책의 진정한 가치는 인류학이 과학을 기반으로 하여 얼마나 설득력 있는 주장을 펼 수 있는지 극명히 보여준다는 점이다. 모든 학문 분야가 과학적 방법을 통해 보다 풍부하고 신뢰성 있는 결과를 내놓기를 바라며, 모든 분야의 사람들에게 『총, 균, 쇠』의 일독을 강력히 권한다.

번역서는 김진준이 옮기고 문학사상사가 펴낸 것(2005)이 있다.

김상욱 | 부산대 · 양자과학

과학 기술 의학 89

공학과 예술의 결합으로
새 시대를 연 혁신의 아이콘

:: 『스티브 잡스』, 월터 아이작슨

스티브 잡스 Steve Jobs, 1955~2011는 천재다.

"천재의 천재성을 배우기 전에 천재의 생활을 배우지 말라."

필자의 고등학교 선생님이 보들레르를 설명하면서 당부한 말이다. 하지만 보통 사람의 안목과 식견으로 잡스의 삶을 닮는다는 것은 불가능한 일이다.

세월만큼 훌륭한 심판관이 없다면, 세월이 오랠수록 그 판정은 더 정확할 수 있다. 이 세월의 심판관이 인정한 것이 바로 고전이다. 고전은 긴 세월이 만들어준 무수한 변화 속에서 그 가치를 인정받은 것이다.

과거에는 세월의 양이 곧 변화의 양이었다. 현대에는 변화의 양이 세월의 양에 비례하지 않는다. 짧은 시간에도 천재는 수많은 변화를 일으킨다. 잡스가 활동한 생애 40년은 시대와 맞물려 세계에

> "요즈음 학생들은 이상을 추구하려는 생각을 하지 않아요. 경영수업만 열심히 받지 이 시대에 고민해 볼 필요가 있는 철학적인 문제들에 시간을 쏟고 싶어 하지 않지요. (…) 하지만 이상주의 바람은 아직도 우리 마음속에 있지요. (…) 그 바람이 언제까지고 사라지지 않을 겁니다."

엄청난 변화를 가져왔다. 이 변화는 과거 수백 년의 변화에 해당된다. 따라서 잡스의 생애가 고스란히 담긴 잡스의 전기는 비록 출간된 지 시간이 얼마 지나지 않았다 하더라도 고전으로서의 자격이 충분하다. 잡스의 생애가 일으킨 변화는 수백 년의 변화와 맞먹으며, 잡스는 이미 무수한 심판관을 통과한 것이다. 우리의 시대는 잡스가 일으킨 위대한 변화 위에 서 있다.

　스티브 잡스가 자란 곳은 실리콘 밸리가 있는 북 캘리포니아 지역이다. 스탠퍼드 대학이 있고, 그 위 북쪽에는 U.C. 버클리가 있다. 세계적으로 톱클래스에 드는 명문대학들이다. 여기서 배출된 수많은 인재들이 그 지역에 실리콘 밸리를 만들었다. 스티브 잡스는 이렇게 말했다. "자라면서 이곳의 역사에서 많은 영감을 받았어요. 그래서 저도 그 역사의 일부가 되고 싶었죠." 그의 말처럼 그가 자란 지역은 '시대의 리더 스티브 잡스'를 만든 중요한 요소 중의 하나였다. 그리고 또 한 가지. 그는 고등학생 시절 자신의 단짝이자 일생의 파트너가 된 천재 '위즈(스티브 워즈니악[Steve Wozniak])'를 이곳 실리콘 밸리에서 만난다.

잡스는 고등학교에 다닌 2~3년 동안에 스스로에 대해 중요한 통찰력을 얻는다. 전자공학에 광적으로 빠져 있는 부류와 문학에 몰두하는 부류의 교차점에 서 있는 자신을 발견한 것이다. 음악을 많이 듣기 시작했고 과학기술 분야의 책은 물론 그 밖의 다양한 책들을 닥치는 대로 읽었다. 이 시기는 1960년대 말로, 샌프란시스코와 실리콘 밸리에는 다양한 문화가 공존했다. 방위산업의 성장과 함께 최첨단 기술혁명이 일어났고, 기술발전의 흐름을 타고 전자회사와 마이크로칩 제조회사, 비디오게임 개발업체, 컴퓨터 회사들이 속속 들어섰다. 또 컴퓨터광을 중심으로 다양한 하위문화가 만개했다.

잡스는 21세기에 가치를 창조하는 가장 좋은 전략은 창의성을 기술과 연결시키는 것이라고 생각했다. 그는 예술적 상상력을 공학적 상상력과 결합했다. 그림, 건축, 음악은 분명 공학과 다르다. 그러나 표현하는 방식이 다를 뿐, 무언가를 상상하는 방식 그 자체는 크게 다르지 않다.

잡스는 위즈의 천재성을 사업으로 연결시켰다. 그리고 두 사람은 1977년 4월에 최초의 통합 패키지형 퍼스널 컴퓨터인 애플 II를 세상에 선보였다. 그 뒤 잡스는 맥^{Mac} 프로젝트에 착수했다. 이 일에 매달린 잡스의 열정은 대단했다.

잡스는 자신만의 규칙을 고집하는 '보스'였다. 『스티브 잡스』의 저자 월터 아이작슨은 잡스의 이러한 특징을 '현실 왜곡장'이라는 단어를 들어 설명한다. 현실 왜곡장은 영화 〈스타트랙〉에 등장하는 용어이지만, 이 단어를 스티브 잡스에게 적용하면 '자신이 믿는 바 대로 현실을 왜곡해서 받아들이는 성격'이라는 뜻으로 풀이할 수 있다. 월터 아이작슨은 스티브 잡스의 이러한 현실 왜곡 근저에는 어떠한 규칙도 자신에게는 적용되지 않는다는 뿌리 깊고 확고한 믿음이 자리 잡고 있다고 보았다. 이는 곧 니체를 연상시킨다. "정신은 자신의 의지를 원하고, 세계를 상실한 자는 이제 자신의 세계를 되찾는다."

잡스는 매킨토시를 만들 때 일반 엔지니어나 컴퓨터 사업가들이 전혀 생각지 않는 점을 중요하게 여겼다. 그것은 바로 '디자인'이었다. 매킨토시의 디자인이 완성되었을 때 잡스는 매킨토시 제작에 참여한 스태프들을 모아 자축하면서 "진정한 예술가들은 작품에 사인을 남기지."라고 말하면서 건배를 제안했다. 자신이 과학과 예술의 교차점에 서 있다고 생각한 잡스의 사상이 드러난 것이다. 그리고 이 사상의 전염성은 대단히 강했다. 당시 잡스의 측근이었던 앳킨슨은 이에 대해 "바로 그런 순간을 통해 우리가 우리 작품을 예술로 보도록 한 겁니다."라고 회고했다.

애니메이션을 좋아하는 사람은 픽사Pixa를 잘 알 것이다. 샌프란시스코에 위치한 픽사는 한마디로 '기술과 예술이 만나는 요람'이다. 할리우드 문화와 과학기술이 공존하는 곳이다. 잡스는 여러 가지 우여곡절 끝에 애플을 떠나 픽사로 향했다. 그곳에서 그는 또 다시 예술과 공학의 결합을 시도하여 컴퓨터 애니메이션 제작 시스템을 개발하고 애니메이션 영화계에 가장 의미 있는 변혁을 일으켰다. 영화 〈토이스토리〉가 그 변혁의 시작이었다. 이후 픽사가 제작한 애니메이션 대부분은 공전의 히트를 기록하며 엄청난 수익을 가져다주었다.

애플은 스티브 잡스의 첫사랑이자 영원한 짝사랑이었다. 경영난에 휘청거리는 애플이 손을 내밀자 잡스는 자신을 쫓아낸 과거의 나쁜 기억을 지우고 애플의 손을 잡았다. 애플을 향한 잡스의 애정이 어떤 종류의 것이었는지는 그의 다음 말에서 잘 드러난다.

"내가 돌아가겠다고 마음먹은 유일한 이유는 애플이 죽지 않아야 세상이 더 살기 좋은 곳이 되기 때문이다."

그는 정식 CEO가 되는 것을 거부하고 스스로 임시직을 뜻하는 'i'를 붙여 iCEO라고 자처했다. 뿐만 아니라 월급은 단 1달러에, 대기업 CEO면 챙기기 마련인 스톡옵션도 거부했다.

잡스는 새로운 애플을 만들기 위해 보다 섬세한 디자인을 추구하면서 마음이 맞는 아이브를 영입했다. 그리고 분산된 애플의 능력을 집중시켰다. 아이맥을 출시하자 4개월 만에 80만 대가 팔려나갔다. 그러고는 음악 시장에 뛰어들었다. 그 유명한 아이팟Ipod을 시장에 내놓았다. 아이팟은 당시 전자기기제품 시장을 호령하던 소니의 기세를 무너뜨리면서 세계를 깜짝 놀라게 했다.

애플의 발전 역사는 곧 현대 컴퓨터와 콘텐츠 유통 변화의 역사다. 그 변화를 정리하자면 이렇다. 위즈니악이 만든 회로기판을 일반인들도 사용할 수 있도록 한 최초의 퍼스널 컴퓨터 애플 II가 시작이었다. 그리고 그래픽 유저 인터페이스에 기반한 매킨토시 시리즈에 이르러 큰 성공을 거둔다. 이후 그는 전통적 컴퓨터의 형태와 기능에 혁신을 가하고 가상공간을 현실적으로 구현하면서 새로운 세상을 열었다. 소매점의 기능을 브랜드의 정의로 확대한 애플 스토어, 음악을 듣고 소비하는 방식을 변화시킨 아이팟, 음악산업을 재탄생시킨 아이튠즈스토어, 휴대전화의 기능을 MP3·카메라·캠코드·게임·웹 기기 등으로 확대시킨 아이폰, 새로운 콘텐츠 산업을 만들어낸 앱스토어, 태블릿 컴퓨터의 시대를 연 아이패드, 콘텐츠를 관리하는 중추적인 역할을 컴퓨터에서 빼앗고 모든 기기가 막힘없이 동기화되도록 한 아이클라우드 등은 컴퓨터 기기의 혁신을 가져왔을 뿐 아니라 콘텐츠를 생산하고 소비하는 방식마저도 완전히 새롭게 창출해냈다. 그것은 삶의 형태를 바꿀 만큼 혁명적이었다. 그 결과, '잡스의 애플'은 창의적인 상상력이 배양되고 적용되며 실행되는 지구상에서 가장 가치 있는 기업이 되었다.

『스티브 잡스』는 2011년 10월 24일 한국에서 출판되어 불과 일주일 사이에 8쇄나 찍는 기록적인 판매고를 보였다. 스티브 잡스는 사후에 다시 한 번 『스티브 잡스』로 전 세계적인 선풍을 일으켰던 것이다. 이 책은 한 사람의 일생이 얼마나 많은 것을 이루어낼 수 있는지 보여준다. 그리고 그것을 가능하게 했던 주인공 스티브 잡스의 생애를 현미경적인 시각으로 생생하게 그려낸다. 『스티브 잡스』는 평생을 신비주의로 일관하던 잡스가 죽음을 앞두고 직접 요청해서 탄생한 책이다. 어쩌면 그는 자신의 역동적인 삶의 매 순간을 통해 쌓은 '약간의 지혜'를 세상에 남기고 싶어 했는지도 모른다.

　이 책의 저자 월터 아이작슨은 CNN의 최고경영자와 《타임》지의 편집장을 지낸 인물이다. 그는 이 책을 쓰기 위해 잡스와 마흔 번 이상의 인터뷰를 진행했고, 잡스의 주변 인물들(가족, 친구, 경쟁자들, 동료들, 필요할 때는 잡스에게 반감을 가진 사람들까지) 100명 이상을 방문하여 인터뷰를 진행했다고 한다.

　『스티브 잡스』는 이공계 학생들은 물론이고 인문과학도들도 읽어볼 만한 책이다. 예술과 과학기술의 만남이 애플과 픽사를 새로운 창조의 허브로 만들었다는 사실은 문과와 이과라는 이분법 형태의 교육을 강조해온 우리 한국사회에 적지 않은 의미와 교훈을 던진다.

　스티브 잡스는 비록 더 큰 뜻을 펼치지 못하고 서둘러 이 땅을 떠났지만, 앞으로도 그는 영원한 혁신의 아이콘으로 우리 기억 속에 남아 있을 것이다.

　번역서로는 안진환이 옮기고 민음사가 펴낸 『스티브 잡스』(2011)가 있다.

김유신 | 부산대 · 과학철학 · 전자공학

90 우주학 개론
과학
기술
의학

:: 『평행우주』, 미치오 카쿠

우주란 무엇인가? 언뜻 생각하기에 답은 그다지 어려운 것 같지 않다. 나를 포함한 세상 전부가 우주다. '우주란 무엇인가?' 라는 질문 자체도 우주의 일부다. 그렇다면 우주는 어떻게 시작되었나? 이제 갓 대학교에 입학한 학생이라면 빅뱅 big bang이라 불리는 거대한 폭발로 우주가 시작되었으며, 여전히 팽창하고 있다는 말을 들은 적이 있을 것이다. 과학 뉴스를 열심히 챙겨보는 사람이라면, 우주가 그냥 팽창하는 것이 아니라 가속 팽창한다는 사실을 발견한 이에게 2011년 노벨물리학상이 수여되었다는 것까지 알지도 모르겠다.

자, 이제 보다 어려운 질문을 해보자. 빅뱅 이전에는 어떤 일이 있었을까? 앞으로 우주의 운명은 어떻게 될 것인가? 이런 질문들에 대한 답을 알기 위해 물리학자들이 만들어낸 것이 초끈이론과

> 만일 다중우주가 정말로 존재한다면, 지금 이 순간에도 당신의 몸은 다른 우주에 다른 상태로 존재하고 있을 것이다. 개중에는 당신이 사나운 공룡과 생존경쟁을 벌이는 우주도 있고 나치가 세계를 점령한 우주도 있으며 외계인과 동업해 햄버거 가게를 운영하는 우주, 심지어는 당신이 아예 태어나지도 않은 우주도 있다.

M-이론이다. 이 이론들을 우주에 적용하면 다중우주 혹은 평행우주 이론에 도달하게 된다. 여기까지 도달하는 여정도 쉬운 길은 아니지만, 이 과정에서 '우주란 무엇인가'란 질문에 대한 답이 사실 그렇게 쉽지 않음을 알게 된다. 세상 전부가 우주라면, 우주가 아닌 것은 무엇인가?

미치오 카쿠加來道雄[가래도웅], Michio Kaku, 1947~는 『평행우주』에서 바로 이런 까다로운 질문들에 대해 정말 쉬운 언어로 현재 물리학자들이 알아낸 최첨단 지식을 전달한다. 사실 이런 종류의 책으로 『평행우주』가 대표적인 책은 아니다. 스티븐 호킹의 『시간의 역사』와 브라이언 그린의 『엘러건트 유니버스』가 더 유명하다고 할 수 있다. 다만, 이 책들에 비해 『평행우주』가 최신작이라는 데에 장점이 있다. 사실 『시간의 역사』는 이제 구닥다리 책이다. 최근 브라이언 그린이『멀티 유니버스』라는 책을 새로 냈으니『평행우주』보다 최신 이론을 알고 싶은 사람들에게는 일독을 권한다.

『평행우주』를 처음 접하는 사람은 일단 책의 엄청난 두께에 주눅이 들 수도 있다. 용어 해설과 후주를 빼고도 550페이지. 필자같이 두꺼운 책 좋아하는 사람이 아니고는 일단 서점에서 뽑아보지도 않을 책이다. 하지만 책이 워낙 잘 쓰인 탓에 부피가 주는 압박감이 실제로는 별것 아니라는 생각이 든다. 그냥 술술 읽힌다고 보면 된다. 사실 이 책이 가진 최대의 미덕은 저자 자신의 생각을 이야기하기보다 수많은 사람들의 이야기를 모아놓은 데에 있다. 마치 기자가 많은 사람들을 인터뷰하여 정리한 책과 같다는 말이다. 책의 마지막 부분에 가면 저자 개인의 생각을 자세히 이야기하는데, 필자의 경우 오히려 이 부분이 좀 지루하다고 생각했다.

『평행우주』는 크게 세 부분으로 구성된다. 첫 번째로 우주에 대한 기본적인 물리이론에 대해 이야기한다. 우주를 이해하는 데에 꼭 필요한 특수상대성이론이라든가 빅뱅이론이 나오게 된 배경, 인플레이션 이론과 그에 따른 평행우주라는 개념의 도입 등에 대해 수많은 뒷이야기를 섞어가며 재미있게 풀어간다. 두 번째 부분이 책의 하이라이트라고 할 수 있는데, 다중우주란 무엇인가에 대해 소개한다. 일반상대성이론과 양자역학을 거쳐 초끈이론으로 이어지는 내용은 사실 무시무시하게 어려울 수도 있는 내용이다. 브라이언 그린의 또 다른 책『우주의 구조』에서도 비슷한 내용을 다루는 부분이 있는데, 사실 물리 비전공 독자들에게 너무 어렵다. 여타의 책들과 비교할 때,『평행우주』는 한마디로 '미니멀리즘

Minimalism, 장식적인 요소를 배제하는 예술 양식'을 추구한다는 점에서 차별성을 갖는다. 정확한 내용을 전달하려고 하기보다 핵심만 짚으려고 노력한다. 이 전략은 비전문가들에게 의외로 성공적이라 판단되지만, 필자 같은 전공자에게는 좀 아쉽다.

세 번째 부분은 앞서 이야기한 대로 저자 자신의 생각이 주를 이룬다. 결국 우주는 종말을 고하게 되어 있는데, 이를 피하기 위한 방법에 대해 저자 자신의 생각을 전달한다. 물론 우리가 사는 우주에 이런 일이 닥치는 건 어마어마하게 오랜 세월이 지난 후의 일이다. 아마도 우주의 종말이 오기 전에 인류가 먼저 종말을 맞이할 것이다. 어쨌든 이런 상상을 해보는 것은 좋으나 필자가 보기에는 좀 허황된 느낌이다. 물론 저자의 의도는 이런 소재를 통해서 책의 여러 가지 내용을 한데 버무려 재미있게 이야기하려는 것이리라.

이 책이 베스트셀러에 오를 수 있었던 이유 중에는 제목이 차지하는 비중이 적지 않았으리라 생각한다. 평행우주라니? 이런 생소한 단어가 등장하는 것은 양자역학 때문이다. 양자역학은 20세기 초에 탄생한 물리이론으로 원자나 전자와 같은 정말로 작은 세계를 이해하기 위해 만들어진 이론이다. 이런 작은 세상을 기술하는 이론은 참으로 놀랍게도 우리가 사는 일상의 세상을 기술하는 이론과 완전히 다른 모습을 가진다. 하나의 전자는 두 개의 구멍을 동시에 지날 수 있다. 참고로 전자는 두 개로 쪼개질 수 없는 물질의 최소 단위다. 양자역학의 창시자 중 한 사람인 보어 Niels Henrik David Bohr, 1885~1962는 우리가 사는 일상세계의 언어로 이 상황을 표현하는 것 자체가 불가능하다고 말했다. 그래도 억지로 표현한다면, 전자가 어느 한 순간 이곳과 저곳에 동시에 존재한다고 말할 수밖에 없다.

전자가 진짜로 두 곳에 동시에 있는지 알아보기 위해 현미경을 들이대고 보면 전자는 분명 여기 아니면 저기 한 곳에만 존재한다. 그런데 왜 동시에 존재한다고 말하느냐 하면, 동시에 여기저기 있다고 가정했을 때에만 일어나는 일이 일어나기 때문이다. 이게 무슨 말인지 이해가 안 된다고 해서 좌절할 필요는 없다. 천재 물리학자 파인만이 한 말이 있기 때문이다. "이 세상에서 양자역학을 제대로 이해한 사람은 단 한 명도 없다." 동시에 여기저기 존재하는 것은 전자 하나만이 아니다. 우리 우주도 마찬가지다. 동시에 여기저기 존재하는 우주들의 집합체를 평행우주라 한다.

지금 이 순간 당신이 이 글을 마저 읽을지 아니면 밖에 나가 맥주나 한 잔 마실지 고민을 한다고 하자. 결국 당신은 이 둘 중에 하나를 선택할 것이다. 집에서 책을 읽으며 밖에 나가 맥주 마시는 일을 동시에 할 수는 없기 때문이다. 물론 지금 이 부분을 읽고 있다는 것은 글을 마저 읽기로 결정했다는 뜻일 거다. 자, 이제 평행우주가 의미하는 것은 다음과 같다. 당신이 책을 읽기로 결정한 순간, 우주는 둘로 나누어지며 또 다른 우주에는 맥주를 마시는 당신이 존재한다는 것이다. 여기서 '당신'이 무언가 결정한다는 것은 중요하지 않다. 사실 지금 이 순간에도 우주에서 일어날 수 있는 모든 가능성의 결과들로 우주가 끊임없이 나누어지고 있다. 더 자세한 내용을 알고 싶으면 이제 책을 읽어야 한다.

'우주란 무엇인가?'는 인간의 문명이 시작된 이래 수도 없이 되풀이된 질문이다. 우주관은 그 시대의 사상을 반영한다. 어떤 고대

문명은 우주가 거북이 등 위에 있다고 믿었고, 뉴턴은 우주가 무한하며 변하지 않는다고 생각했다. 21세기 첨단 정보화시대라는 지금, 우리의 우주관이 무엇인지 알고 싶은 사람들에게 이 책을 권하는 바다. 우주관에 대한 이야기에서 생각보다 많은 것을 얻게 될 것이다. 왜냐하면 우주관에는 그 시대의 모든 사상이 결집되어 있기 때문이다.

번역서로는 박병철이 옮기고 김영사가 펴낸 것(2006)이 있다.

김상욱 | 부산대 · 양자과학

과학
기술
의학

91 / 보이지 않는
생명체를 향한 도전

::『미생물 사냥꾼 이야기』, 폴 드 크루이프

『미생물 사냥꾼 이야기』는 1926년에 발간되어 86년이 넘는 시간 동안 다양한 언어로 번역되어 전 세계적으로 수많은 독자들의 사랑을 받아온 책이다. 이 책은 인류가 아직 미생물의 존재를 상상조차 하지 못했던 1632년 레벤후크가 태어났을 때부터 1920년대까지 미생물을 탐색한 열네 명의 '미생물 사냥꾼'들에 관한 이야기를 다루고 있다. 저자인 폴 드 크루이프Paul De Kruif, 1890~1971는 미생물학자로서 대중들에게 과학을 널리 알리는 저술활동을 했다. 그는 이 책에서 열네 명의 미생물학자들이 자신이 마주한 의문의 답을 찾아가는 과정을 이야기 형식으로 전달한다.

어떤 과학적 발견들은 너무나 단순해 보여서 어떻게 코앞에 있는 것조차 알아보지 못하고 수천 년 동안 헤맸는지 의아해지기도 한다. 미생물을 발견한 경우도 마찬가지일 수 있다. 하지만 미생물

과학·기술·의학

> (…) 파스퇴르는 전 세계의 사람들에게 감격적인 연설을 했다. "독성이 약해진 미생물을 주사함으로써 살아 있는 동물을 악성 질환에서 보호하는 방법"이었다. 파스퇴르는 그들을 확신시켰다.

은 맨눈으로 볼 수 없을 만큼 작은 생물체다. 미생물은 광학현미경이나 전자현미경을 이용해야 비로소 그 모습을 확인할 수 있다. 인간의 눈으로 구별할 수 있는 가장 작은 크기가 0.1mm이기 때문에 이보다 작은 크기의, 그야말로 먼지 같은 생물체는 도구를 사용하지 않고는 그 존재를 알 수가 없다. 현미경 같은 도구가 발명되기 전 시대의 사람들에게는 눈에 보이지 않는 것은 존재하지 않는 것이었다. 하지만 이제는 인간의 육안으로 확인할 수 없지만 엄연히 미생물의 세계가 존재한다는 사실을 누구나 알고 있다. 우리는 어떻게 이 사실을 알게 되었을까? 우리에게 이 사실을 알리기 위해 노력한 사람들이 있었기 때문이다.

자신보다 수천만 배 큰 몸집을 가진 사람을 공격하고 죽일 수도 있는 어떤 생물이 살고 있다는 사실을 전혀 모른 채 악의 기운

이 몸에 침투하여 병을 유발한다고 믿었던 시대에 그 미지의 존재를 알아내고자 했던 델프트의 문지기 레벤후크Antonie van Leeuwenhoek, 1632~1723로부터 이야기는 시작된다. 그는 직접 만든 현미경을 통해 미지의 생물을 발견함으로써 '인류 최초의 미생물학자'라는 영예를 누린다. 다음 주인공인 스팔란차니Lazzaro Spallanzani, 1729~1799에 이르러 독자들은 진정한 과학자의 자세가 무엇인지 생각해볼 수 있는 기회를 갖게 된다. 그는 자신의 머릿속에 떠오른 생각이 잘못되었다는 사실을 밝히기 위해 빈틈없이 계획을 세웠다. 그 계획의 다른 이름이 바로 '과학'이었다. 영감이나 바람보다는 진리가 더 소중했다. 실험을 통해 알아낸 사실이 자신의 명석한 두뇌가 추측한 것을 뒤엎을 때는 겸손하게 머리를 숙일 줄 알았다. 끊임없이 진리를 추구하고 어떤 난관에도 굴하지 않으며 오히려 곤경을 즐겼던 그가 후대에게 남긴 최고의 유물은 '진리를 향한 열정'이었다.

이후로 저자는 시간 순서에 따라 차례차례 미생물 사냥꾼들을 한 명씩 방문한다. 하나의 특정한 미생물이 특정한 질환의 원인이 될 수 있다는 사실을 확인한 최초의 연구자이자 광견에 물려 고통받던 사람을 구해낸 화학자 파스퇴르Louis Pasteur, 1822~1895, 미생물을 배양하는 데 성공하고 미생물이 인간의 치명적인 적이 될 수 있다는 사실을 증명함으로써 미생물 사냥을 과학의 영역으로 이끈 시골의사 로베르트 코흐Heinrich Hermann Robert Koch, 1843~1910, 한 번의 성공적인 실험결과를 얻기 위해 천 번의 실패를 겪으며 디프테리아균으로부터 아이들을 구하기 위해 필사적으로 매달렸던 에밀 루Émile Roux, 1853~1933와 에밀 베링Emil von Behring, 1854~1917, 인간을 공격하는 미생물을 잡아먹는 포식세포를 발견하여 면역의 기틀을 마련하고 건강하게 오래 살 수 있는 방법을 탐구한 메치니코프 Ilya Ilich Mechnikov, 1845~1916, 텍사스 열이라는 병의 원인을 밝혀냄으로써 질병이 완전히 새롭고 놀라운 방법으로 퍼질 수 있다는 사실을 알아낸 미국 최초의 미생물학자 시어벌드 스미스 Theobald Smith, 1859~1934, 수면병을 옮기는 체체파리를 추적하기 위해 목숨을 걸었던 군인 데이비드 브루스 David Bruce, 1855~1931, 한 종류의 모기가 말라리아의 원인이 된다는 사실을 증명해낸 로널드 로스 Ronald Ross, 1857~1932와 바티스타 그라시 Giovanni Battista Grassi, 1854~1925, 공포의 전염병인 황열병의 원인을 알아내기 위해 과학 발전과 인류애를 목적으로 인체 실험을 감행했던 월터리드 Walter Reed, 1851~1901, 지독한 미생물을 없앨 수 있는 화학요법을 발견하고 미생물 연구의 새로운 길을 개척한 파울 에를리히 Paul Ehrlich, 1854~1915에 이르기까지 그들이 왜 미생물 연구를 시작했으며 어떤 가치관과 마음으로 연구에 임했는지, 그리고 당면한 난관들을 어떻게 헤쳐 나갔으며 어떤 방법으로 실험을 계획하고 진행했는지, 또 그들이 그렇게 열정적으로 탐구해서 얻은 것은 과연 무엇인지를 다양한 에피소드를 통해 재미있게 풀어나간다.

현대에 이르러서도 미생물계는 완전히 파악되지 않은 미지의 영역으로 남아 있다. 미생물학이 비교적 늦게 태동한 학문이라는 점을 감안하면 미생물학이 가야 할 길이 아직 까마득할지도 모른다. 하지만 뒤늦게나마 이 세계를 이루는 새로운 존재를 찾아내고 미생물이라는 발병 인자를 발견함으로써 의학의 새로운 장을 연 이 열네 명의 미생물 사냥꾼들이 보여준 열정과 과학자로서의 자세는 인류의 탐구정신이 얼마나 고귀한 것인지를 새삼 생각게 한다. 이 책을 읽는 독자가 얻는 가장 큰 재산이 바로 그것일 것이다.

책에 소개된, 파스퇴르의 연설 일부분을 언급하며 글을 마치고자 한다.

"아무 쓸모도 없는 회의론에 빠져 여러분 자신을 더럽히지 마십시오. 전 인류에게 닥친 슬픔 때문에 여러분 자신이 낙담하지 않도록 하십시오. 실험실과 도서관의 고요한 평화 속에서 사십시오. 먼저 여러분 자신에게 물으십시오. '배움을 위해 나는 무엇을 했는가?' 그리고 여러분이 점차 발전하면서 '조국을 위해 나는 무엇을 했는가?'라고 물으십시오. 여러분이 어떤 방식으로든 인류의 발전과 복지에 기여했다고 생각하면서 무한한 행복을 느끼게 될 때까지······."

많은 이들이 저자가 실감나고 생생하게 들려주는 이야기에 가볍게 귀를 기울이고 열네 명의 미생물 사냥꾼과 소통하는 시간을 가지기를 바란다.

번역서로는 이미리나가 옮기고 몸과마음이 펴낸 것(2005)이 있다.

강호영 | 부산대 · 병원미생물학

과학
기술
의학
92

과학사의 새로운 이해
: 혁명으로서의 과학 발전

:: 『과학혁명의 구조』, 토마스 쿤

토마스 쿤Thomas Samuel Kuhn, 1922~1996의 『과학혁명의 구조(The Structure of Scientific Revolution)』는 과학자들이 어떻게 이 세계를 인식하고 연구를 진행하는가라는 다소 평이한 질문에 대단히 독창적이고 혁명적인 해답을 내놓음으로써 인류 지성사에 이정표를 남긴 책이다. 저자가 이 책을 쓴 목적은 서문에 잘 나타나 있다.

만약 역사가 일화(逸話)나 연대기(年代記) 이상의 것들로 채워진 보고(寶庫)라고 간주된다면, 역사는 우리에게 지금 주어져 있는 과학의 이미지에 대해 결정적인 변형을 일으킬 수 있을 것이다. 그런 이미지는 심지어 과학자 자신에 의해서도 예전에는 고전에 기록된 대로 그리고 보다 최근에는 과학의 새로운 세대마다 그 훈련을 쌓도록 익히는 교과서들에 기록된 대로, 주로 완결된 과학적 업적들의 연구로부터 형성되어 왔다. (…) 이 에세이는 근본적으로 우리가 그런 책에 의해서 오도되어 왔다는 것을 밝히려고 한다. 이 글이 겨냥하는 것은 연구 활동 자체의 사적(史的)인 기록으로부터 드러날 수 있는 전혀 새로운 과학의 개념을 그리는 것이다.

토마스 쿤은 1922년 미국 오하이오 주 신시내티에서 태어났다. 그는 하버드 대학에서 물리학을 공부하고 1949년에 물리학 박사학위를 취득했다. 물리학 박사인 그가 과학사가로 활동하게 된 것은 지극히 우연한 계기 때문이었다.

1940년대 후반, 화학자이면서 하버드 대학 총장이었던 코난트 James B. Conant는 비자연학계열의 학생들을 위해 자연과학개론 강의를 개설했다. 쿤은 이 강의가 제대로 진행되도록 도우면서 대단히 중요한 경험을 하게 된다. 당시 과학사 강의를 준비하면서 쿤은 뉴턴 역학의 뿌리를 쉽게 설명해줄 수 있는 역사적 사례를 찾기 위해 아리스토텔레스의 『자연학』을 읽었다. 그런데 그는 그 책에서 오류를 발견했다. 그날 이후 쿤의 머릿속에선 어떻게 아리스토텔레스와 같은 천재적인 학자가 그처럼 잘못된 생각을 할 수 있을까 하는 의문이 떠나지 않았다. 그런데 그 의문에 대해 고민하던 어느 순간 아리스토텔레스를 이해하게 되었다. 이 경험으로 인해 그는 과학의 역사를 다시 바라보게 되었다. 어쩌면 이때의 경험으로 인해 토마스 쿤은 과학적 사고라는 것이 그 시대의 사상과 철학이 담긴 패러다임의 틀 속에서 이루어진다는 깨달음의 씨앗을 품게 되었는지도 모른다.

이후 쿤은 자연과학개론 강의를 돕기 위해 17세기 역학을 공부하면서 처음으로 과학사에 강한 흥미를 느끼기 시작했다. 그리고 1948년부터 1951년까지 하버드 대학의 '주니어 펠로우Junior Fellow, 갓 박사학위를 받은 인재를 선발하여 자유롭게 다양한 학문을 접하도록 하는 제도, 또는 그 제도의 수혜를 받는 연구원'로 선정되어 과학사를 중심으로 철학, 언어학, 사회학, 심리학 등의 인접 학문분야에 관한 자료들을 읽고 토론하면서 자연과학뿐 아니라 인문·사회과학 분야까지 관심과 식견을 넓힐 수 있었다. 1956년, 버클리 대학으로 자리를 옮긴 토마스 쿤은 1961년에 과학사 담당 정교수가 되었다. 그런데 쿤은 이 시기, 특히 1958년부터 1959년까지 2년에 걸쳐 과학혁명에 관한 책을 구상하고 자료를 모았다. 그의 구상은 그로부터 3년 뒤인 1962년, 『과학혁명의 구조』라는 책으로 실현되었다.

서양에서는 계몽주의 이후 과학이 발달하면서 자연과학은 객관적이고 합리적인 인식의 토대 위에 세워진다는 믿음이 강하게 부각되었다. 이러한 믿음은 과학뿐 아니라 거의 모든 학문, 심지어 인문과학과 사회과학에도 적용되면서 이들 학문들조차 자연과학적인 성격을 띠게 되었다. 이러한 풍토는 학문을 한 단계 발전시키는 계기를 마련하기도 했다.

당시 과학계의 전통적인 이해방식을 다음과 같이 표현할 수 있다. 과학은 자연을 관찰하면서 축적한 자료를 바탕으로 귀납적이고 귀추적인 방법을 사용하여 법칙을 찾아내고 수학적으로 표현하며, 법칙들 사이의 관계를 찾아내어 연역적 방법을 통해 어떤 사실을 예측한다. 이렇게 축적된 지식이 많아질수록 과학은 발전한다.

이러한 과정을 과학사가들은 '축적에 의한 발전'이라고 부른다. 철학적인 표현을 빌려 논리실증주의 과학관이라고 할 수 있는 이러한 과학관은 한때 거의 모든 학계의 주류를 이루어 전통적인 과학관으로 자리 잡았다.

그러나 쿤은 『과학혁명의 구조』에서 과학사의 수많은 사례를 들어 이러한 과학관을 반박하며 근대 이후 과학의 발전에 대한 새로운 견해를 제시했다. 과학은 결코 그렇게 이성적이거나 합리적이지 않으며, 과학의 발전은 어떤 연계성을 갖고 연속적으로 이루어지지 않는다는 것이 그가 제시한 견해의 요점이었다. 쿤은 자신의 견해를 뒷받침하기 위해 '패러다임paradigm'이라는 새로운 용어를 제안하여 사용했다. 이후 패러다임은 과학의 발전을 설명하는 개념에 그치지 않고 사회과학, 인문과학, 문학, 예술 등 새로운 변화를 초래하거나 추구하려는 다양한 영역에서 폭넓게 쓰이게 되었다.

쿤이 제시하는 과학의 발전 과정을 간단히 살펴보자. 그에 의하면 모든 과학 활동은 이미 형성되어 있는 패러다임이라는 큰 틀 속에서 진행된다. 이 패러다임 속에서 이루어지는 과학을 '정상과학'이라고 한다. 정상과학 개념에 관한 쿤의 설명을 정리하면, 정상과학은 과거에 발생한 어떤 과학적 성취에 기반을 둔 연구 활동을 뜻하는 것으로, 그 과학적 성취는 일정한 기간 동안 몇몇 특정한 과학자 사회가 과학의 발전을 위한 기초를 제공한 것으로 인정하는 것이어야 한다. 쿤은 아리스토텔레스의 『자연학』, 프톨레마이오스의 『알마게스트』, 뉴턴의 『프린키피아』와 『광학』을 이러한 과학적 성취의 역사적 사례로 들었다.

패러다임 속에서 이루어지는 정상과학의 성격은 어떠한가? 천재들이 제시한 과학적 성취 위에서 이루어지는 정상과학의 목표는 사실상 혁신이 아니라 퍼즐 맞추기에 가깝다. 점차적으로 패러다임을 공고히 하기 위해 정상과학은 발전을 거듭하는데, 이때 이 작업은 새로운 문제들을 발견하고 그것을 해결하는, 일종의 빈자리를 메워가는 방식을 취한다. 그러다가 이 정상과학으로는 도저히 설명할 수 없는 현상이 나타나는데, 이 현상을 쿤은 '변칙적인 사건(anomaly)'이라고 부른다. 이러한 현상이 축적되면 기존 패러다임의 틀 속에서 통하는 정상과학으로는 이 문제를 해결하는 것이 불가능하다는 인식이 확대된다. 그래서 새로운 패러다임을 필요로 하게 된다. 이러한 패러다임의 전환은 점진적이거나 축적되는 방식이 아니라, 불연속적인 혁명적 방식으로 일어난다. 그것은 '정상과학 1→위기→패러다임 전환(과학혁명)→정상과학 2'라는 도식으로 표시할 수 있다.

한 가지 더 생각해야 할 것은 이때 기존의 패러다임을 전복시키고 갑자기 새로운 패러다임이 등장하는 것은 아니라는 점이다. 변칙적 사건들이 나타나기 시작하면서 기존의 패러다임과 경쟁하는 새로운 패러다임이 형성된다. 기존의 패러다임과 경쟁적 패러다임이 공존하는 것이다. 그러다가 경쟁적 패러다임이 성숙하고 기존 패러다임이 계속 유지되기 힘들 때, 패러다임 전환이 발생한다. 과학자 사회에서 새로운 패러다임을 수용하는 것이다. 이러한 패러다임의 전환은 대단히 혁명적인 것이지만, 그렇다고 정치혁명처럼 어떤 세력이 새로운 패러다임을 수용하라고 강요하는 것은 아니다. 새로운 패러다임을 수용하지 않고서는 더 이상 과학 연구와 작업을 수행하기가 힘들다는 판단이 서면 과학자들은 새로운 패러다임을 수용할 수밖에 없는 것이다. 이 새로운 패러다임을 따라 형성된 과학을 '새로운 정상과학'이라고 부르며 이것은 기존의 정상과학을 대치한다.

여기서 쿤이 패러다임 전환을 '혁명'이라고 부르는 이유는 그가 말하는 패러다임의 특성과 관련이 있다. 그에 의하면 패러다임이 전환되면 과학자들은 동일한 현상을 완전히 다른 방식으로 본다. 정치혁명을 통해 사회제도가 바뀌면 사람들이 세상을 달리 생각하지만, 과학계의 패러다임 전환으로 인한 과학자들의 시각 교정은 그보다 훨씬 더 급진적인 방식으로 나타난다. 쿤은 그 이유를 기존 패러다임과 새로운 패러다임 사이에는 양립 불가능성, 공약 불가능성, 번역 불가능성이라는 특성이 존재하기 때문이라고 설명한다. 이는 두 패러다임이 극단적으로 단절되어 있다는 사실을 의미한다.

패러다임 전환이 일어나고 나면 두 패러다임은 공존할 수 없기 때문에 양립 불가능성은 비교적 쉽게 설명할 수 있다. 공약 불가능성이란 동일한 용어를 사용하더라도 두 패러다임에서 갖는 의미가 각각 달라지기 때문에 소통이 불가능해지는 것을 말한다. 나아가 한 패러다임의 틀 속에서 통용되던 이론을 다른 패러다임의 틀 안으로 소급하여 어떤 현상을 설명하는 것 역시 불가능하기 때문에 여기서 번역 불가능성이 발생한다. 만약 그게 가능하다면 두 패러다임 속에서 어느 것이 옳은가를 판단할 수가 없다. 왜냐하면 두 패러다임은 소통이 불가능하고 번역도 되지 않으며 양립이 불가능해서 비교 역시 불가능해지기 때문이다.

이러한 과학의 발전 과정을 설명하면서 쿤이 주장하고자 하는 주제 중 하나는, 인간 이성의 산물인 자연과학은 결코 자연에 대해 독립적이고 객관적인 진리를 내세울 수 없다는 사실이다. 이로 인해 『과학혁명의 구조』가 출간된 이후 과학적 논의에서 진리는 더 이상 중요한 개념으로 대접받지 못하게 되었고, 진리 개념에 대한 자연과학과 인문·사회과학의 입장 차이도 좁혀졌다. 쿤은 이 책을 통해 과학이 객관적이고 있는 그대로의 자연을 반영한다는 전통적인 과학관이 결코 완전하지 않다는 사실을 보여주고 있다.

『과학혁명의 구조』는 과학을 이해하는 방식에 대한 혁명적인 생각이 담겨 있는 책이다. 우리는 과학시대를 살고 있으면서도 과학의 본질이나 그 역사에 대해서 제대로 모른다. 만약 역사와 철학이라는 창문을 통해 과학을 들여다보고 싶다면, 전공을 막론하고 이 책과 함께 여정을 떠날 것을 추천한다.

번역서로는 김명자가 옮기고 까치가 펴낸 것(1999)이 있다.

김유신 | 부산대 · 과학철학 및 전자공학

과학
기술
의학
93 / 과학과 인문학의
아름다운 통섭

:: 『인간 등정의 발자취』, 제이콥 브로노우스키

흔히들 소통의 부재를 현대 학문의 문제점으로 진단한다. 전문가들은 자연과학과 인문학의 경계가 너무나 뚜렷하며, 현대의 학문이 현대사회가 제기하는 다양한 문제에 근원적인 해답을 제시하지 못하는 이유가 각 학문 간의 폐쇄성에 기인한다고 말한다. 이에 대한 반성적 사고에서 제시된 화두가 바로 학문의 통섭 혹은 융합이다. 그런데 이와 같이 이상적인 학문 태도가 르네상스기의 학자들에게는 지극히 보편적인 것이었다.

'20세기 르네상스인'이라고 불린 사람, 바로 우리가 함께 살펴볼 『인간 등정의 발자취』의 저자 제이콥 브로노우스키[Jacob Bronowski, 1908~1974]다. 폴란드에서 태어난 그는 열두 살 때 영국으로 이주해서 케임브리지 대학에서 수학과 물리학을 공부했다. 미국으로 건너가서는 생물학을 전공했다. 또한 문학과 예술에도 조예가 깊어서 시

> 인간성 없이는 철학이 있을 수 없고, 나아가 올바른 과학도 존재할 수 없다. 나는 그러한 확신이 이 책에 나타나 있기를 바란다. 나에게 자연의 이해는 인간 본성의 이해를, 그리고 자연 안에서의 인간 조건의 이해를 목적으로 한다.
>
> _「서문」중에서

詩 비평가와 희곡작가로도 활동했다. 저자의 특이한 이력 덕분에 자연과학의 발자취를 따라가는 이 책은 단순히 과학사를 서술하는 차원을 훌쩍 넘어섰다. 곳곳에 스며들어 있는 저자의 인문학적 상상력은 자연과학의 역사를 문학, 건축, 음악, 미술, 철학, 사회, 정치 등 인류가 쌓아온 문명과 문화 전체와 소통시키고 있다.

이 책은 모두 13장으로 구성되어 있다. 서론에 해당하는 「천사 아래 있는 존재」는 인류의 발상지인 적도 아프리카에서 시작된 '인간 등정'의 출발을 고고인류학의 관점에서 살핀다. 저자는 유인원의 화석을 복원하는 작업에 참여했던 때에 느꼈던 인간에 대한 경이로움을 전하고 '인간을 인간으로 만드는 요인은 무엇인가'라는 질문을 던지면서 인간을 향한 강한 애정을 드러낸다. 저자의 이러한 애정은 인류의 기원인 고생 인류를 '남쪽 원숭이'라는 뜻의 '오스트랄로피테쿠스'라고 한 학자를 꼬집는 데서도 드러난다.

다음으로 향하는 곳은 농업혁명이 일어난 문명의 발상지 중동이다(2장 「계절의 수확」). 이곳에서 저자는 식물을 재배하고 동물을 가축으로 기른 것이 어떻게 잉여생산과 관계되는지 살펴본다. 말과 전쟁의 관계를 유추하고 설명하면서 사회학적 상상력을 동원하는 저자의 깊고 넓은 지식은 이 책을 놓지 못하게 만드는 강한 매력으로 작용한다. 또한 책에 인용한 구약 성경의 구절과 바크티아리 부족(이란 남부의 고원지대에서 목축을 생업으로 살아가는 종족)의 설화, 영국 시인 콜리지의 시는 이 책의 폭넓은 외연을 예고한다.

「돌의 결」(3장)을 따라 석기시대를 산책하던 저자는 도시가 형성되고 사회제도가 출발한 지점으로 잉카문명을 지목한다. 이야기는 도로와 다리, 통신수단의 발달로 이어지다가 스페인의 피사로가 62마리의 말과 106명의 보병으로 잉카문명을 붕괴시킨 문명 충돌의 역사에 이른다. 이어서 아치의 발명과 진보를 통해 공학과 구조 역학에 관한 아이디어가 어떻게 사회문화적인 요소와 관련되는지를 살핀다. 과학기술과 휴머니즘을 연결하는 저자의 시선에서, 예술 작업과 과학의 근본적인 동기가 '인간의 쾌감'에 있다는 이 책의 관점이 드러난다.

이제 저자의 시선은 중세 연금술사의 실험실로 향한다. 여기서 저자가 던지는 질문은 '어떻게 연금술이 화학으로 발전했을까'이다. 이에 대한 해답은 네 번째 장 「숨겨진 구조」에서 얻을 수 있다. 저자가 '당대의 플라스틱'이라는 별명을 붙인 청동 합금은 물질의 구조를 밝혀내는 촉매제가 되었다. 그리고 물질의 '숨겨진 구조'를 밝히는 데 결정적인 역할을 했던 불은 훗날 화학이라는 학문을 탄생시키는 산파 역할을 한다. 저자는 여기서 멈추지 않고 중세에 태동한 초보적인 화학이론이 어떻게 현대의 원자론으로 연결되는지를 장고한 시간을 숨 가쁘게 오르내리며 장쾌하게 풀어나간다.

측량술이 기하학과 천문학을 거쳐 수학으로 발전하는 '인간 등정'의 긴 과정을 보여주는 「천구의 음악」(5장)에서는 피타고라스 정리가 문명사에서 갖는 의미를 파헤치고 12세기의 번역작업에 의해 세계의 지식이 유럽에 전달되는 과정을 그린다. 특히 원근법이 공간의 문제가 아닌 시간의 주관적 해석에 따른 것이라는 관점에서 저자의 철학적 혜안을 엿볼 수 있다. 메소포타미아와 이집트 문명, 피타고라스와 케플러를 거쳐 뉴턴에 이르는 긴 시간여행이 저자의 탁월한 표현과 함께 펼쳐진다.

이제 본격적으로 천문학을 이야기할 차례다(6장 별의 사자(使者)). 마야문명에서 시작된 별자리 탐험이 유럽대륙으로 옮겨가더니 갑자기 신플라톤주의로 변주된다. 별자리와 사상이라니? 잠시 의아해질 법도 하지만, 이어지는 이야기에서 저자의 의도가 드러난다. 저자는 원근법적 인식의 천문학적 발견이라 할 수 있는 코페르니쿠스의 지동설을 근대정신의 출발점으로 파악하고 있기 때문이다. 그리고 갈릴레이에 의해 촉발된 과학적 진리와 사회적 가치관의 갈등이 당시의 기록을 토대로 생생하게 묘사된다.

17세기 중엽에 이르러 문명세계의 중심이 북유럽으로 옮겨가는 과정을 다룬 「장엄한 시계장치」(7장)는 뉴턴에서 아인슈타인에 이르는 물리학의 발전과정을 이야기한다. 물론 이야기가 물리학에서 그친다면 그건 브로노우스키의 글이 아니다. 뉴턴이 프리즘으로 펼쳐놓은 자연광의 색깔들이 미술과 문학 같은 예술 장르에 끼친 영향을 살피는 부분에서 자연과학과 인문, 예술을 아우르는 통섭적인 시각이 다시 한 번 드러난다.

저자는 산업혁명을 미국혁명, 프랑스대혁명과 같은 "사회변동의 영국적 표현"이라고 단언한다. '과학은 사회적 활동'이라는 근대적 관념의 탄생을 일컫는 것이다. 이런 배경에서 산업혁명기의 영국 발명가들이 보여준 실용정신이 유럽대륙의 왕궁에 갇힌 채 오락적 수단에 머물러 있었던 과학과 어떻게 다른지를 설명한다. 길게 인용되는 〈피가로의 결혼〉, 작가 보마르셰의 일화, 벤저민 프랭클린과 피뢰침에 얽힌 이야기는 「동력을 찾아서」 떠난 근대사회의 역동성을 보여준다. 특히 중간중간 인용되는 이 시대의 시인과 철학자들이 남긴 글귀들은 그들이 자연과학과 인문과학 분야를 거의 대등한 비중에 놓고 사유했음을 보여준다. 또한 열역학, 에너지의 개념과 낭만주의의 연관성 역시 흥미롭게 전개된다.

아홉 번째 장 「창조의 사다리」는 우선 다윈과 월리스의 에피소드를 통해 진화론의 발견 과정을 한 편의 드라마처럼 흥미진진하게 그리고 있다. 맬서스의 『인구론』이 진화론의 발견에 중요한 모티프가 되었다는 사실에서 학문 간의 통섭이 무엇인지 그 의미를 다시 한 번 확인할 수 있을 것이다. 특히 월리스의 시(詩)와 같은 긴 일기를 통해 문화상대주의적 시각에 주목하는 저자의 관점은 이 책이 지향하는 근본적인 가치를 잘 드러내고 있다.

현대 물리학의 출발과 원소의 세계를 소개하는 「세계 속의 세계」(10장)는 파라켈수스(스위스의 연금술사)와 연금술의 역사에서 시작된다. 소금의 결정구조를 통해 원소들의 화학적 결합에 관한 근본적인 개념을 쉽게 설명하면서 어느새 저자는 멘델레예프의 원소주

기율표가 가지는 과학적 방법론의 의의까지 제시한다. 이어 전자, 양자, 중성자 등 '세계 속의 세계'와 관련된 톰슨, 러드퍼드, 닐스 보어, 채드윅, 페르미, 막스 플랑크, 볼츠만 등의 과학적 면면뿐만 아니라 그들의 사상까지도 들여다본다. 또한 뢴트겐의 X-선과 입체파 미술의 관계를 '물질세계 속의 감춰진 구조를 찾으려는 새로운 탐구'로 파악한 저자의 통섭적인 사유를 통하여 과학과 예술적 상상력의 관계를 다시 한 번 확인할 수 있다.

절대적 지식이 존재하는가? 양자물리학(quantum physis)을 통해 「지식과 확실성」(11장)에 대한 의문이 제기된다. 전자가 입자인가 파동인가라는 20세기 초의 논쟁을 소개하며 "이론물리학은 사실상의 철학"이라는 막스 보른의 명제와 하이젠베르크의 '불확정성 원리'에 이른다. 이 과정에서 인류가 발전시켜온 과학을 "지식의 그야말로 인간적인 형태"라고 확신하는 저자는 아돌프 히틀러로 대표되는 인간의 오만과 독선을 준엄하게 고발하고 있다.

열두 번째 장 「이어지는 세대」는 멘델의 완두콩에서 J. 왓슨과 F. 크릭의 DNA 구조 해독을 거치는 현대 유전학을 다루고 있다. 우선 현대 유전학에 관한 모든 것이 정규 교육을 받지 못한 수도원장 멘델이 보여준 확신과 직관, '한 인물의 내면에 들어있는 위대한 정신의 빙산' 속에 이미 잉태되었음에 주목한다. 그리고 DNA를 통해 생명의 기원을 되짚어 보면서, '인간이 가장 창조적인 이유'를 '다양성의 모험'이라 규정한다. 결국 인류의 문화적 성(性) 선택이 문화적 진화의 결정적 요인임을 지적하면서 존 던[J. Done]의 시에 기대어 결론 내린다. "사랑의 신비는 영혼 속에서 자라나지만, / 그래도 육체는 사랑이 씌어 있는 책인 것을."

　인간의 특성을 윤리적 존재로 파악하는 마지막 장 「긴 유년 시대」는 우선 인간의 두뇌에 주목한다. 두뇌와 손, 언어와의 유연한 관계는 인간에게만 존재하는 특수한 요소이다. 그리고 사회학자들이 '욕구 충족의 연기'라 부르는 두뇌의 능력이 또 다른 요소가 된다. 저자는 이러한 인간의 능력이 인간의 진보와 문명을 창조했다고 본다. 또한 '인간 등정'의 역사에서 수많은 문명이 스러져간 이유를 '젊은이들의 상상력의 자유를 한정시킨' 때문으로 파악한 저자는 히포크라테스, 토마스 모어, 에라스무스의 예를 통해 '지성의 민주주의'를 강조한다. 과학과 윤리의 관계로 '인간 등정'의 긴 서사를 마감하는 저자의 결론은 단호하다. "과학이 할 일은 지상의 부(富)가 아니라 도덕적 상상력을 계승하는 것이다. 도덕적 상상력이 없이는 인간과 믿음과 과학은 함께 사라져버릴 것이기 때문이다."

　이 책은 동아프리카의 호수, 알타미라 동굴, 남미의 고원, 이스터 섬, 바티칸 지하 문서보관소, 뉴턴 박물관, 히로시마와 나가사키 등을 직접 돌아보며 지구 전체의 문명의 역사를 아우르고 있다. 또한 원시의 석기에서 아치를 거쳐 DNA 구조에 이르는, 이집트의 소박한 측량술에서 기하학과 천문학, 현대의 수학과 물리학에 이르는 자연과학의 방대한 역사 전체를 다루고 있다. 그러나 이 책이 말하는 과학(science)은 라틴어 원래의 의미인 인간의 총체적인 지식, '앎'(scientia)을 의미한다. 저자 브로노우스키 박사는 어떤 개념 하나가 가지는 정확한 의미를 제시하고, 그 개념이 닿아있는 인간의 모든 사유와의, 즉 과학적, 문화 예술적, 사회 정치적 사상과의 연관성을 끊임없이 천착하기 때문이다. 그래서 이 책은 저자 자신의 말대로 '현대판 자연철학(Natural Philosophy)'을 탐구한 책이다. 그래서 그를 '20세기의 르네상스인'으로 부르는 것이다.

이 책의 휴머니스트적 탁월성은 우선 재미있는 에피소드와 함께 자연과학의 전반을 쉽게 이해하게 해줄 것이다. 그리고 자연과학 하위 학문들의 관계, 과학의 인문학적 의미, 여러 학문과 예술의 통섭을 철학적으로 성찰하게 해줄 것이다. 뿐만 아니다. 많은 시인과 철학자, 동굴벽화를 그린 원시인에서 피카소에 이르는 미술가, 음악가, 예술가들의 이야기가 요소요소에 어우러져 있어 이 책의 서술은 매우 역동적이며, 그 사유의 스펙트럼 또한 넓다. 각 장이 마치 한 편의 소설처럼 파노라마로 펼쳐져 있어 관심 가는 분야부터 따로 떼어 읽어도 좋을 것이다.

애초 이 책은 BBC 방송의 의뢰로 저자 브로노우스키 박사가 기획한 텔레비전 다큐멘터리 제작을 위한 것이었다. 그 대본의 부족한 부분을 보충하여 엮은 것이 이 책이다. 1976년 『인간역사』(삼성문화문고 79)라는 제목의 문고판으로 국내에 축약 번역된 이후 여러 출판사를 통해 완역되었다. 많은 그림과 사진을 보태어 꾸준히 쇄를 거듭하고 있다.

『인간 등정의 발자취』 한국어판은 김은국, 김현숙이 우리말로 옮기고 바다출판사가 펴냈다(2004). 이외에 글에서 언급한 C. P. 스노우의 『두 문화』(오영환 옮김, 사이언스북스, 2001)도 일독하기를 권한다.

김종기 | 부산대 · 불문학불시

인간 사유의 무늬
Art

예술 94 / 예술이라는 별자리의 지도 그리기

::『문학과 예술의 사회사』, 아르놀트 하우저

영화사의 사환 생활과 10년의 집필 활동

예술은 시간의 도화지 위에 작가가 남긴 지문과 같다. 역사라는 무한한 시간은 두루마리처럼 펼쳐진 도화지와 같다. 이 시간의 여백 속에 수많은 지문들이 모자이크처럼 혹은 밤하늘의 별처럼 반짝거린다. 사람들은 그것에 예술이라는 이름을 붙였다. 예술의 역사는 가장 아름다운 인간의 흔적을 기록으로 포획한다.

헝가리 출신의 미학자이자 예술사가인 아르놀트 하우저Arnold Hauser, 1892~1978는 마흔일곱 살이라는 젊지 않은 나이에 『문학과 예술의 사회사』를 집필하기 시작하여 쉰일곱 살에 이르러 서양 예술의 역사를 완결했다. 10년 동안 그는 낮에는 영화사에서 잡일을 하고 밤에는 인간의 역사가 발원한 이래 존재한 예술 작품과 작가를 발굴하고 정리하여 예술사로 엮어냈다. 한국의 시인 황지우는 "이 책

> 모든 예술은 혼돈과의 유희요 혼돈에 대한 싸움이다. 예술은 언제나 혼돈을 향해 점점 더 위태롭게 다가가서 더욱더 넓은 정신의 영토를 그로부터 건져오는 작업이다. 예술사에 어떤 진보가 있다면 그것은 혼돈으로부터 탈환해온 이러한 영토의 끊임없는 확대를 말하는 것일 게다. 영화는 시간의 분석을 통해 이러한 발전을 또 한걸음 밀고 나갔다. 전에는 음악을 통해서만 표현될 수 있었던 경험을 시각적으로 나타낼 수 있게끔 해준 것이다.
>
> _『문학과 예술의 사회사 4』, 309쪽

에 가득 실린 잘 익은 포도송이를 따 먹으면서 비로소 예술에 도취한 눈을 얻었다."라고 말했다. 『문학과 예술의 사회사』는 문학에서 시작하여 조각과 회화, 음악과 영화에 이르는 광활한 예술의 땅을 파헤쳤다. 개인의 단독 작업으로 이 방대한 역저를 완성한 것은 자신의 삶을 송두리째 바치고 얻어낸 성과였다.

원래 하우저는 마르크스가 『자본론』을 집필했던 대영 도서관에서 영화의 미학에 대한 저서를 집필하려고 했으나 친구인 칼 만하임의 제안으로 새로운 작업에 착수했다. 만하임은 자신이 기획한, 예술의 사회사를 다루는 선집에 실을 100매가량의 서문을 하우저에게 의뢰했다. 하우저는 자료를 찾던 중 예술의 사회사에 관한 깊이 있는 책이 부족하다는 사실을 접하고 자신만의 참고문헌 리스트를 작성해나가기 시작했다. 결국 이렇게 시작된 작업은 10년의 시간 끝에 『문학과 예술의 사회사』라는 역저로 결실을 맺었다. 자신의 작업에 대해 하우저는 "나의 그물, 그것도 텅 빈 그물을 던져 이제는 더 이상 놓아줄 수 없는 나의 물고기를 잡았다."라고 술회했다. 앞서 밝혔듯, 책을 집필하는 동안 그는 낮에는 영화사에서 일주일에 5파운드 정도의 낮은 급료를 받으면서 잡일을 감내했으며 밤에는 저녁의 약속을 접고 꿀벌처럼 부지런하게 집필과 자료 탐독에 매진했다. 공휴일에는 대영 박물관 도서실에 가장 먼저 입실하여 가장 늦게 퇴실하는 일을 10년 동안 반복했다. 이와 같은 개인의 행적은 역저의 완결을 향한 생의 등정인 셈이었다. 이 저작은 하우저에게 삶의 목표이자 행복의 대상이며 동시에 존재의미였을 것이다.

예술은 인간의 안식처이자 훌륭한 교육자

한 권의 책은 한 줄의 진실을 전달하기 위해 수천의 문장을 허비하기도 한다. 하지만 명저는 한 페이지 한 페이지마다 저자의 정신이 보석처럼 박혀 있다. 하우저의 역저는 서너 장을 넘길 때마다 한두 줄의 밑줄을 긋지 않고는 넘어가지 못하게 만든다. 하우저의 고뇌와 땀의 흔적이 문장 곳곳에 배어 있으며, 두 역자(백낙청, 염무웅)의 유려한 번역은 저자의 목소리와 정신의 숨결을 온전히 보전했다.

이 책은 선사시대부터 고대와 중세를 거치며 수많은 예술 사조의 물결을 이끌고 영화의 시대에 당도한다. 선사시대 알타미라 동굴 벽화부터 현대 에이젠슈테인의 영화에 이르기까지 무수한 명작들이 징검다리가 되어 시대를 연결하고 당대의 대가들이 장엄한 행렬을 이어간다. 하우저는 '진정한 예술은 전통과 관련 맺어야 한다'는 명제를 예술사로 실현해낸다. 이 책에는 그의 체험적 예술관이 곳곳에 잠복해 있으며, 시대를 관통하는 사가로서의 통찰력과, 예술사를 위해 자신의 삶 전체를 쏟아 부은 자가 내뿜는 무서운 직관력으로 충만하다.

천재에서 낭만주의 그리고 매너리즘과 같은 개념의 원천은 시대적 맥락에서 규명되며 그 시대의 대표적 예술가들의 작품세계까지 사적인 흐름 속에서 조망해낸다. 예를 들어, 천재는 "예술을 알지 못하는 속물들에 대항"하거나 다른 한편으로는 "엉터리 화가나 아마추어 화가들에 대한 일종의 자기 방어 수단"을 제공하는 측면에서 등장했다고 밝혀낸다. 중세 수공업자의 조직인 길드는 '경쟁의 배제 혹은 그 제한'을 기반으로 해서 생산자를 보호하기 위한 조직이었으며 이런 연유로 배타적 보호주의로 귀결된다는 사실도 밝혀낸다. 작가를 언급할 때는 개인적 취향에서부터 텍스트의 핵심 내용까지 응축해서 드러낸다.

"신은 모든 것을 반기신다. 모든 것은 신의 본질과 일치하기 때문이다."는 토마스 아퀴나스의 명제는 예술에서의 자연주의에 대한 신학적 변호이며 동시대의 철학과 예술의 관련성을 한 줄로 집어 올린다. 셰익스피어는 '정치권력의 간섭과 민중의 탄압에 대한 비판'을 했지만 동시에 '하층민의 저항'도 지지하지 않았다. 이와 같은 작가의 태도는 '질서의 원리와 안정성의 사상'에 경도된 부르주아적 세계관을 대변하기 때문이며 셰익스피어의 대중성은 관객층의 확대에 기인한다고 해석한다. 러시아의 문호 톨스토이에 대해서는 "자기완성과 영혼의 구제"를 목표로 한 정신주의와 자기중심주의가 작품에 영향을 미치고 있다고 해석했다. 새로운 세대가 톨스토이를 숭배한 것은 "세계문학에서 가장 위대한 소설의 작가로서만이 아니라, 무엇보다도 사회개혁가이며 종교의 창시자로서 숭배한 것"이다. 톨스토이는 '유럽의 살아 있는 양심'으로 존재했고 '도덕적 불안과 정신적 갱신의지'를 잘 표현한 위대한 스승이며 교육자였지만 유럽의 주인이 되지는 못했다고 평가했다. 그가 주인의 자리에 오르지 못한 이유는 "올바른 질문의 제기에는 성공했지만 올바른 해답을 제시하지 못했기" 때문이었다. 이와 같이 위대한 작가의 작품세계에 대한 깊이 있는 언급과 그 작가에 대한 역사적 평가를 동시에 기술한 것은 저자의 무게감을 더해준다.

하우저는 예술의 자율성과 가치를 적극적으로 옹호했다. 인문주의자들은 예술을 지적 교양의 한 요소로 편입했다. 그들의 견해에 기대어 "예술가는 정신적 영웅이고 예술은 인류의 교육자"라는 입장을 새삼 부각시킨다. 예술의 자율성과 인류에 기여할 가능성에 대한 자신의 신념도 내비친다. 예술의 자율성은 "지배계급이 '목적 없는 예술'이라는 사치를 감당할 만한 여유를 지닐 때 비로소 예술이 주술이나 종교, 과학이나 실용행위에서 독립"함으로써 실현될 수 있다. 자율성을 보장받은 예술은 인간에게 정신적으로 안주할 수 있는 공간과 즐거움을 제공할 수 있다. 그럼으로써 인류에게 예술이 기여할 수 있는 가능성이 커진다.

영화의 시대에서 저자는 두 가지를 주목한다. 하나는 영화가 시간과 공간이 내적으로 결합한 예술이라는 점을 부각시켰다. 영화는 한 프레임 안에 시간과 공간이 공존하며 동시에 시간과 공간의 동시적 결합을 성취한다. 영화에서 시간을 포획하고 공간을 확대하는 것은 동시성의 시간 체험을 가능하게 하여 현대의 시간 경험을 가장 잘 포착해낸다. 다른 하나는 영화가 예술의 민주화 가능성을 보여주었다는 것이다. 영화의 관객은 '이질적이며 불투명하고 무정형'이기 때문에 항상적인 상호소통 가능성을 지니지 못한다고 부정적으로 재단한다. 하지만 관객들이 교육을 통해 예술적 판단 능력이 향상된다면 '소수에 의한 항구적인 예술 독점'으로부터 벗어날 수 있다. 영화 관객이 증대하는 것은 소수에 의한 예술의 독점에서 다수에 의한 예술의 향유라는 예술 민주화의 길이 열리는 신호탄이었다.

좋은 영화와 나쁜 영화는 얼마나 관객이 얼마나 반복적으로 그 영화를 보느냐에 달려 있다. 명작의 반열에 오른 영화는 100번을 감상하고 나면 100번 다 새로운 영화로 다가오며 성찰의 깊이를 더해준다. 좋은 평가에서 제외된 영화는 10번 감상하는 것이나 100번 감상하는 것이나 큰 차이가 없이 다가온다. 좋은 영화는 반복해서 감상해야 텍스트의 정수에 근접할 수 있다. 이처럼 이 책은 반복 독서가 요청된다. 한 번의 독서로는 백과사전적 지식을 습득하는 것에 머물 가능성이 크다. 최소한 두세 번은 읽고 정리를 해야 '천재'의 개념이 아마추어의 폄하로부터 예술가를 지키기 위해 파생되었으며, 낭만주의와 근대를 거쳐 어떻게 변형되어 뿌리를 내리게 되었는지에 도달할 수 있다. 아울러 천재 작가 셰익스피어의 보수성과 진보성은 어떤 예술사의 씨줄과 날줄이 교직되어 형성되었는가에 대한 자기 해답을 찾을 수 있게 된다.『삼국지』가 평생에 세 번 읽어야 할 책이라면,『문학과 예술의 사회사』도 최소한 두 번은 살펴보아야 할 텍스트임이 분명하다.

『문학과 예술의 사회사』한국어판은 백낙청, 염무웅이 옮기고 창작과비평사가 펴낸 것이 2010년 개정판으로 다시 출간되었다.

문관규 | 부산대 · 영화학

예술
95

암흑기 미술사에
민족의 얼을 새기다

::『조선미술사 上 총론편』, 고유섭

『조선미술사』는 한국 최초의 미학자이자 미술사학자였던 우현 고유섭高裕燮, 1905~1944의 글을 모은 것이다. 그가 활약했던 시기는 일제강점기로 우리나라의 미술사를 제대로 전공한 사람이 없던 시기였다. 서양 근대에서 탄생한 '미술(Fine Art)'이라는 용어가 일본을 통해 막 조선으로 도입되던 시기였고, 따라서 우리나라의 미술사라는 것은 일본인 관학자들이 식민정책의 차원에서 쓴 것이 대부분이었다.

젊은 시절 일찍부터 고유섭은 일본인 관학자들이 쓴 조선미술사의 한계를 절감하고, 자신이 직접 우리나라의 미술사를 체계적으로 정리해야겠다고 결심하여 한국인으로서는 최초로 경성제국대학(서울대학교의 전신)에서 미학미술사를 전공했다. 당시 고유섭은 감수성 예민한 문학청년으로서 학업에서 크게 두각을 나타냈던 듯,

예술

> 일반 민중의 미의식 향상은 곧 그 사회 미술문화의 향상이며, 그 사회의 미술문화 향상은 이내 곧 다른 문화의 향상이 된다. 문화 부문은 서로의 도움이 있지 않으면 서로의 높은 발달이 없는 것이니, 조선의 미술이 조선의 문필인으로 말미암아 관심받지 아니한다면 조선의 문필문화 그 자체도 조선적 미에 있어서는 빈약한 것, 또는 이방적인 것이 되고 만다.

1925년 3월 6일자 〈동아일보〉는 보성고보의 졸업식 소식을 전하면서 우등생으로 졸업한 고유섭이 경성제국대학을 목표로 하고 있다는 소식을 실을 정도였다. 그 시대 경성제국대학에 입학한 수재들이 주로 법대나 의대에 지망한 데 반해 이름도 생소하기 이를 데 없던 미학·미술사학과를 지망한 고유섭을 보고 동기생이었던 이희승 선생이 이유를 물었더니, 고유섭은 한 치의 망설임도 없이 "우리의 미를 연구하고 싶다."고 했다 한다.

졸업 후 스물여덟 살에 개성부립박물관 관장이 되었는데, 이는 그 당시 박물관 관장은 일본인이 임명되는 것이 관례였던 점을 감안하면 매우 이례적인 일이었다. 그는 박물관에 근무하게 되면서 틈틈이 우리나라의 미술을 연구하여, 회화, 도자기, 탑, 불교미술 등에 관하여 백수십여 편에 달하는 방대한 양의 글을 썼다. 그러나 너무 과로한 탓인지, 그가 생전에 목표로 했던 조선미술사 집필은 초고 정도만 완성한 채로 안타깝게 40세의 나이로 타계하고 말았다.

이 책은 고유섭의 제자들이 그의 유고를 모아, 생전에 그가 소망한 대로 조선미술사 서술의 체제에 맞게 발간한 것이다. 즉, 『조선미술사 총론』을 상권으로 하고, 건축, 조각, 회화, 공예 등 각론을 하권으로 하여 총론편과 각론편 두 권으로 재편성한 것이며, 지금 여기에 소개하는 것은 바로 그 총론편이다. '조선미술사'라고 명명했지만, 이 책에서 '조선'이라는 명칭은 내용 중에 특별히 조선왕조시대를 의미하는 경우를 제외하고는 당시의 우리나라를 의미하는 것이므로 한국미술사를 주제로 한 것이다. 또 '미학', '미술사'라는 분과학문에 익숙한 현재의 우리들로서는 미술사 책에서 주로 선사시대, 삼국시대, 고려시대 등으로 통사적으로 정리하는 형식에 익숙해 있다. 그런데 이 책은 조금 독특한 구성으로 엮여 있다. 물론 그것은 고유섭의 조선미술사가 미완성작이기 때문이기도 하지만, 그보다는 그의 미술사가 근본적으로 '미학'을 기반으로 했기 때문일 것이다. 그러한 미학적 기반은 그가 미학을 중시했던 경성제대의 학풍에 영향을 받았다는 이유도 있겠지만, 그의 마음속에 항상 조선인의 미의식이나 미의 가치를 기반으로 한 조선미술사를 쓰고 싶다는 염원이 컸기 때문일 것이다. 그 때문에 이 『조선미술사 총론』은 목차를 보더라도, 제1부에서 조선미술사 약사와 삼국 이전 시대를 다룬 다음, 대부분을 차지하는 제2부에서는 「조선 고미술古美術에 관하여」, 「조선 고대 미술의 특색과 그 전승 문제」, 「조선문화의 창조성」, 「조선 미술문화의 몇낱 성격」, 「우리 미술과 공예」, 「조선 고적古蹟에 빛나는 미술」, 「조선 조형예술의 시원」, 「고대인의 미의식」 등 총론 격의 한국미술에 관한 글이 수록되고 있는데, 제목에서도 알 수 있듯이 체계적인 미술사라기보다는 한국인의 미의식에 관해 주목한 것이 특히 두드러진다.

사실 미술사가는 일반인들이 생각하듯이 객관적인 미술의 역사를 기록하는 사람이 아니며, 자신의 가치관에 따라 그 시대를 평가하고 그 시대의 미술을 비판한다. 그런데 '미술'에서 그런 가치관과 역사관이란 바로 '미의 가치'를 중심주제로 하는 미학의 문제와 직결되는 것이다. 만약 그 개인적인 미술사관이 누구나 수긍할 만큼 보편타당하면서, 미술에 대한 새로운 지식마저 우리에게 가져다주는 것이라면 그 미술사는 성공했다고 볼 수 있을 것이다. 그런 의미에서 고유섭의 『조선미술사』는 우리에게 매우 의미 있는 미술사 서적이다.

고유섭은 이 책에서 자신이 미학적인 문제를 중요시하는 이유를 명백히 밝히고 있다. 즉, 「우리 미술과 공예」에서 그는 "미는 변화하지만 그 변화 속에 보편적 가치를 찾아볼 수 있다."고 하면서 자신의 과제는 우리 고유의 미의식을 작품을 통해서 '실증'하는 데에 있다고 주장한다. 그렇다면 고유섭은 수많은 미술품을 통하여 우리네 한국인의 미의식을 어떻게 규정했던 것일까?

그는 한국미술의 특색을 무기교의 기교, 무계획의 계획, 민예적인 것, 비정제성非整齊性, 적조미, 적요한 유머, 어른 같은 아해, 비균제성, 무관심성, 구수한 큰 맛 등으로 들고 있다. 여기서 '무기교의 기교'나 '무계획의 계획'과 같은 특색은 기교나 계획이 근대 서구의 미술과는 달리 '독자성', '자율성', '과학성'을 획득하지 못했던 당시 조선의 전통미술 제작 태도가 가지는 특성을 언급한 것이다. 즉, 조선의 미술은 상품화된 미술이 아니라 생활에서 나왔기 때문에 형태가 완벽하거나 계산적이지 않으며, 정제성과 균제성은 부족하지만, 순박하고 순진하며 자연에 순응하려는 특징을 갖는다는 것이다. 또 세부가 치밀하지 않고 더 큰 전체로 포용되는 데에서 생기는 '구수한 큰 맛'이 온화함을 주는 데 비해, 적은 형태에서는 '고수한 작은 맛'으로 나타나고 단아함을 준다고 한다. 그리고 조선의 미술에서는 항상 하나의 모순을 맛볼 수 있는데, 그것은 바로 작은 맛과 큰 맛의 조합으로서 결국 "작은 맛이란 외부적·자연적·지리적 환경의 소치로서 자연의 제약에서 오는 면이요, 큰 맛이란 생활면, 생활의 태도에서 오는 면"이라고 주장한다. 그는 이러한 미적 범주들을 끊임없이 건축, 도자, 여성복식 등의 전통미술을 통해 '실증'하려고 했다. 그 때문에 이 같은 고유섭의 미학적 개념들은 서로 긴밀하게 연결되어 지금까지도 한국미학을 연구하는 연구자들에게 한국미술의 다양한 미적 현상들을 설명하는 기초 개념으로서 활용되고 있다.

그리고 우리나라의 전통미술이 생활과 분리되고 분화되기 이전의 것이며 생활 그 자체를 양식화함으로써 나온다고 보는 그의 시각은 세월이 제법 흐른 오늘에 이르러 오히려 생생하게 다가온다. 주위를 둘러보면 소위 '모던 아트'의 기라성 같은 권위가 '예술의 종말 이후'를 외치는 '현대 예술'에 힘을 잃고, '미학의 역사'라는 것이 표면적으로 수미일관한 것으로 보일지라도, 사실 그 배후에는 정치론이나 국가론이 지탱하고 있던 학문이 있다는 주장이 정설이 되어가고 있는 오늘날, 근대 서구 개념으로서의 정리해야 할 '미술'이 아닌 우리의 뿌리로서 '전통미술'에 대해 한 번쯤 돌아보게 하기 때문이다.

물론 그동안 이처럼 고유섭이 정의했던 조선미술의 특질에 대한 비판도 적지 않게 제기되었다. 비판의 핵심이 되었던 것은 특히 우리나라 미술의 특징이 민예적이며 자연 순응적인 미, 적조미에 있다고 거론함으로써, 그 개념이 일본인 야나기 무네요시의 개념에서 크게 벗어나지 못하여 일종의 식민지사관의 영향을 보인다는 점, 그리고 무엇보다 한 나라의 미술은 각 시대와 사회의 상호관련 속에서 성격이 변화하는 것인데 불변하는 성격으로 규정한 것 자체가 그릇된 환상이라는 것이며, 따라서 고유섭의 이러한 규정은 이를 무시한 '몰역사적'인 시도라는 것 등에 대해 비판이 제기되던 것이다.

그러나 고유섭 역시 미의 보편적 가치라는 것이 역사 속에 항상 불변적이거나 고정적인 것이라고 인식하지 않았다는 것은 명백하다. 이 책의 「조선 미술문화의 몇날 성격」에서도 이미 당시 일본학자들뿐 아니라 우리나라 지식인조차 조선미술의 특징을 우리나라의 반도적인 위치, 기후, 국민의 관습과 기질에 연관시켜 서술하는 것에 대해 반박하면서, 미술에 나타나는 미의식, 특질, 전통은 시대를 초월하여 공통된 것이지만, 그것이 항상 일관되게 나타나는 것이 아니라, 늘 새롭게 파악되는 것으로 이는 진보할 수 있으며, 따라서 민족성, 풍토성 등의 요소에 의해 결정되는 것이 아니라고 강조하고 있기 때문이다. 그럼에도 불구하고 그가 그 짧은 일생 동안 민족의 미와 민족적 미의식의 연구에 그토록 집요하게 천착한 것은 무엇 때문이었을까? 그 해답은 바로 그의 다음과 같은 언급에서 직접적으로 찾을 수 있을 것이다.

> 우리는 너무나 오랫동안 전통을 돌보지 아니하고 너무나 오랫동안 이 특색을 찾지 않고 있었다. 이는 결국에 있어 자아의식의 몰각이며 자주의식의 몰각이다. (…) 이는 실로 산 생활이 아니며 문화인의 생활이 아니다. 이 뜻에서 우리는 조선미술의 특색을 찾아야 하고 조선미술의 전통을 살려야 한다.

이 글에서 알 수 있듯이 그의 관심은 단순히 미술사를 서술하는 것이 아니라 학문을 통해 민족적 자주의식을 찾고자 한 것에 있었다. 그가 조선의 미술사를 정리한 것은 그러한 노력의 일환이었다. 3·1운동 당시, 겨우 열다섯 살의 나이에 동네 아이들에게 태극기를 그려주고 용동 일대를 돌아다니다 일경에게 붙잡혔던 일화라든지, 일본 학자에 의해 왜곡되던 한국의 역사, 문학, 언어 등을 한국 학자들의 힘으로 연구하여 한글로 발표한다는 의도하에 조직되었던 《진단학회》의 발기인으로 참가했던 점 등은 이러한 사실을 더욱 뒷받침해준다 할 것이다.

비록 고유섭은 "소학시대부터 조선미술사의 출현을 요망"하던 자신의 소원을 끝내 이루지 못하고 해방을 한 해 앞둔 1944년에 세상을 떠났지만, 그는 조국에서 아무도 돌아보지 않았던 '우리 미술의 역사' 연구에 천착하여 누구보다 '민족'의 자긍심을 높였다. 그리고 그런 그의 조선미술사 연구에 대한 열정과 학문적 역량은 오늘날의 연구자들에게 충분히 귀감이 되고 있으며, 그런 점에서 볼 때 그는 사실 뛰어난 미학자나 미술사학자이기 이전에 한 사람의 숭고한 민족주의자였다. 이 책은 바로 암울한 식민지 시대를 살았던 지식인이자 민족주의자 고유섭이 남의 눈이 아닌 자신의 눈으로 민족의 미술을 탐험해가면서 느꼈던 고뇌와 고통의 족적들이 면면히 드러나는 연구의 결정체다.

그러나 그가 추구했던 미술사가 사실 학문을 통해 민족의식을 고양시키는 것이었다고 해서 그의 그런 민족주의자적 측면이 미술사가로서의 치밀하고 객관적인 분석을 방해한 적은 없었다. 현재 『조선미술사 총론』을 포함하여 정리된 그의 유고 총 10권 중 한국인의 미의식과 미학적 문제를 주로 다룬 총론의 앞부분을 제외한 나머지 각론들을 보면, 고유섭은 당시로서는 드물게 대부분이 작품에 대한 자세한 양식 묘사나 분석, 그리고 역사적 문헌 조사를 한 이후 그 양식의 원류를 찾거나 유사한 계열의 작품들과 비교하고 그 양식의 변천 이유를 여러 각도에서 찾으려는 방법을 취하고 있다. 이러한 고유섭의 연구는 외부자의 입장에서 주로 고대 한국과 일본의 접점에 주목하던 일본 학자들의 연구성과를 훨씬 넘어서는 것이었다고 평가되고 있으며, 지금도 한국미술사학자들에게 필독서로 애독되고 있다. 특히 전집의 3권, 4권에 해당하는 『조선탑파의 연구』 상·하권은 그러한 그가 쏟았던 노력의 결실이 돋보이는 수작으로서 우리나라의 미술에 관심이 있는 사람이라면 꼭 필독서로 권할 만한 저서다.

고유섭의 저작인 『조선미술사 上 총론편』(열화당, 2007) 외에 『조선탑파의 연구 상·하』(열화당, 2010), 『송도의 고적』(열화당, 2007)을 읽기를 권한다. 그리고 더불어 이충렬이 지은 『혜곡 최순우 한국미의 순례자』(김영사, 2012)도 일독을 권한다.

신나경 | 부산대·미학

96 영화는 시간을 봉인하고 감독은 예술의 문을 열었다
:: 『봉인된 시간』, 타르코프스키

감독이 쓴 자전적 미학 노트

도스토예프스키와 톨스토이가 러시아 문호의 양대 산맥이라면 에이젠슈테인 Sergie Mikhailovich Eizenstein, 1898~1948과 타르코프스키 Andrei Tarkovsky, 1932~1986는 러시아 영화의 두 기둥이다. 에이젠슈테인이 혁명에 성공한 역사의 물결에 편승하여 영화를 선전 선동의 전위에 세우는 데 전력을 다했다면 타르코프스키는 영화 자체에 매혹되어 예술로의 항해에 조타수 역할을 자임했다. 타르코프스키는 국립 러시아 영화학교에 입학하여 영화 수업을 받은 다음 졸업 작품 〈증기기관차와 바이올린〉(1960)을 비롯하여 두 손으로 헤아려도 두 편이 부족한 불과 여덟 편의 작품을 남기고 생을 마감했다. 그가 남긴 작품 편수는 100편을 연출한 임권택 감독에 비해 십분의 일도 안 되지만 그가 남긴 작품의 영향력은 핵폭풍에 견줄 만하다.

> 예술은 인간이 할 수 있는 최선, 그러니까 희망, 믿음, 사랑, 아름다움, 기도 또는 인간이 꿈꾸고 바라는 것들을 강화시킨다. 헤엄을 칠 줄 모르는 사람이 물에 빠지면, 그러니까 그 자신이 아니라 그의 육체가 살아나기 위한 본능적 움직임을 시작한다. 예술 역시 이처럼 물에 빠진 인간의 육체가 하는 것과 비슷한 일을 수행한다. 예술은 정신적 의미에서 인류를 익사시키지 않으려는 본능으로서 존재한다. 인류의 정신적 본능은 예술가에게서 확인되는 것이다.
>
> _『봉인된 시간』(김창우 옮김, 분도출판사, 1991) p.282

『봉인된 시간』은 영화감독이 집필한 에세이다. 이 에세이는 제목이 주는 무게감에서 이미 짐작하겠지만 신변잡기로 채워 넣은 기존의 에세이와는 차원이 다르다. 심지어 영화를 예술의 반열에 올리기 위해 애썼던 영화이론가들의 영화론조차 타르코프스키의 글과 같은 저울에 올리기에 무색할 정도다. 타르코프스키는 관객들의 지지와 냉담함에 대해 화답하기도 하며 동시에 영화 예술의 가능성에 대해 느리고 깊게 성찰하는 자신의 내면일기를 써내려갔다.

타르코프스키의 영화는 찬반이 극명하게 갈렸다. 지지하는 관객은 정신의 등불을 들고 집중하여 영화 속으로 순례했으나 비판하는 관객은 암흑 같은 밤길을 걷는 난해함과 불쾌감으로 영화 밖을 서성거릴 뿐이었다. 지지하는 노동자는 "일주일 동안 나는 당신의 영화를 네 번이나 보았습니다. 단순히 영화만 보려고 극장에 간

것은 아니었습니다. 내게 중요했던 것은 적어도 몇 시간 동안은 진정한 삶을 산다는 것, 진정한 예술가 그리고 인간들과 함께 산다는 것"이라며 감상의 가치에 고무되었다. 타르코프스키는 자신의 영화를 관객들에게 안내해줄 안내서 겸 자신의 미학노트를 만들기로 작심하여 『봉인된 시간』을 완성했다. 이 책은 타르코프스키 영화에 대한 친절한 참고서이며, 예술이란 무엇이며, 예술가의 책임은 무엇인가에 대한 영화감독의 독백이자 고백서다.

타르코프스키는 이렇게 말했다

배창호 감독에게 영화가 관객에게 쓰는 연애편지라면 타르코프스키에게 영화는 '시간을 봉인한 예술'이다. 열차가 역에 도착하는 초창기 영화를 보고 공포를 느끼는 관객이 다수였다면 소수는 영화라는 예술의 도래에 전율했다. 타르코프스키는 이 장면에 대해 "인간의 예술과 문화의 역사에서 처음으로 '시간'을 직접적으로 "사로잡을 수 있는 가능성을 발견했다"고 미학적으로 번역했다. 영화는 '시간을 반복해서 재생'할 수 있는 가능성도 열었으며 동시에 '시간의 자궁을 획득할 가능성'도 확보했다. 영화의 도래로 인해 시간은 필름 보관용 양철통 안에 봉인된 것이다. 이 도발적인 발언을 타르코프스키는 건조하고 태연하게 갈파한다. 여기서 관객은 왜 영화관에 운집하는가라는 질문의 답을 찾아낸다. 관객은 분실한 물건을 찾으러 유실품 보관소에 가는 것처럼 자신의 잃어버린 시간을 찾기 위해 영화관을 찾는다고 답한다.

하지만 모든 영화에 대해 지지하는 영화지상주의자의 편협성은 벗어난다. 타르코프스키는 백 편의 상업영화보다 한 편의 예술영화를 선호한다. 상업영화와 예술영화의 이분법적 사고가 다소 경직되었지만 예술영화를 옹호하는 논리는 설득력을 갖는다. 상업영화는 관객의 감정과 사고를 고갈시키며 예술영화는 감정과 정신을 고양시킨다. 상업영화가, 관객들이 '목마를 때 마시는 한 병의 코카콜라'에 불과하다면 예술영화는 '건강을 북돋워주는 피로회복제이자 영양제'와 다름없다.

이와 같은 예술영화를 향한 옹호는 곧장 예술가의 사회적 책임으로 상승한다. 영화 예술가는 감독으로 지칭되는, 영화라는 상품을 만들어 이윤을 창출하는 자본주의의 최대 수혜자 개념과 거리를 둔다. 타르코프스키는 예술가를 순교자의 자리로 격상시키면서 "예술가는 자신이 살고 있는 시대의 피비린내 나는 상처 앞에서 놀라 물러서지 않고 그 상처를 자신의 몸으로 직접 체험"해야 한다고 역설한다.

예술가의 책임은 자신의 영화 〈향수〉와 〈희생〉을 통해 극명하게 보여준다. 〈향수〉에서 도미니코는 세상의 구원을 위해 연설을 하고 자신은 분신을 시도한다. 〈희생〉에서 알렉산더는 인류의 재앙인 전쟁을 막기 위해 자신이 가진 모든 것을 희생한다. 이들은 "자신이 속한 시대와 사회를 위해 희생"할 수 있는 정신적 자유를 지니고 있으며 "보다 가치 있고 고상한 일에 종사하는 자세와 속물적인 소시민적 도덕성과의 타협을 거부하는 속성"을 지닌 인물이며 타르코프스키가 지지하는 이상적인 인물이다.

타르코프스키는 두 권의 책을 남겼다. 하나는 『희생』이며 다른 하나는 『봉인된 시간』이다. 『희생』은 그가 남긴 예술적 유언이자 인류의 미래를 위한 희망의 권유다. 우리는 희망을 어디서 찾을 것인가? 타르코프스키는 대답한다. "아마도 메말라 시들어버린 나무에 참을성 있고 짜증내지 않으며 물을 준다는 오래된 전설. 지금까지 만든 영화 중 내게 가장 중요한 영화 속에 삽입한 이 전설이 해줄 수 있을 것"이라고. 〈희생〉의 마지막 장면에서 아들이 마른 나무에 물을 주며 마리아는 이를 지켜본다. 마른 나무에 물을 주는 것은 '수도승이 마른 나무에 매일 한 동이씩 물을 주자 3년 후에 나무에 싹이 나고 꽃이 피었다'는 기적을 믿기 때문이다. 신앙과 자기희생은 인간과 세상을 구원한다는 주제를 뚜렷하게 드러낸다. 『봉인된 시간』은 영화에 관한 미학서이자 참고서다. 여기에는 영화감독은 어떤 영화를 만들어야 하는가에서 관객은 어떻게 영화를 수용해야 하는가에 이르기까지 망라되어 있다. 더욱 친절한 점은 자신의 영화에 내려진 '난해하다는 질타'에 대해 나의 영화는 어떻게 만들었으며 인물들이 지향하는 것은 이것이다, 라는 명쾌한 답을 기술하고 있다는 점이다. 타르코프스키의 영화가 영화의 예술적 지위에 대해 의심하는 시선을 거두게 했다면 『봉인된 시간』은 타르코프스키 영화의 난해함을 해소시켜주는 해독제 역할을 할 것이다. 영화가 시간을 봉인했다면 감독은 영화 예술의 길을 열었다.

문관규 | 부산대 · 영화학

예술
97 / 세월의 벽을 넘어
가슴으로 느끼는 떨림

:: 『우리 문화의 황금기 진경시대 1·2』, 최완수 외

　세상 모든 만물의 생성과 성쇠에는 반드시 그 필연의 이유가 존재한다. 문화와 예술은 흐르는 물과 같으나 그릇에 따라 형상이 달라지는 물이 그러하듯, 문화와 예술도 민족의 특성이나 주변의 환경에 따라 각기 다른 양상으로 발전해왔다. 우리 민족은 지정학적으로 중국과 일본 사이에 위치하여 많은 전쟁을 겪었고 외국과의 인적·물적 교류가 활발했음에도 불구하고 외래의 학문이나 문명을 잘 수용하고 새로이 재탄생시킴으로써 고유의 문화와 예술적 정체성을 잘 확립하고 발전시켜왔다.
　우리 역사를 통틀어 문화와 예술의 세계를 논한다면, 삼국시대에 각기 뛰어난 예술적 성취를 이룬 경지 위에 화엄종의 세계가 더해져 더욱 심오하고 독보적인 예술세계를 탄생시킨 통일신라시대의 문화와, 국교인 불교문화의 정수를 제대로 발현시킨 고려의 뛰

예술

> 진경시대라는 것은 조선 왕조 후기 문화가 조선의 고유색을 한껏 드러내면서 난만한 발전을 이룩하였던 문화절정기(文化絶頂期)를 일컫는 문화사적인 시대 구분 명칭이다. 그 기간은 숙종(1675~1720)대에서 정조(1777~1800)대에 걸치는 125년간이라 할 수 있는데 숙종 46년과 경종 4년의 50년 동안은 진경문화의 초창기라 할 수 있고, 영조 51년의 재위 기간이 그 절정기이며 정조 24년은 쇠퇴기라 할 수 있다.
>
> _1권 본문 13쪽 중에서

어난 회화와 청자 등에 감탄하는 것에 비해 오히려 후대인 조선시대의 문화와 예술세계에 대한 연구들은 뭔가 미진하고 편협한 느낌이 든다. 역사적 사실을 논할 때는 반드시 객관적인 근거와 시각에 의거해야 그 진정성을 획득할 수 있다는 것을 생각할 때 일제강점기를 거치면서 조선시대의 문화와 예술세계와 관련한 연구에 대한 아쉬움을 떨칠 수 없었던 것이 사실이다. 그것은 바로 일제에 의한 식민사관의 횡행으로 비롯된 우리 역사의 왜곡 혹은 변조였다.

오백 년 조선 왕조의 장구한 역사 중에서도 특별히 사회 전반과 문화, 예술 방면에서 큰 성과를 이룬 시기가 있었으니, 숙종대에서 정조 임금 재위 기간까지의 125년간이며, 이를 이르러 '진경시대'라 명한다. 그리고 왜곡되었던 역사를 바로잡고 이 시기의 문화예술을 제대로 정립하기 위해 연구하고 힘을 쏟아온 곳이 고(故) 간송(澗松)

松 전형필全鎣弼 선생의 유지를 받들어 설립된 '한국민족미술연구소(간송미술관)'였다. 이곳에서 뜻을 모은 학자들(최완수, 정옥자, 유봉학, 지두환, 정병삼, 이세영, 김기홍, 오주석, 강관식, 방병선)이 각각 이 시대의 문학, 사상, 정치, 경제, 서예, 회화, 도자기 등의 분야 작품들과 학자, 예술가들에 대해 연구한 성과물을 한데 모은 책이 바로 『우리 문화의 황금기 진경시대』(1권: 사상과 문화, 2권: 예술과 예술가들)다.

화려한 진경시대(眞景時代)가 열리다

조선 왕조가 건국의 바탕 이념으로 내세운 것이 주자성리학朱子性理學인데, 이를 수용하고 발전시켜 또 하나의 독자적인 이념으로 구축한 것이 '조선성리학'이다. 퇴계 이황이 주자성리학의 핵심인 이理와 기氣에 대해 연구하여 이룩한 성과를 토대로 율곡 이이는 만물의 성정이 기氣의 변화에 따라 결정된다는 이기일원론理氣一元論을 핵심으로 한 조선성리학의 세계를 확립한다. 그리고 이와 같이 새롭게 정립된 조선성리학의 이념에 맞춰 문화예술 분야 전반에 걸쳐 조선만의 고유한 특색을 나타내기 시작했다.

서예 분야에서는 이전까지의 성리학자들이 목숨처럼 여기며 '조선의 국서체國書體'라 칭했던 원대元代 조맹부趙孟頫의 송설체松雪體를 발전시켜 자신만의 고유한 서체로 완성시킨 석봉石峯 한호韓濩, 1543~1605와 한글 가사문학의 발전을 이끈 송강松江 정철鄭澈, 1536~1593, 조선 한문학의 대가인 간이簡易 최립崔岦, 1539~1612 등이 그 시절 문화예술의 새로운 변화를 주도했다.

그림과 시詩에 있어서도 그 이전까지 성행했던 중국의 양식들에서 벗어나 우리나라의 자연을 사생하고 표현하는 것에 힘을 쏟게 되는데, 이를 진경시眞景詩, 진경산수화眞景山水畵로 부르게 되었다. '진眞짜 있는 경치景致를 사생해낸 시와 그림'이라는 의미도 되고, '실제 있는 경치를 그 정신까지 묘사해내는 사진기법 즉, 초상기법으로 사생(寫眞景致[사진경치])해낸 시와 그림'이라는 의미도 된다(1권 19쪽 중에서). 나라 안 곳곳을 직접 답사하며 각지의 아름다운 풍경과 습속을 찬미하는 진경시로 이름을 떨친 이가 사천槎川 이병연李秉淵 1671~1751이라면, 진경산수화에 매진하여 조선 고유 화풍을 수립하기 위해 노력한 이가 바로 겸재謙齋 정선鄭敾. 1676~1759이다. 겸재는 종래의 중국식 기법들을 통해 자연과 산수를 묘사하는 방법을 연마한 후 우리 산하를 표현하는 데 적합한 방식들을 창안했으며, 전국을 돌며 직접 사생하고 관찰하여 우리의 풍경을 화폭에 담아내는 데 주력했다. 특히 서울 주변과 금강산을 사생하여 남긴 작품이 많은데 우리 회화사에 큰 획을 그은 인물임에 틀림없으며, 대표작으로는 〈금강전도〉와 〈인왕제색도〉 등이 있다.

시공(時空)을 뛰어 넘은 감동의 물결

조선 왕조의 숙종~정조 재위 기간 중 특히 영·정조시대의 사회와 문화예술을 논할 때는 청나라의 영향을 받아 실학사상을 추구한 북학파北學派의 실사구시實事求是와 그 성과만을 논하게 되는데, 이 시기에 실학을 중시하고 추구했던 것은 조선성리학의 확립과 발전을 토대로 다져진 사회 전반의 정신적 성숙과 사회의 안정, 문화예술의 융성과 발전이 있었기에 가능한 일이었다.

책의 1권에서는 진경시대 문학세계의 경향과 발전, 당시 서울과 그 주변 사람들의 생활과 문화, 종교 그리고 당시의 사회경제적 변화에 대해 다양한 자료들과 고증을 바탕으로 서술하고 있다. '예술과 예술가들'이라는 부제를 달고 있는 2권에서는 우리 고유의 독자적인 화풍으로 진경산수화의 세계를 선보인 겸재 정선과, 중국의 남종화南宗畵풍의 회화기법을 수용하고 발전시켜 전통화법의 토대 위에 자신만의 독자적인 회화성을 확립한 현재玄齋 심사정沈師正, 1707~1769의 예술세계에 대해 상세히 적고 있다. 또한 우리 회화사에서 가장 뛰어난 예술가 중의 한 사람으로 손꼽히는 단원檀園 김홍도金弘道, 1745~1806?의 대표작인 〈단원절세보첩〉에 대한 논고가 수록되어 있으며, 우리 문화의 문예부흥기라 할 수 있는 진경시대의 풍속화와 초상화 그리고 삶과 예술을 함께 아우르는 백미白眉인 백자白磁의 세계에 관한 글들이 함께 담겨 있다.

이 책에 함께 들어 있는 많은 도판들은 본문의 내용을 이해하는 데 큰 도움이 되나 흑백사진으로 실린 것이 못내 아쉽다. 이 책을 읽은 후 기회가 닿는 대로 직접 그 작품들을 마주하고 감상한다면 몇 백 년의 시공간을 뛰어넘어 저들의 마음속에 일던 큰 감동의 물결이 내 가슴속에 밀려들어옴을 느낄 수 있을 터이니…….

예술작품이란 예술가에게 온축된 학문이나 철학 내지 사상성이 구체화되어 표현된 것이지 손끝에서 나오는 잔재주가 아니란 인식이었다. 그리하여 인문학의 핵심인 문학과 역사와 철학을 간단하게 지칭하는 문(文)·사(史)·철(哲)이 전공필수라면 시와 글씨와 그림의 시(詩)·서(書)·화(畵)는 교양필수였다. 전자가 이성 훈련을 위한 것이라면 후자는 감성 훈련을 위한 것이었다.
_1권 45쪽 중에서

『우리 문화의 황금기 진경시대 1·2』는 1998년에 돌베개에서 펴냈다.

김윤찬 | 부산대 · 한국화

예술 98 / 중국 예술이 걸어온
아름다운 길

::『미의 역정』, 리쩌허우

　한 지역의 예술을 살피면서 단순히 예술현상만으로 다루지 않고 정신·문화·사회사적 맥락에서 큰 시야로 바라보되, 중요한 작품과 작가에게는 섬세한 시선을 던지는 예술 책은 흔치 않다. 미학적 궤적과 양상의 본질을 번거롭게 다루어 삭막한 이론에 치우치지 않고 생동하는 예술적 감동을 살려내는 책 역시 흔하지 않다. 리쩌허우 李澤厚(이택후), 1930~ 의 『미의 역정』이 바로 그러한 책이다. 이 책은 상고시대의 토템과 원시가무로부터 명·청시대 문예사조와 회화, 공예에 이르기까지 중국문학과 예술의 큰 흐름과 미학적 성취를 다루고 있다. 이 책의 미덕은 단순한 이론적 분석을 거부하고 당대의 철학과 사회사적 환경 속에서 그 의미와 가치를 논하며, 중국 예술의 아름다움을 집약적이면서도 깊이 있고 생동감 있게 그려내고 있다는 점이다.

> 인류의 심리구조는 바로 일종의 역사가 축적되어 이룩한 산물이 아닐까? 어쩌면 바로 이것이 예술작품의 영원성을 은밀히 간직하고 있는 비밀이 아닐까?

리쩌허우가 중국미의 역사를 기술하는 데 있어서의 큰 특징은 문학을 가장 주된 분야로 다루었다는 것과 예술 장르 중에서는 회화에 중점을 두었다는 점이다. 따라서 무용이나 연극과 같은 분야들이 소홀히 다루어진 것은 다소 아쉬운 점이라 할 수 있다.

저자는 이 책을 기술하면서 뚜렷한 하나의 관점을 취한다. 즉, 인류와 물질문명은 발전하며, 의식구조와 정신문화가 최종적으로 경제생활의 진전에 의해 움직이지 않는 법칙이 작용한다는, 일종의 과학적 법칙을 저자는 신봉하고 있다. 즉, 물질생산과 직접 서로 관련되고 정치가 안정되고 경제가 번영하는 시대에 건축·공예 등의 일부 예술 분야는 보다 번창하고 발전하며, 반대로 사회가 어지럽고 삶이 고단해질 때에는 문학과 그림과 같은 예술 분야가 상대적으로 번창하고 발전한다는 것이다. 이러한 관점은 세상만사는 서로 인과관계로 깊이 얽혀 있으며, 역사적인 길을 통하여 구체적으로 연구하고 탐색하여 들어간다면, 문예가 존재하고 발전하는 데는 그 속에 내재적인 논리가 들어 있음을 발견할 수 있다는 입장에 바탕하고 있다.

미는 감정과 이성, 형식과 내용, 진과 선, 합법칙성과 합목적성의 통일로서, 인성과 마찬가지로 인류 역사의 위대한 성과라고 저자는 보고 있다. 과거의 예술이 오늘날 무슨 의미가 있는가 하는 문제에 대한 기본적인 입장이 여기에 피력되어 있다. 여러 고전작품 속에 축적되어 있는 심미적 취향이나 예술적 격조가 시대상황이 달라진 현대에 와서도 여전히 친밀감이 들게 하고 깊은 감동을 느끼게 하는 이유를 저자는 역사를 축적된 결과물로 보는 특수한 관점에 의거해 설명하고 있다. 즉, 리쩌허우는 역사가 새롭게 늘 바뀌기만 하는 것이 아니라 끝없이 축적되어가는 것으로 보고 있기 때문에 과거의 예술은 현재의 우리로부터 사라져버린 것이 아니라, 우리 속에 축적되어 있기 때문에 여전히 서로 교감할 수 있고 감동받을 수 있다고 보는 것이다. 그래서 그는 이렇게 말한다. "인류의 심리구조는 바로 일종의 역사가 축적되어 이룩한 산물이 아닐까? 어쩌면 바로 이것이 예술작품의 영원성을 은밀히 간직하고 있는 비밀이 아닐까?" 그래서 그는 '미의 역정'이 과거의 회상으로 끝나는 것이 아니라 오히려 미래를 향하여 나아가고 있다고 결론짓는다.

리쩌허우가 설명한 중국 역사상 각 시기마다 드러나는 문학과 예술의 특징을 좀 더 구체적으로 살펴보면 다음과 같다.

먼저, 상고시대의 토템과 원시가무, 도기다. 저자는 상고시대의 토템으로서 공중을 나는 용과 춤추는 봉황의 문양으로부터 유구한 예술이 시작되었다고 추측하고 있다. 이것은 자연 형식 가운데에 사회적 가치와 내용을 축적시킨 것이며, 감성자연 가운데에 인간의 이성이라는 성격을 축적시킨 것으로 보고 있다.

다음 시기에 등장하는 것이 청동 도철이다. 도철이란 일종의 상상의 동물인데, 공포스럽고 위협적인 형상이 당대에는 하나의 공포를 조장하는 수단으로 활용된 것이지만, 후대에 와서는 오히려 감상의 대상으로 되고 있음을 지적한다. 그리고 문자의 등장과 함께 중국 특유의 선의 미학이 탄생하는데, 이에 대해서는 이후 시기에 있어서도 두고두고 자랑하는 중국의 대표적인 아름다움의 요소라고 저자는 강조한다.

선진시대의 특징으로는 유가와 불가의 상호보완적인 성격을 든다. 이는 저자의 또 다른 저서인『화하미학』에서도 누누이 강조하는 저자의 대표적인 이론이다. 이것은 중국의 문화와 미학은 유가와 불가의 대조적인 성격이 상호보완적으로 작용함으로써 그 다양성과 역동성이 가능할 수 있었다는 이론이다. 유가에서 강조하는 것은 감각과 정서의 정상적인 만족과 발산인 데 비해 도가에서 강조하고 있는 것은 인간과 외계 대상 사이의 초공리적인 무위관계, 즉 심미관계다. 저자는 이처럼 대조적인 성격의 유가와 도가가 상보적으로 작용했음을 거듭 강조하고 있지만,『화하미학』에서의 논의와 종합해보자면, 도가보다는 유가에 훨씬 비중을 두고 있고, 중국미학의 핵심적 가치는 유가미학에 있음을 은연중에 강조하고 있음을 간파할 수 있다. 이것은 사회주의 중국에서 실용을 강조하는 입장이 반영되었음을 짐작할 수 있다.

　이후 초한시대의 낭만주의, 위진시대의 인간을 중심으로 하는 주제, 불교예술의 다양한 모습을 설명하고, 이어서 성당시대의 문학과 서예를 기술한다. 성당시대의 대표적인 시인으로서 이백과 두보, 그리고 문장가로서 한유의 성취를 거론하고, 안진경으로 대표되는 서예의 완숙한 경지를 설명했다. 중당시대의 문학과 예술에 대해서는 성당을 이은 여러 시인과 문장가, 서예가를 언급했고, 이어 송나라로 넘어가서 대표적인 시인이자 문장가이며 또한 화가이자 사상가이기도 했던 소동파에 대해 논한다. 송원시대로 넘어오면 이 시기 가장 중요한 장르인 산수화에 대해 자세히 논급한다. 조각예술이 육조시대와 당대에 그 절정을 이룬 데 비해, 회화예술의 최고 수준은 송원시대에 이루어지고 있었음을 저자는 강조한다.

　진정한 의미에서 산수화가 독립하게 된 것은 중당시대를 전후해서 이루어졌을 것이라 저자는 보고 있는데, 산수화가 회화의 중심으로 부상하게 된 과정에 대한 설명은 매우 의미심장하다. 리쩌허우는 심미취향과 미학이상이 구체적인 인사·사녀·우마로부터 자연대상·산수화조로 옮겨가게 되었던 것이 우연히 그렇게 된 것이 아니라, 사회적 변화를 반영하는 것이라 했다. 즉, 자연대상 특히 산수풍경은 더 이상 소수 문벌귀족이 아닌, 수많은 세속 지주 사대부들이 거주하고 휴식하고 유람하며 감상하는 환경이 되었고, 그들의 현실생활과 친화·의존하는 사회성을 띤 관계를 유지하게 된 것이 중요한 배경이 되었다. 소수 문벌귀족들과는 달리, 과거시험 출신의 수많은 사대부들은 언제나 재야로부터 조정으로 나아갔고, 농민(부농·지주)이었다가 관리가 되었고, 지방에서 경성으로 올라갔고, 시골로부터 도시로 나아갔기 때문에 산과 계곡 그리고 전원의 생활은 오히려 그들의 부귀와 영화에 대한 일종의 심리적 욕구를 보충하고 교체하는 것으로 되어갔고, 일종의 정서적 측면에서의 회상이나 추구의 대상이 되어갔으며, 나아가 이 계급에 대하여 모종의 보편적 의미를 지니게 되었다는 것이다. 이것이 산수화가, 장원경제가 발달했던 육조시대에 성숙하지 못하고 오히려 도시생활이 상당히 발달한 송대에 와서 성숙하게 된 이유이기도 하다. 이는 유럽의 풍경화가 중세기에 성숙하지 못하고 오히려 자본주의 단계에서 성숙하게 된 점과 비슷하다.

그런데 원대가 되면 송대 회화와는 매우 다른 새로운 경향이 나타난다. 몽골족이 중원과 강남지방을 점령한 이래로 한족 지식인들은 엄청난 굴욕을 받게 되어, 학문에 힘써 벼슬을 하는 전통적인 길을 포기해버리고 시간과 정력과 감정과 사상을 문학과 예술에 기탁하게 되었다. 이에 따라, 송대의 궁정화원이 주도하던 산수화가 문인이기도 한 원대 재야 사대부 지식인들의 수중으로 넘어가게 되었다. 여기서 이른바 '문인화'가 탄생하기에 이르렀다. 문인화는 지식인의 특징을 반영하여 형태적인 유사성이나 사실성보다는 내면의 정신성을 담는 그림을 중시하게 되었다. 정신성의 강조와 함께 필묵에 대한 중시도 함께 일어났다. 필묵이란 붓의 터치와 선의 특징을 이르는 말이다. 이와 함께 또 하나의 중요한 특징이 생겨났으니, 그림 위에 시문을 적어 넣어 그림과 글이 조화를 이루게 하는 방식이었다. 이 역시 사대부 지식인들의 속성을 그대로 반영한 것이었다. 그러던 것이 명청시대로 오면 주관적인 취향이나 감흥, 정서를 더욱 강조하기에 이른다.

중국의 문학과 예술의 미적 특징과 그것의 역사적 맥락을 살펴보자면, 우리가 얼마나 맹목적으로 중국을 추구했는가 절감하지 않을 수 없다. 중국 나름의 역사적·사회적 조건 속에서 새로운 양식과 가치를 창조해온 것이 그들의 예술사였다고 한다면, 우리의 역사는 우리의 역사적·사회적 조건을 제대로 살리지 못하고 중국의 성취를 생각 없이 흉내 내고 모방해온 측면이 너무나 강하다. 지금은 대상만 바꾸고 모방 행위는 그대로 반복하고 있다. 중국의 문학과 예술이 걸어온 아름다운 길에 관한 리쩌허우의 해박하면서도 통찰력 있는 이 저술은 단지 중국문화를 핵심적으로 이해하는 길로 안내할 뿐만 아니라, 아직도 벗어나지 못하고 있는 현대 한국의 모방문화를 성찰할 수 있는 타산지석으로서 소중한 참고거리가 될 것이다.

번역서로는 윤수영이 옮기고 동문선이 펴낸 것(1991)이 있다. 이외에 같이 읽으면 좋은 책으로는 글에서도 언급한 『화하미학』(권호 옮김, 동문선, 1999)이 있다.

이진오 | 부산대 · 한국미학 및 동양미학

예술

예술 99 / 유럽사의 거장이 들려주는
아름다운 미술 이야기

:: 『서양미술사』, 곰브리치

『서양미술사(The Story of Art)』는 곰브리치^{Ernst H. Gombrich, 1909~2001}의 대표적 저서로서 출간된 이후 60여 년 동안 수없이 개정판을 거듭하며 전 세계 30여 개국 언어로 번역된 미술 서적계의 신화적인 스테디셀러다. 곰브리치는 1909년 비엔나의 유복한 집안에서 태어났지만, 유대인이었기 때문에 세계대전 중 나치의 탄압을 피해 일평생 망명을 하면서 이국땅에서 생활해야만 했다. 그러나 런던에서 교편을 잡는 동안 출판한 이 책은 그를 하루 아침에 망명지식인에서 서구 미술사학계의 대가 반열에 올려놓았다. 그리고 그 뒤 연이어 출간한 저서들이 성공함으로써 그는 세계대전과 유대인 학살이라는 굴절과 오욕 속에서 피어난 '20세기 유럽사의 양심적 표상'으로까지 일컬어지게 된다.

"미술(Art)이라는 것은 사실상 존재하지 않는다. 다만 미술가들

> 일반 관중들은 흔히 제화공(製靴工)이 구두를 만드는 식으로 미술을 만들어내는 사람이 미술가라고 마음 편하게 생각한다. 그러나 이러한 생각을 할 때, 그들은 자기들이 전에 보았던 미술이라고 이름 붙인 그림이나 조각과 같은 종류의 것을 미술가가 만들어내야 한다고 요구한다. 이 막연한 요구를 이해할 수는 있다. 그러나 유감스럽게도 그것이야말로 미술가가 할 수 없는 일이다.

이 있을 뿐이다."라는 유명한 문장으로 시작되는 이 책은, 원래 제목이 '서양미술사(The History of Art)'가 아니라 '미술이야기(The Story of Art)'인 것에서도 알 수 있듯이 난해한 미학이 아닌, 미술의 세계에 방금 개안한 십대 청소년을 위해 쓴 일종의 미술 입문서다. 따라서 선사시대 미술에서 현대 아방가르드에 이르기까지 서양 미술의 흐름을 철저한 문헌 고증을 바탕으로 논리적으로 전개하고 있음에도 불구하고, 어려운 형이상학적인 전문용어 대신 마치 할머니의 옛날이야기처럼 매우 평이한 언어로 쉽게 풀이하여 미술작품의 매력을 명쾌하게 서술하고 있다. 그렇다고 해서 이 책의 수준이 다른 전문서보다 낮을 것이라고 생각한다면 오산이다. 곰브리치는 스스로 자신의 경험을 통해 '유식한 체하는 전문술어'와 '엉터리 감상'들을 나열한 미술서적 때문에 얼마나 많은 젊은이들이 미술

서적에 대해 '그 따위 것들'로 치부하면서 멀어지고 마는지를 통감했기 때문에, 자신은 "평범하고 비전문적으로 들릴지도 모르는 위험을 무릅쓰고 평이한 말로 설명하고자 진지하게 노력"했다는 점을 강조하면서도, 그러나 결코 "사고에 있어서는 어려운 문제라 할지라도 피하지 않았음"을 강조한다. 이처럼 단지 추상적이고 형이상학적인 '미술'개념에 초점을 맞추기보다는 개개 '미술가'에 주목하는 '열린 태도' 때문에 이 책은 각 나라와 각 시대의 다양한 미술현상을 서술함에 있어서 문화 간의 차이에만 주목할 뿐, 무리하게 차별이나 주종관계로 읽어내려고 하지 않는다. 다만 각 작품들은 '다른 미적인 가치'를 가진 다른 미술품들일 뿐이라는 사실을 인식하게 할 뿐이다.

내용은 총 28장으로 구성되어 있고 대부분의 미술사를 다루는 책들이 그러하듯 선사시대의 원시부족 미술에서 출발하여, 유럽의 중세 미술과 르네상스 미술을 거쳐 근대와 현대의 미술을 서술하는 통사적인 미술사 서술방식을 채용하고 있다. 일견 평이해 보이는 이러한 방식도 사실은 곰브리치의 치밀한 원칙에 의한 것인데, 그는 이 책이 미술 입문서로서의 목표를 잃지 않게 하기 위하여 철저하게 세 가지의 원칙을 지키면서 썼다고 한다.

첫째로는 이 책에 도판으로 실리지 않은 작품에 대해서는 언급하지 않는다는 것이다. 그것은 물론 저자가 논할 수 있는 작가와 작품의 선택 범위를 도판 수에 맞추어 제한하는 것이므로, 선택 범위를 협소하게 '선택'해야만 하는 그 자체가 미술사가에게는 이중으로 힘든 것이었겠지만, 최소한 이 책이 장황한 인명의 나열이 되는 것을 막아주었다. 작품을 잘 알지도 못하는 사람에게 인명을 나열하고 설명하는 것은 아무 의미가 없고 불필요하기 때문이다. 두 번째 원칙은 진정한 미술작품이라고 여기는 것만 언급하고, 단지 시대의 취미나 유행의 표본으로서만 흥미가 있는 작품들을 생략한다는 것이다. 이것 역시 미술사가에게는 준수하기 힘든 규칙이다. 왜냐하면 칭찬은 비판에 비해 결코 서술가에게 신나는 일이 되지 못하며, 어딘지 모르게 재미있고 기괴한 예를 곁들이는 것이 훨씬 독자들의 흥미를 끌기 때문이다. 곰브리치도 그런 사실을 너무나 잘 알고 있었지만, "그런 것에 대한 설명이 진정 훌륭한 작품들이 차지해야 할 지면을 가로채게" 되지 않게 하기 위해 그런 유혹을 억제했다고 한다. 세 번째 원칙, 역시 미술사가에게 유혹적인 것으로서 자신의 개인적인 기호 때문에 개성적인 도판을 선정하는 일이 없도록 했다는 것이다. 곰브리치는 이 책이 결코 아름다운 것들을 모아놓은 화집을 목표로 한 것이 아니라 미술 지침서로서의 역할에 충실하게 하기 위해 '낡고 진부'하다고 여겨질지라도 낯익거나 유명한 위대한 작품들을 독자들이 '다시금 새로운 눈으로 볼 수 있게' 하기 위해 노력했다고 한다.

  이런 원칙 때문에 이 책은 얼핏 보기에 요즈음 범람하는 개성 강한 전문서들에 비해 신선한 느낌이 적다고 느껴질지도 모른다. 그러나 내용을 면밀히 살펴보면, 오늘날 범람하는 미술서적들이 60년 전 곰브리치의 작품 분석에서 그리 많이 나아가지 못했다는 점에 오히려 놀라게 될 것이다. 한 예로 네델란드 화가 얀 반 에이크의 유명한 〈아르놀피니 부부의 초상〉은 수많은 상징으로 구성되어 미술에 관한 흥미로운 이야기거리를 제공하기 때문에, 지금도 수많은 책에서 미술에 관한 흥미로운 소재로서 독자들을 매혹시키곤 한다. 그런데 그런 해석은 사실 이 책에 모두 등장하는 것이다. 따라서 비록 부분적이기는 하지만, 얼마나 많은 미술서적이 곰브리치의 미술사 내용을 각색해서 드러내고 있는가를 새삼 깨닫게 된다.

그리고 그 때문에 우리는 이 책에서 곰브리치가 미술사학계에 몸담은 긴 세월 동안 미술에 대한 그의 방대한 고민을 얼마나 그의 심도 깊은 논증과 함께 잘 융해시키고 있는가를 피부로 느낄 수 있으며, 또한 그가 미술사학계의 대학자이면서도 얼마나 전문용어를 최소화하고 알기 쉽게 풀이하여 일반 교양인으로 하여금 미술사에 쉽게 다가가도록 배려했는가를 알 수 있다. 그것은 앞서 말했듯이 이 책이 본래 이제 막 미술세계를 발견한 십대의 젊은 독자층을 겨냥했기 때문이기도 했지만, 곰브리치 자신이 당시에 미술사학계의 흐름을 주도하고 있던 형이상학적인 역사관에 회의적이었기 때문이기도 하다. 즉, 곰브리치는 미술에서 양식의 변화를 객관적인 범주로 파악할 수 있다고 믿는 주장, 예를 들면 뵐플린과 같은 미술사가에서 볼 수 있는 형식 분류식의 양식사에는 회의적이었다. 따라서 그는 도상학이나 양식사와 같이 당시 주류를 이루고 있던 미술사의 조류들이 시대, 민족, 지역 등의 집단적 개념을 상정하는 것은 위험하다고 지적하고, 어떤 개념도 결코 작가나 작품해석에 선험적으로 적용되어서는 안 된다는 것을 항상 강조했다. 그 때문에 곰브리치는 『서양미술사』 서문에서 "나는 사람들이 눈을 뜨는 것을 돕는 것이지 입을 헤프게 놀리는 일을 돕자는 것은 아니다."고 하면서, 미술의 감상을 해치는 '지적 유희'와 '설익은 지식'을 끊임없이 경계했던 것이다. 아마도 미술계가 하루하루 다르게 변화하고 있는 오늘날에도 무려 출간된 지 60여 년이 지난 이 책이 그 시대가 가지는 사관史觀의 한계에도 불구하고 여전히 초보 미술사학도로부터 중견학자에 이르기까지 미술사의 난맥을 헤쳐 나가는 충실한 길잡이로 사용되고 있으며, 또 국내의 교수들이 교재를 선택할 때 작품 화보의 필요성을 첫째로 꼽으면서도 화보의 숫자가 결코 많다고 할 수 없는 이 책을 빼놓지 않는 이유도 바로 여기에 있을 것이다.

물론 저명한 개설서로서의 독보적인 지위를 가진 만큼 『서양미술사』는 새로운 시대의 요구에 따라 수많은 비판에 직면하기도 했다. 예를 들어 1971년 린다 노클린Linda Nochlin은 "곰브리치의 미술사가 길고 긴 역사 기술 속에 단 한 명의 여성 미술가도 포함시키지 않았다"는 사실을 지적했다. 또 이집트와 그리스 미술에 비해 로마 미술의 설명에 인색하다는 점, 그리고 무엇보다도 이 책의 시대적 한계 때문에 미술사 연구에서 가장 역동적이었던 20세기 후반에 논의된 다양한 관점을 맛볼 수 없다는 점을 들어 객관적인 개설서로 적합하지 않다는 여러 다른 전문가들의 비평도 대두되었다.

그러나 엄밀히 생각해본다면 과연 '객관적' 미술사가 존재할 수 있을까? 오늘날 미술계에서는 이미 '객관적인 미술사'를 기대하는 시각은 줄어들고 있다. 어떤 미술사가도 '하나의 관점'을 가지고 쓸 수밖에 없다는 사실을 잘 알고 있기 때문이다. 비록 곰브리치 같은 대가가 자신의 글 속에서 가능한 한 자신의 주장을 숨기고 있기 때문에 마치 그 내용이 객관적인 것처럼 보일지라도, 『서양미술사』역시 엄연히 시대의 한계를 가지는 한 사람의 미술사가가 하나의 관점으로 쓴 것임은 부인할 수 없는 사실이다. 그렇게 본다면 어쩌면 역으로 우리는 다양한 관점들을 수렴할 수 있는 '눈'을 개안하기 위한 '한 관점'의 선택으로서 곰브리치와 같은 유럽사의 거장이 들려주는 아름다운 미술 이야기에 귀를 기울여야 하는 것인지도 모른다. 곰브리치 역시 아마도 우리가 미술을 통하여 객관적인 역사를 인식하기보다는 미술사의 예들을 통하여 우리들에게 아름다운 미술작품과 미술가의 이야기를 전하기를 바랬을 것이므로…….

곰브리치는 생전에 여기 소개한 『서양미술사』외에도 그의 첫 번째 저술인 『세계사(Weltgeschichte fur Kinder)』를 포함하여 미술에 관한 20여 권의 방대한 연구서를 집필했다. 대표적인 저술로서는 곰브리치가 대학 시절부터 다양한 학문에 몰두하면서 품어왔던 '미술'과 '시각'의 관계에 관한 의문들을 파헤친 『예술과 환영(Art and illusion)』, 그리고 자신의 삶과 인생관을 담은 책 『이미지가 우리에게 들려주는 것(Looking for answers)』 등이 있는데, 이 중 특히 『예술과 환영』은 예술가와 감상자의 심리에 관하여 매우 심도 있게 파헤친 명저다. 때문에 미술사학도뿐만 아니라, 창조의 본능에 목마른 젊은 예술학도들에게 꼭 필독서로 권하고 싶은 책이다.

신나경 | 부산대 · 미학